U0516809

中国地主制经济论

封建土地关系发展与变化

李文治　江太新－著

ON CHINA'S LANDLORD ECONOMY

Development and Change of Feudal Land Relations

知识产权出版社

全国百佳图书出版单位

—北京—

图书在版编目（CIP）数据

中国地主制经济论：封建土地关系发展与变化 / 李文治，江太新著.
—北京：知识产权出版社，2020.1
ISBN 978-7-5130-6665-5

Ⅰ.①中… Ⅱ.①李… ②江… Ⅲ.①封建土地所有制—研究—中国
Ⅳ.① F329

中国版本图书馆 CIP 数据核字（2019）第 274375 号

内容提要

本书以地主制经济为中心线索，以封建土地关系发展变化为纬，把全文贯串起来，论述中国封建经济在地主制经济体制制约下，发生、发展、变化的全过程。用地主制度经济体制发展和变化理论，来阐明中国整个封建时代经济发展与变化的全过程，迄今为止，本书是首创，使中国封建经济史研究达到一个新的高峰。本书写作是建立在两位作者几十年研究成果的基础上，由于理论准备和资料准备比较充分，所以本书理论构架严谨，资料丰富翔实。本书除继承前人研究成果外，还提出许多新的观点和看法，这些对中国经济史进一步研究，将起到推动作用；同时，有些看法对当前新时代中国特色社会主义经济建设健康发展有很好的借鉴作用。

总 策 划：王润贵	**项目负责**：蔡　虹
套书责编：蔡　虹　石红华	**责任校对**：谷　洋
本书责编：高　超	**责任印制**：刘译文

中国地主制经济论
——封建土地关系发展与变化

李文治　江太新　著

出版发行：**知识产权出版社**有限责任公司	网　　址：http://www.ipph.cn
社　　址：北京市海淀区气象路 50 号院	邮　　编：100081
责编电话：010-82000860 转 8324	责编邮箱：caihongbj@163.com
发行电话：010-82000860 转 8101/8102	发行传真：010-82000893/82005070/82000270
印　　刷：三河市国英印务有限公司	经　　销：各大网上书店、新华书店及相关专业书店
开　　本：880mm×1230mm　1/32	印　　张：19.75
版　　次：2020 年 1 月第 1 版	印　　次：2020 年 1 月第 1 次印刷
字　　数：513 千字	定　　价：78.00 元

ISBN 978-7-5130-6665-5

出版说明

　　知识产权出版社自 1980 年成立以来，一直坚持以传播优秀文化、服务国家发展为己任，不断发展壮大，影响力和竞争力不断提升。近年来，我们大力支持经济类图书尤其是经济学名家大家的著作出版，先后编辑出版了《孙冶方文集》《于光远经济论著全集》《刘国光经济论著全集》和《苏星经济论著全集》等一批经济学精品力作，产生了广泛的社会影响。受此激励和鼓舞，我们和孙冶方基金会携手于 2018 年 1 月出版《孙冶方文集》之后，又精选再版孙冶方经济科学奖获奖作品。

　　"孙冶方经济科学奖"是中国经济学界的最高奖，每两年评选一次，每届评选的著作奖和论文奖都有若干个，评选的对象是 1979 年以来的所有公开发表的经济学论著。其获奖成果基本反映了中国经济科学发展前沿的最新成果，代表了中国经济学研究各领域的最高水平。这次再版的孙冶方经济科学奖获奖作品，是我们从孙冶方经济科学奖于 1984 年首次评选到 2017 年第十七届共评选出的获奖著作中精选的 20 多部作品。这次再版，一方面是为了缅怀和纪念中国卓越的马克思主义经济学家和中国经济改革的理论先驱孙冶方同志；另一方面有助于系统回顾和梳理我国经济理论创新发展历程，对经济学同人深入研究当代中国经济学思想史，在继承基础上继续推动我国经济学理论创新、更好构建中国特色社会主义政治经济学都具有重要意义。

　　在编辑整理"孙冶方经济科学奖获奖作品选"时，有几点说明如下。

第一，由于这20多部作品第一版时是由不同出版社出版的，所以开本、版式、封面和体例不太一致，这次再版都进行了统一。

第二，再版的这20多部作品中，有一部分作品这次再版时作者进行了修订和校订，因此与第一版内容不完全一致。

第三，大部分作品由于第一版时出现很多类似"近几年""目前"等时间词，再版时已不适用了。但为了保持原貌，我们没有进行修改。

在这20多部作品编辑出版过程中，孙冶方经济科学基金会的领导和同事对本套图书的出版提供了大力支持和帮助；86岁高龄的著名经济学家张卓元老师亲自为本套图书作了思想深刻、内涵丰富的序言；这20多部作品的作者也在百忙之中给予了积极的配合和帮助。可以说，正是他们的无私奉献和鼎力相助，才使本套图书的出版工作得以顺利进行。在此，一并表示衷心感谢！

知识产权出版社
2019年6月

中国地主制经济论——封建土地关系发展与变化

总　序

张卓元

　　知识产权出版社领导和编辑提出要统一装帧再版从 1984 年起荣获孙冶方经济科学奖著作奖的几十本著作，他们最终精选了 20 多部作品再版。他们要我为这套再版著作写序，我答应了。

　　趁此机会，我想首先简要介绍一下孙冶方经济科学基金会。孙冶方经济科学基金会是为纪念卓越的马克思主义经济学家孙冶方等老一辈经济学家的杰出贡献而于 1983 年设立的，是中国在改革开放初期最早设立的基金会。基金会成立 36 年来，紧跟时代步伐，遵循孙冶方等老一辈经济学家毕生追求真理、严谨治学的精神，在经济学学术研究、政策研究、学术新人发掘培养等方面不断探索，为繁荣我国经济科学事业做出了积极贡献。

　　由孙冶方经济科学基金会主办的"孙冶方经济科学奖"（著作奖、论文奖）是我国经济学界的最高荣誉，是经济学界最具权威地位、最受关注的奖项。评奖对象是改革开放以来经济理论工作者和实际工作者在国内外公开发表的论文和出版的专著。评选范围包括：经济学的基础理论研究、国民经济现实问题的理论研究，特别是改革开放与经济发展实践中热点问题的理论研究。强调注重发现中青年的优秀作品，为全面深化改革和经济建设，为繁荣和发展中国的经济学做出贡献。自 1984 年评奖活动启动以来，每两年评选一次，累计已评奖 17 届，共评出获奖著作 55 部，获奖论文 175 篇。由于孙冶方经济科学奖的评奖过程一直是开放、公开、公平、公正的，在作者申报和专家推荐的基础上，由全国著名综合性与财经类大学经济院系和中国社会科学院经济学科领域研究所各推荐一名教授组成的初评小组，进行独立评审，提出建议入围的论著。然后由基金会评奖委员会以公开讨论和无记名投票方式，以简单多数选定获奖作品。最近几届的票决结果还要进行公示后报基金会理事会最终批准。因此，所有获奖论著，都是经过权威专家几轮认真的公平公正的评审筛选后确定的，因此这些论著可以说代表着当时中国经济学研究成果的最高水平。

中国地主制经济论——封建土地关系发展与变化

作为17届评奖活动的参与者和具体操作者，我不敢说我们评出的获奖作品百分之百代表着当时经济学研究的最高水平，但我们的确是尽力而为，只是限于我们的水平，肯定有疏漏和不足之处。总体来说，从各方面反映来看，获奖作品还是当时最具代表性和最高质量的，反映了改革开放后中国经济学研究的重大进展。也正因为如此，我认为知识产权出版社重新成套再版获奖专著，是很有意义和价值的。

首先，有助于人们很好地回顾改革开放40年来经济改革及其带来的经济腾飞和人民生活水平的快速提高。改革开放40年使中国社会经济发生了翻天覆地的变化。贫穷落后的中国经过改革开放30年的艰苦奋斗于2009年即成为世界第二大经济体，创造了世界经济发展历史的新奇迹。翻阅再版的获奖专著，我们可以清晰地看到40年经济奇迹是怎样创造出来的。这里有对整个农村改革的理论阐述，有中国走上社会主义市场经济发展道路的理论解释，有关于财政、金融、发展第三产业、消费、社会保障、扶贫等重大现实问题的应用性研究并提出切实可行的建议，有对经济飞速发展过程中经济结构、产业组织变动的深刻分析，有对中国新型工业化进程和中长期发展的深入研讨，等等。阅读这些从理论上讲好中国故事的著作，有助于我们了解中国经济巨变的内在原因和客观必然性。

其次，有助于我们掌握改革开放以来中国特色社会主义经济理论发展的进程和走向。中国的经济改革和发展是在由邓小平开创的中国特色社会主义及其经济理论指导下顺利推进的。中国特色社会主义理论体系也是在伟大的改革开放进程中不断丰富和发展的。由于获奖著作均系经济理论力作，我们可以从各个时段获奖著作中，了解中国特色社会主义经济理论是怎样随着中国经济市场化改革的深化而不断丰富发展的。因此，再版获奖著作，对研究中国经济思想史和中国经济史的理论工作者是大有裨益的。

最后，有助于年轻的经济理论工作者学习怎样写学术专著。获奖著作除少数应用性、政策性强的以外，都是规范的学术著作，大家可以从中学到怎样撰写学术专著。获奖著作中有几套经济史、经济思想史作品，都是多卷本的，都是作者几十年研究的结晶。我们在评奖过程中，争议最少的就是颁奖给那些经过几十年研究的上乘成果。过去苏星教授写过经济学研究要"积之十年"，而获奖的属于经济史和经济思想史的专著，更是积之几十年结出的硕果。

是为序。

2019 年 5 月

前　言

　　写一部论中国地主制经济的书，是李文治先生与我多年来的共同愿望。早在 20 世纪 50 年代，李先生在编撰《中国近代农业史资料》时就萌生了这个想法。此后，为实现这个理想进行艰苦探索，从 20 世纪 60 年代起李先生发表了有关地主经济问题论文和著作，为写好地主制经济论这篇大文章做理论探索和资料准备。1964 年，我从厦门大学毕业被分配到原中国科学院经济研究所（今中国社会科学院经济研究所前身）工作，师从李先生。我们第一次交谈时，李先生就跟我谈起王亚南先生《中国社会经济史纲》一书。他说，你们的校长王亚南先生（当时王先生是厦门大学校长）对中国经济史发展有独特看法，很有见地。你应该好好读读（这本书）。随后，在李先生指导下，我开始编撰《明清时期土地资料》，并在此基础上开始了探索中国地主制经济发展变化的艰难历程。此后，我们见面时谈论最多的话题就是中国地主制经济问题。经过长期的酝酿，到 20 世纪 90 年代时，我们对该问题的看法已臻于成熟，理论框架的设计已胸有成竹，资料准备也基本就绪，于是在 1994 年以《中国地主制经济论》为题，向国家社科基金申报课题，1995 年正式立项，并获拨款。在写作过程中，李先生负责元代以前这一部分的撰写，我负责明清部分撰写。经过六个寒暑的艰辛工作，课题顺利完成，2000 年年底上报结项。令人遗憾的是，此时李公却已仙逝，这对本课题研究是巨大损失。

　　本课题原计划分三步走，第一步完成地主制经济下的封建土

中国地主制经济论——封建土地关系发展与变化

地关系发展与变化的研究；第二步完成地主经济制下生产力的发展与破坏的研究；第三步完成地主制经济下的商品经济的发展与萎缩的研究。现奉献给读者的是第一部分，其余两个部分将继续写下去，把我们的共同心愿完成。

本书主要内容是通过对中国封建土地关系发展和变化的研究，探讨中国地主制经济发展变化规律及特点。整体构架除绪论外，分上下两编。上编为封建领主制经济向地主制经济过渡，下编为地主制经济发展与变化，断代论述。本书主要论述如下四个问题。

①西周领主制经济发展概况及东周时期向地主制经济过渡历程。迄今为止，国内绝大多数学者都还认为西周为奴隶社会，经过长达几十年的探讨，我们认为西周已是封建社会，社会经济发展受领主制经济所制约。到东周时期，原有的土地关系逐渐发生变化，土地分封制逐渐被土地私有制所代替，随之而来的是领主制经济逐渐为地主制经济所代替，农奴逐渐为租佃农民所代替，到秦汉时期地主制经济体制已初步确立。

②中国地主制经济的特点。秦汉以来的封建经济为什么被称为地主制经济，它有什么特点？这是中国经济史研究中必须首先解决的问题。从领主制经济过渡到地主制经济后，这种经济体制为主导的封建社会经历了两千多年，在这两千多年中，中国封建社会一直存在着多种经济成分并存的经济结构，如地主所有制、农民所有制、国家所有制、个体手工业及商人所有制等。这些经济成分在不同时期此消彼长，但以地主所有制为主导地位的结构却始终没有改变，地主占有租佃农大部剩余劳动也没有改变，从而在整个地主制经济时代的封建社会性质也不会改变，鉴于地主经济在整个经济体制中所发挥的决定性作用而言，称这种经济体制为地主制经济。中国地主制经济相对西欧领主制经济来说，具有如下几个方面的特点：第一，地权体现形式不同。在地主制经济下，土地可以买卖，地权分配状况变动无常。地主制经济不是

严格等级所有制，从而反映土地制度的灵活性。第二，封建依附关系的差异。中国由于土地产权经常变动，尊卑贵贱等级关系不是同土地产权连生的，租佃农虽由于佃种土地对地主发生人身依附关系，但对封建地权来说它是外加的，土地主权可以脱离人身依附关系而独立存在。佃农依附关系的强弱可因地主权势的大小和有无而不同。尤其值得注意的是，人身依附关系强弱可因历史时期而不同，在地主权势嚣张的时代，封建依附关系可强化；在地主制经济正常运行时期，封建依附关系可以削弱。总的发展趋势是在整个封建时代，人身依附关系总是由强化到削弱，最后趋向松解，这时租佃农对地主只有单纯的纳租义务关系。但人身依附关系无论发生什么样的变化，地主占有租佃农大部剩余劳动并没有改变，而封建社会性质也就不会改变。第三，地租形态不断变化。秦汉以后实物分成租已占主导地位，宋以后，国有土地率先实行实物定额租。而后实物定额租逐渐向民田发展，至清代前期，实物定额租代替实物分成租而居主导地位。同时，押租、预租在发展，货币地租在成长，超经济强制逐渐为经济强制所取代，地主对农民生产过程的监督逐渐向收取押租或预租方向转化。第四，市场经济既发展又不发展。由于个体农民占地很少，生产的产品主要是粮食，地主占地多，但收取的只是单一的产品，都无法实现产品自给自足，只有通过市场交换，才能实现使用价值自足，因而存在广泛的市场，但每当国家对农民、地主对佃农的压迫和剥削加重时，农民负担繁重，对市场需要就会受到抑制，从而又影响到市场的发展。这点与西欧领主制下自给自足的自然经济是有差别的。

③地主制经济发展与变化。这是本书论述的中心问题。从秦汉至清末，中国封建经济发生一系列变化，如秦至西汉是地主制经济初步发展期，由东汉至南北朝是地主制经济逆转倒退阶段。至隋唐时期，地主制经济又逐渐摆脱畸形状态进入正常发展轨道。社会经济遂也进入正常发展时期，宋代社会经济继续保持

发展势头，是地主制经济获得高度发展期。元代由于权贵势力嚣张，社会经济出现短暂逆转。明清时代地主制经济进入第二个高度发展期，其间虽然出现短暂逆转，但很快又转入正常发展轨道。中国地主制经济这种高低、曲折的发展变化过程受地主所有制制约。地主所有制有两个主要组成部分，一个是土地产权，一个是封建依附关系。两者的发展变化，尤其封建依附关系（贵贱等级及依附关系）的发展变化，最能突出封建时代的特征和社会经济发展的阶段性及其趋势。

④资本主义萌芽产生标志及其停滞原因。关于资本主义萌芽问题前人已经作了许多研究，仅论文集就出了四部，取得丰硕成果，本书不打算再全面讨论这个问题，仅就意见分歧较大的问题提出我们的看法。如中国资本主义萌芽产生于何时问题，持战国说者有之，持唐宋说者有之，持明清说者有之，持没有萌芽说者有之。原因何在，如资料不足等都是问题，但更主要的还在于对萌芽产生标志的认识。货币持有者自古有之，身份性雇佣亦自古有之，为什么当时没有产生资本主义萌芽呢？关键在于当时还没有出现身份自由的雇佣劳动，所以当时尽管有货币与雇佣劳动的相结合，但还是构不成资本主义萌芽的产生，只有自由劳动出现，并与货币相结合，资本主义萌芽才具备产生条件，我们再次强调自由劳动的产生才是萌芽的标志。中国资本主义萌芽早在明嘉靖万历年间就已产生，但到鸦片战争前还停留在封建社会阶段，这是何原因造成的？我们认为造成萌芽早出现而又迟滞的原因是因为市场经济既发展又不发展的结果。在地主制经济体制下，无论是地主或是农民、手工业者、商人，他们只有通过市场交换价值形态才能实现自给，所以市场有广泛的发展前景。当社会经济处于发展时期，农民、手工业者经济状况得到改善，人们需求旺盛，市场繁荣发达，这时持有货币的人就会纷纷设厂、建农场、开商店，以实现资本增值，这时萌芽显得生机勃勃。每当王朝进入后期以后，由于政治腐败，战争频繁，农民赋税、徭役

以及各种科派接踵而至。与此同时，土地兼并也在不断进行，原有自耕农不断沦为地主的佃户。农民在官府、地主双重压迫和剥削下，社会经济遭到严重破坏，农民纷纷破产，家庭经济收入严重恶化，这时人民的消费被压缩到最小值，市场因社会需求减少而萎缩，工厂破产，商店倒闭，农场转为出租经营，资本主义萌芽又呈现出迟滞状态。这时地主制经济就成了社会发展的桎梏。

本书指导思想和研究方法。本书写作自始至终贯彻历史唯物史观，以实事求是精神为指导，既不在前人研究成果上原地踏步，也不脱离历史事实求所谓创新，而是在尊重历史事实前提下，吸收前人研究成果的基础上求创新、求发展。在整个研究过程中，既注意纵向联系，同时也注意横向联系，既看到事物发展前后过程，也看到事物发展变化左右关系。在论述过程中既运用演绎法，也使用归纳法、比较法、计量法等。如前人在研究明清土地买卖时，有两个问题很分歧，一是关于买卖中"优先权"问题，二是土地买卖周期问题。由于前人研究对计量的忽视，所以问题很难说清楚，本书运用计量方法来研究这个问题，就取得事半功倍效果。又如资本主义萌芽产生于何时问题，意见很分歧，通过比较分析，我们找出自由劳动产生是萌芽产生标志，这有利于各观点趋同化。多种研究方法运用，使本书论证更严谨，更透彻，更具说服力。

本书在研究过程中首先从搜集资料着手，而后进行专题研究，最后在专题研究基础上写出专著。本课题创意萌发于20世纪50年代，经过40多年的探索，先后发表论文50多篇，出版相关专著4部，如《明清时代的农业资本主义萌芽问题》《明清时代封建土地关系的松解》《清代漕运》《中国宗法宗族制和族田义庄》。

本书在写作过程中还注意了三个问题：

①理论创新，本书以地主制经济论为中心线索，贯穿全书始终。中国地主制经济是指一种经济体制，这种经济体制是以地

中国地主制经济论——封建土地关系发展与变化

主所有制为中心，包括个体农民所有制国家所有制以及个体手工业、商业在内的所有经济成分。这些经济成分在不同历史时期，互有消长，所以中国历史经济发展长河呈现出多姿多彩，既造就了中国成为世界经济大国，也造成了中国经济落后。本书之所以能够较好地解释中国经济史发展的种种现象，得益于理论创新。与此同时，在论述过程中，我们还提出许多新见解，如农民生产积极性发挥是社会历史发展的动力；市场经济既发展又不发展是中国资本主义萌芽早发而又迟滞的原因；生产劳动者农民的剩余劳动主要归谁所有，他们对谁发生人身依附关系，受谁的直接超经济强制是判定私有土地与国有土地的标志；一田二主或一田三主不是租佃关系，而是在封建社会后期出现的新的土地所有制形式等。这些问题的提出对推进中国经济史研究上一个新台阶有积极意义，对创立中国特色的封建经济理论走出坚实一步。

②富有现实意义。经济体制确定后，并不等于经济就可以顺利地发展了，经济要发展，还要不时地调整各经济成分之间的关系，如在地主制经济体制中，让地主所有制无限制扩大、膨胀，农民所有制就要削弱，大量自耕农就会向租佃农转化，主佃间依附关系得到强化，农民生产积极性就会削弱，经济发展就会倒退，生产关系就会逆转，这种变化已为中国经济发展所验证。要使经济得到持续发展，必然依据经济发展情况，随时调整各种经济成分之间的利益关系。此外，当经济体制变成经济发展桎梏时，必须及时加以转变，否则就会阻碍经济发展。任何一种经济体制都是在一定历史条件下产生的，如果历史条件已发生变化，原有的体制还在延续的话，就会转化为经济发展的绊脚石。本书的价值就在于对经济发展提供的理论借鉴。

③资料翔实、丰富、有特色。本书每个观点的论证，都以丰富史料为依据。所用资料除官书、方志、笔记、个人文集之外，还使用了大量的档案材料，如编审册、地契、税册、分家书、族谱等，取材面更广，同时也使论证更为扎实。

本书不但酝酿时间长，写作时间也达 6 年之久，尽管如此，不足之处还是难免，敬请方家斧正，以便修改，使本书更臻完善。

本书出版得到国家社会科学基金和中国社会科学院经济研究所大力资助，特致感谢！

当本书付梓之际，可告慰李先生，愿先生含笑九泉。

江太新

2001.11.9

中国地主制经济论——封建土地关系发展与变化

目 录

上编　封建领主制经济向地主制经济过渡

中国地主制经济论——封建土地关系发展与变化

下编　地主制经济发展与变化

目

录

中国地主制经济论——封建土地关系发展与变化

目
录

中国地主制经济论——封建土地关系发展与变化

目
录

绪　论

一、中国地主制经济基本特征

为了论述封建社会时期地主制经济的灵活适应及制约功能，有必要先对地主制经济特征作一简要介绍。

中国从春秋战国过渡为封建地主制经济以后，以这种经济体制为主导的封建社会经历了两千多年。在这两千多年间，政治、经济以及意识形态在不断发展变化。是什么因素在制约着这种发展变化呢？原因极其复杂。诸如国家所采行的政策措施，工农业生产及商品经济的发展，各个历史时期民族之间的相互关系等，都曾起过极其重要的作用，但其间地主制经济体制本身所起的制约作用尤为不容忽视。在历史长河中，地主制经济体制在不断发展变化，与之相适应，政治、经济、意识形态等也在发生相应的变化，我们所说的制约功能即此。

1949 年中华人民共和国建立以来，史学界曾围绕历史上出现的一些重大问题，尤其有关社会经济的诸多问题，展开了热烈讨论。人们几乎对每一个重大问题都有数种不同的意见。其间又有几种不同情形，或根据不同资料作出自己的论断，或对同一资料作出不同理解，还有的简单地把经典作家一言一语作为立论根据。❶ 在讨论过程中，有一个较为关键的问题往往被人们所忽

---

❶ 我们并不否认经典理论的正确性，但经典作家的一切论断都是从历史实际出发的，经典作家对个别地区情况所作论断不一定完全符合实际。

视，即地主制经济的制约作用似乎不太被重视。如把它作为中心线索，用以对历史上出现的一些重大问题深入探索，进行仔细考察，可能会得出比较接近或符合历史实际的论断。

本书所谓地主制经济，指以地主所有制为主导包括农民所有制、各类官公田地在内所形成的各类生产关系的总和及由此构成的整个经济体制（包括个体手工业及商业）。这种经济体制与欧洲中古封建领主制经济不同，它具有极大的灵活性和适应性，农民生产积极性较高，在一定范围内能自动调节改革以适应生产的发展，从而具有顽强生命力，也具有较大坚韧性。因此中国在整个封建社会时期，工农业尤其是农业能发展到较高水平，在这方面远超过同时期的西欧封建领主制。与之相适应，并出现一套完整而周密的政治体制，同时以光辉灿烂的精神文明贡献于世界。但也正是由于地主制经济体制的顽强坚韧，后来又变为束缚社会经济进一步发展的桎梏，最后影响了中国资本主义经济的发展。

中国地主制经济，与西欧封建领主制相比，具有自己的特点。一是地权体现形式不同。西欧领主制，土地是由国王按每人所处等级分封的，基本不能买卖，产权由各级领主长子世袭，是严格的等级所有制。等级与阶级是一致的。等级是阶级差别的一种体现形式，阶级差别是按人的等级划分而固定下来的。每个人的等级地位不变，阶级地位遂也固定不变，是一种僵化的土地制度。在这种条件下，一个封建领主庄园不只是一个经济实体，同时也是一个政治实体。中国地主制则不然，土地可以买卖，地权分配状况变动无常，一般情况是，在一个封建王朝前期，经过农民战争或长期战乱之后，旧有土地关系被打乱，地权趋向分散，农民小土地所有制占据较大比重；到中后期，经过土地买卖兼并，地权趋向集中，地主大量出现，其中就有由农民发展起来的中小庶民地主。总之，中国地主制经济不是严格等级所有制，从而反映出土地制度的灵活性。这时一个地主田庄只是一个经济实体，在政治上要受地方政权的直接统治。这种关系和西欧领主制也不相同。

二是封建依附关系的差异。西欧领主制，由于一个封建领主所占土地产权是永恒不变的，土地遂具有主人的阶位；土地像封建领主的非有机机体，封建依附关系遂构成封建地权的一种固有属性。在该封建领主剥削下的农民，遂也世代相传，对封建领主具有强烈的人身隶属关系，这种农民实际是近乎奴隶地位的农奴。

若中国地主制经济则不然。由于土地产权经常在变动，尊卑贵贱等级关系不是同土地产权连生的，租佃农虽由于佃种土地对地主发生人身依附关系，但对封建地权来说它是外加的，土地主权可脱离人身依附关系而独立存在，就是说人身依附关系不是地权的固有属性。正是由于这种关系，人身依附关系的强弱可因地主权势的大小和有无而不同，如地主具有官僚身份，封建依附关系可以强化；如果是一般庶民地主，封建依附关系可以相对削弱。尤其值得注意的是，人身依附关系的强弱时期可因历史时期而不同，在地主权势嚣张的时代，封建依附关系可以强化；在地主制经济正常运转时期又是一种情况，如在某些历史时期，社会上一度出现过严格等级关系，但这种严格等级制难以长期持续，在整个地主制经济时代不占主导地位，经过一个时期的持续，最终又退出历史舞台，进入正常运转轨道。总的发展趋势是在整个封建时代，人身依附关系总是由强化到削弱，最后趋向松解，这时租佃农对地主只有单纯的纳租义务关系。但人身依附关系无论发生什么样的变化，地主占有租佃农大部剩余劳动并没有改变，从而在整个地主制经济时代的封建社会性质也不会改变。由此可见，有的研究者简单地根据马克思关于中古欧洲封建领主制的封建依附关系来论证中国封建社会时期的地主制经济，是不十分妥当的。

最后，关于中国地主制经济的基本内核——封建所有制的两个组成部分所具有的特点加以补充说明，其间封建地权不是僵化不变的，地租形式也在不断变化中。关于封建依附关系，则伴随贵贱等级关系的变化，地权分配的变化，农业生产及商品经济的发展，以及农民阶级的反抗斗争等，在不断发展变化。但这种变化有一个发展过程，总的趋势是由强化、削弱以至松解，农民社会地位逐渐上升。以上土地产权的变化和封建依附关系的变化，系地主制经济体制的发展，由这种种发展变化体现了地主制经济的灵活性、适应性。在整个封建社会历史时期的很多重大历史问题，尤其是有关社会经济的一些问题，每伴随这种发展变化亦步亦趋，从而显示出地主制经济的巨大制约作用。这种关系，下面试就过去我们曾经接触过的几个问题作为示例，加以说明。

在全面论证地主制经济制约作用之前，须先搞清楚土地私有和国有问题。先弄清这个问题，更有助于分析地主制经济的特点及所起的巨大制约作用。

在 20 世纪五六十年代，历史学界曾经围绕中国封建社会时期土地国有和私有问题展开热烈讨论。有的研究者简单地根据马克思所说"东方没有土地私有权""国家是最高土地所有主"之类论述，论证中国封建社会时期的土地为国有制；有的研究者从国家对土地的严格控制，把国家主权和土地所有权混同起来强调国有制；有的单纯从土地的买卖、继承和土地契券等人对自然的法权关系论证土地私有或国有。因此，史学工作者每根据相同的历史资料作出相反的论断，就不足为奇。这种矛盾现象的产生主要是由于进行论证的思想方法问题。我们认为要撇开法权观点和国家主权观点，而着重于经济关系的分析才能对这个问题作出正确的论断。

所谓经济关系即生产关系。中国地主制经济，它具体反映于封建所有制的两个组成部分，即前面所说的土地产权和封建依附关系。通过土地关系，生产劳动者农民的剩余劳动主要归谁所有，他们对谁发生人身依附关系，受谁的直接超经济强制，谁就是土地所有主。离开人的经济关系，就看不出谁是剩余劳动的主要占有者，看不出农民和地主的封建依附关系，无法区别国家主权和土地所有权这两个不同的概念，当然也就无法区别土地的国有或私有。最后，也无助于揭示封建社会的阶级关系和封建剥削的性质。

通过经济关系的分析，很容易划清田赋和地租的界限，划清土地所有权和国家主权的界限，并突出社会阶级和等级关系。至于法权关系，只能作为考察经济关系的辅助说明。

通过经济关系的分析，其通过土地关系榨取农民剩余劳动的，并和农民发生直接人身依附和超经济强制关系的，如果是封建国家那就属国有或公有制，如国家屯田、地方学田就是这种情形；如果是私人地主就属私有制，如官绅地主、庶民地主的土地以及勋贵庄田等就是这种情形。勋贵庄田就法权关系而言是禁止买卖的，族田义庄有的也得到国家法令保护而不准买卖，但这并不影响其私有性质。至于自耕农民所耕种的民田，农民所创造的剩余劳动，除其中一小部分以田赋的形式上交国家之外，其余部分不以地租的形式归国家或私人地主，而归农民自己所有；因为农民自己占有该剩余劳动产品，当然也就无须乎任何形式的封建依附关系及超经济强制。这种所有制只能是农民土地所有制。据此分析，不只历代农民通过垦荒、购买、继承所获得的土地是农民私有地，南北朝隋唐推行的均田制时期由国家分配给农民的土地也属于农民私有制。当然，这时的自耕农仍要受封建国家的统治，租佃农也不例外。

总之，关于土地私有、国有问题，要通过经济关系的分析，即农民创造的剩余劳动主要归谁所有；在地主所有制条件下，农民对谁发生人身依附关系。以上两者是论断私有或国有的基本标志。同时要区分田赋和地租的界限，要摆脱单纯法权关系和国家主权关系的框架，更不能根据马克思所谓"东方没有土地所有权"的提法论证中国封建所有制为国有制。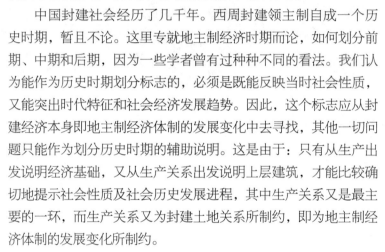❶ 这个问题先搞清楚，有助于论述地主制经济的制约作用。

二、地主制经济的发展变化与封建社会历史分期问题

为了有助于论述地主制经济发展变化的制约作用，须先把中国封建社会时期历史分期问题搞清楚。关于这个问题的看法，我们认为也须把地主制经济的发展变化作为划分标志。

中国封建社会经历了几千年。西周封建领主制自成一个历史时期，暂且不论。这里专就地主制经济时期而论，如何划分前期、中期和后期，因为一些学者曾有过种种不同的看法。我们认为能作为历史时期划分标志的，必须是既能反映当时社会性质，又能突出时代特征和社会经济发展趋势。因此，这个标志应从封建经济本身即地主制经济体制的发展变化中去寻找，其他一切问题只能作为划分历史时期的辅助说明。这是由于：只有从生产出发说明经济基础，又从生产关系出发说明上层建筑，才能比较确切地提示社会性质及社会历史发展进程，其中生产关系又是最主要的一环，而生产关系又为封建土地关系所制约，即为地主制经济体制的发展变化所制约。

中国地主制经济时代虽有多种所有制，但起主导作用并能突出时代特征的是封建地主所有制。如前所述，地主所有制有两个主要组成部分，一个是土地产权，一个是封建依附关系。两者的发展变化，尤其是封建依附关系的发展变化，最能突出封建时代的特征和社会经济发展趋势。这就是我们据以划分历史时期的理论依据。

中国封建地主所采行的剥削形式主要是土地出租，也有少数进行直接经营，因此，封建依附关系的变化又主要表现为租佃关

---

❶ 关于这个问题的研究，请参见李文治《关于研究中国封建所有制形式的方法论问题》，《经济研究》1963年第5期。

系及雇佣关系的变化。从租佃关系变化而言，马克思曾对欧洲领主经济的封建依附关系做过如下概括：农民不自由的程度，"可以从实行徭役劳动的农奴制减轻到单纯的代役租"，一直过渡到资本主义社会时期，地权才摆脱了一切政治的和社会的"一切传统的附属物"，即清除封建依附关系的残余。马克思这种论断，用来论证中国封建社会历史也是符合历史实际的。在中国地主制经济时期，这种封建依附关系，体现为贵贱等级及依附关系的变化，它有一个由强化到松解的发展过程。在封建生产关系不断再生产的历史长河中，伴随社会经济的不断发展而产生的这种变化，最能显示出封建社会历史发展的阶段性。

据此，由春秋战国至明清两千多年间，以地主制经济为主导的封建社会可划分为几个不同历史时期。

春秋战国是地主制经济形成期，从略。关于由秦汉至明清，划分时期的标准，主要以地主制经济变化为依据，同时也考虑政治朝代问题。为此，先按朝代划分为前期、中期和后期，有的再按地主制经济发展状况划分为几个不同历史阶段。

（1）由秦汉至南北朝是封建社会前期。其间秦至西汉是地主制经济初步发展期。在这一时期，先是地权相对分散。农民小土地所有制占据较大比重。至汉武帝时，地权逐渐集中；到西汉后期，地权集中高度发展。对此，王莽曾计划改制，因受到权贵地主反对而失败。东汉建制，门阀权贵地主剧烈滋长，这时的豪族强暴，"膏田遍野，奴婢成群，徒附万计"。徒附主要指租佃农，他们"奴事富人，历代为虏"。此后魏晋南北朝时期，门阀豪族对土地的垄断更突出，同政权的联系更加密切，或以地主身份入仕，高官厚禄；或依势扩大占地规模。这类地主主要是同政权的密切结合，由中央到地方，一切政权都操纵在他们手中。于是在社会上形成一种特殊等级门户。由于这种关系，出现所谓士庶之别。这时所谓士即指权贵地主。这时等级关系和阶级关系基本吻合，权贵等级都是大地主，庶民主要是农民下户。士庶等级差别日益加剧，贵贱等级关系尖锐对立，农民社会地位严重下降，封建依附关系日益强化。从此中国地主制经济呈现过去罕见的畸形状态。总之，在封建社会前期，分成两个阶段，由秦至西汉是地主制经济正常发展阶段，由东汉历魏晋至南北朝是地主制经济逆转倒退阶段。

（2）隋唐至宋元是封建社会中期。隋唐时代，地主制经济又逐渐摆脱畸形状态进入正常发展轨道。但其间也有一个发展过程，唐中叶以前，旧世族地主虽然逐渐退出历史舞台，但它的残余影响仍严重存在，新发展起来的权贵地主仍大讲门第之风，这种现象一直到唐中叶后，才发生较大变化，贵贱等级关系才逐渐削弱，地主制经济才又进入正常轨道。此后在地主制经济正常发展条件下，社会经济正常发展。

宋朝最初的七十余年，有"民殴佃客死"者，"论如律"，判田主以命抵案例，跟凡人之间相犯的处理没有差别，可能正反映庶民地主有所发展的情况。但是，此时佃农又被牢牢地束缚在土地上。包括了江南及珠江流域绝大部分的江淮、两浙、荆湖、福建、广南等路的广大地区内，佃客均不得随时离开本土；如要迁徙，必须得到主人的同意，并发给凭由方可。宋代缙绅地主的势力仍是相当强大的。但随着社会经济的发展，社会对劳动力的需求大为增加，要求有更多劳动力投向市场，满足工商业发展需求。同时，农民为了摆脱地主人身束缚，也进行不懈斗争，至宋仁宗天圣五年（公元 1027 年）时，政府为了适应变化的社会经济情况，制定了"自今后客户起移，更不取主人凭由"之法。该法律条文制定，标志着主佃关系得到进一步松解。但法律的推行并不平衡，也不是一朝一夕之事，因此，该法制定后，也有一些反复情况。但从总的趋势看，主佃之间关系的松解是历史的必然。

不过，宋元时代，主要是宋代，地主制经济发展较快，这时农民小土地所有制一度占据极大比重，庶民类型地主大为发展。

这类农民，尤其是自耕农民能够较大地发挥生产积极性，所以这一时期农业生产相对发展，商品经济也随之有较大发展。

元代的私田佃客（地客）在很大程度上继续了南宋统治时期所处的状态，在元军占领三四十年后，买卖佃客的情况仍然存在。

元代地主和佃户间的法律身份关系不是十分明确的。田主殴死佃客却和良人殴死他人奴婢一样，断杖一百七，征烧埋银五十两。就这一点看，佃客的法律地位甚为低下，几近奴婢了。而在司法过程中，有的田主伤害佃客案件所判比律定的殴死佃客处分还要重些，佃客的实际法律地位，又不像规定的那么低下。总的说来，元代的舆论和司法大抵是承认"所谓地客即系良民"的。这比宋代有了较大的进步，反映了在主佃关系方面，实际生活中已比僵化的法律条文松弛得多了。

由此可见，在这一时期也可划分为两个阶段，隋唐是第一个阶段，宋元是第二个阶段。在第二个阶段中，其中的宋代是地主制经济高度发展期，元代的农业经济也有一定程度的发展。

（3）明清时代，地主制经济进入第二个高度发展期即封建社会后期。明清时代，地主制经济的发展变化，一是庶民类型地主的较大发展，二是封建等级关系进一步削弱，封建依附关系趋向松解。由于地主制经济进一步发展，农民能较大发挥生产积极性，这种发展变化为工农业生产及商品经济进一步发展创造了条件。

但在清代前期，这种关系一度出现逆转。清朝建制，满族将原有落后的主奴习俗带入关内，这种情形在旗地广泛推行的北方尤为突出，部分农民社会地位下降，有的原来凡人等级的农民沦为具有奴仆性的贱民，这是历史上的一次倒退。这种现象至乾隆朝才逐渐发生变化，地主制经济进入正常发展轨道。这种关系在经君健所著《清代社会的贱民等级》一书曾进行了周详论述。

关于庶民地主问题，在历史上很早就出现了，问题是这一历史时期又进一步发展。这时这种发展具有划时代意义，它影响了土地关系中贵贱等级关系削弱及封建依附关系进一步松解。研究明清时代地主阶级问题，用封建等级关系的变化即封建依附关系的削弱进行分析，比用地主占地多寡即大中小地主进行划分，更能突出时代特征和问题的实质。当然，明太祖朱元璋也曾经说过："食禄之家与庶民贵贱有别"，并规定庶民对乡官要"以礼相见"等，但这时的贵贱等级关系和隋唐时代及以前已大不相同，尤其是庶民地主和农民阶级所形成的关系已不甚悬殊，封建依附关系趋向削弱以至松解乃势所必然。

关于封建依附关系的松解，以租佃农而言，朱明立国之初，主佃双方在法权关系方面即以对等的身份出现了，废除了宋元以前佃农和地主之间具有等级性的人身依附体制，农民享有随时退佃的自由。明代中叶，雇佣关系也开始发生变化，部分雇工，主要是短期雇工摆脱了在法权关系方面对雇主的身份义务关系。清代乾隆年间（公元1736—1795年），部分农业长工在法权方面也得到解放，成为自由劳动者。明朝时期主佃间和主雇间在实际生活及法权关系方面的这种变化，是具有划时代意义的重大变化。这时地主对佃、雇农虽仍具不同程度的超经济强制，但这时佃、雇农毕竟在身份上已成为自由劳动者，就在此时，中国在农业中有了产生资本主义关系的可能。

以上由秦汉历魏晋南北朝隋唐以至明清时代地主制经济的发展变化，最突出的表现是贵贱等级关系的变化，人身依附关系的变化。伴随这种发展变化，农业生产、商品经济等整个经济体制也在发生变化，其他政治体制乃至社会意识形态的发展变化也随之亦步亦趋。也正是这种关系，把它作为划分封建社会前期、中期、后期的阶段性标志。

在封建社会时期，在整个历史进程中，我们并不否认工农业生产及商品货币经济发展的作用，但很难据以作为划分历史时期的标志。我们更不否认上层建筑的巨大作用，尤其是高度中央集权的封建国家机器所采行的政策措施对社会经济所起的重大作

中国地主制经济论——封建土地关系发展与变化

用，但它最终毕竟为地主制经济体制的发展变化所制约。等级制度本身就是上层建筑的组成部分，它的发展对生产关系的变化起着重大作用；而它的变化，也是地主制经济和生产力发展的动力。

以上是按地主制经济发展变化划分的三个历史时期。下面即以所划分的历史时期为标志，考察宗法宗族制、农民运动和一些有关社会经济之类的课题，可以互相印证。

三、各个历史时期宗法宗族制发展变化问题

中国封建社会历史时期，宗法宗族制在很多方面起着很大作用，因此，本书先对这个问题进行论述。

宗法宗族制，在各个历史时期不断发展变化。宗法制系以血缘关系为内核，以大宗小宗为准则，按尊卑长幼关系制定的封建伦理体制，西周时期所采行的爵位与地权合一的宗子制属此。它是由封建领主制经济派生出来，为维护封建领主制的持续而服务的。关于这个问题不属地主制经济范畴，此处从略。

中国地主制经济时代的宗法宗族制和此前西周领主制时代不同，下面专就这个问题进行论述。

从东周开始，中国逐渐进入地主制经济时代，封建土地关系不断发展变化，宗法宗族制每也随之亦步亦趋。如东周时期地主制经济形成之后，由秦至西汉地主制经济逐渐进入正常发展时期，与之相适应，宗法宗族制亦由过去领主制时期的典型宗法宗族制，向一般宗法宗族制过渡并有所发展。由东汉历魏晋至南北朝，门阀特权地主高度发展，并出现所谓世族地主，地主制经济逆转，呈现畸形状态。与之相适应，则形成具有贵族特权的等级性宗法宗族制。由隋唐到宋元，先是由特权世族地主向一般官僚权贵地主过渡，以后又有庶民类型地主的出现，地主制经济逐渐进入正常运转时期，封建依附关系相对削弱；与之相适应，宗法宗族制也发生相应变化，由严格等级性向一般宗法制转化。明清

时代，伴随地主制经济高度发展，封建依附关系趋向松解，这时宗法宗族制逐渐突破等级界限，深入庶民之家。[1]总之，关于宗法宗族制的变化，魏晋南北朝和明清时代最为突出，隋唐宋元则是由前者向后者的过渡期，下面试就两者的差别加以对比。

魏晋南北朝时期，由权贵门阀户即所谓世族地主所形成的等级性宗法宗族制，具有自己的特点，即同政权紧密结合在一起。这种关系体现于具有特殊性的谱牒制。世族地主即通过按血缘关系制定的谱牒制，用以维护他的世代相传的特殊门第，以便控制各级地方政权。这种关系从曹魏开始，历两晋至南北朝皆不例外。如古史所记，"有司选举，必稽谱牒"；"中正所铨，但在门第"。门阀世族通过谱牒制维护他们世代为官的特殊地位。南朝宋、齐、梁时代，更制定"甲族以三十登仕，后门以三十试吏"的体制，以压制寒门出身的文士。这种严格等级性宗法宗族制是族权与地权、政权相结合条件下形成的，是门阀世族地主发展的特殊产物。

这时还有与世族地主并列的地方豪族强宗，他们占据坞堡、部勒族众，强化宗族势力。如东吴孙静，"纠合乡曲及宗室五六百人，以为保障"；如曹魏田畴，聚族而居，立法约束；如北魏赵郡李显甫，"集诸李数千家，于殷州西山开李鱼川方五六十里居之，显甫为其宗主"；北朝时期，"瀛冀诸刘，诸河张宋，并州王氏，濮阳侯族，一宗将近万室，烟火连接，比屋而居"。一个族姓的众多民户，都由地方豪族强宗即大地主所控制。由以形成的这类宗法宗族制，是各个地区豪族地主发展的特殊产物。这类豪族虽未被列入世族行列，但在地方上具有一定权势是不难理解的。这类宗族组织，除本姓族众外，还包括被地主压迫奴役的佃客、部曲。在这里，贫穷族众和当地农民都成为豪

中国地主制经济论——封建土地关系发展与变化

---

[1] 参见李文治《中国封建社会土地关系与宗法宗族制》，《历史研究》1989年第5期。

族强宗统治的对象。这类豪族地主是以族长身份出现的，从而把这一地区生产劳动者都纳入他们的宗法宗族体系之内。

以上两类等级性宗法宗族制，尤其是由世族地主所形成的宗法宗族制，是由当时畸形地主制经济派生出来的，变成了门阀世族、豪族强宗统治压迫农民的工具。

以上这类宗法宗族制，隋唐时代逐渐发生变化。隋唐建国，罢九品中正制，剥夺了旧世族地主部分特权。后经隋末农民战争的冲击，世族地主权势更呈现"世代衰微""累叶陵迟"现象。唐代太宗、高宗及武周时期，伴随新兴起的庶族地主即一般官僚地主的发展，对旧世族地主相继采行抑制政策，世族地主权势进一步下降，贵族等级性宗法宗族制也相对衰落。至宋元时代发生更大变化，人们的宗法宗族意识趋向淡漠，如宋人张载在《宗法》中所说："自谱废弛，人不知来处，无百年之家，骨肉无统，虽至亲亦薄。"

明清时代，地主制经济进入高度发展时期，宗法宗族制进一步突破贵贱等级关系的约束，深入庶民之家，庶民类型宗法宗族制日益发展。

庶民类型宗法宗族制的具体体现，一是编修族谱普遍化。魏晋南北朝时期，入谱牒的族姓只限于门阀世族之家。庶民户修谱是以后的事，到明清时代才逐渐普遍化。二是建庙祭祖普遍化。宋代以前，一般庶民之家不准建祠立庙。明初定制，庶民祭祖限于曾祖以下三代。明嘉靖十九年（公元 1540 年）下令，天下臣民皆得建立家庙追祭始祖。从此打破过去等级关系的限制，立庙祭祖遂普及庶民之家。三是族祭田的发展。族田始于宋代，明清时代迅速扩大，租谷收入除用以祭祖之外，主要用于赈济贫族。就在宗法宗族制深入庶民之家时，人们的尊卑血缘思想及贵贱等级关系趋向淡漠。明万历年间，管志道说：少长贵贱关系，"盖至于今二义俱不讲矣"。清人魏象枢说："贵贱尊卑之等差，动辄紊乱。"贵贱等级关系的削弱乃势所必然。在人们宗族血缘思想趋向淡漠的同时，宗法宗族组织却趋向强化。

明清时代宗法宗族组织强化是同这种组织的政治作用有关系的，这时它对封建社会秩序及封建政权起着一定维护作用，从而获得上层的支持。一是维护封建法纪，如江苏海安崔氏《族约》，有"教训子孙，各安生理，毋作非为"条；安徽谯国曹氏《家训》，有"朝廷法度是人宜守"条等。二是保证国家税收，如浙江山阴县吴氏《家法》，规定"完纳钱粮，成家首务，必须预为经划，依期完纳"；如安徽桐城县戴氏《家规》，规定"钱漕乃天庾正供，凡族中有田亩者，每年夏税秋粮早为完纳"。三是在宗族势力较大的长江流域以南某些地区，宗族组织同地方保甲合而为一，起着更为巨大的作用。如明朝王守仁在江西制定的《赣南乡约》，他把政治和宗族联系在一起，使宗法伦理作为地主行政的一种辅助。到清代又向前推进一步，如清人冯桂芬《复宗法议》所说：宗族和保甲，"一经一纬"，"变则团练习于合力"。冯氏意图，把宗族组织和地方团练联系起来作为维护地方治安的一种手段。在太平天国时期，湖南地方政权就曾用这种办法对付太平军。广东省宗族组织也曾组织起来镇压当地农民暴动。这时的宗法宗族制，由宣传和维护封建伦理，进而令人遵守封建法纪，乃至组织武装维护封建政权，宗法宗族的政治性日益强化。

总之，魏晋南北朝时期，在以门阀豪族地主为基干而形成的畸形地主制经济制约下，形成严格等级性宗法宗族制，门阀豪族藉以维护自己家庭的私有制。明清时代，宗法宗族制深入庶民之家，对整个封建统治起着维护作用。导致这种发展变化的最终根源是封建土地关系的变化，在这里，更突出了地主制经济发展变化的巨大制约作用。

四、各个历史时期农民运动反封建问题

中国封建社会各个历史时期，爆发过多次反封建的农民运

动，但每次运动所反对的具体内容有所差别，所提的纲领口号，为当时地主制经济发展变化状况所制约，这种关系反映得更加清楚。

如前所述，封建所有制主要包括两个组成部分，一个是土地产权，另一个是封建依附关系。农民运动所反对的，有时以地主的土地产权为主，有时以封建依附关系为主，有时两者并提。这种差别的产生，决定于当时封建土地关系的状况。

关于土地产权，集中或分散，因历史时期而不同。一般情况是，在每一个封建王朝前期，经过前朝农民战争的冲击，或由于长期战乱，地主阶级遭到打击，地权趋向分散；经过一个时期稳定，官僚及富商进行兼并，地权又趋向集中，这时地权问题即阶级关系变成社会主要矛盾，农民运动把反对地主土地产权作为斗争主要对象。

关于封建依附关系决定于封建等级关系，具体体现为地主对农民阶级的人身压迫。这种人身压迫有时削弱，有时强化，因时期而不同。当人身压迫过于强化时，封建等级关系变成当时社会主要矛盾，这时农民运动把争取人身自由作为主要斗争目标。但在整个封建社会历史时期，封建依附关系问题和封建地权问题，两者的消长有所区别。地权分配问题，有时集中，有时分散。封建依附关系问题，发展总趋势是先有一个由形成、发展到强化的过程，然后再由削弱趋向松解。其间有时由削弱趋向强化，但这种逆转趋势并非地主制经济发展正常现象，乃是一种畸形状态。总之，从封建依附关系的正常变化考察地主制经济的发展，把它作为一条中心线索，有利于论证历代农民运动反封建性质。下面就由秦汉到明清时代农民运动反封建性问题加以论述。

由秦至西汉，是地主制经济开始发展的时期。西周领主制经济时期贵贱等级森严的等级制，经过春秋战国时期长期战争基本被打垮，同时经过改制，把农民耕种的私田改为农民私有制，农民小土地所有制大量出现。这时有部分旧领主成为地主，就在这时地主制经济开始萌生。但由秦一直到西汉，地权相对分散，尤其是秦朝数十年间，实行令农民自实田制，农民所有制占据统治地位。这时期农民所痛苦的不是土地问题，而是国家专制暴政和繁重赋役，因此陈胜、吴广所领导的农民起义还没把土地问题提到日程上来。这是地主制经济开始正常运转时期的特有现象。此后，西汉末年的绿林、赤眉起义，这时土地兼并激烈，赋税徭役繁重，刑罚残酷，社会生产力受到破坏，连年灾荒，农民疾苦，但这时起义农民没有提出进行斗争的口号。

由东汉历魏晋至南北朝时期，由于权贵门阀地主的发展，地主制经济出现倒退。这时贵族官僚地主专政，由中央到地方皆不例外，于是门阀地主权势嚣张，贵贱等级关系特别突出。这时的生产劳动者，客户部曲沦为佃户者人数众多。二是有不少人沦为奴隶，他们对地主都具有严格人身隶属关系。三是很多自由民沦为贵族豪宗的依附农。这时的贵贱等级关系，如史书所说：“魏晋以来，以贵役贱，士庶之科，较然有辩。”整个社会陷入一个贵贱等级森严的黑暗时代。这时一般编户齐民身份地位也相对低落。就这样，中国地主制经济陷入畸形状态。这时地权和地租剥削问题也很严重，而贵贱等级及人身压迫问题尤为突出，这种关系变成这一时期的主要矛盾。正是在这种条件下，有人利用某些佛教教义，如“是法平等、无有高下”，（意思是说要废除贵贱等级差别，争取众生平等），这是符合广大农民要求的。这时农民阶级如果发动农民运动，就会利用这类口号。

由隋唐至宋元，地主制经济进入正常发展阶段。封建地权，集中分散变动无常，封建依附关系趋向削弱，但佃农所遭受的人身压迫仍很严重。以唐代而论，租佃农民仍被束缚在土地上，这时国家定制，若佃户逃亡，地方官吏须协助追捕；双方在法权关系方面处罚轻重也是不平等的。宋元时代，主佃间等级差别稍有改善，但佃农人身自由仍受极大限制。北宋仁宗天圣五年（公元 1027 年）前，佃农不能自由退佃迁徙，若要迁徙，须经主人发遣，"给予田凭，方许别往"。天圣五年后，虽规定"客户起移，更不取主人凭由"，但需一年农事毕，"商量去往"，"即不得非时衷私起移"。不过毕竟较前有所改善，佃农和地主在法权关系方面也不平等，地主殴打佃户，减轻处罚。在实际生活中，如当时人所论，地主对佃户"鞭笞驱役，视以为仆"。在这一时期起义农民斗争的目的，反映于所提出的"均平"二字，如唐代农民领袖王仙芝称"天补平均大将军"，黄巢称"冲天太保平均大将军"等，这时"平均"二字可理解为财产上的平均和人身的平等。北宋农民领袖王小波、李顺以"均贫富"相号召，方腊袭用南北朝起义者"如是法平等无有高下"的口号，南宋农民领袖钟相、杨幺则将"等贵贱"与"均贫富"并提。这时农民阶级所提的要求可概括为以下两点：一是反对贵贱等级关系的压迫，争取人身自由；二是争取财产上的平均。所谓"均贫富"主要指土地问题。这时的农民运动，把平均地权和废除人身压迫问题一同提到日程上来，这是地权问题更加突出的具体反映。这和两晋南北朝时期农民运动单纯反封建等级关系，争取人身自由的纲领口号不同了。

到地主制经济进入高度发展时期的明清时代，农民运动提出的斗争口号发生了更大变化。先是这时佃雇农的社会地位及法权关系发生较大变化，在明代律例中再无关于佃农迁徙的规定，说明佃农在法权关系方面已可以自由离开地主土地。明代中叶，明确了短期雇工的凡人地位，明代后期，其未写主雇文契的长工如犯刑法，有的也按凡人判处。到清代前期，除官绅特权阶层使用僮仆外，所有长短工都变成自由雇佣，法权关系完全平等了。以上佃雇农身份地位的改善是一次具有划时代意义的重大变化，从此，封建所有制两个组成部分，人身依附关系已不是主要问题，而封建地权变成了主要矛盾。就在这种条件下，明末农民领袖李自成提出了均田问题。

李自成占领河南时，先提"均田免粮"的口号，后来攻占山西时又提"贵贱均田"的口号。"均田"系针对地权集中而言的，反映了广大佃农的要求；"免粮"系针对田赋重出发的，反映了广大自耕农的要求。其间主要是"均田"。当时李自成所派遣到山东诸城县的地方官，曾"以割富济贫之说明亦通衢"，令农民将过去卖给地主的土地："产不论远近，许业主认耕"。有的地主因此而丧失了他们的部分地产。山东诸城县县官的改革措施，反映出农民对改革土地、实现平均土地产权的要求。

此后清朝太平天国革命，提出改革土地的"天朝田亩制度"，将这个问题又向前推进了一步。

明清时代农民战争关于解决土地问题的要求，标志着中国农民战争史进入了一个新的历史发展阶段，在人身依附关系趋向松解之后，地权分配问题成为一个更为突出的问题。

由以上事例，从秦汉起，历魏晋南北朝隋唐宋元至明清，农民运动、农民战争连绵不断，他们所提出的纲领口号，伴随地主制经济的发展而不断发生变化，由反对暴政、人身压迫到封建地权，因时期而不同，突出反映了地主制经济发展的阶段性，也充分说明地主制经济发展变化对农民运动、农民战争性质变化所起的制约作用。由此可见，离开地主制经济发展变化的研究，对历代农民运动、农民战争性质的变化难以深入理解。

五、农民生产积极性及社会历史发展动力问题

在封建社会时期，地主制经济优于领主制经济，这种关系，从中国东周春秋时代由封建领主制经济向封建地主制经济过渡中反映得十分清楚。

封建领主制时代，在劳役租的制约下，农奴的社会地位极为低下，近乎奴隶；在生产方面也没有自由。正是在这种条件下，农民在封建领主公田上进行生产劳动时，情绪低下，消极怠工，农田荒芜，这种关系古书已有反映。春秋前期，齐襄公时期

中国地主制经济论——封建土地关系发展与变化

（公元前 697—前 686 年）据《诗经·齐风·甫田》："无田甫田，维莠桀桀"。"甫田"指由农民提供劳役的"公田"，在这类土地上长满了野草。这种情形不只齐国如此，在封建领主制时期可能是普遍现象。这种现象是由于农民在"公田"上进行生产劳动时消极怠工产生的。如鲁国，据《春秋公羊传》何氏解诂："民不肯尽力于田。"农民消极情形，如管仲在《黍马篇》所记："不告以时而民不知，不道之以事而民不为。"说明这时农民在公田进行劳动时消极怠工，不注意生产季节，更谈不上改进技术，生产落后，生产力不能尽力发挥，管仲所说："地利不可竭"指此。改制以后，把过去由农民耕种的"私田"改归自己，行十一税制，除按产量十分之一上交国家外，其余十分之九归农民自己所有。由于产量多寡关系到自己收入，生产积极性大为提高，如管仲所说：改制以后农民"夜寝早起，父子兄弟，不忘其功，为而不倦，民不惮苦。"在这种情况下，如《国语·齐语》所记："无夺民时，则百姓富"。由封建领主制向地主制过渡时期的这类记载，说明在封建社会时期，有利于发挥农民生产积极性的时候，农业生产可以发展，社会经济可以呈现繁荣景象，这说明封建社会时期，农民能否发挥生产积极性至关重要。

为了论证地主制经济与农民生产的相互关系问题，下面作一简要概括。

过渡为地主制经济以后，农民分化为两类，一类是自耕农，另一类是租佃农。租佃农要向地主交纳实物租，一开始基本实行分成制，地租率一般占产量的一半，另一半归佃农所有。这样，产量的高低同佃农的收益发生直接联系。同时佃农的社会地位也发生相应变化，摆脱了农奴身份地位，获得较多人身自由。以上发展变化同封建领主制时代相比，有利于农民发挥生产积极性。关于自耕农，在经济负担方面，他们只向国家交纳约占产量 1/10 的田税，其余 9/10 归农民自己所有；在人身方面，摆脱了封建领主的压迫，获得更多的自由，因此，更有利于发挥生产积极性。也就是这个缘故，在自耕农占比重较大的时代和地区，农业生产发展比较迅速。就整个地主制经济时代而论，越是到封建社会中后期，农民在生产和生活方面越获得较多的自由，同时生产技术也有所改进，能较大地发挥生产积极性，从而农业生产的发展一代超越一代。

从东周时期封建领主制向地主制过渡，历秦汉隋唐至明清两千多年，它的发展过程并非一帆风顺，有时出现逆转趋势，地主制经济呈现畸形状态。农民在生活和生产方面丧失了较多的自由，这种关系与地主阶级构成有着直接联系。

在整个封建时代，地权集中分散的反复无常，一般情况是在一个朝代前期地权相对分散；以后经过种种兼并，地权趋向集中。伴随这种变化，自耕农和租佃农所占比重也在发生变化，在一个朝代的前期乃至中期，自耕农所占比重较大；到一个朝代后期，租佃农所占比重较大。上述地权变动情形，如封建社会前期的两汉，中期的唐朝，后期的明朝，都不例外。

地权分配变化是值得注意的一个问题，而地主阶级构成的变化尤值得重视。在地主制经济正常发展条件下，农民小土地所有制广泛存在，同时在富裕农民中分化出来一批庶民地主，这种现象历朝皆然，在封建社会中期的北宋时尤为突出，明清时代继续发展。值得注意的是伴随这种发展变化，农民社会地位逐渐上升，在生产和生活方面都逐渐有了较多的自由，从而生产积极性日益增强。在这种条件下的农民，也更加注意改进生产技术，如水利开发，生产工具的改进等，都有所创新，农业生产逐渐向前推进，社会经济呈现繁荣景象。在封建社会时期，如唐代中叶，尤其是北宋时代、明清时代的某些历史时期，都曾出现这种现象，总之，农业生产的发展，关键在于：在地主制经济正常发展条件下，有利于农民发挥其生产积极性。

在过去一个相当长的时期，学界关于农业发展动力问题有过种种看法，而阶级斗争说最为盛行。我们并不否认，农民阶级的反抗斗争所起的巨大作用，如对地主产权的冲击，对封建权势的打击。在这种条件下，地权趋向分散、农民小土地所有制有所发展，农民社会地位上升，这种发展变化无疑对农业生产的发展是有利的。有的着重于国家政策的论述，如维护农民土地产权，减轻农民赋役负担等。在这种条件下，无疑也有利于农业生产的发展。但直接促进社会历史发展的，不是农民阶级斗争和国家政策措施本身，它们只起了辅助作用。在封建社会时期，农业生产的发展，主要靠广大农民较能充分发挥其生产积极性；先有农业生产的发展，然后才有工商业的发展。因此，在整个地主经济时代，在地权相对分散、农民小土地所有制广泛存在的条件下，在地主阶级封建权势相对削弱的条件下，这时农民在生产和生活方面有较多的自由，能充分发挥其生产积极性，社会经济趋向繁荣。这种关系，在古代东周由封建领主制向地主制经济过渡时所反映的情况已十分清楚。在此后的西汉中叶，唐玄宗开元、天宝年间，北宋时期，此后明永乐、宣德年间，清朝康熙、雍正年间，当时所出现的经济繁荣景象都不例外。总之，在封建社会时期，社会经济的繁荣，决定于农业生产的发展，农业能否发展又决定于农民生产的积极性。农民能否充分发挥其生产积极性以及生产积极性发挥到什么程度，又为当时地主制经济发展状况所制约。由此可见，在现代高科技未出现之前，农民生产积极性问题至关重要，它是推动社会历史发展的主要动力。

六、商品经济与地主制经济的密切联系问题

中国封建社会时期，在地主制经济之下，商品经济相当发展，这种关系与西欧领主制时代大不相同。

西欧领主庄园制的实物地租具有多样性，如食粮之外牛、羊、鸭、鱼、奶、水果之类；又在庄园中有各种手工业，有各色工匠，如铁匠、金银匠、皮鞋匠、制酒人等，制造各种工业品以满足庄园的需要。在庄园内部的各项分工是经济单位内部的分

工。当然，庄园内所需和各种消费品不可能百分之百地皆自己生产，有少部分通过购买，但主要是自造自给，基本是使用价值形态的自给自足。在一个庄园之内，封建领主与在其奴役下的农奴都不例外。因此，这种封建领主制对商品经济的发展具有排他性，与封建庄园之外发展起来的工商业城市处于互相对立状态，城市工商业产品无法打进封建庄园。

中国地主制经济则不然，它从诞生即同商品经济发生了密切联系，商品经济构成地主制经济运转的一个重要组成部分，这种关系，经君健在《试论地主制经济与商品经济的本质联系》一文曾进行了深入分析。这时，地主也好，农民也好，所收谷物只能供其食用，其他生产工具和生活必需品无不需要通过购买，如农民的食盐，使用的陶器，生产用的锄铲以及牲畜等都需通过购置。自产使用价值形态的单一性以及单一实物地租与需求多样性的矛盾，不论在地主抑或自耕农组成的经济单位内都不能自行解决，必须通过交换。从而发展起来各种商人，也发展起来一批独立的小手工业者。这种现象从东周由封建领主制向地主制经济过渡时期就开始出现了。以战国中期《孟子》中的一段记述为例：

> 其（指农家代表人物许行）徒数十人，皆衣褐，捆屦、织席以为食。陈相（许行弟子）见孟子……孟子曰："许子必种粟而后食乎？"曰："然"。"许子必织布而后衣乎"？曰："否，许子衣褐"。"许子冠乎？"曰："冠"。曰："奚冠？"曰："冠素"。曰："自织之与？"曰："否，以粟易之"。……曰："许子以釜甑爨，以铁耕乎？"曰："然"。"自为之与？"曰："否，以粟易之"。……且许子何为陶冶，舍（为什么）皆取诸宫中（家中）而用之？何为纷纷然与百工交易？何许子之不惮烦？……百工之事固不可耕且为也。（《孟子·滕文公上》）

从《孟子》上述这一段记载，可以作如下设想：文中所说的布、冠、釜甑、铁器等，当时已作为商品出售；文中所说"百工"，说明这时已有多种分工的手工业者。这种手工业者和西欧封建领主制的手工业者不同。西欧手工业都被编制在领主制体制之内，是以农奴的身份出现的，是领主制经济的附属品，专为本领主庄园进行生产，以满足庄园经济的需要。中国地主制经济下的手工业者是独立的个体户，而且不从事农耕而专事手工业生产。如孟子所说"百工之事固不可耕且为也"。

孟子还谈到市场问题，文中有"市贾不贰"语，说明这时已有初级交易市场。这种皆不事耕作的"百工"必须买粟而食。这时地主所收租谷，主要也是出售。农民为了买各种生活必需品和生产资料等，也必须出卖食粮。总之，在地主制经济制约下，商品经济的发展乃势所必然。这种情形和西欧封建领主庄园制大不相同。

由此可见，在中国东周时期，地主制经济一开始出现，农民就同商品经济发生了联系，摆脱使用价值形态自给自足的自然经济范畴。从另一方面说，地主制经济一开始即具有商品经济的内涵，商品经济构成地主制经济一个重要组成部分。就广大农民来说，食粮和其他部分生活必需品由自己生产，部分消费品和生产资料须通过购买。这种情形地主也不例外。就这样，中国地主制经济时期，商品经济和自然经济形成封建经济的孪生兄妹。

秦至西汉是地主制经济正常运转期，除贵族官僚地主之外，有庶民地主的发展，有广大自耕农，商品经济进一步发展。有关记述甚多，如长安"富人则商贾为利"；燕赵"商贾错于路"；齐鲁"多巧伪""趋商贾"，等等。在商品经济发展的条件下，出现了"故待农而食之虞而出之，工而成之，商而通之"以及"用贫求富，农不如工，工不如商"之议论。于是有的地区农业户转向商业，"弃农逐末，耕者不能半"。这时商品经济的发展还具体反映于人口税的货币化。若平均每农户以五口计，其间按算赋二人、口赋一人计，每年其该交赋钱五百八十文。农家这笔开支主要靠出售农副产品抵补，在农家经济生活中占据一定比重。

东汉时期，门阀贵族地主滋长。历魏晋至南北朝，形成世族地主及豪族强宗的土地垄断，并出现落后的变相庄园制，世族强宗权势嚣张，皇权相对削弱，同时北朝推行维护门阀豪族地主利益的均田制，地权呈现僵化，中国地主制经济逐渐进入畸形状态，封建土地关系呈现逆转。伴随这种发展变化，农民生产自给性增强，农业生产停滞，商品经济趋向衰退，民间交易萎缩，金属货币向实物货币转化。但畸形地主制并未摆脱地主制经济体制，商品经济仍在延续，但同前朝相比，暂时呈现衰退趋势。

隋唐时代，非世族性的"庶族"地主发展，门阀等级性虽仍在延续，但封建依附关系相对削弱，农民获得较多自由，地主制经济又逐渐进入正常运转轨道。由于这种发展变化，到唐代中叶出现两税制的改革，促成农业生产及商品经济的发展。粮农出售余粮现象增加，并有农民从事茶果之类商品的生产，同市场的联系远超过南北朝时期。地主有的征收茶租，有的佣工种茶，同时农家手工行业和个体手工业有所发展，以前兴起的官府手工业产品所占比重相对下降，商品交易额日益扩大。也正是在这种条件下，到唐代中叶后，逐渐突破了束缚商业发展的坊市制度，以草市为中心的地方市场日益普及，小商小贩日益增多，商品经济对农民经济的渗透日益加深。与此相适应，货币制度也在发生变化，这时虽仍承袭过去的实物货币法，但铜币逐渐通行，银的生产和流通量日益广泛。

宋元时代，主要是宋代，经过农民战争和五代纷争，地主所有制遭受严重冲击，地权相对分散，并在农民阶级中逐渐分化出一些庶民地主。在地主制经济进一步发展的条件下，农业生产有较快发展，同时地区间发展不平衡状态也日益突出。这时按生产状况可以分成几种不同类型区，一是西部夔州等路粗放经营区，但农家也需卖粮买布，购置生产资料和生活必需品，只是所占比

中国地主制经济论——封建土地关系发展与变化

重较小。二是在中国东南地区植茶、种橘、养蚕桑等精耕细作专业区，其间不少农户，或"以蚕桑为命，纺织贸易"；或"糊口之物尽所商贩"，农民经济商品率显著增长。三是一般粮产区，农民经济同市场的联系也比较密切，但因地区而不同。当时有一个关于江南秀州五口之家佃田三十亩农户的估算：该农户每年共收米六十石，完租三十石，食用十八石，所余十二石即用以供购置油盐之需，出售部分约占总产值的百分之二十。据此，其田场不到三十亩的农户，出售部分所占比重要少一些。但田场相同的自耕农，出售部分比租佃农更高。关于北方产粮区，产量较低，农民经济商品率也低。但无论哪种农民，经济生活都离不开市场。

此后元代基本承袭宋朝，但商品经济有过一个停滞恢复发展的过程。在其发展时期，有的地区农民经济中的商品率超越宋代。如某些蚕桑和植棉区，尤其是植棉兼纺织的松江府属，有"衣被天下"之称，农民经济商品率很高。与商品经济发展相联系，这时的货币制度也发生了变化，纸币作为国家法定货币在全国范围流通。

以上是由隋唐至宋元，地主制经济由进入正常运转到进一步发展时期商品经济发展的基本情况。地主制经济的发展变化对商品经济发展的制约作用十分明显。

封建社会后期的明清时代，土地关系发生更大变化。这时庶民地主进一步发展，地主和农民间封建依附关系进一步松解，地主制经济进入高度发展期，为农业生产发展创造了更为有利的条件。伴随农业生产发展，商品经济进一步发展乃势所必然。于是出现赋税货币化，从明代中叶"一条鞭法"开始，到清代前期实行"摊丁入地"止，税制改革基本完成。这时商品经济的发展，更体现为农村市场及商业城市的发展，沟通各地区商业网的扩大，商品数量的增加，商业资本的增长等。

这时商品经济的发展，在农民经济生活方面则体现于农副产品出售部分在总产值中所占比重的扩大。由明代中叶到清代鸦片战争前约三百年间，农家农产品及棉纺织副业产品，出售部分在总产值所占比重，我们根据所接触到的资料，作一粗略估计。关于中等农户，第一类是买布而衣地区农户，出售产品约占农副产品的 30% ～ 35%。第二类是以粮产为主兼事植棉纺织农户，因地区因农户而不同，少者 20%，多者 40%，一般为 30% ～ 35%。第三类是植棉纺织专业区和专业户，出售棉花和纺织品所占比重，棉田比重小者约占总产值的 60% ～ 70%，比重大者可到 80%以上。第四类是棉蚕外的其他经济作物同粮食作物混合种植类型区，各类农户因种植经济作物所占比重而不同，占 50% ～ 60%者为大多数。由以上事例，充分说明中国地主制经济在高度发展的条件下，能较大限度地容纳商品经济的发展，并不改变封建社会的性质。

由春秋战国地主制经济的形成，到明清时代地主制经济高度发展，中间除个别时期外，商品经济总在伴随土地关系的变化而不断发展，一代超越一代，越是到后期，农民经济同商品经济的联系越加密切。由于商品经济是地主制经济的一个不可分割的构成部分，地主制经济的发展与商品经济的发展遂互为条件，一方面地主制经济在商品经济持续和发展的条件下日益完善，另一方面，商品经济在地主制经济正常运转和发展的条件下日益发展，两者互相促进。

由以上事例，说明地主制经济与商品经济的必然联系，从两千年间商品经济的不断发展，说明地主制经济发展对商品经济发展的促进作用。

---

❶ 参见李文治《明清时代农民经济商品率》，《中国经济史研究》1993年第1期。

七、地主制经济与雇佣关系的变化及农业资本主义萌芽等问题

（一）地主制经济与雇佣关系的变化

东周时期的改制，单由农民耕种赖以实现必要劳动的"私田"改为税亩制，实际变成农民的私产。由各级领主直接占有令农民代为耕种的"公田"，也要向各诸侯国君按亩交税。这时的亩税一般按产量交纳 1/10。经过改制，相当大部分土地变成个体农民的私产，出现广大自耕农。部分土地由原封建领主继续占有，变成地主；在他们土地上进行生产劳动的农民，逐渐变成租佃农。地主对租佃农剥削，当时有"伍税之"的说法，即按产量征收 50% 的地租。从这时开始，即出现关于贵族地主互相兼并的事例，同时也出现贵族地主吞并农民土地的暴行。

就在这时，有些贵族子孙，由于世代相传，逐渐疏远，其身份地位逐渐发生变化，丧失贵族身份降为庶人，同时发展起来一批新兴军功官僚地主。

值得注意的是自耕农的发展。过去由农民所种的"私田"，经过改制，变成农民的名副其实的私田。过去在各诸侯国中居住的所谓"田人"，除少数外，大部分变成自耕农，他们也向各国交纳 1/10 的税。这时在相当广大的地区，自耕农占据了统治地位。

伴随农民小土地所有制的发展是土地买卖的频繁。

自耕农的经济状况是不稳定的，各家劳动力状况不同，土地肥瘠不同，每年收成大为悬殊。伴随商品经济的发展，加剧了农民的阶级分化，土地买卖遂日益频繁。就在这时，在富裕农民中分化出来一些中小庶民地主。

东周时期仍存在不少奴隶，其中有西周时期奴隶的延续，有因战争失败被俘而沦为奴者，有因违犯法纪被罚为奴者，有庶人因穷困卖身为奴者。但总的发展趋势是奴隶人数逐渐减少。

值得注意的是伴随阶级分化和农业生产的发展，农业雇工开始出现。在西周时期，有用奴隶从事农业生产的；春秋战国时期改为使用雇工了，这时出现"庸客""庸夫"❶之类记载。使用农业雇工的人主要是新发展起来的富裕农民和庶民地主，因为他们多从事直接经营。这时主雇之间仍是等级关系，雇工的地位只是比奴隶上升了一步，有较多的人身自由。这种发展变化为当时地主制经济的发展变化所制约，主要是雇主身份的变化，他们已脱离贵族地主等级身份。

宋元时期，尤其是宋代，经过唐末五代长期战乱，土地占有关系发生很大变化，大部分土地为自耕农占有。这些自耕农民中有些劳动力充足、经济条件比较好的家庭，以农致富，上升为庶民地主。与此同时，一些地少、劳动力和经济条件较差的农户，由于无力抵御天灾人祸而出卖土地，终沦落为佃耕农或靠出卖劳力为生的雇工。此外，雇工中还有大量无地的农户，这时使用雇工情况十分普遍，田家夏耘秋获，劳动力不足者，则需雇工，由于雇工需要量大，还出现供不应求情况。❷至于经济作物种植者，更是依赖雇工，如九陇县茶园："每年春冬，雇召人工薅划，至立夏并小满时，又雇召人工赶时采造茶货。"❸这时使用雇工生产的主要是富裕农民和庶民地主。这时主雇之间关系虽然还是等级关系，但由于雇主本身是劳动者，没有特权，因此雇主与雇工之间等级关系相对薄弱。雇工具有较多人身的自由。

明清时代，伴随着商品经济的发展，土地买卖进一步商品化，地权的取得主要不是通过分封赏赐，而是通过购买实现。虽然土地买卖与暴力掠夺每因时期不同而相互消长，而地权转移发

中国地主制经济论——封建土地关系发展与变化

---

❶ 《韩非子·外储说左上》；《战国策·齐策六》。

❷ 《宋会要辑稿·食货》，六五之七七。

❸ 吕陶：《净德集》卷一，《奏为官场买茶亏损园户致有词诉喧闹状》。

展总趋势则是土地商品化的加强。❶ 商业性农业的发展促成了农民阶级分化，种植经济作物的农民，他们的命运要受市场的自发性所支配。农民种植经济作物原为牟取更多的收益，但在商业资本盘剥下很多农民经济地位下降，乃至沦为出卖劳动力的农业雇工。而少数经济条件较好的农民，对所生产的农副产品可以待价而沽，从而增加收益，扩大经营规模并雇工进行生产。由于地主阶级构成发生变化，雇主与雇工之间同食共住情况普遍化，主雇之间平等相称。明万历年间、清乾隆年间国家先后以法律形式肯定了这一变化，短工和部分长工先后取得"凡人"地位，获得了人身自由。明清时期尤其是明中叶以后的雇工与宋元以前的雇工已有质的变化。这种变化为新的生产关系的产生准备了条件。

（二）资本主义萌芽问题

目前关于中国农业资本主义萌芽的估计，出现一些分歧，一是农业资本主义萌芽发生时间，有的估计偏迟，认为直到明清时代资本主义萌芽还未出现，有的估计偏早，把资本主义萌芽时间上推到宋元乃至隋唐以前；另一个是农业资本主义萌芽发展的程度，有的估计偏低，认为我国农业中资本主义萌芽是"极其微弱"的，有的估计偏高，认为明代中后期农业经营已"基本上采取了资本主义制"。❷ 意见分歧，莫衷一是。人们在这个问题上之所以作出如此不同的论断，乃基于对某些问题的看法和对某些文献记载理解的不同，关键是方法论问题。如把这个问题同中国地主制经济发展变化联系起来考察，则可以作出比较正确的判断。

---

❶ 参见江太新《清代前期土地买卖中宗法关系的松弛及其社会意义》，《中国经济史研究》1990年第3期；《论徽州地区土地买卖中宗法关系的松弛》，《徽州社会科学》1995年第1—2期。

❷ 参见江太新《评介中国农业资本主义萌芽问题的研究》，见《农史研究》第5辑，1985年。

所有论者对此问题进行论证时都涉及商品经济问题。毋庸否认，商品经济发展是资本主义经济发生发展的必要条件。但商品流通必须从属于生产，商业资本必须从属于产业资本。这里有一个关键问题，即对资本主义经济关系中的"资本"这一概念如何理解。我们认为，货币转化为资本，最根本的条件是劳动力变成商品，即货币持有者在流通领域购买到自由劳动力，榨取他们的剩余劳动以实现价值的增值。即资本主义经济中的资本必须是用于剥削自由雇工而带来剩余价值的价值，它体现着资本家和自由雇工之间剥削和被剥削的生产关系。关键问题是看货币是否转化为资本。是否出现这种转化，又决定于是否出现身份自由的雇工。因此关于这个问题的研究，首先要把着眼点放在自由雇工出现的问题上。

在中国封建社会时期，雇工同地主制经济几乎是同时出现的，尤其是西汉时期有不少关于雇工的记载。此后的隋唐，尤其是宋代，有关雇工记录更多。这时雇佣关系为当时地主制经济所制约，封建依附关系强烈，谈不上自由雇佣。这种关系一直到明代中叶后，地主制经济发生较大变化，雇工才开始向自由雇佣过渡，到清代前期又有进一步发展。雇佣关系的质变才是资本主义经济关系产生的标志。

其实早在宋元时代，由于地主制经济的优越性，工农业生产已有较高发展。如英国人李约瑟博士在其著作《中国科学技术史》中所说：中世纪时期，中国的科学技术比欧洲先进，这是由于中国的封建制度比欧洲封建制度先进。李约瑟所说封建制度包括政治经济等，但核心是地主制经济体制。就宋元生产力发展状况而言，已为资本主义萌芽的产生创造了条件，只是雇工还无法摆脱封建依附关系的束缚变成自由劳动者，从而他们所创造的剩余劳动还不能构成雇主的资本，也从而影响了资本主义生产关系的萌生。明清时代，工农业生产及商品经济进一步发展，雇工队伍进一步扩大，雇工反抗斗争时有发生，雇佣案件日益增多，封建统治者开始考虑雇工身份地位问题了。明万历十六年（公元 1588 年），先是解除了未"立有文券，议有年限"的雇工的封建身份义务，使其变成自由劳动者，其间包括广大的短期雇佣和部分未书立文契的雇工，可以说这时资本主义开始萌生。至清代前期，雇工律一再修订，据乾隆五十一年（公元 1786 年）制定律例，部分长工基本解除了法律上的身份义务关系，变成自由劳动者，资本主义经济进一步发展。由地主制经济到农业雇工的出现，约经历了两千年，才出现资本主义萌芽。资本主义萌芽出现之所以如此迟缓，关键是由于地主经济的制约。

这时主要是在农业部门出现资本主义萌芽。这时雇工经营的，有富裕自耕农，有庶民经营地主，在经济作物区还有雇工经营的租佃农。以上各类经营者，除去地租及一切经营开支外，还能通过剥削雇工剩余劳动获取部分利润。应该承认，经营地主大多使用货币购买劳动力并从这些劳动者身上榨取剩余劳动，在扩大再生产的条件下，经营者投入的货币已经变为资本，从而具有资本主义经济的属性。

至于工商业者，他们的经营还要受封建行会的束缚，资本主义经济的发展还要受到一些限制。至于地主和富裕农民兼营的农产加工手工业，诸如酿酒、榨油、制糖之类，这类手工业遍布于广大农村，一开始就摆脱封建行会的束缚，工业资本主义萌芽可能首先在这里发生。而且这类手工业发生较早，经营者有就近收购原料的便利，在农村又有广阔的销售市场，在自由雇工形成初期，和农业资本主义萌芽一起登上历史舞台完全是可能的。

此后不久，才有资本主义性质的商人包买主和独立手工工场的出现。工场手工业显然和农业部门同时与自由劳动发生联系，但摆脱封建行会的束缚还要经历一段历史过程。

再一个问题是资本主义萌芽在中国出现之后，进程过于缓慢，一直到清代中国还没有进入资本主义社会。资本主义经济在中国的发展之所以缓慢，是很多因素造成的，其间地主制经济的制约，是一个决定性因素。这时的商品经济同封建经济密切联系，工商难以摆脱封建束缚而独立发展，商业资本向产业资本转化十分困难，这一点和西欧领主制时期工商业城市发展道路不同。这时商业资本和商业利润多转向地产，商人变成商人地主。以明清时代而论，在我们接触的有限资料中就发现了一百多例，如明正德年间广东中山县从事海外贸易的何图源买田两万亩（《小榄何族发家史》），嘉靖十四年（公元1535年）广东顺德县龙翠云以贩运棉花为业，买田八千亩（《龙氏族谱》卷七），乾隆年间广东番禺县林大㮼以贩运谷米布匹为业，买田几十万斤租（《太平天国革命在广西调查资料汇编》第29页）。明末清初，福建南安县以贸易起家的郑芝龙，买庄田及庄仓五百所（《明季南略》），康熙年间，江苏徐乾学以盐业贩运致富，买田一万余亩（《东华录》卷十五），乾隆年间，江苏无锡薛氏以贩卖粮食为业，买田四万亩（《新创造》，1932年第二卷第十二期）。康熙年间，浙江平湖县陈元师以经营丝绸店致富，置买田产十万亩（《啸亭续录》）。光绪年间，浙江镇海县李嘉买田两千亩（《中国近代农业史资料》第一辑，第190页）。乾隆年间，四川云阳县彭自圭，买田一百多亩（《民国云阳县志》卷二十七至二十八）。嘉庆年间，湖南衡阳县刘重伟，买田一百万亩（《衡阳县志》卷十一）。明万历年间云南大理县董必昂以贸财饶裕，购买腴田（《云南省白族社会历史调查报告》第13页）。乾隆年间，京师怀柔郝氏买田一百万亩（《啸亭续录》卷二）。同治年间，直隶文安县张锦文买田两万亩（《民国文安县志》卷六）。光绪年间，直隶滦州刘氏买田四千九百八十三亩（《中国近代农业史资料》第一辑，第191页）。河南巩县康应魁开布店、杂货店起家，于乾隆年间买田十万亩（《罪恶之家》，第3页）。道光年间，山东淄川县毕远蓉经营丝绸，买田九百多亩（《清代山东经营地主底社会性质》，第69页）。光绪年间，今山东临清县孙家开铺子致富，买田一万亩（《武训历

中国地主制经济论——封建土地关系发展与变化

史调查记》，第60页）。乾隆年间，山西曲沃县彭太开粮行布店，买田十万亩（《罪恶之家》第146页）。道光年间，陕西米脂县马家开铺兼放债，买六七十里田地（《中国近代农业史资料》第1辑，第192页）。

总之，处在中国地主制下的商人多将其所积累的资本转向地产而较少转向工业生产，这是导致资本主义发展迟缓的一个重要原因，也是中国封建社会长期延续的一个因素。

这种关系，在徽商发展的皖南地区尤为突出。请看表绪-1：

表绪-1　徽州商人地主

年代	地区	姓名	经营商业情况	购买土地情况	资料来源
明	婺源	江国邻	木商	田日斥	《太泌山房集》卷七二
明初	歙县	鲍思齐	业盐	增修田庐	乾隆《重编歙邑棠樾鲍氏三族宗谱》卷一三二
正统年间	徽州	程志发	做造牌筏	置田一顷余	《新安程氏诸谱会通》第三册《程志发传》
弘治年间	休宁	黄义刚	木商	筑室买田	《休宁山斗俞氏宗谱》卷五
嘉靖年间	歙县	黄存芳	业盐	广土构堂	歙县《竦塘黄氏宗谱》卷五
嘉靖年间	休宁	汪弘	业盐	构堂宇，辟沃壤	《汪氏统宗谱》卷一一六
明中叶	歙县	许东井	业盐	庐舍田园，迥异往昔	歙县《许氏世谱》第五册
嘉靖年间	歙县	黄锜	业盐	创置田园室庐	歙县《竦塘黄氏宗谱》卷五

年代	地区	姓名	经营商业情况	购买土地情况	资料来源
嘉靖年间	歙县	方道容	业盐	恢产构室	《方氏会宗统谱》卷一九
万历年间	徽州	汪宗姬	业盐	争购土地	《五杂俎》卷四
明末	休宁	汪正科	开丝绸店	置田九十三丘，计租三百零四秤	《汪氏阄书》，原件藏安徽师范大学图书馆
万历天启	歙县	吴养春	业盐	置黄山山地二千四百余亩	《丰南志》第四册
雍正年间	徽州	姚氏	贩卖于西口	买田造屋	《姚氏家书》，中国社会科学院历史研究所藏
雍正年间	徽州	姚氏	在外经商	置买大量田产	同上书
乾隆年间	徽州	吴荣让	经营茶漆业	买田及山林	《大函集》卷四七
乾隆年间	休宁	巴尔常	开押店	买田一百七十一亩	李文治：《清代前期的土地占有关系》
道光年间	旌德	汪承翰	开布店	买田一千亩	李文治：《清代前期的土地占有关系》

中国地主制经济论——封建土地关系发展与变化

这种现象的产生和发展，主要由于地主制经济的制约。这种现象，在西欧封建领主制时代是很少出现的。

过去在讨论过程中，人们强调耕织结合的制约作用。毋庸否认，在地主制经济制约下，耕织结合具有一定的顽强性，而且有很多农户为了出售而进行纺织，用以弥补家庭生计。这样，使纺织工场手工业产品缺乏足够的消费市场，从而对资本主义纺织工场手工业的发展也产生了不利影响，但这不是决定性因素。

由以上论述，无论资本主义萌芽出现得早或晚，资本主义萌芽产生之后其发展极为缓慢，却是由于地主制经济的制约，其他因素都是在其之下的。由此可见，在地主制经济制约下，中国资本主义经济不可能顺利发展，要想发展资本主义经济，首先必须通过革命突破地主制经济体制。至于资本主义萌芽出现之后，它仍带有一些封建因素残余，乃势所必然，但这时事物的性质已发生质变，不能因为它没有长入资本主义就连同它的萌芽也一起否定掉。

八、封建社会长期延续问题

关于中国封建社会长期延续问题，国内曾进行过长期讨论，提出过种种看法，诸如耕织结合的自然经济问题，地理条件的制约问题，超稳定论，中央集权的严格统治等。❶现在为将中国与西欧进行对比，再加以补充说明。

中国封建社会长期延续，实际是地主制经济体制的长期延续，过去讨论中关于这个问题所提出的种种看法，很多是由于地主制经济的制约。因此，本书仍从地主制经济制约作用方面进行分析。

中国地主制经济，在整个封建社会时期，有其阻碍工农业生产发展的一面，导致社会经济发展的迟缓，但同中古欧洲封建领主制经济相比，中国地主制经济，在一定历史条件下，它能自动调节，适应工农业主要是农业生产的发展。因此，从总的发展趋势看，中国地主制经济时代的农业生产，远超过同时代的领主制

---

❶ 关于这个问题的讨论，我们的看法请参见李文治1983年和1992年先后发表的《地主制经济与中国封建社会长期延续问题论纲》《再论地主制经济与封建社会长期延续》两文。

的欧洲。在封建社会两千年间，中国农业生产总是在不断向前发展的。

中国农业之所以不断向前发展，是由于地主制经济的灵活性。这种灵活性表现在很多方面。以地主制经济结构而论，首先是农民小土地所有者广泛存在。这类农民在生产方面有较多的自由，富有生产积极性；其次，由地主所有制形成的租佃关系，一开始就采行较封建领主劳役租先进的实物租，宋元以后，又出现永佃制，明清时代又出现分成租向定额租的过渡。这类实物租佃制，尤其是改行定额租后，农民有较大的独立自主性。又由地主制经济所形成的封建依附关系，较封建领主制而言显得相对松弛。而且伴随农业生产的发展，定额租制的扩大，永佃及押租制的发展，以及人身依附关系趋向削弱以至松解等，农民在生产和生活方面获得更多的自由。伴随这种发展变化，农业生产也随之亦步亦趋在不断发展。从以上这些方面说明，中国地主制经济，在一定范围内能自动调节生产关系以适应生产力的发展。这也说明它远比西欧领主制经济大为先进。这种种关系对中国封建社会时期社会经济的发展和长期延续都具有一定影响。

我们一方面看到地主制经济的适应性和顽强性对封建社会长期延续所起的作用，它对中国封建社会时期的社会经济的发展产生过积极影响。同时也要看到它对社会经济所起的桎梏性的消极作用，这种现象到封建社会后期的明清时代尤为突出。

最严重的是社会财富向地产的转移。中国地主制经济，土地财产具有极大吸引力，土地可以买卖，地租剥削率高，而作为一种财产，封建地权又较有保证，更为这种转移创造了条件。西欧领主制则不然，它的地权僵化，土地基本不能买卖，这种情形一直持续到14—15世纪。中国在公元前4—5世纪，东周由封建领主制向地主制经济过渡以后不久，土地即进入流通领域。而且此后伴随社会经济的发展，土地买卖日益频繁。到封建社会后期的明清时代，土地买卖更进入高潮。这时无论哪一种人，只要掌握

中国地主制经济论——封建土地关系发展与变化

了货币，就设法购买土地。不仅封建地主通过收租积累的财富转向地产，这时出现的富商大贾，也每将所控制的货币转向地产，而很少转向工业生产。因此，在明清时代出现了很多商人地主，这种关系前面已经论及。即这时出现的具有资本主义性质的工场手工业者，有的也将部分工业利润转向地产收租。总之，这时封建地产顽强的吸引力，在严重阻碍着资本主义经济的顺利发展。归根结底，是中国地主制经济巨大的制约作用，这就是说，地主制经济是促成中国封建社会长期延续的主要原因。

由于地主制经济的制约，出现地主同商人高利贷者乃至手工业者的结合。这一点同西欧领主制经济不同。西欧领主制，领主掌握辖区政权，把农民束缚在土地上，实行劳役地租制，是单纯封建经济。这时发展起来的工商业集中于城市，工商业者为了发展经济，扩大财富，联合当时最高统治者，反对封建领主，最后取得胜利，为资本主义经济发展创造了条件。

中国地主制经济，地主商人乃至手工业者互相渗透，城市工业变成地主阶级和商业资本附庸，不容易独立发展，从而产生影响于资本主义经济发展的迟缓。这是导致中国封建社会长期延续的又一个方面。

由此可见，中国封建社会长期延续的两个具体内容，一是地主制经济本身的长期持续，二是在地主制经济制约下资本主义因素发生发展的迟缓。在唐宋以前，中国地主制经济较能适应社会经济的发展；明清时代，它又逐渐变为束缚社会经济进一步发展的桎梏。这就是中国封建社会长期延续的基本内容。

导致封建社会在中国长期延续的因素是多方面的，极为复杂，尤其是某些历史阶段封建国家所采行的某些政策起着极为重要的作用，但所有这些因素也每为地主制经济的发展变化所制约。关于地主制经济的制约作用，可因时期而不同。在封建社会中叶以前，由于地主制经济的正常发展，促成社会经济高度发展；到封建社会后期，它的消极影响又极为严重，阻止封建经济向资本主义经济转化，最后导致中国封建社会长期延续。由此可见，在地主制经济制约下，资本主义经济是不可能正常顺利发展的，封建社会长期延续乃势所必然。

九、余论

以上诸问题，有的是为了同中古欧洲封建领主制经济进行对比提出来的，把上述问题作为示例，进行分析。还有一些问题，如同地主制经济发展变化联系起来考察，可能有助于深入理解，把我们的认识向前推进一步。

关于重大历史问题，如政治体制的发展变化问题就是值得深入钻研的一个问题。从春秋战国时期由封建领主分封的世卿世禄制向郡县制的过渡，就是在地主制经济基础上产生的。自秦汉以后出现的高度统一的中央集权和官僚政治体制，此后历代政治体制的变革和国家采行的重大政策措施等，多同当时地主制经济发展变化有着一定联系。又如关于流传两千多年的儒家说教，就是在春秋战国时期地主制经济形成过程中形成并发展的。当时的孔子，不仅是当时土地改革——即由封建领主制向地主制经济过渡的大力支持者，也是儒学的创始人。孔子重实践，把忠孝仁义作为学派的核心，他主张"有教无类""老吾老以及人之老"之说，主张维护广大人民的利益，等等。战国时期孟子则是孔儒学说的主要继承人，对孔子所倡导的义大加发挥，说"富贵不能淫""舍生取义"之类属此。把两者联系起来考察，对儒家学说可以更加深入理解。此后地主制经济在不断发展变化，儒家学说有的也随之亦步亦趋，乃势所必然。此外还有一些问题，如果同中国地主制经济发展变化联系起来进行辩证的分析，也可能有助于深入理解。

中国地主制经济论——封建土地关系发展与变化

封建领主制经济向
地主制经济过渡

第一章　西周领主制经济的发展

第一节　经济关系是论证古代社会性质的基本标志

西周时期，在已发现的铜器铭文中确实有不少关于奴隶的记录，在《尚书》《左传》中也偶有反映。过去西周奴隶制论者立论依据之一，即这时有关奴隶记录较多，诸如墓葬中殉人、古书中仆隶等。但单纯从奴隶的存在尚难断定一个历史时期的社会性质，更重要的是主要生产劳动者农民的经济状况，尤其是它所反映的生产关系，因为它最能突出社会性质的实质。奴隶制论者也从农民生产及经济状况方面进行论证，但在铭文和《尚书》《周书》中所反映的多不具体，很难据以作出令人信服的结论。西周文献较能完整地反映农民经济生活的首推《诗经》，其中相当大部分篇章完成于西周，材料比较可靠。因此本书取材以《诗经》为主。

西周奴隶制论者，有的扩大了当时奴隶等级队伍。如西周早期由上级赐各级贵族的臣、鬲，其中并不完全是奴隶，很多属于依附民，类似此后出现的私、徒、属等，主要是贵族属下的依附民，而不是奴隶。西周的众、众人虽可用作赔偿，但也不一定是奴隶。对以上各类民户，何兹全都作了周详考订。有的作者忽略经济关系，对语言词汇下功夫，甚至把属于自由人或依附民的庶民、庶人论证为奴隶，更是一种误解。以反映农民经济生活较多的《诗经》而论，很多是庶民、庶人类型农民，可列入奴隶等级的事例极为少见，这是当时客观实际生活的反映。关于庶民、庶

人类型农民的身份地位问题，我们基本同意何兹全的分析。^❶

　　有的研究者倾向以生产力发展水平论证西周的奴隶制时期。我们也不否认生产力发展水平对生产关系发展变化所起的制约作用，诚如陈振中所论，西周时期，青铜器的普遍使用为个体劳动创造了物质条件的基础，使人的劳动能生产出超过劳动力所需要的产品。^❷但有的作者用中西对比法，把青铜同奴隶制划个等号，认为青铜时代必然是奴隶制。其实古罗马奴隶制时期已进入铁器时代，西欧伴随铁器的出现和使用产生了典型奴隶制；中国西周则在青铜时代已产生较先进的生产关系。这种关系杨生民已经论及。^❸这就有力说明，中国古代和古代罗马的发展历程各有自己的特点，既不能把西欧古史中国化，也不能把中国古史欧洲化。中西之间这种差异的产生是由于各个国家自然条件不同，社会经济发展状况不同，政治制度遂也不同，总之是多种因素造成的。其间生产力发展状况虽有一定影响，但不是起决定性作用的因素。

　　我们认为，论证一个历史时期的社会性质，既要准确鉴别当时农业战线生产劳动者的身份和社会地位，又不能过分强调生产力发展水平的制约作用，要从经济关系整体出发进行考察，尤其是其间的生产关系。只有这样，所做出的结论才能比较接近历史实际。

　　如何从经济关系整体出发呢？研究古代社会，首先要考察由土地关系制约的生产关系。

　　关于西周时期的土地制度，孟子向滕文公所论可供参考。他说："周人百亩而彻，其实皆什一也。"他接着谈到助法"助者

　　❶ 参考何兹全著《中国古代社会》一书，河南人民出版社1991年。

　　❷ 陈振中：《青铜生产工具与中国奴隶制社会经济》，中国社会科学出版社1992年。

　　❸ 杨生民：《汉代社会性质研究》，北京师范学院出版社1993年。

中国地主制经济论——封建土地关系发展与变化

藉也。诗云：'雨我公田，遂及我私。'惟助为有公田。由此观之，虽周亦助也。"孟子把《诗经》所说公田、私田同助法联系起来。据孟子所论，公田和私田是对立统一体，助法是在这种制度下出现的租税制。孟子所论基本符合西周历史实际。孟子为了恢复这种土地租税制，向滕文公建议："请野九一而助，国中什一使自赋。"❶

根据孟子所论，并参酌众说，试对西周土地制度做进一步说明。西周时期，各诸侯国都分成国和野两类地区。国是国人居住区。国人主要是农民，也要按耕地产量向所属诸侯国承担贡赋。他们的社会地位高于庶民。关于国人的身份问题人们很少争议。野是其中的主要组成部分，如古史所说"三其国而伍其鄙"。其实这时鄙野的耕地面积和人口所占比重远不止于占 5/8，西周的社会性质主要决定于鄙野所广泛出现的生产关系。西周属于什么社会性质，对三者进行整体考察更有利于揭示问题的本质。

人们在谈论中国古代社会性质时，每把商、周联系在一起。商代奴隶众多系历史事实，但属于什么性质的社会，是奴隶制还是其他社会，就目前所接触到的资料尚难准确判断。关于西周社会性质记载比较明确，如把鄙野构成部分作为主体，从前面所提三要素所反映的生产关系考察，我们倾向于西周社会性质封建制说。

我们认为东周是中国地主制经济萌生期，到底是由什么社会向地主制经济过渡的，对西周社会的性质进行探索是必要的。为此我们复习了《诗经》，同时查看了国内学者关于西周社会性质的论著，提出了我们初步的看法。

关于西周社会性质，过去由封建论到奴隶制论，在国内史学界有过一个认识过程。早在 1950 年以前，封建说一度成为史学界的共识，后来范文澜从理论上加以阐扬，国内学者多赞同他的

❶ 《孟子·滕文公上》。

观点。主张西周奴隶制说最早的郭沫若，他在 1950 年撰写的《读了"记殷周殉人之史实"》一文，提出"殷周都是奴隶社会"。❶从此西周封建制、奴隶制两说并存。影响较大的是郭沫若于 1972 年在《红旗》杂志发表的《中国古代历史的分期》一文。❷此后国内史学界多信服他的观点。从此西周封建论和奴隶制论虽然并存，但奴隶制说占了主导地位。

为了阐明西周封建论，拟以各家所公认的说法，及其所制约的三要素——农民独立的个体经济、劳役地租及人身依附关系，作为中心线索进行考察。

第二节　领主经济的发展

一、封建性在农民独立个体经营方面的反映

我们并不否认，奴隶制社会的农民也可以有独立的个体经济，但像西周时期存在的那种男耕女织、自负盈亏如此完整的个体经济，把它同封建经济联系起来更容易理解。

为了论证农民独立个体经济问题，下面先简略介绍一下西周的土地所有制。

《诗经·小雅·北山》："溥天之下，莫非王土；率土之滨，莫非王臣。"对此需要正确理解。诗中所说"王土"指所有土地都在周朝统辖之下，并非实际占有。所说"王臣"，指所有人民都在王室统治之下，这里的臣包括各种人，诸如国人、庶民奴隶。

这时西周进行分封制。周天子对所辖王畿实行直接统治，

---

❶ 见1950年3月21日《光明日报》。是年7月5日，郭沫若又在《光明日报》发表《申述一下关于殷代殉人的问题》一文。

❷ 《中国古代历史的分期》载《红旗》1972年第7期。

在王畿内并分封卿大夫，封土曰采邑。王畿之外广大地区则分封众多诸侯国。 在分封之时，将某些土地并附带该地上的劳动农民一同授予，如当时周公施行分封制于鲁时，据《诗·鲁颂·閟宫》所记："王曰叔父，建尔元子，俾侯于鲁，大启尔宇，为周室辅。乃命鲁公，俾侯于东，锡之山川，土田附庸。"所说"土田"指耕地，"附庸"主要指以庶民为主的农民。

各诸侯国，在封国内也分封卿大夫，封土也叫采邑。各诸侯和卿大夫对所封授土地，实际长期占有，子孙世袭。就这样，如《礼记·礼运》所记："天子有田以处其子孙，诸侯有国以处其子孙，士大夫有采以处其子孙"，形成以血缘为核心的世袭制。

各级贵族所辖土地，除自留部分作为"公田"外，其余大部分被其分给所辖农民，并作为农民"私田"。贵族公田由所辖农民代为耕种，谓之助耕，产品归各级贵族所占有，是农民所创造的剩余劳动产品。划归农民的"私田"，由农民耕种自给。这种关系如《国语·晋语》所记："大夫食邑，士食田，庶人食力。"所说"庶人食力"，即指农民从事各种生产劳动，其中包括为贵族提供的剩余劳动和维持自家生计的必要劳动。就这样，在助法制制约下，由公田和私田形成贵族和农民经济两种对抗性经济构成的经济统一体，每个贵族庄园是一个独立的经济单位，每户农民都是一个独立的经济实体。

关于公田和私田的紧密联系，在《诗经》中屡有反映。如《小雅·大田》所记："有渰萋萋，兴雨祁祁，雨我公田，遂及

---

❶ 据《国语·周语》记周襄王语："昔我先王之有天下也，规方千里以为甸服……其余均分公侯伯子男。"

我私。"❶ 在农民看来，无论"公田"或"私田"都由他们耕种，因而冠以"我"字。据《大雅·韩奕》描写宣王分封诸侯于北国时有这样两句："实墉实壑，实亩实籍"。"实亩"指分授农民的私田，"实籍"指各级贵族保留的公田。❷ 在助法制制约下出现的私田，是这时广大农民形成独立个体经济的基本条件。

农民独立的个体经济，首先反映于生产方面。如《小雅·大田》："大田多稼，既种既戒，既备乃事，以我覃耜，俶载南亩，播厥百谷"，又《豳风·七月》："三之日于耜，四之日举趾"；又《周颂·良耜》："畟畟良耜，俶载南亩"；又《周颂·载芟》"有略其耜，俶载南亩"。以上数诗，形容在农忙季节，农民准备与携带农具到田场进行生产劳动。仍据《豳风·七月》，当农民在田场进行耕锄及收获时，"同我妇子，馌彼南亩"。即农妇亲到田场送饭食。

农家还从事纺织。据《豳风·七月》："遵彼微行，爰求柔桑"；"八月载绩，载玄载黄。"所说即指采桑养蚕纺织。农家还植麻织布，关于麻的种植，《齐风·南山》："艺麻如之何？衡从其亩。"《秦风·东门》有"绩麻"语，《曹风·蜉蝣》有"麻衣"语，说明农民不只种麻，并纺织为布，缝制为衣。尤其值得注意的还有农家"抱布贸丝"之类记载，说明这时的农家丝麻纺织品，除向领主进行贡纳及供自家穿用外，并部分出卖，以所得购置部分生产资料和生活必需品。

农家个体经济更多反映于农民的经济生活。在劳役地租形态下，农民已开始发生分化。有较少农民经济状况较好，如《大

中国地主制经济论——封建土地关系发展与变化

---

❶ 关于"雨我公田，遂及我私"，据齐思和解释，谓公田之公"乃地主之尊称"。私田之私乃"其禾为耕者所私有"。齐思和引《诗·豳风·七月》，当农民在田场进行"言私其豵，献豜于公"句，谓指农民将狩猎所获，小者农民自有，大者献之于地主，很可供参考。

❷ 有的作者把"实籍"理解为助法，即在公田上进行助耕。

雅·民劳》所记："民亦劳止，汔可小康"；"民亦劳止，汔可小安"。即农民经过辛勤劳动，可以过上小康生活。但绝大多数农民经济状况十分困难，表现在衣食住三个方面。据《小雅·大东》："小东大东，杼柚其空"。形容东方各诸侯国的农民，所生产的布匹被领主搜刮空了。农民沦于"纠纠葛履，可［何］以履霜？"即穿着单薄的葛鞋如何在布满冰霜的路上行走？又《豳风·七月》："一之日觱发，二之日栗烈，无衣无褐，何以卒岁。"形容农民缺御寒衣服，过冬困难。关于农民缺食情形，如《小雅·苕之华》所记："人可以食，鲜可以饱。"农民劳苦终年，饭都吃不饱，因之"心之忧矣，维其伤矣"。关于农民的居住情形，据《小雅·鸿雁》："之子于垣，百堵皆作；虽则劬劳，其究安宅！"前二语指为领主建筑了好住宅，后二语形容农民为领主辛勤建筑，自己却缺乏房子住。

这时农民衣食住条件之所以很差，除沉重的劳役地租之外，还有繁重的徭役。据《小雅·蓼莪》，频繁的徭役打乱了农家的生产，谓"民莫不谷，我独不卒"。由于农田荒废，粮产减少，不能养活父母，而心怀不满："哀哀父母，生我劬劳。"如《唐风·鸨羽》："王事靡盬，不能艺稷黍，父母何怙！"各诸侯国的徭役没完没了，致农民无暇从事生产，无法养活父母。又《小雅·鸿雁》有"之子于征，劬劳于野"语，指丈夫从军打仗，妻子下田劳动。因而发出浩叹："爰及矜人，哀此鳏寡。"由以上事例看出，由于各种剥削苛重造成农家经济困难，更突出了农民个体经济问题。

由于封建贵族对广大农民的封建剥削过于苛重，而他们自己却过着豪华奢侈的生活，招致农民阶级的不满乃至发生怨言，在《诗经》保存下来大量记录。如《魏风·伐檀》诗，谓领主"不稼不穑，胡取禾三百廛兮？不狩不猎，胡瞻尔庭有县［悬］貆兮？彼君子兮，不素餐兮"。如《魏风·硕鼠》诗，把贵族比做贪食禾谷的老鼠："硕鼠硕鼠，无食我黍。三岁贯女（汝），莫我肯顾。逝将去女，适彼乐土；乐土乐土，爰得我所。"这时的农民是贵族的世袭臣民，并没有迁徙的自由，要想自由只有逃亡。西周末年幽王时《大雅·召旻》诗："旻天疾威，天笃降丧，瘨我饥馑，民卒流亡，我居圉卒荒。"民间饥馑，人民流亡，土地荒废，也从另一方面反映农民独立个体经济。

以上是西周时期农民独立个体经济在农民的农业生产及农民的经济生活等方面的反映。农民独立个体经济作为一种普遍的社会形态的发展，是同通行于野的助法制紧密联系在一起的。这一基本特征，与其说同奴隶制相联系，不如说与封建制相联系更具有说服力。

二、封建性在助法—劳役地租方面的反映

助法是助耕公田，公田是农民进行无偿劳役的主要场所。封建贵族制定公田，是用以剥削农民剩余劳动的手段。统治者授予农民一定数量的私田，是为了实现他们的必要劳动，维持他们的生存，也从而保证了公田上的劳动人手。助法和公私田是紧密联系在一起的。西周奴隶制论或封建制论者，双方意见尽管分歧很大，但关于助法问题有关记载则系大家所公认。

关于"公田"，在古籍中屡有反映。其见于《诗经》者，如前引"雨我公田，遂及我私""实埇实墍，实亩实籍"等，其间"公田""实籍"都指各级贵族为自己保留的公田。又《小雅·信南山》："畇畇原隰，曾孙田之；我疆我理，东南其亩。"所说"曾孙田之"，指所平整的广大地产为周朝王室孙辈所经理占有，实际也系贵族公田。这类公田都由授有私田的农民代为耕种，即农民所承担的劳役地租，亦即古书中所说的助法。

以后东周时期有不少关于助法的记载，可供研究西周公田助法制的参考。春秋中期，据《国语·鲁语》："季康子欲以田赋，使冉有访诸仲尼。仲尼不对，私于冉有曰：'求来！女（汝）不闻乎？先王制土，籍田以力……'"孔子接着说："若子

季孙欲其法也，则有周公之籍矣。"孔子所说的"籍"即助法。如孟子所说"助者籍也"，即籍民力助耕公田。在《管子·乘马篇》中也有"正月，令农始作，服于公田"语，均系对西周土地制度的追记。当时人记当时事最有说服力，尤其是《诗经》。

关于助法制，以孟子所记最详。如前所述，他根据《诗经》，把助法同公田联系起来，指出"惟助为有公田"。这里为了进一步加以论证，更借助于孟子所道及井田说。孟子谓"方百里而井，井九百亩，八家皆私百亩，同养公田"。[1] 孟子所说"井田"可能源于当时传闻。[2] 关于八家同井可能出自孟子臆测，这种僵化的豆腐块形的井田不易实行，因此 1949 年以前即有不少学者提出怀疑。[3] 但井田类型的公私田结构是存在过的，即当中为公田，四周为私田；私田户数不一定是八家，可多可少；私田和公田亩数也不可能是八与一之比，公田面积所占比重会更大一些。总之，周朝前期曾出现过井田类型土地制是毋庸置疑的。

孟子倡井田说乃有所为而发，系针对当时土地兼并向滕文公所提建议，谓"夫仁政必自经界始。经界不正，井田不均，谷禄不平，是故暴君污吏必漫其经界。经界既正，分田制禄，可坐而定也"。[4] 孟子针对当时租税过重发表如下意见："君子用其一，缓其二。"如果租税过重，会导致社会紊乱，即所谓"用其二而民有殍，用其三而父子离"。[5] 由以上事例，孟子恢复井田制的意图十分清楚，是想通过推行井田制解决农民耕地问题。如前述

[1] 《孟子·滕文公上》。
[2] 在殷代已出现过井字，这时的井字主要指灌溉系统中的水渠，与孟子所说西周井田制不同，西周井田制同助法联系在一起，井字已发生质变。
[3] 如陈伯瀛1934年所著《中国田制丛考》、齐思和1948年所著《孟子井田说辨》皆论之甚详。齐文见《中国史探微》。
[4] 《孟子·滕文公上》。
[5] 《孟子·尽心下》。

"请野九一而助，国中什一使自赋"是。孟子所谈整齐划一的井田虽属臆测，类似井田的土地结构却是存在过的。

关于前述"请野九一而助，国中什一使自赋"问题的国和野前已论及，此乃西周租税制，即国和野实行两种不同的租税制，构成两种不同的剥削形式，**❶** 但其间主要是行于野这类广大地区的助法。按西周定制，在农忙季节，远郊区农民先助耕公田，然后种植自己的私田，即所谓"同养公田，公事毕然后敢治私事"指此。孟子的设想系源于西周的传说，但这一点是可信服的。总之，西周时期，确实存在过公田私田并存的助法制。

关于农民助耕公田事，在《诗经》中屡有反映：（1）公田经营规模较大。据《周颂·载芟》，在农民耕种时，"千耦其耘，徂隰徂畛"。据《周颂·噫嘻》："骏发尔私，终三十里，亦服尔耕，十千维耦。"**❷** 以上皆形容田场面积广大，进行生产劳动者人数众多。《载芟》诗还谈到收获情形："载获济济，有实其积，万亿及秭"。形容积谷成堆，多以亿计。又据《小雅·甫田》："曾孙之稼，如茨如梁，曾孙之庾，如坻如京；乃求千斯仓，乃求万斯箱，黍稷稻粱，农夫之庆"。经营规模之大，收获之多，乃至千仓万箱。（2）农民在公田上进行生产劳动的情形，以及田主进行监督等事，在《诗经》中也屡有反映。据《周颂·载芟》"载芟载柞，其耕泽泽"，"千耦其耘，徂隰徂畛"，指农民在公田上进行劳动。据《周颂·臣功》"命我众人，庤乃钱镈，奄观铚艾"，指田主下令家民准备好农具到田

❶ 这种关系，张广志在所著《从贡彻助研究中的几个问题》曾经论及。见《中国古代经济史论丛》。

❷ 此诗第一句是"噫嘻成王"，下面有"率时农夫，播厥百谷"语，指成王下令各级领主贵族率农民下田播种。然后接着说："骏发尔私，终三十里。"这里"骏发尔私"的"私"字显然是令农民在公田上尽力发挥其个人生产能力。有的作者把"私"字理解为私田；从前后文考察，此种理解欠妥。

中国地主制经济论——封建土地关系发展与变化

场进行生产。在耕种和收获季节，田主携带使从躬临田场实行监督，如《小雅·大田》所说"曾孙来止"。又据《周颂·载芟》："侯主侯伯，侯亚侯旅，侯强侯以"等，都指到田场进行监督的各种人员。他们有的同农民共进饮食，如《小雅·大田》所记。农民"以其妇子，食彼南亩，田畯至喜"指此。有的不仅吃农家送来的饭食，还同农妇调情，如《周颂·载芟》所记："有嗿其馌，思媚其妇"。（3）如禾苗长势良好，获得丰收，主人与农民皆大欢喜。如《小雅·甫田》所记："禾易长亩，终善且有，曾孙不怒，农夫克敏"；"我田既臧，农夫之庆，琴瑟击鼓，以御田祖"等。

公田收入，各级贵族则坐享其成，过着不劳而食的奢侈生活。据《小雅·终南山》："疆场翼翼，黍稷或或，曾孙之稼，以为酒食"。又《周颂·载芟》载，贵族所收获的粮食，"万亿及秭，为醴"。又《小雅·楚茨》载："我仓既盈，我庾维亿。以为酒食，以享以祀；以妥以侑，以介景福"。总之各级贵族对剥削来的剩余劳动产品，尽情享受。也有的封建领主，在农民缺粮的情况下，将多余的食粮分给农民一点，以便他们继续进行生产劳动。如《小雅·甫田》所说："倬彼甫田，岁取十千；我取其陈，食我农人。"

农民助耕公田之外，还向主人提供各种贡纳。如《大雅·韩奕》所记：农夫"献其貔皮，赤豹黄罴"。如《豳风·七月》所记："八月载绩，载玄载黄，我朱孔阳，为公子裳"；"一之日于貉，取彼狐狸。为公子裘"。此外还为领主建筑居室。仍据《七月》"我稼既同，上入执宫功"。即农民先干完私田农活，然后为领主建宫室院墙。如《大雅·灵台》诗："经之营之，庶民攻之，不日成之。"又据《小雅·鸿雁》："之子于垣，百堵皆作"等。

遇有战争，农民还要服兵役。服兵役一般主要是国人，但在助法剥削下的农民有时也被迫参加。据《小雅·何草不黄》：

"何人不将？经营四方。"即哪个人不参加兵役，奔走四方。"哀我征夫，独为匪民。"可怜我们这些出征的，把我们不当人看待。"哀我征夫，朝夕不暇。"成天奔波，没有休停。在《诗经》中，像以上记述甚多，不一一列举。

以上是西周时期劳役地租及各种贡纳的基本情况。这种剥削形式是同助法紧密联系在一起的。在农民具有独立经济的条件下，这种剥削形式是与封建制互相适应的，用劳役租论证封建制较之论证奴隶制更具有说服力。

三、封建性在生产劳动者社会地位方面的反映

论证西周的社会性质，关于农业生产劳动者的身份地位是一个更重要的问题。从《诗经》所反映的，这时主要是庶民、庶人类型农民，这类农民不是奴隶，前已论及。庶民、庶人类型农民中有自由人和依附民，属于什么性质的农民，当由该农民在经济关系中所处的地位而定，不能简单地单纯从语言词汇方面进行论证。

我们并不否认西周时期奴隶广泛存在，如前述人鬲、臣隶等虽不都是奴隶，但其中有的是奴隶。这时各诸侯国的奴隶，有的是过去旧有奴隶的延续；有的是新生的，其间主要来自战俘，如《诗·大雅·常武》记述宣王时事，有"铺敦淮濆，仍执丑虏"语，丑虏指淮水之役所获战俘，这类战俘理所当然地变成奴隶。此后春秋时期，对战俘的处理有的国家仍然如此。如《左传》僖公二十二年，楚伐宋有"俘馘"之类记载；二十八年，晋有"献楚俘"之类记载；宣公二年郑伐宋，"俘二百五十人，馘百人"等。以上所说俘，据一般情况推测皆沦为奴隶。最典型的是宣公十二年所记楚伐郑胜利后郑伯肉袒牵头羊请罪时所说，谓"其俘诸江南以实海滨，亦唯命；其翦以赐诸侯，使臣妾之，亦唯命"。这里"臣妾"可理解为奴隶。上述情形系西周时期俘虏为奴习俗的延续。《周礼·秋官司寇》有"蛮隶""闽隶""夷

中国地主制经济论——封建土地关系发展与变化

隶""貉隶"等，皆指被俘为奴者。这类战俘动辄数百，他们从事何种生产劳动，史籍不详。其因犯罪而沦为奴者，据《周礼·秋官司寇》有"罪隶"条，主要指犯盗窃而判罚为奴者，此类罪犯从事农业生产者史籍也不多见。

关于这时的生产劳动者，在《诗经》中有身份低下的"百僚"和"臣仆"之类。如《小雅·大东》有："私人之子，百僚是试"之诗句，百僚似指各种依附民。《小雅·正月》有"民之无辜，并其臣仆"语，"臣仆"之中包括奴隶，也包括各种依附民。

下面主要谈："庶民""庶人"类型民户。这类民户主要是农民，古史已有记载。按《国语·周语上》"凡民七尺以上属诸三官，农攻粟，工攻器，贾攻货"，形成"庶人、工、商各守其业，从共〔供〕其上"。说明"庶人"即农民。以后《左传》昭公二年记"克敌者，上大夫受县，下大夫受郡，土田十万，庶人、工、商遂，人臣隶圉免。"这里"庶人"专指农民。此虽系春秋时期记载，可供研究西周庶人、庶民问题时参考。

关于"庶民""庶人"类型农民在《诗经》中有不少事例。据《小雅·节南山》："事弗躬亲，庶民弗信。"意思是说，封建贵族对应该做的事不竭尽心力，会失去民众的信任。据《小雅·小宛》："中原有菽，庶民采之。"指农民到原野采野豆苗。据《大雅·抑》："惠于朋友，庶民小子；子孙绳绳，万民靡不承。"前两句指成王热爱群臣和庶民子弟；后两句谓领主后世子孙应慎戒自己不要胡作非为，老百姓则无不顺从。据《大雅·灵台》："经始灵台，经之营之，庶民攻之……庶民子来。"形容老百姓纷纷来参加封建领主居室的建设。庶民有时称为"庶人"。如《大雅·卷阿》记述成王时情形，"蔼蔼王多吉人，唯君子命，媚于庶人"。即这时贵族使从遵从上级指意，爱护并取悦于百姓。据《大雅·抑》："庶人之愚，亦职维疾"，意思是说庶人的愚笨是他们本身所固有的。庶民、庶人有时简称为民。据《小雅·节南山》："赫赫师尹，民具尔瞻。"目的在提醒执掌兵权的官吏，人民的眼睛注视着你们的一举一动，务要循规蹈矩。据《小雅·正月》："民之讹言，亦孔之将。"意思是民众谣言怨语，十分厉害。仍据《正月》："民今之无禄，夭夭是椓"。意思是人民没有爵禄收入，还要受摧残剥削。据《小雅·天保》："民之质矣，日用饮食。"意思是民众质朴，安居乐业。据《大雅·假乐》："百辟卿士……不解于位，民之攸墍"。即各级领主致力于公事，民众得安居乐业。此外，《诗经》之中谈到"民"之处甚多，不一一列举。

关于庶民、庶人，当时还有其他各种称谓。如"农夫"，据《周颂·噫嘻》：康王时下令各级官吏统率农民耕种，"率时农夫，播厥五谷"。如"农人"，如前述《甫田》诗："我取其陈，食我农人。"如"众人"，据《周颂·臣工》：成王时告诫诸侯各农官，"命我众人，庤乃钱镈，奄观铚艾"。如"黎民"，据《大雅·云汉》：宣王之时，"周余黎民，靡有孑遗"。又据《小雅·天保》："群黎百姓，偏为尔德"。有时称"附庸"，如前述周王关于鲁国的分封有"田土附庸"语。这里庸与"率土之滨，莫非王臣"之臣同，并没有什么特殊含义，和农夫、农人、众人、黎民同，乃是庶民、庶人之别称。

以上这类庶民、庶人类型农民并不完全一样。他们的身份地位由他们所处的经济关系主要是土地关系来决定。如国人，这时文献在谈及庶民、庶人时，有时把国人涉及在内，他们的身份地位前已论及，基本属于自由人。这里要着重指出的是，通过分封，在庶民、庶人类型中形成的依附民。这类民户系由上级贵族连同土地分授下级贵族而形成的，在庶民、庶人类型民户中，它是主要组成部分，也是决定西周社会性质的基本因素。下面专就这个问题进行探索。

经过分封，在广大鄙野地区，出现"公田"与"私田"对立统一体。各级贵族对"公田"和"私田"具有实际所有权，通过所有权对农民实行各种剥削。广大农民对所耕种的"私田"可以长期使用，可称之为"占有权"，农民在具有独立经济条件下，土地所有主要使农民承担劳役地租并提供各种实物贡纳，必须通过超经济强制，因而必须有人身依附关系，从而农民被剥夺了部分人身自由。

这时农民丧失人身自由体现在很多方面，首先是不能离开土地自由迁徙。如前所述，在初分封之时，连同农民一同授予，实际是以法令形式把农民固着在土地上，史书所谓"农之子恒为农""农不移"指此。这样，农民被长期束缚在土地上，使封建贵族得以长期保持劳动人手，农民的农奴身份地位永不改变，从而庄园经济得以长期持续。

其次是农民被强制进行劳动。在种植和收获季节，当农民在公田上进行生产劳动时，贵族领主率同下属亲到田场监督，前述"曾孙来止""侯主侯伯"等指此。其他各种实物贡纳也都是强制性的。领主还对农民任意处罚，如前述《甫田》诗："禾易长亩，终善且有，曾孙不怒，农夫克敏。"所说乃指由于农民辛勤劳动，获得丰收，避免了领主的怒斥。言外之意，如果没有获得好收成，惹得领主不满，是会遭受惩处的。

由以上事例可见，在鄙野地区进行生产劳动的农民，社会地位之低下就很清楚了，他们处于依附民地位。但相对奴隶而言他们还是比较自由的，他们虽然丧失了部分人身自由，但仍具有部分人身自由。这种关系，是同具有独立的个体经济而又承担劳役地租相适应的。

由此可见，关于西周时期的"庶民""庶人"类型农民的身份地位问题的看法不能僵化，其助耕公田的农民和近乎自耕农的国人是不大相同的。

这里要着重论述的是助耕公田的农民。综上所述，这类农民有独立的个体经济，须承担劳役地租，对土地所有主具有人身依附关系，由以上三者深刻反映了西周的社会性质——封建领主制。

第三节 等级政治结构和典型宗法制与封建领主制的直接联系

关于西周政治体制及宗法制问题的记载甚多，这里只就封建领主制对政治及宗法制发展变化的制约作用问题做一简单论述，其他从略。

西周国土分成两部分，一部分为王畿，即周王所在地，即今陕西户县一带；另一部分是王畿之外的各诸侯国，分布在黄河流域部分地区。诸侯国实际数目不详，或谓封建四百余国，服者八百余国。所封之国大抵多其宗室亲戚，此外有功臣，殷商后裔也在分封之列。

这些封国虽各自有其特点，就所形成的等级政治体制及典型宗法制而言，其发展变化皆为封建领主制经济所制约却大致相同。这种关系，由前引《诗经》及古文献所记各种事例已十分清楚，这时以土地臣民为核心，按宗法关系逐级分封诸侯建国，卿大夫立家，对土地掌握实际所有权，对所辖臣民实行统治，各形成一个独立的政治实体。就这样，政治权、宗法制和封建地权紧密结合在一起。

西周政治体制，是嫡长子孙世袭制。周室王位由嫡长子世袭。诸别子和功臣，分封土地和臣民，建立诸侯国。各诸侯君位由嫡长子世袭，诸侯诸别子和诸姻亲分封采地为卿大夫。卿大夫职位由嫡长子世袭，诸别子分封为士。士职位由嫡长子世袭，诸别子为庶人。就这样，形成由国王、诸侯、大夫、士依次相隶属的宗法性等级政治体制。

各诸侯国对所属土地掌握实际所有权，并统治所属农民，对所辖地区设置一套政治机构，并设置自己的武装，周王不直接干预。诸侯国内的卿大夫由于掌握土地所有权，也形成独立的政治实体。由诸侯至卿大夫，都有自己的政治组织，如设有宗人、冢宰、司马、工师、贾正等，分别掌握宗族、教育、财政和军事，各自形成独立的政治实体。就这样，各级统治行世卿、世禄、世业制，每个封建领主都把地权、政权紧密结合在一起。各级贵族领主这种独立的政治实体，封建所有制是由以形成和持续的经济基础。

同为封建所有制制约的政治体制，使全国分成很多等级，可概括为三个主要等级，一是土地所有主贵族等级，二是包括农奴在内的庶民等级，三是奴隶等级。三个等级子孙世袭固定不变。

和等级性政治体制相同，这时严格的典型宗法制和当时封建所有制也紧密联系在一起。❶

宗法制和宗法思想不同。宗法思想是源于血缘关系而形成的意识形态和习惯势力，诸如宗族观念孝悌伦理等。宗法制乃是一种制度。❷在西周时期，它的发生发展不仅服从于一定政治需要，乃至成为政治结构的一个组成部分。周王位由嫡长子孙即宗子相继承，在血缘关系方面称为天下之大宗，是全国贵族的最高家长，也是全国名义上的土地所有主，天下所有臣民都归其统治。国王幼子、庶子分封为诸侯。诸侯对国王而言是小宗，在本国则是大宗，诸侯职位由其嫡长子孙继承，他在政治上是一国的主宰，对直辖土地掌握实际所有权。诸侯幼子庶子分封也掌握实际所有权。由卿大夫到士，其大宗小宗的继承制与前同。就这样，

---

❶ 严格的宗法制肇始于周初。殷人也祀其先王，兄弟同礼，嫡庶不分，叔伯同，兄弟等亲，事严父及事嫡兄之观念犹未成立，严格的分封制尚未形成。关键是这时尚不像后来之西周有一套封建领主制。西周兴起的孝悌观念是同宗法制紧密联系在一起的。

❷ 商代也确立父系氏族制，却未建立父系家族制，这时尚无嫡庶长幼之别。西周时代，氏族制过渡到家族制，对子弟按嫡庶逐级分封，形成严格的宗法制。

天子为周室的宗子，诸侯为一国之宗子，卿大夫为一家之宗子。^❶总之，西周典型宗法制和土地臣民的分封紧密联系在一起，它是以封建领主制为核心的统治机构的一个重要组成部分。

西周这种遵循宗法关系的分封制，在封爵时，分授土地、臣民与立宗三者同时并举，只有封建贵族才能列入宗法体制之内，宗法制只行于贵族等级，而不行于庶民，但庶民是被上级大宗宗子赐给下属贵族的臣民。这样，各级贵族所世袭的土地是具有宗法性的地产，各级贵族是具有宗法性的封建领主，所辖农民则是在宗法制得以长期持续的经济基础。

总之，以上西周特殊的政治结构及宗法体制，是同封建所有制紧密联系在一起的，三者是一同形成的，而封建所有制则是它的经济核心。没有封建领主制，这种特殊的政治体制和典型宗法制是不可能长期持续的。上述关系也可作为论证封建领主制的辅助说明。

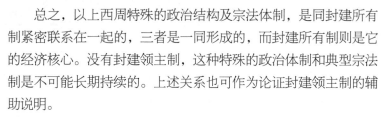

---

❶ 西周宗法宗族制，周王嫡长孙为天下的大宗。诸小宗的宗族结构，其间同高祖者以高祖的嫡长子孙为长，同曾祖者以曾祖的嫡长子孙为长，同祖父者以祖父的嫡长子孙为长，同父者则以诸弟而长兄。此为宗法制的基本体系。

第二章 东周时期封建领主制向地主制经济过渡

第一节 过渡的进展历程

在中国封建社会时期，封建领主制向地主制经济的过渡是一次划时代的具有历史意义的重要问题，是封建经济的一次重大变革。

本书所说地主制经济非单纯指封建地主所有制本身，乃指整个地主制经济体制，即以封建地主所有制为内核而包括农民小土地所有制、各种类型公有制和国有制等在内的整个经济体制。这种经济体制和世界其他各种类型封建经济体制相比具有一定优越性，具体体现于较大灵活性和适应性，因而具有顽强生命力。

东周可划分为两个阶段，由周平王元年（前770年）东迁洛邑至周威烈王二十二年（前404年）为春秋时代；由威烈王二十三年（前403年）韩、赵、魏三家分晋至秦始皇二十五年（前222年）统一中国止，在这一百八十二年间，齐、楚、燕、韩、赵、魏、秦七国连年战争，史称战国时期。

关于西周封建领主制，我们在第一章中已作了详细论述。西周中叶后，各级贵族领主在占有土地臣民的条件下权势日益扩大。嗣后经过长期战争兼并，很多诸侯国疆土日益扩张，逐渐发展成为独立王国，西周国王逐渐失去对土地臣民的控制权。

西周时期，土地分成两部分，即国、野之分。国指王室及诸侯国君直接统治的近郊区，这类地区的居民特称为"国人"，野指四周远郊区，这类地区的居民特称为"野人"，其中主要是被征服者。国和野实行两种不同的租税制。在国实行十夫制。国人向贵族交纳的实物租税谓之贡。在野则实行助法制。后来孟子所说"请野九一而助，国中什一使自赋"，即对西周土地制度的向往。这时主要是野，土田较广，在这类地区，贵族领主通过助法实现劳役租，占有农民的剩余劳动，这时封建领主劳役租的实现依靠封建特权，只有封建贵族才享有这种特权，生产劳动者则变成被他们压迫奴役且身份低下的依附农。这种民户，一有独立的个体经济；二对主人提供劳役，即所谓劳役租；三被史书称为庶人、庶民。这类庶人、庶民实际是具有奴隶性质的农奴。西周奴隶制说显然是不正确的。

从春秋时期开始，这种剥削形式逐渐发生变化，一是土地所有主身份地位的变化，出现了各种不同身份的地主；二是地租剥削形式的变化，劳役租改为实物租；三是人身依附关系的变化，生产劳动者由具有奴隶性的农奴转化为具有人身依附关系而又相对自由的佃农。此外还有小土地所有者自耕农，这类农民在有些地区存在并占据很大比重。中国地主制经济由此萌生。

封建领主制向封建地主制经济过渡，这种发展变化是多种因素促成的：广大农民的反抗斗争，及诸侯国为鼓励农民生产积极性以增强国力而主动改制，是其中的主要因素。这时工农业主要是农业生产的发展则为这种过渡提供了物质条件；而地主制经济本身的潜在功能则是促成这一改革的最终根源。

关于广大农民对封建领主制的反对斗争，在西周就已开始了，春秋时期有进一步发展。首先是农民对封建领主苛征暴敛不满而进行诅咒。据《国语·周语》记载，在西周后期厉王时期邵公对厉王说："防民之口甚于防川，川壅而溃，伤人必多，民亦如之。"民人对周室的不满实际是对封建领主制的不满。其次是农民为发泄自己的怨气在生产方面消极怠工。《诗经·齐风·甫田》描述春秋前期齐襄公时期情形说："无田甫田，维莠桀稌"，所说"甫田"指由农民提供劳役租的公田。由于农民在生产方面怠工，公田上长满了野草。关于鲁国情形，据《公羊传》所附何休注云："时宣公无恩信于民，民不肯尽力于田，故履践案行，择其善亩谷最好者税取之。"[1] 这段记述说明由于农民怠工而被迫进行改制。最后是农民为逃避剥削而逃亡。春秋初期，据《左传》鲁僖公十九年记，梁国君强迫农民大兴土木，"民罢而弗堪""民惧而溃"。关于梁国之灭亡，《穀梁传》曾作如下评论："梁国自亡也……大臣背叛，民为盗寇。"所说"为盗寇"即为摆脱封建领主剥削而逃亡他乡。春秋前期，管仲在向齐桓公建议改制时说："相地而衰征则民不移"，所说即指改制可以防止农民外逃。总之，农民对封建压迫剥削不满而进行反抗斗争，是促成各国改制的一个重要因素。

各国进行改制，如前述主要是为了有利于发挥农民生产积极性，实现国富民强的愿望，以利于进行争霸斗争。总之，这时封建领主制已变成束缚农业生产发展的桎梏，要想发展农业生产，增强国力，只有进行税制改革，亦即土地制度的改革才是最有效的办法。

这时各国实行改制有各种名称，因国别而不同，如"案亩而税""作爰田""初税亩""出土田""为田洫"等。所说都是通过改制废除西周时期的助法制，改为税亩制。其由农民耕种赖以实现必要劳动的"私田"改为税亩制，即各级贵族领主直接占有令农民代为耕种的"公田"，贵族领主也要向各诸侯国君按亩交税，如《穀梁传》所记："公之去公田而履亩十取一也"指此。与此同时，国人所占有的土地也改行按亩而税制。

关于改制过程，早在西周时已经萌生，这时助法制的改变是自然形成的，若此后春秋时代的改制，是如前所述，则是在广大农民进行反抗斗争的逼迫下，革新派为增强本国政治经济力量而

---

[1] 《春秋公羊传·何氏解诂》卷一一。

采行的改革措施。

春秋时期，改制较早的，若齐、晋等国都在春秋前期，鲁、楚、郑等国则在春秋中期，魏、秦等国则在春秋后期，若燕、赵等国则拖到战国时期。

关于土地制度的改革，当时齐国管仲所论最为典型。管仲提出："井田畴均"，即将土地均分农民。据管仲《乘马篇》称："不均之为患也，地利不可竭，民力不可殚；不告之以时，而民不知；不道之以事，而民不为"。以上所说指农民在公田上进行生产时的消极怠工情形，因此提出"均"的问题，就是把土地分给农民。管子又说："相地而衰征"，即把土地分给农民之后，按土地肥瘠及产量状况收田税。关于管仲改制问题，此后王应麟曾作如下论述："管仲改制，改典国之旧。"❶ 管仲的意见是，通过改制，加强农民生产积极性，如《乘马篇》所说："均地分力，使民知时已"，如此，"民乃知时日之蚤晏，日月之不足，饥寒之至于身也，是故夜寝早起，父子兄弟，不忘其功，为而不倦，民不惮苦"。《乘马篇》又说：改制之后，"与之分货，则民知得正矣；审其分，则民尽力矣"。所说"与之分货"指改制后向农民征收实物租税。又《国语·齐语》记述管仲关于改制的看法，谓如此则"山泽各致其实，则民不苟；陆、阜、陵、墐、井、田、畴均，则民不憾"。最后的结论是"无夺民时，则百姓富"。当时齐国的富强和管仲主持的改制政策措施有着直接联系。

再以郑国为例，据《左传》鲁襄公十年（郑简公三年，公元前563年）记："初，子驷为田洫"，即进行改制。但子驷以失败而告终。此后20年，据《左传》襄公三十年记，时郑国子产执政，进行改制，"子产使都鄙有章，上下有服，田有封洫，庐井有伍"。所说"田有封洫"指清理土地划分疆界，废除旧有

中国地主制经济论——封建土地关系发展与变化

---

❶ 王应麟语，见《玉海》卷一七六《食货·田制》。

助法制"公田""私田"制，所说"庐井有伍"指对农户进行编制。《左传》鲁昭公四年（公元前538年）记：郑"作丘赋"，即在税亩制的基础上又按亩征收军赋。郑国改制颇有成效，其间子产起了重要作用。

齐、郑两国，通过改制，农民生产积极性有所提高，生活逐渐富裕起来。其他先后效法改制的各国，若鲁、楚、魏等国改制其动机和目的当也不例外。由以上事例，说明当时各国改制，地主制经济的潜在功能起着一定制约的作用。当然，也不否认，当时生产力的发展也为改制提供了必要条件。在生产工具方面，如青铜器向铁制器的过渡，这时铁器很多用于农业和手工业生产，尤其对农业生产的发展起了一定促进作用。

各国在改制过程中，多经过两派斗争，即革新派和保守派的斗争，保守派对改革派进行攻击，如在郑国主持改制的子产，以后王应麟曾作过这样评述："子产使田有封洫而谤。"当时，子产的改制政策措施，受到一些人的攻击，反对改制的人主要是因改制而丧失封建特权乃至部分封建地权的各级封建领主。

这种斗争，在当时意识形态领域也有所反映。孔子作《春秋》，关于鲁国于宣公十五年所推行"初税亩"事，则记其事而未加评论，从行文本身就说明他对改制并不反对。更值得注意的是，孔子对当时主持改制者的支持态度，如对齐国主持改制的管仲的赞颂，称道管仲"人也"。意思是说管仲有才干，是仁人志士。孔子对他的大弟子子路也曾说过："桓公九合诸侯，不以兵车，管仲之力也；如其仁，如其仁！" ❶孔子对管仲的赞颂虽从政治角度出发，实际包含着对管仲主持改制的赞许。孔子对在郑国主持改制的子产，也一再称道，说"其养民也惠，其使民也义"。❷从"养民""使民"说明孔子对子产改制的支持态度。

---

❶《论语·宪问》。

❷《论语·公冶长》。

孔子在另一处又说子产"惠人也"。^❶孔子在支持由封建领主土地制向地主土地制过渡的同时，他对过去在封建领主制所制约下的严格贵贱等级关系也持否定态度。这种关系具体反映于他对招收弟子的态度中。他所提出"有教无类"之说属此。所谓无类即不分贵贱等级关系。如他最欣赏的大弟子颜回即贫寒之家的子弟。由以上事例，说明在改制过程中，孔子是积极改革派。^❷

第二节　过渡与土地关系的变化

各国通过改制，封建领主制向地主制经济过渡，土地关系发生巨大变化。一是土地私有制的发展，二是地主身份地位的变化，三是土地所有者自耕农的广泛出现。

一、土地私有制的发展

在论述这一时期土地关系变化之前，有一个问题需要解决，即这一时期地权的性质是私有还是国有。关于这个问题的意见分歧，有的主张国有说，有的认为地主所有制尚未出现，有的提出是中国封建地主制经济开始形成期。我们较同意后者。我们认为春秋时期是地主制经济开始萌生期；战国时期是地主制经济继续发展期，以后并逐渐占据主导地位。

中国封建社会时期土地私有国有问题，20 世纪 60 年代初我

---

❶ 《论语·宪问》。

❷ 左丘明关于"初税亩"的注释所说"非礼也"，公羊高关于"初税亩"的注释"非正也"，都歪曲了孔子的原意。孔子作《春秋》时对"初税亩"制并未加评论。由左丘明、公羊高所作注解只能说明他二人对税亩制坚持反对态度。

们曾撰文提出自己的看法。当时国内学者屡有反映。涉及春秋战国时期，各国改制之初，既然处于过渡形态，发达完善的地主制经济非可一蹴而就，要经过一个漫长的历史过程，古文献记载含混乃势所必然。针对分歧复杂的记录，要想据以鉴别所有制的性质，只有通过经济关系的分析，所作出的论断才能比较接近历史实际。

我们所说的经济关系，指通过土地关系形成的生产关系。以封建所有制而论，反映于两个组成部分，一是封建地权，即通过土地关系，看生产劳动者所创造的剩余劳动主要归谁所占有；二是等级体制，即通过土地关系所产生的人身依附关系的状况。以上两者是论证土地私有或国有的基本标志。通过以上分析，生产劳动者农民所创造的绝大部分或全部剩余劳动如果归私人所占有，该农民又对土地所有主发生直接的人身依附关系，并受其直接超经济强制，土地所有者即系封建地主，属于私有制。这种关系如果发生在农民与国家之间，则属国有制。

这时容易发生争议的是由国家直接分配给农民的土地。其实这类农民向国家交纳的田税一般约占亩产的 1/10，有的高到 1/5，这绝非农家剩余劳动的全部，而只是剩余劳动的一部分，和租佃农向地主所交纳的约占产量 1/2～2/3 的地租大相径庭。又同佃农相比，他们的人身也是比较自由的；他们和国家之间的关系是统治和被统治的关系，不属于人身依附关系范畴，因此这类土地属于农民私有制。

总之，论证春秋战国时期的土地私有国有问题，要通过经济关系的分析，把它作为进行论断的依据。

这一时期的文献，对租与税两者每混称而不加区分。论证

❶ 关于这个问题，李文治曾于1963年撰写《关于研究中国封建土地所有制形式的方法论问题》，在《经济研究》发表。当时很多人同意李文治的分析。

第二章　东周时期封建领主制向地主制经济过渡

土地私有、国有问题却是要区别田税和地租的界限，方法是通过经济关系的分析，如前述私人地租和国家税率的比重问题等。此外还有一个问题也很值得注意，进行论证时不能把法权关系机械化。如这时诸侯国每行授田制，这种土地在未授出以前系国有制，在授出以后，如令农民交纳 1/10 的田税，已变成自耕农，土地遂即丧失国有属性，变成农民私有制。更不能把国家主权关系同所有制机械地联系起来，在地主制经济制约下，国家为维护社会秩序及保证税收，对农民和土地都实行严格控制。这种控制属于国家主权范畴，非基于经济关系，不能据以论证土地所有制——公有或私有的性质。总之，论证土地国有、私有问题，把经济关系作为论证依据才能作出接近历史实际的结论。

论证东周时期的土地关系，有的问题需要补充说明。从春秋时期开始，旧领主制开始破裂，严格的世卿世禄制已难以持续，卿大夫世守其业的僵化所有制趋向瓦解，地权和身份关系开始从严格宗法制中解放出来，这时的地主制经济仍处于萌生状态。正是这个缘故，土地关系比较复杂，如封建地主有各种不同类型，其中一类是占有爵田禄田的贵族官僚地主，他们的土地系由各诸侯国国君直接授予，仍具有公有制的外形，但实际由各贵族官僚长期占有，在这类土地上进行生产劳动的农民所创造的剩余劳动归各该受田者所占有，农民并对该地主发生人身依附关系，因此具有私有制的内涵。这类占有爵田禄田的贵族官僚实际是封建地主，或者说是一种不完整的封建地主。这是一种过渡形式的封建所有制。但这时有不少贵族官僚的土地系由依势兼并而来，还有的通过购买，其剥削形式主要通过出租给租佃人或是一般农民，有的是依附民。由这类土地所形成的土地关系已是名副其实的封建地主所有制。这类地主所有制的发展尤值得注意。

关于春秋战国时期土地私有问题，早在 1949 年以前齐思和已经论及。他一方面指出私人地主的存在；同时指出，"自耕农

一经纳税后，即可自由耕作"，不复受地主之"限制督责"。 ^❶
关于这一时期的私人地主问题，如巫宝三所论："在这样一种土
地制度下，私有土地的封建地主所有制乃得以合法形式产生和发
展了。" ^❷ 关于这一时期独立的个体农民经济问题，最近杨生民
进行了专题论述。 ^❸ 以上诸论很可供研究参考。

二、旧贵族类型地主的发展与削弱

西周时期的封建领主制，土地主要为各级贵族所专有，包括
周王和各级诸侯国君、卿、大夫、士等；此外国中即城市近郊的
国人也有小部分土地。各国改制后，封建领主制向地主制经济过
渡之初，封建土地关系开始发生变化，这时是统治阶级内部自发
的变革，最初出现的地主主要是过去贵族领主的延续，只是改变
了剥削方式。嗣后在长期兼并战争中，发展起来一批新兴地主，
即以读书入仕和以作战立功的地主，其中包括部分过去的贵族，
但主要是这一时期发展起来的新贵，本书特称为官僚军功地主。 ^❹
为了把两类地主加以区别，把由过去封建领主直接转化来的地主
特称之旧贵族地主。以上两种类型地主，始终长期并存，只是逐
渐发生变化，旧贵族地主相对削弱，官僚军功地主日益滋长，呈
现前者向后者转化的趋势。但这种过渡很难在时间上作严格划
分。这里为了论证方便，仍沿袭过去关于历史时期划分惯例，把
东周划分为春秋和战国两个阶段，暂把春秋前期作为由封建领主
逐渐向旧贵族地主转化时期，由春秋后期至战国时期作为旧贵族

❶ 齐思和：《战国制度考》，《燕京学报》1938年第24期。

❷ 巫宝三：《管子思想研究》。

❸ 杨生民：《春秋战国个体农民广泛出现与战国的社会性质》，
见《北京师范学院学报》1991年第6期。

❹ 这时贵贱等级仍严。其中由庶人出身而上升为官僚军功地主者
也变成新贵。为了与由封建领主转化来的贵族地主相区别，暂以官僚军
功地主之称谓加以概括。

地主仍在延续而逐渐过渡为以官僚军功地主为主的时期。但由于旧贵族地主与官僚军功地主常并存，在论述旧贵族地主时会涉及战国事例，在论述官僚军功地主时也会涉及春秋事例。

关于春秋战国时期的封建地主问题，本书就按两种类型地主分别加以概括。这里先就旧贵族地主的萌生、发展及逐渐削弱的问题进行论述。

由领主制经济向地主制经济过渡之初，如前所述，国有土地或私有土地两者有时很难区分，我认为应从以下两方面进行探索，一是租税率问题，这时国家税亩制的税率一般为1/10或1/5，私人地租率一般为1/2，间或在1/2以上。如齐国改制行税亩制时，税率约为1/10。改制后的齐昭公在自己私田上的征地租占产量的2/3，而租佃农"衣食其一"。❶一是从土地所有主进行判断，看租税征收者是私人还是国家，如果租税归私人所专有，即身为贵族，土地系由诸侯国所授爵田禄田，也属私有制，这种关系以后还要论及。

这里所说旧贵族地主，他们的家族和过去封建领主有着直接的渊源关系。这类地主发展过程比较复杂，大致可分为两种类型，一是过去旧封建领主直接转化为地主，一是由诸侯国分授土地的封君地主。以上贵族地主在某些地区曾呈现发展趋势。

其直接由领主户转化来的地主，春秋时期孙子所记晋国贵族地主事例最典型。关于此段文献诸多异说，为了论证，先将该文有关部分摘录如下：

吴王问孙子曰：六将军分守晋国之地，孰先亡？孰固成？孙子曰：范中行是（氏）先亡。孰为之次？知是（氏）为次。孰（再）为之次？韩魏（魏）为次。赵毋失其故法，晋国归焉。吴

---

❶ 按齐国已于桓公元年改制。据《左传》记述齐昭公三年事，时上距桓公改制已历55年，昭公收租率为2/3，地权应划为私有制。此事我们同意1949年以前陈伯瀛的观点。

王曰：其说可得闻乎？孙子曰：可。范中行是（氏）制田，八十步为娩（畹），以百六十步为畛，而伍税之，其田陕（狭），置士多；伍税之，公家富。公家富，置士多，主乔（骄）臣奢，冀功数战，故曰先亡。［"智氏制田，以九十步为畹，以百八十步为畛，而伍税之"；］韩巍（魏）制田，以百步为畹，以二百步为畛，而伍税（之）……赵是（氏）制田，以百十步为畹，以二百卅步为畛，公无税焉；公家贫，其置士少；主金臣收，以御富民，故曰国固，晋国归焉。❶

　　以上所谓"伍税之"指按产量征收 50% 的地租。据此晋国公卿实际是贵族地主。他们对农民的地租剥削虽都是"伍税之"，但实际程度不同。据孙子预测，剥削最重的范氏、中行氏将最先灭亡，次重的知氏、韩氏、魏氏将相继而亡。孙子把数卿必然灭亡的原因归之于地租过重，关于灭亡的早晚则归之于剥削过重的程度，是十分清楚的。有人将"伍税之"理解为 5% 税率，不符合历史实际。因为这样轻的税率不会导致"公家富"以至于灭亡。将"伍税之"理解为 50% 的地租更合乎逻辑。陈振中谓地租率"充分体现了其私有性质"，所论完全正确。

　　关于第二类封君地主为数不少。据《国语·晋语》：春秋前期，晋公子夷吾赐给所属臣属"汾阳之田百万"及"负蔡之田七十万"。❷据《左传》鲁成公二年记，"卫人赏仲叔于奚以邑"；鲁襄公二十六年记，"郑伯赏入陈之功，享子展赐之八邑，享子产赐之六邑。"有的贵族自己向诸侯国君申请土地。仍据《左传》成公七年记，"子重请取于申，吕以为赏田，王许

　　❶ 银雀山汉墓出土《孙子兵法·吴问》转见陈振中：《青铜生产工具与中国奴隶制社会经济》。其中方括号内"智氏制田"一段文字据《文物与考古论集》补缺。见陈著，第559页。

　　❷ 这时亩制较小。西周一亩为一百步。据张政烺考证，这时田亩以步为单位，田"七十万"即七十万步，合地七千亩。

之。"这时有关由诸侯国君赏赐贵族地主土地之事例甚多，不一一列举。一直到战国时期，有些旧贵族地主仍在延续，如魏王赏赐巴宁、爨襄等"田各十万"等。❶又如当时驰名的四君，都通过封赏变成著名贵族大地主。其间齐国孟尝君，"相齐，封万户于薛"；楚国春申君，封"淮北十二县"。又赵国平原君封于东武城，魏国信陵君封于信陵，后者封地若干不详，当也为数不少。这种赐封制，是当时贵族地主形成的又一种方式。这种赐封制仍具有过去西周分封制的遗痕，封君在血统上同过去旧贵族领主有着渊源关系，其间还有的由于树立功绩而地位上升掌握了大权，但同过去西周典型宗法分封制毕竟不同。这时在赏赐土地的同时并附带在原地上耕作的农民。其中很多是作为俸禄授予封君的，封君对所受土地的农民征收租税以抵俸禄。这种关系有的记载比较明确，据《战国策·魏策》，魏将公孙痤战胜韩、赵等国之后，魏惠王"赏田百万禄之"。可见这类封君所谓"食封"即分享国家租税权。这类封君对土地虽不享有完整的所有权，但仍具有封建地主的属性，因此将这类封君也划入贵族地主行列。

　　贵族地主土地的扩张主要是通过兼并得以实现。这时还有不少贵族之间互相兼并的事例。春秋时代，据《左传》，如鲁闵公二年闵公传"夺卜齮田"；文公八年晋国先克"夺蒯得田于董阴"；文公十八年齐懿公为公子时"与邴歜之父争田"；成公三年叔孙侨、围棘等取汶阳之田；成公十一年"晋郤至与周争鄇田"；成公十七年晋国"谷锜夺夷阳五田"；昭公九年"周甘人与晋阎嘉争阎田"；昭公十四年"晋邢侯与雍子争鄐田"等。各贵族兼并来的土地，其剥削形式有两种可能，或对原耕种农民行按亩征税制，仍保持农民土地所有权；可能更多的是以地主身份直接向农民征收地租。总之，贵族之间的互相兼并争夺是贵族地

---

❶ 《战国策·魏策》。

主扩大地产的一种方式。

　　这时又出现广大农民小土地所有者，他们成了贵族地主进行侵夺的对象。据《左传》，鲁襄公七年"郑四富族夺民之田"。这里所说"富族"当指贵族地主，所说"民"乃指耕农。如宋、郑两国之间的闲荒，经农民开垦成熟之后，郑、宋两国为争夺农民土地而发生战争。贵族依势直接侵夺农民土地是贵族地主扩大地产的又一种方式。

　　在赋役繁重的条件下，出现了向权势之家投靠的民户。投靠户有两种可能，一种是权势贵族强制民户投靠，通过接受投靠扩大占地规模；另一种是农民为逃避国家赋役自动投靠，变成权贵的依附户。如孟尝君封于薛时，"妤人入薛中盖六万余家"，其中绝大多数变成他的租佃户。如封于东武城的平原君，招纳依附户逃避赋役。[1] 这类依附户所耕种的土地就是贵族地主的土地，如陈伯瀛所论，其地"必为平原君所占有而佃于平民者"。[2] 当时这类投靠户相当普遍，据《韩非子・诡使篇》所论："而士卒之逃事伏匿，附托有威之门以避徭赋而上不得者万数。"

　　以上是春秋战国时代旧封建贵族通过赏赐及依势侵占等扩大土地的一些事例。有的占地规模相当可观，其发展曾猖獗一时，但最后仍趋向削弱。导致削弱的因素很多，但主要是各诸侯国为富国强兵所采行的抑制性政策措施。这方面我们可以找到不少事例。

　　或谓在春秋前期已有人提出"因能而受禄，禄功而与官"。[3] 此后各国关于废除世卿世禄制很快提到日程上来。如春秋战国之际，魏文侯时期，李悝为相，提出"夺淫民之禄，以来四方之

---

　　❶ 《史记》卷八一《廉颇蔺相如列传附赵奢传》。

　　❷ 陈伯瀛：《中国田制丛考》，商务印书馆出版1935年。

　　❸ 《韩非子・外储说左下》。

士"。^❶如战国时期楚国吴起变法，对"封君之子孙三世而收爵禄"。^❷如秦国变法，商鞅制定："宗室非有军功论，不得为属籍。"^❸各国在变法中所采行的这种政策措施，对旧贵族地主起着极大削弱作用。

各诸侯国在抑制贵族地主权势的同时，对贵族地主逃避国家赋税行为进行了打击。如前述赵国平原君依势招纳依附户，侵蚀国家租税，田部吏赵奢绳之以法，"杀平原君用事者九人"等。^❹

此外有些贵族子孙，经过世代传袭，有的支庶逐渐疏远，其身份地位逐渐发生变化，丧失其贵族身份降为庶人。如齐国，据《左传》鲁昭公三年记，该国之公子公孙很多成为"无禄"者是。如晋国，"胖之宗十一族，唯羊名氏而已"；其余各族子孙大概也降为庶人。又这时各诸侯国内经常发生政治斗争，失败者丧失其贵族地主身份，有的沦为庶人，有的被罚为奴隶，如晋国贵族栾、郤、胥、原、孤、续、庆、伯等八族，即因在国内政治斗争中失败，"降在皂隶"。^❺

关于旧贵族地主的兴衰试作一总的概括。春秋时代，很多与过去封建领主有血缘关系的贵族仍家世其官爵，官世其禄田，卿大夫于封邑之内仍具有相对独立性。如齐思和所论：形成强族世家倾国倾君之势。嗣后逐渐发生变化，春秋之季，旧贵族权势渐趋削弱。与这种变化相适应，一是旧贵族封地日益减少，"各国除少数功臣贵宠外，鲜封以土地，而受封者大抵及身而止，鲜及数世。"^❻总之，关于旧贵族地主削弱衰亡的原因，或由于子

中国地主制经济论——封建土地关系发展与变化

---

❶ 《说苑·政理篇》。

❷ 《韩非子·和氏》。

❸ 《史记》卷六八《商君列传》，"不得为属籍"即不得享有贵族的特权。

❹ 《史记》卷八一《廉颇蔺相如列传附赵奢传》。

❺ 《左传》鲁昭公三年条。

❻ 齐思和：《战国制度考》，《燕京学报》1938年第24期。

孙繁衍日益疏远，或由于国内政治斗争而失败，或由于诸侯国之间战争而败亡，但更为重要的是各国为增强国力所采行的抑制政策措施，这是旧贵族类型地主日益削弱，有的趋向衰亡的主要原因。

与之相适应，在旧贵族地主趋向削弱的同时，新兴官僚军功地主日益发展。

三、新兴官僚军功类型地主的兴起和发展

所谓官僚地主指以文学才智入仕为官的地主，军功地主指以作战立功起家为官的地主。春秋战国五百多年是旧世袭贵族和新兴官僚军功两种政权互相交替时期，也是两类地主互相转化时期。❶有的官僚军功类型地主和旧贵族地主很难区分，而且官僚军功地主的土地也多由诸侯国君所封授。这里主要将以庶民起家和过去以旧贵族出身者作为划分标志。又有些人，其祖先虽曾为贵族，嗣后子孙繁衍，在政治方面已沦为平民；有的贵族子孙在本国已无地位，到其他诸侯国为官。以上这类出身者也划入新兴官僚军功地主行列。

先说官僚类型地主。这时各诸侯国君为争夺霸权，大事招用读书才智之士，且不分国界，于是出现了由庶人出身的文士这一阶层，从而打破了旧的宗法血缘关系制约，冲破了旧贵贱等级关系体制。才智之士，在政治上能出谋划策，做出贡献，可以获致爵禄。这时各级官吏中虽也有贵族后裔，但他们升迁并不全凭贵族身份。在这种条件下，庶人出身的新贵族遂层出不穷。❷

---

❶ 这时以文学或军功为官者也跃入贵族等级，如商鞅在秦制定"明尊卑爵秩等级各以差次"是。但这是以封建地主制经济为内核的封建等级制，与西周时期世袭的宗法贵贱等级制有所不同。

❷ 庶人为官反映在当时人的看法和议论，如墨子贵"上贤"，孟子提"国人皆曰贤"，荀子倡"选贤使能"等，上述论说已突破旧的贵贱等级界限。

庶人步入仕途，需要一定的经济条件，须能脱离生产专事读书。而地主制经济的萌生，使部分农民有发家致富改变经济状况的机会和可能，为读书入仕创造了条件。这时也的确有不少人以庶人身份步入仕途变成官僚地主。

　　关于诸侯国君招徕读书才智之士在春秋时代已经开始，战国时期更加突出。如前述魏国李悝，向魏文侯建议："为国之道，食有劳而禄有功"；"夺淫民之禄以来四方之士"。❶如齐国，田氏代姜氏治齐，招揽贤士，培养人才，不分国界，不计贵贱。就在这种条件下，出现大兴讲学之风。首开聚众讲学之风的是春秋中期的鲁国孔子，从他所说"有教无类"考察，所收学徒包括庶人在内。战国时期，墨子、孟子都以聚徒讲学著称。孟子游说诸侯时，"后车数十乘，从者数百人"。这些从者可能主要是庶人出身的读书人士。庶人从学之盛，以赵国为例，战国初期，赵襄子委任中牟二贤中章、胥王为中大夫，"予之田宅"。二人变成官僚地主。于是"中牟之民弃田圃而随文学者邑之半"。❷从行文语气考察，其中不少系农家子弟，他们纷纷放弃农耕争取读书入仕。

　　当时人通过读书治学步入仕途的情形，在古文献中屡有反映。如孔子"七十子之徒，散游诸侯"。其中很多入仕为官，"大者为师傅卿相，小者友教士大夫"。❸根据孔子讲学时间，这些治学为官者当在春秋战国之际。孟子曾提到"庶人之在官者"，荀子也曾论及庶人子孙之"积礼义习文学"者应提升为公卿大夫等。庶人治学入仕是当时普遍现象。如齐国管仲和晏婴，据《史记·管晏列传》，管仲系颍上人，少时家贫，后以才智入

中国地主制经济论——封建土地关系发展与变化

---

❶《汉书》卷三〇《艺文志》，《儒家》著录李克七篇。李克即李悝。

❷《韩非子·外储说左上》。

❸《史记》卷一二一《儒林传》。

仕；晏婴则出身微贱，后升为相国。余若赵国大臣牛畜、荀欣、徐越等，皆非出身贵族，而靠个人才能入仕为官。前述魏国大臣李悝也出身庶民户。总之这时庶民社会地位发生较大变化，诚如齐思和所论："编户齐民纷纷与士君子同居朝列，分庭抗礼"；"而平民之俊杰者，若商鞅（原出身贵族，后沦为平民）、范睢、苏秦、张仪之流，皆声热薰灼，倾动朝野。"❶

以上这类由庶民出身的新贵都变成新兴官僚地主，他们的土地一部分由诸侯国君授给。❷当他们入仕之后，有的还依势兼并，或使用货币进行购买，扩大占地规模。

这时庶民以军功起家者尤众，各诸侯国为从事战争进行兼并皆大奖军功。以赵国而论，据《左传》哀公二年记，赵简子伐郑誓师时说："克敌者，上大夫受县，下大夫受郡，士田十万，庶人工商遂，人臣隶圉免。""受县""受郡"指授予土地，"遂"指分封官爵。按此规定，打胜仗建立功绩的多变成大小军功地主。

再以秦国为例，商鞅进行改制时曾作具体规定。秦孝公时，据《汉书·百官公卿表》，秦国近功授爵，爵凡二十等。最低者二级：一级曰公士，二级曰上造；最高者二级：十九级为官内侯，二十级为彻侯。其按级所授田额，以中间等级第九级军功为例，爵五大夫，"税邑三百户"。❸即享有三百家封邑的租税收入，可列入小军功地主。据此，其十级以上军功，就所食邑而言，可列入中等乃至军功地主了。又据《韩非子·定法》所记，谓商君之法，"斩一首者爵一级，欲为官者为五十石之官"。其

---

❶ 齐思和：《战国制度考》，《燕京学报》1938年第24期。

❷ 这时各国对官吏的报酬分成两部分，一部分给食粮，另一部分给土地曰"禄田"。这部分禄田虽然不多，但也是官僚地主土地的构成部分。

❸ 《商君书·境内篇》。

斩敌首一二者即可列入小军功地主，其斩敌首多者可变成大军功地主了。

在重赏军功的条件下，其作战有功者，有的自动提出申请索要土地。如秦将王翦，以灭楚有功，"请美田良宅甚众，为子孙业"。❶王翦是军功大地主的典型。

各国重赏军功的政策措施，在当时曾产生重大影响，如《荀子·议兵》所论："使天下之民要利于上者，非斗无由也。"就在这种政策措施下，大小军功地主在整个地主阶级中遂占据一定比重。

这时发展起来的新兴官僚军功地主，依势兼并侵占也不可避免，但和前者已大不相同，他们的土地主要是通过各诸侯国君的封授。但这时的封授予旧贵族地主不同，而是通过贡献立功，不再受血缘关系的限制。同时伴随土地买卖关系的发展，官僚军功人员还通过购买扩大占地规模。官僚军功人员无论通过何种方式占有土地，都须向所属国君完纳田税；他们则向租佃农或依附民征收地租。

以上是这一时期各种类型地主兴衰的基本情况。总的发展趋势是，其改制各国，先是世袭性旧贵族地主占据主导地位；春秋后期主要是战国时期，旧贵族地主趋向衰落，新兴官僚军功地主逐渐占据统治地位。这是中国古代地主制经济萌生时期地主阶级身份地位的一次重大变化。封建土地关系虽然发生了变化，当时主张改制的一些先进人物，有的并具有反对特权提倡平等的主张和思想。但当他们掌握了政权之后，过去的部分特权又在他们身上保留下来，发展起来一批新贵。当然，他们和旧贵族地主毕竟有所不同，他们所代表的是新兴的地主制经济势力，为社会经济进一步发展开辟了道路。

❶ 《史记》卷七三《白起王翦列传》。

中国地主制经济论——封建土地关系发展与变化

四、自耕农的发展与庶民地主的萌生

春秋战国之际，在土地关系变化方面，自耕农的广泛出现是又一个值得注意的问题。

各国改制后，原来在助法制下由农民所耕种的"私田"，现在变成农民名副其实的私田。

这时农民土地产权首先得到各诸侯国的承认，如前述齐国"井田畴均"，晋国"赏众以田"等是。这种关系其他各国也不例外。

行税亩制则是承认农民土地产权的体现形式。从此农民只向国家交纳田税，不再向过去的旧领主承担劳役租。税亩制的税率以亩产计，一般为 1/10，有的高到 1/5。这时魏国改制的主持者李悝所论最为具体，谓一夫治田百亩，产粮一百五十石，"除什一之税十五石"，余一百三十五石归农民自己支配。这和占亩产 1/2 乃至 2/3 地租率有巨大差别。在地主制经济体制下，谁承担田税谁就享有对该地的所有权，成为此后中国封建社会时期的历史传统。这时推行的税亩制，是农民和地主私有制发生的最有力的证据。这是中国历史上的一次重大变化。

又前述各诸侯国国中地区所居住的国人，除少数人外，大部属于自耕农。现在通过税亩制，他们的土地产权更以合法的形式继续保存下来。

这时各国还存在一些无地或地少民户，这类民户可以通过战争获得土地。各诸侯国君为了加强战斗力争夺霸权，对人民参军及在战场上作出贡献者采行鼓励政策，按战功大小授予土地。这种关系每反映于当时人的论说。如《管子·八观篇》所记："良田不在战士，三年而兵弱。"就是说要想富国强兵就得授战士以土地。如《韩非子·诡使篇》所说："陈益田利宅，所以励战士也。"即利用授田法鼓励战士。这时很多国家采行了这种政策措施。如魏国，把从军授田定为制度。据《荀子·议兵》：魏国对

第二章 东周时期封建领主制向地主制经济过渡

武卒进行考察，"中试则复其户，利其田宅"。如晋国，据《孙子兵法·吴问》，载该国六卿"制田"法，把土地分授给服兵役的民户。各诸侯国的这种政策措施，扩大了由军兵出身的自耕农队伍。❶

还有的国家采行徙民授田制以扩大自耕农，以地处西北的秦国最为典型。如前所述，秦国统治者以本国地旷人稀，土地多未开发，于是"诱三晋之人，利其田宅"。由秦昭王至秦始皇前后约八十年间，多次徙民授田。据《商君垦令》，无田之民授田，迁徙之民授田。授田以户口为准，商君制定，"上有通名，下有田宅"。即凡名列户籍者皆授土地，并登入户籍。国家即根据户籍所登记人口土地征收租税。因此秦国自耕农大量增加。

这时关于移民授田事，当时《管子》《孟子》等书均有记载，本书不一一论列。从此，各国农民小土地所有制广泛出现，在相当广大地区自耕农占据了统治地位。❷

关于当时农民耕地面积，或谓"一农之事，终岁耕百亩"；或谓"百亩之田，勿夺其时，数口之家可以无饥矣"；或谓"五亩宅，百亩田"。魏国改革家李悝谓一家五口，"治

❶ 以上参考田昌五著《古代社会断代新论》，人民出版社1982年。

❷ 战国时期，各国改制后，在相当广大地区，农民小土地所有制占据统治地位。参考杨生民：《春秋战国个体农民广泛出现与战国的社会性质》一文。又据《史记·秦始皇本纪》，秦始皇统一之后，（始皇三十一年）"使黔首自实田以定赋"，所说"黔首"虽包括庶民地主，但主要是农民。秦朝所采行的政策措施就是在自耕农占统治地位的条件下出现的。通过这种政策措施，使农民占地合法化。这是对春秋战国以来农民经济发展总的概括。

中国地主制经济论——封建土地关系发展与变化

田百亩"。以上所记主要是指自耕农。❶ 由以上事例，说明当时个体农民占田面积一般在百亩左右。当时亩制较小，百亩约合今之四十至五十亩。❷ 关于每亩产量，据当时李悝估算，每亩约产粮一石。这是魏国地区情形。每个地区因受各种条件的制约，亩产不可能完全一致，但李悝所说反映了当时魏国地区农业生产水平。

特别值得注意的是地主制经济与过去僵化的封建领主制不同，地主制经济具有极大的灵活适应性，它有利于农业生产及商品经济的发展，随之而来的是农民的阶级分化和土地买卖关系的频繁，❸ 因之逐渐分化出一批庶民类型地主。这种情形，古文献中一再反映。如关于商鞅改制问题，据西汉董仲舒论断，从此"富者田连阡陌"。

又据《通考·田赋考》记述，"民田多者以千百为畔"；《汉书·食货志》则谓"庶人之富者累巨万"。所谓"富者""民田多者"虽不排除官僚军功地主，但从行文语气考察主要是庶民类型地主。

这时还出现了由诸侯国君授田的庶民地主。赵国如扁鹊，长于医道，"赵简子赐扁鹊田四万亩"。史书未记有关于扁鹊封爵食禄问题，很可能是庶民地主。又赵国有善歌者，为国君所赏爱，问相国公仲连曰："可以贵之乎？"公仲连说："富之可，贵之则否。"国君因赐歌者枪、石二人田"人万亩"。❹ 二人显然变成庶民地主。

第二章 东周时期封建领主制向地主制经济过渡

---

❶ 关于每农户耕地面积，参考《管子·轻重篇》《汉书》卷二四《食货志》《孟子·梁惠王上》等。

❷ 根据古史专家张政烺考证。出处一时回忆不起来。

❸ 据田昌五所作《古代社会断代新论》，西周中期以后的铭文中，已有关于土地转让和土地出租的记载。这可能是领主制向地主制经济过渡的征兆。

❹ 《史记》卷一○五《扁鹊仓公列传》。卷四三《赵世家》。

在这种条件下，商人类型庶民地主也会出现。这时有不少关于富商之类记载。据《战国策·秦策》，商人"无把铫推耨之劳，而有积累之实"。在农民阶级分化，贫户不断出卖土地的条件下，富商将所积累财产部分转向地产乃势所必然。

在地主制经济萌生并初步发展时期，庶民类型地主的出现十分重要，它突破了地主阶级的等级界限，尤值得重视。

总之，春秋战国时期，土地关系发生质的变化，土地所有者开始以新的面貌出现于历史舞台。先是旧贵族地主的兴衰；继有官僚军功地主的发展；同时出现广大农民小土地所有者，并在此基础上逐渐发展起来一批庶民类型地主。由萌生到初步发展经历了好几百年，而这种发展变化体现了中国古代地主制经济的发展历程。

第三节　过渡与等级、阶级关系的变化及个体农民经济独立性加强

中国封建社会时期，地主制经济在不断发展变化，其他一切社会经济乃至政治体制也每随之发生相应变化。地主制经济的两个基本内涵，如前所述，一种是阶级关系，另一种是等级关系，两者的相互关系在不断发展变化。在封建领主制初期，等级关系一度占据主导地位；以后伴随土地关系的变化，阶级关系的作用日益突出，尤其地主制经济萌生以后变化尤大。本节即着重从这方面进行论述。

一、贵贱等级关系趋向削弱

西周时期，尊卑贵贱等级关系内涵复杂，这时贵族内部及生产劳动者本身都分成很多等级，但主要体现为土地所有者与生产劳动者农民的对立。春秋战国时期，伴随土地关系的变化，尊卑贵贱等级关系趋向削弱。这种变化体现在很多方面，总的发展趋

势是旧贵族等级社会地位相对下降，农民社会地位相对上升，两者的发展变化互相制约。导致这种发展变化的最终根源是土地所有者身份地位的变化，地主制经济的萌生。

等级指人们由于尊卑贵贱制度的制约所处的社会地位，阶级指由于土地关系所形成的剥削和被剥削关系。等级和阶级两者既有内在联系，又有所区别，两者的相互关系可因时期而不同。

西周时期，以封建领主制为内核的等级所有制制约着社会等级关系。这时可按土地关系把所有人划分为一大类。第一类是封建贵族，他们是垄断土地从事封建剥削的寄生者，又是当时的封建统治者，其间又可分成若干等级。第二类是国人，主要是中小土地所有者，他们主要是周人之沦为平民者，在政治上有发言权，但又不属于贵族等级，他们是介于贵族与庶民之间的一个等级。第三类是与地权无缘而遭受压迫剥削的社会下层。这种关系前面已经涉及。这里为了论述贵贱等级关系的变化，着重于这一阶层发展变化的分析。其间又可归纳为三个等级，第一种是古文献中一再出现的庶人庶民，他们主要是由封建领主配给土地迫令助耕"公田"的生产劳动者，由于要向领主提供劳役地租，从而对领主发生较严格的人身依附关系；第二种是各种依附民，如臣隶徒属之类属此，此类接近于奴隶但非真正奴隶；第三种是奴隶，是当时社会最下层，主人对之有生杀予夺之权。关于地位较高的国人，因为属于生产劳动者，此处一并论及。❶ 在西周时期，贵贱等级关系同阶级关系紧密联系在一起，各级土地占有者贵族、领主和生产劳动者农民之间，即是等级关系，又是阶级关系，但其间的等级关系尤为突出。

春秋战国时期，严格等级制逐渐发生变化，等级关系和土地

---

❶ 关于西周时期等级关系，参考何兹全《中国古代社会》，河南人民出版社1991年。

关系逐渐脱节，等级关系相对削弱，阶级关系逐渐突出。封建社会时期，贵贱等级关系原是贯彻始终的，这里所说削弱指土地所有者和生产劳动者农民之间相互关系已不似西周时期那么严格，这种变化的产生主要是由于土地所有者身份地位的变化。这种变化经历了一个漫长的历史过程，先是严格宗法性的世袭领主的衰亡，继有旧贵族地主权势的削弱，继有官僚军功地主的发展，最后是庶民类型地主的萌生。由于地主身份地位的变化，由以所制约的贵贱等级关系发生相应变化，即地主封建权势相对下降，劳动人民主要是农民社会地位逐渐上升。

关于封建领主的消亡及各种类型地主的发展变化前已论及，这里为了突出贵贱等级关系的变化，专就农民阶级等级身份地位的变化问题进行论述。又这时农民阶级等级层次繁多，拟归纳为两大类即国人、庶民类及依附民、奴隶类，分别加以论述。

西周时期的国人是农民阶级中一个特殊等级，其中多系周人同族，有的是贵族后裔，社会地位较在野庶人高出一等，在政治上有发言权，这种关系前面已经论及。国人人数众多。国家作战虽然依靠庶人，但统治国家主要依靠国人。国人也参与对贵族的斗争。如在春秋时代，据《左传》襄公十九年记，郑国"郑子孔之为政也专，国人患之"；襄公二十六年记，宋国大君专政，"国人恶之"；哀公十一年记，陈国袁颇为司徒，以其苛敛逾制，"国人逐之"等。以后孟子还说过："国人皆曰可杀，然后杀之。"❶由以上事例说明国人的优越社会地位。但他们毕竟是生产劳动者，以后伴随土地关系的变化，地主制经济的萌生与初步发展，旧有贵族权势的衰落，这时国人特殊的社会地位也随之日益下降，逐渐混同于一般庶人，国人同庶人的关系由等级关系变成单纯经济关系。

---

❶ 《孟子·梁惠王下》。

关于庶民、庶人身份地位的变化，包括租佃农和自耕农两者。在西周时期，广大农民主要是为贵族领主助耕公田的农奴。农民在进行生产和收获时，领主自己或派人进行监督，领主对农民有任意处罚打骂之权，从而形成严格的贵贱等级关系。这类农民社会地位十分低下，实际属于依附民等级，身份地位近乎奴隶，有时也被称为臣。改制之后，无论这时出现的旧贵族地主或官僚军功地主，由以形成的主佃关系发生了较大变化，这时改行实物租，在一般情况下，地主只在秋收时到田场监分食粮，同过去实行劳役租时插手整个生产过程的情形不同了。当然，这时租佃农对地主仍然具有人身依附关系，这时史书所称"隶农"大概属此。但在实物租的条件下，所形成的人身依附关系会有所松解，他们所处的社会地位较之助法制下的农奴大为改善，从而影响封建等级关系的削弱乃势所必然。

这时出现了一种为逃避国家赋役而投靠权贵的变相佃农。如前述齐国孟尝君封于薛时，"奸人入薛中盖六万余家"；赵国平原君则依势招纳逃避赋役的依附户。这类投靠户虽然也是佃农，但和一般租佃户不同，对地主容易形成比较严重的人身依附关系。但这是另一个问题。

庶民户中自耕农的广泛出现，是影响贵贱等级关系变化的一个更值得注意的问题。自耕农占有土地，向所隶属的诸侯国完纳赋税和提供徭役，相对租佃农而言是比较自由的。这时虽有关于不准逃迁之类规定，如《管子·治国篇》所记"逃徙者刑"；同时有关于进行强制劳动之类规定，如《吕氏春秋·上农篇》所记，"民不力田，墨［没］及家畜［蓄］"。其实以上规定并不能贯彻实行。这时有关农民迁徙的记载甚多，据《左传》昭公二十五年记，鲁国季孙氏，"隐民多取食焉，为之徙者众矣"。"隐民"指从它处逃亡来投奔的农民。又据《韩非子·外储说右》："齐尝大饥"，农民"相率而趋田成氏"。以上是关于农民逃亡的两个事例。但在农民占有土地自负盈亏的条件下，农民生产积极性较高，不会因"不力田"受到惩处。值得注意的是，这类自耕农较少受尊卑贵贱等级的压迫，这一点和租佃农又不相同。而且这类自耕农所占比重较大，这类农户的发展在整个封建社会等级关系削弱方面所产生的影响尤为值得重视。

以上自耕农和租佃农，基本是由行助法制时期的农奴转化而来的，由两类农民身份地位的变化，反映出在地主制萌生时期农民社会地位发展变化的基本情况。

关于各类依附民如人鬲、臣、隶、属、徒等及奴隶如执讯、获丑、蛮隶、夷隶、罪隶等也发生相应的变化。这种关系何兹全在《中国古代社会》一书中曾经论及。这里专就奴隶身份地位的变化加以论述。春秋战国时期的奴隶，是过去西周时期奴籍的延续，此处从略。有因战争失败被俘而沦为奴隶者，前面所说执讯、获丑指此。这时战事频繁，被俘为奴者为数较多，这里只举二例：《左传》宣公十二年记：郑伯向楚国投降时说："其俘诸江南以实海滨，亦唯命；其翦以赐诸侯以臣妾之，亦唯命。"据当时《墨子·天志下》论述：各国攻伐所获俘虏，"丈夫以为仆圉胥靡，妇人以为舂酋"。以上所说有的是依附民，但有的是奴隶。

这时因触犯法纪而罚为奴者也为数不少。《周礼·秋官司寇》有"罪隶"一条，《周礼》所记系春秋时事。关于"罪隶"，据东汉郑玄注释，系"盗贼之家为奴者"。这时犯罪者除本人将被刑戮外，家属连坐，有的沦为奴隶。据《吕氏春秋·精通》，记述一个沦为奴隶者的自述，该人之父杀人，母子一人均被罚为奴。但这类罪隶可以赎免，服刑期满得赦免为庶人，有奴隶之名，但非真正的生产奴隶。

这时还有的庶人因贫穷卖身而为奴，古书屡有记载。据《管子·八观》，"民无檀者卖其子"；《孟子·万章上》，"百里奚鬻秦养牲者五羊之皮"；据《韩非子·六反》，有农民以"天饥岁荒，嫁卖妻子"。在地主制经济制约下，农民阶级在不断分

化，庶人卖身为奴变成当时普遍现象。^❶

特别值得注意的是，在部分庶人沦为奴隶的同时，另有广大奴隶变为庶人。据《史记·商君列传》制定，其沦为奴隶者，"大小僇力本业，耕织致粟帛多者，复其身"，即恢复庶人身份。又这时有关赦免罪人之类记载甚多，如秦国，昭襄王二十一年，"错攻魏河内，魏献安邑，秦出其人，募徙河东赐爵，赦罪人迁之"。此后昭襄王二十六年、二十七年、二十八年皆有关于"赦罪人"之类记载。^❷ 这里所说"赦罪人"其间可能包括奴隶，经过赦免即解除奴隶身份改为庶人。

这时奴隶身份地位的改变很多通过战功。如前述赵简子伐郑誓师辞对那些有战功者"庶人工商遂，人臣隶圉免"。"免"指对依附民及奴隶免除其厮从之役，给予人身自由。这时关于官奴婢因参战或戍边得"豁除"者为数更多。

此外，沦为奴隶者也可以使用货币赎免。如前述因父杀人母子二人被罚为奴隶者，其子想把母亲"量所以赎之则无有"。这是一个很好的例证。

这时虽有不少人沦为奴隶，但解除奴隶身份改为庶人身份者为数也多，这与西周时期沦为奴隶者世代为奴的森严等级制有所不同。从总的发展趋势看，奴隶人数还是逐渐减少，这是贵贱等级制趋向削弱的一个方面。

伴随土地关系的变化和农业生产的发展，农业雇工开始出现。西周时期，在农业生产中使用奴隶从事生产者仍为数不少，春秋战国时期逐渐改用雇工了。据《韩非子·外储说左上》，有

第二章 东周时期封建领主制向地主制经济过渡

---

❶ 这时封建统治者对奴隶实行强制性生产劳动。有的奴隶从事工业生产，据《吴越春秋》卷四，吴国"使童女童男三百，鼓橐装炭，金铁乃濡，遂以成剑"。这里的"童男童女"即进行强制生产劳动的奴婢。但更多的是从事农业生产。

❷ 《史记》卷五《秦本纪》。

受雇为人种田的"庸客",据《战国策·齐策六》,有为人"灌园"的"庸夫"。关于雇工们的社会地位反映于雇佣关系。当时韩非在论述雇主优待雇工的原因时说:"如是耕且深,耨者耘熟也";又说雇工之所以致力于耕耘,"如是羹且美,钱布且易云也"。这时雇工队伍的发展也可能是农业奴隶向农业雇工过渡的反映,如果说过去富裕户使用奴隶,现在改用雇工了。主雇之间虽仍然是等级关系,但比主奴关系前进了一步,雇工有较多的人身自由。

以上是这一时期生产劳动者农民等级关系变化的基本情况。❶一是属于特殊等级而具有"国人"称号的农民向一般庶民转化;一是西周时期属于农奴身份的依附民向租佃农及自耕农等一般民户过渡;一是沦为奴隶身份的贱民通过各种渠道向庶民转化;一是农业雇工的出现,它代替了过去的农业奴隶。这时的庶民身份、地位和西周时期的庶民不同,西周时期的庶民主要是农奴,这时的庶民是一般自由民。在战事频繁时期,有的庶民通过战争上升为军功地主,其较富裕的民户有的通过读书入仕变成官僚地主。这时农民经济地位的变化也直接影响其社会地位的变化;农民阶级社会地位上升,贵贱等级关系削弱,乃势所必然。这是具有划时代意义的巨大变化。这种变化产生的最终根源是土地关系的变化,即地主制经济的萌生和初步发展。

二、阶级矛盾突出及个体经济独立性加强 ❷

这时的阶级矛盾表现在很多方面,这里主要谈农民与地主两

中国地主制经济论——封建土地关系发展与变化

---

❶ 这时生产劳动者有工矿奴隶,此外还有其他依附民。本书主要对农业生产劳动者各等级关系进行探索其他从略。

❷ 关于阶级矛盾问题,这里着重谈封建社会下层农民阶级问题。关于地主阶级的变化前已论及,从略。又社会下层着重谈租佃农和自耕农,其他手工业者及奴隶等从略。

大阶级之间的矛盾。

西周时期，如前所述，各级贵族按等级分配土地臣民，实行的是等级所有制，这时的等级关系和阶级关系是一致的。东周时期，各国经过改制，严格而僵化的等级所有制渐行破坏。这时贵贱等级关系虽仍在延续，但和西周已全然不同。仍如前所述，这时出现了各种类型地主，尤其是庶民类型地主的萌生和发展。由于地主阶级构成的变化，与等级关系逐渐背离，而阶级矛盾日益突出。以下拟从三个方面进行论述：（1）租佃农由于地租剥削所形成的阶级矛盾；（2）自耕农的阶级分化与土地兼并的频繁；（3）贫富日益悬殊与阶级矛盾的加剧。这时阶级关系的发展变化已突破西周时期严格等级制的制约。

各国改制之后，伴随地主制经济的萌生，实物地租的出现，新的租佃关系开始了。这时"佃作"一词开始出现。据《史记·苏秦列传》，谓燕地方二千余里，"南有碣石雁门之饶，北有枣栗之利，民虽不佃作，而足于枣栗矣"。这段论述虽在说明这类地区主要是自耕农，但明确反映出这时的租佃关系已是客观存在，也说明这时享有实际所有权的地主主要是采行土地出租的方式剥削农民。

关于地租剥削，因地主而不同。如由诸侯国君分授土地的封君地主，主要行食邑制，即该地主对所授土地征税以供衣食之需。据《墨子·贵义篇》记："今农夫入其税于大人，大人为酒醴粢盛以祭上帝鬼神。"这里的"大人"主要指封君，"税"实质是地租。下面再列举几个事例。据《左传》哀公二年记："周人与范氏田，公孙龙税焉。"即周分封给范氏的土地，由家臣公孙龙代为收租。又据《韩非子·外储说右下》，赵简子之田，由税吏代为收租，赵简子对税吏说，收租"易轻勿重，重则利于上，若轻则利于民"。以上这类接受封土的封君，他们已不像过去封建领主那样握有军事政治特权，但对所封土地可以长期占有。从而和农民形成一种特殊的租佃关系。这种租佃关系对地主虽仍夹杂着等级关系，但主要是阶级关系。

关于这时贵族地主与农民之间所形成的阶级矛盾对立主要反映于地租剥削的苛重。如前述《孙子兵法·吴问》所引晋国六卿的地租事例。其中的韩赵二卿，他们"以九十步为畹，以八十步为畛，而伍税之"。即地租占亩产的50%。孙子认为地租偏重。其中的范氏中行氏，则"以八十步为婉［畹］，以百六十步为畛，而伍税之"。范氏中行氏的收租虽也为50%，但与前者相比，他的亩积偏小，因而剥削更重。❶孙氏认为重租结果将使"公家富"，"主乔［骄］臣奢"。这里所说"主"指贵族地主范氏中行氏。孙氏系按地租苛重情况推断他们必然灭亡，其中地租最重的范氏中行氏将先亡，地租剥削次重的韩赵二卿将相继而亡。地主与农民之间阶级矛盾尖锐化由孙氏所论反映得十分清楚。

又前面曾列举的齐国姜氏地租剥削事例，"民参其力，二入于公，而（农民）衣食其一"，其结果是"公聚朽蠹，而三老冻馁"，剥削率高达1/3，又远超过前述晋国诸卿的50%。关于这条记载，据陈伯瀛论断，"此即政府当局之为地主者，如何操持佃人"。❷从"三老冻馁"说明地租的苛重已侵蚀到农民部分必要劳动。正由于地租剥削苛重，加剧了阶级矛盾，农民纷起反对。据《左传》昭公二十年记："民之苦病，夫妇皆诅。"❸

---

❶ 所说"伍税"大概系当时当地土地产量征收定量食粮，不论大亩小亩租额相同，因此产生租最税次重的差别。

❷ 陈伯瀛：《中国田制丛考》，商务印书馆1935年版。

❸ 阶级关系的突出还反映于贵族地主利用减轻地租的方式以争取民众的支持。如齐国陈氏（田氏），据《史记·田敬仲完世家》及《史记·齐太公世家》，为了夺取姜氏政权，"其收赋于民小斗受之"，即使用小斗收租，地租率当远在2/3以下。因此"民爱之"，得到农民拥护，最后夺取了姜氏的齐国。

当然，由贵族地主所形成的租佃，仍受贵贱等级关系的制约，地主依靠超经济强制实现地租，佃农对地主具有浓厚的人身依附关系，但这时的阶级关系已占据主导地位，人身依附关系乃是实现地租的保证，它是由封建有制而派生出来的，和过去西周前期助法制下以尊卑贵贱等级关系为矛盾的主导方面已有所不同。

就在这时出现了一批新型地主，即通过购买扩大土地产权的地主，其间并有部分庶民地主。由这类地主所构成的租佃关系，等级关系更加削弱，阶级矛盾尤为突出。彼此之间虽也有人身依附关系，和前者相比已大不相同。

与此同时，则是各诸侯国家和自耕农之间的矛盾，这种矛盾体现为田税和徭役的繁重。

关于封建诸侯国向农民征收的田税，有的记载粮藁额，如秦国，按农户受田之数，"顷入刍三石，藁二石"。❶ 如魏国，据李悝制定，"今一夫挟五口，治田百亩，岁收亩一石半，为粟百五十石，除十一之税十五石，余百三十五石。"❷ 有的记载税率，如齐国，"案田而税，二岁而税一，上年什取三，中年什取一，下年什取一。"❸ 税率平均为10%。另据《管子·幼官图篇》，则谓"田租百取五"，即5%的税率。《论语·颜渊篇》也曾谈到田税问题，鲁哀公对有若说："二吾犹不足，如之何其彻也。"说明哀公时税亩制的税率是20%。综上所述，各国改制后的税率一般为10%，有的高到20%。

田亩税之外农民还有力役负担，据《管子·山国轨篇》，

❶ 《睡虎地秦墓竹简》。转见杨生民《春秋战国个体农民广泛出现与战国的社会性质》，《北京师范学院学报》1991年第6期。

❷ 《汉书》卷二四上《食货志》引魏国李悝语。

❸ 《管子·大匡篇》。《管子·治国篇》，亦谓"府库之征，粟什一。"

曾谓力役之征，"春十日，不害耕事；夏十日，不害芸事；秋十日，不害敛实；冬二十日、不害除田"，所说可供参考。又《荀子·富国篇》，"军兴力役，无夺民时。"所记实际是各诸侯国徭役频繁的反映。当时战争连年，徭役繁重，文献多有记载。此外有布缕之征，即按户出布，惟情况不详。"粟米之征"之外的各项征派，各国不同，是当时农民的又一重要负担。

这时的国家已具有代表地主阶级利益的内涵，自耕农在田税和力役等方面同诸侯国之间的矛盾，归根结底，乃是农民阶级同地主阶级之间的阶级矛盾。自耕农与租佃农不同的是，租佃农和地主之间的矛盾是直接的阶级矛盾；自耕农与地主之间的阶级矛盾，因为须通过国家政权，乃是以间接的形式出现的。

这时阶级矛盾的突出，还具体反映于农民的阶级分化，而以自耕农为主。盖自耕农一开始登上历史舞台，由于种种原因，有的日益贫困，有的趋向富裕，分化就开始发生了。在地主制经济的制约下，这时农民经济独立性加强，伴随农业生产的发展，同市场的联系日益密切。❶以上这种发展变化更加剧了阶级分化的趋势。

就在这时，土地买卖关系逐渐频繁。据《左传》襄公四年记，"戎狄荐居，贵货易土，土可贾焉。"据《韩非子·外储说左上》，"中牟之人，弃其田耘，卖其宅圃而随文学者邑之半。"

下面列举几个买地事例。这时购置地产的主要是官僚军功地主之类，如赵国大将赵括，将赵王所赐金帛，"归藏于家，而日视便利田宅可买者买之。"❷赵括买田是军功地主扩大田产方面

---

❶ 关于农民经济同市场的联系，如当时魏国李悝说："籴甚贵伤民，甚贱伤农"；陈相答孟轲问，谈到所使用炊具釜甑和铁农具等都"以粟易之"。春秋战国时期各国改制之后，有关商品交换记载很多，不一一列举。

❷ 《史记》卷八一《廉颇蔺相如列传》。

一个有力的例证。有的力田致富,如春秋时期,范蠡浮海出齐,"耕于海畔,苦身戮力,父子治产,居无几何,致产数千万"。范氏当初很可能是种田致富的庶民地主。又苏秦佩相印时说:"使我有洛阳负郭田二顷,吾岂能佩六国相印乎!"❷从这一事例说明当时庶民地主的出现乃客观存在。

就在这时出现了积累财货的富商。据《战国策·秦策》,商人"无把铫椎耨之劳,而有积累之实"。如前述范蠡,力田致富后仕齐为相,后又辞相印改事经商,"居无何,则致资累巨万"。这时商人所积累的财货有的转向地产,变成商人地主,也势所必然。

广大农民,在地主富商的盘剥和国家繁重赋役压迫下,加速了阶级分化,有少数农民富裕了,更多的农民日益贫困化。如《管子·问》中所说:"问死事之孤未有田宅者有乎?"所说指丧失土地的民户。"问乡之良家其所收养者几何人矣?"所说指有些穷苦人被富户收养。"问邑之贫人债而食者几何家?"所说指有些民户靠借债度日。当然,《管子》一书系后人追记,所说主要反映战国时事,但仍不失为改制后农民阶级分化的具体反映。关于部分农民靠借贷维持生计,后来孟子在《滕文公上》篇说过:农民"终岁勤劳,不得以养其父母,又称贷而益之"。关于这一时期农民阶级分化问题,在《论语》《孟子》以及《庄子》诸书中皆屡有反映。

就在这种条件下贫富日益悬殊,并常反映于当时及后人论说。如前所述,汉人董仲舒说:"秦用商鞅之法,改帝王之制,除井田,开阡陌,民得买卖,富者田连阡陌,贫者无立锥之地。"又据《通考·田赋考》,商鞅改制结果,"兼并之患自此始,民田多者以千亩为畔,无复限制矣"。又据《汉书·食货志》,秦

❶ 《史记》卷四一《越王勾践世家》。
❷ 《史记》卷六九《苏秦列传》。

孝公时，"庶人之富者累巨万，而贫者食糟糠。"以上所说"富者""民田多者"，其中有官僚军功地主，但很多是庶民户。所说缺乏粮食吃的"贫者"，其中很多是出卖土地的农民。

由以上事例，从租佃农和自耕农身上所体现的阶级矛盾的激化，农民阶级分化的加剧，这种发展变化是同地主制经济的萌生与发展分不开的。

伴随上述发展变化的是个体农民经济独立性进一步加强，这是春秋战国时期社会经济的又一巨大变化。如租佃农民同西周领主制时期个体农民加以对比就很清楚。西周时，以为封建领主提供劳役租耕种公田的农民而论，也具有个体独立的经济，但与从事生产劳动的田场是分开的，农民在私田上从事维持全家生计的必要劳动，在公田上为领主提供自己的剩余劳动，这时农民个体经济还不是一个完整的生产单位，仍处于个体经济的初级阶段。这种状态，在土地改制实行实物租制时开始发生变化，这时的租佃农在同一田场上进行生产劳动，已是一个完整的生产和经济单位，只是将产品的一部分以地租的形式交给地主。这时每户佃农都是一个自负盈亏的经济实体，其经济独立性远超过承担劳役租的农民。

关于自耕农，他们除占有土地外，有各种生产工具，甚至有部分农副产品投向市场换取货币，用以购置生产资料和部分生活必需品，他们的经济独立程度又较之租佃农前进了一步。

总之，这时出现的自耕农或租佃农，都是以一家一户为一个独立的生产单位，具有更大完整性和稳定性。当然，这时农民的人身自由还要受封建国家或地主私人的控制，这是另一个问题。个体农民这种经济独立性，在中国封建社会时期，在相当长的时期内，对农业生产及商品经济的发展曾起着一定促进作用。

以上是中国历史上东周时期封建领主制向地主制经济过渡的基本情况。这一过渡主要发生在春秋时期，到战国时期全部完成，为秦始皇统一中国奠定了基础。

中国地主制经济论——封建土地关系发展与变化

下 编

2

地主制经济发展与变化

第三章　地主制经济初步发展与逆转倒退（秦汉—南北朝）

第一节　秦至西汉正常发展初期的地主制经济

中国地主制经济体制，在战国时期已经基本形成，秦至西汉进入初步发展阶段。这时地主制经济具有自己的特点：（1）能容纳小土地所有制广泛存在，在一个相当长的历史时期自耕农并占据统治地位；（2）各种类型地主长期并存，特别值得到注意的是庶民类型地主的发展；（3）国家为保证赋税徭役征发，对农民实行严格控制；（4）国家为维护自耕农的持续，对权贵豪强进行抑制，并实行重农抑末政策；（5）这时农民有较多人身自由；佃雇农虽遭受私人地主的超经济强制，但和地主的等级关系尚未法典化；（6）这种土地关系较能适应农业生产及商品经济的发展。由于上述关系，农民有较多的自由，生产积极性比较高，农业生产相应发展，农民有较多产品投向市场，从而地主制经济一登上历史舞台，农民在使用价值方面的自给自足形态即行突破；这种发展变化，在秦至西汉时期由文帝景帝至武帝四十余年间曾达到高峰。由以上种种关系体现了中国封建社会前期地主制经济的较大灵活性和适应性。

为了便于对秦至西汉地主制经济发展变化问题的论述，并就目前有争议的两个问题谈一谈我们的初步看法。一是土地国有。有人认为秦汉时期的田税是封建国家对地租的分割，据以论证土地国有制。我们认为田税和地租是两个不同的概念，两者的性质有所不同。封建地主是以土地所有主的身份征收地租的，国家从未加以干预，因此地租剥削率较高，一般占亩产的 50% 左右；地租占有农民大部剩余劳动，乃至侵蚀到农民部分必要劳动，从而封建地租是土地所有权的体现形式。国家向土地所有者征收的"三十而税一"的田税只占亩产的一小部分，征税是以国家主权的身份出现的而非基于所有权，因此据以论证土地国有似有不妥之处。又这时各类屯田则由国家直接控制。在屯田上进行生产的劳动者，他们的绝大部分剩余劳动为国家所占有，这类土地才属于国有制。总之，论证土地国有或私有不能离开经济关系另找其他途径和依据。一是秦汉奴隶制说。据杨生民考证，汉代的奴婢在当时全部人口中比重很小，占 1% ～ 4%。即占比重很小的奴婢主要也用之于满足剥削阶级的享受如家内服役等，用于农业生产者为数尤少。据对 1973—1975 年在湖北江陵凤凰山所发掘的西汉墓葬随葬的奴婢木俑数研究，木俑总数为 132 个，其中属于参加农业生产者只有 34 个，占 26%。据此，可以看出西汉的奴婢经济只是封建经济的一附属品。❶ 在整个地主制经济时期，奴婢等级长期存在，一直到封建社会后期的明清时代也不例外。

　　总之，秦至西汉地主制经济初步发展时期，已显示出其巨大生命力。这时土地私有制的性质更加明确，农民在生产方面有较多的自由，农业生产有较快发展。但到西汉中期后，尤其是西汉后期，土地关系逐渐发生变化，伴随特权地主的发展，权贵豪族权势的嚣张，地主制经济的发展呈现畸形状态，社会经济走向倒退。关于这个问题本书从略。

　　❶ 参考杨生民著《汉代社会性质研究》，北京师范学院出版社1993年。

一、农民所有制占较大比重

由秦至西汉，在地权分配方面的一个主要特点是农民小土地所有制占较大比重，在一个相当长的时期内并占统治地位。

这种现象是同当时国家所执行的政策措施紧密联系在一起的。秦始皇二十六年（公元前 221 年）统一中国，在地主制经济制约下出现第一个集权式的封建王朝。始皇三十一年（公元前 216 年），颁布"令黔首自实田"的法令。所谓"黔首"主要指农民即小土地所有者，当然也包括少数庶民地主；所说"自实田"是令土地所有主陈报自己的土地。这种政策措施汉朝当也不例外。如西汉初所实行的"名田"制，即令民人自己计算度量田亩的数量，作成名簿呈报官府，作为政府征收赋税的依据。

封建统治者意识到国家的兴衰，农民人数多寡至关重要，同时以自耕农民的多寡为契机，因而秦汉都采行了扶植自耕农的政策措施，而西汉诸帝尤为突出，屡发诏令，记载较多。一是设法恢复农民因战乱丧失的土地，如西汉初对流亡户发布"复故爵田宅"的诏令，即令曾丧失土地的农民得到土地。据《汉书·宣帝纪》，宣帝时（公元前 73—公元前 49 年），当时胶东地区承报"农民自占八万余口"，所谓"自占"即向政府承报户口、土地并缴纳赋税，说明这些流民重新得到了土地。二是对无地农民由国家分配土地。据《汉书·昭帝纪》，元凤三年（公元前 78 年），"罢中牟苑，赋贫民"。据《汉书·霍光传》，"尽变易大将军时法令，以公田赋与贫民"。据《汉书·武五子传》，宣帝时，夺广陵厉王"射陂草田，以赋贫民"。据《汉书·宣帝纪》：地节元年（公元前 69 年），"假郡国贫民田"。据《汉书·元帝纪》：初元元年（公元前 48 年），"以三辅、太常、郡国公田及苑可省者，振业贫民。赀不满千钱者，赋贷种、

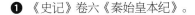

❶ 《史记》卷六《秦始皇本纪》。

食"。三是对农民遭遇意外事故而经济困难之时实行免赋。据《汉书·宣帝纪》：宣帝本始三年（公元前71年）大旱，令"郡国伤旱甚者，民毋出租赋"。地节三年（公元前67年）诏："流民还归者，假公田，贷种、食，且毋算事。"国家这种政策措施，解决了部分农民经济困难，也有利于维护他们的土地产权。

国家还通过迁徙旧豪强地主的措施扶植自耕农。成帝时（公元前12—公元前7年）陈汤说"关东富人益众，多规良田，役使贫民"。陈氏建议把关东富人迁徙初陵，这样做一方面可"衰弱诸侯，又使中家以下得均贫富"。❶所谓"均贫富"即使部分农民获得土地变成自耕农。

国家限制富商买地置产主要也是为了维护农民土地产权。据《史记·平准书》，武帝（公元前140—公元前87年）时诏"贾人有市籍及其家属，皆无得籍名田以便农，敢犯令，没入田僮"。从"以便民"考察，维护自耕农的意图十分清楚。一直到西汉后期哀帝（公元前6—公元前1年）时仍在继续贯彻这种传统，据《汉书·哀帝纪》，令"贾人皆不得名田、为吏，犯者为律论"。

国家还对各地依势为恶的豪强进行镇压，由景帝（公元前157—公元前141年）至宣帝（公元前73—公元前49年）时一再实行，这对稳定农民所有制起着积极作用。国家这种政策措施得到农民拥护。如宣帝时颍川太守赵广汉，以诛杀为害地方的褚姓首恶而久负盛名。赵以后因他事犯法当斩，广大农民替他申冤请求赦免，长安"吏民守阙号泣者数万人"。❷

特别值得注意的是，上述国家有关维护农民土地产权的政策措施，是在农民小土地所有制广泛存在的条件下推行的。

关于农民小土地所有制广泛存在问题，西汉赋税政策是更为

❶ 《汉书》卷七〇《陈汤传》。
❷ 《汉书》卷七十六《赵广汉传》。

有力的证据。

为了论证这一问题，这里先介绍一下一个五口之家自耕农的收支。每户农民以种田一百亩收粟一百五十石计，除全家食用九十石外，计完纳田税四点五石，各种徭赋如口赋算赋献赋和更徭共折粟十二点零一石，又扣除饲料、种籽等项开支外，可净余粟十九点三二石。其间各项徭赋虽然较重，但田税很轻，因此余粮较多，农家除用以购置其他生产资料和部分生活必需品之外，还有富余用以适当改进农业生产。这里要着重指出的是，国家这种轻田税重徭赋的政策措施，乃是在自耕农广泛存在乃至占统治地位的条件下出现的，它是农民小土地所有制广泛存在的直接反映；同时国家这种政策措施对维护农民小土地所有制的持续也在起着积极作用。当时"文景之治"就是在农民小土地所有制占据统治地位的条件下出现的。西汉中后期，虽然由于各种类型地主的兼并使农民小土地所有制有的趋向没落，但从西汉赋役制实行情况考察，农民小土地所有制仍占据极大比重。

国家这种轻税重赋政策，对租佃农来说很难适应。一个五口之家的农户，虽无田税负担，但徭赋负担与自耕农同。收粟一百五十石，首先向地主交租谷七十五石，再支付各种徭赋十二点零一石，只余六十二点八九石，尚不敷全家所需九十石食粮的食用，关于购置进行再生产的生产资料以及购买部分生活必需品等的费用均无着落。在这种条件下农家的再生产难以持续下去。这就是说在西汉的轻田税重徭赋的制度下单纯的租佃农很难持续。

再以半自耕半租佃农户而论。这类农户以自有田五十亩又租田五十亩计，自有田五十亩，收粟七十五石，须完田税二点二五石，又交口赋算赋献赋及更赋折粟十二点零一石，尚余六十点六四石。佃田五十亩，收粟七十五石，交租三十七点五石，尚余三十七点五石。该农自有田与租佃田所收合计，共余粟九十八点一四石，除全家食用九十石外，尚余八点一四石。一般农户进行再生产的费用，最低占总产值的 10%，即约需粟十五石，仅余八点一四石，再以购置生产资料继续再生产也是很困难的。

总之，在当时税轻赋重的条件下，全靠租地为生几乎不可能，半自耕半租佃农也十分困难，只有自耕农才能正常持续生产。这就有力证明，西汉前期的赋税制度是在农民小土地所有制占据统治地位的条件下制定的。也正是在这种条件下，出现了西汉时期生产发展、农民富庶、社会稳定的繁荣景象，诸如"文景之治"等。

由以上论述，秦至西汉主要是西汉时期的农民所有制，如果从国家多次所采行的维护农民土地产权的政策措施进行论断，农民小土地所有制广泛存在并占据极大比重；如果结合当时的赋税制度进行考察，可以作出农民小土地所有制占据统治地位的结论。租佃农和半自耕半租佃农人数不会很多。

二、权贵地主的土地兼并与庶民类型地主的发展

秦汉时期是地主制经济发展初期，地主阶级类型构成比较复杂，而西汉尤为突出。这时出现了一种变相地主，即对宗室功臣勋戚等建国有功之人进行分封。最高者为王，次为列侯，列侯之下也赐食邑。按功分封土地民户，令衣食田税。如曹参封懿侯，分封河东郡平阳县，食一万零六百户；陈平封献侯，分封中山国曲逆县，食五千户；郦商封景侯，分封广平国曲周县，食四千八百户；灌婴封懿侯，分封颍川郡颍阴县，食五千户；董渫封敬侯，封涿郡成县，食邑二千八百户等。汉高祖时期共封一百一十侯，食封约为二十三万户。以后封侯日增，或谓西汉

---

❶ 《史记》卷一八《高祖功臣侯者年表》。

所封列侯凡八百余人。 以上所封食邑，由于只令农民向封主完纳田税，并不触动农民土地产权。但这类权贵原来就是地主，现在又增加了若干农户所应交的田税，即农民原来向国家完纳的田税现在改向封君交纳。这类地主可称为变相地主。❷

在分封列侯的同时，皇帝并对官吏亲属分赐食邑。如《汉书·高帝纪》五年诏曰"七大夫以上皆令食邑"；文帝时，"赐诸侯王子邑各二千户"；❸ 宣帝时，"赐外祖母号为博平君，以博平蠡吾两县户万一千为汤沐邑"。❹ 这些人虽无封国而有食邑，也都变成了变相地主。以上这类地主，对封邑民户征收田税，其中包括谷类和刍藁。其收税谷多者有的至数万斛。

以上列侯虽以食封若干计，实际都以地区为准，据《汉书·匡衡传》，所载封国的四至都有明确界线，封疆之内各类土地数字也有记载。但列侯封国中的户数在不断变化，封疆地域则是不变的。这说明封国之初以户数为准，最终以封土为准。如以后钱大昕所论："汉之封国，虽计户口，仍以疆域为断。"❺各列侯所食邑户数在不断增加。如前列举各侯，曹参原封一万零六百户，后增殖至二万三千户；陈平原封五千户，后增殖至一万六千户；郦商原封四千八百户，后增殖至一万八千户；灌婴

---

❶ 洪迈：《容斋随笔》卷一二。据杨生民统计，计诸侯王三十九人，同姓侯四百零八人，功臣侯二百八十八人，外戚恩泽侯一百零二人，共七百九十八人，见杨生民所著《汉代社会性质研究》第87页，北京师范学院出版社1993年。

❷ 这类封君可以直接派人到封邑向农民收税。据《汉书·匡衡传》，有关于"遣从史"到封邑收"租谷千余石"的记载。

❸ 《汉书》卷四《文帝纪》。

❹ 《汉书》卷九七上《外戚传上·史皇孙王夫人传》。

❺ 钱大昕：《潜研堂文集》卷三四，《与梁耀北论史记书三》。

原封五千户，后增殖至八千四百户等。❶

西汉食邑列侯政治地位曾发生过一次巨大变化。先是诸侯王在国内拥有军事权政治权。七国之乱后，国家集权中央，食封者"衣食租税，不与政事"，权势一度削弱。但这类封君地主对所剥削的民户也每进行暴敛，乃至强占土地、迫害人命、强奸人妻的罪行也时有发生。❷

再一种是名副其实的贵族官僚地主。这类地主的形成主要是通过购买，另外是依势兼并。西汉中期，伴随农业生产与商品经济发展，农民阶级分化现象日益严重，有些农民富裕了，有些农民日益贫困。贫困农民最后是出卖土地。如文帝时期（公元前179—公元前157年）晁错所说：农民春耕夏耘，无日休息，如遇"水旱之灾"，加以"赋敛不时"，于是"有卖田宅鬻子孙以偿责（债）者矣"。❸其实土地买卖很早就开始了，如高祖时期（公元前206年—公元前195年），相国萧何"贱强买民田宅数千万"。❹如大官僚陆贾，"以好畤田地善，可以家焉。有五男，乃出所使越得橐中装卖千金，分其子，子二百金，令为生产"。❺据《史记·魏其武安侯传》载，武帝时曾任丞相的田蚡，"治宅甲诸第，田园极膏腴"。所说"治"即系用钱购置。成帝（公元前32—公元前7年）时尚书张禹，"家以田为业。及富贵，多买田至四百顷，皆泾、渭溉灌，极膏腴上贾"。❻关于权贵通过买卖并兼土地活动，西汉后期愈演愈烈，哀帝时期（公元前7—公元前1年）师丹辅政时说：文帝之时"未有并兼之害"；又谓

❶ 梁方仲：《中国历代户口、田地、田赋统计》第36—37页，上海人民出版社，1980年。

❷ 《汉书》卷一五下《王子侯表下》。

❸ 《汉书》卷二四上《食货志》。

❹ 《史记》卷五三《萧相国世家》。

❺ 《史记》卷九七《郦生陆贾列传》。

❻ 《汉书》卷八一《张禹传》。

"今累世承平，豪富吏民訾数钜万，而贫弱俞（愈）困"。意思
是说文帝以后贫富悬殊，兼并加剧，地权集中了，因倡限田之
议。❶ 从记述文字考察，这时出现的地主主要是通过购买而形成。

关于权贵依势侵夺也举数例。西汉前期，淮南王刘宴，"侵
夺民田宅，妄致系人"；衡山王刘赐，"数夺人田，坏人冢以为
田"。❷ 西汉中期，成帝之舅红阳侯王立，"使客因南郡太守李
尚占垦草田数百顷"。这部分土地中有相当一部分系"民所假少
府陂泽"，有的原已佃给农民，最后为王立所侵夺。❸ 又这时文
献中经常把兼并活动同暴力强制联系在一起，也具有依势侵占的
内涵。如武帝时，据《汉书·百官公卿表上》："强宗豪右，占
田逾制，以强凌弱，以众暴寡"。所谓"占田逾制"似指权贵对
所封赐土地逾制多占。如成帝时匡衡，除封邑外另扩地产四百多
顷，多收租谷千余石等。❹ 这类逾制多占的土地有的是依势侵占
部分。

关于权贵依势侵占，汉高祖时相国萧何购置地产必于穷僻处
所，他说："后世贤，师吾俭；不贤，毋为势家所夺"。❺ 所说
"势家所夺"即指依势侵占。由此看来，当时权贵依势侵占是相
当普遍的。

这时权贵地主相当普遍，占地面积相当可观。如武帝时董仲
舒说："身宠而载高位，家温而食厚禄，因乘富贵之资力，以与
民争利于下，民安能如之哉！是故众其奴婢，多其牛羊，广其田
宅，博其产业，畜其积委，务此而亡已，以迫蹴民"。❻ 如大地
主灌夫，"家累数千万，食客日数十百人，波池田园，宗族宾客

❶ 《汉书》卷二四上《食货志》。
❷ 《史记》卷一一八《淮南衡山列传》。
❸ 《汉书》卷七七《孙宝传》。
❹ 《汉书》卷八一《匡衡传》。
❺ 《史记》卷五三《萧相国世家》。
❻ 《汉书》卷五六《董仲舒传》。

为权利，横颍川"。❶如西汉末马援亡命北地之时，"宾客多归附者，遂役属数百家"。马援用宾客"田牧"，"至有牛马羊数千头，谷数万斛"。❷以上权贵地主占地规模都相当可观。

更值得注意的是庶民类型地主的发展。这类地主就发展过程而言可分成两大类。一种是经营农业起家的，史称"力田畜"。在地主制经济发展过程中，在农业生产发展的条件下，有一些自耕农通过自己的勤劳智慧发家致富，购置地产变成地主是很自然的。秦代苏秦说过："且使我有雒（洛）阳负郭田二顷，吾岂能佩六国相印乎"。❸从行文语气，有二百亩左右的小地主可能广泛存在。像这类小地主很可能是从富裕农民中逐渐分化出来的。西汉时期主要是占田二三百亩的中小地主的发展，但这类地主很易被忽略，因此有关这方面的记载甚少。❹值得注意的是这时出现的大庶民地主。据《史记货殖列传》：当楚汉相争于荥阳时，有任氏者"力田畜"，经营农业兼事畜牧。史谓"畜田畜人争取贱贾，任氏独取贵善，富者数世"。最后以专买好田，"窖仓粟"致富。据《汉书·卜式传》：武帝时期，卜式以田畜致富，史谓"式入山牧十余年，羊致千余头，买田宅"。卜式发家后，上书"输家财"，但"不习仕宦"。如大地主秦杨，据《汉书·货殖列传》，秦"以田农而甲一州"，据孟康注释，"以田地过限，从此而富，为州中第一也"。成帝时，陈汤谓"关东富人益众，多规良田，役使贫民"。❺陈汤所说富人当主要指庶民

❶ 《汉书》卷五二《灌夫传》。
❷ 《后汉书》卷二四《马援传》。
❸ 《史记》卷六九《苏秦传》。
❹ 据《史记》卷一〇《孝文帝本纪》"百金中民十家之产"，据杨生民考证："家产达十金即十万钱是十个中人家的家产。这类地主数量大"。见杨生民所著《汉代社会性质研究》，北京师范学院出版社1993年。
❺ 《汉书》卷七〇《陈汤传》。

地主。西汉末王莽说："豪民侵凌，分田劫假"。❶豪民包括权贵地主，但主要指庶民地主，他们凭借垄断土地产权。所说"分田劫假"指出租土地征收地租。

更值得注意的是这时出现了农畜大经营者。据《史记·货殖列传》："今有无秩禄之奉，爵邑之入，而乐与之比者，命曰素封。"下文接着列举了各类富户："陆地牧马二百蹄，牛蹄角千，千足羊，泽中千足彘，水居千石鱼陂，山居千章之材，安邑千树枣，燕、秦千树栗，蜀、汉、江陵千树桔，淮北常山已南，河济之间千树萩，陈、夏千亩漆，齐、鲁千亩桑麻，渭川千亩竹，及名国万家之城，带郭千亩亩钟之田，若千亩卮茜，千畦薑韭，此其人皆与千户侯等"。由以上记述可以看出，在某些地区出现一些专业经营户，如山区牧马养牛羊的专业户，北方种植枣栗的专业户，长江流域种植柑橘的专业户，各地种植桑麻的专业户等。各类专业户主要是无秩禄的"素封"，即庶民类型大地主。

另一种类型是商人地主。西汉时期发展起来一批富商，据《史记·货殖列传》载有些户，"若至力农畜，工虞商贾，为权利以成富，大者倾郡，中者倾县，下者倾乡里者，不可胜数"。司马迁将"工虞商贾"与"力农畜"并提，其实主要是富商。西汉建国之初，即推行抑商政策，富商的发展虽然受到一定程度限制，但仍层出不穷。或谓由元帝、成帝以至王莽时期，"其余各郡富民，兼业颛利，以货殖自行，取重于乡里者，不可胜数"。❷说明西汉中叶后，商业在迅速发展。值得注意的是商业资本向土地的转移，他们在兼并土地过程中并大肆勾结官府权势之家。文帝时晁错曾说：商人"因其富厚，交通王侯，力过吏势，以利相倾"；他们"兼并农人，农人所以流亡"。所说"兼并农人"指

❶ 《汉书》卷二四上《食货志》。
❷ 《史记》卷一二九《货殖列传》。

依势购买农民土地。^❶武帝元鼎二年（公元前 115 年），分遣御史廷尉到全国各地办理缗钱案，^❷对象主要是商人。这次没入的"民财物以亿计，奴婢以千万数；田大县数百顷，小县百余顷，宅亦如之。于是商贾中家以上大率破"。^❸由这一事例说明各县都有不少商人地主，而且占地规模相当可观。

关于商人买地置产事，国家曾有限制规定。汉武帝时，令"贾人有市籍者，及家属，皆无得籍名田，以便农。敢犯令，没入田僮"。^❹此后哀帝时期也曾下诏书，令"贾人皆不得名田"。^❺从历史实际考察，这种限制规定虽产生过一定效果，但商人置产活动始终在继续。

与农民小土地所有制的发展相联系，庶民类型地主的发展是地主制经济的又一巨大特征。它的发展过程，农业生产发展与农民的阶级分化则是一个历史前提。这种发展变化最终为地主制经济的发展所制约。

三、国家对农民户及权贵豪族地主的严格控制

地主制经济一经形成，国家对农民和权贵豪族即实行较严格的控制。此种控制从春秋战国开始，秦朝统一中国更向前推进一步。

首先是对农民户籍的控制，这种关系体现为兵役制。如秦末陈涉率往戍卒渔阳，遇雨误期。陈涉对同行者说："失期法

中国地主制经济论——封建土地关系发展与变化

---

❶《汉书》卷二四上《食货志》。

❷ 据《史记》卷三〇《平准书》，武帝元狩四年行"算缗钱"，凡商人末作储积财以取利者"率缗算二千而一算"。如果有"匿不自占"或"占不悉"，罚"戍边一岁"，并"没入缗钱"。

❸《史记》卷三〇《平准书》。

❹《史记》卷三〇《平准书》。

❺《汉书》卷一一《哀帝纪》。

斩"，"亡亦死"，因率众起义。[●] 陈涉等即按户籍征派的戍卒。汉朝建国，对农民户籍的控制更加严格。

国家对农民的严格控制，一是为了巩固封建统治，二是为了保证徭赋的征发，而地主制经济体制的发展则为进行严格控制创造了条件。

秦汉时期，封建徭赋相当繁重。以西汉而论，国家所征派口算等赋和更徭系用以修筑城郭陵墓，兴修水利，以及"为治库兵车马之费"等项开支。[●] 关于服役的戍卒，有的用以冶铁、煮盐、采铜和从事其他官府手工业等。国家以上诸开支和劳役并非按亩征派，而是按人编派，这种负担当时以自耕农为主，所有佃雇农也不例外。国家加强对农民户籍的控制以保证编派的实现是很自然的。

关于对农民户籍的控制，一是清查户口，于每年八月进行普查。据《后汉书·礼仪志》："仲秋之月，县道皆案户比民。"其次是傅籍。据《汉书·景帝纪》，景帝二年（公元前155年），"令天下男子年二十始傅"。昭帝时改为"二十三始傅"，傅指著名籍服兵役。

按汉制，每至年终，各县将所属人口上报郡国，郡国上报朝廷。民户有脱籍者按律治罪。民有脱籍逃亡者称为"亡命"，官吏须行追捕。为此并特制"舍匿"法，有隐藏逃亡之人也按律治罪。[●] 如燕刺王旦，"坐臧匿亡命，削良乡、安次、文安三县"。[●] 吴王濞招收"亡命"，"佗郡国吏欲来捕亡人者"，吴王濞凭借权势"讼共禁弗予"。[●] 以上关于"脱籍""亡命"的

● 《汉书》卷三一《陈涉传》。
● 《汉书》卷二四上《食货志》，《汉仪注》。
● 《汉书》卷四四《淮南厉王刘长传》。
● 《汉书》卷六三《武五子传》。
● 《史记》卷一〇六《吴王濞列传》。

严禁，及对"舍匿"的治罪，乃是控制户籍的一个方面。这就是说由于国家的控制而削弱了私人地主的权利。

　　总之，在汉朝，由于徭赋在国家收支及差徭方面的重要性，对农民户籍主要是民数问题，国家遂特别重视。如东汉时期徐干在《中论·民数》所说："民数固为国之本也"。"人数者，庶事之所自出也，莫不取正焉。以分田里以令贡赋，以造器用，以制禄食，以起田役，以作军旅，国以建典，家以立度，五礼甲修，九刑用措，其唯审人数乎"。在封建社会时期，尤其在西汉田税轻徭赋重的条件下对户籍人口的控制极为重要。特别值得注意的是，由于国家对户籍人口的严格控制，削弱了地主私人对农民的压迫，在自耕农占极大比重乃至占据统治地位的条件下尤其如此。

　　国家加强对农民控制的同时，对权贵及豪族也不例外。关于食封地主，西汉初，受封的诸王，不仅对封土农民享有征税权，而且具有一定政治权乃至军事权。七国之乱后发生变化，如景帝"令诸王不得治民"。❶即所谓只得"衣食租税，不与政事"。而且封侯动辄削爵，如西汉前期所封之侯一百四十七人，至武帝后元元年（公元前 88 年）时，"百余年间而袭封者尽，或绝失姓，或乏无主，朽骨孤于墓，苗裔流于道，生为愍隶，死为转尸"。❷说明昔日的功臣后裔随着权力的丧失逐渐丧失土地转化为一般平民。其间如懿、献、景、敬、贞、庄、围、齐、悼、制、节等十八侯，世袭最久者一百一十年，短者三十余年，一般五十至六十年，传袭两三代即行"国除"。❸封邑被废除的原因，有的由于诈取民财触犯法纪。如元帝（公元前 48—公元前 33 年）

---

❶ 《后汉书》志二八《百官五》。

❷ 《汉书》卷一六《高惠高后文功臣表》。

❸ 参考梁方仲：《中国历代户口、田地、田赋统计》，第36—37页，上海人民出版社1980年。

时，籍阳侯刘显"坐恐猲国民取财物，免"；成帝（公元前 32—公元前 7 年）时，承乡节侯刘德天"坐恐猲国人，受财臧五百以上，免"等。❶ 或由于对所属民户征派徭役逾限。如文帝十六年（公元前 164 年），东茅敬侯刘告"坐事国人过员"被免；文帝时，信武肃侯靳亭、祝阿孝侯高成皆因"坐事国人过律"被免。❷

对依势为恶的权贵及地方豪族则致力实行抑制镇压。国家所采取的政策措施是任酷吏，严刑法，颇有成效。兹举数例。景帝时期，济南瞷氏宗人三百余家，依势为恶，景帝以郅都为济南太守，捕杀瞷氏首恶。❸ 长安左右，宗室多依势犯法，景帝以宁成为中尉，宗室豪杰皆人人惴恐，不敢为恶。❹ 武帝时，王温舒为河内太守，镇压郡中豪猾，大者族诛，小者全死，连坐者十余家。❺ 宣帝时期，颍川太守赵广汉诛杀横暴凶恶为害地方的褚姓首恶，东海太守尹翁归诛杀作恶多端的大豪郯地之许仲孙，涿郡太守严延年诛杀地方豪强高氏等数十人。❻ 以上地方官对地方权贵豪宗的打击镇压是在中央支持之下进行的。地方大吏的这种镇压壮举颇得农民群众的拥护。❼

国家对官吏逾制占田也禁行制裁。如成帝时，如前述匡衡于封邑外多占田四百顷，国家以"专地盗土"罪"免为庶人"。❽

---

❶ 《汉书》卷一五下《王子侯表下》。

❷ 《汉书》卷一六《高惠高后文功臣表》。

❸ 《史记》卷一二二《酷吏列传·郅都传》。

❹ 《史记》卷一二二《酷吏列传·宁成传》。

❺ 《史记》卷一二二《酷吏列传·王温舒传》。

❻ 《汉书》卷七六《赵广汉传》，《汉书》卷九〇《酷吏列传·严延年传》。

❼ 据《汉书》卷七六《赵广汉传》。颍水太守赵广汉，以后因它事犯法当斩，长安"吏民守阙号泣者数万人"，或言"愿代赵京兆死，使得牧养小民"。此种情形前面业已论及。

❽ 《汉书》卷八一《匡衡传》。

国家还禁止各封侯不准在他县购置地产。据《汉书·哀帝纪》引"令甲"规定，"诸侯在国，名田他县，罚金二两"。这条规定至迟在宣帝年间（公元前74—公元前49年）已有记录。国家这种政策措施不只抑制了权贵对土地的兼并，也打击了他们的凶恶气焰。

国家对豪族势力的打击尤为突出。其间包括战国时期遗留下来的旧贵族。汉朝建国，这批旧贵族权势依然嚣张。国家从维护封建秩序出发，屡次采行抑制打击政策措施，主要办法是强制迁徙。

关于迁徙豪族，国家一再实行。西汉初期，据《汉书·高帝纪》，高祖九年（公元前198年）十一月，"徙齐、楚大族昭氏、屈氏、景氏、怀氏、田氏五族姓关中，与利田宅"。经过迁徙，关东地区社会关系发生了变化，"邑里无营利之家，野泽无兼并之民"。❶ 以后七十年，武帝元朔二年（公元前127年），"徙郡国豪杰及訾三万以上于茂陵"；又五十五年，宣帝本始元年（公元前73年），"募郡国吏民訾百万以上徙平陵"。❷ 一直到成帝时期，关东某些地区权贵又行滋长，陈汤于是建议："关东富人益众，多规良田，役使贫民，可徙初陵，以疆京师，衰弱诸侯，又使中家以下得均贫富"。❸

由以上事例，国家抑制打击权贵豪族的政策措施，不只削弱了他们的凶恶气焰，也适当地抑制了土地兼并。

四、各类农民社会地位：身份基本自由、等级关系淡漠

由于各类农民——自耕农、租佃农和雇农都是国家编户齐

❶ 《后汉书》志二十五《五行三》，注引《东观记》载杜林上疏。
❷ 《汉书》卷六《武帝纪》，《汉书》卷八《宣帝纪》。
❸ 《汉书》卷七〇《陈汤传》。

中国地主制经济论——封建土地关系发展与变化

民，受封建政权直接控制，从而削弱了各级贵族、各类地主和农民的等级关系，也抑制了地主对农民的压迫干预。同时国家加强对各级权贵尤其是地方豪族的控制，剥夺了他们部分封建特权，这对权贵豪族地主对农民阶级的压迫剥削也起着一定的抑制作用。正是在这种条件下，严格尊卑等级关系不易形成，农民社会地位相对上升，或者说基本是平等自由的。

关于等级关系的淡漠，地主阶级构成也具有一定影响。在西汉初期，很多官僚地主系平民出身。据赵翼所记："其余陈平王陵陆贾郦商食其夏侯婴皆白徒，樊哙则屠狗者，周勃则织薄曲吹箫给丧事者，灌婴则贩缯者，娄敬则挽车者，一时人才皆出其中，致身将相，前此所未有也"。而且秦汉时期地权不是固定不变的，官宦与平民门第关系不是不可逾越的。在人心目中，如秦末陈涉所说："王侯将相宁有种乎！""苟富贵，勿相忘"，就是等级关系淡漠的具体反映。西汉时期出现的"布衣将相"的史实则是等级关系削弱的具体实践。

农民社会地位的变化，地权分配有着更为直接的联系。这时地权相对分散，农民小土地所有制占有较大比重，在相当广大地区占据统治地位，这种关系前面已经论及。自耕农在经济方面是独立自主的，同私人地主很少发生联系，从而得以摆脱地主直接的超经济强制。在法权关系方面，他们和地主户都是国家的编户齐民，彼此之间是对等的，没有高下之分。他们占有的土地可以自由买卖，可以世代相承，旁人不得干预。而且他们由于对国家承担田税和各种徭赋，受到国家的扶植和保护。他们和国家的关系，属于统治和被统治的关系，而不是基于土地关系而形成的人身依附关系。就这一点而言他们也是自由的。总之，在西汉时期，就广大自耕农而言，农民社会地位上升了，他们是当时的自由民。

---

❶ 赵翼：《廿二史劄记·汉初布衣之局》。

关于租佃农原来所占比重很小。西汉中叶佃农所占比重稍有增加。至西汉后期，土地关系发生较大变化，佃农人数激增，从而租佃逐渐变成人们所注意的问题。这时地租剥削一般为亩产的 50%。如西汉中期董仲舒所说：农民"耕豪民之田，见税什伍"；如西汉末王莽所说：豪民"分田劫假，厥名三十，实什税伍也"。❶有关租佃事例，如武帝时期，某官以犯罪罢官，回南阳郡穰县，赍贷买陂田千余顷，"假贫民役使数千家"。❷又官吏陈汤说："关东富人益众，多规良田，役使贫民"。❸以上所说皆指买田出租。从对佃户使用"役使"二字，说明已具有超经济强制内涵，双方已不是对等关系。武帝时期有"强宗豪族，占田逾制，以强凌弱，以众暴寡"之类记载。❹西汉末王莽时期有"豪民侵凌，分田劫假"之类语句，由"凌弱""暴寡""侵凌"之类用语反映出地主的暴力压迫，说明地主对佃农的超经济强制关系在逐渐形成中，在权贵地主奴役下的部分佃农已陷入人身压迫的陷阱，但是，这时主佃间的人身依附关系尚未法典化，即在法权关系方面双方还是对等的。❺以上所说指权贵地主，一般庶民地主和佃农的关系则是比较自由的。❻

农民有人身自由，雇工也不例外。

农业雇工的出现是同地主制经济的萌生联系在一起的，因此早在战国时期即有记载。如战国后期韩国韩非说："夫卖庸而

❶ 以上均见《汉书》卷二四上《食货志》。

❷《史记》卷一二二《酷吏传》。

❸《汉书》卷七〇《陈汤传》。

❹《汉书》卷一九上《百官公卿表上》。

❺ 这种关系在东汉时期仍然如此。据《后汉书》卷六五《郑玄传》郑玄是当时名儒。"年过四十，乃归供养，假田播殖，以娱朝夕"。假田指租田。由这一事例，说明佃农和地主双方的相互关系，在法权关系上是平等的。

❻ 佃农有独立户籍，与奴婢不同。奴婢登在主人户籍上。

中国地主制经济论——封建土地关系发展与变化

播种者，主人费家而美食，调布而求易钱者；非爱庸客也，曰：如是，耕者且深，耨者熟耘也。庸客致力而疾耘耕者，非爱主人也，曰如是，羹且美，钱布且易云也"。❶ 由这一段描述，说明双方是自由雇佣关系。西汉时期雇工有各种名称，如庸、庸客、就、僦等。这时在农业、手工业、商业、运输业以及建筑业等部门都有关于雇佣的记载。这时文献中出现了"卖佣""市佣"之类辞彙，均系自由雇佣。也有"隶佣""仆赁"之类辞彙，系对出雇者的贬称，并不影响其自由身份。这时还有些读书人出雇，如后来升任丞相的匡衡，据褚少孙补《史记·丞相匡衡传》：衡少年家贫，"衡庸作以给食伙"。曾为高官的兒宽，幼年家贫，"时行赁作，带经而锄"。❷ 后来升为高官的栾布也出身雇工，据《史记·栾布列传》，梁人栾布，家境穷困，"卖庸于齐，为酒家保"。或谓汉初访求功臣后遗，"求其子孙，咸出庸保之中"。❸

就每一个雇工而言，出雇的时间一般很短，只是其全部劳动的一小部分。他们都有独立的家庭经济，一个人离家出雇是因为家贫，赖工资收入糊口养家。就此而言雇工基本是自由的。因为出卖劳动力为他人工作，而被列入社会下层，或与卒徒并列，但这并不影响其自由身份地位。

又这时仍有大量奴隶存在，但在全国人口所占比重很小。❹而且在农民沦为奴隶的同时，皇帝常有颁发赦免奴婢的诏令。汉高祖即位之初下令："民以饥饿自卖为人奴婢者，皆免为庶人"。文帝时期，废除把罪人家属罚为奴婢的法令，并"免官婢

第三章 地主制经济初步发展与逆转倒退（秦汉—南北朝）

---

❶ 《韩非子·外储说左上》。

❷ 《汉书》卷五八《兒宽传》。

❸ 《汉书》卷一六《高惠高后文功臣表序》。

❹ 汉元帝时，贡禹曾谓官奴婢十余万人，并谓奴婢戏游无事，靠税良民供养。关于私奴婢人数不洋。

为庶人"。❶奴婢社会地位虽然低下，但主要在权贵地主之家从事家内服役，其从事农业生产者人数极少，占农业人口总数的百分之一二。不影响整个农民阶级社会地位。

以上是地主制经济发展初期各类农民所处社会地位基本情况。其间佃雇农虽然不能摆脱权贵豪族地主的超经济强制压迫，但双方在法权关系方面是以对等关系出现的。更重要的是占比重极大的自耕农，社会地位是相对平等自由的。关于这时农民阶级的相对平等自由的社会地位问题，何兹全在所著《中国古代社会》一书中曾经详细论及。

这种关系还反映于习俗的变化，如衣着习俗的变化。据《汉书·贾谊传》："今之卖僮者，为之绣衣丝履偏诸缘，内之闲中，是古天子后服，所以庙而不宴者也，而庶人得以衣婢妾。白縠之表，薄纨之裏，缉以偏诸，美者黼绣，是古天子之服，今富人大贾嘉会召客以被墙……庶人屋壁得为帝服，倡优下贱得为后饰，然而天下不屈者，殆未有也"。民间服饰衣着的这种变化，仍如何兹全所论，"这是汉代编户齐民身份平等而又自由的反映"。

总之，由秦至西汉时期，伴随土地关系的变化，农民阶级社会地位相对上升，封建等级关系相对淡漠。这种发展变化是多种因素促成的，如前述国家对农民的直接控制，国家对贵族官僚及豪族的抑制等，都曾对封建等级关系起着削弱的作用。更重要的是土地关系的变化，如农民阶级中独立的自耕农的优势地位，又使地主阶级构成中的庶民类型地主得以发展，这对封建依附关系变化及等级关系削弱起着更为重要的作用。前述社会习俗的变化则是农民阶级社会地位上升的直接反映。以上这种发展变化是中

---

❶ 《汉书》卷一《高帝纪》《汉书》卷四《文帝纪》。据《汉书》卷二四上《食货志》，汉武帝时，董仲舒也曾提出："去奴婢，除专杀之威。"

国地主制经济初步发展时期所具有的特征。

　　我们既要看到这时农民阶级身份自由及社会地位上升，也要看到另一方面的变化，即从西汉中期后，伴随权势地主的扩张，地权的集中，佃雇农队伍扩大，部分农民社会地位相对下降。前述权贵地主"以强凌弱，以众暴寡""豪民侵凌，分田劫假"等，说明部分租佃农民已处于不利地位。特别值得注意的是西汉中期出现的"宾客""客"这一等级阶层的变化。据《汉书·刘屈氂传》，公孙贺"兴美田宅以利子弟宾客"。据《汉书·五行志》，成帝时，"崇聚票轻无谊之人以为私，置私田于民间"。哀帝时，据《汉书·何并传》，何并为颍川太守，时"阳翟轻侠赵季李疑，多畜宾客，以气力渔食闾里，至奸人妇女，持吏长短，纵横郡中"。以上所说客与宾客，有过去一般意义即无特定阶级内容的宾客，但这时很多系被压迫剥削具有依附色彩的客与宾客。这是说武帝以后，伴随土地关系的变化，主要是权贵豪族地主的发展，客与宾客的内涵逐渐发生变化。在西汉末至东汉初数十年间变化尤为突出，如马援亡命北地之时，"宾客多归附者，遂役使数百家"。这类宾客实际已变成佃客佣客之类，和过去比较自由的一般租佃农雇农已不相同，社会地位趋向低下。到东汉后期，权贵地主的佃客已可免除对国家的封建徭役，佃客对地主私人的依附关系进一步强化。

　　最后谈一谈西汉中期出现的"赐徭"制。❶据《史记·平准书》，武帝赐卜式"外徭四百人"，即把四百人的更徭折钱交卜式收用，但并不同土地发生直接联系。问题是这种赐徭制的迅速扩大，此后不过百年，据《汉书·元帝纪》，谓"民多复除，无以给中外徭"。这种向私人地主交纳更徭钱的民户是否发生人身依附关系史载不详，由于经济关系而影响农民社会地位下降也是

第三章　地主制经济初步发展与逆转倒退（秦汉—南北朝）

---

　　❶ 西汉时期有多种徭赋。这里的"赐徭"指更徭。更徭如不服更役，可以出钱代役。赐徭即将此钱赐给。详后。

可能的。

五、农民经济条件改善，市场联系密切

西汉时期，尤其是前期到中期百余年间，是农民小土地所有制发展时期，也是农民经济兴盛繁荣时期。

这一时期农民的经济状况，可从耕地面积、产量及支出的各项负担等方面进行考察。文帝时期晁错说：今农夫五口之家，"能耕者不过百亩，百亩之收不过百石"。[1] 很多人根据晁错所说进行论证。但当时晁错是在强调农民经济困难而说这番话的，关于亩产估计未免偏低。战国时期李悝曾谓百亩岁收"为粟百五十石"，所说较为客观。宁可所撰《汉代农业生产漫谈》一文中业已论及。[2]

关于李悝所论并涉及当时农家粮食收支，《汉书·食货志》有着详细记载："今一夫挟五口，治田百亩，岁收亩一石半，为粟百五十石，除十一之税十五石，余百三十五石。食人月一石半，五人终岁为粟九十石，余四十五石。石三十，为钱千三百五十。除社闾尝新春秋之祠用钱二百，余钱千五十"。据吴慧论证，这条材料虽有可议之处，但仍具有可靠性。本书即据此对西汉农户收支进行估算。[3]

关于赋税的开支。其中有两类，一种是田亩税。先是秦朝行"什一之税"。汉高祖五年（公元前202年）定为"什五而税一"。此指按产量征收。文帝前元二年（公元前178年）下令："其赐今年田租之半"。此后前元十二年（公元前168年），景

---

❶ 《汉书》卷二四上《食货志》。

❷ 《中国社会经济史论丛》第1辑，山西人民出版社1981年。

❸ 这时农民种植食粮品种繁多，兹以粟为准。食每人月一石半。按西汉有大石小石，此指小石。所说一石半偏高，但粟需去皮。吴慧在所著《中国历代粮食亩产研究》一文曾详加论述。

帝元年（公元前 156 年）皆有类似诏令，即改为三十而税一。此制一直持续到西汉末年没有变动。文帝时期有些年并下令停收租税。❶ 本书即按三十税一计算农民的田税负担，即农家每年收粟一百五十石，共应交税四点五石。

　　一种是徭赋人头税。有关西汉徭赋问题内容比较复杂，杨生民曾进行详细论述，本书基本根据他的分析，诸如口赋算赋和献赋，如更徭、戍卒、正卒之役等。以上各种徭赋，很多始于秦朝，西汉稍加更改。其间口赋算赋献赋系计口出钱。如口赋，凡民年七至十四岁每人每年征钱二十三文，以五口之家征赋者按二人计，共计四十六文；如算赋，民年十五至五十六岁者每年征钱一百二十文，每家征赋者三人计，共计三百六十文；如献赋，每人每年征钱六十三文，全家五人共征钱三百一十五文。以上三项货币赋合计每家每年共该支出七百二十一文。按这时粟价每石约为一百一十文，❷ 七百二十一文是六点五六石的粟价。又其中的更徭，汉代凡成年男子年二十三至五十六岁者每年需服役一月，称作更卒。其亲自服役曰践更，出钱由别人代役者曰过更。过更每人出钱三百文，如每家每年由二人服役共该出钱六百文。这是五点四五石的粟价。

　　西汉时期，一个种田百亩的自耕农户，每年收粟一百五十

---

❶　有关田税记载见《汉书》卷四《文帝纪》，《汉书》卷五《景帝纪》。

❷　《历史语言研究所集刊》第11本载劳榦《汉简中的河西经济生活》一文，所引汉简有如此一段记述："黍二石三百，粟一石一百一十，粟一石一百零五，粟三石三百九十，大麦一石百一十。"杨生民据此估算每粟一石值钱一百一十文。见杨生民所著《汉代社会性质研究》，北京师范学院出版社1993年。

石。❶ 支出方面，计全家口粮需粟九十石，完纳各种赋税把更赋也计算在内该卖粟十六点五十一石。其他开支，据吴慧估计，每亩需饲料零点二石，百亩共需二十石；每亩需留种籽零点零四一七石，百亩共需四点一七石。❷ 尚余十九点三二石，用以购置生产资料如铁器之类、部分生活必需品如陶器、油盐之类，以及社间尝新之费等，仍是相当宽裕的。其半自耕农和租佃农则相当困难，前面已经论及，但这类农民户较少。

农家除上项负担外，凡男子年在二十三至五十六岁时须服戍卒和正卒之役各一年。一个五口之家在三十三年之中约有两人服役，合服役四年，平均约每八年出一个整劳动力。一般农家男女老少都参加劳动，每当一个壮劳力离家应役之时，家内至少还剩下一二个壮劳力，还有老少辅助劳动，如果安排得当不会影响生产，即使有影响也不会很大。

由秦至西汉，尤其是西汉中叶以前，广大农民占有土地，田税很低，这对自耕农是有利的。徭赋虽然较重，也只占农家田场总产值的 8%，和农家收入相比也不过高。田场收入的绝大部分供农家从事再生产和生活消费。正是在这种条件下出现了西汉的经济繁荣，从而也体现了地主制经济初步发展时期的优越性和生命力。

再一个有利条件是国家对农民经济和农业生产的重视。这时国家掌权者的思想在这一点上是一致的，即农业是人类衣食之本，把重农作为立国的根本。文帝和景帝都一再提到"农天下之本"之类说教。❸ 重农同积粟联系在一起。文帝时贾谊说："苟

---

❶ 这时的亩制小，系一百步为亩。汉武帝时曾统一亩制。改为二百四十步为一亩的大亩制。据吴慧考证，这时"每夫百亩的标准耕作亩久已成习"，即指小亩制。

❷ 吴慧：《中国历代粮食亩产研究》，1980年打印稿。

❸ 《汉书》卷四《文帝纪》，《汉书》卷五《景帝纪》。

粟多而财有余，何为而不成？以攻则取，以守则固，以战则胜，怀敌附远，何招而不至。"❶

关于重农，秦汉时期皇帝一再发布命令。秦始皇琅玡刻石有"勤劳本业，上农除末"语；碣石刻石有"男乐其畴，女修其业"语。西汉诸帝重农思想尤为突出。汉文帝说：发展农业必须"岁劝民种树"。景帝说："其令郡国务劝农桑，益种树。"❷这里的"种"指粮食生产，"树"指种桑养蚕从事纺织。

国家重农政策具体体现于对地方官的考核，把能否改进农业生产作为考核地方官吏的标准。凡能开荒为田兴建水利的地方官吏多受到国家的表彰。宣帝时，颍川太守黄霸，以"务耕桑，节用殖财，种树畜养"，致"户口岁增"，获得"治为天下第一"的好评。❸渤海太守龚遂，为官时"躬率以节俭，劝民服农桑"，使"郡中皆有蓄积"，得到表彰。❹西汉末年，南阳太守召信臣，"好为民兴利，务在富之，躬耕劝农，出入阡陌"，因而"户口增倍"而受到奖励。❺国家这种政策措施虽然是巩固封建政权的一种手段，但它毕竟有利于农业生产的发展。

关于农业生产的改革措施，诸如治理黄河，开凿渠道，兴修水利，改进耕作技术等这时都提到日程上来。如武帝时，赵过任搜粟都尉，他总结当时农业生产经验，发明播种耧车，对耕耘、下种大为改进。❻赵过又创"代田法"，改进耕作，"用力少而得谷多"。❼正是在这种条件下，农业生产有较迅速的发展。综上所述，这时农业的改进可概括为两点，一是耕地面积的扩大，

❶ 《汉书》二四上《食货志》。

❷ 《汉书》卷四《文帝纪》，《汉书》卷五《景帝纪》。

❸ 《汉书》卷八九《黄霸传》。

❹ 《汉书》卷八九《龚遂传》。

❺ 《汉书》卷八九《召信臣传》。

❻ 《汉书》卷二四上《食货志》。

❼ 《汉书》卷二四上《食货志》。

一是精耕细作单位面积产量增加。

　　国家从维护农民经济利益巩固封建统治出发，还采行了其他各种政策措施，而主要是抑商。这种政策，从秦至西汉有其历史传统。在战国时期，秦孝公当政时，商鞅主持变法，令"僇力本业耕织致粟帛多者复其身，事末利及怠而贫者举以为收孥"。❶秦始皇统一后，在琅琊台刻石，题"皇帝之初，勤劳本事，上农除末，黔首是赖"。❷由刻石所反映的重农抑商思想十分清楚。西汉时期，这种政策更向前推进一步。如贬低商人社会地位，不得衣丝乘马及不得入官之类。同时在经济上进行抑制，如加重税收，禁置地产，对农民农产品不准压价收购等。武帝时币制的改革也是从维护农民利益出发的。先是文帝时期，据桓宽《盐铁论》，"纵民得铸钱"。武帝时期，据《汉书·武帝纪》，"日者有司以币轻而多奸，农伤而末众，又禁兼并之徒，故改币以约之"。如盐铁由国家垄断，目的也在于抑商。当然，国家这种政策措施违反历史潮流，产生一定消极影响，导致工商业不能顺利正常发展，但对于富商大贾对农民的剥削毕竟起了一定抑制作用。

　　在秦汉时期，尤其是西汉，一方面广大农民占有属于自己的地产，一方面国家采行了维护农民经济利益的政策措施，农民充分发挥了生产积极性，农业生产蒸蒸日上，农民经济逐渐富裕了。由秦至西汉是社会经济上升时期，由汉文帝历景帝至武帝是极盛时期，由这种发展变化显示出地主制经济发展初期的优越性。

　　关于这一时期社会经济繁荣，古书屡有反映。秦始皇统治时期，小农经济是稳定的。始皇二十八年东巡琅琊刻石有"上农除末，黔首是富"语；三十二年在碣石刻石有"黎庶无繇""男乐

中国地主制经济论——封建土地关系发展与变化

---

❶ 《史记》卷六八《商君列传》。
❷ 《史记》卷六《秦始皇本纪》。

其畴"语。这并非夸张，乃是当时实录。汉高祖初期，由于经过长期战乱，农民仍相当贫困，据《史记·平准书》，谓"齐民无藏盖"。这种状态很快发生变化。吕后掌政时期，据《汉书·高后纪》，"民务稼穑，衣食滋殖"。文帝景帝时期所谓"文景之治"即是在农业生产发展、农民经济繁荣的基础上出现的。或谓由高祖建国"至武帝之初，七十年间，国家亡事，非遇水旱，则民人给家足，都鄙廪庾尽满，而府库余财……众庶街巷有马，仟佰［阡陌］之间成群；乘牸牝者摈而不得会聚"。❶《汉书》所论富庶虽主要指富裕户，但也反映了一般农户。关于西汉农民经济状况，何兹全曾作了总的概括："是小农经济的黄金时代，它以新生事物方兴未艾的精神努力成长着，健康地存在着。"❷

当然，我们也要看到这一时期农民的辛勤劳动和生活艰苦。文帝时晁错在说到农家占田百亩、收粮百石之时介绍农民负担和生活情形时说：农民"春耕夏耘，秋获冬藏，伐薪樵，治官府，给徭役，春不得避风尘，夏不得避暑热，秋不得避阴雨，冬不得避寒冻，四时之间亡日休息。又私自送往迎来，吊死问疾，养孤长幼在其中；勤苦如此。尚复被水旱之灾，急政暴虐，赋敛不时，朝令而暮改。当具有者半贾而卖，亡者取倍称之息，于是有卖田宅鬻子孙以偿责（债）者矣"。❸晁错所说"勤苦如此"乃系农家正常现象。伴随农业生产及商品经济发展而出现阶级分化，有的贫穷户至借债卖田乃不可避免，不能据以论证整个国家或农民经济整体，要结合其他方面诸条件对小农经济作综合考察，才能揭示历史真实面貌。

小农经济繁荣景象到西汉中叶后主要是西汉后期逐渐发生变化，两极分化现象日益严重，高敏在所著《秦汉史论集》中曾详

❶ 《汉书》卷二四上《食货志》。
❷ 何兹全：《中国古代社会》，河南人民出版社1991年，第214页。
❸ 《汉书》卷二四上《食货志》。

第三章　地主制经济初步发展与逆转倒退（秦汉—南北朝）

细论及。这时地权逐渐集中，农民经济逐渐走向下坡路。如荀悦在《汉纪》中所论："今汉民或百一而税，可谓鲜矣。然豪强富人占田逾侈，输其赋太半。官收百一之税，民输太半之赋。官家之惠优于三代，豪强之暴酷于亡秦，是上惠不通，威福分于豪强也。今不正其本而务除租税，适足以资富强。"荀悦所论指西汉后期情形。由于地权趋向集中，部分自耕农向租佃农转化，佃农日益增多，轻税制有利于地主。荀悦对此提出批评。有如王莽所说："而豪民侵陵，分田劫假，厥名三十，实什税五也。"西汉后期农民经济的逆转主要是由于地权集中。

这时影响农民经济生活的再一个重要因素是商品经济的渗透。

地主制经济同商品经济原本就有着必然联系。西汉中叶，社会上商品流通量日益增加，一方面伴随农业生产发展，农民有较多余粮出售，手中掌握一定数量货币；同时每户农民都是独立个体经济，既要购置生产资料并购买部分生活必需品，还要向国家完纳货币徭赋，因此农民经济同市场联系日益密切。国家虽然采行抑商政策，在地主制经济制约下，商品经济发展乃系客观规律，国家政策措施只是控制了它的发展速度。

这时也出现了有利于商品流转的客观条件。从秦朝开始，中国大一统的局面已经形成。在此基础上，秦始皇所采行的"车同轨"、修筑驰道等改革措施，也有利于各地区间的商品流转。余如统一货币和度量衡，使商品交易的计算大为方便。西汉建国不但继承了这种规律，并且进一步发展。

与此同时是城市的发展。城市居民生活，如当时司马迁所说："待农而食之，虞而出之，工而成之，商而通之。"于是富商大贾纷纷出现，司马迁比之"千乘之家"。当时进入流通领域的农产品，除大量粮食薪柴之外，有栗枣橘漆荻竹茶等，有猪牛

❶ 《汉书》卷二四上《食货志》。

羊等，农产制成品有酒醋酱之类。并出现了专事经营者。❶

就这样，在农业生产发展的基础上发展起来一批富商，他们主要把农民作为剥削对象，压价收购，高价出售。文帝时期，晁错在论述农民"卖田宅鬻子孙以偿债"之后接着论述商人家族生活奢侈及勾结权势情形，他这样说："而商贾大者积贮倍息，小者坐列贩卖，操其奇赢，日游都市，乘上之急，所卖必倍。故其男不耕耘，女不蚕织，衣必文采、食必粱肉，亡农夫之苦，有阡陌之得。因其富厚，交通王侯，力过吏势，以利相倾；千里游敖，冠盖相望，乘坚策肥，履丝曳缟。此商人所以兼并农人，农人所以流亡者也。"下面接着谈贱商政策的失败："今法律贱商人，商人已富贵矣；尊农夫，农夫已贫贱矣。故俗之所贵，主之所贱也；吏之所卑，法之所尊也。"❷ 武帝时期，商人财富继续增殖，权势也日益扩张，如《史记·平准书》所记："富商大贾，或蹛财役贫，转毂数百，废居居邑，封君皆低首仰给。冶铸煮盐，财或累万金，而不佐国家之急，黎民重困。"接着部分农民也卷到商业活动中去，如文帝时期"百姓之事于末以害民者蕃"；景帝时期"为末者众，农民寡"。❸ 贾谊也曾指出，由于农民"背本而趋末"，以致"食者甚众"。至西汉后期，甚至"乡本者少，趋末者众"。❹

这时虽然出现了一些农民兼事商业活动，但毕竟限于少数富裕农户，绝大多数农民只是出售余粮购买各种必需品而和市场发生联系。农民在使用价值方面自给自足形态日益突破，交换价值形态部分所占比重日益扩大。

农民经济同市场联系深度主要反映于农家经济商品率，这种

❶ 《史记》卷一二九《货殖列传》。
❷ 《汉书》卷二四上《食货志》。
❸ 《汉书》卷四《文帝纪》，《汉书》卷五《景帝纪》。
❹ 《汉书》卷一〇《成帝纪》。

关系可以从两方面进行估计：（1）就每户田场所产余粮进行估算，因为这项余粮最后要投向市场；（2）就每农户为购置生产资料和生活必需品以及货币赋税等项开支进行考察，因为这种种开支主要靠出售各种农副产品来支付。

关于农家余粮前面已经论及。这时种田百亩的自耕农户，收粟一百五十石，扣除五口人全家食用九十石，田税四点五石，牲畜饲料十五石，留种三石，尚有余粮三十六点五石。即出售部分占总产的 24%。这就是农民的商品率。❶ 关于农民货币支出前面也曾论及。农户收粟一百五十石，按每石一百一十文计，总产值为钱一万六千五百文，货币支出，计各项货币税为钱一千三百文，购置生产资料和生活必需品按总产值 10% 计可折为一千六百五十文，两者合计为钱二千九百五十文，为总产值的 18%。由以上估算可以看出，这时农民经济商品率约在 20% 左右。在封建社会前期，农民经济商品率能达到 20% 乃至 20% 以上，可以说是相当高的 ❷。值得注意的是，这种现象是在地主制经济初步发展并在其制约下出现的。

以上是秦至西汉地主制经济初步发展时期土地关系及农民经济发展变化的基本情况。在地主制经济正常发展的条件下，农民小土地所有制占据较大比重；关于地主类型，权贵官僚地主虽占据主导地位，但庶民类型地主有所发展，农民阶级的社会地位及农业生产方面都有较多的自由，有利于发挥生产积极性，商品经济遂也一度发展。就这样，中国封建经济一度进入繁荣富庶阶段。此种情形，西汉后期逐渐发生变化，权贵势力滋长，横肆兼

中国地主制经济论——封建土地关系发展与变化

---

❶ 农家种桑麻进行纺织而出售，也应计算在内，因限于资料从略。如将此项计入，商品率将更高。

❷ 其专事经济作物种植的农户商品率当更高。这时出现了地主大经营，如前述"陈夏千亩漆，齐鲁千亩桑麻"之类。据此自耕农从事经济作物专业经营也是可能的。

并，积累了大量财富。在国家抑商政策措施下，他们纷纷将财富转向地产，地权逐渐趋向集中，部分自耕农丧失土地沦为租佃农，农业生产相对衰落，商品经济也呈现萎缩。在此基础上，东汉时期，权贵地主又倾向于建立自给性封建大庄园，于是垄断土地、挟持人口、控制政治的特权地主阶层得以形成，土地关系呈现逆转，社会经济趋向倒退。

第二节　东汉至三国时期地主制经济畸形化的发展过程

一、西汉中后期土地关系开始发生变化

本书所说明地主制经济指封建社会时期土地关系总体，即以地主所有制为主导，包括各类国有地、私有地和农民所有制的整个经济体制。有时农民所有制占据统治地位，但这并不妨碍地主制经济体制的运行。地主制经济体制在战国时期已基本形成，秦至西汉进入初步发展阶段。相对封建领主制而言，地主制有较大灵活性适应性，比如，能容纳农民小土地所有制广泛存在，各种类型地主尤其是庶民地主长期并存，国家对农民的控制相对松弛及农民有较多人身自由，较能适应农业生产发展，在农民经济中商品经济部分始终占据一定比重等。由秦至西汉二百多年间地主制经济初步正常发展期就是这种情形。

以西汉而论，中叶以前，广大农民占有土地，有一个相当长的历史时期，农民小土地所有制占据统治地位。这时徭赋较重，但田税率很低，农家田场收入的绝大部分用以从事再生产和生活消费，经济状况较好。在此基础上并分化出部分中小庶民类型地主。正是在这种条件下出现了西汉的经济繁荣与社会稳定，体现了正常发展中的地主制经济的优越性和生命力。

西汉中叶后，尤其西汉后期，伴随权贵豪族地主的发展与地

权集中，正常发展的地主制经济逐渐发生变化。据荀悦所著《汉纪》："今汉民或百一而税，可谓鲜矣。然豪强富人占田逾侈，输其赋太半。官收百一之税，民输太半之赋。官家之惠优于三代，豪强之暴酷于亡秦，是上惠不通，威福分于豪强也"。荀悦所说指西汉后期情形。东汉建国不仅继承了这种传统，而且人为地加剧了这种变化，权贵豪族地主进一步扩大，而且权势嚣张。西汉前期到中期时代，农民小土地所有制广泛存在的情形不见了，中小庶民类型地主趋向没落，农民丧失了较多的人身自由，农业生产和商品经济逐渐衰落，地主制经济逐渐脱离了正常发展轨道而趋向畸形化。

东汉、三国时期地主制经济畸形化的具体体现，一是权贵豪族地主主要是权贵地主对土地的垄断，二是各地权贵地主间接或直接地控制着地方政权，三是在上述条件下农民社会地位下降及人身依附关系强化。在这种发展变化的过程中，士族地主的萌生与发展是又一重要特征。以上这种变化虽然开始于东汉，但是在西汉后期已露征兆。

为了进一步论述这种变化，下面试先对西汉地主制经济正常发展时期的土地关系作一简略论述。

西汉初期，所分封的诸侯王在地方上曾享有一定独立性。但七国之乱后国家对诸侯王的权力进行了一系列限制，对封邑农民只能征收所属田税，❶而不得干预政事等。如景帝"令诸侯王不得治民"，武帝令各诸侯只得衣食租税，不得参与政事等❷。同时对地方上一些依靠权势，武断乡曲欺压农民的豪强地主则采取抑制政策，乃至强制迁徙，这时各地豪族强宗横暴行为遂适当

中国地主制经济论——封建土地关系发展与变化

---

❶ 这时的分封制，封君只对所属封邑土地农民征收约1/30的田税。所说"衣食租税"指此。并非征收1/2的地租，因而并不影响该地农民的土地产权。过去人们对此多有误解。

❷ 《后汉书》卷九〇《百官志》，《汉书》卷六《武帝纪》等。

收敛。

汉武帝并改革选拔官吏的政治体制，如实行选举制，建立太学选拔贤能等，这样，出自社会下层的庶民也获得入仕为官的机会。这对豪族强宗垄断官场旧习也起了一定抑制作用。

朝廷还采行扶植自耕农的政策措施，由文帝历景帝至武帝数十年间，屡次下诏把国有地分配给农民，❷ 至于被迁徙的地方豪强所遗留下的土地理所当然地划归当地农民所有。在农民占有土地及人身比较自由的条件下，生产积极性较高，农业生产发展较快，出现了"文景之治"，此后由武帝到昭帝宣帝时期社会秩序都相对安定，农业生产一直在发展。

上述情况后来逐渐发生变化，权势地主有所抬头，土地兼并活动日趋激烈，权贵豪族大地主纷纷出现，据《汉书·食货志》，西汉中期，已"富者田连仟佰，贫者亡立锥之地"；同时出现了商人地主，这类富商"因其富厚，交通王侯，力过吏势，以利相倾"。这样权贵地主权势日益膨胀，在地方上并具有雄厚势力，到西汉末东汉初战乱时期遂纷纷起事，统率宗族宾客团聚自保。如南阳巨室樊重，据《后汉书·樊宏列传》，王莽末，樊重与宗族"作营堑自守，老弱归之者千余家"。据《后汉书·李章传》，东汉初，"赵魏豪右往往屯聚，清河大姓赵纲遂于县界起坞壁，缮甲兵，为在所害"。这时各处豪族所统民户，除宗族成员外，有宾客等依附人口，动辄数百数千，从事守卫战斗。❸ 以上两汉之际这类势力强大的豪族强宗都是由西汉后期延续下来的。

---

❶ 这里所称"豪族强宗"包括极贵地主和豪强庶民地主。

❷ 东汉时期也有关于将公田赋与农民的记载，但由于权贵地主兼并剧烈，农民土地很难持久。这时小土地所有制所占比重很小，远不能同西汉相比。

❸ 参考杨生民：《汉代社会性质研究》第二章，北京师范学院出版社1993年。

总之西汉后期土地关系发生了较大变化，权贵豪族地主已相当发展，由这种发展变化导致地主阶级结构的变化、地权分配的变化和农民社会地位的变化，从而已初步发展的地主制经济未能沿着正常发展轨道持续下去。东汉从建制开始，权贵豪族地主即登上历史舞台，为向畸形地主制经济转化创造了条件。

二、权贵豪族地主对土地产权的兼并垄断

东汉时期，同西汉相比，自耕农队伍大为缩小，中小庶民类型地主趋向没落，权势地主迅速膨胀。所谓权势地主可以分几种类型，一是具有政治权势的贵族官僚地主，二是无职官而凭借经济及宗族势力横霸一方的豪族地主。关于贵族官僚地主类型，先是勋贵和一般官僚地主的发展，后来有一批士族出身的官僚地主出现。这批士族出身的地主后来又形成具有特殊身份的士族地主，构成权贵官僚地主中的一个特殊阶层。这时发展起来的无职官的豪族地主也很值得重视，他们占地规模之大也相当可观，并在地方上具有强大的封建特权。但在东汉至三国两百多年间发展起来的地主，主要是贵族官僚地主，即本书所说的权贵地主，他们是这一时期土地的主要兼并和垄断者。

在历史文献中，有的关于门阀士族类型地主的记载比较清楚，不属于士族的一般贵族官僚地主也容易分辨，地方豪族地主也是如此。但很多史料记载比较含混，如"豪强"一词，可以包括一般官僚地主和无职官的地方豪强地主，甚至偶尔也会包括士族地主在内。本书在论述之时亦很难予以严格区分，故基本分为权贵地主和地方豪族地主两种类型。在东汉时期主要是权贵地主，其中包括士族地主。在一个相当长的历史时期内，是这类地主在起支配主导作用。

如前所述，西汉后期，地权已呈现兼并集中，门阀豪族地主已纷纷出现。东汉建国后不但继承了这种传统，而且在此基础上进一步发展，创建东汉王室的刘縯、刘秀兄弟本身就是南阳大

地主。与历代农民起义不同，他们起事后，不仅不反权贵豪族，反而依赖权贵豪族的权势兴复刘汉王朝。因此刘缤兄弟致力联络附近各县地主豪强，其他各地起兵响应者也多是西汉将吏强宗。因此东汉建立之始，即是一个代表门阀豪族等特权地主的政治集团。光武帝对豪族强宗的横暴行为虽也采行过抑制措施，但主要是妥协纵容，不像西汉那样进行强烈打击，权贵豪族地主发展乃势所必然。

关于东汉权贵、豪族地主占地规模之大，兹举数例。东汉前期，如光武帝外祖南阳樊重家，据《后汉书·樊宏列传》，樊重世善农稼，"开广田土三百余顷"。田庄之内有丝麻手工，制造各种器物，这时民户所需各种生产资料和生活日用品，可以在田庄之内自给自足，形成所谓"闭门成市"。又这时济南安王康占地规模更大，在庄园之内，"奴婢至千四百人，厩马千二百匹，私田八百顷"。这类大田庄的生产劳动者主要靠租佃性质的依附农。占田八百顷，就当时生产水平而言约需要三四千个劳动力即千多户依附农。

东汉中期章帝、和帝时期，权贵地主仍在继续强占土地。如章帝时期，窦宪之妹为皇后，"宪恃宫掖声势，遂以贱直请夺沁水公主园田，主逼畏，不敢计"。后章帝召见窦宪指责他说："今贵主尚见枉夺，何况小人哉！"由此事例说明权贵倚势兼并土地乃当时普遍现象，兼并对象主要是农民即章帝所说的"小人"。

东汉后期，权贵地主兼并活动更加剧烈。如桓帝时期，梁冀在二十余年内横肆兼并，他家私苑"西至弘农，东界荥阳，南极鲁阳，北达河淇，包含山薮，远带丘荒，周旋封域，殆将千里"。梁冀占地面积之广大可以想见。梁冀被灭族后，"收冀财富，县官斥卖，合三十万万，以充王府，用减天下税租之半。

❶ 《后汉书》卷五三《窦融传附窦宪传》。

第三章 地主制经济初步发展与逆转倒退（秦汉—南北朝）

散其苑囿，以业穷民"。●梁氏失败后，宦官专政，宦官诸兄弟姻亲临州宰郡，多肆行兼并。如宦官侯览夺人田地至一百一十八顷。由以上两事例可以想见当时兼并之剧烈及地权集中之严重，此种情形在西汉实所少见。

东汉后期，在社会秩序紊乱时期，还出现了无职官的豪族类型地主。据东汉末仲长统《昌言·损益篇》："井田之变，豪人货殖，馆舍布于州郡，田亩连于方国，身无半通青纶之命，而窃三辰龙章之服；不为编户一伍之长，而有千室名邑之役，荣乐过于封君，势力侔于守令"。这里所说"豪人"指依靠雄厚经济财力起家的地主。从"豪人货殖"一语可以看出，这类地主有的兼事商业活动。所说千室之役当指所统属的生产劳动者租佃农之类。所说田庄"连于方国"不免过于夸张，但占地广大当无问题。他们在地方上的权势可以和地方守令相抗衡，已变成横霸一方的豪强。像如此占地面积广大、权势强大而无职官的豪族地主，在西汉从未出现过。仲长统在《昌言·理乱篇》中又说："豪人之室连栋数百，膏田满野；奴婢千群徒附万计。船车贾贩周于四方；废居积贮满于都城。琦赂宝货巨室不能容；马牛羊豕，山谷不能受。"●据《损益篇》，这里的"豪人"仍可理解为无职官的富豪。文中所说"徒附"主要指依附性个体生产劳动者，所说"奴婢"指"妖童美妾""倡讴妓乐"之类妇女，她们要供主人淫奢生活享受。所说"徒附万计"虽也有些夸张，但庄田面积相当广阔则无疑义。

以上是权贵地主与豪族地主几个事例。但这时的地主阶级主要是权贵官僚地主，他们占据统治地位。关于地主庄园规模还反映于大庄园的经营，据崔实所著《四民月令》，论及地主田庄种有多种谷物、蔬果、竹木、药材，有养蚕、巢丝、织缣帛麻布、

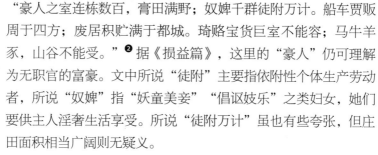

● 《后汉书》卷六四《梁统列传附玄孙冀传》。
● 《后汉书》卷七九《仲长统传》引。

染色、制衣鞋、酿酒醋、作酱等业。在地主田庄内各种依附民互相交易，"闭门城市"是必然结果，也是地主庄田面积广大的具体反映。

地主占地规模还具体反映于所统辖的从事生产劳动者的人数，其中主要是宾客。东汉初，据《后汉书·马援传》，他所统宾客"役属数百家"。这时的宾客主要是佃耕农。马援对宾客所生产的农产品采行"中分"制，即一半作为地租交由马援支配。数百家宾客耕种的土地约有数千亩至一万亩。又据《后汉书·刘植传》，刘植、刘喜兄弟"率宗族宾客聚客聚兵数千人据昌城"。据《后汉书·耿纯传》，耿纯与昆弟等"共率宗族宾客二千人"。这里所说"宾客"其中包括武装性质的生产劳动者，其间的"宗族"有的也是以租佃农的身份出现的。如每家地主所役属的租佃性质的宾客宗族以百家计，所占耕地当有数千亩；如以千属计占地当在万亩以上乃至数万亩。

三国时期，伴随战事频繁，武装性质的宾客部曲之类生产劳动者在继续扩大。曹操专政时期，据《三国志·任峻传》，任峻将所率宾客家兵及宗族数百人，归附曹操。据《三国志·李典传》，李乾有宾客"数千家"，后率众随曹氏。就当时一般情况而言，以上所说宾客当也包括部分武装性质的租佃农在内。

曹操曾实行"给客制"，从这种给客制也反映出权贵地主占地规模。当时有过这样一段记载："魏氏给公卿租牛客户数各有差"。这类"给客"免除国赋役。因此"自后小人惮役，多乐为之，贵势之门，动有数百"。在农民纷纷投靠的情况下，这类受给客的权贵多变成奴役数百户的权贵地主。"又太原诸部亦以匈奴胡人为田客，多者数千"，即变成剥削数百户乃至上千家佃农

---

❶ 从庄园经营内容而言，生产劳动者除租佃农而外，可能有雇工和奴婢。

的大地主。❶ 在给客制政策下，这类地主当为数不少。

地处东南的吴国，门阀贵族大地主更加发展。如大将朱桓统有部曲万人，这时部曲的性质和宾客略同。当时孙吴所属将吏多是称霸一方的大地主，如张昭是江北大地主，周瑜是庐江大地主，鲁肃是临淮大地主，顾雍、陆逊等是当时江东大族，他们都是东吴政权的得力支撑者。❷ 孙吴将领占地规模还反映于"复客制"，将领不仅世袭领兵，而且赐给屯田客或农民作为私属，使诸将领变成役使众多农民的大地主。据《三国志·吕蒙传》，吴国赐吕蒙寻阳屯六百户，官属三十。据《三国志·陈武传》孙权赐陈武复客二百家。又蒋钦死后，其妻受赐芜湖民百户，田二百顷。前述赐屯民六百户，复客二百家等都包括分赐田土，都是占田数千乃至万亩以上的大地主。

三国时期"给客制""复客制"源于西汉的"复除制"，西汉的复除是对某些贵族高官给予若干户的徭钱，如《史记·平准书》所记，武帝时赐卜式"外徭四百人"，即把四百人的更徭折钱交卜式收用，并不触动该农户的土地产权。这种制度也叫复除，复指免更役。西汉应服更役者可以以钱代，或谓每人出钱三百文。这种制度历东汉末至三国时期发生了质变。西汉的复除制，地主只享有该民户徭赋权。三国时期的给客复客制系连同土地一齐赐予权贵地主，不仅免除了对国家的徭赋，并对所荫占的客户征收地租，土地所有权同时也发生了变化。这种体制不仅扩大了权贵地主占地规模，并促成权贵地主队伍的扩大。

伴随土地兼并与集中，则是自耕农的衰落，他们纷纷丧失土地，有的变成各类地主的依附农，有的变成流民。史载桓帝永兴元年流民多达数万户。同时各地农民纷纷暴动，由安帝至灵帝数十年间见于记载即将近百次，这类参加暴动的农民主要是丧失土

中国地主制经济论——封建土地关系发展与变化

---

❶ 《晋书》卷九三《王恂传》。

❷ 参考《三国志》陆凯、朱治等传。

地的农民。以上流民人数的众多及农民暴动次数的增加等，都是权贵豪族地主发展及地权集中的间接反映。

前面是由东汉至三国时期权贵豪族地主兼并及垄断地权的基本情况。关于土地关系的变化，特别值得注意的是这一时期士族类型地主的萌生和形成。在一个相当长的历史时期，他们不只占有大面积土地，而且具有特殊的社会地位和政治权力；它不只制约着此后两晋南北朝时期土地关系的变化，而且影响于此后隋唐时代的经济和政治。因此关于这一时期士族的萌生和士族地主的形成过程，有特别加以论述的必要。把这个问题搞清楚，有助于对这一时期地主制经济畸形化的深入理解。

士族世代传习儒学。汉代习儒多系父子兄弟相承，这种关系杨生民曾经进行过详细论述。❶如西汉武帝时期，据《汉书·儒林传》，立五经博士，开弟子员，设科射策，劝以官禄。讫于元始前后百余年间，传业者浸盛，支叶蕃滋，"一经说至百余万言，大师众至千余人，盖禄利之路然也"。这时儒士纷纷踏进仕途，但士庶区别尚不明显，如后来裴子野所说："尊儒重道"，"士庶虽分，而无华素之隔"。❷西汉时期，士族只是一个习儒学之家族的称谓。

士族地主作为地主阶级中的一个特殊阶层，是在东汉萌生的。东汉政权创建之始，对儒学即极为崇拜，如《后汉书·儒林列传上》所论："光武中兴，爱好经术，未及下车，而先访儒雅"；"立五经博士，各以家法教授"。后来明帝和章帝继承了这种传统。整个东汉时期，学校盛况空前，太学生曾达三万余人，各地方学校也大发展。东汉政权极力举荐儒生入朝为官。官吏的任用升迁则以学习儒家经典而定。这时有一些宦室豪族地主

❶ 参考杨生民《汉代社会性质研究》，北京师范学院出版社1993年。

❷《通典》卷一六《选举四·杂议论上》。

子弟把传习儒学作为入仕的一种手段，这部分人数逐渐扩大，形成具有特殊门第的官僚地主。

一般士族阶层等级的萌生，约在东汉建国后五十年的章帝时期。据《后汉书·章帝纪》，章帝所下诏书，谓"每寻前世举人贡士，或起畎亩，不系阀阅，敷奏以言，则文章可采。明试以功，则政有异迹……其令太傅、三公、中二千石、二千石郡国守相举贤良方正能直言极谏之士各一人"。关于章帝这个诏书，杨生民在《汉代社会性质的研究》一书中曾正确指出：由诏令所说"前世举贡士""不系阀阅"，言外之意，近世所举贡士已多出自"阀阅"门第了。因此章帝下诏要各级官吏举荐"贤良方正"之人，打破门第界限。说明这时士族这一特殊阶层已在萌生之中。进入士族这一等级的人，基本是当时的地主阶级成员。

关于士人入仕的手续系通过察举征辟。东汉中叶安帝、顺帝时期相继扩大太学，士族人数进一步扩大，其权势也进一步发展，逐渐形成一股政治势力，士族类型地主这时逐渐萌生。❶至东汉后期，据《后汉书·质帝纪》，自大将军至六百石的官吏都要遣子入太学授业习儒学，并按课试成绩选拔入仕为官，二千石、六百石、四府掾属（大将军府、太尉府、司徒府、司空府等四府的属吏）、三署郎（西汉置五官中郎、左中郎、右中郎；各置中郎将统领，担任皇帝侍卫，称三署郎）、四姓小侯（明帝时为外戚樊氏、郭氏、阴氏、马氏诸子弟立学校，号四姓小侯）的提拔、升迁、任用都依学习儒家经典情况"以资赏进"。以上国家政策措施对士族地主的形成和发展曾起过一定促进作用。❷

值得注意的是，到东汉中后期，由士大夫出身的官僚中，

❶ 在《汉代社会性质研究》中，杨生民谓士族地主是在东汉中期到东汉末出现的。

❷ 参考杨生民《汉代社会性质研究》，北京师范学院出版社1993年。

中国地主制经济论——封建土地关系发展与变化

逐渐出现一些累世专攻一经的家族，他们的弟子动辄数百乃至数千，多经过经学入仕。其间又出现了一些累世公卿的大官，如弘农杨氏（杨震）、汝南袁氏（袁安）等，世居高位，门生故吏遍天下。他们首先是大地主，在政治上又处于高位，加上所专攻的经典，于是在经济政治与意识形态合一的门阀大族出现了，这就是后来所谓的门阀士族地主。此后逐渐形成一套有利于他们控制政权的制度，即选士"唯论族姓阀阅"。国家选士先看门第，在察举征辟中他们的子弟优先录用，更加速了士族地主的发展。此种体制以后继续发展，曹魏时代更制，门阀大族的政治特权地位正式得到法律的认可，为此后士族地主的发展进一步创造了条件。

东汉时期，士族权势逐渐扩张，具体反映于公卿高级官员中儒士出身人数的增加，据马彪统计，西汉初到昭帝时，儒士出身者所占比重不过 10%；东汉章帝至桓帝九十年间，即士族地主由开始到形成时期，在公卿高级官员中，由儒士出身的增加到 45%。❶ 由这种变化反映出士族阶层等级入仕的进展历程，也可以据以考察东汉后期士族地主的发展状况。在东汉后期，这类士族地主占地规模已相当可观。

通过以上论述，从东汉至三国整个历史时期的地主阶级构成的发展变化可以看出一个大致轮廓。东汉建国之初，权贵豪族地主即登上历史舞台，出现了不少占田千亩乃至万亩以上的大地主，中小庶民类型地主趋向衰落。东汉中叶后，逐渐形成权贵豪族地主对土地垄断的趋势，到东汉末至三国时期达到高峰。这时以权贵地主为主，其中的士族类型地主逐渐萌生和发展。这是中国地主制经济畸形化的第一特征，也是主要特征。

第三章　地主制经济初步发展与逆转倒退（秦汉—南北朝）

---

❶ 马彪：《试论汉代的儒学地主》，见《中国史研究》1988年第4期。

三、地权与政权的紧密结合及权贵地主对地方政权的控制 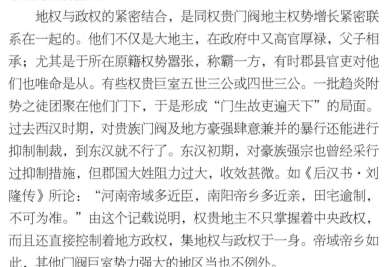❶

东汉至三国时期，地主制经济畸形化的再一个特征，是封建地主阶级的经济权与政治权紧密结合，门阀权贵地主集地权、政权于一身。其间权贵地主垄断土地产权则是这种畸形状态产生和形成的经济基础。

地权与政权的紧密结合，是同权贵门阀地主权势增长紧密联系在一起的。他们不仅是大地主，在政府中又高官厚禄，父子相承；尤其是于所在原籍权势嚣张，称霸一方，有时郡县官吏对他们也唯命是从。有些权贵巨室五世三公或四世三公。一批趋炎附势之徒团聚在他们门下，于是形成"门生故吏遍天下"的局面。过去西汉时期，对贵族门阀及地方豪强肆意兼并的暴行还能进行抑制制裁，到东汉就不行了。东汉初期，对豪族强宗也曾经采行过抑制措施，但郡国大姓阻力过大，收效甚微。如《后汉书·刘隆传》所论："河南帝域多近臣，南阳帝乡多近亲，田宅逾制，不可为准。"由这个记载说明，权贵地主不只掌握着中央政权，而且还直接控制着地方政权，集地权与政权于一身。帝域帝乡如此，其他门阀巨室势力强大的地区当也不例外。

门阀官僚地主的发展，垄断地权是先决条件，但同东汉中叶到后期即和帝与灵帝时期的政治斗争也具有一定联系。这时宦官和外戚进行长期政治斗争，为门阀官僚地主的发展创造了条件。在斗争过程中，他们遂常受双方的排挤，但又常支持外戚，相互勾结，逐渐扩大了他们的权势。最后，他们即是地权的垄断者，又充任各级官吏掌握部分政权。

---

❶ 这时的权贵地主和豪族地主同封建政权的关系，一方面封建政权依靠两类地主的维护而得到稳定，同时两类地主在封建统治支持下才能维持发展和持续，关于这个问题此处从略。

中国地主制经济论——封建土地关系发展与变化

这时权贵地主垄断地权与控制政权现象的形成，同当时的政治体制也有着一定联系。如这时出现的两类政治集团，一个是门生集团，一个是故吏集团。门生集团兆始于儒家宗师讲学，其亲授业或转相授业均可构成宗师门生关系，其不授业而登上名录者则称门生弟子。东汉时期，公府州牧刺史等人属下的掾属由自己征辟，这些被征辟的人对主官而言则称故吏。以上是门生、故吏的形成过程。两个集团的形成过程虽有区别，但在政治争夺斗争中又每混同不分，在古文献中遂混称为"门生故吏"。如《后汉书·袁绍传》所记，汝南袁绍系士族世家，"树恩四世，门生故吏遍天下"。东汉时期，由于门生故吏人数的增加，扩大了官僚地主阶层的队伍，他们既是地主又是官吏，为地权与政权的结合创造了条件。

　　关于儒学和政治的关系，前面权贵豪族地主一节已经论及。东汉时期，国家继续崇尚儒学，擅长儒学者纷纷入仕，因此凡欲追求功名利禄者，多投靠以儒学起家的巨室门下为门生，作为进身之阶。于是门生人数激增，据《后汉书·儒林列传》，颍川张兴，永平间拜太子少傅，长于经术，"弟子自远至者著录万人"；任成魏应，建初四年拜五官中郎将，"应经明行修，弟子自远方至，著录数千人"；陈留楼望，建初间为左中郎将，"教授不倦，世称儒宗，诸生著录九千余人"，汝南蔡玄，"学通五经，门徒常千人，其著录者万六千人，征辟并不就"。东汉中叶安帝、顺帝时期相继扩充太学，笼络儒士，门生队伍继续扩大，由宗师门生所形成的政治集团权势日益增长。这类集团的成员基本都出身地主，这时都变成集地权与政权于一身的官僚地主。

　　"故吏"之称起于东汉初明帝时期，它的形成过程前已论及。由以形成的集地权、政权于一身情形与前者同。

　　东汉中叶安帝、顺帝时期，由宗师门生、举主故吏所形成的关系日益密切，在政治斗争中所形成的政治势力大为增强，彼此之间所形成的相互关系也日趋腐化堕落。关于宗师和门生的关系，如东汉末徐干在《中论·谴交篇》中所说："称门生于富贵之家者比屋有之，为之师而无以教，弟子亦不受业；然其于事也，至夫怀丈夫之容，而袭婢妾之态，或奉货而行赂，以自固结，求志属托，规图仕进"。这时宗师与门生的关系，对门生而言乃求禄位的一种手段。此种情形故吏集团当也不例外。东汉这种政治体制，无论是门生集团或故吏集团的成员都出身地主，说明这种政治体制本身即具有地权与政权合一的内涵。

与此同时，征辟荐举体制也日趋腐败。此制建置之初原为选举贤良方正之士进入仕途，改善政治体制。东汉中叶后，征辟荐举渐为权贵地主所操纵控制，在察举征辟过程中，权贵尤其是士族子弟处于优先地位。如汉末王符所论："贡荐则必阀阅为前。"❶ 如仲长统所论："天下士有三俗，选士而论族姓阀阅，一俗。"❷ 这时察举征辟制已发展成为门阀士族子弟所特设的入仕升官的工具。这种体制所具备的地权与政权相结合的内涵尤为清楚。

伴随政治的腐败，东汉后期并采行卖官鬻爵制。灵帝光和元年（公元178年）制定官爵价格，二千石之官价二千万，县令长按县土丰瘠定价。这种规定更为掌握巨额财富的豪族地主入仕为官创造了条件，进一步促进地权与政权的结合。

由以上所说，东汉时期的政治体制，及在权贵门阀地主操纵下，形成的贡荐选士惟论"族姓阀阅""阀阅为前"之类惯例，使地权与政权的结合更为紧密。这种体制导致各地权贵地主控制着他们乡土郡县的地方政权，其恶劣影响更加严重。如宋资为汝南太守，委政于该郡的范滂；成瑨为南阳太守，委政于该郡的岑晊。❸ 其他门阀贵族权势嚣张的地区，郡守县令遵行当地权贵地

---

❶ 王符：《潜夫论·交际篇》。

❷ 《全后汉文》卷八九，仲长统：《昌言下》。

❸ 《后汉书》卷六七《桓荣列传》。

主意图，也是不难理解的。这类地区的地方政权基本为当地权贵地主所控制，从而严重地削弱了中央集权制。从此，秦至西汉高度发展的中央集权制一度中断。

三国时期，权贵地主权势更加嚣张，地权与政权的结合程度，及各地权贵地主对地方政权的控制也更向前推进一步。以曹魏而论，制定九品中正制，使各地世家大族入仕为官得到法制保证，曹魏政权从而也得到门阀士族地主的大力支持。关于曹魏拉拢扶植门阀士族地主问题兹举数例：如对颍川大族荀氏，早在东汉顺帝、桓帝时期已"知名当世"，曹操对其后世荀彧，"军国之事皆与彧筹焉"。❶ 如河内温县大族司马懿，声望素高，曹操对之极力笼络。❷ 如累世为官的令狐邵被擒当斩，曹以其山自衣冠之家，委以官职。❸ 事实上曹魏政权即在权贵地主支持下巩固起来。

东南的吴国，权贵地主权势尤为突出。吴国创建者孙坚原是吴郡富春县一般地主。孙权即位后，他们王权地位则是在江北、江东权贵地主支持之下巩固起来的。所属武将高官多是横霸一方的大地主，如巨室张昭、周瑜等皆出江北豪族官僚地主，鲁肃、顾雍等均系江东著名大姓，期间江东大族陆逊家则出过二相五侯十多个将领，朱桓则是统属部曲万人的江东大族。当时东吴的顾陆朱张号为"四姓"。据《三国志·朱治传》，"公族子弟及四姓"等门第出仕者"郡吏常以千数"。孙吴的建立更得力于当地门阀豪族地主的支撑。

三国时期，尤其是魏、吴两国，在门阀权贵地主权势进一步膨胀的条件下，地权与政权的结合进一步加深，各地权贵豪族对地方政权的控制又向前推进一步，是很容易理解的。

第三章 地主制经济初步发展与逆转倒退（秦汉—南北朝）

---

❶ 《后汉书》卷一〇〇《荀彧传》。

❷ 《晋书》卷一《宣帝纪》。

❸ 《三国志》卷一六《仓慈传》，注引《魏略》。

与权贵豪族地主对土地垄断相联系，则是宗族关系的变化。

关于豪族地主控制下的宗族组织的扩大，早在西汉时期就已萌生了。这时已有不少豪族地主通过宗族关系，在地方上横行无忌。东西两汉之际长期战乱时期，豪族强宗所控制的宗族势力曾进一步发展。据《后汉书·李章传》："赵魏豪右往往屯聚，清河大姓赵钢遂于县界起坞壁，缮甲兵，为所在害。"这类豪右大姓所组织的私人武装，其中的一部分即所控制的宗族势力。据《后汉书·刘植传》，刘植兄弟"率宗族宾客聚兵数千人据昌城"。据《后汉书·耿纯传》，耿纯与昆弟宗率族宾客二千余人"迎刘秀"。所说宾客主要指依附农，但其依靠的主要是所控制的宗族势力。这时的宗族群众，一方面是权贵豪族地主剥削奴役的对象，同时宗族实体又是在他们操纵下，横霸一方干预地方政权的凭借。

东汉立国后，伴随权贵豪族地主的发展，他们所控制的宗族势力进一步增长。一种是无职官的豪族地主所控制的宗族集团，如前述仲长统所记，某些豪族虽然没有官品职称，但其显耀地位和权势，则"荣乐过于封君，势力牟于守令"。这类豪族地主的权势是建立在垄断地权的基础上的，他们通过经济力量控制族众。从"势力牟于守令"一语，说明他们凭借宗族关系扩大了在地方上的权势，即在地方上具有一定政治力量。

关于累世为官的权贵地主家族，更容易形成强大的宗族集团，宗族组织更为广泛。为了树立威望和权力，有些门阀巨室更有意识地团聚所属族姓，如东汉初樊重"赡赈宗族，恩加乡闾"，便是一个广为流传的事例。由东汉至三国时期，在权贵豪族地主发展并有意识的扶植条件下，宗族实体已变成具有政治性的组织，构成权贵豪族地主控制地方政治的一个组成部分。

又在权贵豪族地主权势强大条件下，由于战乱他们每建置捍卫自己私人利益的武装。在东西汉交替之际，如巨室樊重在所属田庄自设守备，"缮五兵，习战射"等。东汉末和三国时期，地主私人武装更纷纷出现。三国时期，如"卫兹以家财资太祖"，所率兵众有五千人。❶ 如李乾有宾客数千家，后"以众随太祖"。❷ 像卫兹、李乾之流都是当地的权贵豪族地主，将所统属的农民变成具有战斗性质的生产劳动者，这对地权与政权的结合起着更为重要的作用。这时有不少权贵豪族地主，把所控制的宗族集团变成自己的私人武装，从而更加扩大他们在地方上的政治权力。

由以上论述，东汉至三国时期地权与政权紧密结合的情况，及在此基础上出现的权贵豪族地主，对所在原籍郡县地方政权的控制，其发展过程就很清楚了。由于权贵地主对地方政权的控制，严重地影响了中央政令的贯彻执行，不少地区形成半割据状态，中央集权制遂相对削弱。这种现象的产生和形成，同门阀权贵地主权势膨胀无疑有着一定联系，但由以产生的经济基础则是对土地垄断。这种现象是地主制经济畸形化过程中附带产生和形成的，也可以说这是地主制经济畸形化的一个组成部分。

四、封建等级关系加深与农民社会地位下降

在权贵豪族地主权势嚣张并控制各地地方政权的条件下，地主对农民超经济强制关系加强和彼此之间人身依附关系加深乃势所必然。伴随农民阶级社会地位严重恶化，并影响整个社会等级差别的扩大，这种变化逐渐呈现凝固化趋势。

为了论证东汉至三国时期等级关系的变化，试同西汉农民社会地位做一简单对比。西汉时期，自耕农广泛存在，为了保证徭赋征发，国家对农民控制较严，从而削弱了地主对农民的直接干预。同时国家对地主也进行严格控制，对豪强地主依势为虐、欺压农民的暴行防治尤为严格，乃至实行镇压地主措施。豪强地主

---

❶ 《三国志》卷一《武帝纪》，注引《世语》。

❷ 《三国志》卷一八《李典传》。

权势遂相对削弱，从而土地关系中的超经济强制关系及农民对地主的人身依附关系相对松弛，农民有了较多的人身自由。

上述现象到东汉时期发生较大变化。但这种变化是逐渐形成的，早在西汉中后期已渐露征兆。这时土地兼并逐渐剧烈，农民纷纷丧失土地，租佃农所占比重日益增长。同时地主阶级构成也在发生变化，庶民类型地主日益减少，贵族门阀类型地主逐渐扩大；中小地主日益萎缩，地主大庄园迅速增加。此时农民阶级社会地位日益低下。这种变化反映于所有农民和所有地主之间的相互关系，但更重要的是租佃关系，下面专就租佃性质的农民问题加以论述。❶

这时的租佃农有各种称谓，如宾客、徒附、部曲及复客、给客等。

宾客又称客、田客，有时称奴客。宾客性质的改变有一个发展过程。宾客在古代原是权贵主人的幕僚，这时的社会地位和主人是对等关系。西汉中后期，宾客的社会地位逐渐低下。有的变成权贵豪族地主所役使的人员，乃至成为他们欺压农民的打手帮凶。昭帝时，据《汉书·胡建传》，昭帝姊与丁外人，上官将军等"多从奴客往"，又《汉书·尹归翁传》有"奴客持刀兵入市斗变"之类记载。哀帝时，据《汉书·何并传》，何并为颍太守，这时"阳翟轻侠赵季李款，多畜宾客，以气力渔食闾里"。由以上事例，说明西汉中后期宾客和客的性质已在发生变化，一是出现"奴客"贱称，❷社会地位低下；二是变成主人的帮凶，有的变成权贵地主所隶属的生产劳动者。据《汉书·刘屈氂

中国地主制经济论——封建土地关系发展与变化

---

❶ 这时佃农的法律地位似仍是平等的。据《后汉书》卷六五《郑玄传》：名儒郑玄"假田播殖以娱朝夕"。但实际生活发生重大变化。如本书所论述的宾客之类。

❷ 关于"奴客"可以有两种解释，一是奴和客两种不同性质的人，二是客的贱称，笔者倾向于后者。

传》，公孙贺"兴美田，以利子弟宾客"。这里的宾客似系农业生产劳动者。成帝时，据《汉书·五行志》，"崇聚票轻无谊之人以为私客，置私田于民间"。又如红阳侯王立，据《汉书·孙宝传》，"立使客因南郡太守李尚占垦草田数百顷"。这里所说客也是农业生产劳动者。但这时的宾客和客是否租佃性的生产劳动者，从文献资料反映看还不十分清楚。

东汉时期，宾客已很清楚地变成佃农的一种称谓。东汉初，《后汉书·马援传》称：马援至长安，"以三辅地旷土沃而所将宾客猥多，乃上书求屯田上林苑中，（帝）许之"。据《水经注·河水注》载："援请与田户中分，以自给也。"所说"中分"指对半均分农民所生产的农产品，即农民以产品一半作为地租交纳地主。在这里宾客变成了马援的租佃农。

东汉初期，有不少关于权贵豪族拥有私人武装性质的宾客。据《后汉书·岑彭传》，岑彭"将其宾客战斗甚力"；《后汉书·臧宫传》，臧宫"率宾客入下江兵中"；《后汉书·刘植传》，刘植兄弟"率宗族宾客聚数千人据昌城"；《后汉书·耿纯传》，耿纯与昆弟率宗族宾客二千余人"迎刘秀"等。以上所说宾客，参酌以上有关马援文献记载，主要是具有武装性质的租佃农。这类宾客平时从事耕种，向主人交纳实物租，有事听从主人调遣，从事保卫战斗。这类宾客被束缚在土地上，没有迁徙自由，而且子孙世袭，世代为主人所役使，尤其是服从主人命令进行战斗而言，其人身依附关系的强烈不难设想。

这时主人迁徙，所属宾客也跟随移动。如马援所役属的数百家宾客，当马援迁徙陇汉间进行田牧，及到上苑屯田之时，宾客都紧相依随。❶又东汉末期，汝南人范滂之父到九江（今安徽寿县）"田种畜牧"时，所属之客也一同前往耕种。❷农民随主人

第三章 地主制经济初步发展与逆转倒退（秦汉—南北朝）

---

❶ 《后汉书》卷五四《马援传》。

❷ 《风俗通义》卷五。

到处迁移，也是人身依附关系强化的具体体现。

　　东汉末期出现了"挝客"这一词汇。据《三国志·常林传》，常林叔父依势挝客；太守王匡为考贵钱谷，借此治常林罪。所谓"挝客"指对佃农性质的客任意打骂。

　　东汉末及曹魏时期有所谓"屯田客""田客"。屯田客指由国家招徕进行耕种的农民，对屯田客的剥削，其产品分配，由国家提供耕牛者四、六分租，由农民自备耕牛者与官中分。这类屯田佃户，他们被用军事组织编制起来，不能随便离开土地，丧失了行动自由。当时国家实行屯田制虽然解决了部分食粮问题，但剥夺了这部分农民的自由，给他们带上了沉重枷锁。更广泛的是地主私人的田客，占有这类田客的地主都是权贵地主。田客和土地都由国家分配，可以免除徭赋。如前述曹魏实行的给客制，"给公卿租牛客户数各有差"，即实行按官僚品级分赐不同数目的租牛佃客。由于权贵官僚地主享有免除徭赋的特权，农民为逃避徭赋纷纷投靠，权势之家所收投靠户动辄百户千户。此种情形孙吴也不例外。据《三国志·周瑜传》，周瑜卒，孙权令"故将军周瑜程普，其有人客，皆不得问"。所谓"不可问"即对周程两家的依附人口免除对国家的赋役。以上称为田客的租佃农，从免除国家徭赋专向地主私人提地租和劳役、农民投靠权势之门考察，其依附关系之强烈也不难设想。

　　西汉的"复除"制至东汉时期也在发生变化。西汉复除是指对某些权贵之家可免除若干户的徭赋，但不免除田税。[1] 由东汉至魏晋，这类优免制进一步扩大，关于权贵所荫占的宾客佃客免除徭赋事得到国家法律的认可。如三国时期，东吴对诸将推行赏

中国地主制经济论——封建土地关系发展与变化

---

　　[1] 西汉复除制最早见于汉武帝时，据《史记》卷三〇《平准书》，"乃赐［卜］式外徭四百人"。即卜式每年获得四百人的更赋钱。这种关系前面已经论及。

赐屯田客制，大将吕蒙受赐寻阳屯田六百户；**❶** 大将陈武战死，孙权与"复客二百家"等。**❷** 赐复客同时并分配土地，地主所分赐的这类复客不仅免除了对国家的徭赋，并可征收地租，相对西汉复除制而言这是一巨大变化，这类租佃性质的复客完全变成了地主的私属，人身依附关系当更加强烈。

东汉时期仍有"奴客"称谓，据《后汉书·窦宪传》，窦宪所蓄奴客，有"侵凌小人，强夺财货，篡取罪人妻，略妇女商贾"之类记载。唐长孺曾经说过："东汉末至三国时，奴与客简直很难区别。"从称谓考察，作为租佃性质的宾客社会地位相当低下，但毕竟不是奴隶。

宾客有的演变为部曲，但性质并无多大变化。先是王莽时期农民纷起暴动，地方豪强以军事编制所统率的族众和宾客，这时宾客变成部曲性质的武装。东汉末年，豪强割据，长期混战，农民纷纷投靠门阀豪族求其保护，门阀豪族采用军制部勒群从，这时宾客及投靠农民都变成武装性质的劳动者，这种人在当时又称部曲。其中的一部分具租佃农的性质。部曲一般父子相承，对主人有着强烈的人身依附关系，这一点与宾客同。

这时由政府将领统率的官部曲，也进行屯垦，而且诸将广为招徕，扩大部曲队伍。这类官部曲和将官的从属关系日趋浓厚，后来逐渐变成私人依附性的武装农民。三国时期，部曲性质的劳动者继续存在，如前述东吴巨室江东大族朱桓领有部曲万人，为孙氏所重用等。

这时的农业生产劳动者有的称为"徒附"。如前述东汉末仲长统在《昌言·理乱篇》中所说："豪人之室，连栋数百，膏田满野，奴婢千群，徒附万计。"**❸** 所说"'徒附"主要是租佃农。

---

❶《三国志》卷五四《吕蒙传》。

❷《三国志》卷五五《陈武传》注，引《江表传》。

❸ 见《后汉书》卷七九《仲长统列传》。

"徒附"本意就是佃农身份地位低下的反映。

有隶与童并列。如前述东汉时期，巨室樊宠之父樊重"课役童隶"，"开广田土三百余顷"。❶所说"童"指奴婢，"隶"指以佃农为主的生产劳动者。佃农与奴隶并列，也说明佃农低下的社会地位。

关于租佃农对地主的人身依附关系的强烈，如崔实在《政论》中所论："贫民下户"，"父子低首，奴侍富人；躬率妻孥，为之服役"。❷这里所说"贫民下户"主要指租佃农，他们不只为地主从事生产劳动交纳地租，他们家中的妇女也要到地主家服役。他们的身份地位已近乎封建领主时代的农奴。

东汉末，由于农民纷纷依附于门阀权贵，逃避徭赋，国家直接统治的农民日益减少，税收受到极大影响，东汉末徐干《中论·民数》对此遂大发议论说："夫治平在庶功兴，庶功兴在事役均，事役均在民数周，民数周为国之本也"；"人数者庶士之所自出也，莫不取正焉"。这是由于凭借民数国家"以令贡赋，以造器用，以制禄食，以起田役，以作军旅，国以建典，家以立度，五礼甲修，九刑用措，其唯审人数乎"。❸这时在权贵豪族地主垄断土地兼并、控制地方政权的条件下，在所控制的宗族势力日益强大的情况下，国家想通过"审人数"，从权贵豪族地主手中夺回所依附于他们的人口是十分困难的。权贵地主所奴役的依附人口增加，对整个社会而言，是封建依附关系强化的又一体现形式。

东汉时期，伴随门阀权贵地主的发展，社会上非基于生产关系而形成的人和人的关系也趋向等级化，如士族地主和一般庶民的关系，这时也变成贵贱等级关系，关于这个问题此处

中国地主制经济论——封建土地关系发展与变化

---

❶《后汉书》卷六二《樊宏列传》。

❷《全后汉文》卷四六，崔实：《政论》。

❸《通典》卷三《食货三》。

从略。

以上是东汉至三国时期社会等级关系加深在租佃关系方面的具体体现。其主要内容是农民社会地位严重下降，农民对地主的人身依附关系趋向强化，丧失了人身自由，遭受地主阶级的苛重的压迫剥削。而且这时沦为租佃性质的依附农数量极大，每个权贵豪族地主奴役下的依附农动辄百户千户，就整个社会而言，这类农户占据了统治地位，地主制经济的畸形状态逐渐普遍化。这时一般农民乃至其他类型地主和士族地主的相互关系，也具有等级的差别。当然，主要是权贵豪族地主与农民阶级（包括租佃农、自耕农）之间的悬殊等级关系，这是地主制经济畸形化的一个更为重要的特征。

五、简短结论

由秦至西汉二百多年间，是中国地主制经济正常发展的初期，由东汉至三国二百多年间，是中国地主制经济向畸形转化并初步发展的时期。

地主制经济畸形化的发展过程表现在以下几个方面：其一，在地权分配方面，由秦至西汉，农民小土地所有制广泛存在，有一个相当长的历史时期并占据统治地位；由东汉至三国，农民小土地所有制趋向没落，地权逐渐集中。其二，关于地主阶级构成，由秦至西汉，中小庶民地主与贵族官僚地主长期并存；东汉至三国，权贵豪族大地主日益发展，尤其是权贵地主占据统治地位，逐渐形成对土地的垄断，中小庶民地主逐渐衰落。其三，由秦至西汉，在地方上，郡县守令能严格执行中央指令，地方权贵地主权势受到一定程度抑制；由东汉至三国，伴随权贵豪族地主的发展，他们在地方上的权势日益滋长，尤其是权贵地主乃至控制地方政权，形成变相的地权与政权的结合，中央集权相对削弱。其四，秦至西汉，由于广大农民占有土地，又由于地主权势受到一定程度的限制，农民有较多的人身自由，租

第三章　地主制经济初步发展与逆转倒退（秦汉—南北朝）

佃农也不例外；由东汉至三国，由于广大自耕农沦为各种名称的租佃性质的依附农，更由于权贵豪族地主权势嚣张，地主与农民之间的相互关系有较大变化，农民阶级丧失了更多人身自由。总之，由东汉至三国，土地关系发生了较大变化，地权分配、地主阶级构成、地主的政治权势和农民的社会地位等，和西汉时期相比有较大差别，正常发展中的地主制经济暂时退出历史舞台，中国社会历史暂时趋向倒退。正是上述发展变化决定了这一时期具有时代特点的封建社会性质，蜕变为畸形地主制经济。

东汉时期地主制经济畸形化并非一蹴而就，而是经历了一个漫长的演化历程。先是东汉前期权贵豪族地主兼并掠夺活动开始，但这时地主制经济体制的变化还不突出，因此农业生产曾一度有所发展，如铁器使用日益普遍，农事牛耕有所推广，水利兴修也有成效，尤其南方广大地区农业生产有较快发展。东汉中叶情形则不同了，土地关系变化较大，权贵地主权势嚣张，土地兼并日益剧烈。到东汉后期，上述变化更加突出。伴随土地关系的变化，农业生产也日趋衰落，加上大地主庄园之内自给自足，形成所谓"闭门成市"，商品流通也受到限制，商品经济呈现没落。

由此可见，在地主制经济畸形化开始及初步发展时期，它的消极影响已经相当突出。此后历两晋至南北朝，是畸形化地主制经济高度发展时期。在这一时期，尊卑贵贱等级的严格区分进一步发展，农民阶级社会地位更加低下；农业生产及商品经济进一步倒退，实物货币一度流行。在整个封建社会时期，两晋、南北朝是中国封建社会经济衰落时期。导致这种发展变化的最终根源是权贵地主权势嚣张及其对土地的垄断。

中国地主制经济论——封建土地关系发展与变化

第三节　两晋南北朝时期地主制经济畸形状态典型化

一、具有时代特色的政治体制与宗法宗族制

（一）维护世族强宗地主权益的政治体制

所谓地主制经济畸形化指其脱离正常发展轨道。西汉时期是地主制经济正常发展的初期，这时地主阶级的构成是庶民地主与贵族官僚地主两者并存，而且在不断互相转化，自耕农与租佃农两者也变化无常，自耕农经常占据较大比重；土地可以买卖，地主有的出卖土地沦为自耕农、租佃农，自耕农和租佃农也可买地变成地主，地主与农民两大阶级不是固定不变的。正是在这种条件下，社会等级关系不十分森严，人身依附关系相对松弛。相对封建领主制而言，农民在人身和生产方面都具有较多的自由，农业生产比较发展。这种现象到东汉时期开始发生变化，地主制经济逐渐向畸形状态转化。畸形状态的具体体现是：在地主阶级构成方面，主要是世族强宗地主占据优势地位；❶庶民地主虽然也长期并存，但所占比重日益下降。又由于世族强宗地主依势兼并，自耕农占地也相对减少。与此相适应，社会等级关系日益加深，奴婢队伍日益扩大，租佃性农民对地主的封建依附关系趋向强化，即自耕农社会地位日趋低下，也丧失部分人身自由。这种逆转趋势早在东汉前期已经开始，东汉末至三国在继续加深，西晋时期达到顶峰。东晋南北朝基本继承了这种关系。地主制经济趋向严重倒退。在这种条件下，农业生产也相对衰落。

第三章　地主制经济初步发展与逆转倒退（秦汉—南北朝）

---

❶ 这时所谓世族指当时特殊门第户，若王、谢之类。与此同时，各地还出现了横霸一方的豪族地主和虽非世族而具有一定权势的官僚地主，本书特称之为强宗。

上述畸形地主制经济的出现和发展，同当时的政治体制紧密联系在一起。在权贵地主尤其是世族地主权势嚣张的条件下，逐渐形成了一套维系他们私人权益的特殊政治体制；同时也形成服务于他们的世代相传的等级性宗法宗族制。就这样，他们既是盘踞一方的大地主，又是各级政权的操纵者，地权与政权高度结合，而且子孙相承，世袭罔替。这种类型政治体制和等级性宗法宗族制的形成，是以门阀世族地主为主导的土地关系为其经济基础的。这种类型政治体制和等级性宗法宗族制形成之后，又反过来为维护世族强宗地主权益而服务。

为了便于对地主制经济畸形化状况进行分析和深入了解，这里首先对这时政治体制的特点加以论述。为此先对当时起主导作用的权贵门阀地主尤其是世族地主进行简略介绍。

世族地主的形成过程，先是某些地主致力于经术，学有专长。以后逐渐步入仕途，致力通显，集地权政权于一身。久而久之，形成一种特殊的社会等级，而且累世相承，由士族演变为世族。最早大致萌生于两汉之际，东汉后逐渐发展。至东汉后期遂出现了这类论说："选士而论族姓阀阅"，"荐举则必阀阅为先"。❶ 这里所说"族姓""阀阅"主要指这类地主。这就是说，这时形成的由这类地主所操纵的独特政治体制，力图排斥一般地主出身的人挤入上层政治行列。这时的士庶两类地主虽属同一阶级，但形成了两个等级。这种等级区别到晋朝达到顶点。

先是三国时期，魏、蜀、吴三国皆出现过世族强宗互相斗争的故事。吴国如吴郡的顾、陆、朱、张四姓为首的世族累世为官。曹魏并出现了世族与寒门即庶族官员对峙局面，一是以曹氏

中国地主制经济论——封建土地关系发展与变化

---

❶ 参见仲长统《昌言》、王符《潜夫论·交际篇》。早在汉代，地方政权已多由当地人掌握。到东汉后期，门阀地主形成，才发生更大变化。

为代表的寒门地主集团，一是以司马氏为代表的世族地主集团。^❶
曹丕主政时曾推行"九品官人"法，^❷ 即由各地方政府选拔"贤
良方正""直言极谏"之士入朝为官。建制动机无可厚非。^❸ 但
后来由于各地方政权在世族地主的控制之下，选拔方正直言之士
的目的未能实现。又曹芳即帝位后，时曹爽辅政，为了抑制世族
权势与扶植庶族集团地位，也曾与世族地主代表人物司马懿互相
抗衡，曹爽并一度控制政权。大概由于世族集团权势较大，曹氏
最后以失败而告终，政归司马氏。

司马氏建立政权，国号晋，史称西晋（公元265—316年）。
这里先介绍一下其间主要人物司马懿的身世。司马氏原系河内温
县世家大族，家世二千石高官。祖父隽，曾官颍州太守。父防，
曾官京兆尹。懿兄弟八人，号称"八达"。司马懿的姻戚均系当
时世家大族。司马懿是当时世族地主的一个代表人物。

司马氏取代曹魏，统一中国，^❹ 建立了门阀世族专政的典型
政体。此后九品官人法不但没按原来选拔方正直言之士的方针持
续下去，反而变成了世族地主子弟晋升高官的工具。这时州县
的中正皆由当地豪族著姓所把持，九品的定品被他们所操纵，所
举荐者皆世家大族之子弟。此种情形当时人一再道及。如段灼所
说："今台阁选举，徒塞耳目，九品访人，唯问中正。故据上品

---

❶ 世族内人员构成也有高下之分，占地规模也大中小不等。这时
所说寒门也包括由庶族地主出身以功勋为官者，其官位虽高，社会地位
仍逊于世族。

❷ 九品官人法，系曹丕当政时由尚书陈群提出。陈系当时颍川世
族。其法，以各地"著姓士族"为本州郡邑的大中正、中正，使掌搜
荐，铨选人士。铨选之士，依据辖区人物品行，定为九品。

❸ 据《宋书》卷九四《恩倖传》，九品官人法之设立，原意"盖
以论人才优劣，非为世族高卑"。后来在执行过程中发生变化。

❹ 曹魏于景元四年灭蜀，司马炎于魏咸熙二年代魏称帝，国号
晋。晋太康元年灭吴，中国统一。

者，非公侯之子孙，则当塗之昆弟也。二者苟然，则筚门蓬户之俊，安得不有陆沉者哉"。❶其结果所致，如当时刘毅所论："上品无寒门，下品无势族。"❷这时九品之中上品和下品界限森严，一二品为高门世族所垄断，低品才属于卑庶门户。这是门第制度在政体上的一种反映。在朝政中，如王沉所说："公门有公，卿门有卿。"❸这种关系清人赵翼曾作了如下概括："高门华阀有世及之荣，庶姓寒人无寸进之路。"❹就这样，西晋时期，地权与政权的紧密结合更向前推进一步，世族强宗地主专政的政治体制就这样出台了。

关于选举，晋帝司马炎也曾下诏令"举请能拔寒素"。在世家大族控制中央以及地主政权的条件下，这类诏令不过是一纸空文。中正所保荐的多出世家豪门，据王仲荦所论："当时世家大族如琅琊王祥，荥阳郑冲，陈国何曾，临淮陈骞、颍川荀颛、苟勖，河东卫瓘、裴秀，太原王浑、王沉，泰山羊祜，河内山涛，京兆杜预等，或以国之耆老，特蒙优礼；或以参与魏、晋递嬗之际的秘策密谋，任掌机要；或以联姻皇室……为晋室爪牙虎臣。门阀专政的典型时期，实形成于这一时期。"❺这时江南门阀世族地主也多洛阳为官，如陆机、陆云、张翰等都被征辟入都，参加西晋政权。

东晋（公元317—419年）政体仍沿西晋。❻东晋政权是在当时南方和北方世族强宗地主支持之下出现的，因此东晋时期世族权势仍然很大，如史书所论，"举贡不出世族，用法不及权贵"。

❶《晋书》卷四八《段灼传》。

❷《晋书》卷四五《刘毅传》。

❸《晋书》卷三九《王沉传》。

❹赵翼：《廿二史劄记》卷八九《中正》。

❺参考王仲荦著《魏晋南北朝隋初唐史》，出处不一一罗列，上海人民出版社1961年。

❻公元308年，匈奴刘渊在平阳称帝，公元316年，西晋灭亡。

中国地主制经济论——封建土地关系发展与变化

这种传统，南北朝时期仍在持续。据《梁书·高祖纪》，谓宋齐定制。"甲族以二十登仕，后门以过立试吏"。所说甲族主要指门阀世族，后门主要指世族身份以外的一般官员和地主。这时人们在官场上的地位是由家庭门第关系所制约着的，据《寒素论》，"服冕之家，流品之人，视寒素之子轻若仆隶，易如草芥，曾不以为之伍"。❶ 这时士庶两个等级的界线极为严格。此后清人赵翼对此种关系曾作如下概括："六朝最重氏族……其至习俗所趋，积重难返，虽皇帝欲变易之而不可能者。"❷ 这里所说氏族主要指世族地主。这时门第等级关系已呈僵化趋势。

特别值得注意的是，这类地主很多历任数朝。如颍川荀氏，自荀淑仕为朗陵令，淑子爽官至司空，淑孙或在曹魏时至尚书令，荀氏在两晋南朝皆世为"冠冕"。如颍川陈氏，由东汉至魏世为高官，其后子孙历两晋南北朝皆处高位。余如平原华氏，东海王氏，山阳郗氏，河东裴氏、卫氏，扶风黄氏，京兆杜氏，北地傅氏，或自东汉始，或自曹魏始，他们的子孙世袭为官，一直到两晋南北朝仍"衣冠"联络不绝。最典型的是琅琊王氏和陈郡谢氏。王氏历东汉至曹魏都任高官，至西晋时王衍官太尉，王导至东晋官九卿，王安官至太傅。谢氏如谢瓒仕魏为典农中郎将，谢褒仕晋至九卿，谢安仕东晋至太傅。❸ 总之，世族子弟多高官厚禄，累世不衰。朝代屡更，身家富贵可以长保，如史家所论，彼等"殉国之感无因，保家之念宜切；市朝亟革，宠贵方来；陵阙虽殊，顾盼如一"。❹ 有的持续到隋唐，如于志宁家族，一直到唐朝仍累世为官，据于志宁上书："臣居官右，代袭箕裘，周

---

❶ 《文苑英华》卷七六〇，引《寒素论》。

❷ 赵翼：《陔余丛考》卷一七《六朝重氏族》。

❸ 参考王仲荦著《魏晋南北朝史》上册，上海人民出版社1979年。

❹ 《南齐书》卷二三《王俭传》。

魏以来，基址不坠"。❶

　　当然，我们一方面要看到这一时期世族地主世代为官的特点，同时也不能忽视一批新贵的登仕，对史书所说"庶姓寒人无寸进之路"不能绝对化。西晋是世族地主鼎盛时期，但庶族地主位居高官的也屡见于史籍。如石苞，父祖系一般民户，石苞则位至大司马；孙铄"自微贱登纲纪"，仕至尚书郎；魏舒幼以打鱼为生，后仕至尚书、司徒高官；乐广家向寒素，后仕至尚书令；孟观出身贫贱，仕至安南将军。❷到南北朝时期，战争频繁，庶姓通过军功上升为将帅太尉之类高官者更不乏人。以南朝而论，南宋时期，如蒯思以从军累功升为辅国将军、淮陵太守；刘彦之以累功升为护军将军；沈庆之以军功官至太尉；张兴世以军功升左卫将军；沈攸之以军功至征西将军、荆州刺史，以上各位有的出身微贱，如幼年或"担粪自给"，或"躬耕垄亩"，或"少时家贫"等。❸以后齐陈时代，庶族地主逐渐兴起，获得各级官职，世族地主权势逐渐削弱。以上这类庶族出身的高官，在当时尊卑社会等级关系极为严峻的条件下，也会变成具有特权高人一等的权贵地主，成为当时强宗地主的一个重要组成部分。

　　总之，在这一时期，世族地主的崇高地位在西晋达到顶峰。南北朝时期，世族地主虽然相对削弱，但仍在持续，如南朝宋齐时代，仍未摆脱"甲族以二十登仕，后门以过立试吏"的制约。

　　但寒门地主出身的高官于史不绝于书。如前所述，西晋已不少事例，南北朝又有进一步发展，权势日益强大，对旧世族门第形成严重冲击，士庶等级关系相对削弱。如梁武帝时尚书令沈约所言："宋齐二代，士庶不分。"❹梁末萧泰任谯州刺史时，

中国地主制经济论——封建土地关系发展与变化

_____

❶《旧唐书》卷七八《于志宁传》。

❷ 参见《晋书》石苞、孙铄、魏舒、乐广、孟观诸传。

❸ 见《宋书》蒯恩、刘彦之、沈庆之、张兴世、沈攸之诸传。

❹《南史》卷五九《王僧孺传》。

曾打破过去士庶等级关系的界限，"偏发人丁，使担腰舆扇伞缴等物，不限士庶，耻为之者，重加杖责"。这时旧世族地主权势虽然相对削弱，但我们也要看到，很多旧门第户崇高的社会地位依然如故。又由于魏晋以来所形成的贵贱等级社会习俗的顽固性，这时兴起的功勋地主也以新贵出现，变成新的社会特殊等级。从此这类新兴强宗地主与旧世族地主共同控制政权，形成维护世族强宗地主权益的新的独特政治体制。

（二）作为世族强宗地主工具的等级性宗法宗族制

与维护世族强宗地主权益类型政治体制相适应，又形成服务于世族强宗地主的等级性宗法宗族制。

如前所述，两晋南北朝约三百年间，选官最重门第。这时的门第乃是世族地主政治权势在等级性宗法宗族制的体现形式。如前所述，这时世族地主通过门第关系世代为官，形成地权与政权的高度结合。世族地主即通过这种具有时代特色的等级性宗法宗族制维护他们在政治上的既得权益。

这时宗法宗族制强烈等级性的具体体现，不仅地主与农民阶级之间等级森严，即地主阶级内部也"士庶有别"。士主要指世族地主。这类关系萌生于东汉，曹魏时期有所发展，两晋时期达到高峰。南北朝时期虽有所变化，但这种严格的门第关系基本仍在持续，等级性宗法宗族制遂也在持续。

这种等级性宗法宗族制有一个发展过程，前后加以对比就很清楚。由秦至西汉，农民小土地所有制广泛存在，庶民地主与官僚地主长期并存；这时士庶虽也有区别，但等级划分不很严格，宗法宗族制中的等级关系不甚突出。东汉后期，由于世族地主的发展，他们逐渐变成各级政权的操纵者，政治与门第的关系日益突出，门第类型宗族制遂变成世族地主操纵政权的工具。如前述"选士而论族姓阀阅""贡荐则必阀阅为前"等。这种关系，曹

第三章　地主制经济初步发展与逆转倒退（秦汉—南北朝）

---

❶ 《南史》卷五二《梁宗室上·萧泰传》。

魏时代有进一步发展，如所定九品中正法，则"官有世胄，谱有世官"。官吏的选拔同门第紧密联系在一起。到西晋时期更发展到新高峰，形成"公门有公，卿门有卿""上品无寒门，下品无势族"。由此可见，这时官场人士的政治地位是由特殊门第所决定的，即由等级性宗法宗族制所制约的。这种宗法宗族制，在维护权贵地主政治权益方面所起的巨大作用十分清楚。

　　值得注意的是，这时世族强宗地主彼此之间的相互勾结体现为在政权方面的相互结合。如三国时期的吴国，据汤明檖论证，孙吴政权即以孙氏为首的若干宗族联盟，其间有旧有大族如吴郡的顾、陆、朱，会稽的虞、贺，钱塘丹阳阳羡的全、朱、周等姓；由孙氏扶植起来的新兴贵族如韩当、蒋钦、甘宁、凌统等人，以上这类权贵都有他们以宗族为基础的武装组织。❶东吴政权就是在权贵门第户的支持之下巩固起来的，吴国政权实际是以孙氏为首的各姓权贵的宗族联盟。由东吴政治结构可以看出，等级性宗法宗族制同当时独特的政治体制的密切联系，这种关系两晋南北朝时期也不例外。

　　以东晋及南朝各代而论，这种门第性宗法宗族制同政治的联系极为突出。这时江南门第户，一是以吴郡为主的旧家世族，如前述三国时期吴国权贵大族所形成的宗族集团，这类权贵地主由西晋历东晋至南朝各国一直在持续，史书特称为吴姓。二是侨姓，即随东晋南迁大族，其中以王、谢二姓为首。这时江南地区设置了很多侨姓郡县，侨姓门第户之众多可想而知。以上吴、侨二姓的世族地主，通过等级性宗法宗族制，高官厚禄，子孙相承，绵延多世。宋齐时期，庶姓官员虽逐渐扩大，但在政场上仍遵循"甲族以二十登仕，后门以过立试吏"的规制，这时世族子弟仍特获优渥，政治体制同等级性宗法宗族制的联系仍很突出。

---

❶ 参考汤明檖著《中国古代社会经济史》，中州书画社1982年。

中国地主制经济论——封建土地关系发展与变化

这种关系北朝也不例外。如所推行的九品中正制，这时"中正所权但在门第"，即官吏的选拔为等级性宗法宗族制所制约。如崔浩为冀州大中正，"荐冀、定、相、幽、并五州士数十，各起家为郡守"。就这样，北朝门第户，通过等级性宗法宗族制与政权发生直接联系，世族强宗诸权贵也历仕数朝而不衰。

这时的世族地主，为维护这种等级性宗法宗族制，并制定一套具有特殊政治内涵的谱牒制。

下面专就谱牒制问题作一补充说明。这类谱牒制是世族地主的变相族谱，它的特殊功能是借以区别门第选拔官吏。据柳芳《氏族志》，曹魏建九品中正制，"尊世胄，卑寒士"，于是权归右姓。这时"州中大中止主簿，郡中止功曹，皆取著姓士族为之，以定门胄，品藻人物"。此制历晋国至南朝因袭而不辍。"于是有司选举，必稽谱籍，而考其真伪，故官有世胄、谱有世官"。❶由"稽谱选官"制，更充分说明当时在朝人士的政治地位同宗法宗族制的紧密联系。这种具有时代特点的等级性宗法宗族制，是在世族地主发展的基础上形成的，同时它又反过来为世族地主对政权的控制而服务。

与世族地主通过等级性宗法宗族制控制各级政权的同时，各地豪族地主即强宗则通过具有武装性的宗族组织称霸地方。这种宗族组织出现很早，可以向上追溯到东汉末至三国时期。这时由于长期陷入战乱状态，豪族强宗为自保计，每建置以宗族组织为核心的私人武装，于是各地普遍出现坞壁堡垒，这种组织有进行防卫、维护生产两种性能，每一个坞壁的坞主都是一个宗族集团的首脑人物，代表着强宗地主的传统势力。在坞壁庇护下的农民也都被纳入宗法宗族体系之内，接受坞主的指挥。三国时期如吴

---

❶ 列入官修谱牒的族姓，仍据《氏族志》，按地区可分为过江的侨姓，东南的吴姓，山东和关中的郡县，代北的虏姓等二十六大姓。

之孙静，"纠合乡曲及宗室五六百人，以为保障"。●如曹魏许
褚，于东汉末年，"聚少年及宗族数千家，共坚壁以御寇"；李
典则"徙部曲宗族万三千余口居邺"。●而以田畴的田氏宗族组
织最为典型，田畴为约束族众，关于杀伤、犯盗、诤讼皆立法，
"法重者至死，其次抵罪，二十余条"。●田畴立法近乎宗族法。
当时这类具有武装性质的宗族组织相当普遍。这种关系，到两晋
南北朝时期继续发展。这类具有武装性质的宗族组织，北魏如河
东薛氏，"世为强族，同姓有三千家"，●聚居绛郡。如赵郡李
显甫，"集诸李数千家，于殷州西山开李鱼川，方五六十里居
之，显甫为其宗主"。●北齐时，"瀛、冀诸刘，清河张宋，并
州王氏，濮阳侯族，一宗将近万室，烟火连接，比房而居"。●
南朝各国的豪族强宗当也不例外。这类强大宗族组织，在当时都
具有武装保卫性质。●

　　这类具有武装保卫性质的庞大宗族组织，是以地主为主导，
与个体农民等不同阶级之间形成的一个共同体。在这里，豪族强

---

❶《三国志》卷五一《吴志·孙静传》。

❷《三国志》卷一八《魏志·许褚及李典传》。

❸《三国志》卷一一《魏志·田畴传》。

❹《宋书》卷八八《薛安都传》。

❺《北史》卷三三《李灵传》。

❻《通典》卷二《食货典·田制》。

❼与宗法宗族制相联系，这时也注意到伦常关系，如重孝悌、兄
弟子孙同财共居等，关于以财物散济族众等兹举数例：南朝如吴郡陈
琼，据《南史·陈琼传》"四时禄俸皆散之宗族"。梁朝如张稷，据
《梁书·张稷传》"俸禄皆颁之亲故，家无余财"。北朝如河内温人司
马休之，据《北史·司马休之传》"所得俸禄，并散之亲戚"。如河东
解人柳虬，据《北史·柳虬传》所得赠马及一切什物"皆散之宗族"。
如华阴杨播，据《北史·杨播传》"前后赐与多散之亲族"。相对这时
等级性宗法宗族制的政治作用而言，这些当非此时宗法宗族制的主流。

宗地主是以族长的身份出现的。这类宗族首脑人物虽很多并非出身士族，但有的人原系官宦之家，也有豪族地主通过宗族关系入仕乃至高官厚禄，因此这类宗族组织实际也变成强宗地主维护自家权益的工具。它是具有时代特色的等级性宗法宗族制的一个组成部分。

以上无论世族地主，还是豪族地主，由于特殊门第所形成的等级性宗法宗族制，或由地方豪右强宗所组织的武装保卫性质的宗族集团，在地方上都具有强大势力。尤其是世族门阀地主，通过门第家族关系，控制各级政权，子孙相承，累世不辍。

世族地主的特殊门第，不是固定不变的，等级性宗法宗族制也在发生变化。这种变化在南朝中后期已经开始，到隋朝变化更大，这时门阀世族丧失了世代为官的特权。先是隋朝罢九品中正制，剥夺门阀世族地主部分参政权，此后经过隋末农民战争的冲击，门阀世族权势继续衰落，如史籍所说"世代衰微""累叶陵迟"❶即指这类门第户。至唐代发生更大变化。❷

最后关于这一时期具有时代特色的政治体制和宗法宗族制作一简略概括。当时这种类型政治体制和宗法宗族制所由产生的经济基础是世族强宗对土地的垄断，他们有意识地通过这种关系维护他们的既得权益。这种类型政治体制和宗法宗族制形成之后，对畸形状态地主制经济的发展则起着巨大促进作用。

❶ 《旧唐书》卷六五《高士廉传》。
❷ 由唐太宗、高宗至武后，对旧世族地主继续实行抑制政策措施。据《旧唐书·高士廉传》：太宗令高士廉修《氏族志》，关于姓氏等级的制定"不须论数世以前，止取今日官爵高下作等级"。高宗朝制定《姓氏录》，"广裁类例，合二百三十五姓，二千二百八十七家"，完全按当时官爵高低定等第，从此很多人通过科举入仕变成新贵，魏晋南北朝时期子孙相承、世代高官的门阀世族日益衰微。

二、世族强宗类型大地主的发展变化

（一）两晋世族强宗地主的发展 [1]

西晋时期土地关系，上承东汉三国。以曹魏而论，地处中原，原系门阀世族地主盘踞之地。东南孙吴地区，由东汉末至三国，大地主所有制已经形成，他们世代相传，尤为强横。西南的蜀国，这时发展起来一批由外地迁入的大地主。[2] 西晋司马氏建国后，即继承了上述世族强宗等权贵地主发展的传统。

这时门阀权贵地主的发展，是同国家所采行的分封制联系在一起的，这种分封又同土地产权联系在一起。先是曹魏末咸熙元年（公元 264 年），即司马氏掌政时期"复五等爵"。[3] 晋朝建国，更"有王公侯伯子男六等之封"。[4] 晋国关于这种分封制的推行，先是武帝泰始年间（公元 265—274 年）封王者二十七人，公侯伯子男五等爵五百多人。[5] 他们享有封国食邑的特权，大国十五顷，次国十顷，小国七顷，同时有封户。这些封户变成他们的依附户，向他们交纳租绢。太康元年（公元 280 年）又公布各官员按品级分别占田，一品官五十顷，衣食客三人，佃客五十户；以下逐渐递减，至九品占田十顷，衣食客一人，佃客一户。[6] 所说封田、占田并非由国家分授的田，乃指按封爵、品级所限定田额。实际各级官吏所占土地远超过占田规定，而规定其实只是一纸虚文。各级官吏，尤其高级官吏多为占田逾限者。如《晋书·李重

---

[1] 世族强宗地主之外有中小庶民地主，此处从略。

[2] 据《华阳国志·蜀志》：郪县即今四川三台县，有王、李、高、马诸大姓，皆"家世掌部曲"。又据《华阳国志·李寿志》：诸葛亮死后，主持大政的蒋琬、费祎等，成为荆州地主集团首脑，成为荆州地主集团骨干，形成所谓"豫州入蜀，荆楚人贵"。

[3] 《三国志》卷四《魏志·陈留王奂纪》。

[4][6] 《通典》卷三一《职官典·历代王侯封爵》。

[5] 《晋书》卷四八《段灼传》。

传》所记，"王者之法不得制之私"，因此各人之田宅"无定限"。但由这种规定反映了一个问题，较高品级官吏——实际是世族强宗大地主。因为这时世族强宗地主是封爵高官的主要候选对象，他们既是土地所有者，又是当朝权贵。

这时出现的地主大庄园，主要是依势兼并侵占。如《晋书》所论："今公私并兼，百姓无复厝手地。"❶这里所说兼并，主要指权势地主暴力侵占。每个权贵庄园所占土地比所封的十余顷、数十顷要多得多。下面列举几个庄园事例。

西晋时期，如巨室王戎，"广收八方园田，水碓周天下，积实聚钱，不知纪极"。❷另据《初学记》，谓王戎"家僮数百"。❸如强弩将军庞宗系"西州大姓，田二百余顷"。❹如金城麹氏和游氏，世为豪族，或谓"麹与游，牛羊不数头，南开朱门，北望青楼"。❺关于石崇占地之广，据《金谷诗序》，（石崇）"有别庐在河南县界金洞中，或高或下，有清泉茂林果竹柏药草之属，金田十顷，羊二百口，鸡猪鹅鸭之类莫不毕备，又有水碓鱼池土窟"。❻另据《晋书·石苞传》，石崇有"苍头八百余人，他珍宝货贿田宅称是"。如宦室苟晞，"奴婢将千"，❼苟氏占地规模也相当可观。西晋时期，就整个国家而言，是权贵地主尤其是世族地主高度发展期。

东晋据有淮河流域以南广大地区。其间江东地区，世族强宗地主一向强横。早在孙吴时期，据葛洪《抱朴子·吴失篇》谓该地豪族"势力倾于邦君"。每家所蓄僮仆多至"成军"。魏将邓

❶ 《晋书》卷六六《刘弘传》。

❷ 《晋书》卷四三《王戎传》。

❸ 《初学记》卷一八，引徐广《晋记》。

❹ 《晋书》卷六〇《张辅传》。

❺ 《晋书》卷八九《麹允传》。

❻ 《全晋文·金谷诗序》。

❼ 《晋书》卷六一《苟晞传》。

艾说："吴名宗大族，皆有部曲，阻兵仗势，足以建命"。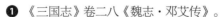晋国取代吴之后，这里的世族强宗势力原封不动地保存下来，这时太湖和钱塘江流域已成为南方豪族强宗大庄园的势力范围。东晋时期，即继承了这种传统。同时中原地区旧有门阀世族地主，为逃避战乱，有的北投幽州刺史王浚、平州刺史崔毖等。但大多南渡，他们南迁之后，据《晋书·王羲之传》，这类权贵即"并行田，视地利"即大肆兼并。他们多集中在浙东一带，如琅琊王氏，陈郡谢氏，太原王氏，高平郗氏，太原孙氏，陈留阮氏，高阳许氏，谯国戴氏，鲁国孔氏，这些南渡的世族强宗地主多集中于会稽地区。❷东晋建国之始即以北来世家大族为支柱。❸后来，江东原有世族强宗地主也加入东晋统治集团。东晋政权即在中原南移大族及江南原有权贵门阀地主支持之下持续将近百年。

在东晋时期，特别值得注意的是中原南移世族强宗地主对大庄园的重建。他们在一新地区定居之后，仍以某地区某士族之后裔相标榜，并力图在这里建立自己的庄园经济。他们的意图得到东晋政府的支持。如建武元年（公元 317 年）下令"弛山泽之禁"，即给予南迁士族强宗封山占田以便利条件（当然也给予一般游民垦山谋生以出路）。这时集中在建康、吴兴、会稽一带的

中国地主制经济论——封建土地关系发展与变化

---

❶ 《三国志》卷二八《魏志·邓艾传》。

❷ 《晋书·王羲之传，子徽之附传》卷一八〇，王氏居山阴。《宋书·谢灵运传》《晋书·王廙传，子胡之附传》《南史·王裕之传》，《晋书·孙楚传》《宋书·隐逸阮万龄传》《世说新语·言语篇》注引《续晋阳秋》，《世说新语·栖逸篇》《宋书·隐逸孔淳之传》，参考王仲荦著《魏晋南北朝隋初唐史》上册，上海人民出版社1961年，第238页。

❸ 在西晋时期，有的中原世族即求官吴越南渡，如颍川庾深出任会稽太守，琅琊王澄、王敦等分任荆扬二州刺史，琅琊王司马睿移镇建邺（今南京）。后来他们在公元317年参与建立东晋政权。

侨人士族，即通过占山垦荒把国有地变成他们的私产。南迁士族
还有的由皇帝赏赐土地，如王导被赐予建康土地八十余顷。更多
的是依势兼并侵占。占地较多者，如刁协家室，渡江居于吴会之
京口，其孙刁逵"以货殖为务，有田万顷，奴婢数千人"。当
然也有未置田产者，此处从略。❷总之，这时江南地区，既有过
去的旧权贵，如顾、陆、朱、张、虞、魏、孔、贺等世族强宗地
主，又发展起来一批侨居地主，于是成为特权地主荟萃之地。因
此在长江流域尤其是扬州所辖广大地区，在地权与政权高度结合
的条件下，世族强宗地主发展到高峰。

（二）南朝各国世族强宗地主的持续和变化

公元 420 年，刘裕取代晋称帝，国号宋。此后齐、梁、陈相
继统治中国长江流域及以南广大地区，史称南朝。❸各朝世族强
宗地主基本继承东晋。朝代虽然更换，他们又依附新朝，变成新
朝的权贵。

关于刘宋时期世族强宗依势侵占山泽情形，如武帝时（公元
420—422 年）扬州刺史西阳王子尚上书说："山湖之禁，虽有
旧科，民俗相因，替而不奉，燍山封水，保为家利。自顷以来，
颓弛日甚，富强者兼岭而占，贫弱者薪苏无讬，至渔采之地，亦
又如兹。"❹在这种形势下，王子尚建议对豪强侵占公产事加以
通融："凡是山泽，先常燍爈，种养竹木杂果为林，及陂湖江海

---

❶《晋书》卷六九《刁协传附孙刁逵传》。

❷ 这时流寓江南士族有的占地较少乃至无地。据颜之推《颜氏家
训·涉务篇》曾谓朝士渡江者"未有力田"，可理解为未增殖地产。当
时的确有些人无田产收入，靠俸禄维持生计。

❸ 刘宋时期，占有今中国版图的山东大部，豫南、陕南以南的广
大地区，陈时国土逐渐缩至以长江南岸的中下游地区以及珠江中下游
流域。

❹《宋书》卷五四《羊玄保传》。

鱼梁鳣鲦场，常加功修作者，听不追夺"。^❶"听不追夺"，实际是对世族强宗侵占公田的默认。从此江南广大地区，大量国有地变成世族强宗地主的私产。值得注意的是，在长期战争中，一些出身寒门的庶姓人士，通过军功起家，发展起来一批新贵。这类新兴的强宗地主与旧世禄地主并驾齐驱。此种情形，从宋朝开始，此后齐、梁、陈各朝有日益发展之势。

下面列举一些事例：刘宋时期，陈郡谢混，"仍世宰辅，一门两封，田业十余处，僮仆千人"。^❷谢灵运在会稽始宁县之别墅，包含南北二山，有水田、旱田、果园五所及竹林、菜圃等。^❸孔季恭，系"山阴豪族富室，顷亩不少"。因为他的大庄园可以招徕农民，于是"贫者肆力，非为无处"。^❹会稽孔灵符则"家本丰，产业甚广，又于永兴立墅，周回三十三里，水陆地二百六十五顷，含带二山，又有果园九处"。^❺江夏王刘义恭，有吏僮二千九百人，占田当为数不少。^❻其他新兴门阀也不例外。如吴兴豪族沈庆之，有园在娄湖，"广开田园之业"。沈氏"家素丰厚，产业得万金，奴僮千计"。^❼

关于刘宋时期世族强宗占地问题，当时文献屡有反映。或谓"名山大川，往往占固"。^❽国家为了顺应这种现实，只好追认，宋孝武帝下诏规定："官田第一第二品听占三顷，第三第四品二顷五十亩，第五第六品二顷，第七第八品一顷五十亩，第九品及

中国地主制经济论——封建土地关系发展与变化

---

❶ 《宋书》卷五四《羊玄保传》。

❷ 《宋书》卷五四《羊玄保传》。

❸ 《宋书》卷五八《谢弘微传》。

❹ 《宋书》卷六七《谢灵运传》。

❺ 《宋书》卷五四《孔季恭传》。

❻ 《宋书》卷五四《孔季恭附孔灵符传》。

❼ 《宋书》卷六一《江夏文献王义恭传》。

❽ 《宋书》卷七七《沈庆之传》。

百姓一顷"。❶ 其实这个规定也只是一纸空文，实际各级品官所侵占土地远超过规定的数额。上面列举事例，无论从一个权贵地主规模或役使的僮仆人数考察，所占土地不只三顷两顷，而是数十顷乃至超过百顷以上。

此后齐、梁、陈诸朝，情形大致相同。南齐时，司徒竟陵萧子良"于宣城、临成、定陵三县界立屯"，广封山泽，"禁民樵采"。❷ 贵族地主通过立屯方式大量强占公有地，梁朝如南阳张孝秀，居于东林寺，"有田数十顷，部曲数百人，率以力田"，❸ 如裴之横，"与僮属数百人，于芍坡大营墅，遂致殷积"。❹ 这时扩张土地者，有旧有世族，也有新兴起的豪族强宗。其不依势占田者乃系例外，如历官三十年徐勉，门人故旧纷向他建议，"或使创辟田园，亦令货殖聚敛"，徐勉则"若此诸事皆拒而不纳"。❺ 由徐勉事例，说明当时封建官僚不依势占田者乃系例外。

梁武帝对此种现象曾颁诏书，谓"凡是田桑废宅没入者，公创之外，悉以分给贫民，皆使量其所能，以受田分。如闻顷者豪家富室，多占取公田，贵价傲税，以与贫民，伤时害政，为蠹已甚"。所谓"傲税"指占田收租。武帝诏书又说："自今公田悉不能假与豪家。已假者，特听不追，其若富室给贫民种粮共营作者，不在禁例"。❻ 梁武帝虽然想追回被豪族强宗侵占的公田，但积重难返，最后还是承认既成事实，使权贵侵占公田合法化。由这个诏令突出反映出世族强宗地主权势的嚣张。

梁朝后期，侯景叛乱，对门阀世族曾一度进行打击。门阀世族因有私人武装，纷起自卫。这时大地主如豫章熊昙朗，"世为

---

❶ 《宋书》卷六《孝武帝纪》。
❷ 《梁书》卷五二《顾宪之传》。
❸ 《梁书》卷五一《张孝秀传》。
❹ 《梁书》卷二八《裴邃传》。
❺ 《梁书》卷二五《徐勉传》。
❻ 《梁书》卷三《武帝纪下》。

郡著姓……据丰城县为栅，桀黠劫盗多附之"。如东阳留异，
也"世为郡著姓"，"纠合乡闾，保据岩阻，其徒甚盛，州郡惮
焉"。❷像这类"著姓"多系有权势的庄园地主。如晋安陈宝应，
"世为闽中旧姓"，其父陈羽"为郡雄豪"，治晋安郡事，以宝
应典兵，宝应"大致［治］赀产，士众强盛"。❸陈朝建制，拥
戴者多系前朝门阀豪族地主，如新兴程灵洗仕陈为安西将军；扶
风鲁悉达仕陈为安南将军、吴州刺史；巴山黄法氍官镇西将军、
豫州刺史；始兴侯安都官征北将军、南徐州刺史；如侯安都，
"世为郡著姓"；如长沙欧阳顾，"为郡豪族"，兄弟皆为高
官，"合门显贵，名镇南土"。❹以上这类地主豪族，均系当地
的大地主。说明陈朝土地关系在发生变化，这时占据统治地位的
已不是世族地主，而是以武功发家的新兴官僚即强宗地主。地主
等级构成虽然发生了变化，其为门阀特权地主则前后一致。❺

　　以上是南朝时期门阀豪族地主发展变化的基本情况。这时地
主阶级的等级构成，先是世族地主占据优势地位，后来有新贵地
主的兴起。他们所占有的庞大地产也不是通过购买，主要是依势
侵占公田山泽，❻有的兼并农民私产，形成庞大的庄园经济。无

---

❶《陈书》卷三五《熊昙朗传》。

❷《陈书》卷三五《留异传》。

❸《陈书》卷三五《陈宝应传》。

❹《陈书》程灵洗、鲁悉达、黄法氍、侯安都、欧阳顾等传。

❺ 这时还出现了寺院地主，也举数例。如圣宗观，据《金石萃
编·圣宗观记》："晋之康中，重为修葺，莳木万株，连亘七里，给户
三百供洒扫。"如衡阳观，据《南岳总圣集》，梁武帝拨给土地户口。
"赐庄田三百户充基业"。

❻ 据《宋书》卷五四《羊玄保传》，权贵豪族"爁山封水，保
为家利，自顷以来，颓弛日甚"。据《宋书·武帝纪》"山湖川泽皆
为豪族所专"。据《梁书》卷三，大同七年诏："豪家富室多占取公
田"等。

中国地主制经济论——封建土地关系发展与变化

论哪类地主都与政权发生直接联系，他们是以拥有地权兼政权双重身份出现的。

门阀世族豪族强宗对土地山泽的任意侵占，对农民造成严重危害，史书屡有记载。刘宋时期，据《宋书》，会稽郡属"民物殷阜，王公妃主邸舍相望，挠乱在所，大为民患"。仍据《宋书》，"多诸豪右，不遵王宪，又幸臣近习参半宫省，封略山湖，妨民害治"。❶这种现象一直到隋朝统一才逐渐发生变化。杨隋建国后，对世族强宗予以抑制，将土地人民直接隶属于中央，地主制经济逐渐进入正常运转轨道。❷

（三）北朝胡汉混合类型权贵地主的形成

黄河流域广大地区，在西晋灭亡之后到北魏建制以前数十年间，北方民族移住中原，曾长期陷入战乱状态，社会经济遭受严重破坏；在魏晋时期发展起来的世族强宗地主，有的他移，有的衰亡，但有部分仍保留下来。北魏、北齐、北周建国后，地主所有制有新的发展，一是部分旧有汉族世族强宗地主的延续，二是鲜卑统治阶层中出现一批广占土地的新贵，形成胡汉各族相混合类型的地主集团。胡汉两类地主由于相同的经济利益，在政治上遂互相串通融合，形成以汉、鲜卑两族权贵门阀地主为主的独特政治体制。

这种关系，从北朝门阀贵族地主的发展过程中反映得十分清

---

❶ 《宋书》卷五七《蔡廓传附蔡兴宗传》。

❷ 唐代各级官吏及地主豪右兼并活动仍在持续。据《册府元龟》卷四九五，唐中叶天宝十一年诏书："如闻王公百官及富豪之家，比置庄田，恣行吞并，莫慎章程。"一直到德宗年间，豪族强宗权势仍未全消。据《陆宣公集》卷二二，陆贽上奏："今制度弛紊，疆理隳坏，咨人相吞，无复畔限。富者兼地数万亩；贫者无容足之居，依托强豪，以为私属，货其种食，赁其田庐。……今京畿之内，每田一亩，官税五升；而私家收租，殆有亩至一石者，是二十倍于官税也。降至中等，租犹半之，是十倍于官税也。"但这时地主制经济已进入正常运转轨道。

楚。在这一时期，胡汉地主在政治上密切合作；在此条件下，两族地主也获得共同持续发展。

以北魏而论，这时汉人门阀贵族和拓跋魏统治者虽也发生过矛盾，但总以共存为主。北魏王朝为加强统治，不能不考虑汉人门阀贵族的巨大力量，致力于拉拢利用。据史载，魏道武帝拓跋珪"初拓中原"时，即对汉人地主"留心慰纳"，汉人诸士大夫诣军门者，"无少长皆引入……苟有微能，咸蒙叙用"。❶ 又据明元帝永兴五年（公元 413 年）诏书："豪门强族为州闾所推者"，使"令诣京师，当随才叙用"。❷ 太武帝神麚四年（公元431 年），诏聘世族地主范阳卢玄、赵郡李灵等三十五人，参与政治工作。❸ 到孝文帝时发生更大变化，史称"魏主雅重门族，以范阳卢敏、清河崔宗伯、荥阳郑羲、太原王琼四姓，衣冠所推，咸纳其女以充后宫。陇西李冲……当朝贵重，所结姻链莫非清望；帝亦以其女为夫人"。❹ 孝文帝并为其五个弟弟联姻世家大族，用婚媾关系笼络汉人地主。

孝文帝还采用了当时流行的汉族式的门第制度，规定具有等级性的姓氏。除帝室元姓及长孙、叔孙、奚氏以外，鲜卑族以穆、陆、贺、刘、楼、于、稽、尉八姓为首；时汉族则推崇旧日世族强宗，如山东清河崔氏，范阳鲁氏，荥阳郑氏，太原王氏，赵郡李氏，关中韦、裴、柳、薛、杨、杜、皇甫等姓为首。郡姓中又按门第官位分为四等。门第评定之后，即按着门第等级选拔人才，北朝这种"以贵承贵，以贱袭贱"的门第制度进一步确立。❺ 这种门第制是符合当时中原地区世族地主等级要求的。通

❶《北史》卷一《魏道武帝纪》。

❷《魏书》卷三《太宗纪》。

❸《魏书》卷四九《李灵传》。

❹《资治通鉴》卷一四〇。

❺《魏书》卷六〇《韩麒麟传》。

过这种政策措施，不仅使鲜卑贵族与汉人贵族进一步融合，而且有利于门阀世族地主制的维护与持续发展。

反过来，汉人门阀贵族对拓跋魏也大力维护。如陇西李冲、清河崔光、广平吴灵虬、太原郭祚，以及由南朝迁回北朝的琅琊王肃等，对孝文帝的改制大力支持，❶他们纷纷参与安定社会秩序的工作，为之出谋划策。如孝文帝时，关右农民蠢蠢欲动，范阳地主卢渊遂行上奏："关右之民，自比年以来，竞设斋会，假称豪贵，以相煽惑，显然于众坐之中以谤朝廷……愚谓宜速惩绝，戮其魁帅，不尔惧成赤眉黄巾之祸"。❷孝文帝至明帝时期，僧众起事反魏，冀州僧法庆宣称"新佛出世，除去旧魔"。对此北魏工朝采取措施，一方面由冀州刺史萧宝进行镇压，同时派汉人门阀世族渤海高祥前往招慰进行分化。❸

北魏还利用汉人豪族地主所控制的坞壁组织，实行宗主督护制，承认豪族地主的宗主地位，使他们成为基层政权的主宰以统治农民，从而豪族强宗地主得到充分发展，他们遂乘机隐匿劳动人手，使许多农户变成自己的依附户，发展成广占土地，奴役农民的封建割据者。

汉人和鲜卑族的门阀贵族地主，就是在这种条件下发展和延续的。据《洛阳伽蓝记》："王是帝族王侯，外戚公公，擅山海之富，居川林之饶，争修园宅，互相竞夸。"以上所说指拓跋魏贵族体系地主，他们侵占土地，兴建大庄园。此种情形，汉人权贵地主也不例外。关于胡汉两类权贵地主占地情况，兹举数例。有的通过申请赏赐，如宣武帝时，高聪历任显职，"又乞水田数

❶ 参考王仲荦著《魏晋南北朝隋初唐史》，上海人民出版社1961年。

❷ 《魏书》卷四七《卢玄传附卢渊传》。

❸ 《魏书》卷一九上《京兆王子推传附拓拔遥传》，《北史》卷一《魏明帝纪》。

十顷，皆被遂许"。❶ 有的依势逼买兼并，如明帝时，李世哲为相州剌史，"迁徙佛寺，逼买其地"。❷ 这时有不少关于侵夺土地的记载，大地主纷纷出现。如咸阳王禧，"田业盐铁，遍于远近，臣吏僮隶，相继经营"。❸ 如宦官刘腾，"舟车之利，水陆无遗，山泽之饶，所在固护"。❹ 由以上事例看，鲜卑、汉人权贵占地规模相当可观。

此后鲜卑族高氏建立北齐，继续得到汉人地主的拥护，如赵魏一带的世族强宗地主就是北齐政权的支持者。在北齐政权的维护下，地方上的豪族强宗也继续进行兼并。或谓中原地区，"河渚山泽，有司耕垦；肥饶之处，悉是豪势，或借或请；编户之人不得一垄"；"其时强弱相凌，恃势侵夺，富有连畛互陌，贫无立锥之地"。❺

先是高欢在魏为相时，即开始与汉人世族联姻。❻ 尚书省长官即由其婿杨愔充任。汉族地主薛道衡、颜之推等皆被重用，分任机要。高湛为帝后仍重用汉人世族强宗，如祖珽为侍中时，史称"珽推重高望，官人称职，内外称美"。❼ 所谓"高望"指汉人世族强宗（后祖珽失败，汉人世族强宗地主又多遭杀戮）。北齐即依靠汉世族强宗地主的支持维护其统治，世族强宗地主则在北齐政权保护之下得以持续和发展。

继北齐的北周宇文太，其扶植汉人世族地主更超过北齐。宇文太在西魏时官太师，组织了代表鲜卑、汉族地主阶级利益的关陇统治集团，加强团结关陇门阀地主及河东地区世族强宗地主的

❶ 《魏书》卷六八《高聪传》。
❷ 《魏书》卷六六《李崇传附李世哲传》。
❸ 《魏书》卷二一上《咸阳王禧传》。
❹ 《魏书》卷九十四《刘腾传》。
❺ 《通典》卷二《食货典·田制》，引宋孝王：《关东风俗传》。
❻ 高欢在北魏时为相，其子高洋称帝后追尊其为神武帝。
❼ 《北齐书》卷三九《祖珽传》。

中国地主制经济论——封建土地关系发展与变化

工作，准备同割据山东的齐主高欢及偏安江南的萧衍相抗衡。他又设法泯没鲜卑、汉族统治阶级之间的种族界限，同时扶植各族的贵族地主。❶

这里所说关陇统治集团，指维护西魏及北周的关陇政权的政治性地主集团，它不仅包括了鲜卑族上层元、长孙、宇文、于陆、源、宝、独孤诸族姓，还包括关陇、河东一带的汉人世族强宗地主，如京兆韦氏、宏农杨氏、武功苏氏、上谷侯氏、陇西李氏、河东裴、柳、薛诸姓族，其间也不完全排除山东地区世族强宗地主。❷陈寅恪在《唐代政治史述论稿》中说：北朝时期，"汉人与胡人之分别，在北朝时代，文化较血统尤为重要。凡汉化之人即目为汉人，胡化之人即目为胡人，其血统如何，仕所不论"。

由以上所论，西魏、北周时期的关陇集团乃是汉人、鲜卑族为主的贵族地主集团，是以贵族地主为核心的政治性集体。

北周建国之初，宇文太对世族强宗地主不只在政治上尽力拉拢，予以高官厚禄，在经济上也大力扶持。其采取的办法之一是分丁依附民户。如占领梁国四川之地时，将所俘虏农民数十万分赐部下。攻取江陵后，将所俘农民十余万分赐关陇集团门阀贵族为奴婢。❸这种分赐依附民户及奴婢的政策措施，实际是为门阀贵族地主提供劳动人手，是同他们扩大庄园规模联系在一起的。

关于北朝各国权贵门阀地主的土地兼并和占地规模之广大，从当时所颁均田制可作为辅助说明。

北朝颁布均田制，是在当时特殊历史条件下出现的。这时发

第三章 地主制经济初步发展与逆转倒退（秦汉—南北朝）

---

❶ 如改易代人即鲜卑人之河南郡望为京兆望族，及西迁关陇之汉族将帅中之山东郡望，改为关陇郡望，以巩固其统治。

❷ 当时山东地区世家大族之出仕关西的，如博陵崔氏有崔士谦、崔说、崔猷，清河崔氏有崔彦穆，范阳卢氏有卢辩、卢光，荥阳郑氏有郑孝穆、郑译，赵郡李氏有李子雄，顿丘李氏有李昶。他们都是山东世族，因仕于西魏、北周，亦可列入关陇集团。

❸ 参考王仲荦著《魏晋南北朝史》，上海人民出版社1961年。

展起来的权贵强宗，依势兼并土地，广招依附人口，侵蚀国家赋税。北魏孝文帝为保证国家税收而提出均田制，主要是按户丁征收租税。均田制规定，凡人年满十五岁以上者，男夫受露田四十亩，妇人二十亩。问题是在受田方面"奴婢依良"。❶此种情形北齐也不例外。这时每人受田额有所增加，男夫一人受露田八十亩，妇人四十亩。奴婢受田仍"依良人"。唯对奴婢受田人数作了限制，据《隋书·食货志》："亲王止三百人，嗣王止二百人，二品嗣王以下及庶姓王止一百五十人，三品以上及王宗止一百人，七品以上限止八十人，八品以下至庶人限止六十人。"据此规定，其无品级的庶民地主也能享有六十个奴婢应配土地。

各级官僚权贵通过拥有奴婢而占有的土地。以北魏而论，孝文帝之弟咸阳王禧和高阳王雍，或"奴婢千数"，或"僮仆数千"。❷据《洛阳伽蓝记》，尚书令李崇"僮仆千人"。按均田令规制，如拥奴婢千人，则是占田三万亩的大地主。北齐对品官奴婢人数作了限制，如按每户拥有奴婢百人计，则应占田六千亩左右。当然，当时权贵地主所占有奴婢不止百人，有的多到千人以上；所占土地也不是数千亩，而是万亩乃至数万亩以上。

特别值得注意的是，依奴婢人数占田制本身就是大地主所有制广泛存在的反映。由于与均田制相伴随的租调制，如北魏规定，奴婢租调"依良人之半"，即减少 50%。减收的部分实际归主人所得，这是对权贵地主的优惠和支持，这种体制对权贵地主的发展更起着一定促进作用。

北朝由世族强宗所形成的落后土地关系一直影响到后代。隋朝统一后，据《通典》所论："盖承周齐分据，暴君慢吏，赋重役勤，人不堪命，多依豪室，禁纲隳废，奸伪尤滋。"所说豪室

---

❶ 《魏书》卷一一〇《食货志》。关于北朝各国对均田制是否实行问题，详见本章下一节。

❷ 《魏书》卷二一上《咸阳王禧传》。

主要指世族强宗地主。

综上所述，关于两晋南北朝时期，世族强宗地主可作如下概括：他们是当时土地的主要占有者，又是各级政权的操纵者，他们具有极大权势。他们大庄园的形成，一是兼并掠夺自耕农的土地，二是侵占国家公地山泽。因此农民小土地所有制受到极大摧残，从而一般庶民地主的发展也受到严重抑制。这时各种权贵地主不只依势压迫掠夺农民，同时还招纳隐匿民户，侵蚀国家赋税，国君也无可奈之何。以上这种奇特现象的产生，关键是地权与政权的紧密结合。世族强宗不只是地权的垄断者，更严重的是政权的直接控制者。正是在这种条件下形成土地关系的倒退。这是这一时期地主制经济畸形化的基本特征。三是地土阶级中不同阶层夺得政权后，为了维护本身利益，往往会削弱另一阶层利益，南陈以武功起家的新兴官僚当政后，占有大量土地，而世族地主力量在削弱。四是当权贵强宗占有大量土地和人口，侵蚀国家赋税征收时，国家要与豪民争权，北朝均田制就是在这样历史背景下提出的，虽然北朝政府实行不力，但对农民小土地所有制的延续还是有一定意义的。

三、社会等级关系加深与农民依附关系强化

伴随世族强宗地主庄园的扩大及政治权势的滋长是社会等级关系的加深、农民社会地位的下降及依附关系的强化。

这时社会等级关系十分严格，如前所述，不仅体现于地主与农民两大阶级之间，还反映于地主阶级内部，主要是世族地主特殊门第和寒门即庶族地主，其间包括一般官僚地主，双方彼此之间也构成一种上下等级关系。如前述"甲族以二十登仕，后门以过立试吏"；服冕之家视寒素之子"轻若仆隶，易如草芥"等，主要是地主阶级内部等级关系的具体体现。关于这个问题前面已经论及，此处从略。特别值得注意的是，这一时期地主与农民两大阶级之间等级关系的强化，下面主要就这个问题进行论述。

研究这一时期农民社会地位问题，首先要联系这一时期地主阶级权势嚣张问题，因为地主与农民两大阶级社会地位的升降，彼此是紧密联系在一起的，地主阶级权势上升，农民社会地位必然下降。关于地主阶级权势的问题，前述两晋南北朝政治体制与宗法宗族制一节已作了详细论述，此处从略。

　　关于地主与农民两大阶级之间的等级及依附关系，突出反映于整个农民阶级社会地位的变化。这时的农民按所处的社会地位可以分成四大类，即四个等级或四个阶层。一是自耕农，他们的社会地位相对下降；二是一般依附农，即通过国家赐予或农民自行投靠同权贵地主所形成的一般依附关系，他们丧失了部分自由；三是租佃性农民，由于土地关系对地主具有较为强烈的人身依附关系；四是奴婢等级的农民，他们完全丧失了人身自由，地主对之乃至有生杀之权。农民阶级社会地位的变化，是这一时期地主制经济畸形化的主要特征。下面即按这四者分别加以论述。

（一）自耕农社会地位相对下降

　　这一时期自耕农社会地位下降，地主阶级尤其是世族强宗地主权势嚣张，是起决定性作用的因素。也同这时过于苛重的徭役有着一定联系，国家为了实现这种徭役必然要加强对农民的控制。更突出的是这时各国所实行的舍田亩而按户丁征收的租调制，这种租调制大大加重了农民负担，为了实现过重的租税，对自耕农的约束控制又近了一步，使他们丧失了更多的人身自由。

　　这里先介绍一下两晋南北朝时期自耕农广泛存在问题。

　　西晋时期实行占田制。据《晋书·食货志》，"男子一人占田七十亩，女子三十亩。其外丁男田五十亩，丁女二十亩，次丁男半之，女则不课"。所说七十亩指占田最高限额。所说五十亩与二十亩是指按此数目征收租税，又据《晋故事》，丁男按课田五十亩征租四斛。据此每亩平均收租八升。东晋时期租税制经过几次变革，先是咸和五年（公元330年）颁布"度田收租"法。据《晋书·食货志》，"始度百姓田，取十分之一，率亩税

中国地主制经济论——封建土地关系发展与变化

米三升"。到隆和元年（公元362年），据《晋书·哀帝纪》，"减田税，亩收二升"。在当时世族强宗广占土地的条件下，大概实行税亩制比较困难，到太元二年（公元377年）又改为按户丁征税制。据《晋书·食货志》，又"除度田收租之制，王公以下，口税［米］三斛"。所谓"王公以下"泛指占田农户，即户籍册上的正户，亦即广大自耕农。太元八年（公元383年）"又增百姓税米，口五石"。此后梁、陈时代的田税，据《隋书·食货志》仍计户丁征租，"丁男租米五石，禄米二石，丁女并半之"。此外，又"亩税米三斗"。这时虽仍有亩税，但租税征收基本以户丁为主。以上西晋占田课税制，及东晋至梁、陈按户丁征税制，都是农民小土地所有制广泛存在的具体反映。

关于北朝各国自耕农问题可据当时均田租调制进行考察。对均田制下的地权性质研究者们有不同理解，很多主张土地国有说，实际是把均田制下的农民看成国家租佃农。笔者认为这种说法不符合历史实际。下面拟先就这个问题加以论述，把这个问题搞清楚，关于自耕农广泛存在问题就可迎刃而解了。

关于北魏均田问题，先是孝文帝九年（公元485年）十月下诏"均天下民田"。其制，据《魏书·食货志》："诸男夫十五以上受露田四十亩，妇人二十亩，奴婢依良。"然后按户丁征收租调。租调之额，一夫一妇岁征粟二石，帛一匹。此后西魏所规定受田额与北魏不同，丁男麻田十亩，正田二十亩；丁妻麻田五亩，正田十亩等。租税额系按户等交纳。上等户每丁二石，中等户每丁一石七斗五升，下等户每丁一石。❶北周、北齐基本

第三章　地主制经济初步发展与逆转倒退（秦汉—南北朝）

---

❶ 参考杨际平《略论北朝均田制实施状况》，见《中国古代史论丛》1982年第1辑。这时按户等交纳租税。三等户的划分似以当时家资计，据《魏书·世祖纪下》，太平真君四年诏："今复民赀赋三年，其田租岁输如常。"据唐长孺考证，孝文帝时已无计赀法。又谓户调系按户赀决定等差，晋和南北朝均沿此制。见唐著《魏晋南北朝史论丛》。西魏虽未改变按户丁收税，但按户等收税也是一个发展。

都承袭了这种剥削体制。在均田制制约下，北周租税制，"有室者……粟五斛；丁者半之"。北齐规定，"率人一床……垦租二石，义租五斗，奴婢各准良人之半"。 由此可见，北朝各国都颁布有均田制；与均田制相适应，又都实行租调制。这时各国并未贯彻执行按人授田，这时的租调制实际是舍亩而户丁征收。

关于北朝各国均田制是否实行问题诸多异说。笔者认为关于这个问题不能机械地理解。上文论及各国均曾下达命令，并令各地方官推行毋庸置疑。❷但从当时文献考察，具体实施并未按照国家规定贯彻执行。只是对耕地特少农户就近拨给闲荒土地，强令农户耕种。北魏时期，如源怀所说，景明（公元 500—公元 503 年）以来，"主将参僚专擅腴美，瘠土荒畴给百姓"；"请依地令，分给细民，先贫后富"。❸对源怀所说可以作如下理解，当时只将闲荒地或把部分土地分给少地贫困户，而不是对所有农户平均分配。又北齐时期，或谓"时初给民田，贵势皆占良美，贫弱咸受瘠薄"。❹这类论说也可列入曾实行均田范畴。就北齐这时地权分配状况而言也未按照国家规定实行。

关于北朝各国均田制未按照规定实行，西魏敦煌郡户籍计账残卷所反映得更加清楚。该计账簿所列项目有各户丁男丁妻丁婢人数、应受田额、已受田额、欠田数及应交租调若干石、布若干匹尺等。说明当时曾经计划实行。又所载该区三十三户民户所占田额，如按一户男夫每丁露田四十亩、妇人二十亩要求，没有一户合乎标准，而且相差甚远。杨际平对此曾进行了详细论述，他

---

❶ 此据《隋书·食货志》。所说垦租即田税。义租是附加税，作为地方开支。隋炀帝即位后，免除妇人奴婢部曲租调。唐代建制，取消妇人及奴婢受田制。

❷ 这种关系，韩国磐在所著《北朝隋唐的均田制度》一书曾经论及。

❸ 《魏书》卷四一《源贺传附源怀传》。

❹ 《北齐书》卷三二《高隆之传》。

中国地主制经济论——封建土地关系发展与变化

还对其中八家作了具体分析，这八户占田由十至七十余亩不等。关于租税则舍亩而按户等计丁征收。关于各户占田不均情形，北魏、北齐、北周当都不例外。如果按规定实行均田，对土地有受有还，就不会出现这种现象。因此我们可以作出如下论断：北朝的均田制，从北魏时期起即未按着所定规制施行。又从各民户占地悬殊考察，对所占土地更非有受有还，而是由子孙继承；同时土地买卖也未能禁绝，如《通典》所记，宣武帝时期（公元500—515年），"贫户因王课不济，率多货卖田业"。❷所有这种种现象都是农民私有制的象征。如再从由以形成的生产关系考察，这时国家对自耕农强制并非基于地权，而是依靠政治权力。因此关于均田制下的所有制，笔者的结论是：这时输租调农民所占土地系私有制而非国有制；这类农民属于自耕农而非国家租佃农。总之，北朝均田制下的农民主要是自耕农。

北朝时期的自耕农所占土地不同，有多有少，大相悬殊，但农家所负担的租调却并不按田亩而按户丁，大不均平，这种奇特现象曾有很多研究者论及。如杨际平根据西魏敦煌地区二十六户六十七丁计账资料所作结论：田税之征以丁为本，不以田为本，它不随是否受田或受田多少为转移。樊树志主编《中国封建土地关系发展史》据敦煌计账资料曾作如下论断，谓按均田规定有应受田六十亩者而只有田十亩，有应受田五十亩者而只有田十五亩。"同一户等的丁男或丁妻，不论他受田已足未足……都课取划一的租调"；"这种租调征收率与各户实际受田状况无关"。

北朝各国这种均田制下的租调制大大加重了少地农户的租税负担，如郑学檬所论：在这种制度下，"即使只有田十亩，也应按课田总数计租"等。这时按每丁所应受田亩计，每亩田税不过

❶ 参考杨际平《略论北朝均田制实施状况》，见《中国古代史研究》1982年第1辑。

❷ 《通典》卷二，引《关东风俗传》。

第三章　地主制经济初步发展与逆转倒退（秦汉—南北朝）

数升；最后由于舍田亩而按户丁征收，田少者每亩租税实际可高达数斗。

在这里，笔者之所以不惮其烦地对两晋、北朝的租调制加以罗列，是为了论述这一时期封建国家对自耕农的控制。这时无论西晋的课田制，或北朝的均田制，皆徒有其名，最后是按照课田制、均田制所规定田额征收租税，或者说托课田均田之名行按户丁征收之实。结果所致，权贵地主占有大面积土地，他们的租税负担大为减少；自耕农按占田均田制所定亩数征收租税，租税负担则大为加重。又这时徭役也特别繁重。以西晋而论，据《晋书·刘颂传》，由于徭役繁重，致"父南子北，室家分离，咸更不宁"；"人役居户各在一方"；这时徭役征发之繁，农民负担之重，或谓不下于计户丁征收的租税。❶农民对如此苛重的税役剥削每进行抵制，或逃亡异乡，或依附权贵。封建王朝为保证税役的实现，采取了种种政策措施，设法把农民束缚在土地上，加强对他们的控制。此种情形即按户丁征收租调的南朝当也不例外。

以北魏而论，在颁布均田制以前，关于搜查户口防止隐匿之事已经开始了。据《高祖纪》，下诏遣使十人循行州郡，检户口，"其有仍隐不出者，州郡县户主并论如律"。颁布均田制后，据《魏书·食货志》，孝文帝太和十年（公元486年）对农户实行进一步编审。其法，在县级以下确立三长制，每五家立一邻长，二十五家立一里长，一百二十五家立一党长。由三长负责校比户口，编造户籍，督促租课。在当时这种制度曾收到一定成效，为按户丁征收租调创造了条件。国家检查隐漏户口的政策无可厚非，问题是负责检查户口之三长多为豪族权贵所控制。据《魏书·食货志》，孝文帝时给事中李冲上言，请立三长，"长

中国地主制经济论——封建土地关系发展与变化

---

❶ 关于徭役繁重情形，唐长孺在所著《三至六世纪江南大土地所有制的发展》，上海人民出版社1957年，此书论之甚详，此处从略。

取乡人强谨者"。又《魏书·常景传》，孝明帝时谓"今之三长皆是豪门多丁为之"。因此隐漏户仍大量存在。据《通典·食货典·中丁》，在检查户口之时，对权贵地主所招客户，"定其名，轻其数，使人知为浮客，被强家收大半之赋"。更为严重的是，为了实现过于苛重的租税和徭役，统治者必然使用暴力手段，制裁欺压农民，这时所采行的三长制就在起着这种恶劣作用。

　　总之这时自耕农的社会地位日益低下了，这种关系如同此前实行税亩制时期的农民，尤其是与西汉时期有较多自由的自耕农相比，有着天壤之别。加以这时由于世族强宗地主发展所形成的等级关系的强化，更加深了广大农民卑下的社会地位。这时北朝形成这种畸形租调制的原因极为复杂，但同权贵大地主对税役的逃避侵蚀有着直接联系。因此可以作出这种论断，这时自耕农负担加重，是地主制经济畸形化在税役制方面的具体反映。自耕农社会地位下降，则同税役繁重有着直接联系。

　　以上这种情形，实行按户丁征收租调的东晋南朝当也不例外，只是有程度上的差别。

　　（二）身份奇特的一般依附农的形成

　　有一部分农民和地主依附关系的形成，非基于土地关系，而是由于世族强宗的封建权势。这种奇特的依附关系，是这一时期一个极为突出的问题。这类依附农间有租佃性农民，但主要是自耕农，他们是为逃避国家苛重的租税徭役投靠权贵而与之发生依附关系的。对这类投靠户，史书上称为"私附"，是不合法的。此外国家也向权贵地主拨赐民户，史书所称"荫客""给客"指此，这是合法的依附户，与"私附"户有所区别。以上这两类依附农在当时的农户中占据一定比重。

　　由东汉末至三国时期，由于长期战乱，农民投靠户即纷纷出现。豪族权贵为图谋私利也乘机招纳，农民私附户逐渐增加。这种情形到两晋时期继续发展。如东晋时期，据《南齐书·州郡志》：这时"王师岁动，编户虚耗，南北权豪竞相招游食"；于是流民"多庇大姓以为客"。这里所说客即私附户。据《晋书·颜含传》，颜含为吴郡太守时，谓"南北权豪，竞招游食""国敝家丰"。颜传中所说"豪"指侵蚀国家赋税的权贵地主。

南朝时期，这类依附户进一步发展。如刘宋时期，豪门兼并，"强弱相凌""百姓流离，不得保其产业"。❶结果所致，"小民穷蹙，自立无所"；"百姓因无赋役之故，都下人多附之"。❷南梁时期，在封建王朝剥削压迫下，"百姓不能堪命，各事流移，或依于大姓，或聚于屯封"。❸所说"人多附之"，"依于大姓"即变成权贵豪族的私附户。

这时不只有一批小自耕农转化为权贵的依附户，有的部曲和客户也变成权贵地主的一般依附农户。

部曲和客户向一般依附农转化有一个漫长的历史过程。以部曲而论，西汉时期原是一种军事编制。由东汉至三国，逐渐演变成私人武装，对主人发生人身依附关系。一国时期，在中原地区，部曲和宾客有时混称。据《魏志》，李典之父李乾，"合宾客数千家在乘氏"；又谓李典家部曲"三千家在乘氏"，官渡之战"典率宗族部曲输谷帛供军"。❹由这一事例说明，这时的部曲和宾客是一种人的异称。这类部曲有自己独立户籍。如魏国部曲，"服事供职，同于编户"。❺关于私人武装性质的部曲，以世族强宗势力强大的东吴最为突出。据《三国志·邓艾传》，该国名宗大族，"皆有部曲，阻兵仗势，足以建命"。这类部曲主

中国地主制经济论——封建土地关系发展与变化

❶《宋书》卷二《武帝纪中》。
❷《宋书》卷四二《刘穆之传》。
❸《梁书》卷三八《贺琛传》。
❹《三国志》卷一八《魏志·李典传》。
❺《三国志》卷一五《魏志·梁习传》。

要是依附于主人的私人武装，因此这类部曲又称"家部曲"。如吴国顾氏，据《三国志·顾雍传附子邵传》，即称所统帅武装为"家部曲"。这类部曲对主人发生人身依附关系是很自然的。两晋南北朝时期变化更大，逐渐由私人武装向一般依附农过渡。刘宋时期，据《宋书·蔡廓传附子兴宗传》，时王模有部曲三千人，废帝疑"彻配监者"，玄谟"启留五百人岩山营墓"。宋齐之间，据《南齐书·虞玩之传》，"四镇戍将，有名寡实，随才部曲，无辨勇懦，署位借给，巫媪比肩，弥山满海，皆是私役"。以上所说部曲徒有武装之名，实际已演变成为主人服役的依附农。从记述文辞考察，这类部曲是向主人提供私役的自耕农。这类依附农具有半私附性。❶

关于客户宾客变化较早，早在西汉时期，已逐渐变成权贵地主的依附农。❷西汉末东汉初期，有的客户已向租佃农转化。三国时期的复客制，系将民户赏赐功臣作为租佃性农民，同时免除对国家的徭役由该主人役使。但有权贵地主依势招收隐匿户，形成超额客户，这类客户系一般自耕农为逃避国家徭赋而托庇权贵的，这类依附户乃是权贵地主的私附。这种情形，两晋、南朝当也不例外。

这时北朝私附问题也相当严重。如北魏时期，据《魏书·李冲传》，"民多隐冒，五十三十家方为一户"。这类隐冒主要指私附户。东魏时期，由于"赋重役勤，人不堪命，多依豪右"，致户口失实，"阙于徭赋"。❸此种情形北齐、北周当也不例外。

关于权贵地主的合法依附户，有的通过拨赐。如东晋时期，

---

❶ 直到南梁时，有的部曲仍"不耕而食，不蚕而衣"，随王侯将帅侵渔为生。这类部曲只是王侯将帅依附户。见《文苑英华》卷五七四，何之元《梁典总论》。但这时很多已演化为权贵地主租佃农。

❷ 据《汉书》卷七七《何并传》："阳翟轻侠赵季、李款，多蓄宾客，以气力渔食闾里。"

❸ 《通典》卷七《食货典·丁中》。

据《南齐书·州郡志》，元帝太兴四年（公元321年）诏："以流民失籍，使条名上有司，为给客制度"。"给客"即把该游民拨付权贵，向权贵提供赋役，变成地主的合法依附户。这类合法的依附户又称荫户，当时史书屡有记载。

以上这类依附农主要是自耕农，如前述农民以权贵"无赋役之故"而投靠，向权贵投靠是为了托庇权贵权势而逃避赋役，这类农户显然是自耕农。又前述因农民依附豪右导致国家"阙于赋役"，这类依附户也是自耕农。至于在权贵地主奴役下的部曲和客户的性质，文献记载不十分清楚，有的具有租佃性，有的系一般依附农，但后来二者都渐变成租佃性农民，关于这个问题后面还要涉及。

这时各种依附人口相当多。在西晋时期，仅余姚一县的隐匿户口即超过一万，其中一部分属于私附户。❶ 由东晋至南朝时期，由于部分农民避乱南迁，据估计，自永嘉（公元307—312年）至刘宋之季，南渡人口约数十余万。❷ 这些无依靠的农民很多投靠权贵地主变成他们的私附户。关于北朝依附户，东魏武定二年（公元544年），"分括无籍之户得六十余万"。❸ 这六十余万户约占当时总户数的1/5。❹ 其中的一部分当系权贵地主的私附户。经过私附或公赐，依附民户日益增多。加以农民纷纷逃亡隐匿，国家所能直接控制的编户日少。西晋时期，如史所

---

❶ 《晋书》卷四三《山涛传附山遐传》。

❷ 据王仲荦考证，自永嘉至刘宋之季，向南迁徙人口共约九十万。其中南至今江苏者约二十六万，至山东者约二十一万，至安徽者约十七万，至四川、陕南者约十五万，至湖北者约六万，至河南者约三万，至江西、湖南者约二万。见《魏晋南北朝隋初唐史》，上海人民出版社1961年。

❸ 《隋书》卷二四《食货志》。

❹ 此据王仲荦估算，见《魏晋南北朝史》上册，上海人民出版社1979年，第154页。

记："燕王公、贵戚多占民为荫户，国之户口少于私家。"^❶ 南朝时期，如《南史》所记，由于农民逃亡依附，"天下户口几亡其半"。^❷

关于农民私附问题，严重影响了国家赋役征发，因此各朝屡次颁令禁止。如西晋武帝下令权贵豪族"严禁募客"，^❸ "豪势不得侵役寡弱，私相置名"。^❹ 东晋时期继续禁止权贵豪族地主招纳私附。^❺ 南朝各国对私招民户事也一再颁布禁令。陈国并下令解除荫附户的私人隶属关系。^❻ 以上各国的政策措施是这一时期各类一般依附农户日益扩大的具体反映，也说明有关这方面的禁令功效并不显著。

以上这类依附农，他们在权势户的庇护下逃避了国家的租税和徭赋，但他们须向所依附的主人提供劳役，或在经济方面进行贡纳。权贵地主通过对依附农户的剥削增殖财富，前述东晋权贵由于招纳游食而"家丰"指此。像这类依附农对主人必然具有一定人身依附关系，丧失部分人身自由。他们虽也属于自耕农，但他们的社会地位远低于一般自耕农。

两晋南北朝时期之所以出现这种身份奇特的一般依附农，首先是由于世族强宗地主权势嚣张。强宗地主可以依势逃避国家租税和徭役，将其所侵蚀的部分最后转移到农民身上，自耕农的负担遂日益沉重。农民为逃避国家的苛重租税和徭役，纷纷投靠权贵地主，变成他们的依附户。这类依附户虽然也要向所投靠的主人提供劳役呈交贡纳，但相对国家租税和徭役而言毕竟要减轻一

第三章 地主制经济初步发展与逆转倒退（秦汉—南北朝）

---

❶ 《资治通鉴》卷一〇一，晋海西公太和三年条。

❷ 《南史》卷七〇《循吏郭祖深传》。

❸ 《晋书》卷九三《外戚王恂传》。

❹ 《晋书》卷二六《食货志》泰始五年敕。

❺ 见《宋书·武帝纪》，时刘裕主政。

❻ 《陈书》卷五《宣帝纪》，太建二年诏："其籍有巧隐，并王公百司辄受民为程荫，解还本属，开恩听首。"

些。由此可见，这时这类依附户的发展，乃是世族强宗地主发展的必然结果，因此它是畸形地主经济发展的特征之一。

（三）租佃性农民依附关系强化

这时各类地主占有广大田产，田场上的生产劳动者有奴婢，有佣工，其间主要是各类租佃性农民。

这时的租佃性农民多种多样。一种是正式租佃农。这时的世族强宗所占土地主要采行出租形式剥削农民，由西晋至南北朝都不例外。如南梁时期，"豪家富室多占取公田，贵价僦税以与贫民"。❶ 所说"贵价僦税"即指征租。

关于由这类租佃所形成的相互关系，可借助此前东汉末崔实所著《政论》进行说明。崔实把当时地主和农民分为对立的"上家""富者"和"下户""贫者"，他说："上家累巨万之资，户地侔封君之土"；"下户崎岖，无所足，乃父子低首，奴事富人，躬率妻孥，为之服役"，"故富者席余而日积，贫者蹙短而岁踧，历代为虏，犹不赡于衣食"。崔实所说主要指租佃农。从"奴事富人""历代为虏"说明等级关系的悬殊及人身依附关系之强烈。两晋南北朝时期租佃农的卑贱地位即继承了东汉这种传统，甚至有所加深。

租佃性农民再一种形式是由部曲、客户（宾客）转化而来的，这类农民对地主具有更为强烈的人身依附关系。

如前所述，部曲在汉朝原是军事编制的称谓，西晋时期发生较大变化，先是演变为一般依附民，有的发展成租佃性农民。据《晋书》记载，西晋末年，巴蜀益州青城山大地主道教徒范长生有部曲数千家。李雄起事反晋称帝，任范长生为丞相，"复其部曲不豫军征，租税一入其家"。❷ 这里的"租税"可理解为地租。这时的部曲系由武装农民向租佃农民过渡时期，仍有很多单纯武

中国地主制经济论——封建土地关系发展与变化

---

❶ 《梁书》卷三《武帝纪》，大同七年十一月诏。

❷ 《晋书》卷一二一《李雄载记》。

装或兼为将帅服役的依附户。这种关系在前面一般依附农一节已经论及。但这时有相当大的一部分部曲已经转化为租佃性质的农民，如南梁时期，据《梁书·处士·张孝秀传》：孝秀辞官后，"居于东林寺，有田数十顷，部曲数百人，率以力田"。这里部曲的租佃农属性十分清楚。在南朝时期，相当大部分部曲已演变为租佃农。

部曲的社会地位低下，原来对主人就具有人身依附关系，他们现在变成主人的佃户，身上又加上一重束缚。这时的部曲不单独立户，乃是"附籍主户"，而且子孙承袭，不能自由离开。并且有禁止逃亡之类规定，如齐明帝时（公元494—498年），范云为始兴（今广东韶关）内史，令部曲有逃亡者，捕获后"即货去，买银输官"。❶ 这类租佃性部曲已严重丧失了人身自由。

关于宾客、客性质的变化发生更早。如前所述，早在西汉时期，宾客已变成权贵豪族的依附民。至东汉初有的已变成将吏的租佃性质的客户。❷ 东吴时期，客的依附地位发生更大变化。如前述"复客问题，国家将这类客奖赏功臣，变成主人的私属"。❸ 如陈武死后，孙权为陈家"复客二百家"事。❹ 与此相适应有所谓"复田"，如吴将吕蒙死后，孙权赐"守冢三百家，复田五十顷"。❺ 所谓"复客""复田"即国家免除这些人的徭役和租税归主人所占有。这类客已具有私人佃客的性质。

两晋时期，伴随世族强宗地主的发展，租佃性质的客户继

---

❶ 《南史》卷五七《范云传》。一直到唐代仍然如此。据《唐律》卷二八《捕亡律》，部曲有逃亡者处以刑杖。这时部曲即佃农。

❷ 如马援"役属数百家"的宾客。据《水经注》卷二《河水注》，马援所属客户务农，对客户产品，马援请"中分以自给"。

❸ 西汉也有"封户"，系把所封若干户的租数赏赐列侯封君。封户仍系编户齐民。现在的复客发生性质变。

❹ 《三国志》卷五五《陈武传》。

❺ 《三国志》卷五四《吕蒙传》。

续扩大。其由国家分赐的合法佃客，据《晋书·食货志》，这时行按品级占田制，品官得荫人以为衣食及佃客。关于佃客户数，"官品第一第二者佃客无过五十户"；三品以下至于九品，占有佃客递减，由十户至一户不等。这时客户已变成名副其实的佃户。

关于东晋及南朝由国家荫客情形，据《隋书·食货志》："都下人多为诸王公贵人左右佃客、典计、衣食客之类，皆无课役。官品第一第二，佃客无过四十户"。第三品至第九品，每户占有佃客由三十五户递减至五户不等。关于佃客的农产品，"其佃谷皆与大家量分。其间典计及衣食"客人数较少，主要是佃客。这类佃客不只向主人交纳地租，并向主人服役，因为他们免除了对国家的徭役。原书最后注明"客皆注家籍"。由此可见，由西晋历东晋至南北朝时期，由国家分赐权贵官僚的佃客户数相当众多。就他们户籍依附于主人并为主人服役而言，人身依附关系的强烈是不难理解的。

特别值得注意的是权贵地主自己招纳客户的发展，史书特称之"私客"。这类私客早在东汉时即已出现，[1] 三国时期有所扩大，[2] 西晋以后私客的户数继续发展，其租佃农性质也更加明确。据《晋书·外戚·王恂传》："魏氏给公卿已下租牛客户各有差。自后小人惮役，多乐为之，贵势之门动有数百。"由于权贵客户可以逃避赋役，农民多往投靠。这类皆属于私客，而且人数极众，如《王恂传》所记："又太原诸部多以匈奴胡人为客，多者数千。"东晋时期，这类客户在江南地区有所增加，这时有些南渡的民户变成地主的客户。据《世说新语·政事篇》注引檀道鸾《续晋阳秋》："自中原丧乱，民离本城，江左创建，豪族并兼，或客寓流离，民籍不立。"据《隋书·食货志》，南渡农民，"其无贯之人，不乐州县编户者"，"多为诸王公贵人左右佃客"。据肖子显：《南齐书·州郡志》南兖州序云："时百姓遭难，流移此境，流民多庇大姓以为客。"❶ 以上这类客会包括一部分一般依附农，但主要是租佃性的佃客。这类客大概也皆主人家籍，依附关系相当强烈。东晋安帝隆安二年（公元398年），曾下诏书，令沦为佃客的壮丁服兵役。这种指令曾招致门阀权贵地主的不满。看来当时佃客只供主人驱使而免除国家赋役，可据此考察客户卑贱的社会地位及对主人的人身依附关系问题。

这时北朝权贵地主也竞招私客，如前述北魏清理苞荫户之时，对权贵地主所招客户"定其名，轻其数，使人知为浮客，被强家收大半之贼"。所说浮客即私客，他们向权贵地主交纳苛重的地租。从行文语气考察，权贵招纳私客乃当时普遍现象，且为数不少。在这一时期，有关客和宾客的记载很多，以上只是列举的几个事例。

客户社会地位低下还反映于对客的称谓。早在汉朝即有"奴客"之称。❷ 三国时期更加普遍，其见于《三国志》者，魏国《董昭传》《曹爽传》，吴国《孙策传》，皆出现"奴客"称谓。有的称"僮客"，见于《三国志》者，据蜀国《麋竺传》，"僮客万人，赀产钜亿"，据吴国《甘宁传》《虞翻传》，都谈到"僮客"。说明这时的客户地位已接近奴婢。这种情形两晋南北朝时期当也不例外，客户的社会地位更加下降。

在这一时期，这类依附于权贵地主的租佃性客户人数相当可

❶ 这时有的农民卖身为客。据《南齐书》卷五五《孝义·吴达之传》："嫂亡无以葬，自卖为十夫客。"

❷ 《后汉书》卷六四《梁冀传》。

观，严重影响了国家租税徭役的征发，为此，东晋时期，国家对沦为客户者曾下诏赦免，改为编户齐民。但在世族强宗地主权势嚣张的条件下，国家这种诏令能否贯彻执行，实行到什么程度，是值得怀疑的。

（四）奴婢等级农民大量涌现

以上所说部曲和客户，有的具有奴仆属性，但并非真正的奴仆。在这一时期，特别值得注意的是名副其实的真正奴婢的大量涌现。

关于这一时期蓄奴的普遍性，首先反映于国家政令方面，如西晋时期实行课田法。据《晋书·李重传》所记："人之田宅，既无定限，则奴婢不宜偏制其数。"意思是说，地主庄园庞大，需要更多的奴婢耕种，不能对奴婢人数加以限制。北朝各国所颁均田制条例中，关于这个问题反映得更加清楚。如北魏均田制规定男四十亩、女二十亩时，并令"奴婢依良"。北齐颁布均田制时，对各类人受田奴婢人数作了如下限制："亲王止三百人，嗣王止二百人……八品以下至庶人限止六十人。"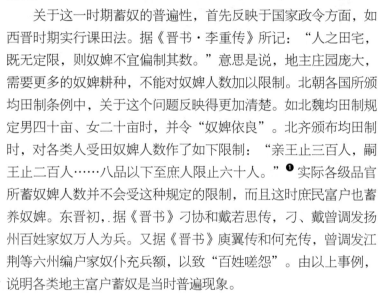❶实际各级品官所蓄奴婢人数并不会受这种规定的限制，而且这时庶民富户也蓄养奴婢。东晋初，据《晋书》刁协和戴若思传，刁、戴曾调发扬州百姓家奴万人为兵。又据《晋书》庾翼传和何充传，曾调发江荆等六州编户家奴仆充兵额，以致"百姓嗟怨"。由以上事例，说明各类地主富户蓄奴是当时普遍现象。

这时奴婢的增加具体反映于每个权贵所奴役的人数，动辄数百乃至数千。如前述权贵地主发展一节所记，西晋时期河南县石崇"苍头八百余人"；荀晞"奴婢将千人"；巨室刁逵"奴婢数千人"；东晋时期，陶侃"家僮千余"；刘宋时期，吴兴沈庆之"奴僮千计"，谢混在会稽、琅琊、吴兴三郡"僮仆千人"，江夏王刘义恭吏僮二千九百人，彭城王刘义康僮仆部曲"六千余

---

❶ 《隋书》卷二四《食货志》。

中国地主制经济论——封建土地关系发展与变化

人"。南梁时期，巨室裴之横"僮属数百人"。北朝北魏时期，文帝之弟咸阳王元禧"奴婢数千"，高阳王元雍"僮仆六千，姣女五百"，尚书令李崇"僮仆千人"等。

如此大量奴婢，其形成过程多种多样。有的通过买卖，《隋书·食货志》谓，晋室南渡后，有关于买卖奴婢的规定，须立文券。据《晋书·食货志》，永嘉年间，雍州以东，"人多饥乏，更相鬻卖，奔进流移，不可胜数"。据《南齐书·萧景先传》，有"力少更随宜买粗猥奴婢充使"之类记述。但强制为奴者占据一定比重。这时有的将战败国农民降为奴婢，如北周攻占南梁国巴蜀之地，将所俘获农民数十万分赐部下，其中有的是租佃性农民，有的是作为奴婢赐给的。又攻占江陵后，将所俘农民十余万分赐关陇集团权贵地主为奴婢。这时关于每人所赐奴婢人数，其有记载者，如赐于谨奴婢一千口，赐长孙俭奴婢三百口，赐杨绍奴婢一百口。又伐稽胡赐韩果奴婢一百口，伐羌赐于实奴婢一百口，伐吐谷浑赐李雅奴婢一百口，灭齐赐有功将领元景山奴婢二百五十口，赐宇文弼奴婢一百五十口等。❶ 此外，罪人及其家属有的被没为官奴婢。但相对前二者而言，人数较少。

这时世族强宗地主拥有如此大量奴婢，主要是从事农业生产劳动，这一点和西汉时期奴婢有所不同。西汉奴婢也有的参加农业生产，但主要是为主人服役，从事农业生产的所占比重很少。两晋南北朝时期的奴婢基本从事农业生产劳动，这种关系在当时文献中屡有反映。

这时的权贵地主，拥有奴婢动辄数百乃至数千，如何用以进行生产劳动呢？把这么多的奴婢组织起来进行农业大经营是极端困难的，主要是将土地按户分配，众奴婢一家一户为一个生产单位，向他们征收地租，其中包括谷物和一些副业产品。这

---

❶ 参考王仲荦著《魏晋南北朝隋初唐史》，上海人民出版社1961年，第459页。

是当时蓄奴的主要生产方式。如刘宋时期王僧达所说："婢仆十余，粗有田入，岁时是课，足继朝昏。"^❶ 所说"岁时是课"即指按季节征收地租。据此，这时的奴婢主要是以奴仆身份佃种地主土地的生产劳动者，是奴仆性租佃农。又据颜之推《颜氏家训·涉务篇》，江南朝士之渡江者"皆资俸禄而食耳"，假令有置田者。皆信僮仆为之，未尝目观起一拨土，耘一株苗。因此关于种植"不知几月当下，几月当上"。从所描述生产情形考察，这类地主也非进行直接经营，而是将土地分给众奴耕种收租。

这时还有关于奴婢男耕女织之类记载。此前三国时期的蜀国，据《三国志·杨戏传》，有"奴执耕稼，婢典炊爨"语。南北朝时期，据《魏书·食货志》，"奴任耕，婢任绩"语；据《宋书·沈庆之传》，有"耕当问奴，织当访婢"语。以上这类记载可作两种解释，即有的奴婢在地主直接监督下进行生产劳动，为主人提供生活必需品，但其间也不排除向地主交纳地租的租佃性奴婢。

总之，两晋南北朝时期的奴婢主要是租佃性奴婢，租佃性奴婢的广泛存在构成这时地主制经济又一特征。

这时奴婢的社会地位极其低下，他们不只在地主驱使下从事生产劳动，忍受他们的打骂处罚，甚至可任意杀戮买卖，家内役使的奴婢尤其如此。据《世说新语·汰侈篇》，王恺请客人吃饭，令女伎吹笛，女伎偶"有小忘"，王恺即"使黄门阶下打杀之"。又石崇"要客燕集"，令美人行酒，"客有饮酒不尽者"，归罪行酒人，"使黄门交斩美人"。由这类事例，可据以考察当时从事农业生产劳动的奴婢的卑下处境。

总之，两晋南北朝时期沦为奴婢的人数大为增加，这种发展变化的出现，同权贵门阀地主权势嚣张与对土地的兼并垄断是紧

---

❶ 《宋书》卷七五《王僧达传》。

密联系在一起的。关于北魏、北周统治下奴婢人数的扩大，与少数民族落后习俗的移入也有一定联系。

各朝统治者，为扩大编户增加税收，每下诏令释放奴婢。如西晋时期，政府即下令释放奴婢为编户；东晋时期，曾颁布将私家奴婢改为客户的诏令；南梁末年，也曾释放一批奴婢。❶北朝如北周时期曾一再下诏释放官私奴婢。据《周书·武帝纪》，建德六年（公元577年）诏，令以前沦为奴婢者，令"所在附籍，一同民伍"，即正式编入独立户籍。但"若旧主人犹须共居，听留为部曲及客女"。❷各朝释放奴婢改为编户齐民的诏令，功效并不显著，奴婢的人数总在继续扩大。❸

以上是各类生产劳动者社会地位卜降及封建依附关系强化的基本情况。其间自耕农是对地主阶级、国家的关系，其他各类农户是同私人地主之间即由阶级关系形成的等级关系。由以上社会等级关系所反映的土地关系的逆转，是这一时期地主制经济畸形化的主要特征。

此外，有直接受封建国家压迫剥削的各类生产劳动者，如吏户、隶户、杂户和屯田客等。屯田客户籍不属郡县，由屯田吏掌管，其产品"与官中分"。此类屯田客的社会地位低于一般佃户。关于隶户、杂户等人数较少，社会地位尤为低下。特别值得注意的是吏户的变化，这里附带作一简略介绍。这类吏户，在三国时期社会地位已很低下。两晋南北朝时期发生更大变化，而且数额相当可观。这时屯田客可转化为吏，奴婢的子女也可以为吏。这类吏有的供公私之役，有的从事各类生产，其从事农业生

❶ 参考唐长孺：《三至六世纪江南大土地所有制的发展》，上海人民出版社，1957年。

❷ 《周书》卷五、卷六《武帝纪》，有过几次解放奴婢免为庶人的诏令，从略。

❸ 关于佣工社会地位低下问题此处从略。

产者，据《晋书·应詹传》，东晋初年，"都督可课佃二十顷，州十顷，郡五顷，县三顷，皆取文武吏医卜，不得扰乱百姓"。所谓"皆取文武吏医卜"指由这类人佃种职田完纳地租，其间主要是吏。刘宋时代，据《宋书·武帝纪》，永初二年（公元421年），令荆州府置吏不得过五千人。这时的吏真正从事吏职公务的很少，大多数被官府当作生产劳动力使用。据《宋书·良吏·徐豁传》，元嘉三年（公元426年），始兴郡（今广东韶关）大田佃租，"武吏年满十六便课米六十斛；十五以下至十三皆课米三十斛。一户内，随丁多少，悉皆输米"。这种吏已变成国家佃农。但也有的变成官僚地主私人的奴客。这种吏子孙世袭，对地主具有较强烈的人身依附关系乃势所必然。但这种吏性质的租佃农，同客户、部曲、奴婢相比，人数比较少。这时吏的性质变化是同地主制经济畸形化紧密联系在一起的。

第四节　结束语

　　关于两晋南北朝时期地主制经济畸形化问题在这里作一简略概括。这时是地主制经济畸形化高度发展期。其间一个关键性问题是地权与政权高度结合：即这时权贵地主，一方面垄断土地权，同时操纵各级政权。由于地主权势嚣张，导致社会等级关系突出，农民社会地位严重下降。最后这种变化对社会的发展也产生了严重不利影响。

　　关于地权比较集中的问题，史书一再反映。这时权贵地主依势侵占公家山泽。如前所述，南朝地区，形成"富强者兼岭而占，贫弱者苏薪无托"；"百姓流离"，"自立无所"；北朝地区，则广大农民"贫无立锥之地"，"肥饶之处悉是豪势"，"编户之民不得一垄"。特别值得注意的是，这时土地买卖虽仍在继续，但权势地主的地产主要通过暴力侵占。在这种条件下，地主阶级构成也发生较大变化，庶民地主日益衰落。

中国地主制经济论——封建土地关系发展与变化

关于这时地主特权，史书反映尤为突出。如前所述，在九品中正制之下，"上品无寒门，下品无势族"，在一个相当长的历史时期，高官厚禄为权贵地主所独揽。这时发展起来的等级性宗法宗族制，对世族强宗地主特权更起了助长作用。以致各种人都"以贵承贵，以贱袭贱"。无论各类权贵和各种依附民，都子孙世代相承，政治社会地位呈现僵化趋势，乃至发展到"公门有公，卿门有卿"。这时的各类权贵地主，尤其是其间世族门阀地主，权势达到顶峰。他们"视寒素之子轻若仆隶，易如草芥"。在权贵地主压迫下，"庶姓寒人无寸进之路"。而且有些强族豪族拥有自己的私人武装，称霸一方。有的凭借权势，招纳依附民户，侵蚀赋税，国家也无可奈何。由于世族强宗地主的发展，生产劳动者农民成为各种形式的依附民，形成畸形复杂的封建等级制，各类农民社会地位日益下降，即占有土地的自耕农也不例外。

这时具有时代特色的畸形地主制经济的形成是由于地权与政权的高度结合，世族强宗地主尤其是世族地主权势嚣张。因此本书一开始即把这一时期具有时代特色的由世族地主所控制的政治体制和宗法宗族制作为主要问题论述。

由于生产关系逆转，又严重影响了农业生产，从而造成了经济与社会的停滞和衰退。这种变化，多是由于战乱的破坏作用造成。如西晋时期，由于长期战争，"中原萧条，千里无烟，饥寒流陨，相继沟壑"等；但权贵门阀地主对土地的兼并垄断和对农民的压迫剥削，使农民丧失了较多人身和生产上的自由，则是更为重要的因素。❶ 农业生产衰落也制约了商品经济的发展，其具体体现是，一个庄园之内经济可以自给自足，如前述"僮仆成军，闭门成市"；"闭门而为生之具已足，但家无盐井耳"！

---

❶ 这时南朝各国长江以南广大地区相对稳定，有些地区农业生产有所发展，但主要是体现在耕地面积的扩大。

"谢工商与衡牧"等。由于商品经济萎缩，于是实物货币通行，构成这一时期又一特征。

就这样，两晋南北朝约三百年间，呈现社会经济发展的停滞和倒退。由这种发展变化突出反映了地主制经济畸形化的反动作用。

第四章　地主制经济摆脱畸形状态恢复正常运转（隋唐时期）

第一节　隋至唐朝前期世族地主制向庶族地主制过渡

一、由隋文帝至唐太宗时期对旧世族所采行的抑制政策及措施

这里所说地主制经济的发展指由畸形状态恢复正常运转的发展历程，关键是由世族地主制向庶族地主制的过渡。这一过渡主要发生在隋至唐代前期。这种过渡，在经济方面体现为土地关系的变化，这种变化具有划时代意义。

关于世族地主制之所以向庶族地主制过渡，可从以下两方面进行探讨，一是国家为强化中央集权所采行的削弱世族特权的改革措施，二是由于地主制经济本身内在因素的制约所促成的阶级分化及庶族地主的发展。总之，这种过渡乃历史的必然。

所谓世族者，起初并不专用于其先代之高官厚禄为其唯一表征，而实以家学及礼法等相异于其他诸姓，因称为"士族"。后来逐渐演变成一批讲究身份、地望、婚姻、谱牒而高官厚禄累世相承的门第户，因又称为"世族"。这种世族地主大致萌生于东汉，两晋时期发展到顶峰；南北朝时期虽然稍呈衰落，但基本仍在持续。他们不仅享有高官厚禄，并占有大面积土地。当时封建统治者还通过占田制、荫族制、给客制等维护他们的经济权益。世族地主奴役着成百上千的生产劳动者，包括佃客、部曲和奴

婢。他们人数众多，自成体系。因此本书把这种经济体制特称为世族地主制。这种世族地主制的发展曾一度导致地主制经济的畸形状态，造成了中国封建政治经济的倒退。

所谓庶族地主，指隋唐时代新兴的地主集体，其中包括由富裕农民分化出来的地主、新发展起来的商人地主，但主要是当时划在世族地主等级之外的官僚地主。这类庶族地主是在世族地主逐渐没落过程中发展起来的。早在南北朝时期，在长期战乱中，旧门阀世族已逐渐趋向衰落，为庶族地主的发展创造了条件。南朝梁、陈时期，土地关系变化尤大。❶ 北朝鲜卑族所建魏国，对有些旧世族也曾进行抑制。❷ 西魏、北周更行"罢门资之制"，❸ 即选拔人才不再受过去门第关系的限制，为庶族出身者入仕为官创造了条件。从此北方世族地主也相对衰落了。在南北朝时期，就在世族地主衰落过程中，庶族地主逐渐发展。此后由隋至唐朝前期发生更大变化，世族地主进一步衰落。这时之所以发生如此巨大变化，两朝所进行的有目的、有计划的改革措施起着极为重要乃至决定性作用。

隋文帝杨坚代周，第一步就是检括户口，使过去投依权贵

---

❶ 南朝梁、陈时期，庶族地主已相当发展。据《梁书》卷三《武帝纪下》，大同七年诏书说："豪家富室，多占取公田，贵价僦税，以与贫民。"所说主要指庶民地主。侯景掌权时期，打击权贵，据《南史》卷八〇《侯景传》，当时梁国衣冠贵族"交相枕籍，听命待终"。又据《南史》卷二四《王裕之等传》论，诸如门阀世族王氏，自晋以后曾世代"冠冕不替"，到陈国灭亡之时，"曩时人物扫地尽矣"。

❷ 据《通典》卷三，"文宣之代，政令严猛，羊毕诸豪，颇被徙逐"。又据《北史》卷二一《崔宏传》，《北齐书》卷三九《崔季舒传》，这时山东大族崔氏、封氏等，有的遭受杀戮。

❸ 此据《通典》卷十四《选举典》。另据《周书》卷二三《苏绰传》，周王下诏："选举者当不限资荫，唯在得人，苟得其人，自可起厮养而为卿相。"

豪族的浮客佃农"悉自归于编户"，使北方旧世族在庇护户口方面受到一定程度限制。平陈以后，下令"江南士人悉播迁入京师"。❷从而南方很多世族地主丧失了他们原有土地产权。同时剥夺世族的政治特权，如"罢中正，选举不本乡曲"。于是"里闾无豪族，井邑无衣冠"。❸其影响所致，如唐人所论，隋朝经过这次改革，"士族乱而庶人借"。❹炀帝即位，建置科举制。这种科举制，一方面进一步限制了旧世族地主世代为官的特权，同时为庶族地主通过科举入仕创造了条件。❺

　　唐朝代隋，对旧世族地主的抑制政策措施，因袭隋而又向前推进一步。此时各地旧世族权势虽然已趋向衰落，但他们仍在继续矜夸门第，如山东崔、卢、李、郑、王等山族之家互通婚姻之类，借以维护他们过去崇高的社会地位等。唐太宗时期，为贬低旧士族社会地位，特令高士廉等撰《贞观氏族志》，先对旧世族进行批评，谓山东崔、卢、李、郑，"世代衰微，全无冠盖"；又谓河北、江南旧世族，在南北朝时期，"当时虽有人物，偏僻小国，不足可贵"；接着指明："今特定族姓者，欲崇重今朝冠冕……不须论数世以前，止取今日官爵高下作等级。"❻实际形成以李氏皇室为首，以唐朝功臣包括关陇门阀权贵为核心的贵族集团。其间的关陇集团原是西魏、北周时期延续下来的政治集团，其间包括鲜卑族之上层如元、长孙、宇文、陆、源、宝、独孤诸姓和关陇河东一带汉人门阀强宗地主。因此这种《氏族志》

❶ 《隋书》卷二四《食货志》，《通典》卷七《丁中》。

❷ 《隋书》卷二一《天文志》。

❸ 《通典》卷一七《选举·杂议论中》。

❹ 《新唐书》卷一九九《柳冲传》。

❺ 隋末农民战争对世族地主的打击也很沉重。据《资治通鉴》卷一八三，炀帝大业十二年十二月条：农民军"得隋官及士族子弟皆杀之"。

❻ 《旧唐书》卷六五《高士廉传》。

所扶植的一批权贵仍具有严重的权贵等级性。

由隋文帝至唐太宗前后约六十年间，经过实施对旧世族的抑制政策措施，其间大多数趋向没落了，唐太宗时期，有些世族已"名不著于州闾，身未免于贫贱"。❶ 有的"贩鬻松槚，依托富贵"。❷ 但在这一时期，对旧世族采取抑制政策的同时，也采行了变通措施。隋文帝开皇十七年（公元 597 年），对旧世族出身的开国功臣，如李穆、豆卢勋、高颖、杨素、郑译等，发布过"宜弘其门绪，与国同休，其世子世孙未经州任者，宜量才任用，庶享荣位，世禄无穷"的诏书。唐太宗虽然对旧世族采行抑制政策，借以提高当朝权贵社会地位，但同时对旧世族，如山东江左世族也相当重视，把他们编排在李朝冠冕之下。又贞观十一年（公元 637 年），令长孙无忌、房玄龄、杜如晦、李靖、尉迟敬德等元勋子孙，可"奕叶承袭"。❸ 这时世族地主制的体制虽已解体，但有些旧世族子孙仍承袭其祖先恩荫世代为官。总之，这时世族地主制虽然已向庶族地主制过渡，但还不够彻底。

二、武曌执政时期对新旧门阀权限的进一步抑制改革

武氏于高宗六年（公元 655 年）封皇后，至显庆末，高宗体弱多病，武后渐掌政权。弘道元年（公元 683 年）高宗去世，中宗李显即位。嗣圣元年（公元 684 年），武后废中宗。垂拱二年（公元 686 年）太后归政于豫王旦，寻复称制。天授元年（公元 690 年）改国号为周，武后更名曌。圣历元年（公元 698 年）迎陵王李显，复立为天子。中宗神龙元年（公元 705 年），武后病逝。武后执政前后约四十余年，在这一时期，她不只对世族地主继续实行抑制，对新朝官僚权贵也进行打击，在一些方面进行改

❶ 《贞观政要》卷七《礼乐》。
❷ 《旧唐书》卷六五《高士廉传》。
❸ 《旧唐书》卷六五《长孙无忌传》。

中国地主制经济论——封建土地关系发展与变化

革，对土地关系的变化也曾起过促进作用。

关于武曌抑制打击门阀特权等级的权势，主要是针对当朝权贵地主。如前所述，唐太宗通过《贞观氏族志》的制定，把皇族李氏和开国功臣家族分成等级分别列入。这部氏族志是一部维护当朝权贵地主的谱牒。武则天为抬高武氏家族及维护她的臣僚的社会地位，改《贞观氏族志》为《姓氏录》，把武氏家族列入第一等，凡官至五品以上者，皆入于谱。通过编制《姓氏录》，抑制旧权贵，树立一批新权贵。同时打击一批重臣，如长孙无忌、褚遂良、于志宁、裴炎等，或杀或逐。也选拔一批才能人士，如狄仁杰、李昭德、姚崇、宋璟、张柬之等。

武则天抑制当朝权贵，更重要的是针对当时干预朝政的关陇集团的抑制政策措施。这个集团的形成有着悠久的历史。先是早在西魏、北周时期，关陇集团已经出现并显示出他们的力量。或谓宇文太当日融冶关陇胡汉民族之有武力才智者，以创霸业。而隋唐建制，继其统治方式而又扩充之，其皇室及佐命功臣大都为西魏以来关陇集团中人物。在唐代初期，此集团之政治力量仍然不容忽视。此种情形到武曌执政时期才发生变化。如陈寅恪所论：武曌因欲消灭唐室之势力，"开始实行破坏此传统集团之工作"。武曌削弱关陇集团权势所采取的手段，"如崇尚进士文词之科，破格用人，及渐毁府兵之制等"。从此关陇集团的政治权"遂至分崩堕落不可收拾"。❶

武曌在打击关陇集团的同时，对已衰落的旧世族继续进行抑制。如禁止陇西李氏、范阳卢氏和清河崔氏等十一家互通婚配。又有的旧世族子孙，在此前仍有承袭其祖先恩荫世代为官者。这种情形到武曌执政时期也发生了一些变化。总之，旧世族社会地

---

❶ 陈寅恪：《唐代政治史论述稿》，上海古籍出版社1982年，第36页。

位也进一步下降。❶

其次是大崇文章之选破格用人，打破过去权贵家族互相承袭的旧传统。进士之科虽创于隋代，然当时人民致身通显之途径并不必由此，有的虽工于为文，但以不预关中团体之故而致遭拼抑。至武曌执政时期，对上述现象加以变革，把进士之科作为全国人民入仕的唯一正途。从此人们入仕为官不再论家世，而是通过考试。于是庶族人士为此致力攻读，争取进入仕途，每至科考之时，如史所记，应试者"雾积云屯"。❷从此形成一种风气，玄宗以后进士科更占突出地位。这时虽仍有门荫，但入仕为官主要通过科举。关于庶民人户对科举之企盼，如史所记："草泽望之起家。"❸终唐之世，各朝皆相遵行，如陈寅恪所论："自武则天破格用人之后，外廷之显贵多为以文学特见拔擢之人。而玄宗御宇，开元为极盛之世，其各臣大抵为武后所奖用者。及代宗大历（公元766—779年）时，常衮当国，非以辞赋登科者，莫得进用。自德宗（公元780—804年）以后，其宰相大抵是当时文学之士由翰林学士升任者也。"❹这时旧世族子孙也有由进士出身入仕者，但他们和庶族科举入仕者无所区别，仍如陈寅恪所论："则因旧日之士族既已沦替，乃与兴阶段（指庶族通过科举入仕者）

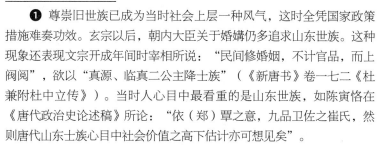

❶ 尊崇旧世族已成为当时社会上层一种风气，这时全凭国家政策措施难奏功效。玄宗以后，朝内大臣关于婚媾仍多追求山东世族。这种现象还表现文宗开成年间时宰相所说："民间修婚姻，不计官品，而上阀阅"，欲以"真源、临真二公主降士族"（《新唐书》卷一七二《杜兼附杜中立传》）。当时人心目中最看重的是山东世族，如陈寅恪在《唐代政治史论述稿》所论："依（郑）覃之意，九品卫佐之崔氏，然则唐代山东士族心目中社会价值之高下估计亦可想见矣"。

❷ 《唐会要》卷七四《论选事》。

❸ 《唐摭言》卷九。

❹ 陈寅恪：《唐代政治史述论稿》，上海古籍出版社1982年，第15—16页。

渐染混同……两种新旧不同之士大夫阶级空间时间既非绝对隔离，自不能无传染薰司之事。" 这时旧世族子孙之通过科考入仕者已以新的面貌出现于历史舞台，与庶族入仕者无所区别。

总之，在武氏控制政权前后约四十余年的时间里，通过各种改革，沉重打击了旧世族和新朝权贵大官僚集团，不管其用心如何，在客观上，对当朝权贵和旧世族社会地位都起了一定抑制作用。当然，打击对象也不免涉及一些忠义之士。同时通过科举，实行殿试等制，选拔才能之士，入仕为官，打破过去的旧传统，政治结构体制发生了一些变化。以上种种政策措施都具有一定历史意义，其具体体现，首先是社会经济呈现发展趋势，唐朝人口由过去的一百八十万户增长到六百十五万户。其次对此后庶族地主的进一步发展也具有一定影响。最后再重复一句，武曌改制，不管其动机如何，在客观上起了进步作用。

三、世族地主制向庶族地主制过渡

由以上所述，国家所采行的各种政策措施对这个过渡起着决定性作用，但经济因素所起的作用也不容忽视。这里所说经济因素主要指地主制经济本身发展的内在的制约作用。

在均田制下，自耕农小土地所有制占据统治地位。以唐代而论，每个农户所占土地，由数亩、十数亩至数十亩多寡不等。关于这个问题下面还要论及。在唐代前期，由于广大农民对土地具有所有权，生产相对自由，所生产的农副产品，除向国家提供租庸调外，其余部分基本归农民自己所有，从而生产积极性较高。但这种自耕农在使用价值形态方面不是完全自给自足的，他们的生活必需品和所需生产资料的一部分需要购买。他们所承担的租庸调，有的有时以货币交纳，因此他们所生产的部分农副产品需

---

❶ 陈寅恪：《唐代政治史述论稿》，上海古籍出版社1982年，第54页。

要投向市场换取货币。农民的产品和日用品由于部分需要出售和购买，因此他们与市场的联系日益密切。又由于农民占地多寡不等，家庭劳动力强弱也有差异，农户之间生产技术又娴熟生疏不同，其经济条件较差的农户，在市场竞争中每处于不利地位，纷纷破产，最后是出卖土地，或沦为租佃农，或流落异乡；少数经济条件较好的农户，有的逐渐富裕起来，购置地产，变成地主。在通行科举之后，尤其是武曌执政时代，有不少人通过科举入仕为官，这时官场中有些人就是寒门出身的。以上是构成庶族地主的一个组成部分。

尤其值得注意的是富商队伍的形成。在农民同市场联系日益密切的条件下，商品经济较南北朝时期发展迅速，商人队伍日益扩大，他们的社会地位也在发生变化。隋开皇年间制定"工商不得仕途"，唐太宗时仍谓工商"不可超授官秩"。❶ 武曌之后情形就不同了，富商巨贾纷纷出现，有的并入仕为官，或谓"尽居缨冕之流"。❷ 更值得注意的是，商业利润转向地产，变成商人地主，成为当时庶族地主又一个组成部分。

就在上述诸种条件下，世族地主制逐渐向庶族地主制过渡。在隋朝数十年间，已经有不少关于世族地主退出历史舞台的记录。在唐朝前期，有更多的世族之家已"名不著于州闾，身未免于贫贱"，❸ 乃至"贩鬻松槚，依托富贵"。❹ 武后掌政时期及以后数朝，世族地主进一步衰落。或谓"衣冠迁徙，人多侨寓；士居乡土，百无一二"。❺ 其乡居者，"衣冠士族，或贫无他财，

---

❶ 据《旧唐书》卷一七七《曹确传》，太宗顾谓房玄龄曰："朕设此官员，以待贤士，工商杂色之流，假令术逾侪类，止可厚给财物，必不可超授官秩，与朝贤君子比肩而立，同座而食。"

❷ 《旧唐书》卷一〇一《辛替否传》。

❸ 《贞观政要》卷七《礼乐》。

❹ 《旧唐书》卷六五《高士廉传》。

❺ 《唐会要》卷七六《李廉传》。

独守故业"。❶ 或谓"衣冠之家，素乏储蓄，朝夕取给，犹足为忧"。❷ 有些世族后裔虽然持续到唐代中叶，但家业仍不免于衰落。如博陵安平崔氏，崔玄晔于武后长安元年（公元 701 年）为天官侍郎，俟后也"贫寓郊墅"。❸ 如南朝王室后裔萧氏，曾世代公卿。至唐代宗时，萧复虽仍为官，但家产大不如前，如萧复所说："仆以家贫，而鬻旧业。"❹

伴随世族地主的没落是庶族地主的发展。如玄宗天宝十一年（公元 752 年）诏书所说："如闻王公百官及富豪之家，比置庄田，恣行吞并，莫惧章程。借荒者皆有熟田，因之侵夺；置牧者惟指山谷，不限多少；爰及口分永业，违法买卖，或改籍书，或云典贴。"结果所致，"白姓尤处安置"。以上所说各类权贵及富豪主要是庶族类型地主，他们"乃别停客户，使其佃食"，这类庶族地主"既夺居人之业，实生浮情之端。远近皆然，因循已久"。❺ 由此诏书可以看出，这时宦室富豪的兼并已十分剧烈。这种变化并非始于天宝年间，而是"因循已久"，早在天宝以前就已发生；而且涉及面极广，"远近皆然"。阶级矛盾日益激化了。从这个诏书还可以看出，这时新兴的庶族地主有各种类型，有王公百官等权贵官僚地主，有"富豪之家"类型庶民地主。

由以上所论，世族地主制向庶族地主制的过渡经历了一个漫长的历史过程。早在南北朝时期就已开始了；隋唐时代进行了有意识的变革，加速了这一过渡进程。期间由隋文帝至炀帝是开始时期，唐太宗将变革向前推进了一步。武曌执政时期，更致力

第四章　地主制经济摆脱畸形状态恢复正常运转（隋唐时期）

---

❶　《唐会要》卷八四《杂税》。

❷　《唐会要》卷九二《内外官料钱下》。

❸　《新唐书》卷一二〇《崔玄晔传》。

❹　《旧唐书》卷一二五《萧复传》。

❺　《册府元龟》卷四九五，天宝十一载十一月诏。

改革，使这一过渡最终完成，庶族地主制从此获得顺利发展。经过这一过渡，等级关系相对削弱，阶级关系更加突出。与此相适应，农民阶级逐渐有了较多人身自由，社会地位有所上升，从而社会经济的发展向前推进了一步，使过去形成的畸形地主制经济又逐渐恢复到正常运转轨道上来。由这种发展变化也体现了中国封建时期地主制经济的生命力。

第二节　地主制经济恢复正常运转在税制改革方面的体现

一、隋唐均田制与农民占地悬殊

隋唐时期，地主制经济由畸形状态恢复正常运转，经历了一个漫长的历史过程。首先是庶族地主的发展，但这时实行的租庸调制仍带有过去世族地主时代等级制的遗迹。其次是赋税制度的改革，与前者相适应的是农民社会地位的上升。由以上这种发展变化反映了中国地主制经济的进一步发展。

隋唐时代，地主制经济恢复正常运转的核心问题是世族地主制向庶族地主制的过渡，庶族地主制的发展。伴随这种发展变化，才是租庸调制向两税法的过渡，农民社会地位的上升，社会经济的发展等。关于世族地主制向庶族地主制的过渡问题前面已作了简略论述。庶族地主制虽然取代世族地主制，维护权贵地主阶级利益的租庸调制却仍在持续，这种租庸调制对社会经济的发展产生了极为不利的影响。为了便于论述地主制经济的发展，这里有必要先对租庸调制向两税法的过渡问题进行较为详细的论述。为了阐明这种过渡，突出租庸调制的特点，又首先必须对与租庸调制紧密联系在一起的，即为实现租庸调制而服务的所谓均田制一同加以说明。

隋唐均田制及租庸调制上承前朝，而稍加变通。^❶关于均田，隋朝定制，以床为单位，一夫一妇为一床。每对夫妇所受田额：一是露田，丁男八十亩，妇人四十亩，一夫一妇共受田一百二十亩；二是永业田，每丁二十亩。一夫一妇共该受露田、永业田一百四十亩。^❷唐朝定制，"凡天下丁男，给田一顷。笃疾废疾给四十亩。寡妻妾三十亩，若为户者加三十亩。所授之田，十分之二为世业，余以为口分"。^❸

以上是隋唐两朝均田规制，但两期均未按制实行。当时所谓均田制，主要是对无地少地农户拨补荒闲土地，令使耕种，征派租庸调。当时在不少地区都有大面积荒地无人耕种。隋朝建国后，"黄河之北，则千里无烟；江淮之间，则鞠为茂草"。^❹唐太宗时期，"今自伊洛以东，暨乎海堡，灌莽巨泽，苍茫千里，人烟断绝，鸡犬不闻，道路萧条，进退艰阻"。^❺高宗时期，河南一带，"田地极宽，百姓太少"。^❻当时各地人口少而荒地多，为无地少地民户拨补土地创造了条件。唐朝为奖励农民垦荒还制定了"给复制"，农民之迁居人少地多宽乡者，其在一千里以外

---

❶ 又曹魏时期仍按亩征税。从西晋开始，田租名义上按亩，实际按丁征派。北魏改行租调制，田租之征收基于户。北朝均田制，各类地主奴役下的奴婢得依良受田。隋炀帝即位，取消了奴婢受田，从而也"除妇人奴婢部曲之课"。隋唐前期行租调制，皆基于丁。

❷ 《隋书》卷二四《食货志》。又这时对府兵制的士兵也行授田制。据《玉海·兵制》，引《邺侯家传》，隋开皇年间，太原从义之师不返回原里者六万人，于是"于渭北白渠之下七县绝户膏腴之地，分给义士家为永业；其县下置太原以居其父子兄弟"。此制唐朝仍在持续。据敦煌残卷，有的民户的丁口是以卫士的身份受田的。

❸ 《唐会要》卷八三，武德七年三月二十九日。

❹ 《隋书》卷七〇《杨玄感传》。

❺ 《旧唐书》卷七一《魏征传》。

❻ 《通典》卷七《历代盛衰户口》，中书令杜正伦语。

者给复三年，即免除三年赋税；迁居五百里外者给复二年，迁居三百里外者给复一年。这也是所谓推行均田制的一种形式。

就在此时，唐朝颁布了不少关于均田的政令。如唐玄宗时期，开元七年（公元719年）和开元二十五年（公元737年）曾两次颁布均田令。《唐律疏议》卷中还记载了田土类别，土地买卖的规定及占田过限的处分等。关于这类规定是否普遍实行很值得怀疑。我们只看到唐朝前期高宗永徽五年（公元654年）一个事例，即洛州刺史贾敦颐对豪强之家"籍外占田"实行籍没，得田三千余顷"以给贫乏"。❶所谓"籍外占田"，当指超均田令所规定的土地限额。这类记载此前此后都很少见，大概伴随权贵豪强权势滋长，占地逾限已成一般现象，这类政令不可能普遍实行。

但有一点特别值得注意，即当时实行均田制中农民"受田"一项，主要是就农民原有地产划定的。这种关系，韩国磐曾作过如下论述："实行均田制绝不是将所有土地都拿来进行还受分配，也不是所有农民都可受到田地……至于原来占有小块土地，而在均田时未分得土地的农民，封建政府也按均田办法把他们的土地划定一下，作为均田制下的受田……这样就可按受田户同样负担租税。"❷韩国磐所论甚确。这种关系，可据敦煌鸣沙山莫高窟所发现的唐代户籍档案残卷资料互相印证。

莫高窟所存户籍残卷都说明课户姓名、应受田、已受田、未受田等项，并注明亩数。其中"已受田"一项并不一定是国家分配的土地，其中主要是农民原有地亩，作为"已受田"登记在户籍册上，供作征派租庸调的依据。这时也有部分无地少地农户经过开垦荒闲公田作为"受田"登记在户籍册的，但相对原已占有土地的自耕农而言，这类农户所占耕地的比重不大。

中国地主制经济论——封建土地关系发展与变化

---

❶ 《旧唐书》卷一八五上《贾敦颐传》。

❷ 韩国磐：《北朝隋唐的均田制度》上海人民出版社1984年，第229页。

如该档所记唐玄宗天宝六年（公元747年）事例：户主徐庭艺，全家男女大小共六口，载明"合应受田一顷一十二亩。三十亩已受，二十亩永业，一十亩口分；八十二亩未受"。其间二十亩永业和十亩口分田，从当时敦煌户籍残卷所反映的情况考察，很可能是该户原有耕地作为"已受"登记户籍册的。又户主阴承光，全家男女大小共六口，载明"合应受田二顷六十二亩。四十九亩已受，四十亩永业，七亩口分，一亩居住园宅；二顷一十三亩未受"。其间四十九亩"已受"之田当也是农民原有地亩而登记户籍册的。据此，这类地区的均田制，原有自耕农土地原封未动，只是在户籍册写上"已受"而已。

因此在同一地区，各农户占地多寡悬殊。仍据敦煌唐代户籍残卷，所载同武后大足元年（公元701年）、玄宗先天二年（公元713年，按应为开元元年）、开元四年（公元716年）、开元十九年（公元731年）、天宝三年（公元744年）、天宝六年（公元747年）、代宗大历四年（公元769年）等数年所记五十六户已受田户，其中各类农户所有口分永业等田统计，计无地户三户，一至十五亩者五户，十六至二十五亩者四户，二十六至五十亩者二十四户，五十一至七十亩者九户，七十一至九十亩者六户，九十一至一百一十亩者四户，二百四十三亩者一户。各户占地多寡不等，而且十分悬殊。其中占地较多的十余户，有的家庭人口较多，如占地七十八亩的杜姓家有三点六丁，占地九十亩的赵姓家有四点五丁等，这类农户系一般中等户。但也有地主户，如占地一百零三亩的袁姓只有一丁，占地二百四十三亩的宋姓只有一点五丁，而且两户皆有勋田，显系地主户。又在上述五十六户中，除两户地主及买田二十五亩的李氏外，其余五十三户关于口分田皆"受田不足"。由此可见，在这类地区，广大农民占田之所以如此悬殊，是由于在行均田时主要按各农户原有地亩为基础，其中有国家直接分配土地者为数甚少。如果按国家均田规制受田，这种悬殊现象不会发生。这时虽然地权分配不均，各民户占地极为悬殊，但均田制仍有它的积极的一面，即维护了农民小土地所有制广泛存在。❶玄宗时期的经济繁荣，就是在农民小土地所有制广泛存在的条件下出现的。

以上是隋唐时代行均田制时期地权分配状况的一个事例。由这个事例反映出农民不仅占地多寡不等，而且极为悬殊。

二、租庸调征派苛重与农民逃亡

关于租庸调制，隋朝规定，男子18岁受田即开始承担。其制，租，丁男一床，租粟三石；调，产桑地区，先是每年征绢一匹，后减为二丈，产麻地区征布，岁一端，后减为二丈。未受地者不课；役，每岁二十日。开皇十年（公元590年）定，凡年五十者可免役输庸，即交绢布代役。❷唐朝稍加改动，租，每丁每年纳粟二石；❸调，年纳绢二丈，绵三两；役，每年二十

中国地主制经济论——封建土地关系发展与变化

---

❶ 关于隋唐行均田时期农民地权问题颇有争议，笔者认为无论从理论或实际方面考察，私有制说更具有说服力。就剥削率而言，按均田制规定，每亩收税不过数升；而私人地租剥削率乃是数斗。由以所形成的相互关系，国家对农民虽然通过"受田"，但国家对农民的压迫剥削并非由受田，而是基于统治和被统治的关系，这一点和私人地主与佃农之间的关系不同，后者所形成的人身依附关系乃基于封建地权。总之，隋唐均田制下农民以"受田"名义耕种而向国家承担租庸调的土地系农民私有制而非国有制。

❷《隋书》卷二《高祖纪下》。

❸ 此制各地不尽相同，若吐鲁番地区，据郑学檬主编之《中国赋役制度史》，该地区人多地少，平均每户垦田不足十亩，丁租减少，每丁六斗。又如岭南诸州，据《旧唐书》卷四八《食货志》，武德七年定，以轻税代租庸调，"上户一石二斗，次户八斗，下户六斗"。又如其他地区，据《新唐书》卷五一《食货一》，"扬州租调以钱，岭南以米，安南以丝，益州以罗绸绫绢供春綵，因诏江南亦以布代"。这时江南农民受田少，不过五亩十亩，却负担相同的租庸调。参考韩国磐：《北朝隋唐的均田制度》，第158页。

日。"若不役，则收其庸，每日三尺"。不产丝织品处，以麻布二十五尺代绢，另纳麻三斤。正役之外另有杂役。❶又江南地区不同，系以租调名义收税。❷

隋唐这种租庸调制名义上虽与均田制相联系，实际是舍田亩而按丁征派，这时的租实际是丁租，调是丁调，以绢布或钱代役的庸是丁庸。

隋唐关于均田制虽未按规制执行，但在一些时期内，为保证租庸调征派曾变相实行，如前所述，对少地无地农民拨补荒闲土地，禁止土地兼并等。这种政策措施曾一度产生功效，如农民小土地所有制占据统治地位，并在一定时期占地不甚悬殊等。正是在这种条件下，在隋文帝、唐太宗时期曾呈现安定升平景象，唐玄宗时期社会经济繁荣。因此租庸调制曾顺利执行。这时国家租庸调的征派较之私人地租要轻得多。在隋朝，如《通典》卷七《丁中》所记：作为地主剥削下的浮客"被强家收大半之赋"；其为国家编甿，则"奉公上蒙轻减之征"。❸此种情形在唐朝前期当也不例外。

上述情形，后来伴随社会经济的发展，农村阶级分化现象渐趋严重，地主兼并日益剧烈。到玄宗时期，已有很多农民丧失土地。占地多寡悬殊，如前所述敦煌残卷事例，由数亩、十数亩至数十亩多寡不等，还有无地户。这时却仍继续实行按丁征派的租庸调制，从而大大加重了少地无地农民的赋税负担。另外，这时还出现了一些占田千亩万亩的大地主，也按丁征派租庸调，相对他们地租收入言，其数额乃微不足道。

又这时国家对权贵官僚实行复除优免制。以唐代而论，皇亲国戚如太后皇后之丝麻以上亲，五品以上官之同居期亲，皆免课

---

❶ 《唐会要》卷八三《租税》，《唐六典·尚书·户部》。

❷ 韩国磐《北朝隋唐的均田制度》一书论之甚详，此处从略。

❸ 《通典》卷七《丁中》。

役；国子、太学、四门学生等，"同籍者皆免课役"。以上各类地主逃避及优免的租庸调，最后都会转嫁到一般农民身上。

关于租庸调负担之重，其实玄宗时期已露征兆。据开元二十五年（公元737年）三月敕："关辅庸调，所税非少，既寡蚕桑，皆资菽粟。（农民）常贱粜贵买，损费愈深。又江淮苦变造之劳，河洛增转输之弊，每计其运脚，数倍加钱。"❷其地少民户因无力负担，纷纷逃亡。有的地区令邻保代逃亡户输纳赋税，从而更加速了农民逃亡，如皇甫憬所说："逃亡之家，邻保不济，又使更输……臣恐从此逃逸更甚。"❸

关于农民因赋税过重而纷纷逃亡，开元敕书和皇甫憬所奏报反映得十分清楚，此种情形在极盛的玄宗时期也不例外。如开元九年（公元721年）监察御史宇文融主持招户，得客户八十余万。❹所谓"客户"即离乡逃亡者，这类客户约占当时全国户口的十分之一强。此后天宝年间（公元742—756年）如柳芳所记：逃亡民户"多浮寄于闾里，县收其名，谓之客户"。❺此后代宗时期情形更加严重。广德二年（公元764年），天下户口由玄宗时期的七八百万户骤减为一百九十三万余户。这时户口减少，虽与肃宗时代（公元756—762年）的安史之乱有关，但其中的一部分却是为了逃避租庸调的征派而离开家乡的，农民逃亡此后日益严重。德宗建中（公元780—783年）初，据《通典》所记："命黜陟使往诸道按比户口，约都得土户百八十余万，客户百三十余万。"❻客户约占总户数的42%。这时农户离乡逃亡，权贵豪族地主的兼并当然起着促成作用，但关键是租庸调制的压

❶ 《新唐书》卷五一《食货志》。
❷ 《唐会要》卷八三《租税上》。
❸ 《唐会要》卷八五《逃亡》。
❹ 同上。
❺ 《全唐文》卷三七二，柳芳《食货论》。
❻ 《通典》卷七《历代盛衰户口》。

迫。这种关系，如《唐会要》所记："人户浸溢，堤防不禁，丁口转死，非旧名矣。田亩移换，非旧额矣。贫富升降，非旧第矣。"因之"租庸之法弊久矣"。❶作者把农民逃亡最后归之于"租庸之法弊"，颇得要领。

到唐朝中期，国家实行所谓均田制已历百余年，阶级分化现象日益严重，农民占地日少，经济状况趋向恶化，再无力承担只问身丁不计地产的租庸调重赋，逃亡日多，严重影响了国家税收。正是在这种条件下，到德宗建中元年（公元780年），在宰相杨炎的主持下，改制才得实现。

三、唐中期租庸调制向两税法过渡

德宗建中元年（公元780年），宰相杨炎力陈租庸调制之弊，谓这种税制导致天下残瘁，请改行两税法。所谓两税，一是户税，"户无主客，以见居为籍；人无丁中，以贫富为差。行商者，在郡县税三十之一"。一是地税，即田亩税，"率以大历十四年（公元779年）垦数为准，征夏税无过六月，秋税无过十一月。"❷

其实由租庸调制向两税法过渡有过一个发展过程。如地税，早在隋朝即已出现，设置义仓按亩征税。唐高祖武德元年（公元618年）仍沿袭隋制，但暂行即废。到太宗贞观二年（公元628年）又行恢复。据当时尚书左丞戴胄上言："今请自王公以下，爰及众庶，计所垦田稼穑顷亩，至秋熟，准其见在苗，以理劝课，尽令出粟，麦稻之乡，亦同此税。各纳所在，为立义仓。"太宗下令有司条议，规定："王公以下，垦田亩纳二升，其粟麦稻秔之属，各依土地，贮之州县，以备凶年。"❸这种征派当时

❶ 《唐会要》卷八三《租税上》。
❷ 《旧唐书》卷四八《食货志·建中元年诏》。
❸ 《旧唐书》卷四九《食货下》。

称为地税。这时的地税与租庸调制并行，此后高宗元徽二年（公元651年）又改为"率户出粟"。户分九等，上上户五石，上中以下递减。但绝大多数民户是八九等户，虽非严格按亩征粟，但仍有按亩征税的内涵。至武周初年，义仓又改为按亩征收了。❶到玄宗时期，这项收入已发展成政府主要财政收入之一。

　　关于"户税"，隋文帝时期（公元581—604年），只在个别地区"计户征税"。❷唐高祖武德六年，"今天下户，量其资财，定为三等"。各户按等征钱，称税钱。❸此后武瞾执政时期，据长安元年（公元701年）诏："天下诸王公以下，宜准往例税户。"征税方法，把民户分为九等，按各户资财状况征收户税，以供军国驿传及邮递之需。户税税额，玄宗天宝年间，八等户每户纳钱四百五十二文，九等户纳钱二百二十文。当时户等的制定系按当时各户所拥有资财总额估算。以农户而言，地亩、车、牛、园宅、奴婢等都考虑在内。民户之设有邸店、行铺、炉冶者，按本户加二等纳税。是时全国"户约有八百九十余万，其税钱约得二百余万贯"。❹这种户税钱在朝廷总收入中所占比重虽然不大，但有逐渐增加趋势，如天宝间（公元742—755年）每年所收税钱多于开元（公元713—741年），开元又多于乾封（公元666—667年）。❺至代宗大历四年（公元769年）改定户税，扩大纳税面，品官寄在户，诸道将士及工商业者，均按户等高下交纳户税。这种户税制是当时与租庸调并行的又一种赋税。

　　赋税改制以前，在玄宗时期，地税和户税派征额已为数

　　❶ 参考郑学檬主编《中国赋役制度史》，上海人民出版社2000年，第209页。
　　❷ 《隋书》卷二四《食货》。
　　❸ 《唐会要》卷八五《定户等第》。
　　❹ 《通典·赋税》。
　　❺ 参考郑学檬主编《中国赋役制度史》，上海人民出版社2000年，第216页。

中国地主制经济论——封建土地关系发展与变化

不少，据韩国磐估算，这时两者已占国家财政总收入的四分之一强。

以上是改制以前与租庸调制并行的户税和地税基本情况。它的发展变化，为此后杨炎建议改制——实行两税法提供了借鉴。也可以说，杨炎两税法是在唐中叶前已出现的户税地税的基础上加以改革设计出来的。

就在户税和地税发展过程中，如前所述，租庸调负担已日益严重，农民以负担过重纷纷逃亡，国家财政收入受到巨大损失，到德宗建中元年（公元 780 年）宰相杨炎大力主持改制，将过去的租庸调制改为两税法。

两税法，一是田亩税，征收谷物，即原来的丁租地税，"其田亩之税，率以大历十四年（公元 779 年）垦数为准"。这时按亩所征租税称为"斛斗"。一是户税，按各户资财分为数等，如史所记，"约丁产定等级"，把农户分为九等，按户等征居人之税。两税法的基本原则如陆贽所论："惟以资产为宗，不以人丁为本。"❶如史所记："人无丁中，以贫富为差。"这种税制和过去的租庸调制不同了，过去的租庸调制的派征以丁为准，两税法的征派把资产作为主要依据。

改行两税法后，"户无主客，以见居为簿"。即不分土著客户，一律按所占地亩、所拥资财，征收两税。因为两税的征派"以资产为宗"，其无土地资财的民户则不承担两税。建中初，客户所占比例很大，这时"命黜陟使往诸道按比户口，约得土户百八十余万，客户百三十余万"。❷在实行两税法时，其间有产客户变成了主户，少数沦为佃雇农的无产户。这类无产户自然免除了两税负担。这时商税也统一于两税，商人于所在郡县交纳相当于资产 1/30 的商税。

---

❶ 陆贽：《陆宣公奏议》卷四《均节赋税恤百姓第一条》。

❷ 《通典》卷七《食货典·历代盛衰户口》。

如前所述，关于世族地主制向庶族地主制过渡，历隋至唐朝前期已经完成。关于赋税制的改革，却一拖再拖，又经历了一百多年，到唐代中叶才提到日程上来。关键是这种租庸调制对占地多的权贵官僚地主有利，进行改革阻力较大。这种过渡，最后是在广大农民反抗斗争威胁下，国家财政收入受到极大损失时，经过宰相杨炎的大力支持才实现的。

此后两税法进一步发展，穆宗长庆年间（公元821—824年）元稹为同州刺史时，将两税均摊于田亩，当时也叫"均田"。据元稹《同州奏均田》疏：同州地区，由于"近河诸县，每年河路吞侵，沙苑侧近，日有沙砾填掩。百姓税额已定，皆是虚额征率，其间亦有豪富兼并，广占阡陌，十分田地，才税二三，致使穷独逋亡，赋税不办……""臣自到州……臣遂设法，令各百姓自通手实状，又令里正书手等，傍为稳审……百姓等皆知臣一例均平，所通田地略无欺隐。臣便据所通，悉与除去逃户荒地及河侵沙掩等地，其余见定顷亩，然取两税元额地数，通计七县沃瘠，一例作为抽税。自此贫富强弱，一切均平，征收赋租，庶无逋欠。"元稹在清理田产的基础上，仍将原来税额均摊于民户所耕地亩，仍称为两税法。此种税制后来逐渐成为全国通行的税制。❶

以上租庸调制向两税法过渡具有一定进步意义。租庸调制具有更为严重的等级性，它是一种维护权贵官僚地主阶级经济利益的赋税制度。同时由于农民占地多寡不等，这种舍田亩而按丁征派的租庸调制，严重影响于各类农民赋税负担的不均。实行两税法，不分等级，完全按地亩计资财而征派，在赋税负担方面趋向公平化，这是赋税制的一次发展。这里应该着重指出：这次税制的改革，一方面是地主制经济进入正常运转的反映，同时反过来

---

❶ 由唐末到五代，局部实行计亩征钱，到宋朝改为全面计征税了。

促成地主制经济的进一步发展。

第三节　地主制经济恢复正常运转在土地买卖及庶族地主发展方面的反映

一、土地买卖频繁与土地兼并

在实行均田制时期，各朝代为了维护农民土地产权以保证税收，早在北魏时期即有关于土地买卖的禁令。北齐时期对禁令稍微放松，但基本未变。隋唐仍沿袭北魏之制。以唐代而论，据《唐律·户婚》："诸卖口分田者，一亩笞十，二十亩加一等，罪止杖一百；地还本主，财没不追。"但这种禁止土地买卖的规定，并未严格贯彻执行。又据《新唐书·食货志》，高宗时定："禁买卖世业口分田"。其后"豪富兼并，贫者失业，于是诏买者还地而罚之"。后来伴随农业生产及商品经济的发展，农民阶级分化日益加剧，同时各类新兴地主对土地的兼并也逐渐剧烈，国家关于土地买卖的禁令遂逐渐放松。先是对农民桑麻等永业田的买卖加以通融，农家这类土地有不足和有余者准许买卖。后又规定，如因家贫卖以供葬也可便通。关于口分田，如卖充宅第碾硙之类，及狭乡乐迁宽乡者，并许出卖，又关于国家职分官田原不准买卖。据《唐律》："或将职分官田，贸易私家之地，科断之法，一准上条贸易为罪。"❶但又规定，此类土地，其"从远役外任，无人守业者，听贴赁及质"。❷以上所说贴赁和质实际是变相买卖。

玄宗时期，时唐朝已立国百年，关于禁止土地买卖之事国家还曾一再颁布诏令。如开元二十二年（公元 734 年）诏："天

---

❶ 《唐律疏义》卷一三《户婚》。
❷ 《唐律疏义》卷二七《杂律》。

下百姓口分永业田，频有处分，不许买卖典贴，如闻尚未能断，贫人失业，豪富兼并，宜更申明处分。切令禁止。"❶ 这个诏令实际是土地买卖频繁的反映。天宝年间，民间违令买卖土地现象更加严重，朝廷虽然一再明令禁止，但已无济于事。这时土地买卖关系的发展体现为户籍的变化和地权转移频繁，德宗建中元年（公元 780 年）杨炎曾作了如下回顾："不为版籍之书，人户寝溢，堤防不禁。丁口转死，非旧名矣。田亩移换，非旧额矣。贫富升降，非旧第矣。户部徒以空文总其故书，盖得非当时之实。"❷ 杨炎所论主要指此前玄宗、肃宗时期情事。

与土地买卖关系的发展相伴随的则是各类地主的土地兼并。据天宝十一年（公元 752 年）诏书："王公百官及富豪之家、比置庄田，恣行兼并，莫惧章程……爰及口分永业，违法买卖。或改籍书，或云典贴，致令百姓无处安置，乃别停佃客，使其佃食，既夺居人之业，实生浮情之端。远近皆然，因循已久"。❸以上所说"贫人失业，豪富兼并""恣行兼并，莫惧章程"，以及"典贴"等皆指土地买卖。结果所致，则是农民丧失土地，沦为租佃农。这种现象不仅相当普遍，而且"因循已久"。

安史之乱后，官僚富户对土地的购买兼并更加剧烈。据代宗宝应元年（762 年）诏："百姓田地，比者皆被殷富之家、官吏吞并，（农民）所以逃散，莫不由兹。宜委县令，切加禁止。若界内自有违犯，当倍科责。"❹ 由这一诏令反映出各类地主对土地兼并的严重性。

关于这一时期各类地主通过买卖兼并土地的问题，在当时文献也屡有反映。如《关东风俗传》所记，农民"因王课不济，率

中国地主制经济论——封建土地关系发展与变化

---

❶ 《册府元龟》卷四九五《田制》。
❷ 《旧唐书》卷一一八《杨炎传》。
❸ 《册府元龟》卷四九五《田制》。
❹ 《唐会要》卷八五《逃户》。

多货卖土地"。如天宝年间柳芳所论："豪强兼并，强者以财力相君，弱者以侵渔失业，人多逃役者，多浮寄于闾里。"❶ 如宪宗朝杜佑所说："开元之季，天宝以来，法令弛坏，兼并之弊，有逾于汉成、哀之间。"❷ 由以上诸人议论可概括为：农民在租庸调的压榨下变卖土地，所说"失业"是变卖土地的同义语；所说豪强"兼并""侵渔"指凭借经济力量购买土地，而且土地兼并的剧烈程度不减于汉朝后期成帝、哀帝时期。到德宗朝建中元年（公元 780 年），陆贽所说更加清楚，谓"今制度弛紊，疆理隳坏，恣人相吞，无复畔限。富者兼地数万亩，贫者无容足之居，依托强豪，以为私属，贷其种食，赁其田庐，终年服劳，无日休息，罄输所假，常患不允。有田之家，坐食租税，贫富悬殊，乃至于斯"。❸

在这种情况下，有的主张检括地主所购置地产。但关于检括购置地产事，有人持反对态度，如玄宗时期李元纮上疏说：富民土地"本于交易，焉得夺富以补贫"。❹ 以后宇文融也提出检括户口土地问题，户部侍郎杨玚也行反对，谓"括客不利居人，征籍外田税，使百姓困弊"。❺ 在社会经济发展的条件下，土地买卖不但不能禁止，而且违禁买卖现象愈演愈烈，如前述玄宗诏书所说官僚及富豪"恣行兼并，莫惧章程"之类就是有力的证明。就是在这种条件下，李元纮、杨玚等对检括土地客户事提出反对意见的。

在农业生产及商品经济的条件下，农民阶级分化日益加剧，土地买卖关系的发展乃势所必然，最后国家关于土地买卖的禁

❶ 《全唐文》卷三七二，柳芳：《食货论》。

❷ 《通典》卷二《田制下》。

❸ 《陆宣公奏议》卷二二《均节赋税恤百姓》第六条。

❹ 《全唐文》卷三〇〇，李元纮：《废职田议》。

❺ 《旧唐书》卷一〇五《宇文融传》。

令遂变成一纸空文。部分自耕农变卖土地沦为依附于各类地主的租佃性浮客。这是中国地主制经济进入正常运转轨道的又一具体反映。

二、各种类型庶族地主的发展

在唐代中叶及以前土地买卖已日益频繁。土地购买者也有农民，但主要是地主。这时地主大致可以分成两大类，一类是有品级的王公贵族和一般官僚地主。❶另一类是无品级的王公贵族和各种庶民地主。这种关系在历史文献中屡有反映，如玄宗天宝十一年（公元 752 年）诏书所说，购置庄田的有"王公百官及富豪之家"；又代宗宝应元年诏书，谓百姓田地"皆被殷富之家、官吏吞并"。两诏都把"富豪""殷富"与"王公百官""官吏"并提，即两类地主同时发展的具体反映。❷

这时虽两类地主并存，但以王公贵族和官僚地主为主。这类地主庞大地产的来源，一是国家赐田，二是通过购买。关于国家赐田，如隋朝规定：从诸王到都督，都可按品级占永业田即私有地，多者达百顷。又隋朝均田制继承北齐，品官所蓄奴婢也可

---

❶ 唐代中叶及以后，仍有的旧世族世代为官，但这时他们是以个人身份入仕的，世族集团已不复存在。又唐代规制，五品以上高官子孙也可通过门荫入仕为官，但总不像两晋南北朝时期世族子孙"世袭罔替"。

❷ 此外有寺院地主。据《金石萃编》：《少林寺柏谷坞庄碑》，太宗时期，崇山县少林寺受"赐地四十顷"。据《中国大百科全书·历史卷》，淄州长山县白山醴泉寺，有庄园十五所；陇州大象寺，有庄七所，地五十三顷有奇等。有道观地主，仍据《中国大百科全书·历史卷》，如终南山之楼观，唐高宗将田十顷及仙游监地拨充庄田；玄宗时期，对西京太清宫，东京太微宫及天下诸郡紫极宫，各赐近城庄园一所等。关于寺院及道观庄田记载尚多，此处从略。中国地主制经济能容纳各种宗教性土地关系，说明它的灵活性、适应性。

受田，亲王限额三百人，递减至八品以下及百姓，限额六十人。奴婢所受田额同一般百姓，丁男受露田八十亩，妇女四十亩。隋朝均田制为贵族官僚广占地产提供了法律依据。炀帝即位，取消奴婢受田制，这是一次重大改革。唐朝承袭隋朝，这时地主所蓄奴婢虽不受田，但各级品官仍可占有大量永业田和勋田。由隋唐均田制本身就反映出明显的等级性。特别是在行均田租庸调制时期，对肆行兼并的权贵官僚地主有利，他们占有大量永业田，赐田，又通过兼并获得大面积私产，却只承担很少租庸调。他们虽然向国家交纳户税和地税，其数额比一般农民所承担的租庸调要轻得多。❶总之，隋唐这种制度为权贵官僚地主进行土地兼并大开方便之门。

以唐代而论，权贵官僚地主的发展，由唐太宗时期所制定的《贞观氏族志》反映得十分清楚。《贞观氏族志》是按照当朝官职高低规定族姓身份等级的，列入上等的主要是当时新兴的权贵官僚地主。

这时新兴官僚地主的发展又是同当时的科举制紧密联系在一起的。唐朝有不少庶民户通过科举步入官僚门第户，然后以官俸和贪索所得购置地产，变成官僚地主。这类新发家的官僚地主，如史所记："近代新门""纳货山积"等。❷

关于唐朝权贵大地主，兹举数例。玄宗时期，其姑母太平公主，"田园遍于近甸膏腴"；兼事商业活动，"市易造作器物"，"殖货流于江（州）剑（州）"。❸宰相李林甫，"京城邸第，田园水硙，利尽上腴"。❹大官僚卢从愿，大置地产，"占

------

❶ 参考韩国磐：《北朝隋唐的均田制度》，上海人民出版社，1984年。

❷ 《封氏闻见记》卷一〇《讨论》，《太平广记》卷一六五《卢怀慎》。

❸ 《旧唐书》卷一八三《太平公主传》。

❹ 《旧唐书》卷一〇六《李林甫传》。

良田数百顷”，被“目为多田翁”。❶天宝末年，东京留守李憕，
“丰于产业，伊川膏腴，水陆上田，修竹茂树，自城及阙口，别
业相望。与吏部侍郎李彭年皆有地癖”。❷代宗时期，如度支转
运使元载，在长安城郊大置地产，城南“膏腴别墅，连疆接畛，
凡数十所”。❸唐后期懿宗时，相国韦宙，“江陵府东有别业，
良田美产，最号膏腴”。❹

　　以上只是列举的几个具体事例。当时官僚以贪索所得大置地
产，乃普遍现象，如当时大官张嘉贞所说：“比见朝士，广占良
田。”❺张氏所说乃系当时实录，这类权贵官僚地主，早在唐朝
鼎盛的玄宗时期已屡见不鲜，庄田庄园之称在当时文献中大量出
现，德宗以后发展更加迅速。

　　在新兴权贵官僚地主发展的同时，还有部分旧世族在延续。
如隋朝权臣杨素，出自关中盛门，隋初任右仆射。他家“广营资
产，自京师及诸方都会处，邸店碾硙，便利田宅，不可胜数”，❻
隋鲁郡太守郑善果之母崔氏，置有大片庄园。❼唐朝于志宁，尝
谓自周魏以来，“世居关中，资业不坠”。❽关陇贵族李靖之弟
李客师，“有别业在昆明池南，自京城之外，西际沣水，鸟兽皆
识之”，❾以上是旧世族地主延续的几个事例。

　　特别值得注意的是一般庶民类型地主的发展。其中可分为两

----

❶《新唐书》卷一二九《卢从愿传》。
❷《旧唐书》卷一八七下《李憕传》。
❸《旧唐书》卷一一八《元载传》。
❹《太平广记》卷四九九，韦宙条引《北梦琐言》。
❺《旧唐书》卷九九《张嘉贞传》。
❻《通鉴》仁寿二年条。又据《通典》卷二《田制下》，杨素分
布在各处的邸店、水碾和田宅等“以千百计”。
❼《隋书》卷八〇《郑善果母传》。
❽《新唐书》卷一〇四《于志宁传》。
❾《旧唐书》卷六七《李靖传》。

类，一类是以商业发家的商人地主，另一类是以务农起家的农业地主。

这时有不少富商记载。玄宗时期，据杨虚奏报："至于商贾积滞，豪富藏镪，兼并之人，岁增储蓄；贫素之士，日有空虚。"[1] 中唐以后，有关富商记载尤多。据唐骈《剧谈录》，潘将军"藏镪巨万，因均陶朱"。据《河东记》，巨商龚播，号称"三蜀大贾"。[2] 据李肇《国史补》，宋清以从事药物买卖致富，"利市百倍"。唐懿宗时，富商王宗，"善兴利，乘时贸易，由是富拟王侯……侯服玉食，僮奴万指"。[3] 在商品经济发展过程中，有的是以佣工发家，如洛阳王清，他以所得五锭工资进行经营，"十余年巨富，遂鬶钱成龙形，号王清本"。[4] 王清大概最后也是以经商发家。

这类富商积累的财富，在土地买卖频繁的条件下，很多转向地产。如唐代宗时期所下诏书有"富商大贾……广占良田，多滞积贮"之类词句。[5] 关于将商业资本转向地产的，如西京富商邹凤炽，以所积蓄购买土地，"邸店园宅遍满海内"。[6] 如浮梁商人张令，致富之后购置地产，其别业"蔓延江淮间，累金积粜，不可胜数"。[7] 据当时地权转移情形考察，商人将部分资财转向地产当系普遍现象。

这时还出现了以高利贷发家的，如陇右"业累千金"的刘某，因善于掠取民间资财，故有钥匙之称。"邻家有殷富者，为钥匙所饵，放债与之，积年不问，忽一日，执券而算之，即倍数

---

❶《全唐文》卷二七二，杨虚：《请禁恶钱疏》。

❷《太平广记》卷四〇一，引《河东记》。

❸《旧唐书》卷一八二《王处存传》。

❹《太平广记》卷五〇四《酉阳杂俎》。

❺《唐大诏令集》卷一一七《遣使宣慰诸道诏》。

❻《太平广记》卷四九五，引《西京记》。

❼《太平广记》卷三五〇。

第四章 地主制经济摆脱畸形状态恢复正常运转（隋唐时期）

极广……遂至资财物产，俱归钥匙"。❶ 所谓"资财物产"自然包括部分地产。在当时土地买卖禁令日益松弛的条件下，这类以高利贷发家的人，最后将财富转向地产也是很自然的。

这时在农民阶级分化过程中，农村中出现了一些富裕户。如唐前期高宗永徽元年（公元 650 年）征税时，"其后又薄敛一岁税，以高户主之，月收息给俸"。❷ 又据武后时期记载，"今道人私度者几数十万，其中高户多丁，黠商大贾，诡作台符，屡名伪度"。❸ 以上所说"高户"指富裕户。中宗时期，"富户强丁，皆经营避役，远近充满"。❹ 代宗时期，"初，州县取富人督漕轅"。❺ 所说"富户""富人"主要是从农民阶级中分化的富裕户。以上这类农村富裕户有的上升为中小地主户。

这时有以农业起家的事例。如汝南编户卫庆，唐朝初年以"服田起家"，经过十数年的经营，垦田至两千亩，称为"富家翁"。在他致富过程中曾"贩牛四百蹄"。❻ 这类农民，大概先从事农业经营，积蓄钱财，购买地产。敦煌户籍册中就有唐玄宗时一些农民买田的事例，当时富户买田是普遍现象。如前述玄宗天宝年间与代宗宝应年间诏书，都把"殷富"之家与"官吏"并提，说明庶民类型地主已相当普遍。

有的富户发家过程不甚清楚。如玄宗时期河南屈突仲任，"家僮数百人，资数百万，庄第甚众"。❼ 相州王叟，"富有财"，"积粟近至万斛……庄宅尤广，客二百余户"。❽ 像这类

中国地主制经济论——封建土地关系发展与变化

---

❶ 《太平广记》卷一三四《玉堂闲话》。

❷ 《新唐书》卷五五《食货五》。

❸ 《新唐书》卷一二三《李峤传》。

❹ 《旧唐书》卷九六《姚崇传》。

❺ 《新唐书》卷一四九《刘晏传》。

❻ 《太平广记》卷四〇二，引《三水小记》。

❼ 《太平广记》卷一〇〇《屈突仲任》。

❽ 《太平广记》卷一六五《王叟》。

民户肯定都占有广大地产，也属于庶民类型地主。

这类庶民地主，尤其是商人地主，资财雄厚者，并凭经济力量结交官府。据《开元天宝遗事》，"长安富民王元宝，杨崇义，郭万金等，国家巨豪也，各以延纳四方名士，竞于供送，朝之名僚，往往出于门下。每科场文士，集于数家，时人目之为豪友"。

上述庶民类型地主所占广大地产，基本是通过买卖所获得。庶民地主是在商品交易频繁及农民阶级分化过程中逐渐发展起来的。商品经济发展为庶民地主的发展创造了条件。❶

以上关于土地买卖关系及各种庶族类型地主发展的基本情况，尤其是庶民地主的发展，是这一时期地主制经济发展的又一种体现形式。这种发展变化为地主制经济本身所制约，是地主制经济发展的必然结果。总之，关于世族地主制向庶族地主制过渡，封建统治所采行的政策措施虽然起过一定作用，但地主制经济本身发展自发的制约作用仍不容忽视，这种发展变化是不以人的意志为转移的。

第四节　地主制经济恢复正常运转在农民社会地位变化方面的反映

一、租佃农队伍扩大与社会地位上升

关于地主制经济恢复正常运转的体现，在农民阶级社会地位

---

❶ 商品经济发展体现于钱币流通，在这方面唐代远超过南北朝时期。据《魏书》卷一一〇《食货志》，北魏"钱货无所周流"。南朝各国情况较好。唐代前期货币已经盛行。据《文献通考》卷九《钱币下》，谓自肃宗以后，"虽私家用度，亦非钱不行。天下之物隐没不见，而通行于世者，惟钱耳"。农民经济生活已离不开交换，同市场发生密切联系。

变化方面反映得尤为突出。

首先是伴随各种庶族类型地主的发展而出现的租佃农队伍的扩大。关于这时地主兼并土地的发展，前面已作了简略论述，有的地主"田宅以千百计"，有的"占良田数百顷"或"兼地数万亩"。地主兼并之剧烈及占地规模之广大，或谓早在开元天宝年间（公元713—755年）"有逾汉成哀之间"，或谓"疆畛相接，半为豪家"。❶地主所兼并的大面积土地主要采行出租的形式剥削农民。早在隋朝即有关于浮客被地主"收大半之赋"之类记载。唐代租佃关系更迅速发展。如天宝年间（公元742—755年），地主"别停佃客，使其佃食"。如前述有田之家"坐食租税"；农民依附豪强"赁其田庐"，等等。❷这一时期，在地主剧烈兼并的条件下，阶级分化加剧，租佃农的队伍在不断扩大。

有的民户属性文献记载不甚清楚，但也多属租佃农，如豪强所容隐的逃亡户。被兼并的下户，以及浮客之类属此。武后时期，据陈子昂上疏，谓逃亡"不属州县"；"士豪大族阿隐相容"。❸这类逃户已变成地方豪强庇护下的租佃户。中宗神龙初，李杰以采访使行南山，"时户口逋荡，细弱下户，为豪力所兼"。❹这类被地方豪强所兼并的下户，实际也变成了他们剥削的佃户。玄宗时期，或谓这时百姓"莫不轻去乡邑，共为浮惰；或豪人成其泉薮，或奸吏为之囊橐"。❺这种逃离本乡的农民，其投靠豪人者，实际是变成豪人的依附佃户。又前述开元九年（公元721年），天下客户至八十余万，其间的一部分属于租

中国地主制经济论——封建土地关系发展与变化

---

❶ 《全唐文》卷六八五，皇甫湜：《对贤良方正直言极谏策》。

❷ 《册府元龟》卷四九五《邦计部·田制》陆贽：《陆宣公奏议》卷一五《均节赋税恤百姓》。

❸ 《陈子昂集》卷八《上蜀川安民事》。

❹ 《新唐书》卷一二八《李杰传》。

❺ 《全唐文》卷二二《科禁诸州逃亡制》。

佃农。

由以上事例说明，早在推行均田制时期，租佃制已相当普遍；在德宗时期改行两税法以后，土地兼并更加剧烈，租佃农进一步扩大。

在唐代，国家所直接控制的各类公田也多行出租制，这是促成租佃农扩大的一个方面。如诸色职田，玄宗时期，据天宝十二年（公元 753 年），一月敕："两京百官职田，承前佃民自送，……自今以后，其职田去城五十里内者，依旧令，佃农自送入城。"❶ 至唐后期会昌六年（公元 846 年），仍有"诸县征纳京百司官秩职田斛斗……勒民户使自送纳"之类记载。❷ 如公廨田，"其出亦借民佃植，全秋冬受数而已"。❸ 如牧出、驿出也行出租制，如史书所记："岐阳马坊地，既不防百姓租佃，又不阙官中赋税。"❹ 各处陂泽公地也出佃与民，如史所记："所在陂泽……余并任百姓佃食"。❺ 关于各类公田租佃，穆宗时期元稹作了如下概括："其公廨田、官田、驿田等，所税轻重约与职田相似，亦是抑配百姓租佃。"❻

在租佃农数量扩大之时，他们的社会地位也在发生变化。这时租佃农就其身份地位而言可分成几类，一是地位低下的租佃性奴婢。此类奴婢在隋朝时仍为数不少，唐朝奴婢人数大减。二是部曲，其社会地位介于奴婢与良人之间，也属于贱民，他们主要从事农业生产，依附于主人，无独立户籍，属于佃农的一种。据唐律规定，部曲、客女身份世袭，可免为良，但须由家长给手牒呈报官府，才能有效。部曲主要见于唐律，一般文献很少记载，

❶ 《唐会要》卷九二《内外官职田》。
❷ 同上。
❸ 《通典》卷三五《职田·公廨田》。
❹ 《唐会要》卷六五《闲厩使》。
❺ 《全唐文》卷三，玄宗《驰陂泽入官诏》。
❻ 《元氏长庆集》卷三八《同州奏均田》。

说明这类生产劳动者人数已经很少。此外，当时有所谓客户，有关记载较多。其中有的属于自耕农，有的属于租佃农，要看具体情况而定。但客户后来多衍变为佃户。唐朝时期，在地主田场上的生产劳动者主要是一般租佃农。

为了避免发生误解，这里对客户的性质先作一简短说明。所谓客户，在唐代，先是指离开本乡本土寄居他乡的客籍户，其中包括地主、自耕农和无业游民等。这类客户后来有的演变为租佃农。如前述玄宗天宝十一年（公元752年）诏书，"王公百官及富豪之家"，广置庄园，他们"别停客户，使其佃食"。诏书接着说，此种情形"远近皆然，因循已久"。说明客户变成佃户的事例早在天宝以前即已发生。从唐代中期开始，以租佃田为生的佃食客户日趋扩大。此后逐渐演变成一种习惯称谓，即有田户无论自耕农和地主都称为主方，无田户依人为生者称为客户。这种客户实际是佃农，于是出现主客之类称谓，因有地主"势力侵夺"和"降人为客"之说。但仍有客户购置田产变成自耕农。据代宗宝应元年（公元762年）敕：令所在当地居住一年以上的客户，"自贴买得田地有农桑者，无问于荫家及自造屋舍"，一律编附当地户籍，比照当地土住居民减半承担赋役。德宗建中初，实行两税法时，规定"户无土客，以现居为簿"；纳税多少，"以贫富为差"。这时客户有土地者编入户籍，不再称客户；其无土地者若佃客、雇客等属，非两税户，一般不编入国家户籍。此后的客户主要是租佃农。

此前两晋南北朝时期，地主大田场上的生产劳动者的称谓，有部曲，有客户，均系租佃农；此外有奴婢性租佃农。到唐朝，在地主田场上的生产劳动者，奴婢和部曲大为减少，一般都称为佃户。租佃者称谓上的改变是其社会地位变化的一个方面。关于佃农称谓文献屡有记载，前面已经论及。最为具体的如敦煌县户籍资料，早在太宗贞观十七年（公元643年）即有关于租佃事例，到玄宗时期租佃之称谓相当普遍。

特别值得注意的是这时出现了租佃契约。在敦煌千佛洞和吐鲁番阿斯塔那墓葬中出现了很多件租佃契约，较早的有贞观十七年（公元649年）的、龙朔三年（公元663年）的、周武曌天授年间（公元690—691年）的，唐代中期有天宝六年（公元747年）的，唐晚期有天复二年（公元902年）和天复四年（公元904年）的。其中贞观十七年（公元643年）高昌县"赵怀满从张欢仁租田契"，分别载明"田主张欢仁，田主张薗富""耕（耕）田仁（人）赵怀满"，写有租佃亩数，及"依高昌斗计中取使干净好"等字样；并写明如佃人不能按规定交租，则"听拽家财"，即出主有权到佃家挪取财物抵偿。最后写"倩书汜延守"。又天宝六年（公元747年）高昌县"吕才艺出租田亩契"，分别写明"田主吕才艺"，地二亩及四至，"其地安用天宝六载佃食"，佃人"用钱四百五十文于吕才艺边""保人妻李""保人浑定仙""书写人浑仙"等。^❷由租佃契约的出现说明双方已具有初步对等关系。

这时地主土地出租基本采行对分制。据敦煌县户籍残卷所载高宗龙朔三年（公元663年）租佃契约，规定收获之后"秋麦二人递分"即对半分粮。

由以上事例，隋唐时期，主要是唐朝，租佃关系发生变化，租佃农社会地位有所提高是十分清楚的。如前所述，过去南北朝时期，租佃农的构成有部曲、客户和奴婢，当时的部曲和客户原本就是主人的依附户，当这类民户变为租佃农时依附关系并没有发生多大变化，人身依附关系仍然十分强烈；奴婢性佃农的社会地位更为低下。这时租佃性农民社会地位之所以十分低下，是

❶ 有的农民之间也互相租佃，或因无力经营而将地出租，或因耕地离家过远耕种不便而出租。关于农民之间租佃事此处从略。

❷ 见韩国磐：《北朝隋唐的均田制度》，上海人民出版社1984年。

同当时地主的封建特权分不开的。尤其是累世高官厚禄的世族地主，即同一般农民也形成严厉的贵贱等级关系；在他们直接剥削奴役下的租佃性农民，社会地位更为低下乃势所必然。隋唐时代不同了，尤其是唐代，庶族地主制已占主导地位，其间新兴官僚地主也富贵无常，佃农经常更换主人，这时地主和佃农虽然也形成等级关系，但同过去累世相承的世族地主所形成的主佃关系已大不相同，尤其是庶民地主的发展，他们很多是从农民转化来的，同属于国家的黎民，他们与佃农虽然也会形成封建依附关系，但等级差别毕竟不甚悬殊。租佃农社会地位遂相对提高，地主对之不能任意欺凌，早在唐朝前期，如史所记："大姓豪猾之伍，不敢侵欺细民。"^❶ 所说虽不免言过其实，但仍不失为佃农社会地位上升的反映。这是土地关系的一次巨大变化。正是在这种条件下，租佃契约逐渐发展起来，以契约形式保证地租的实现，代替了过去单纯靠地主封建权势的强制保证。这是租佃农社会地位提高的又一具体体现。

二、自耕农相对减少与人身更多自由

在地权趋向集中、租佃农队伍日益扩大时，则是自耕农的衰落，所占比重相对减少。

由隋至唐朝前期，有的地区延至唐朝中期，在均田制的制约下，农民小土地所有制一直占据统治地位。如前所述，在相当广大地区，国家对无地少地的农民，用荒闲土地进行拨补；还有的地区，对一些占田超过均田制规制的民户，其超额部分叫"籍外占田"，对这部分土地有的偶尔实行籍没，分配给无地少地的农户。同时还制定了"给复制"，奖励无地少地农户迁往"宽乡"，即到地多人少的地区开垦，并适当地优免赋税。国家这种扶植自耕农的政策措施，前面已经论及，其目的原是为了保证赋

---

❶ 《贞观政要》卷一，《论政体》。

228

税收入，因为在广大农民都占有一定土地的条件下，舍田亩而按户丁征派的租庸调制才能顺利实现。也正是这个缘故，在唐朝前期，在一个相当长的历史时期，农民小土地所有制占据着统治地位。

关于均田租庸调制时期的地权分配状况，以唐朝而论，虽然没有按照每丁口分田八十亩数额进行授受，却保持了农家原有的土地产权。因为有禁止违法买卖的规定，各类地主对逾限购置地产仍具有戒心。关于这时自耕农所占土地，敦煌县户籍残卷中保存一个小地区的数字，记录有武则天、玄宗、代宗数朝事例。兹据韩国磐所统计的五十六户占地情况试作如下估计：计占田数亩、十余亩及无地户共十二户，可划分为下等户；占田二十亩以上至五十亩者二十五户，可划为中等户；占田五十亩至九十二亩的七户，可作为富裕户；占田一百一十八亩、二百二十四亩者二户，这二户人口较少，平均每丁占地一百零一亩、一百四十九点五亩，这类民户显系地主户。这种估计不一定准确，我们暂且据此估算农民和地主占田比重。这四十六户共占地二千二百七十五亩。其中二户地主共占地三百七十二亩，占全部耕地的 16.35%；四十四户农户共占地一千九百零三亩，占全部耕地的 83.65%。在这类地区农民小土地所有制占据统治地位十分突出。

当然，敦煌县户籍残卷所反映的只是一个小地区的情况，不能据以涵盖全国，有的地区地权可能比较集中，有的地区地权可能更加分散。但在开元、天宝年间及以前，在相当广大地区人少地多的条件下，这时又适当地推行了对少地无地户拨补荒闲田地的政策措施，农民小土地所有制占据较大比重似无问题。

总之，由隋朝至唐玄宗时的百余年间，均田制虽然没有按原规制实行，但对抑制权贵地主侵占公田山泽，防止他们对农民土地任意侵夺兼并等，都起过一定作用，农民小土地所有制得以长期持续。也正是这种条件下，在一个相当长的历史时期，农村相对富庶，国家比较安定。如隋文帝时期，据《隋书·高祖纪下》，这时"君子咸乐其生，小人各安其业，强无凌弱，众不暴寡，人物殷阜，朝野欢娱。二十年间，天下无事，区宇之内晏如也"。当时这种升平景象同抑制兼并政策措施有着一定联系。唐朝在天宝年间，仍在贯彻执行检括土地、抑制兼并的政策。如史书所载：这时检括长安、洛阳两京附近牧地时，规定"不得辄给官人亲识工商富豪兼并之家，如有妄请受者，先决一顿，然后准法科罪"。❶唐朝这种政策措施也是同当时的均田制联系在一起的。在农民小土地所有制占据统治地位的条件下，出现了开元天宝之治，如时人所论："开元天宝之中，垦者益力，四海之内，高山绝壑，耒耜亦满。"❷总之，这时各类地主虽也购置地产，但兼并尚不十分剧烈，广大农民占有土地。正是在这种条件下，按户丁派征租庸调的赋税制尚可勉强实行，农业生产曾顺利发展，社会经济一度繁荣昌盛，显示了地主制经济的生命力。

　　但伴随农业生产的发展，商品交换日益频繁，阶级分化加速乃势所必然。在阶级分化加剧、地主所有制逐渐扩大及农民占地日益悬殊的条件下，仍行按户丁征派的租庸调制就变成了对农民的苛重剥削。于是少地农民以负担过重纷纷破产，有的出卖土地离乡逃亡，自耕农所占比重相对减少。这种现象早在唐朝前期已时有发生，到玄宗后期进一步发展，如前述天宝十一年（公元752年）诏书所说，由于农民纷纷出卖土地，"致令百姓无处安置"；又如前述宝应元年（公元762年）诏书所说："百姓田地，比者皆被殷富之家官吏吞并"，农民"所以逃亡，莫不由兹"。这时已有不少自耕农沦为无田地的民户。

　　这种现象的产生，同各类地主的土地兼并虽然有着一定联系，但关键是因不合理的租庸调的过重负担，广大自耕农尤其少

---

❶ 《册府元龟》卷四九五《田制》。

❷ 《元次山集》卷七《问进士》。

地农户纷纷出卖土地逃亡流徙了。针对这种现象国家也曾采行政策措施，如代宗宝应元年（公元762年）敕："客户若住一年以上，自贴买得田地有农桑者，无问于庄荫家住及自造屋舍，勒一切编附为百姓差科。"**❶**事实证明，这类敕令并不能挽救自耕农的衰落。

自耕农减少具体体现于农民的逃亡。武则天时期韦嗣立曾说："今天下户口，亡逃过半"，**❷**虽未免过于夸张，但仍反映了农民逃亡的严重程度。正是由于农民逃亡，国家直接控制的自耕农民户日少。玄宗时期，全国约有九百万户。此后不久，据代宗宝应元年（公元762年）敕书，谓"近日以来，百姓逃散，十不半存"。**❸**代宗广德二年（公元764年）国家所能掌握的民户已降为二百九十三余万户。或谓"人户凋耗，版图空虚"；"乡居地著者，百不四五"；以至"正赋所入无几"。**❹**国家直接控制的民户日少，赋税收入随之骤减，是自耕农户数减少的具体反映。

德宗时期改行两税法，使少地农户摆脱了过去租庸调制的畸形重赋，此后并继续扶植自耕农，如宪宗时期还令"天下营田皆雇民或借庸以耕"；穆宗即位则诏令"耕官地者给三之一以终身"，**❺**即把部分官田分配给农民使变成自耕农。武宗时期，会昌元年（公元841年）敕："荒闲陂泽山原，百姓有人力能垦辟耕种，州县不得辄问，所收苗子五年不在税限，五年之外依例纳税"。**❻**即垦种五年之后把该田分配给农民令完纳田税。但这时地权已趋向集中，自耕农并未因上述政策措施而得到扩大。

❶ 《唐会要》卷八五《籍帐》。
❷ 《唐会要》卷八五《逃亡》。
❸ 同上。
❹ 《唐会要》卷八五《租税上》。
❺ 《新唐书》卷五三《食货三》。
❻ 《文献通考》卷三《田赋》。

关于唐代一般自耕农田场收支如何，无法估计当因各农户占地多寡而不同。在实行租庸调制时期，占地二十至三十亩以上的农户经济生活较好，占地数亩十数亩的农民，由于租庸调负担过重，经济生活极为艰苦，尤其在玄宗天宝以后，阶级分化日趋严重，自耕农经济状况日益恶化。

值得注意的是这一时期自耕农社会地位的变化。导致自耕农社会地位的变化可从两方面进行分析，一是地主身份地位的变化，二是赋税制度的改革。

在南北朝时期，占主导地位的世族地主是一个特殊门第。在等级关系十分突出的条件下，一般官僚地主也具有特殊地位，这时以上两类地主和一般农民之间贵贱有别，等级悬殊。隋唐时代，伴随世族地主的没落，风习为之一变，贵贱等级关系相对削弱。这时新兴的庶族地主，他们和一般农民之间虽然仍有高下之分，但和南北朝时期相比已大不相同，农民社会地位相对上升。这是由于地主身份地位即土地关系所产生的变化。

德宗时期实行两税法，也影响了自耕农较多的人身自由。在代宗以前实行租庸调制时期，以户丁为征派对象，对自耕农必须要进行严格控制。农民不准自由离开乡土，为此国家经常检括户口，农民离乡谓之"逃亡"，给予严重惩处。据《唐律·户婚律》，"诸脱户者，家长徒三年；无课役者减二等，女户又减三等。脱口及增减年状（谓疾老中小之类）以免课役者，一口徒一年，二口加一等，罪止徒三年"。各类丁口处罚轻重不同，女户不课，处罚较轻；男口因负担课役，处罚较重。这时行按户丁征税制，国家干预土地的分配，对劳动力实行严格编制，使田税具有人头税的内涵，必然形成国家对农民的超经济强制。一直到德宗年间（公元780—804年）改行两税法后，国家对自耕农的控制才进一步放松。

但国家对自耕农控制放松也有过一个发展过程。在唐代行租庸调制时期，赋税制中的徭役部分已经改行以庸代役，即改征实物，农民以纳物、纳资代替徭役，这时国家对农民的控制已有所削弱，这是第一步。此后改行两税法后，发生了更大变化，自耕农有了更多的人身自由。

以上是隋唐时代主要是唐代农民社会地位变化的基本情况。一是租佃农社会地位逐渐提高，二是自耕农获得更多的人身自由。农民阶级及等级关系的这种变化具有划时代的意义，是这一时期地主制经济进一步发展的又一体现形式。

总之，隋唐时代，地主制经济恢复正常运转经历了一个漫长的历史过程，而世族地主制向庶族地主制的过渡是其中一个根本性问题。但这种地主体制过渡之后，先有庶族地主的发展，继有租庸调制向两税法的过渡。经过这种发展变化，中国地主制经济逐渐摆脱畸形地主制经济的制约，获得进一步发展。在庶族地主发展及赋税制改革的条件下，农民社会地位逐渐上升，从此中国地主制经济再一次进入正常运转轨道。

第五节　结束语

关于隋唐时代地主制经济恢复正常运转的发展历程试作一总的回顾。

综合本章所述，这时地主制经济的发展变化大致可以划分为三个历史时期。一是由隋文帝至唐朝前期是世族地主制向庶族地主制发展的过渡期，武曌执政时期，这一过渡进一步完成。二是唐中宗神龙以后，地权转移更加频繁，均田制已基本破坏，是以庶族地主为主导的地主制经济的继续发展期。三是德宗改行两税法之后，以地亩作为派征的主要对象，占地多的地主也不例外，这时农民社会地位发生进一步变化，是地主制经济正式进入正常运转期。由隋朝建国至唐朝灭亡前后三百八十余年间，庶族地主在不断发展扩大，地主制经济日益发展和完善，其他社会经济乃至政治体制的变化也随之亦步亦趋。

第四章　地主制经济摆脱畸形状态恢复正常运转（隋唐时期）

以上这种种发展变化，其间隋至唐朝前期世族地主制向庶族地主制的过渡是一个关键性问题。这种过渡首先是从政治上抑制他们的特权。其间特别值得注意的是推行科举制，以代替维护世族地主政治体制的九品中正制。这种制度为庶族地主步入政途创造了条件。其次是实行对维护所有各类地主经济利益的租庸调制的改革。租庸调制对占地多的各类地主最为有利，具有顽固的等级性，又延续了一百多年，在农民纷纷逃亡进行反抗的条件下，到德宗时期才把两税法的改革提到日程上来。经过这次改革地主制经济才进一步完善。

伴随地主制经济的发展是与均田制相联系的土地买卖禁令的突破。玄宗时期主要是农业生产以及商品经济的发展，农民阶级分化现象已日益严重，贫穷户纷纷出卖土地，有关土地买卖禁令已形同虚设。以后甚至对检括土地"征簿外田"的政令也提出反对意见，如前述李元纮所说：富民土地"本于交易，焉得夺富以补贫"。到德宗朝改行两税法以后，主要以亩作为征税标准，土地买卖更加自由。这种发展变化也意味着地主制经济进一步发展和完善。

伴随土地买卖关系的发展是土地兼并日益剧烈。土地购买者主要是新发展起来的庶族地主，其中主要是官僚地主。这类地主与过去世族地主不同，兴衰无常，有的维持两三代即变成庶民，如开元年间张素贞所说：广占土地的官僚，"及身没后"，所有土地"皆为无赖子弟作酒色之资"。这类庶族地主兴衰无常，突破过去世族地主在政权和地权等方面累世相承的顽固传统。

关于庶民类型地主的发展尤值得重视。所谓庶民地主，有力农致富的农业地主，有将商业利润转向地产的商人地主。关于商人地主，如前所述，有的"广占良田"，有的"邸店园宅遍满海内"。关于这类庶民地主，两晋、南北朝时期很少记载。这是这一时期地主制经济发展的又一特征。

尤其值得注意的是，伴随地主阶级身份地位的变化及国家改

中国地主制经济论——封建土地关系发展与变化

革政策措施的推进，农民社会地位也发生了变化。此前在世族地主占据主导地位的时期，地主与农民贵贱等级关系十分严格。隋唐时代，伴随庶族地主尤其是庶民地主的发展，地主和农民之间的封建依附关系松解，自耕农和租佃农都不例外。两类农民社会地位的变化具有很大的意义，是这一时期地主制经济发展的又一特征。

隋唐农民社会地位的变化，农民在生活和生产方面有了较多的自由，生产积极性有所提高，农业生产相应发展，诸如水利灌溉事业的发展，生产技术的改进，单位面积产量的提高等，在文献中屡有反映。❶

与农业生产发展相适应的是商品经济的发展。在世族地主制占主导地位时期，封建所有制具有一定顽固性，而且封建庄园之内在经济方面很多自给自足，生产比较落后，商品经济的发展受到一定程度的限制；在过渡到以庶族地主为主的时期，由以形成的生产关系具有较大灵活性，这是商品经济发展的又一个前提。农业生产的发展，农民可以有更多的产品投向市场，为商品经济发展创造了条件。

商品经济发展，首先反映在商贩人数增加。据中宗神龙元年（公元 705 年）宋务光奏报："稼穑之人少，商旅之人众。"❷同时反映于商品流转的频繁，武则天执政后期，长安三年（公元 703 年）凤阁舍人崔融上疏说："且如天下诸津，舟航所聚，旁通蜀汉，前诣（指）闽越，七泽十薮，三江五湖，控引河洛，兼包淮海，宏舸巨舰，千艘万艘，交货往还，昧旦永日。"❸商税收入在国家财政收入中日益占据重要地位，此种情形在唐中叶已

---

❶ 参考《中国大百科全书·历史卷》，中国大百科全书出版社 1986 年。

❷ 《新唐书》卷一一八《宋务光传》。

❸ 《全唐文》卷二一九，崔融：《谏税关市疏》。

很突出，如安史之乱后，诸道节度使、观察使，"多率商贾以充军资杂用"。德宗时期，国家财政困难，"幸得商钱五百万缗，可支半岁"。❷

就在这种条件下，商人社会地位也逐渐发生变化。隋至唐前期仍沿南北朝的传统，行贱商抑商政策。如唐初规定："工商之家不得预于士。"❸唐太宗也曾说过工商杂色之流"必不可超授官秩"。❹此种情形在武则天执政时期开始发生变化，到玄宗时期发生更大变化，据《开元天宝遗事》："长安富民王元宝、杨崇义、郭万全，国中巨富也，各以延纳，四方名士，竞于供应，朝之名僚往往出于门下，每科场文士，集于数家，时人目之为豪友。"此后商人多通过科举入仕为官，如辛替否所说：朝廷"百倍行赏，十倍增官……遂使富商豪贾尽居缨冕之流，鬻伎行巫咸涉膏腴之地"。❺而且商人权势日大，如元结所说："今商贾贱类，台隶下品，数月之间，大者上污卿监，小者下辱州县。"❻

唐代经商人数众多，商品流转频繁，形成国家商税收入的重要来源，而商人社会地位的变化，是商品经济发展的具体反映。这种发展变化同工农业生产，尤其是农业生产发展紧密地联系在一起，更重要的是同当时土地关系的变化联系在一起的。

唐代商品经济的发展是可以理解的。在中国地主制经济时期，无论自耕农或租佃农不仅是一个独立实体，也是一个独立的经济单位，在生产资料和生活必需品方面部分需要购买，已跨越封建领主制时期自给自足的单纯自然经济。在唐代，伴随地主制经济由畸形状态进入正常运转时期，生产一度迅速发展，商品交

❶ 《通典》卷一一《杂税》。

❷ 《新唐书》卷五二《食货二》。

❸ 《唐六典》卷三《尚书·户部》。

❹ 《旧唐书》卷一七七《曹确传》。

❺ 《旧唐书》卷一〇一《辛替否传》。

❻ 《元次山集》卷七《问进士》。

换日益频繁，交换和生产更紧密地联系在一起。总之，商品经济的发展，最终为中国地主制经济的发展变化所制约。唐代中后期商品经济的发展就是有力的证明。关于商品经济与地主制经济的联系问题，经君健在所著《试论地主制经济与商品经济的本质联系》一文曾作了深入分析。

由以上隋唐时期地主制经济恢复正常运转的发展历程，及地主制经济进入正常运转之后所导致的社会经济一系列的发展变化，突出反映了这时地主制经济的生命力和灵活性。

最后，对地主制经济的制约作用作一总的概括。一是世族地主制向庶族地主制过渡问题，国家政策措施在当时的确起着巨人的乃至决定性的作用；但也要看到地主制经济本身内在自发的制约作用，地主制经济进入正常运行轨道乃是社会历史发展的必然，是不依人的意志为转移的。二是通过隋唐地主制经济发展变化的论述，可以作出如下论断：在整个封建社会时期，地主制经济在不断发展变化，它的发展变化不只在制约着社会经济的发展变化，乃至对封建社会习俗以及封建政治体制的变化有时也产生一定的影响。因此，在研究中国封建社会历史中的所有重大历史课题时，把中国地主制经济的发展变化作为中心线索，就可以得出比较接近实际的结论。

第五章　地主制经济进一步发展
（两宋时期）

第一节　北宋时期有利于地主制经济发展的政策措施

　　北宋时期，地主制经济一度高度发展。这种发展的具体体现，一是农民阶级构成的变化，即自耕农的扩大，租佃客户相对缩小；二是地主阶级结构的变化，即中小庶民及商人类型地主的发展，权贵强宗地主相对缩小。与此适应，贵贱等级关系相对削弱，农民社会地位相对上升，其他政治体制、民族文化以及社会经济都发生相应的变化，尤其是社会经济的发展尤为突出。南宋时期，由于权贵强宗地主权势嚣张，一度阻碍了地主制经济继续发展，但始终未脱离正常运转轨道。

　　北宋时期，各个地区社会经济发展状况很不平衡。宋代地域辽阔，北以白沟为界，与辽相接；西北陕西、山西与西夏相毗连；西至西川；西南为广南西路，南至海南岛。其间西部的夔峡等路比较落后，地主制经济呈畸形状态。这类落后区虽然所占面积不小，但民户较少，本书仅作附带说明。西南地区有的仍停留于奴隶制时代，本书从略。在黄河流域及长江、珠江流域广大地区是地主制经济正常发展区，尤其以太湖流域为中心的两浙路，发展更为迅速，变化更大。本章以地主制经济较发展的广大地区作为论述主题。通过宋代地主制经济高度发展的论述，说明在以地主所有制经济为内核的中国封建社会时期，地主制经济由低级阶段向高级阶段的发展乃历史的必然。这种发展变化是在它本身内在因素的制约下形成的。但在一定条件下，国家政策措施可以起一定促进或阻碍作用。

一、维护农民土地产权

如前所述，宋代地主制经济高度发展，主要是由它本身内在因素制约而形成的，同时国家所采行的政策措施起了一定促进作用，因此先就北宋时期影响土地关系发展变化的政策措施作一简略介绍。

在介绍国家有关政策措施之前，先把当时国家对民户分类情形作一简要说明，以便有利于对国家政策措施的理解。宋代民户有主客之分，有土地财产承担赋税者称为主户，其中主要是地主和农民；无土地财产者称客户，其间主要是租佃农。这时主户按所掌握土地财产划分为五等，第一、第二等户及第三等户中的一小部分系地主户，第三等户中的大部分及第四等户为自耕农，其间第四、第五等户占地较少，又称下户。❶

在自耕农中有富裕农民，第三等民户中的大部分农民属此。第四等户系一般自耕农，第五等户多系占地偏少的半自耕农。在主户中主要是一般自耕农和半自耕农。❷

第五章　地主制经济进一步发展（两宋时期）

---

❶ 宋代五等户的划分，据《宋会要辑稿·食货》三之二十四：元祐元年吕陶奏："天下郡县所定版籍，随其风俗，或以税钱贯陌，或以地之顷亩，或以家之积钱，或以田之受种，定为五等。"又据《续资治通鉴长编》卷一六八，皇祐二年六月纪事，第四、第五等户称"下户"，这类下户占田多者三五十亩，少者五七亩。或谓户等划分先以土地多寡为基准，后来逐渐演变为以"户钱"为准，即将土地、房屋、牲畜、工具和一切浮钱都概括在内的所有资财，据以划分等级，征派户钱。这是土地买卖频繁，工商业发展的必然结果。

❷ 主户中的第四、第五等户占据极大比重。其中第五等户，据漆侠所著的《宋代经济史》论述，其中地少者须租佃部分土地，构成半自耕农阶层。

关于北宋时期有关土地问题的改革政策措施，主要是奖励农民开垦荒田归自己所有。宋太祖乾德四年（公元 966 年）诏：所在长吏，告谕百姓，"有能广植桑枣，开垦荒田者，并只纳旧租，永不通检"。^❶太宗至道元年（公元 995 年）诏："应诸道州府军监管内旷土，并许民请佃，便为永业，仍免三年租调。"^❷至道三年（公元 997 年）诏："应天下荒田许人户经管请射开耕……直俟人户开耕事力胜任起税，即于十分之内定二分，永远为额。"^❸真宗咸平二年（公元 999 年）诏，官荒及远年抛荒土地，令"从来无田税者""射请"即为永业。^❹而且对能扶持客户上升为主户的官吏进行奖励。真宗大中祥符四年（公元 1011年）诏："旧制，县吏能招增户口者，县即升等，仍加其俸。"因此"至有析客户为之"。^❺客户改为主户，说明这类客户已占有地产，变成自耕农。此后朱正辞建议，令民户逃田可作"屯田佃种，依例纳夏税秋租课，永不起税"。^❻这部分土地实际为开垦者所占有。神宗时期，发布农田水利法，下令无地民户垦荒，并采取薄敛政策。由宋初到神宗百余年间，以上这类政策措施，适应了无地少地农民的要求。从此很多无地客户，纷纷占有土地变成主户。

再一种就是扶植自耕农的政策措施，将国家偿田改归农民所有。先是真宗咸平二年（公元 999 年），襄州置营田四万一千八百八十亩，唐州置一万七千亩。营田原系募民耕种，然后令其交纳地租，到仁宗天圣四年（公元 1026 年）以损失过

中国地主制经济论——封建土地关系发展与变化

---

❶ 《宋会要辑稿·食货》一之十六；《宋大诏令集》卷一八二。

❷ 《续资治通鉴长编》卷三八。

❸ 《宋会要辑稿·食货》一之十七。

❹ 同上。

❺ 《续资治通鉴长编》卷七五。

❻ 《宋会要辑稿·食货》一之二一。

大实行改制，"召无田产人户请射为永业，每顷输税五分"。所谓"输税五分"即一顷田输五十亩的税。有的地区则将营田出售，购买者主要是原来租佃户。如福建八州的官庄，原系出佃收租，真宗时期开始出售，令"佃户全业收买，割过户籍；若佃户不买，即将元卸肥田一处出卖"；并决定"三年送纳。……候纳钱是（足）给户帖"，作为永业。❷

　　这时有些国家牧地也演变成农民私有地。如西北边陲牧地，在真宗景德年间（公元 1004—1007 年）约有九万九千余顷，其间部分系一般良田，后来渐为民户所占有，其间主要是开垦的农民。仁宗时期（公元 1023—1063 年），河南北草牧地数万顷，据宋祁所说，其地"为郡县所侵，挑田伐树，半入民产"。❸ 又如郓州牧其"地侵于民者，凡数千顷"。❹ 当进行检括时，"人户多称父祖世业，失却契书，无凭照验，但追呼骚扰而已"。❺这时牧地向私有转化已成无法挽回之事。其间部分为农民所占有。

　　有些地区国家屯田也向私有转化，这类土地变成原来租佃者的永业田，佃农变成自耕农。据宋徽宗政和元年（公元 1111年）知吉州余常奏报："诸路唯有江西乃有屯田非边地，其所立租则比税亩特重，所以祖宗时许民间用为永业。"就是说屯田私有化早已出现。这类土地，"如有移交，虽名立价交佃，其实便如典卖己物"。这类承佃土地的典卖已如同私产。而且这类土地互相转卖已久，如奏报所说："其有得以为业者，于中悉为屋室坟墓，既不可例以夺卖；又其交佃岁久，甲乙相传，皆随价得

❶ 《宋会要辑稿·食货》二之二。
❷ 《宋会要辑稿·食货》一之二三。
❸ 宋祁《景文集》卷二九《直言对》。
❹ 《宋史》卷二六五《李昉传附李昭述传》。
❺ 欧阳修：《欧阳文忠公文集》卷一一三《论牧马草地札子》。

佃"。❶这种屯田虽曾名为屯田，实已变成购买者的私产。所谓"交佃""得佃"，这时也徒有其名，这里的"佃"已变成永业的代名词。以抚州金溪县屯田向私有演变为例，据南宋陆象山论述，谓在北宋哲宗元祐年间（公元1086—1093年），"捐汤沐以补大农，而俾以在官之田，区分为庄，以赡贫名，籍其名数，计其顷亩，定其租课，使为永业"。所说"永业"即所有权。陆氏接着说："岁月寝久，民又相贸易，谓之资陪，厥价与税田相若，著令亦许其承佃。"又这类土地"明有资陪之文，使之立契字，输牙说，盖无异于税田"，❷这类土地民间互相买卖，其价与一般民间税田相同，又这类土地的买卖文契和牙税亦然。说明这类土地虽仍沿袭过去"承佃"之名，实际已变成耕种者的永业田。

通过上述种种政策措施，很多原系无地户变成有地户。地权的取得，有的通过购买，但主要是通过垦荒，其间主要是由租佃客户变成自耕农。据吕大钧论述，认为"保民之要"，除"存恤主户"之外，"又招诱客户，使之置田以为主户"。❸如湖湘一带，据胡宏记述，客户之中，"或丁口蓄多，衣食有余，能稍买宅三五亩，出户名，便欲脱离主户而去"。❹胡宏所说便是租佃客户衍变为主户的具体反映。胡宏系南宋时人，胡宏所说乃系北宋客户摆脱主户的继续。

正是在上述条件下，民户和垦田迅速增加。由宋太祖开宝末年至真宗天禧末年，历时不过数十年，民户由三百万增至八百余万户，垦田由二百九十五万顷扩增至五百二十四万余顷。

关于各地开垦情形，如两浙路之吴郡，据范大成记述，经过

---

❶ 《通考·田赋考七·官田》。

❷ 陆九渊：《象山先生文集》卷八《与苏宰第二书》。

❸ 吕大钧：《民议》，载《皇朝文鉴》卷一〇六。

❹ 胡宏：《五峰集》卷二《与刘信叔书》。

有宋二百多年垦辟，"四郊无旷土，随高下皆为田"。由北宋至南宋各个地区关于开垦荒田耕地增加事有不少记载，很多无地户经过垦荒获得土地变成自耕农，在农民阶级中，自耕农所占比重大为增加。

二、减轻农民赋役负担

关于这个问题可以从两方面进行论述，一是田税，二是徭役。总的趋势是，国家为增加税收，对地主阶级逃避赋役行为采行抑制措施。这里要着重论述的是，这种政策措施对自耕农小土地所有者的经济权益所起的维护作用。

下面先谈田税改革问题。

宋代前期，过去旧有地主仍多持续，逃避田税现象相当严重。宋太宗雍熙三年（公元986年），如国学博士李觉所说："地各有主户，或无田产；富者有弥望之田，贫者无立锥之地。"❷如《宋史》所论："势官富姓，占田无限，兼并冒伪习以成俗。"❸由以上事例，说明地主所占土地面积相当广大。所谓"兼并冒伪"指逃避田税，所谓有立户"无田产"指农民无田完纳田税。在田税转嫁的剥削下有的农民被迫逃亡。如太宗至道年间（公元995—997年），有农民"匿里舍而称逃亡"。有的携带田产投靠豪强之家，托其庇护。更多的是离乡逃亡，当时称为"流庸"。❹这种现象严重影响了国家税收。

针对上述现象，国家对民户和土地进行检括。太宗淳化三年（公元992年）程坦"在兴化招流庸自占者数千家"，"在禹城

---

❶ 范成大：《吴郡志》卷二。

❷ 《续资治通鉴长编》卷二七，雍熙三年秋七月甲午。

❸ 《宋史》卷一七三《食货志·农田》。

❹ 《文献通考·田赋考·四》。

又招流庸数千家，括隐田万五千余亩"。❶此种情形一直到仁宗时期仍在延续。据庆历三年（公元1043年）记载，郭谘、孙琳所采行"千步方田法"，在洺州肥乡县进行括田，"除无地之租者四百家，正无租之地者百家，收遗赋八十万，流民乃复"。❷后来这种括田法一度在全国推广。所说"无租之地"主要是地主逃避赋税的土地。

由于豪强地主广占土地逃避田税，对此朝廷再进行整顿。太祖时期，选派官吏，进行度田，并严加戒饬，令征收之时，删繁就简，对各种加耗陋规加以限制。经过整顿，在一定程度上减轻了农民的两税负担。至太宗时期，针对各地两税不均现象进行改革，如两浙地区，于淳化元年（公元920年）诏各州"宜令所在籍其垅亩之数，均其租，每岁十分减其三，以为定制"。❸又淳化四年（公元923年），"乃诏诸知州通判，具如何均平赋税，招辑流亡，惠恤孤贫，窒塞奸幸，凡民间未便事，限一月附疾置以闻"。❹

此后仁宗时期（公元1023—1065年）更行千步方田法。如洺州肥乡县田赋不平，郭谘前往整治，"以千步方田法，四出量括，遂得其数，除无地之租者四百家，正无租之地者百家，收遗赋八十万，流民乃复"。❺经过千步方田法，纠正了过去地主户依势逃避的田税，免除了农民户因占地少而多出的田税。从而因地主转嫁赋税被迫逃亡的流民又返回他们的家园。以上各朝所颁布种种政策措施虽未能全部贯彻实行，但也都收到一定功效。

---

❶ 王珪：《华阳集》卷三五《程坦神道碑》。

❷ 《宋史》卷三二六《郭谘传》；《续资治通鉴长编》卷一四四，庆历三年冬十月丁未。

❸ 《全宋文》卷六九，《招复江浙游民务农诏》。

❹ 《全宋文》卷六一《令知州通判等规划均平赋税招辑流亡等事上闻诏》，淳化四年三月。

❺ 《宋史》卷三二六《郭谘传》。

神宗时期（公元 1068—1085 年），在王安石主政期间，朝廷重修"方田均税法"。从熙宁五年（公元 1072 年）始，令各县委令佐分地计量，"以地及色参定肥瘠，而分五等以定税则"。❶ 这种按土质优劣分五等完税法，分夏秋两季征收，也称两税法。从此农民田税负担趋于合理化。这种方田均税法在大部分地区如京东、河北、陕西、河东等路都曾实行，一时颇见成效。❷ 王安石制定方田均税法的意图是抑制地主兼并扶植自耕以保证国家税收，如他一再所说："今税敛不为重，但兼并侵侔尔"；"农以去疾苦，抑兼并，便趣农为急"。❸ 由于部分当政者的反对，权势地主的阻挠，此法未能推行全国。此后徽宗时期（公元 1101—1125 年），间有倡行方田均税者，其性质已和过去不同，且未能实行。

由以上论述，北宋时期，从太祖开始，历太宗、仁宗朝对田税均进行了改革，至神宗时期王安石变法成就尤为显著。关于改制后的田税税率各地不同，大致约占农田产量的 1/10，比当占产量 1/2 的地租要轻得多。通过田税的改革，抑制了权势地主对田税的逃避和转嫁，减轻了农民的负担，对自耕农起了一定维护作用。

关于徭役改革问题比较复杂。北宋徭役系按户等资产派征。朝廷把民户依资产多寡分为五等，按等级科派各种不同的徭役。上三等户称上户，系"有物力之家"，主要是各类地主户，其间第三等户包括大部富裕自耕农。第四、第五等户是自耕农和半自耕农。按资产划分等级，按不同等级而承担不同种类徭役。这时

---

❶ 《文献通考》卷四《历代田赋之制》。

❷ 这时的两税和唐代不同，系田亩税，即夏、秋两季征收。夏税征钱，秋税征粮。夏税征钱主要行之两浙路、江南西路、福建路、广南东路，北方不直接征钱。参考郑学檬主编《中国赋役制度史》第346页。

❸ 《续资治通鉴长编》卷二三三，卷二二〇。

徭役分为两大类，一是"夫役"，二是"职役"。夫役系筑城、浚沙、运输之类徭役，承担者主要是农民。职役也称差役，是供官府奔趋驱使的各种杂役，承担者包括地主户，实际往往强派贫苦人户充差。总之，以上各种徭役征派，主要加在自耕农身上，成为他们沉重的负担。如仁宗时期宋祁所奏："朝廷每有夫役，更藉农民以任其劳。"[1] 这种徭役征派对农民造成严重危害。如司马光所说："但闻有因役破产者，不闻因税破产。"[2] 因此他建议："凡农民租税之外，宜无所预衙前，当募人为之，以优重相补"；这类差役如令农民承担支出过多，"而农民常费八九"，即占农家总收入的十分之八九。他主张"其余轻役则以农民为之"。[3]

其实徭役制的改革在神宗以前就提出过并一度付诸实践，如王逵为荆湖转运使，"率民输钱免役"；[4] 李复圭为两浙转运使，令民"出钱助长召人承募"之类。[5] 其中司马光是主张部分差役改行募役的一员，如马端临所论："司马光所谓募人充衙前即熙宁之法也。"[6] 即指此后王安石所推行的募役法早在此前英宗时期司马光已经提出来了。

关于免役法的实施，先是神宗熙宁二年（公元 1069 年），朝廷派人到各路进行调查，做免役法准备工作。当时苏辙曾提出反对意见。熙宁三年（公元 1070 年），由司农寺主持役法改革事，拟先在开封府试行，收效甚好。熙宁四年（公元 1071 年），下令全国推行免役法，规定"凡当役人户，以等第出钱，名免役

❶ 宋祁：《景文集》卷二六，宝元元年《上三冗三费疏》。
❷ 司马光：《涑水记闻》卷一。
❸ 《文献通考》卷一二《职役考》。
❹ 《宋史》卷一七七《食货志·役法上》。
❺ 《宋史》卷二九一《李若谷传附李复圭传》。
❻ 《文献通考》卷一二《职役考》。

中国地主制经济论——封建土地关系发展与变化

钱"。又坊郭等第户及寺观品官之家，"旧无色役而出钱者，名助役钱"。

役法改制，免役钱由当役民户交纳。这种改革具有历史意义。首先，从此农民避免了直接从役，这是继隋唐以庸代役之后的一大改革，有利于农民从事农业生产；其次，免役钱按等第高低即家产多少交纳，负担趋向平均；再次，助役钱由原来不承担差役的各类人户负担，品官之家从此也须交纳助役钱；最后，免役钱和助役钱随夏秋二税交纳，这是此后明清时代推行摊役入地的变革的征兆，也是在酝酿中的历史进步。❷

役法制的这种改革，减轻中下户农民的负担，但对资产较多的地主阶级不利，因此在朝内曾发生争执。熙宁四年（公元1071年）神宗召二府到资政殿讨论役制改革问题，反对派冯京说："修差役，作保甲，人极疲劳。"神宗不同意冯京的看法，说道："询访邻近，百姓亦皆以免役为喜，盖虽令出钱而复其身役，无追呼刑责之虞，人自情愿故也。"当时文彦博也是反对改制的，他说："祖宗法制具在，不须更张以失人心。"神宗驳斥他说："更张法制于士大夫诚多不说（悦），然于百姓何所不便！"马端临对在资政殿的这次争议，作了如下评论："盖介甫（王安石）之行新法，其意勇于任怨，而不为毁誉所动；然役法之行，坊郭、品官之家尽令输钱，坊场、酒税之入尽归助役，故士大夫豪右不能无怨，而实则农民之利，此神宗之所以有'于百姓何所不便'之说，而潞公（文彦博）之语与东坡（苏轼）所谓'凋敝太甚厨传萧然'云者，皆介甫所指以为流俗干誉不足恤者，是岂足以绳其偏而救其弊乎！"❸

❶ 《宋史》卷一七七《食货志·役法上》。

❷ 参考郑学檬主编《中国赋役制度史》，厦门大学出版社1994年，第392页。

❸ 《文献通考》卷一二。

总之，北宋时期所执行的某些政策措施，导致土地关系在不断发展变化，直接促成自耕农小土地所有制的扩大，间接导致了地主阶级构成的改变。伴随这种发展变化，农民社会地位相对上升，地主制经济高度发展。但这种情形，北宋后期逐渐出现反复，伴随权贵强宗地主的发展，政治日趋腐败，田赋转嫁现象又趋严重，免役法也未能始终贯彻执行，田赋差役摊派向中下户转移，自耕农负担日重，如史所记：“富者差得自宽，而贫者困穷日甚。”❶

　　朝廷政策措施对地主制经济的发展变化的确起着极为重要的作用，但更值得注意的是社会经济同地主制经济两者的相互关系，两者的发展变化互为因果。从战国历秦、汉、魏、晋、隋、唐至宋代千余年间的史实证明，伴随社会经济的发展，地主制经济也随之亦步亦趋。反过来，地主制经济进一步发展，也为社会经济的发展创造了条件。

　　北宋前期到中期，对土地赋役制度一再进行改革。尤其神宗时期，王安石关于变法问题所提建议，在田税和徭役改革方面都很突出，起了一定积极作用。王安石的中心思想是抑制地主阶级的兼并，扶植自耕农，发展生产，保证国家财政收入。要想发展农业生产，首先要解决农民疾苦问题。如王安石对神宗所说："农以去疾苦。"❷要解决农民疾苦问题，需要维护他们的土地不为地主所兼并，所以王安石又曾说：要使农民遇凶年"常保其田土，不为大姓兼并"。❸正因为如王安石积极推行田税徭役制度的改革，因此招致一些人的反对，如苏辙所论："王介甫小丈夫也，不忍贫民而深嫉富民，志欲破富民以惠贫民，不知其不可也"。❹王安石变法改制在当时曾收到一定功效，如耕地面积增

❶ 《文献通考》卷一三《职役考》。
❷ 《续资治通鉴长编》卷二二〇。
❸ 《续资治通鉴长编》卷二三二。
❹ 苏辙：《栾城集·三集》卷八《诗病五事》。

中
国
地
主
制
经
济
论
——
封
建
土
地
关
系
发
展
与
变
化

加，神宗元丰年间（公元 1078—1085 年）耕地达四百六十多万顷，较前期英宗时期增加四十多万顷。在这一时期，广大农民获得土地，租佃客户相对减少，自耕农所占比重增加，农业生产也随之相应发展。

第二节　北宋时期农民阶级构成的变化及自耕农发展扩大

一、自耕农阶层逐渐扩大

北宋时期，在地主制经济体制中，就全国地权分配状况而言，在一个相当长的历史时期内，自耕农占据统治地位。这种关系，对社会经济的发展起了决定性制约作用，因此本节先就自耕农的发展变化问题首先进行论述。

这一时期自耕农的发展变化，首先是自耕农阶层民户的扩张，这种发展变化具体反映于自耕农和租佃客户所占比重的变化。其次根据这种变化考察农民阶级占地规模，及农民所有制及地主所有制两者的对比。伴随这种发展变化，工农业尤其是农业生产及商品经济有较快的发展。就这样，在中国近古时期，地主制经济的发展进入一个新的历史阶段。

自耕农的发展扩大同整个社会经济的发展变化有关，但和前述国家所采行的政策措施有着更为密切的联系。如在土地政策方面，奖励农民垦荒，承认农民的土地产权；将过去官公田地划归国家租佃农，扩大自耕农的队伍；同时对权贵强宗所兼并的土地进行检括，采行了适当抑制政策，这也有利于自耕农的延续和发展。在赋役政策方面则进行适当改革，如减轻农民的田赋和差役，抑制各类地主逃避赋役的活动等。这种种改革，从北宋前期即行开始，到神宗王安石进行变法时期又进入一个新的历史阶段，成绩尤为突出。在以上种种政策措施下，有不少客户上升为小土地所有者即自耕农。自耕农户数及所占土地逐渐增多，为社会经济的进一步发展创造了条件。

关于自耕农阶层的扩大，在地权分配方面具体反映于农民所有制与地主所有制所占比重的变化，这种变化又具体反映于自耕农和租佃客户所占比重的变化。因此笔者首先依次分析主户和客户对比的变化，及自耕农在主户中所占比重，自耕农与租佃客户比重问题，其次考察自耕农及租佃农田场面积，最后考察自耕农占地在总垦田中所占比重。关于上述情形，古文献记载诸多含混，笔者只是在参考古文献的基础上进行大致估算，不可能百分之百地准确。

为了解决以上一系列问题，这里拟先从主户和客户所占比重的变化进行考察。以全国总平均而论，由太宗历仁宗至神宗元丰为期约百年间，主户由原来的 58.3% 增为 66.7%，客户由原来 41.7% 降为 33.3%，如表 5-1 所示。

表 5-1　北宋各朝主户客户所占百分比

年代	总户数	主客户百分比（%）	
		主户	客户
太宗太平兴国五年至端拱二年	6108635	58.3	41.7
仁宗天圣元年	9898121	62.1	37.9
仁宗庆历二年	10307640	64.7	35.3
仁宗嘉祐六年	11091112	65.0	35.0
神宗元丰元年	16492631	66.7	33.3
哲宗元符二年	19715555	67 3	32.7

说明：此表据梁方仲《中国历代户口、田地、田赋统计》甲表 33 编制。该书参考多种史料，数字间有分歧，此系摘录。见该书第 126—129 页，上海人民出版社 1980 年。

所谓客户即租佃农。主户包括地主和工商业者，但主要是自耕农。主户户数和客户户数对比的变化，既包含有自耕农和租佃农变化的内涵，也表明自耕农和地主阶级占地对比的变化。从主户所占比重的扩大和客户所占比重的缩小，说明农民所有制的增长超过地主所有制的增长。由上表所示，在前后约百年间，主户增加了 8.4%，自耕农增长率当相差不远。当然，各个地区不会完全相同，有的地区甚至相反。如夔峡地区就是这种情形。但就总的发展趋势而言，北宋时期，尤其在神宗时期及以前，地权趋向分散，自耕农逐渐增长扩大，乃系普遍现象。

二、自耕农在各类民户中所占比重

为了探讨自耕农占地规模，需要考察自耕农和租佃客户两者所占比重；为了考察自耕农和租佃客户户数的对比，需要先探索当时各类民户包括各类工商业者、各类地主、各类自耕农等主户和租佃客户的对比。

有宋两百多年间，关于自耕农占地规模及所占比重问题，文献记载多含混不清，甚至互相矛盾。但关于所属二十三路户口记载，❶ 有关主户客户数目，却比较完整。本节即根据主户和客户的对比，估计自耕农和租佃农对比，然后考察自耕农占地规模与客户佃耕亩数，借以考察农民所有制与地主所有制的对比。为了考察各类民户所占比重，下面先将主户与客户对比列表（见表5-2）。

由表 5-2 看，全国二十三路平均计，主户占 69%，客户占 31%，主户超过客户 38%。但各路相差悬殊。主户所占比重

---

❶ 东京开封府户数未计算在内。

表 5-2　神宗元丰初年各路主客户所占百分比

路别	主户百分比（％）	客户百分比（％）	路别	主户百分比（％）	客户百分比（％）
河东路（山西）	85	15	江南西路（赣）	64	36
江南东路（皖南赣东）	84	16	广南东路（广东）	61	39
两浙路（苏杭常秀）	79	21	利州路（川北）	60	40
河北西路（河北）	74	26	荆湖北路（湖北）	59	41
陕西永兴军路（陕西）	74	26	京东东路（山东）	58	42
成都府路	74	26	淮南西路（皖北）	57	43
河北东路（河北）	71	29	荆湖南路（湖南）	56	44
京东西路（山东）	68	32	京西北路（河南）	55	45
陕西秦凤路（陕甘）	68	32	梓州路	52	48
淮南东路（苏北）	67	33	京西南路（湖北）	47	53
广南西路（广西）	67	33	夔州路	30	70
福建路	65	35	诸路总平均	69	31

说明：1. 本表根据资料，梓州、夔州两路据王存《元丰九域志》，其他各路据《文献通考》卷一一《户口》。转据梁方仲《中国历代户口、田地、田赋统计》第 141—148 页，上海人民出版社 1980 年。

2. 东京开封府民户数未计算在内。

3. 本表依主客户对比数字大小排列。

高者为河东路，占该路总户数的85%；最低者为夔州路，只占30%。在二十三路中，按立户所占比重多寡可以划分为四组，在70%～80%以上者有七路，在60%～68%之间者八路，在52%～59%之间者六路，有三路在50%以下。由主客户所占比重反映了各路农民与地主两种所有制大致情况，可据以考察自耕农所占比重。关于自耕农所占比重，即同一路的各府州军也有所不同，有的府州军自耕农所占比重较大，有的所占比重较小。限于文献资料，此类问题难以详加估算，本书从略，只是偶一涉及。

以上是主户和客户的对比。下面探讨一下自耕农在各类民户中所占比重。关于这个问题宋史专家漆侠曾作如下估计，客户及第四、第五等户及第三等户中的富裕农民合计约占总户数的85%以上；手工匠人、作坊主、一般中小商人等约占7%～8%；第一、第二等民户和第三等户中的占地较多者构成当时地主阶级，再加上当时大商人高利贷者，合计约占总民户的6%～7%。

根据上述估计，在总民户中，各类工商业者合计按8%计，客户暂按前表所列31%计，据此，各类自耕农约占总民户的55%。按前所估计，就主户而言，工商业者约占11%，地主约占9%，自耕农半自耕农约占80%。

为了进一步分析自耕农问题，这里先就自耕农和地主户两者所占比重进行探讨。下面先介绍一下当时主户等级的划分及各类民户所占比重。当时根据田产或各个资财数额将所有主户划为五等。仅就土地所有者而论，第一、第二、第三等户称为"上等户"，其间第一、第二等户系当时的地主。第二、第三等户有时又称为"中户"，其中的第三等户除一部分小地主外，大多数是占田五七十亩或更多一些的富裕自耕农。当时第三等以上户为数较少，占田三五十亩或二十亩、十亩以下。第四、第五等户所占

比重最大，又称"下等户"，是自耕农的主体。❶

在各类主户中，如何估计自耕农所占比重是一个极其复杂的问题，可以有几种方法。下面试先列举当时人关于这个问题的议论。

在自耕农整体中，如前所述，第四、第五等农户占据主要地位，是自耕农的主体。先是仁宗庆历元年（公元 1041 年）孙方平记述："中等以上户不及五分之一，第四第五等户常及十分之九"。❷即在主户中，第四、第五等户自耕农所占比重高达90%。此后五十余年，哲宗绍圣三年（公元 1096 年），据孙谔所记："假一县有万户焉，为三分率之，则民占四等五等者常居其二。"❸即第四、第五等民户，只占 66.7%。以上关于四等、五等户的记述，一为占 90%，一为占 66.7%，相去甚远。中国地域广袤，各个地区差别很大，第四、第五等户在有些地区只占 90%乃至以上，❹有些地区只占 66% 乃至以下，这完全是可能的，但这类记载不能代表整个国家的状况。就全国平均而言，参酌其他有关记述，加上第三等户中的富裕自耕农部分，与第四、第五等户合计，关于自耕农在主户中所占比重不同，大约在 70% ～ 90%

❶ 据《续资治通鉴长编》仁宗皇祐二年六月记载，第四、第五等户占田多者三五十亩，少者五七亩。自耕农占地多寡可因地区而不同，若北方耕作粗放区，自耕农占地有的多至百余亩；南方精耕细作区，一般占地不过十余亩，或二余亩。又关于户等划分，或按每户税钱计。据朱熹：《晦庵先生朱文公文集》卷二四《与魏元履书》，谓税钱五百文以下为第五等户。漆侠据此得出结论：税钱在一贯文以下，五百文以上，占田三五十亩的属于第四等户；税钱在五百文以下，或仅百数十文的，占田不超过三十亩或仅五七亩者属于第五等户。

❷ 张方平：《乐全集》卷二一《论天下州县新添置弓手事宜》。

❸ 《宋会要辑稿·食货》一四之八。

❹ 据孔文仲：《舍人集》卷一《制科策》，"上户居其一，下户居其十"。据此，第四、第五等户占主户的9/10以上，所估更高。

中国地主制经济论——封建土地关系发展与变化

之间，取中位数暂按80%计比较适宜。据此，主户中的两大阶级——自耕农与地主的对比，各类自耕农约占90%，各类地主约占10%。❶

表5-3　各路自耕农客户两类农户所占百分比 *

路别	自耕农与客户对比户所占百分比（%）		自耕农与客户两类农户所占百分比（%）	
	自耕农	客户	自耕农	客户
河东路	85①×80%②=68	15③	81.93	18.07
江南东路	84×80%=67.2	16	80.77	19.23
两浙路	79×80%=63.2	21	75.06	24.94
河北西路	74×80%=59.2	26	69.48	30.52
陕西永兴军路	74×80%=59.2	26	69.48	30.52
成都府路	74×80%=59.2	26	69.48	30.52
河北东路	71×80%=56.8	29	66.20	33.80
京东西路	68×80%=54.4	32	62.30	37.70
陕西秦凤路	68×80%=54.4	32	62.30	37.70
淮南东路	67×80%=53.6	33	61.89	38.11
广南西路	67×80%=53.6	33	61.89	38.11
福建路	65×80%=52.0	35	59.77	40.23
江南西路	64×80%=51.2	36	58.72	41.28
广南东路	61×80%=48.8	39	55.58	44.42
利州路	60×80%=48.0	40	54.55	45.45

❶ 在总民户中，据前表，客户约占31%，主户约占69%。在主户之中，参考漆侠估算，各类工商业者和高利贷者约占11%，各类地主约占9%。据此，各类自耕农约占80%。自耕农与地主两大阶级对比，自耕农约占90%，地主约占10%。

路别	自耕农与客户对比户所占百分比（%）		自耕农与客户两类农户所占百分比（%）	
	自耕农	客户	自耕农	客户
荆湖北路	59×80%=47.2	41	53.51	46.49
京东东路	58×80%=46.4	42	52.49	47.51
淮南西路	57×80%=45.6	43	51.47	48.53
荆湖南路	56×80%=44.8	44	50.45	49.55
京西北路	55×80%=44.0	45	49.44	50.56
梓州路	52×80%=41.6	48	46.43	53.57
京西南路	47×80%=37.6	53	41.50	58.50
夔州路	30×80%=24.0	70	25.53	74.47
诸路平均	63×80%=50.4	31	61.92	38.08

说明：＊东京开封府民户未计算在内。

①相对客户而言，主户在各路总民户中所占比重。

②80%系自耕农在主户中所占比重。

③相对主户而言，客户所占比重。

④根据表 5-2 数计 ×80% 整理而成。

据上表 5-3 统计，就各路平均而言，自耕农和租佃客户对比，自耕农约占 61.92%，租佃农占 38.08%，自耕农户数超过租佃客户 23.84%，这个数字相当可观。❶

当然，这个数字比不可能完全准确，暂供作研究自耕农与各类地主占地情况的参考。又各个地区自耕农户和租佃客户的对比极为悬殊，自耕农比重较大者，若河东路与河南东路在 80% 以

---

❶ 关于租佃农户数的百分比可能较38.08%为高。占田数亩的自耕农，有的从事经济作物的种植，有的从事其他副业，但有的也兼事租佃，属半自耕农。

中国地主制经济论——封建土地关系发展与变化

上，两浙路、河北西路等九路均在 60% 以上。自耕农所占比重较小者若京西北、梓州、京西南等三路均不到 50%；尤其是夔州路，自耕农只占 25.53%。可以根据自耕农对客户所占比重考察各个地区自耕农占地规模。

三、自耕农占地规模

自耕农占地规模，因地区而不同。若耕作精细地区，单位面积产量较高，农民耕作田场面积较小；若耕作粗放区，单位面积产量低，农民耕作田场面积较大。又各类民户占地多寡也有多有少，这种关系漆侠曾作了详细论述。

关于这时文献记录也诸多分歧。或谓黄河流域及川西某些干旱地区，富裕农民可占田百余亩，一般农民占田三五十亩，或七十亩，第五等户田少，约占四十余亩至二十余亩。或谓第三等民户中，除一小部分小地主外，大多数农民占田五七十亩或更多一些，第四、第五等户占田多者三、五十亩，少者五七亩。若江浙等富庶区，占田三四十亩已是自耕农的上层即富裕农户，一般为十余亩至二十余亩，有的只占田数亩。因此每户自耕农占地多寡很难作一般论断。

关于租佃农佃地面积，下面也列举几个事例。仁宗时期（公元 1023—1063 年），关于职田出租规定，"一顷不得过三户"。❶由这个限制看，每户佃地平均不得超过三十三亩，这大概是租佃公田最高额。平江府和华亭县学田若干亩，分别出租，平江府学田由十三户佃农耕种，华亭县学田由一百零五户佃农耕种，两处每户佃田多者皆为五十亩，少者数亩，平均约在二十至三十亩。但也有地区租佃农佃地很少，如南宋时期都昌曹彦约有田百亩，"有仆十余家，可以供役"。据此每户佃田不过十亩左右。❷

---

❶ 《宋大诏令集》卷一二八《定职田诏》，庆历三年十一月壬辰。
❷ 曹彦约，《昌谷集》卷七《湖庄创立本末与后溪刘左史书》。

第五章 地主制经济进一步发展（两宋时期）

以上是关于自耕农和租佃农耕作田场面积的基本情况。为了论证农民所有制与地主所有制的对比，兹参考众说作一假设，自耕农每户平均占田按二十亩计；租佃农须向地主交纳地租，田场面积较大，按每户平均三十亩计。当然，如前所述，各个地区不同，此乃酌中设想。据此，试对各路自耕农和租佃农耕地面积作出估计，若福建路，自耕农与租佃客户为 59.77% 与 40.23% 之比，两类农户耕地面积大致相等。如此，则农民所有制与佃农所租佃的地主所有制可能相差不远。据此我们可以作出如下结论：所有各路，在两类农民对比中自耕农户数在 59.77% 以上者，农民所有制将占据统治地位；自耕农在 59.77% 以下者，地主所有制基本占据统治地位。若自耕农户数比重最大的河东路，在两类农户对比中，自耕农户数占 81.93%，他们占地应为 73.46%。如自耕农户数最少的夔州路，两类农户对比，自耕农只占 25.53%，农民所有制应为 18.6%。据此我们又可以作出如下结论：在全国二十三路中，广南西路以上之十一路，农民所有制所占比重超过地主所有制；江南西路以下十一路，农民所有制小于地主所有制。当然，以上所作自耕农与客户户数的对比，两者的耕作田场面积的对比，只是为了便于进行论述两种所有制而作的大致估计，所估数字偏高或偏低，与实际情况会有一定距离。而且所估租佃农田场面积可能偏大，又半自耕农所租佃的土地也未计算在内，同时各个地区也有极大差距，因此以上估计只能供作参考。

虽然农民所有制与地主所有制占据统治地位者各有十一路，但不能作出两种所有制所占耕地面积相等的论断，因为两个十一路情形有所不同。前面农民所有制占主导地位的河东，两浙等十一路，民户比重较大。这时全国总民户大约一千五百万户，河东、两浙这个十一路约占其中的 55%；地主所有制占主导地位的江南西、广南东这个十一路只占总民户数的 45%，两者相差

10%。据此，这时全国民田耕地面积，农民所有制要超过地主所有制。当然，这种估算也只能供参考。❶

　　下面试就两浙路及所属温州府部分地区作一估计。关于两浙路，据王存《元丰九域志》，该路主客户合计共一百八十三万零九十六户，其间主户一百四十四万六千四百零六户，客户三十八万三千六百九十户。按前表自耕农与客户比重为75.06%与24.94%之比计，自耕农当为一百一十五万四千七百六十二户。又两浙路垦田共三千六百二十四万七千七百五十六亩。租佃农每户按佃种三十亩计，三十八万三千六百九十户客户共该佃种一千一百五十一万零七百亩，除佃农佃地外，尚余二万四千七百三十七点零四六亩，由一百一十五万四千七百六十二户自耕农耕种，平均每户占田二十一点四二亩。如前所述，自耕农分为各阶层，占地多寡不等，每户占地二十亩左右大概系一般现象。

　　据此，农民所有制超过地主所有制一千三百二十二万六千一百四十六亩，在民田中农民所有制占68.24%。以上根据文献资料所作大致估计，就两浙路各方面情形考察，还是比较接近实际。

第五章　地主制经济进一步发展（两宋时期）

----

　　❶ 根据梁方仲《中国历代户口、田地、田赋统计》，甲表36所作大致估算，河东、两浙等十一路，主户为六百十四万四千零四十户，客户为二百零三万八千户，共为八百二十三万四千四百四十五户。江南，广南等十一路，主户为三百八十四万零五百九十二户，客户为二百八十八万三千九百五十二户，共为六百七十二万三千五百四十四户。二十二路合计，主户为九百九十八万四千六百三十二户，如前所述，自耕农按占主户的80%计，应为七百九十八万七千七百零六户。这时全国客户共四百九十二万一千四百五十二户。自耕农每户占地如按平均十八亩计，客户租佃地平均按二十七亩计，自耕农占地超过客户租佃地一千多万亩。这里应加以说明的是，以上统计数字稍有差异，原书如此；每户平均数只是凭当时文献记载估计，不可能十分准确。

再以两浙路的温州府地区为例。据载该州近城三十里内的各类官民户中，土地较多者，计占田四百亩以上者四十九户，共有田三万七千八百四十八亩，每户平均占田七百七十二点四亩，属当时大地主；占田一百五十至四百亩者二百六十八户，共有田五万九千三百六十六亩，每户平均占地二百二十一点五亩，其中主要是当时的中小地主。此外占田三十至一百五十亩者一千三百三十六户，共有田九万八千九百九十亩。这类民户，每户平均占地六十点五亩。在占田三十至一百五十亩的民户中，大部分是较富裕的自耕农，但有小部分占田百、数十亩的小地主。依照当时文献记载，这类小地主按照其中的10%计，又每户占田按一百四十亩计，共该有一百六十四户，共占田二万二千九百六十亩。此外尚余七万六千零三十亩，为其余一千四百七十二户较富的农民所占有，每户平均占田五十一点六五亩，应属于第三等户。

由以上统计，在温州这一地区，各类地主所有制，大地主共四十九户，占地三万七千八百四十八亩；中小地主二百六十八户，占地五万九千三百六十六亩；小地主一百六十四户，占地二万二千九百六十亩。以上三种地主共四百八十一户，共占地十二万零一百七十四亩。这个统计数虽不是百分之百的准确，但距离实际不会太远。

关键是农民所有制。关于农民中的第四、第五等户原书缺载。这类第四、第五等户，如前所述，在立户之中，这类民户和地主户数一般为九与一之比。这一地区的地主户为四百八十一户，按此估算第四、第五等少地户应为四百八十一 × 九 =

---

❶ 叶适：《水心别集》卷一六《买田数》，见漆侠《宋代经济史》（上），上海人民出版社1988年，第253页。

四千三百二十九户。又两浙路各府州中，若杭州、苏州、湖州客户所占比重都较少，只占百分之几或十几。温州客户所占比重较大，高达百34%。相对杭、苏、湖等府州而言地主所有制所占比重较大。同时这里第三等富裕自耕农也较多，会影响自耕农平均占地较高，兹按二十二亩计。这里自耕农第四、第五等户为四千三百二十九户，第三等户一千四百七十二户，两者合计为五千八百零一户。每户平均占田二十二亩，共计十二万七千六百二十二亩。这里地主共占田十二万零一百七十四亩，农民所有制约占总田额的51.5%。当然，这个估计只能供研究参考。

最后，试对农民所有制比重最小的夔州路地权分配作一估计。该路主户只占30%，租佃客户高达70%；仍据前表统计，该路自耕农与客户对比为25.53%与74.47%之比，客户超过自耕农48.94%。这里自耕农户数及所占耕地最少。如前述仁宗时期（公元1023—1063年），四川盆地下户有田五七亩至三五十亩，平均在二十亩以下。仍按自耕农每户占地二十亩、租佃客户按每户租佃地三十亩计，这里农民所有制与地主所有制应为19%与81%之比，农民只占民田总额的19%。但在全国二十三路中这只是个别情形。梓州路农民所有制所占比重也小，仍按前法估计，只占民田总额的32%。

在北宋神宗时期（公元1068—1085年），就全国而论，农民所有制占据统治地位。就自耕农与租佃客户比而言，如前表所列，为61.92%与38.08%之比；更就所占耕地而言，自耕农每户平均二十亩。租佃客户每户平均租地三十亩计，两者田场面积为52%与48%之比。但农民所有制占主导地位的河东、两浙等十一路户口所占比重较大，地主所有制占主导地位的江南西、广南东等十一路户口所占比重较小，两者户口为55%与45%之比，如把这些因素也估算在内，在全国民田之中，农民所有制所占比重约在 52% 与 57% 之间。

总之，在北宋时期，农民阶级结构发生变化，即租佃农缩小，自耕农扩大；与此相适应的是地权分配也发生相应变化，即地主所有制相对削弱，农民所有制在相当广大地区占据统治地位。这种发展变化是这一时期地主制经济发展的一个重要特征。

第三节　北宋时期地主阶级构成变化与庶民地主发展

一、地权分配基本情况及有关土地兼并集中的议论

北宋时期，有不少关于地权兼并集中的议论。为了正确理解这种种议论，首须加以实事求是的分析，因此先对这一时期地权分配状况作一简单介绍。如前所述，全国二十三路，每路地权分配状况都不相同，若河东、两浙等十一路农民所有制占据主导地位。在这十一路中虽然也有一些地区出现关于土地兼并集中的事例，但不能代表一般。江南西、广南东等十一路，农民所有制所占比重较低，尤其是夔州路，农民所有制约占总田额的 19%，地主所有制占总田额的 81%，地权高度集中。但就全国总的情况而言，地主所有制约占 43% ～ 48%。这种关系，上节已作了详细论述，此处从略。当然，在地权相对分散的各路，也有些地区地权比较集中；在地权高度集中的各路，也有些地区自耕农广泛存在。我们对于当时土地兼并集中的一些记载，要遵循上述基本情况进行探讨，只有这样才能对各种有关论述作出比较恰当的理解。

北宋时期，有关土地兼并与地权集中之类记载甚多。如《宋

史》所记："势官富姓占田无限，兼并冒伪习以成俗。"**❶** 如《会要》所记："天下田畴半为形势户所占。"**❷** 如仁宗时期（公元998—1063年），黄河他移，河身"故道土沃饶，多为权右占耕"。**❸** 或谓"富者有弥望之田，贫者无立锥之地"。**❹** 或谓"贫无立锥之地，而富者田连阡陌"。**❺** 关于这时的地主，如曾巩所论："富者兼田千亩，廪实藏钱，至累岁不发。"**❻** 欧阳修记述："今大率一户之田及百顷者，养客数十家。"**❼** 以上之类记述，即使是实际情形，也只限于个别地区，不能据以概括一路，更不能据以论证全国。在有的地区，也有农民"往往皆有恒产"之类记载，这也是个别地区情形。

二、权贵强宗地主持续及寺院地主的扩张

宋代权贵强宗地主可以分成两大类，一是官户，二是吏户。官户指文武职官在正八品以上的现任官吏，及靠父祖恩荫取得职称。在北宋前期，这类官户所占比重不大，北宋中后期逐渐增多。吏户指乡村任里长及州县吏中的一等户，他们在地方上也具有强大的封建权势。以上官户约占总户数的千分之一，吏户约占总户数的千分之二，两者合计约占总户数的千分之三。这种官户和吏户大都是占田四百亩以上的大地主。**❽**

---

❶ 《宋史》卷一七三《食货志·农田》。

❷ 《宋会要辑稿·食货·农田杂录》，乾兴元年十二月。

❸ 王硅：《华阳集》卷三七《贾昌朝墓志铭》。

❹ 《续资治通鉴长编》卷二七，太宗雍熙三年七月甲子，李觉上言。

❺ 李觏：《直讲李先生文集》卷一六《富国策第二》。

❻ 曾巩：《元丰类稿》卷一七《分宁县云峰观记》。

❼ 欧阳修：《欧阳文忠公文集》卷五九《原弊》。

❽ 参考漆侠《宋代经济史》上，第255—256页，上海人民出版社1988年。

下面专就权贵官僚地主进行论述。这类地主可以划分几个阶层，以皇亲而论，真宗、仁宗时期（公元 998—1063 年），如王蒙正"恃章献刘太后亲，多占田嘉州"，"侵民田几至百家"。❶刘太后之婿李遵勖，"所居第园池，冠京城"，作威作福，无敢谁何。❷

这时主要是官僚地主。也举数例：宋初，宰相王溥之父王祚，"频领牧守，能殖货，所至有田宅，家累万金"。❸如官僚李诚之庄园，"方圆十里，河贯其中，尤为膏腴府，佃户百家"。❹太宗雍熙四年（公元 987 年），秦州地主李益，为长道县酒务官，"家饶于财，僮奴数千指"。李益为人恣横，"持郡吏短长，长吏而下皆畏之"。并大放高利贷，"民负息钱者数百家"。❺端拱元年（公元 988 年），麻希孟"累居宰字之任……以老退居临淄（青州），有美田数百顷，积资巨万……常兼并不法，每持郡吏长短，横恣，营丘人皆畏之"。❻蔡元卿在淄川之北郊，"有田数十顷而食之"。❼大理寺丞蔡元卿，在淄川北郊"有田数十顷而衣食之"。❽至北宋后期，权贵地主兼并愈烈，占田尤广，如陈舜俞记述，公卿大臣占田"有至千顷者"。❾朱勔以主管花石纲起家，"田产跨连郡县，岁收租课十余万石"。其"甲第名园，几半吴郡，皆夺士庶而有之"。❿蔡京田产也广，其

❶ 王安石：《临川先生文集》卷九五《郭威墓志铭》。

❷ 《宋史》卷四六四《外戚李遵勖传》。

❸ 《宋史》卷二四九《王溥传》。

❹ 魏泰：《东轩笔录》卷八。

❺ 《宋史》卷二五七《吴廷祚附吴元载传》。

❻ 钱若水：《太宗皇帝实录》卷四四。

❼❽ 范仲淹：《范文正公全集》卷一四，《赠大礼寺丞蔡君墓表》。

❾ 陈舜俞：《都官集》卷二《厚生》。

❿ 胡舜陟：《胡少师总集》卷一《再劾朱勔》。

在永丰圩的圩田即达九百六十顷。

特别值得指出的是夔峡诸路豪强大地主的持续和发展，这种关系反映于租佃客户之众多。该区各州军中客户在总民户中所占比重，如达州、涪州、昌州、南平军和大宁监客户都在 80% 以上，嘉州、利州、巴州、黔州、渝州、云安军、梁山军客户都在 70% 以上，在这类地区自耕农较少，土地由豪强大地主所垄断，每户地主所奴役的客户动辄数百乃至数千家。据太宗至道二年（公元 996 年）诏："巴蜀民以财力相君，每富人役属至数千户。"❶ 如西川四路乡村，"民多大姓，每一姓所有客户，动至三五百家"。❷ 如夔州一户地主，"至有数百客户者"。❸ 南川王衮、隆化县梁承秀、巴县李光吉三族，"各有地客数千家"。❹ 以上这类役属数百家至数千家客户者都是占田数千乃至数万亩的大地主。这类地主的属性，有的是有职官的权贵地主，有的是在地方具有封建权势的地主，他们子孙累世相承，可称之强宗地主。

这时期的权贵强宗地主虽然可以找到不少事例，但和前期相比就显得相形见绌。这种关系，如将这类地主在整个地主阶级中所处地位和其他类型地主加以对比，就十分清楚了。总之，这类权贵强宗地主不是在继续发展，而只是在持续。

与权贵强宗地主相联系，是寺院地主的扩张。这时的寺院主要是佛道两家。寺院土地的扩张系通过多种途径。有的由皇室赏赐。真宗、仁宗都崇奉道教，对杭州洞霄宫屡次赐田。先赐十五顷，继赐膏田千顷。❺ 神宗熙宁八年（公元 1075 年），诏潜邸为

---

❶ 钱若水：《太宗皇帝实录》卷七八。

❷ 韩琦：《安阳集》，《韩琦家传》卷九。

❸ 《宋会要辑稿·兵》卷二之一二。

❹ 冯山：《冯安岳集》卷一一，《续资治通鉴长编》卷二一九。

❺ 洪咨夔：《平斋文集》卷九《洞霄宫赐田记》。

佛寺，名兴德禅院，"给圩田三十顷"。❶ 神宗元丰七年（公元1084年），赐多庆禅院田十顷。❷ 有的官僚私人进行捐献。如宋初武将安守忠，将永兴军万年县及泾阳等处田庄舍施广慈院。❸ 淳化二年（公元 991 年），防御使安守忠舍与广慈禅院万年县庄一所，计地一千七百三十四亩；又舍与泾阳庄一所，计地四千零三十六亩。❹ 还有的寺院通过申请获得土地，如北宋后期，徽宗大观年间（公元 1107—1110 年），国昌县普慈禅院申请海涂地，"岁得谷千斛"。❺

有的寺院招民垦荒扩大地产，如北宋后期商州福寿寺"垦山田，造水碾"。以"给缁徒之供养"。❻ 哲宗绍圣年间（公元 1094—1097 年），方山昭化禅师，开山建社，"岁收荞麦千斛"。❼ 有的通过购买增殖土地。据《邵氏见闻录》，仁宗时期，僧义琛"贷钱为师鲁买洛城南宫南村负郭美田三十顷"。据《烛湖集》，简州僧希问在泰州翻新明僖禅院，"以余力市田十顷"。寺院占田之多，以积粮而论，如随州大洪山奇峰寺，有积谷六七万石。❽

这类寺院土地，从其来源看主要是由朝廷赏赐，或由各级官吏捐献。就所承担差役看，在神宗以前皆行优免。这类寺院地主具有半权贵性，故附于此一并论述。

中国地主制经济论——封建土地关系发展与变化

---

❶ 王明清：《挥麈前录》卷一，《续资治通鉴长编》卷二六七。

❷ 《续资治通鉴长编》卷三四二，元丰七年正月甲寅条。

❸ 《金石萃编》卷一三《广慈禅院庄地碑》。

❹ 《金石萃编》卷一三《广慈禅院庄地碑》。

❺ 《乾道四明图经》卷一〇《普慈禅院新丰庄开清涂田记》。

❻ 王禹偁：《小畜集》卷一六《商州福寿寺天王殿碑》。

❼ 陆耀遹：《金石续编》卷一七《宋方山昭化禅院正文禅师行状》。

❽ 欧阳修：《居士集》卷二七《尚书都官员外郎欧阳公墓志铭》。

三、庶民及商人地主的发展

在北宋时期，庶民类型地主是地主阶级结构中一个主要组成部分。

为了便于论述庶民中小类型地主的发展，下面先就这一类型地主所占重要地位作一简略估计。前述两浙路温州近城三十里内地区，占田一百五十至四百亩的地主共二百六十八户，共计占耕地五万九千三百六十六亩，平均每户占田二百二十一点五亩。由这个平均数，说明其中靠近四百亩的较大地主为数极少，主要是占田一百五十亩至二百亩左右的中小地主。此外尚有占田百余亩的小地主一百六十四户，共占田二万二千九百六十亩。以上两类中小地主合计共四百三十二户，田八万二千三百二十六亩。又这里占田四百亩以上的大地主共四十九户，共占田三万七千八百四十八亩。据此估计，中小地主占地主总户数的 89.8%，占全部地主土地的 68.5%。此时在温州全部地主中，这类中小地主，无论就户数还是所占土地而言，都占多数。

温州地区在两浙路是地权比较集中的地区，温州近城三十里内占田四百亩以上的大地主多达四十九户，共占地三万七千八百四十八亩。其他若苏、杭、湖等府，地权相对分散，在地主阶级构成中。中小庶民地主所占比重当更大，限于材料不一一论列。

我们之所以把占田一百五十亩以上至二百亩左右的民户划为地主阶级，是从当时生产状况方面考虑的。关于这个问题，漆侠曾作过如下论述：小地主主要指中户当中的中等或三等户的一部分，这部分地主占田在一百亩至一百五十亩之间，税钱在一贯以上。这类小地主同富裕农民都属于第三等户。而富裕农民占有的土地虽然较少，但也可能接近百亩，因而这两者的界限较难划分。区分第三等户中小地主和富裕农民的关键是是否把土地出租。漆侠所论十分中肯。占田一百五十亩至二百亩左右的民户，进行耕种需要四五个劳动力，一个五六口之家，最多有二至三个主要劳动力，必须有相当一部分土地出租，或雇佣三至四个雇工。从这方面分析，这类民户已成为地主阶级成员。

这类中小地主，主要是从富裕农民中分化出来的。如前所述，北宋时期，在大部分地区农民所有制占统治地位。在自耕农广泛存在的条件下，农业生产发展比较迅速，商品经济也较快发展，农民阶级分化现象遂较为显著。这时占田较多的富裕自耕农大量存在，如前述温州地区自耕农，占田三十余亩至百余亩的富裕农民凡一千四百七十七户。该区自耕农共计五千八百零六户，富裕自耕农占到 25%。在商品经济较高发展的条件下，部分富裕农民向中小地主过渡是很自然的。这一时期，在整个地主阶级中，中小地主占据较大比重遂十分突出，温州地区是其中一个典型事例。

富裕农民向中小地主过渡，主要通过辛勤劳动，省吃俭用，把多年积累的财富购置地产，扩大占地规模，变成小地主再发展成中等地主的。❶ 其中的广大小地主原来很多还从事生产劳动，注意改进生产。他们的生活习性和一般权贵官僚地主也不同，不事享受，也不铺张浪费，而是把积累的财富投向生产，因此他们对农业生产以及社会经济的发展方面起了积极作用。因此研究北宋社会经济史，对这一时期中小地主的发展必须给予足够的重视。

---

❶ 据南宋时期张守所写《毗陵集》卷二《论淮西科举札子》谓"今之家业及干缗者，仅有百亩之田，税役之外，十口之家，未必糊口"。所说指占田百亩的富裕农户，经济并不十分宽裕。占田二百亩的中小地主有的也不十分优裕。据魏泰《东轩笔录》，谓孔嗣宗"弊室数椽，聊避风雨，先畴二顷，粗具衣粮"。从文字记述参考，占田二百亩的地主衣食住都不十分讲究：孔嗣宗虽非庶民地主，可据以考察庶民中小地主的经济状况。

但在庶民地主之中也出现了一些大地主。如神宗时秦观在《淮海集》中所论，"大农之家，田连阡陌，积粟万斛"；如南宋初仲并在《浮山集》中所论，占田多者"民田连亘富拟王公之家"。以上所记"田连阡陌""民田连亘"的民户显然是较大的庶民地主。这类庶民大地主，相对中小庶民地主而言，为数较少，他们基本也是从中小地主发展起来的，但他们的发展也很值得注意，毕竟和权贵官僚地主有所不同，对社会经济发展变化也会具有一定影响。

总之，中小庶民类型地主的发展，具有划时代的意义。其一是这类地主对农业生产多曾躬亲实践，注意生产，对改进及发展农业生产会起一定促进作用。其二是由以形成的租佃关系，不像由权贵强宗地主所形成那样严格的等级关系，与佃农相对平等，封建依附关系相对削弱，农民社会地位相对上升。其三是有的进行雇工经营。在经济作物发展的条件下，有的中小地主，雇佣长短工，种植麻类、甘蔗、果树之类，变成经营地主。就这样，由中小庶民类型地主的发展，构成这一时期地主制经济发展的又一重要特征。❶

这时商人地主的发展也是一个值得注意的问题。商人地主有各种类型，主要是庶民类型商人地主和官僚类型商人地主。其发展过程也不相同。有的富商将部分商业资本转向地产，变成商人地主。也有地主兼事商业，继续扩大他们的地产，也可称之商人地主。关于各级官吏，凭借权势从事商业活动尤为普遍。最后，也有商人地主，通过各种渠道，主要是购买职官，进入官僚类型

---

❶ 也有庶民地主依恃财势勾结官府变成恶霸地主。据《宋会要辑稿·刑法》及《宋史·李及传》，曹州民赵谏与其弟谔者，交结权贵，"干预郡政"，"凶狡无赖，恐喝取财"。又据《宋史·王彬传》，抚州民李甲、饶英等，"恃财武断乡曲，县莫能制"。两人被制裁后，"州里肃然"。在庶民中这类毕竟是少数。

商人地主行列。

这时庶民类型商人地主的发展同商品经济的发展紧密联系在一起，出现了一批掌握大量财富的商业高利贷者，在地权转移频繁的条件下，他们纷纷将部分资金转向地产，变成商人地主。关于宋代地权转移问题，马端临有过这样几句话："富者有赀可以买田，贵者有力可以占田，而耕田之夫率属役富贵者矣。"这里所说"富者"指庶民富户，其间有庶民地主，主要指当时从商致富的民户，是他们在把部分商业资本转向地产。这时出现了很多富商，虽然在文献资料中较少关于商人购置地产之类记载，但在当时条件下，富商将部分资金转向地产乃势所必然。

与商品经济发展的同时是高利贷活动的频繁。这时经济困难的农户每靠借贷解决一时的困难。欧阳修曾记述当时租佃农受高利贷剥削情形："当其乏时，尝举债于主人，而后偿之，息不两倍则三倍。及其成也，出种与税而后分之，偿三倍之息，尽其所得或不能足。其场功，朝毕而暮乏食，则又举之（借贷）。故冬春举食，则指麦子夏而偿。麦债尽矣，夏秋则指禾于冬而偿也。似此数十家者常食三倍之物，而一户常尽取百顷之利。"❷更值得注意的是富户通过高利贷兼并土地。真宗大中祥符年间，永兴军豪富放债，"岁偿不还，即平入田产"。❸仁宗时期，在汴京地区，富人孙氏放债，有负其息者，"至评取物产及妇女"。❹所说"物产"包括地产在内。又神宗时期耀州华原县，"有富人不占地籍，唯以利诱贫民而质其田券，多至万亩，岁责其人"。❺所说也是指通过高利贷兼并土地。

---

❶ 《通考·田赋考二·历代田赋之制》。

❷ 欧阳修：《欧阳文忠公文集》卷五九《原弊》。

❸ 《续资治通鉴长编》卷八六。

❹ 刘攽：《彭城集》卷三七《吴奎墓志铭》。

❺ 程颢：《明道先生文集》卷三《华阴侯先生墓志铭》。

以上是商人高利贷者购置地产，最后变成大地主，是这时庶民地主中的一种，可称之为商人类型地主。

这时有很多关于各类地主兼事商业活动的记载，如崔伯易所记："今高资大姓之家，列肆侔于府库，邸第罗于康庄。" ❶所说"高资大姓"者有官僚，也有庶民大地主。关于庶民从事商贸，如史所记："远僻白屋士人，多是占户为商，趋利过海。" ❷所谓"白屋士人"大概是曾经读书的人士，但未入仕途，他们不仅在国内从事商业活动，并且远到国外经商。这类从事商贸者多系旧有地主，是商人地主的又一类型。

值得注意的是，这时很多官僚同商业高利贷之间的联系。如王安石所说："今之官大者往往交赂遗，营资产，以负贪污之毁。"这里所说"营资产"，包括从事邸店、质库之类活动。王安石又说："官小者，贩鬻乞丐无所不为。" ❸这里所说"贩鬻"即从事商业活动。以上大小官吏，多系地主出身，现在都变成官僚出身的商人地主。这时有关官僚从事商业活动的事例甚多，不一一列举。

由以上各种形式的土地、商业资本高利贷的结合，出现了各种形式的商人地主。这种现象的产生，是地主制经济在商品经济发展到一定程度时的必然产物。就这样，到北宋时期，商人地主变成地主阶级构成的一个组成部分。

综上所述，北宋时期，地主阶级结构发生较大变化。首先是权贵官僚地主的变化，和过去历朝相比相对削弱了。最值得注意的是中小庶民类型的发展，在整个地主阶级中，无论就户数和所占耕地面积而言，都超过权贵官僚地主。其次是商人类型地主的发展，无论是庶民类型还是官僚类型商人地主，都具有时代特

第五章　地主制经济进一步发展（两宋时期）

---

❶ 《宋文鉴》卷六，崔伯易：《感山赋》。

❷ 《宋会要辑稿·刑法》二之五七。

❸ 王安石：《临川先生文集》卷三九《上仁宗皇帝言事书》。

点。以上这类中小庶民类型地主及商人类型地主，是这一时期地主阶级结构中的重要组成部分，它标志着中国地主制经济的进一步发展。

第四节　南宋时期封建土地关系的逆转

南宋所辖地区主要是长江流域以南。西起成都府路，东经利州、潼川、夔州等路，中经湖北、湖南、江西、淮西、淮东等路，诸路以南等地，若江东路、两浙路、福建路以及广西、广东路皆在统辖范围之内。其间很多是当时富庶之区。关于这一地区地主制经济发展状况，在论述北宋时有的已经涉及，现在专就南宋辖区变化问题加以补充。主要谈两个问题，一是权贵官僚类型地主的扩张，即地主阶级结构的变化；二是农民小土地所有制的萎缩，即农民阶级结构的变化。以上阶级结构的变化和北宋哲宗以前有所不同，它在影响地主制经济的变化。

一、权贵官僚类型地主权势嚣张与土地兼并

北宋时期地权分配也在发生变化，如仁宗时期一度出现地权集中趋势，但这时地主阶级结构比较复杂，有庶民类型地主；租佃客户在总民户中所占比重也不过高，不到 38%。神宗时期地权相对分散，而且庶民地主有所发展。至北宋末徽宗时期，土地兼并又开始剧烈，至南宋高宗时期，逐渐进入高峰，一直持续到南宋末，而且愈演愈烈。这时地主阶级结构也在发生变化，土地占有者主要是权贵官僚之类强宗地主。

权贵官僚地主权势嚣张和兼并土地主要从北宋末徽宗朝开始。当时如秦观所记，有些地主，"从骑僮，带刀剑，以武断乡曲；毕弋渔猎，声伎之奉，拟于王侯"。❶秦观又说，在各类兼

❶ 秦观：《分宁县云峰观记》。

并侵夺之下，"而一邑之财十五六入于私家矣"。**❶** 大约同一时期，陈舜俞说："今之耕者皆为人"，"十室之夫耕人之田，食人之食者九"。**❷** 陈舜俞又说："天下之农，耕而自为者，十无一二。"**❸** 地主广占土地，而交税甚少，仍如陈舜俞所记："黠姓大家质剂为奸，占田累百，赋无一二；贫者以苦瘠之亩，荷数倍之赋。"**❹** 关于北宋末权贵官僚地主倚势兼并而出现的大地主，如权臣蔡京、王黼等，占田之多难以估计。主管花石纲的朱勔，"田产跨连郡县，岁收租谷十余万石，甲第名园几半吴郡，皆夺士庶而有之"。**❺** 总之，北宋后期，权贵官僚之类强宗地主，权势嚣张，目无法纪，"武断于乡曲"；他们依势兼并，地权集中，广大农民丧失土地，自耕农"十无一二"；权贵官僚地主并且逃避侵蚀赋税，"赋无一二"。南宋建制，即承袭了北宋末这种贪污腐败传统，而且愈演愈烈。

南宋时期逐渐形成各类权贵官僚地主的土地垄断。伴随地主权势嚣张，形成如下诸特点：其一土地产权的取得每同封建权势联系在一起；其二出现很多大地主，占地动辄数千数万亩。在地主剧烈兼并条件下，即过去农民所有制占据统治地位的地区，现在地权也日趋集中。

关于各类权贵官僚地主依势侵占土地，文献屡有反映。或谓"富贵之夺民田，有至数千万亩，或绵亘数百里者"。**❻** 所说虽然过于夸张，但反映了这一时期依势强暴夺田的事实。绍兴十九年（公元 1139 年）户部侍郎宋贶奏：湖、湘、江、淮之间，很多百姓遗弃田产，后来民户"各思复业"，"而形势户侵夺地

❶ 秦观：《淮海集》卷十五《财用上》。
❷ 陈舜俞：《都官集》卷下《说农》。
❸ 陈舜俞：《都官集》卷二（厚生一）。
❹ 陈舜俞：《都官集》卷二（厚生二）。
❺ 胡舜陟：《胡少师总集》卷一《再劾朱勔》。
❻ 《宋史》卷一七三《食货志》。

界，不许耕凿"。❶仍在高宗时期，孙梦观记述："迩来乘富贵之资力者，或夺人之田以为已物，阡陌绳联；弥望千里，囷仓星列，奚啻万斯。大则陵轹州县，小则武断闾阎，遂使无赖之徒蚁附蝇集，以为渊薮"。❷又据王之道所奏，淮南诸郡（今苏北、皖北一带），"富豪巨室"，对当地土地和农民，"投牒州县，争相攘夺"。在兵火之后，"契券不明，州县既无所明，故一时金多位高者咸得肆其所欲"。❸南宋前期，寓居抚州的王历，倚势"凌夺百姓田宅"，"江西人苦之"。❹任溧阳宰的陆子遹，强夺民田一万一千八百余亩，献之、史弥远，称为"福贤庄"。❺武将邵宏渊将常德武陵县官田数十顷占为已有，而不输租课。❻权贵官僚地主更多的是通过强制买卖的手段兼并土地，如李心传所记："权要豪右之家，择利兼并，售必膏腴"。❼在权贵官僚地主依势兼并影响下，有的在地方上权势强大的豪民恶霸也进行侵占。理宗时期，饶州豪民潜彝，"前后骗人田产，巧取豪夺，不可胜计"。❽在南宋时期，在这类强宗地主权势嚣张的条件下，依势兼并活动遂史不绝书。

这时朝廷还大规模出卖官田，并制定优惠政策，也为权贵官僚地主扩大地产创造了条件。据孝宗乾道九年（公元1173年）定："承买官产一千贯以上免差役三年，五千贯以上免五年，和

❶ 《宋会要辑稿·刑法》三之四八。

❷ 孙梦观：《雪窗先生文集》卷二《董仲舒乞限民名田》。

❸ 王之道：《相山集》卷二二《乞止取佃客札子》。

❹ 李心传：《建炎以来系年要录》卷一六四《绍兴二十三年二月癸丑纪事》。

❺ 魏了翁：《鹤山先生大全集》卷二〇。

❻ 杨万里：《诚斋集》卷一一九《彭汉老行状》。

❼ 李心传：《建炎以来系年要录》卷六五，绍兴三年五月乙巳。

❽ 刘克庄：《后村先生大全集》卷一九三《饶州州院申潜彝招桂筝诉占田产事》。

中国地主制经济论——封建土地关系发展与变化

买并免二年，其二税役钱自令计数供输。"这类官田多被豪强大户所购买，如文献所记，"盖买产之家，无非大姓"。❷此后绍熙及嘉定年间曾再次出卖官田。购买者虽有农民，但主要也是各类权贵官僚地主。这种买卖总同封建权势联系在一起。

又这时有些地区出现各种荒弃田和没官田，朝廷将其中的一部分赏赐给权贵官僚，这是他们扩大地产的又一种形式。如南宋初秦桧专政时期，朝廷赏赐给永丰圩田九百六十顷。魏胜战死后，朝廷赐田一万亩。❸武将李显忠受赐平江、绍兴两府田一万三千三百亩。❹余如武将官僚郭浩、杨政、张浚、韩世忠、李显忠、邵渊等皆有大批赐田。所赏赐的主要是这类官田。朝廷官出变成权贵官僚地主私产，和封建权势的联系尤为密切。

就在依势侵占、购买、赏赐之下，各地出现了北宋时期所少见的大地主。理宗端平元年（公元 1234 年）刘克庄谓：一些权贵强宗地主，"吞噬千家之膏腴，连亘数路之阡陌，岁入百万斛，自开辟以来未之有也"。❺刘克庄所说"自开辟以来前所未有"当指整个宋代，就是说这时地主之大、占地之广在宋代是空前的。

南宋权贵官僚大地主，从北宋末主要是徽宗时代已经开始，南宋前期继续滋长。如权臣韩侂胄，因罪被籍没田宅，计万亩庄及两淮地产五六千亩。武将张浚占田尤广，分布在乌程、嘉兴、长洲、吴县、无锡、宜兴、武进、丹徒、芜湖等县十五庄的地亩

❶ 《宋会要辑稿·食货》五之三四。

❷ 《文献通考·田赋考》卷七《官田》。

❸ 赵翼：《廿二史剳记》卷二五《宋恩赏之厚》。

❹ 《宋会要辑稿·食货》一〇之二九。

❺ 刘克庄：《后村先生大全集》卷五一，《端平元年（备对札子）》。

难以数计，经其子张子颜等献给国家的即有两三万亩。❶权贵地主杨沂中将楚州宝应田三万九千六百四十亩献给国家，又将昆山田千亩给其女等。❷理宗淳祐六年（公元1246年）谢方权奏："今百姓膏腴皆归贵势之家，租米有及百万石者。"❸南宋末，丞相贾似道施设临安诸佛寺道观之田即达一万五千三百余亩。❹宋元之际方回说：吴中地区，"富者三二十万石"。❺这类地主占田当在二十至三十万亩之间。方回又说，收租三五千石者在当时还算不上富户。❻

关于地权集中情形，如两浙路的平江府属，"强宗巨室，阡陌相望"。❼或谓江浙之间，"一都之内，膏腴沃壤，半属权势"。❽平江府属崇德县，据陆埈所记："登东皋而望，绮纷龙鳞，决渠荷锸，非王公贵人之膏腴，即富室豪民之所兼并也。"❾由以上所论，土地主要归权势之家。又平江府秀州之淀山湖，广

❶ 徐梦莘：《三朝北盟会编》卷二三七《绍兴三十一年十月二十九日戊辰纪事》。

❷ 《宋会要辑稿·食货全集》三之十九。

❸ 《宋史》卷一七三《食货志》。

❹ 周密：《癸辛杂识》续集下，潜说友《咸淳临安志》卷七五。

❺ 方回：《续古今考》卷二〇《附论叶水心说口分世业》。

❻ 南宋时期，也出现了一些商人地主。据《宋史·辛弃疾传》："南方多末作，以病农而兼并之患兴，贫富斯不侔矣。"据李新：《跨鳌集·上王提刑书》，商人"持筹权衡斗筲间，累千金之得，以求田问舍"。据洪迈：《夷坚志·独脚五通条》，新安人吴十郎，以商致富，"广置田土"。这类商人地主多花钱买官爵，据《夷坚志·麸面条》平江周氏以经商致富，购买土地，并为"子永纳资售爵，得将仕郎"。这类商人地主构成当时权势地主的一个组成部分。

❼ 李心传：《建炎以来系年要录》卷一〇六，绍兴十月丙辰条。

❽ 《宋会要辑稿·食货》一四之三七。

❾ 陆埈：《崇福田记》所记系庆元三年事。见徐硕：《至元嘉禾志》卷六。

四十里，南宋中期，被权贵豪强地主围之大半，以致湖边数千顷民田变为不耕之地。❶ 由于权势户的强占对农业生产起了破坏作用。

以上主要是两浙路太湖流域地区的几个事例。这里过去是地权相对分散的地区，农民小土地所有制长期占据统治地位，现在发生了巨大变化。

其他地区也举数例。据史载："二广之地，广袤数千里良田，多为豪猾之所冒占"；"湖北路平原沃壤，十居六七，占者不耕……故农民多散于末作"；淮西安丰军田之荒闲土地，多系豪猾所包占，他们"包占虽多而力所不逮"。❷ 所说指地主广占土地，导致土地荒废。如福建泉州，光宗以前尚称"富有之州"，从宁宗时期（公元 1195—1224 年）开始，经历三十年，官私田产多被地主兼并，赋税锐减，由富州变成穷州。❸

地权集中还反映于官户的增加。南宋国家机构庞杂，各种官吏人数剧增。这时富商也纳粟为官步入官户。高宗绍兴十七年（公元 1137 年），有臣僚奏报："今日官户不可胜计"，现在富商金多之家"多以金帛窜名军中，侥幸补官，及僻名冒户，规免科须者，比比皆是"。❹ 至孝宗初年，据史载，福建路"抛降空名官告下诸县出卖"；"或勒质库户探闿"，即令出钱买告身。❺ 以上所说即花钱买取官户。这类商人多占有地产，现在变成具有官户的商人地主。在南宋时期，现任官吏的官户加上入粟购买的官户，为数相当可观，较之北宋时期增加多倍。北宋中前期，官户约占总民户的千分之一，徽宗时期（公元 1101—1125

❶ 卫泾：《后乐集》卷一五《郑提举札》。
❷ 《宋会要辑稿·食货》六之二九。
❸ 真德秀：《真文忠公集》卷一五《申尚书省乞拨降度牒添助宗子请给》。
❹ 《宋会要辑稿·食货》六之二。
❺ 《宋会要辑稿·职官》五五之四九。

年）增加到千分之一点五。南宋时期，据淳熙《三山志》，由高宗建炎至孝宗淳熙（公元1127—1189年）约五十年间，主户共二十七万零二百零一户，这时官户占总民户数的千分之九。❶这类官户多是占田数百亩以上的大地主。官户的增加，是地权集中的具体体现。

这时具有特权性质的寺院地主也进一步扩张。这类寺院地主的土地有的由朝廷所赏赐，如南宋初高宗时期，下令建造崇先显孝禅院，"拨田三十顷，岁可收米二千一百余斛；柴山桑拓等地二千八百亩有奇"。❷理宗时期（公元1225—1264年），赐灵芝崇福寺七百多亩。❸理宗淳祐年间（公元1241—1252年）赐临安显慈集庆教寺田一百八十二顷有奇。❹有的由寺院向国家申请土地。孝宗隆兴二年（公元1164年），绍兴府山阴县能仁寺申请佃田三千零九十三亩等。❺其由官吏私人捐献的也为数不少，如薛纯一将山阴田十一顷捐给绍兴府能仁寺。❻绍熙元年（公元1190年），张磁将镇江府田六千三百余亩"供赡僧徒"。❼

还有的寺院依势侵占公田或通过财力购置扩大地产。其侵占公田的，如光宗绍熙四年（公元1164年），庆元府天界山寺僧大筑海涂，是年丰收，"赢谷三千斛"等。❽

其倚恃财力购置的，如理宗宝祐年间（公元1253—1258

❶　参考漆侠《宋代经济史》上，上海人民出版社1988年，第255页。

❷　曹勋：《松德文集》卷三〇《崇先显孝禅院记》。

❸　郑清之：《安晚堂集辑补》。

❹　施谔：《淳祐临安志辑逸》卷二。

❺　《宋会要辑稿·食货》六一之五〇。

❻　陆游：《渭南文集》卷一八《能仁寺舍田记》。

❼　《宋会要辑稿·道释》二之一五。

❽　楼钥：《玫瑰集》卷五七《天童山佛阁记》。

年），杭州某寺"买田吴门千亩，买山朱桥数百亩"。❶这类有关记载尚多，以上也只是一些事例。

当时寺院占田之多，以福建路为最，南宋孝宗时期（公元1163—1189年），据淳熙《三山志》，福州田共计四百二十六万三千百三十八亩，其中僧道田凡七十五万二千四百四十六亩，占总田数的17.2%；又园林山地池塘坡堰等地六百二十五万八千八百五十七亩，其中僧道地一百五十八万零五十九亩，占总地数的25%。漳州寺院占田比重尤大，据陈淳记述，"举漳州之产而七分之，民户居其一，而僧户居其六"。❷其次是两浙路，以台州而论，在民田中，各寺院共占十三万五千四百九十九亩，占民田总额的5%；在民地中，各寺院共占十三万一千二百七十四亩，占总山邱的7%。❸每寺院占田之多，以庆元府（宁波）而论，据宝庆《四明志》所载寺院一百十三座，共占地五万六千四百五十四亩，平均每寺院约占田五百亩；以台州而论，据嘉定《赤城志》所载，寺院二百十七座，共占地十二万三千零九十四亩，平均每寺院占田五百六十七亩。均可称为大地主。❹

寺院占地之广，更以所收租谷而论，如明州育王山一次买田，岁"入谷五千石"。❺兴化军襄山寺，岁"入谷逾万石"。❻庆元府天童寺收谷三万五千斛，育王寺收谷三万斛等。❼关于寺院对所收租谷的消费，如陈淳所论：寺院"岁费类皆不能十一，

❶ 咸淳《临安志》卷七七《寺观三》。

❷ 陈淳：《北溪先生全集》卷二三《拟上赵寺丞改学移贡院》。

❸ 陈耆卿：嘉定《赤城志》卷一三《版籍门一》。

❹ 参考漆侠《宋代经济史》上，上海人民出版社1988年，第276页。

❺ 陆游：《渭南文集》卷一九《明州育王山买田记》。

❻ 洪迈：《夷坚志·支癸》卷七《九座山杉兰》。

❼ 刘昌诗：《芦浦笔记》卷六《四明寺》。

所谓九分者，直不过恣为主僧花酒不肖之费"。^❶就这样，在宋代，广占田亩的寺院成为一个具有封建特权的特殊类型地主。

在各类特权地主兼并的过程中，地权转移日益频繁。关于这个问题史不绝书，而且日甚一日。南宋初袁采曾作如下议论："世事多更变，乃天理如此。今世人往往见目前稍盛，乐以为此生无足虑，不旋踵而破坏者多矣。大抵天序十年一换甲，则世事一变，今不须广论久远，只以乡曲十年前、二十年前比论目前，其成败兴衰何尝有定势"。^❷袁采又说："贫富无定势，田宅无定主，有钱则买，无钱则卖。"^❸高宗建炎三年（公元1129年），王善也说过："天下大变，乃贵贱贫富更替之时。"^❹南宋中期，辛稼轩尝谓"千年田换八百主"。^❺南宋晚期，罗椅更说："古田千年八百主，如今一年一换家。"^❻

以上关于地权转移频繁的议论，要同各类特权地主侵占土地和地权集中问题联系起来考察，才能揭露其实质。这就是说，地权主要是向权势户转移，丧失土地者主要是农民。这时虽然也有的农民购置地产，毕竟是少数，而且所买亩数很少，不过数亩、十数亩。这时土地丧失者虽也有"富贵"之家，但他们的土地又转入其他"富贵"之家，而很少向农民户转移。由于在地权转移频繁的过程中，土地丧失者主要是农民，才出现农民"产去税存"，"至有田产已尽而税籍犹存"之类记载。

总之，南宋时期，地主阶级构成发生了显著变化。北宋时

中国地主制经济论——封建土地关系发展与变化

---

❶ 陈淳：《北溪先生全集》卷二三《拟上赵寺丞改学移贡院》。该书又名《北溪大全集》，陈系朱熹门生。

❷ 袁采：《袁氏世范》卷二《世事变更皆天理》。

❸ 袁采：《袁氏世范》卷三《富家置产当存仁心》。

❹ 李心传：《建炎以来系年要录》卷一九，建炎三年正月庚子记事。

❺ 辛稼轩：《稼轩词》卷四《最高楼》。

❻ 罗椅：《涧谷遗集》卷一《田蛙歌》。

期，庶民类型中小地主占据主导地位；南宋时期，这类地主趋向没落，权贵官僚之类强宗类型地主日益滋长，具有特权的寺院地主也有所扩张。相对北宋而言，这是中国地主制经济的一次倒退。这种现象的产生原因，国家政策措施具有一定作用，而关键是权贵官僚地主权势嚣张。各级政权多为他们所操纵，变成维护他们土地产权的工具。正是在这种条件下，地主阶级结构发生较大变化，权贵官僚之类特权地主日益膨胀而中小庶民类型地主趋向衰落。这种关系，到南宋中后期变化更大，土地兼并更加剧烈，地权也更加集中，逐渐形成强宗特权地主对土地的垄断。

二、农民小土地所有制趋向萎缩

与地主阶级结构变化相适应，农民阶级结构也在发生变化，即租佃客户所占比重，日益扩大，自耕农所占比重趋向萎缩。

如前所述，从北宋徽宗朝开始，权贵官僚地主权势嚣张，政治腐败，权势地主依势兼并，农民土地产权失去保证。同时地主阶级对所承担赋役任意逃避，向农民户转嫁；农民因负担过重，经济状况日益恶化，或变卖土地或投靠强宗。部分自耕农沦为租佃农，租佃农逐渐扩大，自耕农日益萎缩。自耕农在民户中所占，由原来的 50% 以上下降到 30% 左右。农民阶级结构的这种变化，最后为地主阶级结构的变化所制约。

南宋时期，不仅承袭了北宋后期权势官僚之类强宗地主肆行兼并的这种传统，而且日益剧烈。在各类地主大事兼并的压迫下，更多自耕农沦为租佃农。如王之道所记：淮南诸郡的富豪巨室，侵占农民土地，被侵占者，"贫弱下户，莫适赴愬，勉从驱使"。❶ 这是特权地主强占农民土地，农民被迫沦为佃户的事例。如淳熙六年（公元 1179 年）谢方叔所奏：这时即使占有百亩地的农民，由于地主官吏租求过苛，也"不得已则献其产于巨

第五章 地主制经济进一步发展（两宋时期）

---

❶ 王之道：《相山集》卷二二《乞止取佃客札子》。

室"。❶ 这是在地方官吏追捕下，农民为逃避赋役负担而把土地投献地主的事例。所有以上农民丧失土地的过程，都同地主阶级权势嚣张联系在一起。这种关系，前面关于地主依势兼并一节已作了详细论述。下面专就特权地主逃避赋役，向农民转嫁，增加农民负担问题进行论述。

关于转嫁田赋问题，《宋史·食货志》作了如下概括："强宗巨室，阡陌相望，而多无税之田，使下户为之破产。"❷ 所说指权贵官僚地主向农民户转移地亩税。农民无力承担，最后是变卖土地。下面列举几条当时文献记录。

地主阶级转嫁田赋，农民因无力负担而丧失土地，但农民对田赋则仍继续承担，于是出现"产去税存"现象。南宋初，李心传曾作如下论述："权要豪右之家"兼并土地，"售必膏腴，减略税亩，至有入其田宅而不承其税者，贫民下户急于贸易，俯首听之"。有的农民"田产已尽而税籍犹在者"，结果所致，"方田之高下土色，不公不实，率皆大户享利，而小民被其害"。❸ 建炎以来，如奉使淮西的薛季宣说：该地"有名田一亩而占地五七顷者"。❹ 就是说这里的权势地主兼并土地而不过割，仍继续令失地农民承担田税。绍兴十二年（公元 1142 年），左司员外郎李椿年为解决地主逃避赋税转嫁农民问题，曾提出正经界法，他说："人户（地主）侵耕冒田，不纳租税"；农民卖地，"产去税存，终身穷困"；这时的赋税，"狡猾豪强者百不供一，不均之弊有不可胜言者"。❺ 李椿年在两浙路主持正界事，对 40 个县的民田进行勘界清文，确定民户土地亩数与土质等级，

---

❶ 《宋史》卷一七三《食货志上一》，谢方叔：《论定经制以塞兼并疏》。

❷ 《宋史》卷一七三《食货志上一》。

❸ 李心传：《建炎以来系年要录》卷六五，绍兴三年五月乙巳。

❹ 薛季宣：《浪语集》卷一六《奉使淮西回上殿札子》。

❺ 《宋会要辑稿·食货》六之三六至三八。

中国地主制经济论——封建土地关系发展与变化

作为征派赋税的依据。这种政策措施曾收到一定功效，抑制了一些权贵官僚地主隐田漏税问题，减轻了自耕农的负担。但这种改革在不少地区受到官僚士大夫的反对抨击。关于潼川路情形，据当时王之望奏报："而形势之不愿者多，盖诡名挟户，非下户所为。"言外之意，侵隐田产转嫁赋税者皆系权贵形势户。❶ 从以后各路侵隐赋税严重情形看，李椿年所建议正经界法也未能彻底贯彻执行。光宗绍熙年间（公元 1190—1193 年），如漳州地区，"田税不均，隐漏官物动以万计，公私田土皆为豪宗大姓诡名冒占，而细民产去税存，或更受俵寄之租，困苦狼狈，无所从出"。❷ 朱熹曾在这里推行经界法，由于这种改革"其利在官府细民，而豪族大姓猾吏奸民皆所不便"，每次议行"辄为浮言所沮"。❸ 意思是说，行经界法，对国家和农民有利，对权贵强宗不利，因此他们纷纷反对，不能顺利施行。

就是已施行过经界法的地方，也不能持之以恒，旋即破坏，如李心传所论：各路经过推行经界法之后，民户负担均平，但没有维持多久，"然州县坫基簿半不存，黠吏豪民又有走移之患矣"。❹

由于经界法之类政策阻力过大，不能顺利执行，朝廷只好加重对自耕农的征派。以田税论，如临江军清江县，"每石加耗七斗"，广德县"于正苗上每斗出耗米三升七合"。❺ 抚州的苗税，一般民户"则率二斛而输一斛，或有不啻"。❻ 附加多者至超过正赋，如湖南各州县，高量斛面，"一石正苗有至三石"者。❼

───────────────

❶ 王之望：《汉滨集》卷五《潼川路措置经界奏议》。

❷ 朱熹：《晦庵先生朱文公文集》卷二八《与留丞相札子》。

❸ 《宋史》卷四二九《朱熹传》。

❹ 李心传：《朝野杂记》甲集卷五。

❺ 《宋会要辑稿·食货》九之二四，九之六。

❻ 陆九渊：《象山先生全集》卷八《与张春卿》。

❼ 《宋会要辑稿·食货》九之六。

湖北一带，农民"常以一亩之田而出数亩之赋"，"一斛之苗几三斛有奇而未已也"。 其他两浙、江南西、福建诸路皆有类似情形。在田赋激增的情况下，自耕农深受其害，此种情形当时人一再揭露，或谓"民之被害，不可胜言"；或谓因之"民日益困，则日益匮"。❷ 而且田税转嫁现象长期持续。宁宗时期（公元 1195—1224 年），据袁甫奏："豪家富室，凭气势而不输官租；下户贫民畏追呼而重纳产税。"❸ 到南宋末，方回作了如下论述："富民买田而不受税额，谓之有产无税；贫民卖田而不推税额，谓之产去税存。"❹ 就是说，在整个南宋时期，自耕农都在替权势户承担田赋，经济日益困难，很多农民因之丧失土地沦为租佃农。

南宋差役转嫁问题也很严重。首先是役钱不断增加。如临安地区，原来物力三十贯以上，每贯敷役钱十九文；后来改为："物力止十贯已上，每一贯即敷役钱二十五文。"❺ 巴陵各地，每亩役钱增至二百六十有奇。❻ 其他各地也不例外。这种敷役钱是对有一点产业的自耕农半自耕农的严重剥削。这时不但农民的役钱不断增加，而且还强令农民轮充差役。光宗宁宗之际，莫光朝说："免募之钱弗除，而差募之法并用。"❼

差役繁重，有的官户却可优免。据绍兴二十九年（公元 1159

---

❶ 廖行之：《省斋集》卷五《论湖北田赋之弊宜有法以为公私无穷之利札子》。

❷ 王之道：《相山集》卷二〇《论和籴利害札子》；阳枋：《宁溪集》卷一《上宣谕余樵隐书》。

❸ 袁甫：《蒙斋集》卷二《知徽州奏便民五事状》。

❹ 方回：《续古今考》卷二〇《附论叶水心口分世业》。

❺ 赵善括：《应斋杂著》卷一《免临安丁役奏议》。

❻ 廖行之：《省斋集》卷五《论湖北田赋之弊宜有法以为公私无穷之利札子》。

❼ 《乌青镇志》卷十二，莫光朝：《徙役碑文》。

年）记述，"比年以来，形势之户，收置田亩，连亘阡陌……差役并免，其所差役，无非物力低小贫下民户"。[1]韩元吉也曾论及，"近年以来，官户置田颇多，全不充役，致专役民户而已"。[2]其强宗大族，对所应承担的差役也设法逃避，如陈顺陟所说："比来有力之家，规避差役科率，多将田产分作诡名子户，至有一家不下析为三二十户，亦有官户将阶官、职官及各名分为数户者，乡司受幸，得以隐庇。"[3]如陈耆卿所记：大地主户"有一户而化为数十者"，贫穷户"有本无寸产而为富室承抱立户者"。[4]如杨万里所记："蜀之大家，多伪占名数，以避征徭，至有一户析为四五十者。"[5]叶适谓这种大户析产避役现象，"诡产遍天下，其弊安可绝"。[6]结果所致，则是权贵官僚地主逃避的差役转嫁到农民身上。如杜季仲所说："富与富为伍，虽物力巨万而幸免；贫与贫为伍，物力虽（只）数千而必差。"[7]在各级政权被官僚形势控制的条件下，朝廷即想整顿也束手无策。

这时很多小自耕农因差役重负的压迫而破产。如史所记："州县被差执役者，率中下之户。中下之家，产业既微，物力又薄，故凡一为保正副，鲜不破家败产。"[8]如林仲季所记：下户被差之后，"征求之频，追呼之扰，以身则鞭箠而无全肤，以家

❶ 李心传：《建炎以来系年要录》卷一八一，绍兴二十九年三月丁丑纪事。

❷ 韩元吉：《南涧甲乙稿》卷一○《论差役札子》。

❸ 《宋会要辑稿·食货》六之四三。

❹ 陈耆卿：《赞窗集》卷四《奏请正簿书疏》。

❺ 杨万里：《诚斋集》卷一二五《朝议大夫直徽猷阁江东运判徐公墓志铭》。

❻ 叶适：《水心别集》卷一三《役法》。

❼ 舒璘：《舒文靖公类稿》卷三《论保长》。

❽ 《宋会要辑稿·食货》一四之四○。

则破荡而无余产"。❶

孝宗时期（公元1163—1189年），为革除差役中的各种弊端，一度实行义役法，即计亩出钱。但这种义役法久即行失败，在地方形势户干预控制下，反而变成对自耕农残酷剥削的制度。如度宗咸淳年间（公元1265—1274年）黄震所论："中户以下旧来不系充役者，皆拘入义役"；"今中户以下尽入义役"；略有税产者"皆须充大小保长一次轮充，其家遂索，而贫苦益众"。总之，在这义役法制约下，对以役首为代表的豪绅地主有利，而自耕农和半自耕农等中下户则大受其害，如胡太初所论：义役法"利上户而不利下户，便富民而不便贫民"。❷

总之，在南宋时期所实行的各种差役制，在权贵官僚地主逃避和转嫁下，对自耕农都造成极大危害，最后是丧失土地，如史所记："民户避役，田土悉归兼并之家。"❸如谢方叔所奏："小民（自耕农）田日减而保役不休，大官田日增而保役不及。以此弱之肉强之食，兼并浸盛。"最后是献其田于巨室"以规免役"。❹

以上是自耕农因权贵官僚地主转嫁田税和差役，负担过重而丧失土地的基本情况。农民虽丧失土地，仍再继续承担田税。如前述由南宋初直至南宋末，关于"田产已尽而税簿犹存""细民产去税存""产去税存"之类记载史不绝书。这是自耕农小土地所有制趋向萎缩的具体体现。

关于自耕农日益萎缩情形，反映于很多方面。如农民占田日益减少，如《宋史》所记，"小民田日少"。❺如陆埈关于秀州

中国地主制经济论——封建土地关系发展与变化

---

❶ 林季仲：《竹轩杂著》卷三《论役法状》。

❷ 胡太初：《昼帘绪论·差役篇第十》。

❸ 《皇宋中兴两朝圣政》卷二一，绍兴七年二月辛酉。

❹ 《宋史》卷一七四《食货志上二》。

❺ 《宋史》卷一七八《食货志上六》。

崇德县（今浙江嘉兴）所记："民田所存无几，狭乡一二亩。"这种关系还反映为租佃农户数的增加，如陆九渊所说："所谓农民者，非佃客庄，即佃官庄，其为下户自有田者亦无几。"^❶宋元之际方回所记秀州情形，"余往在秀之魏塘王文政家，望吴依之野，茅屋炊烟无穷之极，皆佃户也"。^❷过去农民所有制占极大比重地区，现在变成租佃农聚居之地。

这种变化将某些地区客户所占比重前后加以对比就更加清楚。北宋后期哲宗元符二年（公元 1099 年），客户占全国总户数的 32.7%。南宋高宗绍兴四年（公元 1134 年），统辖区已大为缩小，所统治的户口也日益减少，这时民户总数共一千七百三十三万四千八百三十户，客户为六百二十六万六千一百二十九户，占总户数的 36.15%。^❸南宋中期，客户在总民户中所占比重，在有些地区变化尤为突出，如昌县，绍熙年间（公元 1190—1194 年）增至 50.9%，如兴化军，增至 38.6%。租佃客户迅速增加，自耕农相对减少了。

农民小土地所有制的萎缩，更具体反映于农民所占土地。关于这个问题，漆侠曾经指出，南宋时期，农民所占土地较北宋时期大为减少，约在全部耕地的 30% 以下，笔者认为这个估算接近事实。^❹

南宋时期，为了保证税收，解决财政困难，曾将国家屯田改为民田，征收赋税。先是高宗绍兴三年（公元 1133 年）德安、复州、汉阳军镇抚使陈规曾将屯田中之荒田分别配给军户和民户，按亩收税，"满二年无欠输，给为永业"。^❺

---

❶ 陆九渊：《象山先生全集》卷八《与陈教授书》。

❷ 方回：《续古今考》卷一八《附论班固计井田百亩岁入岁出》。

❸ 林骃：《新笺决科古今源流至论·后集》卷一〇《户口》。

❹ 漆侠《宋代经济史》上，上海人民出版社，1988年第344页。

❺ 《文献通考·田赋考》卷七《屯田》。

此后江西地区，据杨万里所记：江西屯田，由于收租过重，民逃地荒，他主张将这类土地"举而一之为世业，以授民之无田"者。其间吉州吉水县屯田，在孝宗乾道、淳熙年间，由郡奏报国家，"请官鬻之而更为税田"，如此"屯田之重租则去矣，而上供之常数自若矣"。国家这种政策措施虽有利于自耕农的发展，但这类民户为数不多，同时在土地剧烈兼并的条件下也难以持久。

由上所论，南宋时期的地主阶级及农民阶级结构都发生了较大变化。地主阶级结构的变化：伴随权贵官僚大地主的滋长，庶民中小地主日益减少。农民阶级结构的变化：伴随租佃客户的增长，自耕农小土地所有制趋向萎缩。这种发展变化不仅影响农民阶级社会地位的变化，也会阻止农业生产的发展。这是中国封建土地关系的一次逆转。

这种发展变化产生原因比较复杂，这里主要从两方面进行论述，一是权贵官僚地主依势兼并，他们凭借手中所掌握的权力，或进行直接侵占，或强制性购买。二是权势户转嫁赋税差役，自耕农负担过重，经济日益困难。有些贤能之士虽一再提出改革建议，但由于权势户反对，不能顺利贯彻执行。就这样，农民在繁重赋役压迫之下纷纷破产，最后是变卖土地。总之，自耕农小土地所有制的萎缩是同权势地主的膨胀联系在一起的；地主权势的滋长又同国家政策措施有着一定联系。这时中央以及地方政权多为特权地主所控制。

---

❶ 杨万里：《诚斋集》卷七四《吉水县除田租记》，卷八九《民政下》。

第五节　农民阶级社会地位及等级关系的变化

在宋代，主要是北宋时期，中国地主制经济发生较大变化，如前述地主阶级结构及农民阶级结构的变化，这种变化相对此前唐朝而言，贵贱等级关系相对削弱，农民阶级获得较多自由，社会地位相对上升。与之相适应，社会经济进一步发展，商品货币经济的发展远超越隋唐；同时农民的思想意识也发生相应变化，不再屈尊于地主阶级的人身压迫。由以上种种发展变化，说明宋代社会经济的发展具有划时代的意义。

一、北宋时期自耕农获得较多自由

北宋时期，农民阶级结构的变化，主要体现为自耕农阶层的扩大，租佃客户相对缩小。这时自耕农在总民户中占据比重在55%以上；在相当广大地区，相对地主所有制而言，农民小土地所有制占据统治地位。值得注意的另一个问题是自耕农在各方面获得较多的自由，社会地位相对上升。

自耕农和租佃客户不同，租佃农和地主是一种尊卑贵贱等级关系，具有不同程度的人身依附。自耕农同地主阶级国家的关系，虽也具有隶属关系的属性，但不是尊卑贵贱等级关系，原本就有较多的自由。在宋代，发生了更大的变化。这种变化是很多原因促成的，而差役制的改革是其中一个主要因素，下面着重从这方面进行论述。

自耕农同封建国家的关系，系基于田赋和力役。这时的田赋系按亩征税，这方面的问题不大。主要是力役，在神宗时期变法以前，力役是自耕农的一种沉重负担，农民自由受到一定程度制约。关于赋役问题，苏轼曾有过如下一段论述："因地之广狭而制赋，因赋之多少而制役"；"赋无常赋，视地以为赋，人无常役，视赋以为役"。**❶** 按苏轼所论，赋税和力役都是建立在土地多寡的基础上。但实际并非如此，力役的征派主要落在小土地所有者身上，对自耕农形成严重压迫剥削。

　　由于力役对农民形成沉重负担，北宋前期朝廷已开始注意改革。这时南方某些地区仍由前朝继承下来丁钱制，即"丁口赋"，也就是人头税。这种丁口赋和当时所推行的"惟以资产为宗，不以丁身为本"的两税法不同。关于丁口赋的改革，先是太宗太平兴国年间（公元 976—983 年）发布赦文，令两浙、湖南、岭南等处民户现有丁身钱者，"并以年二十成丁，六十入老，其未成丁已入老者，及身有废疾，并与放免"。**❷** 至大中祥符四年（公元 1011 年）又下诏停征身丁钱，所免身丁钱总额达四十五万零五百贯。在神宗元丰年间（公元 1078—1085 年），有地区因役钱不充又恢复身丁钱，但这只是个别地区。**❸** 对实行身丁钱少数地区而言，这种由减免到停征的改革措施也具有重大意义，这部分农民从身丁钱的压迫下解放出来。

　　更重要的是神宗时期免役法即募役法的实施，对当时自耕农所得尤为重要，它一方面减轻了农民沉重负担，另一方面放宽了对农民的控制，使其获得更多的自由。

　　宋代力役之征，在未改制前，如马端临所论：隋唐以后"所谓乡亭之职，至困至贱，贪官污吏非理征求，极意凌辱"；"然则差役之民，盖后世困苦卑贱同于徭役而称之，而非古人所置比闾族党之官之本也"。**❹** 漆侠据以作出如下结论："这就进一步可以看出宋代差役的压迫性质"。北宋差役可概括为四大类。第

---

❶ 苏轼：《经进苏东坡文集事略》卷一七《均赋税》。

❷ 《宋会要辑稿·食货》七〇之八。

❸ 参考郑学檬主编《中国赋役制度史》，厦门大学出版社1993年，第357页。

❹ 《文献通考·职役考二》。

一类中的吏役比较特殊，是代表国家欺压人民的一种职役，这种吏是地方政权的帮凶。第二类中的衙前役，主要由小地主和上层农民承担，对他们成为一种沉重剥削，如当时郑獬所论：这种力役无报酬，在有的地区，承担这种力役者"以至全家破坏，弃买田业，父子离散"。❶第三类的耆户长、弓手、壮丁等役，承担者有下层小地主，但主要是自耕农，这种无偿征派变成农民的沉重负担，乃至倾家破产。第四类如承符、人力、手力等役，掌管"追催公事"，大都由第四、第五等户承担，由这种差役对农民所造成的迫害，如苏辙所论："民被差役，如遭寇虏。"❷由以上简短介绍可以看出，第二、第三、第四类差役主要落在广大自耕农身上，尤其是第四、第五等下等农户"半曾差作役"，实际是奴役性力役。❸其间势族强宗并将所应承担差役转嫁到一般农民身上，严重束缚了自耕农人身自由乃至影响其农业生产，其为害之烈，有如漆侠所论：这种差役制，"就彻底暴露了它的国家劳役的压迫性质"，成为农业生产发展的一个桎梏。❹

　　由仁宗晚年到神宗熙宁二年的一二十年间，旧差役法的弊端日益暴露，于是兴起改革之议，由差役制改为募役法。

　　募役法最后是在王安石主持之下实行的。此制在神宗熙宁三年（公元1070年）先在个别地区试行，熙宁四年（公元1071年）十月正式颁行全国。其法：凡当役民户，按家财等第出钱，名免役钱；其坊郭等第户及寺观、品官之家，旧无色役而出钱者，名助役钱。从此各类民户主要是广大农民解除了力役的征派，交纳适当的免役钱由政府代为募人充当。这种改革系以货币

---

❶ 郑獬：《郧溪集》卷一二《论安州差役状》。

❷ 苏辙：《栾城集》卷三七《再言役法札子》。

❸ 李觏：《直讲李先生文集·往山舍道中作》。

❹ 关于宋代差役制主要参考漆侠《宋代经济史》上，上海人民出版社1988年，第452—462页。

关系代替封建劳役，国家适当放松对自耕农的控制，农民从而获得较多自由，社会地位相对上升。

如前所述，北宋时期，自耕农民户占据极大比重，在相当广大地区占据统治地位，自耕农社会地位的变化是一个值得注意的重大问题。由于自耕农有了较多的自由，可以充分发挥其生产积极性，这种改制对社会经济的发展起了一定促进作用，但它不利于广占土地的权贵强宗地主。因此改革招致他们的反对，阻力较大，未能普遍贯彻执行。这种关系，前面已经论及。但相对仁宗、英宗以前而言，广大自耕农毕竟有了较多自由，在宋代这是具有历史意义的巨大变化。

二、北宋时期租佃关系的变化

（一）旧有传统贵贱等级关系的持续

相对自耕农而言，在北宋时期，租佃客户社会地位变化更大一些。但变化情形因地区而不同，由于这时的租佃处于由旧传统等级关系向相对自由租佃关系过渡时期，在相当广大地区变化比较迅速，在另一些地区变化比较缓慢。即比较先进地区，有的也有一些落后因素长期纠缠在一起。因此关于北宋时期租佃关系变化问题，本节拟从两方面进行论述，一是旧有传统贵贱等级关系的持续，一是新兴租佃关系的萌生。其间新租佃关系萌生是这一时期地主制经济发展的主流。

关于旧的贵贱等级关系问题，有些地区持续的时间相当长，从北宋到南宋都有不少记载。有的地区，强宗豪右强制农民作他们的租佃客户；有的地区，强迫租佃户向他们提供劳役。在有些地区，地主役使佃客合法化，如史所记："诸凡为客户者，许役其身，而不得及其家属妇女皆充役作"。❶像这类主佃间的贵贱等级关系十分突出。这种关系还反映于对佃户的称谓上，如太宗

❶《宋会要辑稿·食货》六九之六八。

雍熙四年（公元 987 年），曾任长道县酒务官的秦州李益，"家饶于财，僮奴数千指"。❶ 这里所说"僮奴"乃指当时租佃客户。有的对客户称为"役属"。如太宗诏书涉及巴蜀地主时曾谓"每富人家役属至数千户"。❷ 马端临在论及佃客时也曾说："而耕田之夫率属役富贵者矣。"❸ 有地区直接称为"佃仆"或"仆"。如朱寿隆在京东转运使任上所记："岁恶民移，寿隆谕大姓富室畜为田仆，举贷立息，官为置籍索之。"❹

尤其是夔峡地区，❺ 租佃客户地位最为低下。这里的客户多父子相承，据《太宗实录》，"旁户素役属豪民，皆相承数世"。❻ 不能随意离开地主庄园，而且这种制度持续了很久。佃客有逃亡外地的，也要按照仁宗时期改制前制定的皇祐官庄客户逃移法追捕回去，交给原主。❼ 而且一家奴役的佃客相当众多，据《太宗实录》，"巴蜀民以财力相君，每富人家役属至数千户"。❽

在夔峡一带，农民沦为佃客的过程，有的因为经济困难，投靠地主，佃田耕种；有的由于地主逼使，如南川权势地主王衮等家，"诱胁汉户，不从者屠之，没入田土"。因此农民"往往投

第五章 地主制经济进一步发展（两宋时期）

---

❶ 《宋史》卷二五七《吴廷祚传附吴元载传》。

❷ 钱若水：《太宗皇帝实录》卷七八。

❸ 马端临：《文献通考·田赋考二·历代田赋之制》。

❹ 《宋史》卷三三三《朱寿隆传》。

❺ 这类落后区，以夔州路为主，包括利州路、梓州路在内。若夔州路以西之成都府路及以东黄河、长江流域广大地区，皆系地主制经济正常发展区。又利州路的汉中一带，梓州路的河谷地区，也在沿着地主制经济正常发展。

❻ 《太宗皇帝实录》卷七九。

❼ 参考漆侠《宋代经济史》上，上海人民出版社，1988年，第213页。

❽ 钱若水：《太宗皇帝实录》卷七八。

充客户，谓之纳身"。❶因此这里佃客地位十分低下，或谓地主对佃客"鞭笞驱使"，极为苛酷。❷或谓"川陕（峡）豪民多旁户，以小民役属者为佃客，使之如奴隶"。❸

上述落后租佃关系的持续，主要是由于这一类地区地主权势嚣张，而且子孙累世相承，旧的租佃关系难以突破，同落后的租佃制也有一定联系，如地租分成制及佃客为地主服役等。

在落后地区，地主权势之大，有的称霸一方，乃至敢于拒交国家赋税，而由地方"里胥代纳"；乃至不顾国家法纪，"藏匿亡命"。还有的"筑城堡以自固，缮修器甲"。对当地农民，"或刳孕妇，或探人心而食之"。❹这类地区，可称之畸形地主制经济。

在一般地区，也有地方强宗称霸地方，如前述秦州地主李益，为人横恣，"持郡吏短长，长吏而下皆畏之"。❺如太宗端拱年间曾为大官的麻希孟，"兼并不法"，居乡横暴，"每持郡吏长短"，以至"营丘人皆畏之"。❻

以上是旧有传统贵贱等级关系持续的基本情况。这种关系，在某些地区之所以长期持续，主要是由于旧有地主封建权势的持续。有的地主子孙承袭，相沿数十年乃至百余年。在他们剥削奴役下的租佃客户也子孙相承。彼此之间的关系遂也相承不改。

与此同时，租佃分成制也起了一定辅助作用。这种分成制使租佃客户难以摆脱对主人的人身依赖关系。

———————————

❶ 李焘：《续资治通鉴长编》卷二一九，熙宁四年春正月丁未记事。

❷ 苏洵：《嘉祐集》卷五《田制》。

❸ 《宋史》卷三〇四《刘师道传》。

❹ 《续资治通鉴长编》卷二一九，又卷二二五，熙宁四年秋七月壬辰，注引章惇言。

❺ 《宋史》卷二五七《吴廷祚传附吴元载传》。

❻ 钱若水：《太宗皇帝实录》卷四四。

关于这时地租分成制的主导地位问题曾有很多人提到。如仁宗时期（公元 1023—1063 年）欧阳修说："今大率一户之田及百顷者，养客数十家"。"及其成也，出种与税而后分之"。❶即全部产品除去种子、田税之外，地主与佃客对分。据苏洵记述："耕者之田资于富民。"富民于"田之所出，已得其半，耕者得其半"。❷这种产品分成法是当时各地普遍通行的租佃制，如熊禾所记："南北风气虽殊，大抵农户之食主租，己居其力之半。"❸这种分成制一直持续到南宋。如鄱阳一带，据洪迈记述：有"主客分"之称，地主"募人耕田，十取其五"。❹关于分成比例，有地区较高，有地区较低。如新安县（歙州），"大率上田产米二石者，田主之收什六七"。❺贫穷佃户需要由地主提供牛具种子的，地租率酌增，如陈舜俞所记：佃客种田，"犁牛稼器无所不凭于人……以乐岁之收五之，田者（地主）取其二，牛者取其一，稼器者取其一，而仅食其一"。❻有的佃客和地主发生借贷关系。徽宗时期，农民"方在耕时，主家有催旧债不已，及秋收时，以其租课充所折债免，乃复索租"。❼

这种分成制本身就同超经济强制联系在一起。在耕作期间尤其是秋收季节，地主或躬亲或派管家到田场进行监督，彼此之间所形成的上下之分十分明显。如北宋初陶谷所记：到秋收季节，地主到田场"上庄墅监获稻"。❽地主的这种监督，多少剥夺了佃农的部分人身自由。而且这种分成制每同劳役剥削联系在

❶ 欧阳修：《欧阳文忠公文集》卷五九《原弊》。

❷ 苏洵：《嘉祐集》卷五《田制》。

❸ 熊禾：《勿轩集》卷一《农桑辑要序》。

❹ 洪迈：《容斋随笔》卷七《田租轻重》。

❺ 淳熙：《新安县志》卷二《税则》。

❻ 陈舜俞：《都官集》卷二《厚生一》。

❼ 《宋会要辑稿·职官》，徽宗政和二年四月三日诏。

❽ 陶谷：《清异录》卷三。

一起，地主每任意役使佃客从事各种额外劳动。在这种分成制的制约下，加深佃客对地主的人身依附关系是很自然的。再加上由地主提供牛具种子以及借贷关系，更加强了地主对佃农的超经济强制。

北宋时期，在生产先进地区也出现有定额租事例，但较为少见，故从略。❶

以上是在某些地区主佃关系中旧有传统贵贱等级关系持续的基本情况。这种旧传统关系的持续，主要是由于在这类地区地主仍具有特殊的封建权势，而落后的地租分成制则起了辅助作用。但这种旧有传统封建依附关系的持续乃历史的必然。这时更主要的是新的较自由的租佃关系的萌生，这是本节所要论述的主题。

（二）新兴相对自由租佃关系的萌生

这时的租佃关系，旧有传统贵贱等级关系的持续是其中的一个方面。与此同时，在相当广大地区，租佃中旧有传统贵贱关系趋向淡化，佃农对地主的人身依附关系逐渐削弱，农民社会地位相对上升。北宋时期，这种发展变化起着主导作用，或者说是当时的主流。

租佃客户社会地位上升的具体体现，一是摆脱了地主的控制获得迁徙的自由，二是佃农法律地位的变化，三是伴随上述发展变化，保证地租实现的租佃契约制进一步发展。

关于佃户由"不得起移"到获得迁徙自由，这种过渡是从仁宗时期开始的。据天圣五年（公元 1027 年）诏书："江淮、两浙、荆湖、福建、广南州军：旧条私下分田客非时不得起移，如主人发遣，给与凭由，方许别住。（但）多被主人折（抑？）勒，不放起移。自今后客户起移，更不取主人凭由。（但）须每

---

❶ 如王安石在上元县所捐献寿寺产，据《临川先生文集》卷四三《乞将田割入蒋山常住札子》，有捐田若干、租麦若干石，钱若干文之类记载，但只是个别事例。这时官公田地定额租制比较普遍。

田（年）收田毕日，商量去往，各取稳便，即不得非时衷私起移。如主人非理栏（拦）占，许经县论详。"❶ 从这时开始佃客可以迁徙了，但须俟收割完毕，经地主同意。这时如果佃客坚持要离开，地主不得阻拦。从此，佃客在迁徙方面遂不再受地主任意摆布。诏书颁布后的五十九年，哲宗元祐元年（公元 1086 年），王岩叟奏报说："富民召客为佃户，每岁未收获间，借贷赒给，无所不至；一失抚存，明年必去而之他，"❷ 由王氏所奏，说明佃客自由迁徙他往乃是当时普遍现象。一直到南宋高宗绍兴二十三年（公元 1153 年），据鄂州庄绰的奏报，客户仍可自由迁移。

天圣五年（公元 1027 年）的诏令是全国性的，从此在相当广大地区客户都获得了迁徙的自由，他们对地主的人身隶属关系遂大为削弱。

与前诏书相适应，为了保证佃客的自由，有关土地买卖事宜不再把他们写入买卖契约。南宋高宗绍兴年间（公元 1131—1162 年），鄂州知州庄绰向朝廷奏报："请买卖田土不得载客户于契书，听其自便。"庄绰所奏报是同佃客自由迁徙联系在一起的。庄绰的建议得朝廷批准："民户典卖田地，毋得以佃户姓名私为关约随契分付得业者，亦毋得勒令耕佃。"如有违反这条诏令者，"许越诉"，犯者"科罪"。❸ 但这时权贵官僚地主权势已渐趋嚣张，这个诏令是否能贯彻执行值得怀疑。❹

佃客社会地位的变化，再一个具体体现是主佃之间法权关系

---

❶ 《宋会要辑稿·食货》一之二四。

❷ 《宋会要辑稿·食货》一三之二一。

❸ 李心传：《建炎以来系年要录》卷一六四，绍兴二十三年六月庚午诏。

❹ 据漆侠《宋代经济史》上，上海人民出版社1988年，第213页，在荆湖北路和淮南路地主权势嚣张地区，客户又逐渐丧失了迁移的自由。

的变化。即地主对佃客不能随意杀害。地主杀害佃客，据仁宗时期嘉祐年间（公元 1056—1063 年），"初无减等之例"。即使是宦室，虽可以"减死"，但仍要科罪。嘉祐二年（公元 1057年），随州司理参军李汴之父李阮殴佃客致死，李汴"请纳出身及所居官以赎父罪，朝廷遂减阮罪，免其决，编管道州"。❷ 由以上事例，说明在嘉祐年间，地主杀害佃客要判处死刑。

　　但以后地主杀害佃客又有减死之类记载。据《宋史》，王琪知复州，"民殴佃客死，吏论如律。琪疑之，留未决。已而新制下，凡如是者听减死"。❸ 至神宗元丰六年（公元 1083 年）重定：地主对佃客"因殴致死者，不刺面，配邻州"。❹

　　由以上事例，说明有特殊身份地位的地主，杀害佃客可以减刑，但仍要判刑。❺

　　总之，关于佃客法律地位问题，宋代中叶发生较大变化，佃客和地主在法律上基本是对等关系。以后又逐渐倒退，官宦户杀害佃客可以赎罪免死，处罚减轻。但就北宋而言，佃客法律地位趋向平等乃当时主流。

　　伴随上述发展变化——佃客可以离开地主土地自由迁徙，佃客有一定的法律地位，社会地位上升了。在这种条件下，地主地租的实现完全依靠个人的超经济强制会遇到一定困难，于是租佃契约制进一步发展。这种契约主要是保证地主征租的。租佃农契约制早在唐朝已经出现，而到宋代更加普遍化。这种发展变化，从另一种意义上说，乃是主佃之间封建依附关系趋向削弱的又一具体反映。

---

❶ 李心传：《建炎以来系年要录》卷七五，绍兴四年夏四月丙午记事。

❷ 郑獬：《郧溪集》卷一二《荐李汴状》。

❸ 《宋史》卷三二一《王珪传附王琪传》。

❹ 《宋史》卷一九九《刑法志一》。

❺ 参考漆侠《宋代经济史》，上海人民出版社，1988年。

下面列举几个租佃契约事例。宋太宗太平兴国七年（公元982年）十二月诏："诸路……分给旷土，召集余夫，明立要契，举借种粮，及时种莳，俟秋成依契约分。"契约载明佃农要及时种植，秋收之后要依约交租。所说"立契"及"依契分粮"是当时民间通行的一般体制。佃客如不按契约按时交租，地主可凭所立契约到地方政府控告，官府即根据契约代为追租。这种契约也是地方政府代为催租的依据。

在农民社会地位上升到具有迁徙自由的条件时，地主对佃农的态度也逐渐发生变化。如前所论，地主对佃客"一失抚存，明年必去而之他"。因此地主"召客为佃户，每岁未收获间，借贷赒给，无所不至"。❷

由以上所论，在这一时期，佃客可以自由离开地主土地，并享有一定的法律地位，地租的实现更需要租佃契约的保证，地主封建地权依靠国家政权的维护作用日益加深，以及地主对佃客态度的变化等，都是主佃间封建依附关系趋向削弱的反映，也是租佃农社会地位相对上升的反映。这种现象的产生原因极为复杂，如伴随农业生产发展而出现的商品经济发展的冲击，如由于庶民中小地主发展而地主权势相对下降，以及土地买卖频繁、土地经常易主而主佃关系变动无常等，都有一定联系。这里就以上三个方面分别加以论述。

关于商品经济发展冲击问题是很容易理解的。北宋时期，商品经济有较快发展，文献屡有反映。与农民经济直接相联系的，如经济作物的发展，如市场中粮食的大量交易。同时国家赋税政策对加强农民同市场的联系也有一定促进作用，如真宗时期推行的和买政策，尤其是神宗时期推行免役法，所有自耕农都须出售部分农产品交付差役钱。这时贫穷农户，对所收粮食也常先卖后

❶ 《宋会要辑稿·食货》六三之一六二。
❷ 《宋会要辑稿·食货》一三之三一。

买，如李觏所说：“农民收粮后，即行贱卖，余不足以食”，“于是取于市焉”。这时广大自耕农和商品经济联系十分密切。这种发展，对旧的社会习俗、人与人之间的相互关系，尤其是贵贱等级关系的冲击是很自然的。关于这个问题，本书另有专章论述，此处从略。

关于中小庶民地主的发展，对租佃客户社会地位的上升有着更为直接的联系。这时中小地主在地主阶级中占据一定比重。以两浙路的温州为例，占田四百亩以下的中小地主——其中主要是占田二百亩左右的地主，和占田四百亩以上的大地主相比，以户数而论，中小地主约占地主总户数的 89.8%；再就所占耕地面积而论，中小地主所占耕地约占全部地主总田额的 68.5%。在这一时期，中小地主的重要地位可以想见。这类中小地主，尤其是占比重较大的小地主，是在农民所有制占优势地位的条件下逐渐发展起来的，即从富裕自耕农中分化出来的。这类中小地主，主要是庶民地主，没有任何功名职官，没有政治特权，同被剥削的租佃客户很容易形成自由平等关系。在封建社会时期，地主与农民即是阶级关系，又是等级关系。但由这类庶民中小地主和租佃客户所形成的相互关系，主要是剥削和被剥削的阶级关系，不可能形成像由权贵强宗地主所形成的那种强烈的等级关系。在这种条件下，等级关系遂相对削弱，逐渐向平等关系过渡是很自然的。总之，伴随地主阶级结构的变化，庶民中小地主的发展，租佃客户的社会地位逐渐上升。这是促进新的租佃关系产生的又一重要因素。

土地买卖关系的发展，对主佃间封建依附关系削弱也起着不可忽视的作用。北宋时期，关于土地买卖频繁与土地经常变易主人，也是同商品经济发展的冲击紧密联系在一起的。地主阶级结构的变化，农民小土地所有制广泛存在，则为地权经常转移创造

---

❶ 李觏：《直讲李先生文集》卷一六《富国策第六》。

了条件。此种情形，南宋也不例外。

伴随土地买卖关系的发展，一批旧地主没落了，又发展起来一批新地主，这种关系在文献中屡有反映。如《就日录》所记，地主子弟，贪图享受，富贵无常。北宋前期，孙光宪所记：地主子弟有三变，"第一变为蝗虫，谓嚣庄而食也"。所谓"嚣庄"指出卖地产。[1]关于地主贫富变动无常，北宋时期一直在持续。

由于土地经常易主，地主经常轮替，佃户和地主只是短期结合。这同过去累世相承的地主制下所构成的父死子继的世袭佃户形成的租佃关系不同。由于地主经常更替，主佃间牢固的封建依附关系不易形成，这对双方等级关系趋向削弱、佃客社会地位上升也具有一定影响。

总之，北宋时期，农民阶级社会地位发生较大变化，自耕农和租佃农都获得较多的自由。导致这种发展变化的原因极为复杂，而伴随农业生产发展出现的商品经济发展的冲击、中小庶民地主的发展等至关重要，朝廷的政策措施也起了一定促进作用。关于租佃农的变化比较突出，如租佃迁徙的自由、法律的变化等。但是还有部分地区变化比较缓慢，农民仍处于卑下地位。其实这并不奇怪。以租佃而论，在相对自由的关系萌生的过程中，在某些地区，旧的等级依附关系仍在持续是很自然的。从总的发展趋势看，尊卑贵贱等级及封建依附关系趋向削弱，农民阶级社会地位相对上升，乃是这一时期主流。

三、南宋时期封建等级关系逆转及农民阶级的反抗斗争

北宋时代出现的先进土地关系，到北宋后期主要是徽宗时期开始变化，伴随权贵强宗地主权势嚣张，兼并剧烈，地权集中，土地关系趋向倒退。南宋建国，这种逆转趋势愈演愈烈。权贵强

第五章　地主制经济进一步发展（两宋时期）

---

[1] 孙光宪：《北梦琐言》卷三。

宗地主，不仅垄断土地产权，还操纵各级政权。在这种条件下，他们力图扩大地主阶级的封建权势，强化贵贱等级关系，抑制农民的社会地位。但在此前的北宋时代，自耕农已获得较多的自由，租佃农社会地位相对上升，农民阶级的思想意识也发生较大变化，对地主阶级的压迫剥削已不像过去那样逆来顺受了。因此南宋王朝有关这方面的政策措施及权贵强宗地主对农民所实行的暴力强制，无疑将加剧两大阶级之间的矛盾对立。

关于加深等级关系问题在租佃关系方面反映得最为突出，首先是放宽地主对迫害佃客的惩罚，这种现象主要是从土地兼并剧烈的北宋末徽宗时期开始的，这时地主阶级结构已在变化，权贵强宗地主已日益发展。这时张端礼知武进县，该县"有伪儒衣冠笞虐佃夫至自经以死者"，地方政府对该伪儒即行逮捕。这时"郡学士千余人造庭下祈免之"。结果"杖遣之"了事。❶ 到南宋高宗建制，对打死佃客的地主罪犯的处罚进一步放宽，过去已由判处死刑改为发配外地，这时又改为"只配本城"。由于对地主迫害佃客的处罚进一步放宽，佃客的法律地位大为下降，"由此人命浸轻，富人敢于专杀"。❷

接着是地主阶级力图剥夺佃客迁徙自由。关于佃客自由迁徙，在北宋仁宗时期已成定制。南宋时期，在权贵强宗地主权势膨胀的条件下，把佃客束缚于土地上的问题又提到日程上来，如高宗时期士大夫胡宏说："贵贱之相待，高下之相承，盖理之自然也"，他提出"岂可听客户自便，使主户不得系属哉"。如果令客户获得来去自由，则他们"或习学末作，不力耕桑之业；或肆饮博而盗窃，而不听检束；或无妻女，诱人妻女而逃；或丁口繁多，衣食有余，稍能买田宅三五亩，出立户名，便欲脱离主户

❶ 李纲：《梁谿全集》卷一六九《张端礼墓志铭》。

❷ 李心传：《建炎以来系年要录》卷七五。

而去"。❶关于佃农买田脱离主户变成自耕农乃系当时历史事实。至于胡宏对佃客所加的诬蔑之辞，无非是为了把佃客牢固地束缚在地主土地上使之不得迁徙而寻找借口。

这时在有些地区，如淮南诸郡的"富豪巨室"，不只侵占农民土地，并强迫他们作自己的租佃户。这类农民，如前所述："而贫弱下户，莫适所愬。勉从驱使，深可痛尔。"❷这种通过暴力形成的租佃，地主和佃农必然是贵贱等级而具有严格人身隶属关系的租佃关系。由此而沦为租佃客户的农民，对地主也必然十分仇视，阶级矛盾更加突出，时刻想进行反抗。

在地主阶级封建权势日益嚣张的条件下，伴随地权转移日益频繁，随田佃客又重新多起来。宋孝宗乾道元年（公元 1165年），张子颜献真州及盱眙军水陆田山地一万五千二百六十七亩，张宗元献真州田二万一千八百一十三亩，杨存中献楚州宝应田三万九千六百四十亩，各家同时将牛具、船屋和庄客一同"献纳"。❸由这一事例说明，这类庄客即租佃农民已是土地上的附属品。

这时佃农社会地位的低下还反映于卑贱的称谓和向地主提供劳役。如都昌县曹彦约广占田亩，"有仆十余家可以供役"。❹曹彦约所说"仆"乃租佃客户。这时袁采的《袁氏世范》、洪迈的《夷坚志》等书都有关于"佃仆""仆"之类的记载。在西部巴蜀落后地区，佃户妇女向地主提供劳役的旧习仍在延续。据宁宗开禧元年（公元 1205 年），该路运判范荪奏报：客户"家属""妇女皆充役作"。❺即在过去先进的两浙路、江南东路也

---

❶ 胡宏：《五峰集》卷二《与刘信叔书》。
❷ 王之道：《相山集》卷二二《乞止取佃客札子》。
❸ 《宋会要辑稿·食货》一之二四。
❹ 曹彦约：《昌谷集》卷七《湖庄创立本末与后溪村刘左史书》。
❺ 《宋会要辑稿·食货》六九之六八。

不例外，当时袁采曾谓这里地主对佃农的剥削有"不可有非时之役语"。❶说明这里在农忙季节仍有地主在役使佃户。

与前者相联系，则是地主任意迫害佃户。如史所记，"户主生杀，视佃户不若草芥"。❷据孝宗乾道元年（公元1165年）赦文："勘会豪右兼并之家，多因民户欠负私债或挟怨嫌，恣行玄绁缚，至于锁闭，类于刑狱，动涉旬月。"❸又据宁宗嘉泰三年（公元1203年）赦文："访闻形势之家，违法私自狱具，僻截隐僻屋宇，或因一时喜怒，或因争讼财产之类，辄将贫弱无辜之人，关锁饥饿，任情捶拷，以致死于非命；虽偶不死，亦成残废之疾。"❹关于当时各类地主权势之猖狂，气焰之嚣张，欺压农民之酷暴，由以上两赦文反映得十分清楚。被权贵官僚强宗地主所迫害的农民，有自耕农，但主要是租佃农。

北宋时期，就近古时期而言，是由旧有传统贵贱等级关系向相对自由租佃关系过渡时期，新旧两种关系长期并存，而以后者为主。南宋时期，伴随权贵官僚强宗地主的权势滋长，旧有租佃等级关系又形滋长，新生相对自由租佃关系呈现倒退。针对租佃关系这种逆转趋势，当时官僚士大夫采取了不同的态度。前述之胡宏是一类，代表逆转派，主张加强地主与农民两大阶级之间的贵贱等级关系。光宗绍熙年间（公元1190—1194年）许及之是一类，主张维护等级关系，但地主须怜恤佃农，如所作劝农诗："三劝农家敬主人，种他田土而辛勤，若图借贷相怜恤，礼数须教上下分。"❺由许氏所论，说明这时佃农对地主已不是那么尊敬了，他主张地主和农民是"上下"等级关系，农民要尊敬

中国地主制经济论——封建土地关系发展与变化

---

❶ 袁采：《袁氏世范》卷三《存恤佃客》。

❷ 《元典章》卷四三《元成宗大德记事》。

❸ 《宋会要辑稿·刑法》二之一五七。

❹ 《宋会要辑稿·刑法》二之一三三。

❺ 许及之：《涉斋集》卷一五。

地主。

　　在当时，朱熹是比较先进的一派，光宗时期（公元 1190—1194 年），他在所统属的漳州发布的一篇《劝农文》中说："佃户既赖田主给佃生（？）借以奉养家口，田主亦藉佃客耕田纳租以供赡家计，二者相须方能生存。今仰人户递相告戒，佃户不可侵犯田主，田主不可挠虐佃户。"❶朱熹一方面劝告佃农照章交租，同时反对地主迫害佃农，属于当时开明地主的代表人物，主张以农为本，贫富合理，通过这种办法维护社会的安定和经济的发展。在主佃间贵贱等级关系趋向逆转的情况下，朱熹提出这种主张是难能可贵的，也是符合当时历史潮流的，不愧为封建社会先进的政治经济学家。

　　南宋时期，自耕农的社会地位也在发生变化。这种变化的产生，也由于权贵官僚地主权势嚣张，他们依势转嫁田税和差役，加重了自耕农的剥削，这种关系前面已一再论及。自耕农在赋役追逐之下遭受刑辱，乃至"以身则鞭箠而无完肤"。对赋役转嫁现象有的官吏想加以整顿，但在权贵官僚强宗之类地主的反对下很难顺利贯彻执行。在这里，自耕农被剥夺了更多的自由，社会地位日益下降。在国家及各类地主的残酷剥削下，经济也日益困难，如度宗时期（公元 1265—1274 年）王柏所记：贫穷农民，"秋成之时，百逋从身，解偿之余，储积无几，往往负贩佣工以谋朝夕之赢者，比比皆是也"。❷

　　总之，在权贵强宗权势膨胀条件下，农民阶级社会地位又趋向低下。相对北宋而言，这是地主制经济的又一次倒退。

　　对上述土地关系的倒退，农民阶级与地主阶级相反，进行了反抗斗争。这时的农民阶级在北宋时期已发生较大变化的情况下，即农民阶级社会地位相对上升、思想意识也发生相应变化，

❶　朱熹：《晦庵先生朱文公文集》卷一〇〇《劝农文》。
❷　王柏：《鲁斋集》卷七《社仓利害书》。

他们对地主阶级的人身压迫和残酷的经济剥削已不再是那么逆来顺受了。

首先是抗租。南宋时期，在有些地区，爆发了大规模抗租斗争。首先是对地主的地租剥削不按契约规定交纳。如孝宗时期（公元 1163—1189 年）袁燮所记，佃农对交租事"农习为欺"。如绍兴府某寿产，原系膏腴之地，租佃农民"虽丰富，租不实输"，因此寺主告到地方官府"官督（佃农）所负，责之必偿，其嚣自若"。❶ 如湖州地区，出现农民集体结约抗租斗争事。据吕祖谦记：该地"土俗小民强悍，甚至数十人为朋，私为约，无得输主户租"。❷ 在浙东地区，地主将抗租的农民控告到官府，租佃农则联合起来，"举族连村，尽死以拒捕"。❸ 如嘉兴府佃农纽七，租地种禾，"悉已成熟收割，囷谷于柴秸之间，遮隐无踪"，图"赖主家租米"。一俟地主控告官府，"而柴与谷半夜一火焚尽"。❹ 在莆阳地区"有顽佃二十年不纳主租者"。❺ 租佃农对地主的封建剥削已不那么顺从了。这是农民社会地位变化的一个方面。

南宋时期，农民阶级对地主阶级的人身压迫也提出反对口号。如北宋末年，在权贵强宗地主权势嚣张，土地兼并剧烈开始时期，方腊首先提出"平等"之类口号。此后两宋之交，在洞庭湖滨起义的钟相、杨么进一步提出"等贵贱，均贫富"之类口

中国地主制经济论——封建土地关系发展与变化

❶ 袁燮：《絜斋集》卷一〇《绍兴报恩光孝寺田庄记》。

❷ 吕祖谦：《东莱吕太公文集》卷一〇《薛季宣墓志铭》。

❸ 黄震：《黄氏日钞》卷八四《通新宪翁觚书》；陈乐素、王正平：《宋代客户与士大夫》。

❹ 鲁应龙：《闲窗括异志》。

❺ 黄仲元：《莆阳黄仲元四如先生文稿》卷四《寿藏自志》。

号。**❶** 钟相对所率群众说："法分贵贱贫富，非善法也。我行法，当等贵贱，均贫富。"钟相以此说宣传群众，"故环数百里间，小民无知者翕然从之"。**❷**

由以上事例，所谓"农习为欺"，对官府的制裁判决"其嚚自若"等，其间不仅针对地主阶级的经济剥削，也具有反抗等级压迫的内涵。尤其是方腊所提"平等"口号及钟相等所倡"等贵贱"要求，其反对贵贱等级关系压迫性质尤为突出。由这类口号反映了广大农民的要求，也是农民社会地位正处在变化之中的具体反映。也正是在这种条件下，权势地主强化贵贱等级关系使地主制经济逆转的意图受到农民阶级的大力反对。

由以上所论，宋代贵贱等级关系及农民阶级社会地位发生了较大变化。这种变化的具体体现：一是农民阶级构成的变化，自耕农扩大，租佃农相对缩小；一是地主阶级构成的变化，庶民中小类型地主扩大，权贵官僚地主相对缩小。伴随这种发展变化，地主与农民两大阶级的社会地位发生相应变化，贵贱等级关系相对削弱，农民阶级的社会地位相对上升。这种关系到南宋时期一度出现反复，由于权贵强宗地主权势嚣张，他们力图扩大地主与农民两大阶级之间的贵贱等级关系。但伴随社会经济的发展，贵贱等级关系逐渐削弱与封建依附关系日益松弛化乃大势所趋，这是不以人的意志为转移的客观规律。由这种发展变化说明封建地主制经济又进入一个新的历史阶段，为社会经济进一步发展提供了新的条件。

第五章 地主制经济进一步发展（两宋时期）

---

❶ 在强宗地主权势嚣张，且地权集中的西川地区，早在北宋太宗时期，据曾巩《隆平集》，农民领袖王小波即提出均贫富问题，对农民群众说："吾疾贫富不均，吾与汝均之。"此后蜀中李顺，强迫地主富户出财粟，"大赈贫乏"，归之者数万人（据沈括《梦溪笔谈》）。

❷ 徐梦莘：《三朝北盟会编》卷一一三，建炎四年二月十七日记事。

第六章　地主制经济的逆转（元朝）

——权贵地主膨胀与农民社会地位下降

第一节　维护特权地主权益的蒙汉权贵
联合的政治体制

关于这个问题可从以下两方面进行考察：就社会经济关系而言，蒙古族由原来的奴隶体制向封建体制转化；在政治体制方面则是蒙汉等族特权地主统治机构的形成。

在元朝建立以前，先有东北女真部的兴起，后建国号称金。金国于宋钦宗靖康二年（公元 1127 年）灭北宋，占领黄河流域中下游及淮河流域以北广大地区，与南宋成对立局面约百年左右。蒙古族兴起后，于公元 1234 年灭金，占据中原地区。公元 1264 年，定都于燕，为至元元年。公元 1276 年占领临安。公元 1279 年灭南宋统一中国。

元朝从建号至灭亡约百年，统治时间不长，但结束了过去宋、辽、夏、金以及吐鲁番、大理等长期分割并立的局面，建立了多民族统一的国家，从而加强了各民族之间的联系，为民族团聚、国家统一的民族主义奠定了初步基础。从这方面说具有一定历史意义。但由于受蒙古族本身落后的社会经济关系的影响，使中国地主制经济出现又一次倒退。

先是金兵占领中原后，在所占领区迫人为奴。以后逐渐发生变化，到金太宗至世宗、章宗时期（公元 1123—1208 年），在北宋原有地主制经济基础上逐渐推行封建租佃制。章宗太和四年（公元 1264 年），规定"屯田户自耕和租佃法"，一是行"计口授地"制，二是将所占部分官田民田推行租佃制。这时自耕农与租佃农并存。继金而起的蒙古族，在建立元朝以前曾在北方实行奴隶制，后来也过渡为封建制。在灭南宋后并保持了南方原有地主制经济体制。

各级政权的操纵者，一是蒙古权贵大地主，一是参与元朝统治的汉人官僚地主。后来汉人地主通过科举纷纷进入仕途，在各级政权中汉人地主日益扩张。就这样，形成蒙汉特权地主联合的政治体制。

这种政治体制和当时的经济体制互为因果。它在中国原有的正常发展的地主制经济基础上，带进了家族奴隶制的某些残余，强化了等级关系，使地主制经济渗入了奴隶制某些因素。结果所致，地主阶级权势滋长，贵贱等级关系加深，农民社会地位下降，地主制经济再一次倒退。由于这种倒退，使此前宋代发展起来的比较先进的社会经济受到一定程度的挫折。

第二节　权贵、官僚及寺院等特权地主的扩张

一、新兴权贵、官僚地主的形成

新兴权贵官僚地主占地的扩张通过多种渠道。这时也有不少权贵官僚通过经济力量购置地产，关于这个问题此处从略。为了突出这一时期的特点，专就由皇帝赏赐及依势兼并问题进行论述。其由皇帝大量赐田，关于历代土地问题，早在 20 世纪 30 年代梁方仲即已着手广泛收集资料，最后完成《中国历代户口、田地、田赋统计》巨著。关于元代部分列有多种表格，本书即据以作为研究元代地主结构的蓝本。元代诸王及百官赐田，如表 6–1，6–2 所示。

表6-1　元代历朝赏赐诸王公主田地统计

年代	赐田额（亩）	所在地	及田亩类别
武宗至大二年	150000	平江	稻田
泰定帝泰定三年	10000		
文宗天历元年	30000	平江	没官田
至顺元年	50000	平江	官田
顺帝至元元年	11000	庐州、饶州	牧地
至元二年	不详	甘肃、白城子	屯地
至元三年	20000	平江	没官田
至正九年	5000	平江	
合计	276000		

资料来源：梁方仲：《中国历代户口、田地、田赋统计》，第318页。原表统合计数为275000亩，有误，予以订正。

备注：所列数字不是当时所赏赐诸王公主土地的全部。

表6-2　元代历朝赏赐功臣百官田地统计

朝代	赐田数（亩）	所在地及田亩类别
世祖中统	12000	怀孟路、邢州、大名路、顺德路、京兆路
世祖至元	34400	畿内、常州官田、大都、平江路、嘉兴路，其中有二千亩地点不详
成宗	64000	汉阳府、江南
武宗	148000	大都路固安州、江州路、江南
仁宗	14000	晋宁路潞州、荆门州孝感县、平江路
英宗	10000	平江路
泰定帝	503000	河南省五十万亩，另外三千亩地点不详。
文宗	65000	平江路、沛县
顺帝	521000	大都路蓟州松江
合计	1371400	

资料来源：梁方仲：《中国户口、田地、田赋统计》，第319—320页。

备注：所列数字不是赏赐功臣百官土地的全部。

这时皇帝对权贵百官所赐田亩，其中大部分是所谓官田。南宋时期官田较多，有的来自籍没，如籍没朱勔田三十万亩，籍没韩侂胄田可收租米七十二万余石、钱一百三十余万缗等；有的来自购买，如景定年间（公元 1260—1264 年）于平江、江阴、安吉、常州、镇江等地买田三百六十余万亩等。❶ 此外各处官田尚多。元代统一中国，即以此类官田分赐诸权贵和百官。

下面列举一些赐田事例与表互相印证。世祖初期，以常州田三十顷赐郑温，以平江田换八十顷赐王积之子都中，以益都田千顷赐撒吉思。武宗时期（公元 1308—1311 年），以平江田一千五百顷赐珊阿不剌，以江南田一百顷赐塔剌海，以永平路为皇妹鲁国长公主分地，"租赋及土产悉赐之"。❷ 仁宗时期（公元 1312—1320 年），以平江田一百顷赐玉驴答剌罕。英宗至治二年（公元 1322 年），以平江腴田万亩赐中书平章政事拜住，拜住辞谢。❸ 文宗时期（公元 1328 年），以平江地五百顷赐雅克特穆尔，以平江等处官田三百顷赐鲁国大长公主。❹ 以平江田五百顷赐燕帖机。顺帝时期（公元 1333—1367 年），两次赐伯颜田多达万顷。以上这类赏赐土地，被赏赐者每获得赋税优免权。

与此同时，各类权贵官僚地主还依势侵占土地。如世祖时期（公元 1260—1294 年），宗王札忽儿强占文安县地。伯颜、阿术、阿里海牙等南下灭宋，侵占江南官田为己有。这种关系还屡反映于世祖禁占民田的诏令。据《世祖本纪》，如至元十三年（公元 1276 年）冬："诏凡管军将校及故宋官吏有以势力夺民田业者，俾各归其主"；至元十五年（公元 1278 年），诏谕"军

第六章　地主制经济的逆转（元朝）

---

❶ 赵翼：《廿二史劄记》卷三〇《元代以江南官田赐臣下》。

❷ 《元史》卷二二《武宗纪一》。

❸ 《元史》卷一三六《拜住传》。

❹ 赵翼：《廿二史劄记》卷三〇。

民官毋得占据民产"；至元十七年（公元 1280 年），"敕擅举江南民田者有罪"；至元十九年（公元 1282 年），"敕阿合马占据民田，给还其主；所庇富强户输赋其家者仍输其官"；至元二十二年（公元 1285 年），"敕诸权贵所占田土，量给各户之外，悉以与怯薛等种之"，又"敕权贵所占田土"量给各户。从以上所颁书考察，元建国之初，各权贵依势侵夺民田乃当时普遍现象。此后成宗时期（公元 1295—1307 年），各权贵强占民田事仍在持续。如成宗大德元年（公元 1297 年）"禁诸王驸马并权豪毋夺民田"。❶ 如这时两浙盐运司同知范某，依势夺民田，"民有珍宝腴田，必夺为己有。不与则朋结无赖，妄讼以罗织之，无不荡破家业者"。❷ 由此事例，说明历年禁夺民田诏令效果并不显著，只是权贵地主一再强占民田的具体反映。

　　权贵再一种扩大地产的方式接受投献。这时各州县官员和地主，每将官私田地向诸王权贵投献，以邀恩宠。世祖时期，至正十九年（公元 1282 年）曾下诏说："诸人亦不得将州县人户及办课处所系官田土，各入己业，于诸投下处呈献。"❸ 成宗大德元年（公元 1297 年）下令"其献田者有刑"。这里"献田者"指将当地官民田地投献权贵的下级官吏。大德二年（公元 1298 年），又禁诸王驸马公主受诸人"呈献公私田地"。从一再下令禁止权贵接受呈献，并对呈献田产的人加以刑罚，说明当时呈献田产风之盛行。如成宗之母为太后时，曾杜绝七百顷献田，皇帝即命中书省"尽易院官之受献者"。❹ 所说院官指徽政院官吏，说明接受投献田产之官吏不止一人，向太后所献之田也不止一处。所谓献田，有地方豪猾以自耕农之田投献者，有农民为逃避

---

❶《续文献通考》卷一。

❷《元史》卷一三一《拜降传》。

❸《通制条格》卷二《投下收户》。

❹《元史》卷一一六《后妃传》。

赋税而自动将田投献权贵者。由以上文献记载，说明特权地主通过献田侵占民田风之盛，也反映了这时特权地主的特殊属性。

二、寺院特权地主的扩张

这时寺院土地也大为扩张。寺院地主是当时特权地主的一种特殊类型。

寺院土地主要来源于皇帝的赏赐，据梁方仲统计如表6-3所示。

表6-3　元代历朝对寺院赏赐田地统计

朝代	寺数	赐田数（亩）	所在地
世祖	5寺	65000	
成宗	4寺	91000	
武宗	1寺	80000	
仁宗	5寺	67000	河南官田、江浙、益都等处
泰定帝	5寺	140000	安吉、临江等处
文宗	3寺	16264000	平江等处
顺帝	1寺	16200000	山东闲田
合计	24	32907000	

资料来源：梁方仲《中国历代户口、田地、田赋统计》，第321页。

备注：《元史》卷三四《文宗纪》，至顺元年十月赐大承天护圣寺益都，般阳（今山东淄博市淄川）宁海闲田一千六百二十万亩。此田到顺帝至正七年拨赐时为一千六百二十万亩。请参阅梁著第318页，表（1）的说明（2）。

下面列举几个具体事例。元朝初建，以僧人杨琏真伽为江南释教总统，占田二万三千亩。此后仁宗延祐三年（公元1316年），以江浙田二百顷赐上都开元寺，以百顷赐华严寺，以益都田七十顷赐普庆寺。❶泰定帝以吉安平二路田千顷赐大天源延圣

❶ 《元史》卷二六《仁宗纪》。

寺。❶明宗天历二年（公元 1329 年），以前宋太后金氏之田给大承天护圣寺。

还有的寺院依势强占。如仁宗时期（公元 1312—1320 年），浙西沈明仁创立白云宗，托名佛教，强占民田两万顷，徒众十余万人，形成一个托名佛教的地主集团。

由以上事例，寺院占地之广动辄数万乃至数十万亩。寺院占地多者，世祖时期据萧朝伯所记，大护国仁王寺分布在大都及河间、襄阳、江淮等处之田在万顷以上。❷关于寺院占地情形，许有壬曾作如下概括："海内名山，寺据者十八九，富埒王侯。"❸就在同一地区寺院地产所占比重而言，以全州而论，成宗大德年间（公元 1297—1307 年），全州共有田二千九百余顷，其中一千余顷为佛寺道观所占有。更就寺院所统民户之众多而言，如浙江行省，各处寺院林立，寺院所辖凡五十余万户。而且伴随寺产日益扩大，开支也日益增加。据泰定帝泰定年间（公元 1324—1327 年）中书省奏："而成宗复构天寿万宁寺，较之世祖用增倍半。若武宗之崇恩、福元（两寺），仁宗之承华、普庆（两寺），租榷所入，益又甚焉。"以上所说皆指各寺收租多，开支过大。中书省接着奏陈："英宗凿山开寺，损兵伤农，而卒无益。"❹由所奏反映出来，封建统治为建立寺院，劳民伤财也在所不计。

元朝封建统治者对寺院不只广赐地产，并对僧侣采行优惠

---

❶ 《元史》卷三〇《泰定帝纪二》。

❷ 据蒋超伯《麓漉荟录》卷一，《大护国仁王寺所占地产》，"大都处，水地二万八千六百六十三顷有奇，陆地三万四千四百四十四顷二十三亩有奇，山村河泊湖渡陂塘柴苇鱼竹场二十有九……又河间、襄阳、江淮等处，水地一万三千六百五十一顷，陆地二万九千八百五顷六十八亩有奇"。

❸ 许有壬：《乾明寺记》。

❹ 《元史》卷三〇《泰定帝纪二》。

保护政策。寺院地主和其他权贵地主同，有的可以获得赋役优免权。在元朝前期，至元二十七年（公元 1290 年），"宣政院臣言，宋全太后瀛国公以为僧尼，有地三百六十顷，乞如例免征其租，从之"。❶ 从"如例"二字，说明寺院地产优免租赋乃当时普遍现象。❷ 到元朝后期，仍有优免事例。据文宗诏书："诸僧寺田自金宋所有及累朝赐予者，悉除其租，其有当输租者，仍免其役。"❸

　　由于寺院地产可以优免乃至逃避赋役，除国家赏赐土地外，有的地主将地寄托寺院，有的使子弟一人为僧，将土地托名寺产，有的将地产捐舍寺院。在元代百年间，寺院地产迅速扩张，超过任何历史时期，构成当时一种具有封建特权的特殊类型地主。

三、南方旧有权势强宗地主的持续

　　南宋时期，地权趋向集中，如宋理宗淳祐六年（公元 1264 年）谢方叔所论："膏腴皆归贵势之家，租米有及百万石者。"而且权势地主逃避赋税现象十分严重，如当时孙子秀所说，"有田连阡陌而无赋税者"。❹ 元朝统一中国后，南方旧有大地主不仅持续下来，而且在当时特殊体制下，庶民富户土地产权继续扩大，但这类地主兼并土地的方式主要通过经济关系的购买。

　　这时这类地主也具有一定封建权势，如世祖至元二十八年（公元 1291 年）布衣赵天麟所说："江南富豪，广占农地，驱

----

❶ 《元史》卷一六《世祖纪》。

❷ 关于寺院地产免赋役事无定制。据《元史》卷二三，武宗时期，对寺院地产之不纳租赋者有"依旧制征之"之类规定。又《元史》卷三六，仁宗时期，僧人除前宋旧有地及朝廷拨赐土地"免役税"外，"余田与民田一体科征"之类规定。

❸ 《元史》卷三三《文宗纪二》。

❹ 《宋史》卷四二四《孙子秀传》。

役佃户，无爵邑而有封君之贵，无印节而有官府之权，恣纵妄为，靡所不至。"❶ 关于强宗地主依势侵占土地，成宗和台臣的对答有过这样一段记载，成宗说："朕闻江南富户，侵占民田，以致贫者流离转徙，卿等尝闻之否；台臣言曰：富民多乞护持玺书，依倚以欺贫民。官府不能诘治，宜悉追收为便。"❷ 由以上事例，说明这类地主虽未正式进入官场，但同封建政权有着密切联系，他们即凭借这种封建权势侵占土地，为害一方。如震泽地区，有这样一段记录："震泽之注，由吴淞江入海，岁久淤塞，豪民利之，封土为田，水道淤塞。"❸ 这类豪民并欺隐田土，如仁宗时期江南漕臣所奏："江南殷富，盖由多匿腴田，若再行检复之法，当益田亩累万计。"❹ 强宗富户之所以能霸占土地乃至敢于破坏水利及隐匿成万亩计的腴田，是同他们在地方上具有强大封建权势分不开的。

这时江南地区，路府州县各级官府有的为当地强宗富户地主所把持，操纵着实际地方政权，继续扩大他们的地产，其中的大地主，如松江瞿霆发原有田二千七百顷，加上所种官田"共计万顷"。❺ 如松江曹梦炎，所占淀山湖湖田凡数万亩，积粟至百万石。武宗至大十二年（公元 1309 年），乐实奏报：江南富户，"有蔽占王民，奴使之者动辄百千家，有多至万家者"。❻ 所说"奴使之"指强迫交纳地租及提供其他劳役，由千家万家说明占地之多。由于地主继续兼并，土地扩大，地权高度集中，乃势所必然。这种关系反映于当时关于减税问题的争议。如成宗即位后（公元 1294 年），江浙省臣上言："陛下即位之初，诏蠲今岁

❶ 赵天麟：上《太平金镜策》，见《续文献通考》卷一。
❷ 《元史》卷二〇《成宗纪三》。
❸ 《元史》卷一三〇《彻里传》。
❹ 《元史》卷一七七《吴元珪传》。
❺ 杨瑀：《山居新语》，第49页。
❻ 《元史》卷二三《武宗纪二》。

田租（税）十分之三。然江南与江北异，贫者佃富人之田，岁输其租，今所蠲特及田主，其佃民输租如故，则是恩及富室而不被于贫民也。" ❶ 因为广大农民只有很少土地或者根本没有土地，对他们来说，蠲减赋税没有实际意义。

关于地权集中问题，与浙江相毗邻的福建某些州县也不例外，如崇安县，所属五十都田地，共计税粮六千石，其中五千石来自大地主。据此，出自自耕农的税粮不到一千石，说明自耕农占地不到 1/6。❷

由以上所论，元代地主阶级结构与北宋不同。北宋时期，中小庶民地主占主导地位；元代主要是各类特权地主占统治地位，即使延续下来的江南一些庶民大地主，也具有极大权势。其次是地权分配状况不同，北方自耕农虽然占据较大比重，南方相反，而且在某些地区土地高度集中。地权分配不均，地主阶级权势嚣张。土地关系的这种变化，乃是这一时期地主制经济趋向倒退具体体现的又一个方面。

第三节　特权地主干预侵蚀与赋役制紊乱

一、维护地主阶级利益的赋役制

这里不全面谈元代的赋役制度，为了论述这时特权地主权势嚣张在历史上所起的消极作用，而谈与赋役有关的两个问题，一个是维护地主阶级利益的人头税，即在北方所推行的丁税；另一个是残酷剥削农民的重租，即在南方所采行的官田租。与此同时，也附带谈一谈科差的征派。

---

❶ 《元史》卷一八《成宗纪一》。

❷ 上述未注资料来源者，见蔡美彪主编《中国通史》第六册，人民出版社1979年。

元朝建制，在北方广大地区废弃前宋的两税法，改行按户丁征派的赋税制。关于这时的税制，据《元史·食货志》："取于江南者曰秋税、曰夏税。"即在南方继承宋朝按亩而征收的两税法；"其取于内郡（北方）者曰丁税，曰地税"。关于"丁税""地税"，仍据《元史·食货志》："以丁税少而地税多者纳地税，地税少而丁税多者纳丁税。"当时论者又谓："当丁税者不纳地税，当地税者不纳丁税。"❶ 这里一个关键问题是什么人纳丁税，什么人纳地税。

关于丁税户、地税户的区别，郑学檬主编的《中国赋役制度史》曾作了详细考订。先是世祖即位后，在北方实行税粮和科差制。税粮有过一个发展过程，蒙元政权先是以户定税，后改为以丁定税。税粮制度的原则是，除具有特殊户籍的人户按田亩纳税外，❷ 其余民户均按户或丁人数交纳丁税。❸ 关于税额，至元十七年（公元1280年）定：全科户丁税每丁粟三石，驱丁粟一石，地税每亩粟三升。据此，每丁所承担的丁税约相当于六十多亩的地税。丁税和地税两者相权，地税轻而丁税重。❹ 这时纳地税的主要是地多的各类地主，纳丁税的主要是广大农民。这种关系蔡美彪《中国通史》中也曾指出："丁税三石，亩税三升，是丁税十倍于亩税。这对于仅有小块土地的数口之家的农民说来，无疑是沉重的负担；但田连阡陌的地主豪富，却因而获益。"❺ 由此

❶ 胡祗遹：《紫山大全集》卷二三《丁粮地税详文》。

❷ 据《元史》卷九三《食货志》："僧道、也里可温、答失蛮、儒人，凡种田者，白地每亩输税三升，水地每亩五升，军、站户除地四顷免税，余悉征之。"

❸ 据太宗丙申诏令，其制乃"依仿唐租庸调之法"。见《国朝文类》卷四〇《世经大典序录、赋典、赋税》。

❹ 参考郑学檬主编《中国赋役制度史》第五章，厦门大学出版社，1993年。

❺ 蔡美彪主编：《中国通史》第七册，第185页。

可见，在北方推行的这种赋税制具有严重等级性。这种税制的推行是在特权地主控制政权条件下为维护自己经济利益而出台的。

在北方，与税粮并行的是科差制。这时科差有两种，一是丝料，二是包银。这种科差原系"各验贫富品答均科"。^❶如丝料多寡因户不同，每户交纳十余两至一斤数两不等，包银每户交二两至四两不等。但科差对象主要是一般农户，这是对北方农民的一种沉重剥削。

在南方继承宋代按亩征收的两税法，在当时具有一定合理性。但在其他方面也存在一些问题，如官田重租制。这时南方官田较多而且主要集中在江南两浙地区，行按亩征租制，而地租剥削率特高。如江南官田租税率占到产量的50%以上，浙西官田有的每亩"岁纳税额须石半"。^❷浙东官田租额最高者每亩租谷到二点二石。^❸由于官田租重，遂有"言及公田谁肯耕作"之类议论。^❹这类官田在一些地区占一定比重。一般民田税则亩不过数升，要轻得多。而且这类官田很多作为赐田赏赐给各权贵地主，当也即按照这种沉重的租税额剥削当地农民。这是田税制紊乱的一种特殊形式，作为国家田赋，不能用官田私田的区别予以辩解。

在南方推行的科差制有户钱和包银两种，关于户钱，至元十八年（公元1281年），"以江南民户拨赐诸王贵戚功臣，食其户钱"。^❺封户所纳户钱额，原每为五钱，成宗以后增为二贯，为原额的四倍，这种户钱是封主对封户的一种剥削。关于包银承担者主要是自耕农，税额原为每户银二两。但州县征派之时，所

---

❶ 魏初：《青崖集》卷四《至元九年七月奏议》。

❷ 朱德润：《存复斋文集》卷一〇《官买田》。

❸ 贡师泰：《玩斋集》卷七《上虞县核田记》。

❹ 至顺《镇江志》卷六《赋税》。

❺ 《续文献通·考职役二》。

增收甚多。如史所记："包银之法，户不过二两，而州县征之加十倍。"❶ 这是赋役制紊乱的又一奇特现象。由于农民不堪重负，至泰定二年（公元 1325 年）下诏停征。

以上只是就元代赋役制中的几个问题——在北方所实行的丁税，在南方所实行的官田重税制及在全国实行的科差制等进行简略论述。目的是说明以下几个问题：一是赋税的等级性，北方的丁税地税法，减轻了地主阶级的田税负担，加重了对农民的丁税剥削；南方官田租重，保证了权贵的地租收入，加重了农民的租税负担。这种租税制显然是在特权地主干预之下制定的。二是赋役制紊乱，如税制南北不同，民田官田租税轻重不同，这对地主阶级有利，正是在这种情况下，农民负担之重为前所少见。

关于田税的转移，仁宗延祐元年（公元 1314 年）平章章闾说：地主为了逃避赋税，"以熟田为荒地者有之，惧差而析户者有之，富民买贫民田而仍其旧名输税者亦有之。由是岁入不增，小民告病"。❷ 这种逃避田税的有各种地主，但主要是特权和庶民强宗地主。

田税转移之弊，主要发生在南方实行两税法的地区，若差役的转移，全国南北皆然，而南方情形更为严重。如杂泛之差征派原则本来根据各户财产状况而定，但富家大户每设法进行逃避，转嫁一般贫下户。如山东济宁地区，"富家私田跨县邑"，却"析其户役为数十，其等在最小"，因而"赋役常不及己"。在富家设法逃避的情况下，而"中下户反代之供输"。❸ 如福建崇安县，"大家之田连跨数都（郡）"，这里的赋役摊派情形，则是"而赋役者常以四百之细民配之五十之大家"。即由四百家小自耕农代五十家大地主承担赋役。在此种情况下，"贫者一日

❶ 《元史》卷一八四《王都中传》。
❷ 《元史》卷九三《食货志》。
❸ 虞集：《道园学古录》卷一五《户部尚书马公墓碑》。

中国地主制经济论——封建土地关系发展与变化

当役而家已破，是以三年六次预定之役，常纷然不宁，而民病其矣"。❶ 如差役之差，也叫职役，从民户中征派轮充官府所需的一切职役。此类差役的摊派原也根据财产状况，但中期以后逐渐发生变化，贫民下户也分摊一部分，尤其是一般自耕农。所谓"中产之家，岁一当徭，即破荡无几"。❷ 因此一般自耕农视为畏途，设法逃避。如当时人所记："每岁差役，争破家求免；幸而免，家破。不免，家破尽而不足，自僇辱死亡。"❸ 这时农民为了逃避差役，或投充权贵地主，或变卖土地，如当时元淮所赋诗："田夫有话向谁言，麦饭稀稀野菜羹，半顷薄田忧户役，近来贱卖与人耕。"❹ 在整个元代，差役由转嫁而造成的紊乱现象也很严重。

元代赋役制的紊乱转嫁，农民赋役负担之沉重，是同特权地主队伍庞大、权势嚣张紧密联系在一起的。❺

二 地主侵隐土地赋税与经理改革政策的失败

由于各类特权地主权势嚣张，进行兼并逃避及转嫁赋役而严

---

❶ 虞集：《道园学古录》卷四一《建宁路崇安县尹邹去思之碑》。

❷ 贡师泰：《玩斋集》卷一〇《余姚州知州刘君墓志铭》。

❸ 刘岳申：《申斋文集》卷七《清江王县尹去思录》。

❹ 元淮：《金困集·农家》。

❺ 元朝有减地主私租之议，是可取的。如世祖至元二十二年据《元史·卢世荣传》，世荣倡减私租，并付之实践。又据《元典章》卷三，至元二十三年"诏免江南田主所取佃客租二分"。据《元史·成宗纪》，大德八年，下令减私人地租："以江南佃户私租太重，以十分为率，减二分，永为定例"。据《元史·武宗纪》，武宗至大元年，以绍兴旱灾，令"凡田户止输田主十分之四"。据《元史·顺帝纪》至正十四年，"诏谕民间，私租太重，以十分为率，普减二分，永为定例"。由以上所论，减私租乃通行全国之诏令。

重影响国家税收，同时招致社会动荡不安。在此情况下，封建统治者主要为了保证财政收入，对土地赋税制一再进行整顿。先是世祖至元四年（公元 1267 年）创行括田法。成宗贞元元年（公元 1295 年），诏江浙"括隐漏官田"。二年，又括"伯颜、阿木、阿里海牙等所据江南田及权豪匿隐田"。所括隐田皆"令输租"。但这种括田法只推行于个别地区，成就也不显著。而且有的地区，权贵利用这种政策兼并民田，如武宗以前，在河南归德、汝宁滨河一带进行检括时，有的官吏"以有主之田俱为荒地"，进行侵夺，因此"所至骚动"。武宗至大元年（公元 1308 年），又有人拟将该地献于皇子和世瓎，再次搜刮。经中书省臣揭发其弊端，才行停止。❶ 由世祖至武宗时期（公元 1260—1311 年），括田法收效不大，如前述仁宗延祐元年（公元 1314 年）平章章闾所奏："经理大事，世祖已尝行之，但其间欺隐尚多，未能尽实。"有的把熟田谎报荒田，有的伪为析产，有的地主买农民田而仍"旧名输税"。由是国家"岁入不增，小民告病"。章闾所说世祖所行之"经理"系指括田，"经理"二字是仁宗时期才提出来的。由以上记述反映出来，一是特权地主侵隐之严重，二是一些权贵利用括田侵夺民田。三是括田政策措施收效不显著。

过去括田法只行于个别地区。仁宗延祐元年（公元 1314 年），赋役弊端更加严重，仁宗为进一步彻底整顿，并推行于全国，开始提出经理法。"其法，先期揭榜示民，限四十日，以其家所有田自实于官。或以熟为荒，以田为荡，或隐占逃亡之产，或盗官田为民田，指民田为官田，及僧道以田作弊者，并许诸人首告。十亩以下，其田主及管幹佃户皆杖七十七，二十亩以下加一等，一百亩以下一百七，以上（一百亩以上）流窜北边，所隐田没官。郡县正官不为查勘致有脱漏者，量事论罪，

---

❶ 《元史》卷二二《武宗纪一》。

重者除名"。元代整理土地赋税，这是最严厉也是最突出的一次。

这时所提出的经理内容也是括田，拟通过经理法清理侵隐土地，扩大税收，而以行两税法的南方地区为主。使有田者，无论诸王、寺观以及各类地主，都令从实自首，做到"税收无隐"。

关于地主隐匿田产的严重性，如前述江淮漕臣所说："江南殷富，盖由多匿腴田，若再行检复之法，当益田亩累万计。"❷为进行括田，这时尝以军防护大员至江浙、江西、河南三省实施，结果所致，则富民黠吏并缘为奸，以无为有，虚具于籍。于是民不聊生，群起反抗。据当时台臣上奏："蔡五九之变，皆由昵匝马丁经理田粮，与郡县横加酷暴逼抑至此。新丰一县，撤民庐千九百区，夷墓扬骨，虚张顷亩，流毒居民"。❸延祐二年（公元 1315 年），仁宗下诏废止三省经理法，罢括民田事。

在土地赋役问题上，原来是国家和特权地主的矛盾，隐占土地侵蚀国家赋税的主要是特权地主。在进行经理检括之时，地方官吏与特权地主因缘为奸，维护特权地主既得权益，所括者皆为农民之田，又转化为特权地主和农民阶级的矛盾。

仁宗所颁经理法无可厚非，关键是不能顺利实行。由于这种政策措施不利于隐匿田产侵蚀赋税的特权地主及地方强宗富户，遭到他们的阻碍，没有顺利贯彻实行。

由此可见，维护地主阶级利益的赋役制度是在特权地主控制政权的条件下制定的，进行括田清理隐田漏税的经理法也是在他们的阻碍之下失败的，特权地主是当时左右政策措施的关键性人物。这是地主制经济倒退的又一具体反映。

---

❶《元史》卷九三《食货志》。

❷《元史》卷一七七《吴元珪传》。

❸《元史》卷二五《仁宗纪二》。

第四节　农民阶级社会地位下降、人身依附关系强化

一、特权地主扩张是农民阶级社会地位下降的关键

元代地主阶级的构成，和北宋时期相比发生显著变化。北宋时期，相对权贵官僚地主而言，庶民地主无论就人数及占地规模而言，都占据较大比重。这类地主和权贵官僚地主相比权势较少，在广大农村，他们不只和自耕农是平等关系，和租佃农的社会地位悬殊也不太大。地主阶级的这种构成，到南宋时期逐渐发生变化，权贵官僚地主日益滋长。到元代发生更大变化，各类特权地主队伍大为扩张，占据了统治地位。如前所述，这时特权地主有三种类型，有蒙古族原有权贵，有各种新附官僚，有寺院僧侣。这类地主不仅人数众多，而且占地规模庞大，更严重的是封建权势的高度膨胀。

在封建社会时期，互相对立的地主与农民两大阶级，既是阶级关系，又是等级关系。其直接影响农民阶级社会地位下降的主要是贵贱等级关系的日益悬殊。这种等级关系又取决于地主阶级的封建权势。在整个元代，就是在地主阶级权势日趋膨胀的条件下，两大阶级之间的等级矛盾更加突出，农民阶级社会地位严重下降。

如前所述，皇帝对各类特权地主大赐土地，动辄数千数万亩，使这类土地披上等级关系的外衣；如优免赋役，使赋役制也具有严重等级性；有的随同土地赏赐农户，这种农户变成特权地主的世袭私属，等级关系尤为强烈。关于由南宋时期延续下来的豪右强宗地主，在当时特殊的社会条件下，其封建权势也有滋长趋势，可以称之为变相特权地主，和农民阶级的等级关系也有所滋长。

先是元代建国之初，如前所述，有的将官以战胜者的关系，

强迫农民沦为各种奴婢从事农业生产，接着是强占民田或接受投献，使农民变成被他们所剥削的强制的生产劳动者。这时有关强占民田事层出不穷，这类农民和地主发生较严格的封建依附关系是不难理解的。关于权贵地主强占民田事还屡见于当时的禁令。以世祖时期（公元1260—1294年）而论，如至元十三年（公元1276年）令"以势力夺民田业者"各令将土地归原主；十五年（公元1278年）诏"军民官勿得占据民产"；十七年（公元1280年）令"擅举江南民田者有罪"；十九年（公元1282年），令阿合马所占民田"给还其主"；二十二年（公元1285年），敕令诸权贵所占田土"量给各主"等。此后成宗及以后某些时期，常有权贵依势夺出的事例。再一种形式是接受投献，其间有的奸猾之徒，将农民土地投献权贵，实际也是依势侵占。在各类权贵强力侵占之下，农民束手无策。农民完全处于被压迫剥削的无权地位。

总之，伴随特权地主队伍的日益庞大，加以封建政权对他们政治经济权益的大力维护，从而形成两大阶级之间贵贱等级关系日益悬殊，农民阶级社会地位趋向低下，自耕农与租佃农皆不例外，这是这一时期农民阶级社会地位变化的基本原因。

二、自耕农社会地位下降

伴随地主阶级结构的变化，农民阶级结构也在发生变化，即租佃农日益扩大，自耕农趋向萎缩，这种现象在南方比较显著。这时国家对北方权贵虽然也大赐地产并出现了很多大地主，这里有的地区地权也趋向集中，但自耕农始终广泛存在。这种关系反映在很多方面，下面从朝廷在北方所推行的社制和税粮制两方面进行考察。

所谓社制系以自然村为基础而编制的村社组织。在元朝初期，就当时存在村落进行编制，按五十家立为一社，设置社长。这时封建国家即通过社的组织恢复农业生产，因此社制又称"农桑之制"。^❶ 这时村社组织的任务，如注意水利，防止灾荒，管理义仓，救济贫穷，进行生产互助等。这种组织对防止蒙古权贵军人冒占土地等曾起过一些积极作用。从另一方面说，这社制的发展也是当时北方农民小土地所有制广泛存在的一种反映。^❷

北方自耕农广泛存在，还反映于当时所实行的税粮制。这种税粮制不分贫富，而按农民户丁进行征派。不难设想，这种税粮制之所以能在北方推行，乃基于在广大地区，农民基本占有多寡不等的土地。这种关系如《续文献通考》所论："其取于内郡（北方）者，曰丁税，曰地税，仿之租庸调也。"唐代的租庸调制即在农民所有制广泛存在的条件下推行的，元朝的北方当也不例外。这种关系前面已经论及。如果没有自耕农广泛存在这一客观条件，按户丁征派税粮是不可能出现并长期持续的。

朝廷既然把户丁作为征派税粮对象，加上繁重的科差，这时税粮和科差变成广大自耕农的人头税，国家为了保证税粮和差徭的实现，必然要加强对自耕农的人身控制，当时实行的由社和里构成的里甲制就在起着这种作用^❸。加之各种特权地主由于逃避及转嫁赋役，加重对农民剥削，对整个地主阶级来说，这也会影响对农民控制的加强。

总之，这时的自耕农，一由于特权地主权势膨胀，在社会上形成比较严格的贵贱等级关系，而导致社会地位的变化；二由于人头税性质的税粮制，促成国家对自耕农的严格控制，使农民的自由受到残酷限制。因此相对前宋而言，尤其同北宋自耕农相比，社会地位大为下降了。

❶ 《元史》卷九三《食货志》。

❷ 但这种社制，后来伴随权贵地主权势膨胀，逐渐变成地主阶级压迫农民阶级的工具，里正社长变成贪官污吏的爪牙。参考杨讷《元代村社制研究》，见《历史研究》1965年第4期。

❸ 与社制并行，每乡另设里长，负责督催差税，维护社会治安，社、里构成里甲制。

三、租佃农丧失更多人身自由

（一）一般租佃农

发生变化最大的是租佃农。

中国领土广袤，这时的租佃有多种类型，大致可概括为两大类，一是一般租佃农，二是奴婢性租佃农。关于一般租佃农也有几种类型，可因地区或因租佃关系形成的租佃和通过皇帝赏赐或投献而形成的租佃两者进行论述。

一般租佃农户数较多，南方尤为普遍。这时南方旧有地主很多仍在持续，南宋旧有租佃农也多原封未动；又加上元朝发展起来的一批新兴地主，他们占地面积广大，租佃农遂进一步扩大。据《续文献通考》，成宗时期（公元 1295—1307 年）省臣说："东南民多贫瘠，苦无田，佃富人之田。"盖元代南北不同，北方地权相对分散，自耕农比较普遍。南方地权集中，生产劳动者主要是租佃农。租佃农仍沿袭南宋，称佃客。这里的佃农在沉重地租剥削下经济状况十分恶劣，据当时江浙省臣报告，该处佃农，"遇到青黄不接，水旱灾害，多在田主家借债贷粮，接济食用，田主多收利息"。当佃户所收粮米不足偿还贷款时，乃"抵当人口，准折物业，以致逃移"。所说"抵当人口"即把家属成员当卖给地主抵租。佃农经济状况及社会地位趋向恶化不难设想。

在北方广大地区，有些蒙古族新兴权贵，依势霸占土地，强迫农民作他们的佃户。如塔察冒占黄河两岸退滩闲地，"令侧近农民写立租佃官文字，每岁出纳租课，自余不得开耕"。[1]塔察强迫农民佃种固定土地，除所配佃地外不能自由垦辟，说明强制性十分强烈。

特别值得注意的是，这时所出现的由皇帝连同土地赏赐给权

第六章　地主制经济的逆转（元朝）

---

[1] 王恽：《秋涧大全集》卷三一《定夺黄河退汉德记》。

贵地主的租佃户，如游显受"封襄阳新民二百家，世为佃户"。^❶
这种连同土地赏赐给权贵的农户，世世代代做该地主的佃户，不
能自由离开，人身依附关系之强烈更不难设想。这时由皇帝赏赐
诸权贵官僚的土地，少者数十顷，多至百顷、千顷，赏赐土地的
同时，一般连同土地上原有生产劳动者也一同赏赐，所赏赐的民
户少者数百户，多者千户以上。这类被赏赐的民户一般不列入国
家户部版籍，由各权贵地主直接统属，这类租佃农成为权贵地主
的私属，其人身依附关系的强烈当远超过一般租佃农。其由国家
赏赐寺院的土地和租佃民户当也不例外，在这里一并加以论述，
作为这类租佃农的代表。

　　关于寺院占地问题前面已经论及。寺院土地很多由皇帝赏
赐，有的并可优免赋役。寺院土地拥有者要采行出租形式剥削农
民。有的农民为逃避赋役，也带地投充，变成寺院直接统辖的
佃户。有的其他诸色民户也投靠寺院。如成宗大德八年（公元
1304 年）诏书所记："军站民匠诸色户计，近年以来，往往为
僧为道，影蔽门户，苟避差役。"^❷经过投靠，这类人变成寺院
所属的"永业户"，向寺院交纳地租。有的庶民富户，为规避差
税也冒为僧道。因此寺院所隶民户大为增加。以成宗时期（公元
1295—1307 年）而论，"江南诸寺佃户五十余万，本皆编民，自
杨总摄冒入寺籍"。^❸仁宗延祐六年（公元 1319 年），"白云宗
总摄沈明仁强夺民田二万顷，诳诱愚俗十万人"。^❹其中除部分
僧徒外，多系寺院地主沈明仁的佃户。以后国家更将大量民户拨

---

❶　姚燧：《牧庵文集》卷二二《江淮行省平章游公神道碑》。
❷　《通则条格》卷二九《僧道》。案军户服军役，父子相承，不
准窜籍为民。站户从事站役，是一种沉重负担，也没有脱籍为民的自
由。军户和站户都有土地，实际是被强制从事军役和站役的自耕农，但
可免除田税。
❸　《元史》卷二〇《成宗纪三》。
❹　《元史》卷二六《仁宗纪三》。

赐寺观为"永业户"。如英宗至治元年（公元 1321 年），"置承徽寺，秩正三品，割常州宜兴民四万户隶之"。❶文宗至顺二年，"以晋邸部民刘元良等二万四千余户隶寿安山大昭孝寺为永业户"。❷大护国仁王寺有"人户三万七千五十九"。❸元代后期，文宗顺帝年间（公元 1328—1367 年）赐给大承天护圣寺田十六万余顷。❹这类土地上的原有农户也会变成该寺的永业户。据王育民估算，释道寺观的永业户至少不下百万户。❺

各寺院直接统辖的这种永业租佃户，由于摆脱了国家户部版籍，由各寺院总摄直接剥削统治，其社会地位可能要低于一般租佃农。

这时有的地主官史或猾民，将农民土地投献权贵以邀恩宠。成宗大德二年（公元 1298 年）史书有这样一条记载："禁诸王公主驸马受诸人呈献公私田地及擅加户者"。❻这里所说"呈献"，实际是强占农民土地，并把自耕农变成诸权贵奴役下的租佃农。从这条禁令说明当时这种强占民田强制为佃的现象相当普遍。由这种超经济强制形成的租佃关系，使佃农丧失了较多人身自由，社会地位更为低下。

由以上事例，尤其是由赏赐及强制形成的租佃关系，说明这一时期佃农的社会地位十分低下。地主对佃农可以任意役使，乃至欺侮打骂；在其子女婚嫁之时进行干预，或乘机勒索财物，有的还对佃客进行典卖。因此在当时《刑法制》中出现了关于"诸典卖佃户者禁，嫁娶从其父母"之类条文。这是地主典卖佃客、干涉其婚配的具体反映。由于佃农丧失了人身自由，在地主出卖

❶《元史》卷二七《英宗纪一》。

❷《元史》卷三五《文宗纪四》。

❸程钜夫：《雪楼集》卷九《大护国仁王寺恒产之碑》。

❹《元史》卷三四《文宗纪三》，《元史》卷四一《顺帝纪四》。

❺王育民：《元代人口考实》，见《历史研究》1992年第5期。

❻《元史》卷一九《成宗纪二》。

土地时，佃客随同土地转移新主，佃客变为土地上的附属品。

关于佃客地位低下，如《元典章》所记："若地客生男，便供奴役；若有女子，便为婢使，或为妻妾。"在落后的峡州路，佃客可由主户买卖，主户"计其口数，立契或典或卖，不立年份，与买卖驱口无异"。佃客并可随田典卖，"夹带佃户典卖，称随田佃客"。❶

由以上事例说明，一般租佃农也有几种不同情形，各类租佃农的社会地位不完全相同。和北宋相比，总的发展趋势是人身依附关系趋向恶化，佃农社会地位日益下降。成宗大德六年（公元1302年）曾颁布如下诏书，谓"亡宋以前，主户生杀佃户，视若草芥。自归附以来，少革前弊"。其实这个诏书只是一纸虚文，佃户卑辱的社会地位不但没有改善，乃至有加无减。

佃客低下的社会地位还具体反映于法权关系上，地主打死佃客可不抵命，如史所记："诸地主殴死佃客者杖一百七，征烧埋银五十两。"对地主罪犯的处罚极为轻微。

（二）奴婢性租佃农

元朝统治时期，奴婢性租佃农有所扩大。这种变化可能同蒙古族落后的经济因素有一定联系，即将奴隶制残余带入中原和以南广大地区，发展为奴婢性租佃。

这类奴婢性租佃农又可分为两种，一种是由奴婢演变成的，以奴婢的身份佃种土地；一种是农民或一般租佃农的社会地位逐渐发生变化，向奴婢性租佃农转化。

这里先说第一种。据陶宗仪所论："今蒙古人色目人之藏获，男曰奴，奴曰婢，总曰驱口。"❷驱口也叫驱奴，这时文献所说奴婢、家奴之类，其性质与驱口同。其间虽有专事服役的奴婢，但主要是从事生产劳动而向地主交纳地租的农民，实际是具

❶ 《元典章》卷五七《刑部一九·禁典雇》。

❷ 陶宗仪：《南村辍耕录》卷一七《奴婢》。

中国地主制经济论——封建土地关系发展与变化

有奴婢属性的佃农。这种关系，由部曲类租佃农的性质反映得更加清楚。

这类奴婢性租佃农的来源，先是来自战争俘虏。如阿里海牙行省荆湖时，"以降民三千八百户没入为家奴，自置吏治之，岁责其租赋，有司莫敢言"。[1] 对将官强迫而形成的这类奴婢性佃农，世祖曾一度下令解放，如至元十七年（公元 1280 年）令"阿尔哈雅、呼尔克特穆尔所俘二万二千余人放为民"。[2] 这两万多人即原来向地主交纳地租的奴婢性租佃农。

来自俘虏的这类奴婢性佃农户数不少，如湖广省臣托俘虏主籍私孥其人万家。[3] 有的依势折勒百姓为奴，如都元帅塔海"抑坐山县民数百口为奴"。[4] 如南京总管刘克兴掠良民为奴隶。[5] 元兵攻占南京后，"诸将往往强籍新民为奴隶"。雷膺官湖北提刑按察副使时，解放沦为奴婢的民户，"出令得还为民者以数千计"。[6] 又如"东平将校占民为部曲户，谓之脚寨，擅其赋役，几四百所"。[7] 这里所说部曲即奴婢。以上所说"驱口""家奴""奴隶"等都是奴婢性佃农；所说"租赋""赋役"等都应理解为向地主私人交纳的地租。

有的农民因战乱关系，投靠权势之家，后来演变为奴婢性佃农。在河南地区，如史所说："兵后孱民依庇豪右"，"岁久掩为家奴"。[8] 张德辉为河南宣抚使时，将这类投靠豪右的民户"悉

❶ 《元史》卷一六三《张雄飞传》。

❷ 《元史》卷一七《世祖本纪》。

❸ 虞集：《道园字古录》卷十五《户部尚书马公神道墓碑》。

❹ 《元史》卷一七〇《王利用传》。

❺ 《元史》卷一七〇《袁裕传》。

❻ 《元史》卷一七〇《雷膺传》。

❼ 《元史》卷一五九《宋子贞传》。后经宋子贞将这类民户"悉罢归州县"。

❽ 《元史》卷一六三《张德辉传》。

遣为兵"。据此这类投靠豪右为奴的民户可能为数不少。这类民户基本是带地投靠,变成豪右庇护下的奴婢性租佃户。

有的农民由于政治经济的压迫,带地投靠权贵,如当时文献所说:农民"以其地投献诸侯王求为佃民以自蔽"。❶ 该碑虽未提"掩为家奴",但天长日久,向奴婢性租佃农转化也是可能的。

元朝还有一种专属于权贵私人隶属的"投下户"。❷ 这类民户主要从事农业生产劳动。他们的户籍不登入国家户部版籍,而由诸王权贵直接统属。这类民户虽不称之为奴婢,实际与奴婢无异。这类民户有的来自战俘,有的由于权贵依势招收影占,有的由皇帝拨赐的民户也称"投下户"。如成吉思汗一次即拨赐旭烈兀七千余户。❸ 据至元八年(公元1271年)圣旨,这类投下户专供领主役使,"不纳系官差发"。❹ 投下户按所提供差役分为工匠户、捕猎户、矿冶户、纳棉户、采珠户、葡萄户。据王育民估计,元代这类私属投下户当不下二十万户。这类民户如何维持生计,记载不详。但这类民户都有自己的独立经济。就一般情况而论,拨赐之时也当带有小块土地,所提供的各种差役和物品,就是他们向主人提供的变相租赋。这类投下户近乎奴婢,暂附于此,可称之为变相的奴婢性佃农。

以上是奴婢性租佃农基本情况。这类民户很多未正式列入国家户部版籍而直接隶属于私人特权地主。关于这类奴婢性租佃农的来源,有对诸王权贵的封户,有各种奴婢,有被隐占的各种民

---

❶ 《牧庵集》卷一四《平章蒙古公神道碑》。

❷ 投下户。在蒙古族未统一建元以前,即对诸王贵族实行分土分民,所分民户叫"投下户"。其中的一部分是诸王贵族的私属人口,置于政府版籍之外。这类民户按军政合一的千户组织编制,但不属国家军籍。他们向主人缴纳公课,所说公课系羊马抽分。

❸ 《元史》卷八五《百官一·兵部》。

❹ 《通制条格》卷二《户令》。

中国地主制经济论——封建土地关系发展与变化

户，有投下户。以上各类合计，至少在百万户以上。❶

以上这类奴婢性租佃农的出现，更突出了元代租佃关系的落后性，这种关系在北宋时期很少见。❷

最后，关于这一时期地主制经济的变化作一总的概括。中国封建社会时期，由政治到社会经济出现了几次反复或者说是倒退，元朝是其中的一次，土地关系的倒退是其中的一个方面。这种倒退，如地主阶级构成的变化，各类特权地主队伍扩大，占据了统治形式，而且封建权势极为嚣张，这是导致地主制经济倒退的一个关键性问题。这与中小庶民地主占据统治地位的北宋时期大不相同。与此相适应是地权趋向集中。关于地权集中过程，前述皇帝赏赐与特权地土依势侵夺是其主要方面，而庶民富户通过经济实力大事购置土地也不容忽视。但地权集中程度因地区而不同。在北方由于推行按户丁征派的赋役制，地主的兼并活动受到一定程度的制约，但也出现很多特权大地主。这种关系在南方比较严重，加上地主大事购置土地，地权高度集中。这与北宋时期地权相对分散又不相同。在此情况下，农民阶级构成发生较大变化。如两浙地区，北宋时期的租佃客户，相对来说所占比重较小；在元代这类地区租佃农高到百分之七十至百分之八十左右。更值得注意的是，这时地主与农民两大阶级之间等级关系的变化，地主阶级的封建特权到达顶端，农民阶级社会地位急剧下降，自耕农与租佃农皆不例外。而佃农社会地位变化更大，甚至出现了奴婢性租佃农。以上这种种变化是这一时期地主制经济逆

---

❶　参考王育民：《元代人口考实》，见《历史研究》1992年第5期。谓各类未入户部版籍诸色民户包括民屯户及前述寺院所属永业户共约三百三十万户。

❷　这时也出现了大量奴婢。有的农民卖身为奴。据傅若金：《傅与砺文集》卷一，《廉访司赵公行状》所记，山北民自鬻民户甚多。有因各种罪行沦为奴隶者。据《元史》卷一〇四《刑法志》，凡谋叛、犯禁、渎职者，籍没其家，并没收其妻子为奴。此处从略。

转倒退的具体体现。导致这种逆转倒退的根源是地主阶级构成的变化及地主阶级权势嚣张，而国家的政策措施则起了一定助长作用。

伴随地主制经济的逆转倒退，影响于经济发展尤其是农业生产的顺利发展乃势所必然。

第七章　土地关系的松解及资本主义萌生，地主制经济高度发展（明清时期）

　　明清时代已进入中国封建社会后期，这个时期所反映出来的社会经济的特征有：一是封建土地制度发生变化，地主阶级占有的耕地数量相对减少，农民阶级占有的耕地数量增多；在商品经济发展情况下，地主阶级占地主要通过买卖获得，他们利用特权侵占土地的情况在减少。二是地主与佃农之间封建依附关系在削弱，经济强制逐步取代了超经济强制，农民获得更多的人身自由，奴役劳动向自由雇佣劳动转化。三是地主阶级构成发生变化。明清以前，地主阶级构成以官绅地主为主，明清以后，尤其是到清代，庶民地主迅速崛起，无论是在户数的总量上或是在占有土地总量上都超过官绅地主，成为地主阶级舞台上的新星。四是一田多主制土地所有制在发展。五是由于地主制经济高度发展，促进了社会需求的激增。一些腰缠万贯的富户或一些力农起家的富室，为了在经营中获得更多利润，他们利用手中掌握的货币购买原料，购买劳动力，进行扩大规模的生产，明嘉靖、万历以后，尤其是清乾隆五十一年（公元 1786 年）以后，身份上自由的雇佣工人已大量存在，形成了与自由工人的结合，从而货币向资本转化，在中国大地产生了新的生产关系萌芽。尽管这个萌芽很幼弱，很不完善，并且还有随时夭折的危险，毕竟标志着中国封建社会已经发展到了尽头，封建社会走向没落的丧钟已敲响，一种新的资本主义生产关系在封建社会的母体里萌动。这种新的生产关系在漫长发展过程中得以延续，在不断更替中求得发展。以下，我们将就明清时代地主制经济发展变化作概要论述。

第一节　明清时代地权分配变化

明清时代地权分配变化可以分两方面进行考察：一是官田民田化；二是民田中地主阶级占地缩小，农民占地增加，农民所有制广泛存在。

一、国有土地的削弱

官田是中国封建社会土地所有制的一种形式，它是相对于民间私有的民田而言。凡国家所有的土地，均叫官田。官田一般包括屯田、皇室庄田、未开垦的田土，河海水域变化后形成的滩田，以及绝户、逃户的遗田，罪犯被没收的田地等，内容庞杂。各个朝代具体情况不同，官田的内容亦异。❶

据载，明代官田有五十万八千四百五十六顷，❷清代官田为六十九万二千零二十一顷有奇。❸

（一）明清时期官田削弱主要是指卫所屯田私有化

明代历朝屯田多寡不等，如成化二十三年（公元1487年）为二十八万五千四百八十顷有奇，❹弘治十年（公元1497年）为二十八万九千八百九十五顷有奇，弘治十八年（公元1505年）

中国地主制经济论——封建土地关系发展与变化

---

❶ 参见：《明史》卷七七《食货志》（一）；光绪《大清会典》卷一七。

❷ 《正德会典》卷一九。

❸ 清代官田主要包括旗地、屯田、学田等。参见嘉庆《大清会典》卷七六、一三六、一一，嘉庆《大清会典事例》卷一三五，同治《漕运全书》，乾隆《大清会典》卷一〇。

❹ 《明孝宗实录》卷八。

减为十六万一千三百二十七顷有奇，❶万历三十年（公元1602年）骤增至六十三万五千三百四十三顷有奇，❷疑此数有名无实。

　　按朝廷规定，屯田严禁典卖，有私行典卖者，除如数追纳应交屯田籽粒外，买卖双方都行治罪。❸为了防止屯田被侵占盗卖，朝廷经常进行清理。如明宣德六年（公元1431年），因官军依势侵占，令巡抚侍郎赵新军巡视清理各郡县卫所屯田。❹令应天巡抚周忱清查南京各卫所屯田；❺弘治十四年（公元1501年），分遣给事中御史到各处清理屯田。❻

　　朝廷维护屯田的种种措施，并没有阻住屯田向私有转化，宣德以后日趋破坏。❼弘治年间（公元1488—1505年）左都御史马文升奏称：原有屯田，"十去其五六"，"有名无实"；❽弘治六年（公元1493年），又有人奏称："屯田多为势家侵占，或被军士盗卖，征粮之数，多不过三分。"❾嘉靖年间（公元1522—1566年），魏焕指出："今之屯田，十无一存。"❿隆庆六年（公元1572年），户部尚书马森奏国家屯田"十亏七八"。⓫万历末年，大学士叶向高谓屯田"大约损故额十之六七"。⓬

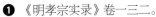

❶《明孝宗实录》卷一三二。

❷《明神宗实录》卷三七九。

❸ 万历《大明会典》卷一六三《刑部五·律例四·盗卖田宅》。

❹《明宣宗实录》卷九八。

❺ 同上书。

❻《明孝宗实录》卷九。

❼《明史》卷一六四《范济传》："比者调度日繁，兴造日广，虚有屯种之名，田多荒芜。"

❽《皇明经世文编》卷六三，马文升：《请屯田以复旧制疏》。

❾《明孝宗实录》卷七五。

❿《皇明经世文编》卷二五，魏焕《论边墙》。

⓫《明穆宗实录》卷一五。

⓬《皇明经世文编》卷四六一，叶向高《屯政考》。

屯田失额，主要是向私有及民田转化。转化的特点是：特权者依势侵占是主要的，其次才是买卖。马文升说："屯田多为势家侵占，或被军士盗卖。"❶ 这种现象，当时如宣德年间（公元1426－1435），都指挥佥事陈怀镇四川，侵夺屯田。❷ 此风至弘治后期而甚，弘治十六年（公元1503年），辽东巡抚张鼎奏"豪官势家，乘机侵占，屯军迫于赔粮，往往窜逃"。❸ 大学士杨一清说：嘉靖年间（公元1522—1566年）"屯地多侵没于将领豪右之家，以致屯军终岁赔粮"。❹ 下面仅就《明实录》中所载事例列表7-1。

据王毓铨所辑录资料看，从宣德至崇祯年间（公元1426—1644年），朱明王朝的勋贵武官侵占屯田的一百三十八个事例中，除清查禁令及议论之类十四例不计外，其余一百二十四例中，有一百二十例是依势侵占，只有四例兼涉及盗卖。❺

表7-1 《明实录》载将军豪右侵夺屯田事例

时间	题奏人	内容提要	资料来源
正统九年十一月	徐朝宗	田礼军侵占屯田四千一百二十七顷有奇	英宗实录卷一二三
正统十年八月	陈巑	富豪势要贪图厚利，将膏腴屯田侵夺私耕	英宗实录卷一三二
正统十年五月	徐朝宗	杨军侵种屯田三千四百四十五顷余	英宗实录卷一七八
成化元年二月	工俭	权豪势要霸种	宪宗实录卷一四

❶ 《皇明经世文编》卷六三，马文升《请屯田以复旧制疏》。

❷ 《明史》卷一五五，《陈怀传》。

❸ 《明孝宗实录》卷一九六。

❹ 《皇明经世文编》卷一一九，杨一清：《论甘肃事宜》；另据《陕西通志》卷五七《侯职传》称：代王侵占屯田七千顷。

❺ 王毓铨：《明代的军屯》，中华书局1961年。

时间	题奏人	内容提要	资料来源
成化十二年八月	蒋琬	大同、宣府等处腴土田数十万顷，为豪右强占	宪宗实录卷一五六
成化十八年八月	兵部	高洪等谋管屯田	宪宗实录卷二三一
成化二十年八月	毛泰	禁辽东武官役占屯田军士	宪宗实录卷二五五
弘治六年五月	马文升	屯地多为势家侵占，或被军士盗卖	孝宗实录卷七五
弘治八年六月	张泰	甘州屯田饶者为太监总兵占据	孝宗实录卷一〇一
弘治十五年六月	车梁	故军良田多为镇守官占种	孝宗实录卷一八八
弘治十六年二月	张鼎	辽东屯田，官豪势家，乘机侵占	孝宗实录卷一九六
弘治十七年十月	王承裕等	河南彰德卫额内地二百八十七顷，山东青州左卫额内外地六十八顷，先身俱因王府陈乞因而亡	孝宗实录卷一九六
正德元年五月	户部议复	宣府屯田为在京僧寺霸占庄田不下十余处	武宗实录卷一三
嘉靖九年五月	郭登康	榆树卫所官，占耕屯田，私役军卒	世宗实录卷一一三
嘉靖十一年六月	张惟怨	迩来屯田耕籍不明，田归豪室	世宗实录卷一三九
嘉靖十三年七月	祝咏	甘肃屯田，名有实废	世宗实录卷一六五
隆庆三年二月	庞尚鹏	甘肃私相典卖	穆宗实录卷二九

时间	题奏人	内容提要	资料来源
万历三年二月	殷正	所谓抛荒遗失等项，多奸豪隐占	神宗实录卷四八
万历三年十月	王继光	将官侵夺膏腴之地，卫官占逃亡之田；豪右影射，种无粮之屯地	
天启三年二月	舒荣都	楚地，贫军之田，为富民有；绝军之田为军官有	熹宗实录卷二六

关于屯田失额，典卖也是一个渠道，如正德五年（公元1510年），蓟州东兴卫"屯田多被侵占盗卖者，田租拖欠终年"。❶嘉靖、隆庆之际，沿边屯田，"其间私相典卖者无地无之"，或谓"每田一分盖不啻十易姓矣"。❷天启三年（公元1623年），湖北屯军失屯失五者在一半以上，主要由于典卖。❸崇祯二年（公元1628元），云南道御史毛羽健在分析屯田私相典卖情况时说："军士利于屯田之去籍可以免著伍也，则私相卖；豪右利于屯田之无赋可以免征输也，则私相买；官吏利用军士之逃亡可以收屯利也，则任其私相买卖而莫肯追捕。"❹

由于屯田被侵占典卖，屯田籽粒无着落，财政开支剧增，为改变这种情况，改屯田为民田，已成为必然趋势。明中叶后曾有不少人论及。嘉靖初，林希元说："屯田之设本在足食，粮苟不亏斯已矣苟必军乎！"❺以后，李廷机也说："有能垦种悉与为业，毋有所词"。❻以后，顾炎武则明确主张："无事屯田之虚

---

❶ 《明武宗实录》卷八一。

❷ 《皇明经世文编》卷三五八，庞尚鹏：《清理蓟镇屯田疏》。

❸ 《明熹宗实录》卷二六。

❹ 《崇祯长编》卷二〇。

❺ 《皇明经世文编》卷一六三，林希元：《应诏陈言屯田疏》。

❻ 《皇明经世文编》卷四六〇，李廷机：《九边屯政考》。

中国地主制经济论——封建土地关系发展与变化

名，而先计垦田之实利。"❶

　　为了改变屯田无法继续下去的情况，明中叶后，对屯田逐步实行改革，其办法是将荒芜的屯田招人开垦，垦者纳粮，永远为业。通过招垦，国有土地向私有土地转化，军田向民田转化。

　　嘉靖初期，直隶巡按御史方日乾奏请将抛荒屯田，"不拘军民僧道之家，听其各择所便开垦"，"计亩定税，给帖承耕"！方日乾还指出南京、和阳，镇南军卫查出荒田三百多顷，俟开垦成熟后，"如无补役复业之军"，则拨给垦民"永为己业"。❷嘉靖九年（公元 1530 年），朝廷作出决定，南京、镇南等卫荒芜屯田任人开垦，"待成熟之后照旧纳，仍令永远管业，不许补役复业者告争"。❸隆庆四年（公元 1570 年），延绥清查屯田时，对屯田之被私人侵夺者，如有人首告，"给为永业"，管屯千百户之有能追出被占屯田者，以 4/10 划归其人，并"永为己业"，军余自愿出力开垦荒屯者，也"给为己业"。❹万历三年（公元 1575 年）定：将各卫所堡塞屯田逐一查备，如无人承种者，于城操军内拨给开垦，每军二十五亩，纳粟十一石，"所垦田地给与执照，永为己业"。❺万历年间（公元 1573—1620 年），大学士李廷机建言，有能垦种屯田者，"悉以为业"。❻万历二十九年（公元 1601 年），对天津屯田事宜，户部提出："召募殷实居民及南人有资本者听其承种，少或五十亩，多不过一二顷，悉令仿照南方取水种稻，本年姑免起科，次年每亩定收稻米五斗，数年之后，永为世业。"❼崇祯年间（公元 1628—

------

❶ 顾炎武：《亭林诗文集》卷六《田功论》。

❷ 《皇明经世文编》卷二一〇，方日乾：《抚血屯田官军疏》。

❸ 《大明会典》卷四二《南京户部·屯田》。

❹ 《皇明经世文编》卷三五九，庞尚鹏：《清理延绥屯田疏》。

❺ 《明神宗实录》卷三九。

❻ 《明皇经世文编》卷四六，李廷机《九边屯政考》。

❼ 《明神宗实录》卷三六五。

1643年），给事中汪始亨建议："无论军种民种，一照民田起科"，获得朝廷批准。❶

清代官田民田化，主要体现为更名田划拨，改租为税，以及旗地、屯田通过典卖。按照清廷早期规定，官田不准典卖，如典卖则按律例治罪。《大清律例》盗卖田宅条定："凡盗（他人田宅）卖……田一亩屋一间以下答五十，每田五亩屋三间加一等，罪止八十徒三年。系官田者各加二等。"典卖田宅条称："民间私顶军田匿不首报，一亩至五亩答四十，每五亩加一等，罪止杖一百。"另规定："旗地旗房概不准民人典买，如有设法借名私行典卖者，业主、售主俱照违制律治罪，地亩房间价银一并撤追入官，失察该管官俱交部严加议处。"❷规定甚为严格。

清代官田民田化首先从更名田开始，明代"藩封之产"遍布于直隶（河北）、山东、山西、陕西、甘肃、江西、湖北、湖南等省。据《光绪会典》记载，仅陕西、山西、河南、湖北、湖南五省，就有更名田一千六百九十余万亩，❸如果加上未计入的直隶、甘肃、山东、江西数省废藩地亩，这部分耕地当在二千万亩左右。顺治元年（公元1644年）起，清廷曾几次颁发命令，"收故明勋戚内监田产分给贫民耕种"。❹如顺治三年（公元1646年），兵部给事中李运长奏请："补给民人地亩，宜从户贫地少者始……请先将故明勋戚内监皇庄军屯补与贫民。"康熙九年（公元1670年）定："直隶各省废藩田产，奉旨免其易价，改之民户，名为更名地……著与民田一例输粮，免其纳租。"❺废

中国地主制经济论——封建土地关系发展与变化

---

❶ 《明史》卷二五六，《毕自严传》。

❷ 道光二十五年《大清律例》卷九《户律田宅》，此类规定，还可参见《钦定八旗通志》卷一八《土田志》；《清世宗实录》卷九三；《清代的旗地》下册，中华书局，1989年。

❸ 《光绪会典》卷一七。

❹ 《清世祖实录》卷二四。

❺ 《清圣祖实录》卷三二。

藩田产在划拨给贫户过程中，特别规定："不许官胥侵渔，土豪占耕。"废藩田产民田化主要是依靠政府权力，把耕地直接分给民户。

至于旗地及屯田的民田化则以典卖的形式进行。与更名田相比则是两种完全不同方式。

旗地典卖早在康熙年间（公元1662—1722年）就开始了。由于旗人不习耕作，更加上生齿日繁，贫富分化，旗地已开始"稍稍典卖矣"，雍正初年，清查旗地，朝廷动用国库钱银将典卖之地赎回。❷回赎只能起到延缓旗地民田化过程，但无法阻止旗地的典卖。乾隆九年（公元1744年），《户部回赎旗地奏议》称："伏查近京州县，地多圈占，民鲜恒业，每遇旗人出典地亩，有情愿多出重价置典者……俗欲以旗人之世业，权作民人之祖产。"❸协理山西道事监察御史禄谦在谈到"民人借名典买旗地之弊，宜严行禁止"时指出：定例规定，民间不许典买旗地，后因日久法疏，"狡黠之徒见机生心，始则租种交粮，继则借给钱米，利上坐利，不三五年，佃户反成债主，竟将地亩算去者有之；或地主一时窘乏，贱价典卖与民人者有之。于是旗人地亩入于民间者十之六七，以致旗人多失产业"。❹

民人典买旗地事例很多，《清代的旗地》有很多记载，这里仅列举数例。如厢黄旗壮丁薛天相有祖遗地四亩，坐落北安河（属今北京海淀区）地方，"身因穷苦乏用，挽中保人王保儿，代书人顾天嘉二人，于乾隆五十八年（公元1793年）得典

---

❶ 《清世祖实录》卷六。

❷ 俞正燮：《癸巳存稿》卷九。

❸ 乾隆《永清县志》，奏议第一，乾隆九年《户部回赎旗地奏议》。

❹ 《内阁大库档案》转见中国人民大学清史研究所等合编《清代的旗地》（下册），中华书局。以后凡引此书资料，除注明原资料出处外，仅注书名，不再详明编者及出版社名称。

钱一百三十八吊，出典与宛平县人郭兴安承种，彼时约定，钱到准赎"。滦州县民人张世介，租有厢黄旗包衣永太管领下人吴桐旗地三十二亩，"每年出租东钱十二吊八百文。世介父张焕又把地当给李汉梁。汉梁之子李士英又把这三十一亩分别当给张可新八亩，张兴国四亩，张世俊八亩，张遇太八亩，张怀礼四亩，地价七百二十吊。"宗室善舒报称，其叔中麟将旗地典与民人。他说："前据守坟茔家人德琨指称，坟东之地一顷二十亩，系身胞叔将红契跟随典与民人刘一收执；又将坟北二十亩典与民人宋宽名下；又地十八亩五分典给高老承种。"❶ 诸如此类记载甚多，不一一枚举。这些典卖旗地的人有宗室之家，有庄头，更多是旗丁之类家庭，他们当中或由于生活奢侈，或由于生活困难，或自卖，或盗卖庄田，造成旗地严重流失。

清廷为了阻止旗地民田化，雍正八年（公元1730年）以后，开始用公款照原价回赎典卖与民人的旗地，还归旗人。乾隆年间（公元1736—1795年），清廷进行四次大规模回赎旗地工作，回赎旗地共计二万七千八百十三点八二顷。❷ 此后，虽然也开展回赎工作，但回赎的皆为一些零星之数。

清廷虽然以极大努力阻止旗地民田化，但事实上做不到。这里有政策上的原因，以及官员执行不力等原因，但更主要的原因在于清廷无力解决贫富两极分化问题。

政策上的原因表现在两个方面：一是把回赎旗地年限定在雍正以后。户部决议："其在康熙年间典卖者，概不准赎"，户部认为，总因年远。两造俱非经手之人，中证又皆无存，一称为典，一称为买，甚至价值多寡互异。况且，康熙年间典卖房地，至今多则八九十年，少亦三四十年，卖者固无赎之理，即典者辗

---

❶ 《掌仪司呈稿》，见《清代的旗地》下册，中华书局1989年。

❷ 《会计司呈稿》，同上书。

中国地主制经济论——封建土地关系发展与变化

转出售，难以根寻。❶ 这项决定，使康熙年间旗人典卖给民人的旗地合法化。二是允许旗民养子带地出旗。乾隆二十三年（公元1758年），户部奏准："另记档案及养子开户人等，俱准其出旗为民，所有本身田产，并许其带往。"❷ 这样，又有一部分原属旗地的田产被分割出来，由旗产转化为民产。

旗地的回赎尽管受到清廷高度重视，但官员在具体执行这一政策时，所表现得并不十分认真，有畏事、怕拖累等情况。赫德在奏折中称：在清查霸州军五十六州县卫旗地典卖情况时，查出民典老圈旗地仅九千余顷，而近京五百里之内，大概多系旗地，自康熙二三十年间以至今日，陆续典出者多，赎回者少，数十年来，断不止干此数。❸ 另据光绪《会典事例》称："民黄旗地数百万亩，典地民人不下数十万户"。❹ 州县卫所官员"畏事，惟恐赎地一事纷繁拖累，故奉行不无草率"。❺ 因清查不力，使许多典卖旗地得不到回赎，这就使旗地民田化比重增大。

旗地民田化真正原因在于清政府无力解决贫富两极分化。乾隆十年（公元1745年），赫德奏称：因旗人时有急需，称贷无门，虽不敢贸然契卖，乃变名曰老典，其实与卖无二。❻ 嘉庆

---

❶ 乾隆年间四次大回赎旗地年份是：乾隆十年至十二年；乾隆十三年至十五年；乾隆十六年至十八年；乾隆十九年至廿五年，回赎旗地数共计二万七千八百十三点八二顷。《清高宗实录》四五六卷数计及《钦定八旗通志》卷六五《土田志》四次回赎之和。这里没有采用军机录副称："兹统计三赎出地五千八百九十顷零"数计。这里列出，仅供参考。

❷ 《清高宗实录》卷五二六。

❸ 《钦定总管内务府现行则例》会计司卷四，见《清代的旗地》，中华书局1989年。

❹ 光绪《会典事例》卷一五九《畿辅官兵庄田》；王庆云《石渠余记》卷四。

❺ 《钦定总管内务府现行则例》会计司卷四，见《清代的旗地》，中华书局1989年。

❻ 同上。

十一年（公元1806年），富俊、荣麟、伍城额奏疏中就明确地指出这点："伏查盛京旗地，本身耕种者十不及半，大率租与民人耕种，一时缓急相通，借贷在所不免，久之易租为典，遂成积弊，旗产不为旗有。"紧接着又强调说："检阅旧卷，清查并非一次，办结后，越十余年复蹈故辙。"❶那些在贫困线上挣扎的旗民，朝廷虽然帮助他们赎回失去的耕地，但朝廷无法使他们走向共同富裕的道路，软弱的小农经济，在遇到天灾人祸时，所面临的就是破产，更加上旗人不习耕种，使得这种情况变得更加严重。

清代屯田民田化，主要指漕运屯田民田化，以清中叶以后尤为迅速。乾隆十一年（公元1746年），高宗皇帝颁布一道谕旨："军民自费工本开垦（屯田）给照为业，免赎归船，照例津银贴运。"❷据浙江《嘉善县志》称，咸丰十年（公元1860年）战役后，屯田"荒白居多，加以土民隐匿，客籍占垦，屯田之存益寥寥无几矣"。❸江南武平卫裁并之后，该卫坐落在河南睢县、鹿邑、柘城、太康四州县屯田改为民田，由各州县编征地丁钱，粮户取得完全的土地所有权。屯田民田化更主要的渠道还是通过买卖进行。据同治年间（公元1862—1874年）李宗羲奏称："上元、江宁、句容、江浦、六合等县，皆有屯田夹杂民田之内……除屯田最多之六合县，并最少之句容县，民屯间尚能区分……其余上元、江宁等实皆民屯错杂，莫可辨认。屯田为津贴运丁世产，例严典卖，然私相授受，随处皆有，自知违例，每多隐讳。乾隆、嘉庆年间，历次清理，卒未得实。"❹又据张之洞称：湖广屯田，"地段零散，分在各县，自明以来，历年已久，其田皆

中国地主制经济论——封建土地关系发展与变化

---

❶ 《军机录副》，见《清代的旗地》，中华书局1989年。

❷ 见李文治、江太新《清代漕运》，中华书局1995年，第244页。

❸ 光绪《嘉善县志》卷一〇。

❹ 光绪《续纂句容县志》卷五《田赋》，李宗羲《奏请减征疏》，同治十三年。

辗转易主，并不逃绝。屯田例不准卖，故但书典契，其实与卖无异，卫守备向系漕委署，路远地生，并不知地何处，册籍全在书吏手中，其地之荒熟，户之完欠，但凭书吏之言，卫官茫然不如，惟索规费而已"。❶

关于屯丁典卖屯田事，有不少事例，如扬州卫仪真帮屯田原额为十七万一千二百七十七亩，典卖三万二千九百九十三亩，占 19.23%。这还算是各卫典卖最少的卫帮。扬州卫头帮屯田原额为三万七千七百四十亩，典卖多至二万九千二百四十四亩，占 70.08%；庐州卫头二三帮屯田原额为二十万八千七百亩，典卖十五万一千一百亩，占 72.35%；和州卫屯田原额为四十四万九千九百四十七十三亩，陆续典卖，屯田所余无几了。❷

"旗民交产"事实上是禁止不了的，至咸丰二年（公元 1852年），在买卖之风炽烈情况下，清政府终于解除了"旗人地亩不许民人典买"的禁令，宣布准许"旗民交产"。❸ 至此，明清两代政府长期坚持的"官田严禁典卖"禁令，终于被历史发展潮流所废弃，官田典卖成为合法化，受法律的保障。这一决口打开，加速了官田民田化进程。

无论是明清时代的屯田，或清代的庄田，都是国家作为土地所有者，同时又作为主权者而同直接生产者相对立。在这种情况下，屯军、壮丁在政治上和经济方面和国家发生封建依附关系，在地主制经济基础上所形成的高度集权的国家机器，对劳动者所实施的超经济强制更为残酷，不但使劳动者丧失了人身自由，而且在封建剥削方面更为苛重，屯田、旗地向民田转化，屯军或壮丁获得解放，僵化的土地又进入买卖领域，封建土地关系得到松解。

---

❶ 张之洞：《张文襄公电稿》卷三一《致长沙陈抚台》，光绪二十四年八月初五日。

❷ 李文治、江太新：《清代漕运》，中华书局1995年，第239页。

❸ 光绪《会典事例》卷一六〇《官兵庄田》。

（二）明清时期，官田私有化的另一个途径

勋贵私有土地的扩张是官田私有化的另一个途径，而明清两代勋贵对官田侵占各不相同。明代勋贵通过乞赐取得官田，而且数目巨大，勋贵乞赐官田时间长，有明以来，尤以明后期最为严重；清代顺治初年，首先以国家权力进行大规模圈占土地，而后把所圈地按军功分封给满洲贵族。但与明代相比，这种侵夺时间短，而且每个勋贵占地数额相对较少，详见后述。

明代将官田变为私田，可追溯到洪武四年（公元1371年）十月，"中书省奏公、侯佃户名籍之数"。这时韩、魏等六国公及延安、吉安等二十八侯，佃户凡三万八千七百九十四户。❶洪武四年（公元1371年），李善长致仕，"赐临、漳地若干顷，置守冢户百五十，给佃户千五百家"。❷从以上"给佃户"考察，似系庄田性质，庄田之所以为私田，是由于庄田主系土地的主人，有收租权。官田则不同，它是由国家控制，国家掌握租税权。

明代庄田，勋贵作为地主阶级中的一个特殊阶层而出现，是从仁宗洪熙以后逐渐形成的。这时既然打破以"租入无禄"的界限，赏赐田额遂无定，由弘治至正德而日增。弘治十八年（公元1505年）的庄田见之《孝宗实录》的就达五十多次，由嘉靖至万历（公元1522—1620年）近百年间，庄田数额续有增长。

皇庄是天顺八年（公元1464年）开始创建，是年，朝廷将抄没太监曹吉祥地收为宫中庄田，成化年间增皇庄一处、弘治年间增皇庄三处。弘治二年（公元1489年）畿内有皇庄五处共地一万二千八百余顷。❸至正德九年（公元1415年）增至三一处，共计占有耕地三万七千五百九十一点四六顷。❹

---

❶《明太祖实录》卷六八。

❷《明史》卷一二七《李善长传》。

❸《明孝宗实录》卷二八。

❹《皇明经世文编》卷二〇二，夏言：《勘报皇庄疏》。

中国地主制经济论——封建土地关系发展与变化

明代勋贵庄田，以亲王田为最。亲王就藩之后有王府庄田，有的藩王庄田地跨两三省，王府庄田可以世袭。明代前后共分封五十王，除因罪、无后及入宗统者二十二人不计外，到明后期实存二十八王，❶ 分布在山东、山西、河南、陕西、湖广、四川、江西等省。诸王庄田数字可考的，如分封在太原的晋王有庄田七千二百顷；❷ 分封在汝宁府的崇王约有庄田一万顷；❸ 分封在安陆州的兴王有庄田一万四千顷，至二万顷；❹ 分封在德安府的景王有庄田数万顷，土地分布在湖广、河南等省；❺ 分封在卫辉府的潞王有庄田四万顷；❻ 分封在河南省的福王有庄田二万顷；❼ 分封在汉中府的瑞王有庄田二万顷，其地分布在陕西、河南、山西、四川等省；❽ 分封在衡州府的桂王和分封在荆州府的惠王，共有庄田三万多顷。❾ 以上九王府庄田合计当在十五万顷

第七章　土地关系的松解及资本主义萌生，地主制经济高度发展（明清时期）

------

❶ 据王毓铨统计；另据萍浪生：《梦言》卷三，明代"亲王三十"。

❷ 《明神宗实录》卷一二八。

❸ 《明武宗实录》卷一五；另据《明史》卷一八三《周经传》，弘治年间，崇王见泽乞河南退滩地二十余里。

❹ 《明史》卷一八三《周经传》，弘治年间，兴王佑杭前后乞赤马诸河泊所及近湖地一三百顷。

❺ 《明史》卷一二〇《景王载圳传》；又《明世宗实录》卷四九一。

❻ 《明史》卷一二〇《潞王翊镠传》，"景藩除，潞得景故籍田，多至四万顷。"

❼ 《明史》卷二四〇《叶向高传》，福王就藩，"庄田非四万顷不行"。经过廷臣谏阻，又改为两万顷。

❽ 《崇祯长编》卷三六，此外又坐派汉中府所属兴州县本色禄米四千石，西安等府折色禄米六千石。

❾ 《明史》卷七七《食货志》（一）；另据《崇祯长编》卷二四，惠桂二王赡田楚甫派拨三万顷，又卷三〇，江西协济惠桂二王赡田千顷。

以上。有的王府庄田数字虽然不详，但从文字记述所反映出的情况看相当庞大。如分封在成都的蜀王，或谓其庄田占成都府平原沃野 7/10。❶估计可能在一万多至二万顷左右。❷分封在武昌府的楚王，或谓庄田最多，分布在湖北及陕西。❸封在西安府的秦王庄田，文献记载，约在万顷以上。❹其余诸王，如韩、肃、沐王分布在陕西平凉府固原州的庄田，或谓"地数万顷""民数万丁"。❺全国二十八王的庄田合计当在二十万顷以上。

藩王长子袭封，其余诸支子封为郡王，据王毓铨统计，到明代后期，全国凡三百九十八郡王。❻郡王也多据有庄田。如晋王的宁化郡王府，万历十四年（公元 1586 年），有庄田五百七十五顷。郡王长子袭封，其余诸支子授将军，四世孙以下为中尉，也由国家赐田。明代后期，将军、中尉人数不详，估计在万人以上。❼朱氏郡王、将军占地合计当在十万顷以上。

此外，公主、驸马有庄田。如弘治年间（公元 1488—1505年），淳安公主赐田三百顷。❽熹宗时遂宁、宁德二公主庄田"动以万计"，❾勋戚赐庄田。如成化年间（公元 1465—1487 年），

中国地主制经济论——封建土地关系发展与变化

❶ 《明神宗实录》卷四二一。

❷ 参见李文治《明清时代封建土地关系的松解》，中国社会科学出版社1993年版，第50页。

❸ 陆钶：《病逸漫记》。

❹ 康熙《陕西通志》卷九《贡赋》，秦府庄田改更名地者即达八十九万九千二百六十九亩，另有山场四百八十三段，山坡园地多处。

❺ 转见王毓铨《明代的王府庄田》，《历史论丛》第一期。

❻ 参见王毓铨《明代的王府庄田》，《历史论丛》第一期。又《梦言》卷三，明代"郡王二百十五，镇国将军至中尉二千九百"。

❼ 据欧阳铎：《宗女》，正德年间，将军、中尉共九千八百七十二人，加上郡主、公主、郡君、县君、乡君合计一万九千六百十一人。

❽ 《明史》卷一九八《王琼传》。

❾ 《明史》卷七七《食货一》。

赐外戚锦衣卫指挥周彧武强、武邑田六百余顷，嘉靖年间（公元 1522—1566），皇戚陈万言得赐田八百顷等。❷勋臣国公有庄田，亩数亦相当可观。如云南沐氏庄田，原赐田七百顷，实际远超过这个数字，或谓占全省耕地 1/3 以上。❸又勋贵庄田实际田额远超过皇帝赏赐的数额。弘治三年（公元 1490 年），皇戚周寿原赐田五百顷，又欲得其余田七百顷。❹皇戚张鹤龄，原赐田四百余顷，张氏依势侵夺，实际得田千余顷。❺皇戚王源，初赐田仅二十七顷，王氏令其家奴别立四至，占夺民产至二千二百余顷，为原赐田的八十倍。❻万历年间，成国公朱允祯侵地至九千六百余顷。❼据此，朱氏藩王、郡王、将军及勋戚、勋臣庄田合计约在三十五万顷左右。

这些庄田，除赏赐之外，其余部分都是通过权势侵夺或强买来的。如弘治十五年（公元 1502 年），南京工科给事中余沂等称：各皇亲于顺天、保定、河间等处皆有庄田，凡民间田土与之邻近或有沃饶者，"辄百计图之，以为己业"。❽弘治十七年（公元 1504 年），礼科给事中葛嵩奏："边方军民田土，凡邻近牧马草场及皇亲庄田者，辄为侵夺"。❾正德十六年（公元 1521

❶ 《明史》卷一八〇《李森传》。

❷ 《明史》卷三〇〇《陈万言传》。

❸ 《明史》卷一八五《李敏传》；成化末，"畿辅皇庄五，为地万二千八百余顷；勋戚，中官庄三百三十有二，为地三万三千一百余顷。"

❹ 《明史》卷三〇〇《周能传》。

❺ 《明史》卷一八三《周经传》，赏庄田四百多顷，"侵民地三倍"。

❻ 《明史》卷三〇〇《王镇传》。

❼ 《明史》卷二三二《王国传》。

❽ 《明孝宗实录》卷一九〇。

❾ 《明孝宗实录》卷二一七。

年），给事中底蕴谓："正德以来，畿内逋逃民田，多为奸利之徒投献近幸"，户部复奏，主张"但系近年投献置为皇庄者，给还本主"。❶嘉靖二年（公元1523年），夏言奏称：庆阳伯夏臣等得地至万三千八百余顷，"多受奸民投献，侵夺民业"。❷世宗嘉靖六年（公元1527年）十一月与大学士杨一清对话时指出："不问皇亲势要，凡系泛滥请乞及额外多占，侵夺民业，曾经奏诉者，查册勘还"。❸至这时，皇亲势要"侵夺民业"已发展到连皇帝都容允不了的地步，可见问题之严重。

　　由于诸勋贵横肆侵夺，扩大庄田面积，到明中叶时，朝廷根据上述情况，对庄田进行清理和限制。如弘治三年（公元1490年）八月，对太监刘永诚庄田进行清理，拨赐庄田二百五十余顷，侵占马草场地二百余顷。奉旨"钦赏庄田，人已故者收入官，每三十顷递除五顷与其遗嗣，福得留田十一顷有余"。❹嘉靖八年（公元1529年），再次清理勋戚庄田，规定："内有世远秩降果系宗派照旧不动外，若世远本房子孙已绝，傍枝影射冒占者，于内量存三分之一，以为修坟办祭之资，其余尽革入官……其戚畹开垦置买田土，欺隐不行报官者，比照功臣田土律例，一体追断"。❺万历十六年（公元1537年）七月再次重申，戚臣庄田，除皇后之亲，传派五世，准留一百顷为世业，驸马传派五世，准留十顷供主祀，其诸妃家传三世，即尽数还官。❻事实证明，这些规定并没有很好得到实施，庄田数额有增无减。

　　清代庄田旗地，是顺治建都北京之后不久建置的。顺治初年进行三次大规模的圈地，在此基础上，先后设置皇室内务府庄田

中国地主制经济论——封建土地关系发展与变化

---

❶《明世宗实录》卷二。

❷《明世宗实录》卷二三。

❸《明世宗实录》卷八二。

❹《明孝宗实录》卷四一。

❺万历《大明会典》卷一七。

❻《明神宗实录》卷二〇一。

三万九千三百六十二顷。❶ 宗室庄田按爵位分授，以亲王最多，大概在二百顷左右，其次是郡王、贝勒、贝子。至于镇国、辅国将军不过百多亩至数百亩。每人所分土地要比明代诸勋贵少得多，八旗官兵旗地，除士兵外，按都统、参将、侍卫、尚书、侍郎等职位分授。按清初规制，各类庄田共有五万多顷，八旗官地旗地十四万多顷，❷ 两者合计约在二十万顷左右，这些依靠政府权力掠夺来的土地，大多成为满洲贵族的私产。

与明代勋贵庄田比较，清朝贵族庄田无论从庄田总额来考察，还是从个人所占庄田数额来考察，利用国家权力来侵夺土地的做法，在清代已受到更多阻力，超经济因素在削弱，在有清一代，对土地的兼并主要体现在通过市场购买。这是社会经济发展的一个新特点。

二、地主阶级对土地的兼并

农业生产力及商品经济的发展，触动了中国的地主经济。有的地主追求土地已不单纯为了取得专供自己消费的粮食，而是为了把部分粮食换为货币而购买土地。这种情况虽然在中国早已发生，但明清时代有着进一步发展。土地买卖关系的发展，地权转移频繁，是封建土地关系松解的一个极其重要的因素。

以明代而言，明中叶以后，土地主要集中于官绅之家。这时土地转移频繁，首先反映于农民丧失土地，如江苏嘉定县，万历初期，人们苦于赋役苛重，"弃田如同敝屣"；至崇祯后期，"民至弃券于道，冀人拾之以责其输粮者"。❸ 所谓"弃券于道"未免言过其实。但农民"以田为累"，纷纷变卖土地，则是当时普遍现象。由万历后期，历天启至崇祯，农民丧失土地情形更加严重。如福建闽清县，农民苦于辽饷加派，有田者"半多贱售于

❶ 参见嘉庆《大清会典》卷七六。

❷ 嘉庆《大清会典事例》卷一三五。

❸ 嘉庆《嘉定县志》卷二〇《余录》。

显贵，愿为之耕作，故呼业主曰势头"。❶

这时官绅之家，因官位变动无常，土地亦经常易主。这种现象，每每反映于当时人的论述。如王士性说："缙绅家非世奕业科第，富贵难于长守。"❷ 浙江宁波府，自明宣德以降，"公卿辈出"，他们纷纷购买土地，若干年后，伴随着公卿爵位的变动，他们的土地财产"业易几姓"。❸ 嘉靖年间（公元1522—1566年），华亭县何良俊说，正德间官室竞营私产，"一时如宋大参恺，苏御史恩，蒋主事凯，陶员外骥，吴主事哲，皆积至十余万，自以为子孙数百年之后业矣"。但是"不过五六年间"，诸巨室"田宅皆已易主"。❹

地权转移情形，时间越靠后变动越频繁。或谓"千年田八百主"，❺ 此话虽然夸张，但反映了地权频繁变动事实。据湘乡县洪懋德说：万历年间"今之湘非昔之湘，田十年而五六易主"；"民无十世之族，而散于四方"。❻ 言外之意，过去湖南地权比较分散，现在不同了，地权变动更快了。与此相联系，大族的经济及社会地位也在变动。由于失去土地，他们的子孙不得不离开本乡而四处谋生。

这时地权转移主要发生在官室势要之间，一些官室衰落了，另一些官室发达起来。农民土地向官室集中，如顾起元所说：自嘉靖中叶后，田赋日增，"佃户不支，悉鬻于城中"。顾所说"佃户"，原系自耕农，他们把土地出卖给城内官宦之家后才做佃户。于是"寄庄户滋多"。农民"田既去则人逃"，图册户

❶《闽清县志》卷八。

❷ 王士性：《广志绎》卷四。

❸ 周容：《春在堂文存》卷三，《陈公初牡丹记》。

❹ 何良俊：《四友斋丛说》卷三四。

❺ 顾炎武：《天下郡国利病书》卷二二，武进县。

❻ 洪懋德：《丁粮或问》，见《古今图书集成》，《赋役部·艺文五》。

中国地主制经济论——封建土地关系发展与变化

籍遂日益减少。❶结果所至，如江南一带，"富家豪民兼百室之产"，田第田园"儗（拟）于王侯"。❷

明代后期地权变动常和政治特权紧密联系在一起，朱明王朝的贵族和官绅地主每依势肆行侵占，经过明末农民大起义的冲击，到了清代，这种情况得到扭转。官绅权势衰落，加上清王朝对官绅地主采取抑制措施，他们的暴力活动不能不有所收敛。从此，地权转移中的政治因素减少了，更多的是通过经济关系的买卖，加以庶民地主和富裕农民的发展，纷纷参与买地活动，地权转移频率遂有增无减。如康熙后期，山东栖霞县"土地则屡易其主"。❸乾隆年间（公元1736—1795年），广东顺德县"田时易主"。❹嘉庆、道光之际，江苏金匮县（今属无锡市）钱泳谈论地权转移之速时说："十年之间已易数主。"❺以上地权转移主要是通过货币买卖，土地转移频繁则是进一步商品化的具体反映。

到清代，参加到土地兼并行列的既有官宦人家，也有腰缠万贯的商人，也有力农起家的普通百姓。如官宦之家，康熙二十八年（公元1689年）被参的高士奇，"又于本乡平湖县置田产千顷"。❻同年十月，尚书徐乾学被参奏条中有一条称："买慕天颜无锡田一万顷。"❼嘉庆四年（公元1799年），抄和坤家产时，有"地八千余顷，估银八百万两"。❽道光时，大学士琦善

---

❶ 顾起元：《客坐赘语》卷二。

❷ 归有光：《震川先生文集》卷一一《送昆山令朱侯序》。

❸ 康熙《栖霞县志》序。

❹ 乾隆《顺德县志》卷四。

❺ 钱泳：《履园丛话》卷四《水学》。

❻ 王先谦：《东华录》，康熙朝，卷四四。

❼ 同上书。

❽ 薛福成：《庸盦笔记》卷三。

占地达二百五十六万一千二百十七亩。^❶湖南长沙李象鹍在嘉庆十七年（公元 1812 年）分家时，与弟各分得收租六百余石。象鹍服官中州后，禄入较丰，产数倍于前。于道光十二年（公元 1832 年）时，合旧产重新分析时，"较壬申数且六七倍"。^❷又如商人购卖土地，乾隆五十一年（公元 1786 年），毕沅奏称：豫省年岁不登，凡有田之家，往往变卖糊口，"山西等处富户，闻风赴豫，举放利债，借此准折地亩"。^❸湖南衡阳木商刘重伟兄弟，至嘉庆时，"子孙田至万亩"。^❹至于徽商在本土或在外地，大量购卖土地事例则史不绝书。如康乾年间（公元 1662—1795 年）的徽州祁门汪希大，长乃服贾，至中年寄迹芒山、鄱水间，渐宽裕，自时厥后屡操奇赢。"由是建广厦，市腴田。俾后之子孙得以安居而乐业者"。^❺乾嘉年间（公元 1736—1820 年）徽州婺源汪道祚，"冠年求赴吴楚经营，生财有道，逊让均平，创置田产，以起其家"。^❻嘉庆时徽州绩溪章升，"甫居市肆，即能持筹握算。自持勤俭，创置田产，以起其家"。^❼道光年间（公元 1821—1850 年）徽州祁门商人倪炳经，"少承父业，窑栈云连，畎亩鳞接"。^❽太平天国后，徽州黟县汪源，"年十五，废读而贾……大局底定，奉亲归里，买田筑室"。^❾清末

中国地主制经济论——封建土地关系发展与变化

---

❶ 德庇时：《战时与和平后的中国》（英文本），见李文治：《中国近代农业史资料》第一辑，三联书店1957年。

❷ 李象鹍：《棣怀望随笔》卷首。

❸ 《东华录》，乾隆，卷一〇三。

❹ 同治《衡阳县志》卷一一。

❺ 张海鹏、王廷元《徽商研究》，安徽人民出版社1995年，第480页，引乾隆《汪氏通宗世谱》卷四。

❻ 同上书，第481页，引乾隆《汪氏通宗世谱》卷四八。

❼ 同上书，第481页，引绩溪《西关章氏族谱》卷二四《家传》。

❽ 《祁门倪氏族谱》续卷《少辉公行状》。

❾ 程寿保：《黟县四志》卷一四《汪赠君卓峰家传》。

徽州黟县环山余荷清，"远赴鸠江，爰集同人料量金融事业……由是二十余年，囊橐日实，良田美宅如愿以偿"。徽商除在家乡求田问舍外，也在经商所在地大量购卖田产，康熙年间（公元1662—1722年）徽州歙县程延柱，随父侧奔驰江广，佐理经营，"总理玉山栈事，增量田产……创立龙游典业、田庄"。❷乾隆年间（公元1736—1795年）程永洪，"善于商贾，贸易豫章数十年，又建业于浙江兰溪置田产、增资本，家道日渐蒸蒸"。❸《清河县志》谓：康熙时，流寓江北清河的苏州、徽州商人，"招贩鱼盐获利甚厚，多置田宅，以长子孙"。❹可见，商人在经营地置办田产是个普遍现象。力农起家者，在清代已不再是个别现象，如湖南桂阳县，"邓氏、傅氏皆用力田富"。又"嘉庆时黄显儒、傅逢辰、彭相煊，亦用勤俭力田，富称北乡"。❺据魏礼称，福建农民到江西宁都垦种，有很多农民发家致富。❻四川明末清初时有大量荒地，外地农民到此之后，以树枝或竹子签插，圈地为业，有许多原来地无一垄的流民，进川以后，通过辛勤垦种，成了殷实之家。江苏苏州地区也有大量力农起家的地主，据张研对此问题的研究，吴江县义庄捐献者有五十六名，其中非身份性地主占二十人，占总捐献者54%。❼直隶获鹿县事例

---

❶ 《徽商研究》，安徽人民出版社1995年，第481—482页，引歙县《程氏孟孙公支谱》。

❷ 《徽商研究》，安徽人民出版社1995年，第481页，引歙县《程氏孟孙公支谱》。

❸ 《徽商研究》，安徽人民出版社1995年，第482页，引歙县《程氏孟孙公支谱》。

❹ 康熙《清河县志》卷一。

❺ 同治《桂阳直隶州志》卷二〇，第25页。

❻ 魏礼：《魏季子文集》卷八《与李邑侯书》。

❼ 张研：《清代族田基层社会结构》，中国人民大学出版社1991年。

更是如此，详见后述。到清中期以后，清代地权向集中方向发展，但相对明后期而言，地权趋向分散。

三、土地股份所有制的分配形成

（一）土地股份所有制的发展

随着社会经济的发展，到明清时期中国土地上出现了一种新的土地所有制形式，这种新型的土地所有制既区别于地主土地所有制，也区别于个体农民所有制，它是由二个或三个对土地共同拥有所有权的群体构成的股份所有制。在这股份所有制里，股民有权处理属于自己所有的那部分股额，比如可以继承，分家析产时，可以把它分割成若干部分由儿子们继承；穷无所出时，可以把自己所有的那些股额或直接出卖或抵押或典当。而其他的股份所有者无权干涉，无权阻拦。在股份所有制下，股民之间只有股份占有多少不同，而彼此之间的身份地位都是平等的。在股份所有制下股民的收入按占有股份多少进行分配。这种新型的土地关系，过去一直被淹没在永佃制下，这是一个误会，应还其本来的历史面目。

土地股份所有制形式产生于何时，现在还说不清楚，但有一点是可以肯定的，至迟明中叶已存在。明弘治九年（公元1496年），安徽祁门已发现一张吴逸转佃田土赤契，"今因无力耕种，将前项田亩转佃与休宁州三都李度名下，面议贴备输纳银二两二钱正，其兑佃之后，听永远输纳耕种"。❷这是一个经官府验证的赤契，为官府所承认。正德年间（公元1506—1521年）编写的《江阴县志》云："其佃人之田，视同己业，或筑为场

---

❶ 江太新：《从清代获鹿县档案看庶民地主的发展》，《中国社会经济史研究》，1991年第1期。

❷ 《徽州千年契约文书·宋元明篇》卷一，花山文艺出版社1993年。

圃，或构以屋庐，或作之坟墓其上，皆自专之，业主不得与问焉。老则以分之子，贫则以之卖于人，而谓之权；权得之财谓之上岸钱，然反多于本业初价，如一亩银二两，上岸钱或三四两，买田者，买业主得其半，必上岸乃为全业。"❶ 据《龙溪县志》记载，至迟在嘉靖年间（公元 1522—1566 年），"柳江以西，一田二主。其得业带米收租者，谓之大租田；以业主之田私相贸易，无米而承小税者，谓之粪土田"。❷ 同一时期，《龙岩县志》也有类似记载："粪土即粪其田之人也。佃丁出银币田主，质其田以耕……沿袭既久，私相授受。"❸ 万历年间安徽徽州府《典帖》也反映了土地合股所有制情况。据《典帖》称："一都住人江禄，今有粪阜一号，坐落土名鲍村源，身情愿凭中立典与同都江名下前去交租无词，计早租拾秤。凭中三面，时值价文银五钱五分，其田当日与相交付明白。"❹

从江苏、福建、安徽三省所列举事实看，土地股份所有制形式，在明中期已不是个别的、孤立的事件，在当时已获得相当程度的发展。随着土地股份所有制盛行，万历年间（公元 1573—1619 年），社会上刊行的一些日用文书指南书籍中，就刊载有书写土地股份所有制中股权如何转移的契式：

> 某乡某都某图立权田文书人某人，今将自己坐落某处民田若干亩，情愿出权与某人耕种一年二熟为满。当日凭中三面议定，每亩时值权田价白银若干，立文书之日，一并收足无欠。所有田上粮租，出权人自行办纳，不干得业人之事。如有虫伤风秕、水旱灾荒，眼同在田平半分收，次年初种。系是二边情愿，故非相

❶ 正德《江阴县志》卷七《风俗》。
❷ 嘉靖《龙溪县志》卷一《地理》。
❸ 嘉靖《龙岩县志》卷上《民物志·土田》。
❹ 中国社会科学院历史研究所藏，编号为1000026号。

逼，恐后无凭，立此榷田文书为照。某年月立榷田文书某人。❶

　　"一田二主""一田三主"的土地股份所有制，在有明一代，福建已得到推广。如嘉靖《龙溪县志》称：该县"田名粪土。税子谓之无米租，名大租谓之纳米租。无米租皆富家巨室蟠据，纳米租则有财力者攘取"。❷嘉靖《龙岩县志》亦云："官人即主人也。谓主是田输赋于官者，其租曰大租"。"粪土即粪其田之人。佃丁出银币田主，质其田以耕"。❸万历《漳州府志》言："今福建一省寺田俱僧掌管，惟漳州一田三主，民户管田输租，僧户取租纳粮，已为定例。"❹万历《南靖县志》谓："所谓一田三主之弊，尤海内所罕者，一曰大租，一曰业主，一曰佃户，同此田也。买主只收税谷，不供粮差，其名曰业主；粮差割寄他户，抽田中租配之，受业而租者，名曰大租主；佃户则出赀佃田，大租、业税皆其供纳，亦名一主。"❺万历《政和县志》也说："至于稼穑农夫，一售主田，数相贸易三两人，而主不得知负租者，比比皆然。"❻据吴牲《忆记》称：邵武俗例"置田者名田骨，佃田者名田皮，各费若干"。❼崇祯年间（公元1627—1644年），《长乐县志》云："他处田亩止属一主而已，长邑有田面，有田根。富者买面收租……贫者买根耕种，其价半于田面。"❽陈益祥谈到福建"一田二主"或"一田三主"情况时指出："此风闽省最甚，故奸猾富厚者，多蓄田根，根价遂倍

---

❶ 《三台万用正宗》，《榷田文书式》，万历二十年刊印。

❷ 嘉靖《龙溪县志》卷四《田赋》。

❸ 嘉靖《龙岩县志》卷上《民物志·土田》。

❹ 万历《漳州府志》卷五《寺租》。

❺ 万历《南靖县志》卷四《赋役志·税粮》。

❻ 万历《政和县志》卷一《地理志·附风俗》。

❼ 吴牲：《忆记》卷一。

❽ 崇祯《长乐县志》卷一一《丛谈志》。

中国地主制经济论——封建土地关系发展与变化

于面。"❶

　　到了清代，土地股份所有制形式在全国大多数省份得到推广，而在明代已出现土地股份所有制的地方，在清代得到更充分的发展。首先，看看福建情况，根据福建师范大学历史系编《明清福建经济契约文书选辑》中的《田地典卖文书》看，该书收集田地典卖契约计四百十八件，其中万历年间二件，崇祯年间三件，其余四百十三件为顺治至光绪年间契约。这四百十八件田地典卖文书中，其中出卖田根、田面、大苗、小苗文书计共九十八件，❷占典卖文书的23.4%。也就是说，在有清一代几乎有1/4的土地是属于股份所有制的。我们再从该书中的《土地典卖找价文书》看，这部分文书共计二百六十八件，时间为康熙至光绪年间（公元1662—1908年）。这二百六十八件文书中属田根、田面、大苗，小苗找价契约有六十份，❸占找价文书的22.4%，与典卖文书所占比例相差无几。各个朝代，各府州县田根、田面，大苗、小苗典卖及找价情况，见表7-2。

表7-2　从典卖文书看明清时期福建地区"一田二主"发展情况

	县份									
	侯官	福州	闽清	崇安	瓯宁	光泽	仙游	南平	永春	南安
崇祯	1									
顺治	1							1		
康熙	6		2					2		
雍正	1			1				1		
乾隆	8	1	3		2		8	7	1	3

❶　陈益祥：《采芝堂文集》卷一三《风俗》。

❷　福建师范大学历史系编《明清福建经济契约文书选辑》（一），《田地典卖文书》，人民出版社1997年，第1—215页。

❸　福建师范大学历史系编《明清福建经济契约文书选辑》（二），《土地典卖找价文书》，人民出版社1997年，第216—307页。

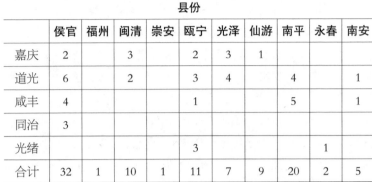

	县份									
	侯官	福州	闽清	崇安	瓯宁	光泽	仙游	南平	永春	南安
嘉庆	2		3		2	3	1			
道光	6		2		3	4		4		1
咸丰	4				1			5		1
同治	3									
光绪					3				1	
合计	32	1	10	1	11	7	9	20	2	5

资料来源：福建师范大学历史系《明清福建经济契约文书选辑》（一）《田地典卖文书》，人民出版社 1997 年。

注释：凡田皮、田根、大苗、小苗可分别买卖者列为"一田二主"。

表 7-3　从找价文书看清代福建地区"一田二主"发展情况

	县份							合计
	侯官	闽清	崇安	宁德	瓯宁	仙游	永春	
康熙	3	1						
雍正	9							
乾隆	11	4		2	2	1		
嘉庆	7	4					1	
道光	3	1		3	2			
咸丰				2				
同治			1		2			
光绪					1			
小计	33	10	1	7	7	1	1	60

资料来源：福建师范大学历史系《明清福建经济契约文书选辑》（二），《土地典卖找价文书》，人民出版社 1997 年。

注释：找价文书中凡有田皮（田面）、田骨（田根）、大苗、小苗记载者列为"一田二主"。

该书所搜集到的六八六件典卖和找价文书中，包括侯官、福州、闽清、闽县、崇安、福安、瓯宁、宁德、光泽、南平、莆田、仙游、晋江、永春、漳州、龙溪、南安十七个州县，而涉及有田根、田面、大苗、小苗典卖及找价的州县有：侯官、福州、闽清、崇安、福安、瓯宁、光泽、南平、仙游、永春、南安等十一州县，占文书出现州县数的64.7%。也就是说，福建地区大多数州县都出现土地股份所有制现象。

此外，从租佃约也可一窥到田骨、田皮分别出租情况。《明清福建经济契约文书选辑》中，收集到九个县份《租佃文书》计一百六零件，其中康熙年间二件，雍正年间十二件，乾隆年间六十四件，嘉庆年间五十三件，道光年间二十八件，另一件，乾隆年间侯官县租牛契，因与本主题无关，舍去不计。余下文约为一百六十五件，其中根面全者计十四件，占8.48%，底面分离文书计145件，占92%。详见表7-4。

表7-4　从福建省九州县租佃契约看清前期地权分割情况（康熙至道光）

年号	县份	租约总数	根面全		根面分离		备注
			件	%	件	%	
康熙	侯官	1			1	100	
	闽清	1			1	100	
雍正	福州	3			3	100	
	闽清	4			4	100	
	侯官	3			3	100	
	光泽	2	1	5	1	50	
乾隆	侯官	15			15	100	
	仙游	6			6	100	
	闽清	19			19	100	
	南平	5			5	100	

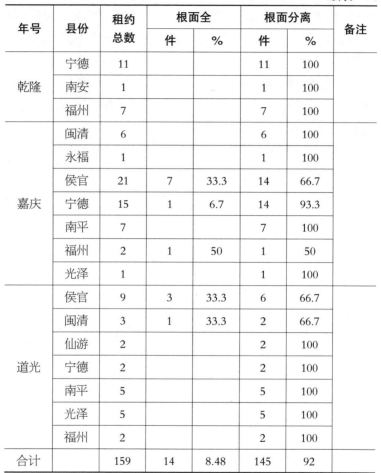

年号	县份	租约总数	根面全		根面分离		备注
			件	%	件	%	
乾隆	宁德	11			11	100	
	南安	1			1	100	
	福州	7			7	100	
嘉庆	闽清	6			6	100	
	永福	1			1	100	
	侯官	21	7	33.3	14	66.7	
	宁德	15	1	6.7	14	93.3	
	南平	7			7	100	
	福州	2	1	50	1	50	
	光泽	1			1	100	
道光	侯官	9	3	33.3	6	66.7	
	闽清	3	1	33.3	2	66.7	
	仙游	2			2	100	
	宁德	2			2	100	
	南平	5			5	100	
	光泽	5			5	100	
	福州	2			2	100	
合计			159	14	8.48	145	92

资料来源：福建师范大学历史系《明清福建经济契约文书选辑》，人民出版社1997年。

除民田出现土地股份所有制外，属于军队的卫所屯田也出现土地股份所有制，嘉庆十一年（公元1806年）侯官县一份典田契记载："立缴典契郑行瑞，自己手置有卫屯田根壹号，坐产侯邑念〔廿〕三都汤院地方，土名沟浦湖，受种二拾斤，年载面租谷肆佰柒拾捌斤，纳在程江陈处，历耕无异。今因别置，自愿

将此田根托中向到梧峰张文享处。"❶ 道光二十三年（公元 1843
年），侯官县一份卖田契记载："立卖佃根契陈章焕，承嗣父手
置有屯田根壹号，坐址本邑念〔廿〕二都地方，土名曲岭上份，
受种壹亩，年载面租柒斗伍管乡。内纳陈处伍斗，又纳黄处二斗
伍管，历掌无异。今因要钱乏用，自情愿托中将此佃根向在本厝
叔行滨处，三面言议，卖出佃根钱贰拾壹仟文正。"❷ "一田二
主"或"一田三主"的卫所屯田事例还有，这里不一一列举。

　　安徽徽州地区也是土地股份所有制发达地方。据安徽省博物
馆编《明清徽州社会经济资料丛编》一书中的《卖田契》和《卖
田皮契》看：从清顺治至宣统年间（公元 1644—1911 年），所
搜集到的卖田契和卖田皮契共二百三十二件，其中卖田皮契为
七十件，❸ 田皮卖契占全部卖契的 30%。几乎是三款土地买卖中
就有一款是田皮的买卖。

　　徽州地区还给我们留下了丰富的置户簿一类资料。这类资
料记载的是一家一户购买土地契约。契约内容包括卖主姓名，卖
的是田皮或是租，或是骨面具全之田；坐落、字号、耕地面积
（或亩或租），卖价多少，等等。对考察这块耕地是独资或是股
份占有，具有重要意义。如《孙在中契墨抄白总登》中，抄有自
康熙至乾隆年间（公元 1662—1795 年）买契五十二件，其中买
田（皮、骨全）契十四款，买田皮契二十三款，买田骨（大租）
五款，买房契四款，买山契六款。❹ 扣除买房、买山契十件外，
土地买卖约计四十二件，在这四十二件中，田皮、田骨（大租）

---

　　❶ 福建师范大学历史系编《明清福建经济契约文书选辑》，人民
出版社1997年，第119页。

　　❷ 同上书，第155页。

　　❸ 安徽省博物馆《明清徽州社会经济资料丛编》，中国社会科学
出版社1988年，第82—236页。

　　❹ 中国社会科学院经济研究所藏《屯溪资料》孙在中契墨抄白总
登，置〇七八号。

买卖达二十八件之多，占土地买卖契约的 66.7%。另一册《乾隆汪氏誊契簿》记载，该户最早买契为康熙四十九年（公元 1710年），最后一张买契为道光二十三年（公元 1843 年），显然嘉庆、道光年间（公元 1796—1850 年）买契是后人所增。该户前后置产四十七款，其中皮骨全田十九款，买田皮十四款，买田骨（大苗）六款，买山八款。❶ 扣除买山契外，购买土地契约三十九款，这三十九款中属于"一田二主"或"一田三主"土地股份所有制买卖为二十款，占 51.3%。

此外，徽州地区也遗留下一批租佃契约，大买、小买"一田二主"情况也有所反映。根据《明清徽州社会经济资料丛编》第一集《租田地文契》看。本书搜集租佃契共七十六件，其中转租契占二十二件，一般租佃文契五十四件。转租文契约占文契总数的 28.9%。详见表 7-5。

表 7-5　徽州地区租佃契约中反映出的田骨分离情况

时间	租约总数	转租租约	一般租约
万历	1	1	
崇祯	3	3	
顺治	1		1
康熙	2		2
雍正	2		2
乾隆	9	2	7
嘉庆	14	1	13
道光	17	6	11
咸丰	9		9
同治	6	1	5

❶ 中国社会科学院经济研究所藏《屯溪资料》乾隆汪氏誊契簿，置一百六十七号。

中国地主制经济论——封建土地关系发展与变化

时间	租约总数	转租租约	一般租约
光绪	12	8	4
合计	76	22	54

资料来源：安徽省博物馆《明清徽州社会经济资料丛编》，中国社会科学出版社 1988 年。

无论是从徽州地区大范围进行考察，还是具体到一家一户考察，到了明清时代，土地股份所有制已经在这里得到广泛推行。

江苏在有明一代，土地股份所有制已有发展，如崇明县阜安沙于万历三十年（公元 1602 年）成田，一半靠民力翻垦，按照民间惯例，将承价一半与民管业。平洋沙系旧城基，田荡涂十四万步，按照前例，民有承价一半。❶ 所谓承价，"承价之垫有圩本也"。❷ 也就是说，农民在围圩造田时，由于投入了资金，或投入了人工，这些投入形成了股本，从而占有地权的一半。到了清代，土地股份所有制在江苏得到大力推广，据《明清苏州农村经济资料》，苏州、通州、海门厅、江宁县、江都、甘泉、泰州、宝应、如皋、泰兴都存在土地股份所有制。❸ 另据《清代地租剥削形态》一书所搜集乾隆《刑科题本》资料看，长洲、无锡、元和也存在土地股份所有制情况。❹

从《清代地租剥削形态·永佃制》看，本书搜集到乾隆年间（公元 1736—1795 年）有关永佃制案件计五十二件，其中属于土地股份制案件五十件，涉及九省四十个县，详见表 7-6。

---

❶ 万历《崇明县志》卷四《学校志·学田》。

❷ 民国《崇明县志》卷六《经济志·田制》。

❸ 洪焕椿编：《明清苏州农村经济资料》，江苏古籍出版社 1988 年。

❹ 中国第一历史档案馆，中国社会科学院历史研究所《清代地租剥削形态》，中华书局 1982 年。

表 7-6　乾隆年间刑档中有关土地股份所有制省县分布情况

省别	县名
直隶	怀安
江苏	长洲、无锡、元和
安徽	芜湖
浙江	临海、宁波、永康、庆元、鄞县
江西	安远、信丰、赣县、瑞金、德兴、会昌
湖南	醴陵
福建	莆田、永福、永春、南安、建安、建宁、彰化、崇安、侯官、平和、浦城
广东	揭阳、惠州、香山、河源、归善、建阳、海丰、海阳、惠来
广西	武宣、贵县、宣化

资料来源：《清代地租剥削形态·永佃制》，中华书局 1982 年。

台湾是新垦区，垦民大部分是福建漳、泉地区的人，他们到台湾垦荒时，把漳泉地区惯例也推广到台湾。农民出一部分资金从土地所有者手中买到一部分土地所有权，从而使这块土地所有权由一人占有变成合伙占有。如：

立招佃人业户李朝荣，明买有大突青埔一所，坐落土名巴来。东至柳仔沟埤，西至大沟为界，南至入社大车路为界，北至黄邦杰厝后港为界，四至明白。今有招到李思仁、赖束、李禄亭、梁学俊等前来承赎开垦，出得埔银六十五两正，情愿自备牛犁方建筑坡圳，前去耕垦，永为己业。历年所收花利照庄例一九五抽的，及成田之日，限定经丈八十五石满斗为一甲，每一甲经租八石，车运到港交纳。二比甘愿，日后不敢生端反悔，增加减少，亦不敢升合拖欠；如有拖欠定额，明官究讨。口恐无凭，立招佃一纸存照。

即日收过埔银完，再照。

雍正十年十月□日。

立招佃人　李朝荣❶

立垦单字人业主萧因，所辖草地内有荒山一所，土名界址寮，东至湾坑岭下，西至简家田，南至坑嵌下，北至简家田，四至界址明白为界。兹有崎头庄佃人林降，欲自备工本开垦耕筑，前来给单；爰是踏明界址，交与佃人林降任从垦筑。山田耕成之后，逐年配纳大租二斗，永为降之己业，日后该业主子孙等不得异言生端滋事。口恐无凭，合给垦单字一纸，付执为照。

乾隆四年三月□日给。❷

开荒垦殖时，农民向土地所有者交纳部分埔银后，或自备工本开垦耕筑，从而从原土地所有者手中取得相应部分所有权，使同一块土地具有二个或三个以上所有者，这种情况在台湾开垦中普遍存在。

热河地区亦是清代新垦区，据刘克祥研究，日本人收集的五百一十三件蒙地契约中，农民缴有契价或押荒银的有四百九十七件，占总数据的96.9%。❸

土地股份所有制在清代旗地中也非常盛行。如乾隆九年（公元1704年）今北京房山县的过佃字据称："立过佃户人张德兴，因有本身当差一段，坐落在房山县西南娄子水村北，东西地计三亩，东至官道，西至邦茶为界，南至黄玉恒，北至道，四至分明。今情愿过与李泰名下永为耕种，不准李姓另种另典，言明压租银三十五两正，年例小租钱五百文，准其客辞主，勿许主辞客。立字之后，如有另人争论，有取租张姓一面承管，不与佃户

---

❶《清代台湾大租调查书》（第一册），台湾银行经济研究室编印，1963年出版。

❷ 同上书。

❸ 刘克祥：《清代热河·台湾永佃制比较研究》，见手稿。

相干。此系两家情愿，各无返（反）悔，恐中无凭，立过佃字一样两纸，各执一纸为证。"❶乾隆四十一年（公元1736年），《刑科题本》也有关于旗地股份所有制记载。案件称：民人李茂哲耕种佟镭家旗地，由于交了押租，得到了"永远长耕，不许增租夺佃"权利。❷嘉庆年间（公元1796—1820年），昌黎县旗人王大忠，因无力封纳官租，将祖遗官租地亩四分二厘五毫，情愿退与王克让名下耕种，按年封纳租银，共银一钱六分五厘二毫，自退之后，"由置主盘窑，打井、使土栽树自便"。❸赤峰县乾隆五十八年（公元1793年）一份垦荒合同记载：立合同人挠安幸吉等保世户同站上人等同心议允，愿将昂邦沟伍十家子上边有荒场一处，同众说允，言明价钱中钱伍（仟？）贰白〔百〕吊正，情愿写与徐成、张贤二人名下开创耕种，"永远为业"。❹嘉庆十四年（公元1809年），张良洪将自己生熟地一块，情愿卖与郭雄名下耕种，"永远为业"，每年交大差一石二斗，杂差随土交纳。❺建平县、朝阳县、丰宁县旗地股份所有制情况《锦热蒙地调查报告》多有记载，这里不再赘述。据热河省长官房土地科调查称：隆化、围场、平泉等县地处口外，凡有土地权者半多无力开垦，遂招集佃户"许以成熟后永无耕种"，每年纳粮若干，"从此不得增租夺佃，载在租约"，"业主但有有租之利

---

❶ 转见杨国桢：《明清土地契约文书研究》，人民出版社1988年，第94页。

❷ 乾隆四十一年十月十日，直隶总督周元理题。

❸ 《中国农村惯行调查》卷六，〔日〕中国农村惯行调查会编，岩波书店1952—1958年刊。《中国土地契约文书集》（金/清），东洋文库，明清史研究室，1975年，第167页。

❹ 《锦热蒙地调查报告》，上卷，伪满康德四年十二月，地籍整理局，第541页。

❺ 同上书，第543页。

益，而无撤佃之权力，现尚认为一种有效力之习惯"。❶ 东北满洲地区，嘉庆十六年（公元 1811 年）一件立退地契记载：立退地契人雨金社后一甲宋兴国同侄仁祥，度日维艰，将自己承领旗余地四十一亩……同族人说允，情愿退与本甲民人李士祯"承领管业"，随钱粮带银一两四钱三分五厘，租钱一千四百三十五文……估定开垦修补工力钱二百五十两整……恐后无凭，立退约存据。❷ 由于清政府无力解决旗人贫困化，以及旗人不谙耕作，加上清廷不许旗地典卖，所以旗地以股份所有制形式大量出现，清廷虽然进行三次大规模回赎，但阻止不了旗地股份所有制的发展。

土地股份所有制形成，是由于农民以各种形式付出代价所取得的，如江西赣南农民"出资垦荒，即俗名工本；或由业主征收田价，即俗名坠脚，亦名退脚"，从而获得"皮业"之权。❸ 四川云阳县农民，通过交纳巨额"压稽之费"，从而获得"视同己产"权利。❹ 江苏崇明农民，则通过付出"圩田工本"，获得土地的"承价"。❺ 安徽徽州农民，通过"自置"而获得"小租田皮"。❻ 湖北钟祥农民，还有"贱卖图耕"习俗。农民出卖土地时，由于"买主对于佃权既未买入，故只能听其与所有权分离为二"。❼ 浙江临海、宁波、庆元、鄞县农民，由于承耕田地时要

❶ 国民党司法行政部：《民商事习惯调查报告录》，民国十九年，第710页。

❷ 《满洲日惯调查报告》，南满铁道株式会社编，1913—1915年。

❸ 国民党司法行政部：《民商事习惯调查报告录》，民国十九年，第422页。

❹ 民国《云阳县志》风俗。

❺ 乾隆《崇明县志》卷四《赋役志》。

❻ 中国社会科学院经济研究所藏：《分家书》，第1315号。

❼ 国民党司法行政部：《民商事习惯调查报告录》。民国十九年，第562页。

付出"田脚"等钱，所以获得"田皮"，可以"顶卖"。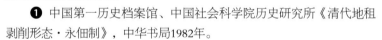广东
农民则由于承种土地时交有"顶耕银"，所以"出资买耕者，名
为佃业"，也有称佃业为"质业"的。❷福建龙海县民"无田者
众，皆佃人之田"，承耕土地则需出粪土之价，而"粪土之价视
大租田十倍"。❸云霄厅农民"出力佃耕"，"租税皆其办纳，
以有粪土银，遂私相授受"，❹崇安农民承种土地"曰赔，赔为
田皮"，"佃人之赔价重于田主之卖价"，❺闽清县有一份"立
安开垦契"称："今安与佃户吴承德开垦耕种，所佃永远耕作，
黄家不得另召"。❻由于吴承德开垦时需要付出工本，所以，原
田主以出让一部分土地所有权办法，来实现荒地开垦，而吴承德
也从垦荒中获得部分土地所有权，从而垦荒农民和原来田主成为
这块耕地共同拥有者，都是拥有这块土地的股东。古田县之田根
（田面）"有手置、有祖遗、自持一契据管业，耕种"。❼建阳
县农民的土地股份所有制，"始于乡民为侨居山佃所愚，岁受凭
钱数百文，听其垦种，日久受害，欲令退佃，则诡云工资浩大，
挟令重价取赎，自大是业不由主"。❽这里，侨居农民通过垦
荒，花去工本，从而获得股份所有权。龙岩县农民获得土地股份
所有制，则需向田主交纳"粪土"银，"质其田以耕"。❾台湾

---

❶ 中国第一历史档案馆、中国社会科学院历史研究所《清代地租
剥削形态·永佃制》，中华书局1982年。

❷ 同上书。

❸ 嘉庆《龙海县志》卷一《地理》。

❹ 嘉庆《云霄厅志》卷四。

❺ 雍正《崇安县志》卷一《风俗》。

❻ 福建师范大学历史系编《明清福建经济契约文书选辑》，人民
出版社1997年。

❼ 陈盛韶；《问俗录》卷二《古田》。

❽ 道光《建阳县志》卷二。

❾ 嘉靖《龙岩县志》卷上，第二《民物志·土田》。

府农民取得土地合股权，大多是农民出钱买耕，乾隆五年（公元1740年）一份批耕字载："今因民不能自耕，情愿将此埔园托中送就与诚实汉人陈悴观前来承去佃耕，当日三面议定出得埔底银一百三十大元。"❶乾隆十一年（公元1746年），一份"立出永耕垦山契"记载："今因乏银使用，情愿将此荒山出垦永耕，外托中引就归与义学官田庄汉人陈麟瑞出首承垦永耕，当日三面言议时值价银七十六大员［圆］。"❷嘉庆八年（公元1803年），一份"立永耕字"契记载："今因乏银费用，自情愿将此田招佃永耕……外托中引就汉人张默观永远掌耕为业。逐年配纳番大租粟二石五斗满，不得少欠。"❸如此事例甚多，不一一枚举。从《锦热蒙地调查报告》看，农民在此地获得耕作权，大部分是通过付"地价"而取得。道光十年（公元1830年）一件立佃契约载：韩盆来同子韩俊因当差无凑，情愿兑付于学万禄名下开耕为主，永远为业，"同众言明，地价钱三拾吊，其钱笔下交足，并不短少，每年秋后交租钱贰吊与韩盆来"。❹道光十五年（公元1835年）一件"立兑契文约"载："许地主禀官究追，不得径行夺佃。"❺《洵阳县志》记载：凡流寓稞山，乡俗先贺山主银数两，谓之进山礼，然后议租谷，其租约书明："永远耕种，听凭顶替，山主无得阻挠。"❻

　　根据上述情况看，农民获得土地股份所有制的途径无非两条路而已，一是为地主开垦荒地时，农民通过垦荒开拓，花费了工本，从而从原土地所有者那里获得一部分土地所有权。这是以工

❶ 《清代台湾大租调查书》，第三册，第446—447页。

❷ 同上书，第449—450页。

❸ 同上书，第475—476页。

❹ 《锦热蒙地调查报告》，上卷，伪满康德四年十二月，地籍整理局，第341—342页。

❺ 光绪《白河县志》，《风俗》。

❻ 乾隆（洵阳县志）卷一一。

本为形式的股份所有制。二是通过各种形式的购买，如赔价、顶首、押租、田价或贱价卖田根保田面等。使原来"一田一主"的耕地，通过以上二条途径，朝"一田二主"或"一田三主"股份所有制方向发展。

（二）土地股份所有制发展原因

土地股份所有制遍布中国二十二个省份，如直隶、山东、山西、河南、陕西、甘肃、江苏、安徽、浙江、江西、湖南、湖北、四川、福建、广东、广西、云南、贵州、黑龙江、吉林、辽宁等。就北方而言，主要是在直隶省，就南方而言，以江苏、安徽、浙江、江西、福建、广东较为普遍。这南方六省和北方直隶省有一个共同原因，即人多地少。如嘉庆十七年（公元1812年）时，全国每人平均耕地面积为二点九亩，而江苏人均耕地只有一点九亩，安徽一点二一亩，浙江一点七七亩，江西二点零五亩，福建零点九八亩，广东一点六七亩，都在平均线下。直隶人均耕地面积虽然为二点六五亩，❶但由于清初大量圈地结果，原有民田大多变为旗地，原来有地的农民失去了土地，使局部地区出现了人多地少现象。孙文定公奏疏称："近畿土地皆为八旗勋旧所圈，民无恒产，皆仰赖种租旗地为生。"❷而所有承种旗租地亩之户，"皆系用价所置……作为己业，传之子孙"。❸如福建，明人沈演有高论，他指出：福建之田，非负山则滨海，负山者层累如梯，十日不雨则枯；滨海者广漠无蔽，一夕遭飓则偃，既特以瘠卤闻。而况生齿甚繁，以口度地，常一亩而十口资焉。故"他省一田一主，而闽田则三主。田骨之外有田皮，田皮之外有田根"。他诘问，这是福建人喜欢于多主纷孥吗？他回答：不

❶ 梁方仲：《中国历代户口、田地、田赋统计》，上海人民出版社1985年，第400页，表76。
❷ 《孙文定公奏疏》，第189页；昭梿：《啸亭杂录》卷七。
❸ 《户部井田科奏咨辑要》下卷，第12页。

是。其原因在于"诚地不足以赋其民，势不得不剖分而食之"。❶
又如江西赣南，此地则是"万山线田"，❷山多地少，土地资源
十分缺乏。这些人多地少地区，一些少地或无地农民，为了生存
下去，不得不花钱从地主手里买来耕种权，从而形成土地股份所
有制。

　　一种原因是：荒地多，人口少，或资金不足，无力自行进
行开垦，只好以分割地权为条件，允许开垦者田面权。这种情形
具有三种不同情况。第一，清王朝建立初期，由于受长期战争影
响，人亡地荒情况严重。有田之家缺乏劳力，缺乏资金，多招人
垦荒，而田主以付出田皮为代价。据《西江视臬纪事》称："因
国初鼎定，当兵灾之后，地亩荒芜，贫民无力垦复。垦户开荒成
熟，未免需费工本，遂世代守耕。故在业主为田骨，在垦户为田
皮。业主得买其田骨为大买，垦户得其田皮为小买。业主只管收
租赁耕，转顶权自佃户，业主不得过问。"❸第二，绝户田亩，
人绝地荒，贻累地方，政府奏准招佃开垦，佃户以工本获一主之
权。如《南汇县志》称："绝户田亩系宣德、景泰年间，人绝地
荒，民甚苦之，贻累里甲。天顺六年奏准：召民开佃。方其初，
佃大费工本，及转佃别姓，即以工本为名，立契得银。"❹第三，
山区、边疆地区、新垦区。围沙造田新区，这些地区最突出的特
点是：田荒人少，缺乏开垦劳动力及资金，如福建、江西山区，
东北、热河、台湾新垦区，江苏崇明，广东沿海沙田区等，都是
这种情况。为了土地垦拓，只好以分割土地所有权为条件，招收
农民进行开垦。如闽地多山，"业户皆雇佃垦山为田亩，一田而

---

❶　沈演：《止止斋集》卷一九《公移·抵解加派》，万历四十七年。

❷　康熙《安远县志》卷三《赋役》。

❸　凌焘：《西江视版臬纪事》。

❹　《南汇县志》。

有田面、田骨之名，田皮属主，田骨属佃"。^❶ 东北、热河等新垦区是："口外多属荒地，凡有地权者，半多无力开垦，遂招集佃户，许以成熟后永远耕种。"^❷ 秦岭大巴山开发过程中，"招外省客民纳稞数金，辄指一块立约给其耕种。客民不能尽种，转招客佃，积数十金有至七八转者，一户分作数十户。客佃只认招主，并不知地主为谁，地主不能抗争"。^❸ 崇明地处长江口地区，两岸田地崩涨无常，洪水一来，原来田地可能给冲得无踪无影，洪水过去之后，可能在另一地方沉积成新的沙洲，而固沙垦田工程浩大，翻垦者投入工本多，成本高，按当地民间俗例，翻垦者可以获得承价一半。"照民间例，将承价一半与民管业"。^❹

　　另一种原因是：政府对田皮、田骨分离的认可，促进了土地股份所有制的发展。据《长平富垅荐山书院祀田碑文记》"先正游文肃公立雪程门，倡明正学，两朝崇祠至愨也。不百余年，烝尝所寄，圮鬻殆尽，岁时伏腊。俎豆不修。……今查其田骨一十一箩二斗半，田皮一十五箩，向系张阳得、张经毛收租；又田骨三箩七斗半，向系朱邦行收租。张氏者，令游大礼合族等备还原价四十五两取回，在朱氏者，本县捐俸七两代取"。^❺ 杨国桢认为：这些祀田通过"田骨""田皮"的分割买卖落入外姓手中，已经不是当时之事，而知县竟捐俸代为买回"田骨"，说明官府已经承认这个"俗例"的合法性。^❻ 至雍正末、乾隆初年，江西按察使凌焘更以立法名义，承认田皮、田骨买卖、转退合法

❶ 彭光斗：《闽琐记》。

❷ 国民党司法行政部：《民商事习惯调查报告录》，民国十九年，第710页。

❸ 严如煜：《三省边防备览》卷一一。

❹ 万历《崇明县志》卷四《学校志·学田》。

❺ 《建阳富垅游氏宗谱》，见杨国桢：《明清土地契约文书研究》，人民出版社1988年。

❻ 参见杨国桢《明清土地契约文书研究》，人民出版社1988年。

性。他明确指出："查田皮，田骨名色，相沿已久，固属习俗难移。"^❶至乾隆三十五年（公元 1770 年），宁都州仁义横塘塍茶亭所立的碑中，更以法律条文形式把田皮顶退规定下来。碑文称："查佃户之出银买耕，犹夫田主之出银买田，上流下接，非自今始，不便禁革。"^❷至清末，政府制定《大清民律》（第一次草案）时，规定："永佃权者，支付佃租而于他人土地上为耕作或牧畜，得用他人土地之物权也。其权利人谓之永佃权人。"^❸明清两代政府不断调整"一田二主"或"一田三主"政策，以田皮、田骨分别买卖认可开始，直到形成法律条文，予以法律地位止，政府的这种鼓励政策，无疑对土地股份所有制发展以强大推动力。以前对这种作用有所漠视，今后应予张目。

土地股份所有制的发展，除上述几个原因外，还有另外一个因素不能不予以考虑。这就是有田之家为了逃避赋役负担，而将土地部分收益权出让，从而形成"一田二主"或"一田三主"。

明初，朱元璋曾实行过轻徭薄赋政策，减轻农民的负担。但明中期以后，这种情况改变了，各种苛捐杂税越来越多，到明后期，"三饷"并收，更使广大农民处于水深火热之中。到了清代，清初赋税政策沿袭明例，赋役繁重，加上清初连年战争，军费负担惊人，而顺治十七年（公元 1660 年）奏销案打击，有田之家以田为累。于是，重负之下，一些有田之家便采取了转移赋役办法，逃避政府催迫。一些田主把土地收益权的一部分转让给别人，一些人利其价钱，收买了负担交纳国家赋役这部分收益权，从而使一块土地上的权益分成两个部分，即一租一税。在此

---

❶ 凌焘：《西江视臬纪事》卷二《评议平钱价禁祠本严霸耕条议》。

❷ 国民党司法行政部：《民商事习惯调查报告录》，民国十九年，第423—425页。

❸ 宣统《大清民律》（第一次草案）第二编，《物权》之第四章"永佃权"。

基础上，如有农民赁地而耕，则一块土地上的权益则分成三个部分，三人共同分享同一块土地上的权益。"一田二主"或"一田三主"的土地股份所有制则形成矣！如福建龙溪县"邑民受田者，往往惮输赋税，而潜割本户米配租若干石，减其值以售，其买者亦利其贱而得之，当大造之年，一切粮差皆其出办，曰大租主，有田者不与焉，而租与田遂分为二。而佃户又以粪土银私授其间，而一田三主之名起焉"。 ^❶长泰县也不例外，"民间受田者，往往惮输赋税潜割户米，配田租以贱售之，其买者亦利其价钱，自愿收米入户，认办一切粮差。于是有有田但取租税者，有有田兼完钱粮者，大租小租之名，分出为主。而佃户又以粪土银私自授受其间，遂致一田三主"。^❷《漳州府志》亦称：有田之家"往往惮输赋税，而潜割本户米，配租若干石，以贱售之。其买者亦利以贱得之，当大造年，辄收米入户，一切粮差皆其出办。于是得田者坐食租税，于粮差概无所与，曰小租主。其得租者，曰大租主。（民间买田契券，大率记田若干亩，岁带某户大租谷若干石而已。）民间仿效成习，久之，租与税遂分为二。而银户又以粪土银私授受其间，而一田三主之名起焉"。方志作者对赁地而耕的农民为什么会成一主要问题，又作了详细说明，指出："佃户出力代耕，如雇佣取值，岂得称为田主？缘得田之家，见目前小利，得受粪土银若干，名曰佃头银。田入佃手，其狡黠者逋租、负税，莫可谁何。业经转移，佃仍虎踞，故有久佃成主之谣。皆'一田三主'之说，阶之为厉"。^❸方志作者对久佃成主说法不确切，这些直接耕种者之所以成为一主，是由于他们一开始时就投入资金，已成为这块土地权益的共同所有者。他们之所以形成一主，不是久佃之故。有田之家为逃避赋役负担，

❶ 嘉靖《龙溪县志》卷四《田赋》。

❷ 民国《长泰县志》。

❸ 万历《漳州府志》。

将土地收益中的一部分分割出去而形成的"一田二主"或"一田三主"情况，可能不仅仅是福建一地情况，其他地区亦可能存在。

土地股份所有制成因及发展，其原因是多样的，远不止上述这些，仅是择要说明而已。除此之外，还有各种各样原因，如有的蒙古族旗地主向汉族苦工或榜青户借债，无力偿还，最后以土地耕作权抵偿；也有蒙古族旗贫苦牧民、箭丁或"小门台吉"（贵族下层）以土地典卖方式，将耕作权立契给汉族农民，自己只提留收租权，从而形成股份合作制。❶ 土地股份所有制成因多样化，使土地股份所有制显得五光十色，更加绚丽多彩。

（三）土地股份所有制的分配形式

地租的分配是土地所有权的体现，而每个所有者地租收入的多少，则是资金投入多少的体现。这一点，台湾地区表现得最为突出。

乾隆末年，徐嗣奏本中曾经提到："业户开垦田园，召佃承种，即将所费工本收回，名犁头钱。每甲得银一二百两，每岁止抽分租谷六石至八石不等。又有佃户同行开垦者，加村黎未谙科则，城市殷实之家，充当业户，代为经理纳课，亦祇代耕，牛犁籽种悉系工人自备，佃户与分租息，每年每甲可得数十石，名为田底租。此业户得租数少，佃户得租数多。其田虽系业户出名，而实归佃户承管也。……但业户前已得受犁头钱，即与卖业异。"❷

据此，可以看到台湾地区开垦荒地有两种情况，一是直接耕种者向土地所有者每甲交纳一二百两犁头钱，从而获得剩余产品

---

❶ 参见刘克祥：《清代热河·台湾永佃制度比较研究》，见手稿。

❷ 《明清史料·戊编》，第335—336页；又见《台案汇录甲集》第三册，第182—184页。

大部分；另一种情况是，除了土地所有者之外，中间又插进了一个业户，代为经理纳课者，但由于直接生产者已向土地所有者交了犁头钱，所以业户得租少，直接生产者则每年每甲可得租息数十石，而业户仅得数石而已。

要想知道台湾地区大租、小租的比例，首先要了解台湾地区每甲粮食产量。据徐嗣奏称："查彰化淡水田皆通溪，一年两熟，约计每田一甲可产谷四五十石至七八十石不等，丰收之年上田有收到百余石者。"[1] 另据连横称："上田一甲收谷百石，中七十石下四十石。"[2] 如折中计之，每甲收获七八十石，年持大租八石，纳小租二三石不等。直接生产者所得应当在四十石左右。《台湾私法附录参考书》第二卷所提供的台中地方大肚下堡张氏分家书中有关大、小租的材料，有助于我们弄清台湾地区土地股份所有制下大、小租分配情况，详见表7-7。

从表7-7可以看到，在"一田两主"情况下，一者是以土地入股；一者是以资金投入，或以工本投入参股。他们都是同一块土地上的所有者。然而，资金投入者又是该块土地直接耕作者，除了股本之外，在实际经营中还付出了耕牛、籽种、肥料、耕耘、水利兴修、收割等工本，因此在分红中所占的份额就大些。这些小租获得者要占产品收入的80%以上。而大租主由于投入少，所以分红时仅占产品收入的10%～20%。

表7-7　台湾地区大、小租数量示例

编号	水田面积（甲）	粮食产量（石）	小租数量		小租数量	
			石	占产量%	石	占产量%
1	1.25	69.25	65	93.86	4.25	6.13
2	0.63	33.12	31	93.60	2.12	6.40

---

[1] 《明清史料·戊编》，第335—336页；又见《台案汇录甲集》第三册，第182—184页。

[2] 连横：《台湾通史·农业志》。

编号	水田面积（甲）	粮食产量（石）	小租数量		小租数量	
			石	占产量%	石	占产量%
3	2.00	97.00	80	82.47	17.00	17.53
4	1.00	48.20	40	82.98	8.50	17.63
5	0.60	35.10	30	85.47	5.10	14.53
6	1.46	29.00	24	82.76	5.00	17.24
7	2.00	97.00	80	82.47	17.00	17.53
8	1.25	79.25	75	94.64	4.25	5.36
9	0.63	27.12	25	92.18	2.12	7.82
10	2.00	98.80	92	93.12	6.80	6.88
11	2.00	97.00	80	82.47	17.00	17.53
12	1.25	79.25	75	94.64	4.25	5.36
13	0.63	27.12	25	92.18	2.12	7.82
14	1.25	69.25	65	93.86	4.25	6.13
15	0.63	33.12	31	93.60	2.12	6.40
16	1.90	106.15	90	84.78	16.15	15.21
每石平均数	20.48	1025.73	908	88.52	111.66	10.88

资料来源：《台湾私法附录参考书》第二卷下，第343—394页。

注释：此表根据《中国经济通史——清代经济卷（下）》第1811页表5-7改造而成。经济日报出版社2000年。

下面，再来看看福建地区土地股份所有制下分配情况。据《漳州府志》记载："一田而有三主之名，一曰大租，一曰小租，一曰佃户。如每田十亩，带米九斗六升，值银八十两，年收租谷五十石。大租者只用银二十两，买得年课租谷一十石，虽出银少，而办纳粮差皆其人也。小租者则用银五六十两，买得年租谷二十石，虽出银多而一应差粮不预焉。至于佃户则是代为出力耕收，年分稻谷二十石"。"岁纳折色机兵驿传米人丁银等项。统银一两二钱有零。若以十石租论之，约值银二两五钱"。江西宁都地方情况是："佃人承凭主田，不自耕种，借与他人耕种者，谓之借耕。借耕之人，既交田主骨租，又交佃人皮租。如五十亩之田，岁可获谷二百石，俗谓四勾之田，则以五十石为骨租，以七十石为皮租，借耕之人自得八十石，然多寡亦微有不同，大约以三分之二作皮骨租。"❷

　　上述三个地方土地股份所有制下，分配原则大体是一致的。是以投入资金多少为前提，按照比例分成。假若这块土地的直接耕作者又是这块土地的股东之一，他就有可能把所生产的剩余产品的大部分保留在自己的手中，从而较容易地进行扩大再生产，或者改善生活，或者积累财富。他们的经济实力和生产积极性就要比中国历史上的普通佃农要强、要高。所以土地股份所有制对当时农业生产的发展是有积极作用的。江南经济的繁荣和边疆、台湾的垦拓，与土地股份所有制的发展是分不开的，其功不可没。

　　假若把剩余产品视同地租，则享有股权的各个股东也就享有各自投入资金那部分或大或小的土地所有权。在这里，他们之间仅有的是股份多少之差别，在法权上、在身份上他们都是平等的，彼此之间没有人身依附关系。正由于这种生产关系具有自身特点，所以对调动直接生产者的劳动积极性起到良好作用。但这种生产关系是在封建社会母体里脱胎而来，它还不完全具备现代意义上的股份制。

　　（四）土地股份所有制对地权的分割

　　地权分配问题是学术界非常关注的问题，尤其是清代地权分配，更为学术界所瞩目。从 1950～1990 年，重要的著作都在讨

------

❶ 万历《漳州府志》。

❷ 道光《宁都直隶州志》。

论这一问题。不过其重点是强调地权的集中。以 20 世纪 80 年代以来著作为例，如有学者认为："全国普遍的情况是'占田者十之一二，佃田者十之四五，而无田可耕者十之三四，这种情况，到了鸦片战争以至清朝末年，也没甚变化。"❶ 还有学者认为清代"到乾隆年间，土地兼并已发展到极端严重的地步"。❷ 也还有学者认为："（民田）这是属于民间私有的田，其中多数为官僚、地主和高利贷者所有，属于农民的很少。"❸ 此类论述还有，❹ 这里不一一列举。

　　清代地权是否如此集中呢？不是的。笔者在《中国经济通史·清代经济卷（下）》的《土地分配篇》中已有详细论述，❺ 这里要指出的是：以前学者在研究这个问题中，忽略了几个转变问题，如官田民田化；如分家析产的普遍化带来的土地分散化；如土地股份所有制普遍化，从而形成的地权分割普遍化。此外还有自耕农自身经济力量增强，政府对小农经济扶持，社会保障制度完善，族田义庄发展等，这些因素存在都有利于小农经济的延续，以及增强对兼并势力的抗争。这里要着重讨论的是：土地股份所有制发展对地权分割的影响。

　　据目前所掌握的材料来看，至清代全国已有二十一个省区

　　❶ 曹贯一：《中国农业经济史》，中国社会科学出版社1998年，第785页。

　　❷ 郑庆平、岳琛编著：《中国近代农业经济概论》，人民大学出版社1987年，第5页。

　　❸ 郭文韬等编著：《中国农业科技发展史略》，中国科学技术出版社1988年，第349页。

　　❹ 钱忠好：《中国农村土地制度历史变迁的经济学分析》，见《江苏社会科学》，2000年第3期："占农村人口百分之九十以上的中农、贫农及其他人员只占有百分之二十至百分之三十的土地。"

　　❺ 方行等主编：《中国经济通史·清代经济卷（下）》，经济日报出版社2000年。

二百〇一州县有土地股份所有制实施记载，当然，这还是很不完整的数字。尽管如此，反映了一个发展趋势，还是很有意义的，现列表7-8。

表7-8　明清时期各省有关土地股份所有制实施州县统计

省别	州县
直隶	热河、围场、承德、清苑、良乡、察哈尔、怀安、滦州、昌平、涿州、天津、昌黎
山东	利津、历城
山西	辽州、五寨、绥云、归化
河南	渑池
陕西	宁陕、定远、佛坪、留坝、白河、洵阳
甘肃	陇西
江苏	宝山、通州、昭文、江宁、松江、苏州、扬州、江都、甘泉、泰兴、宝应、如皋、海门、启东、长洲、无锡、溧水、句容、高淳、扬中、丹徒、太仓、吴县
安徽	黟县、休宁、歙县、祁门、绩溪、婺源、安庆、太平、芜湖、贵池
浙江	萧山、东乡、青田、鄞县、永康、庆元、缙云、宁波、绍兴、金华、处州、常山、江山、临海、海盐、嘉善、嘉应、景宁、上虞、衢州、温州、平湖、兰溪、开化、台州
江西	赣州、莲花、临川、南昌、南安、抚州、九江、赣县、兴国、雩都、瑞金、石城、宁都、广昌、新城、安远、信丰、德兴、会昌、建昌
湖南	醴陵、安仁、汉寿、宁乡、茶陵
湖北	钟祥、利川、汉阳、安陆、郧阳、襄阳、德安、荆州、黄州、施南、黄梅、黄冈、竹山、长乐、麻城、兴山、竹溪、沔阳
四川	永川

省别	州县
福建	长乐、龙岩、连江、永安、南平、泉州、漳州、兴化、龙溪、南靖、仙游、建宁、延平、汀州、邵武、福宁、建阳、闽清、古田、莆田、永福、永春、南安、福安、宁德、崇安、侯官、平和、连城、闽清、顺昌、福州、光泽、瓯宁、长泰、政和
台湾	台北、台中、彰化、淡水、诸罗、噶玛兰
广东	廉江、潮州、大埔、翁源、英德、广宁、揭阳、惠州府、香山、河源、归善、海阳、惠来
广西	苍梧、博白、左县、百色、武宣、贵县、宣化
云南	镇雄
贵州	大定
黑龙江	桦甸、绥化
吉林	滨江厅、长春厅、夹荒沟
辽宁	奉天、昌图厅

资料来源：1.《清代地租剥削形态》下；《问俗录》；《清代台湾大租调查书》一至六册；《清高宗实录》卷一七五；中国社会科学院经济研究所：《刑档抄件》；《地方志》；《民商事习惯调查报告》；《满洲旧惯调查报告》；《锦热蒙地调查报告书》；《奉天省财政沿革利弊说明书》；《续陕西通志稿》；《西江纪要》；《明清福建经济契约文书选辑》；《闽南契约文书综录》；《三省边防议览》。

2. 刘克祥：《清代永佃制的形成途径、地区分布和发展状况》；杨国桢：《明清土地契约文书研究》；黄冕堂：《清史治要》；周远廉等：《清代租佃制研究》；韩恒煜：《试论清代前期佃农永佃权的由来及其性质》，林祥瑞：《福建永佃权成因的初步考察》；连横：《台湾通史·农业志》等。

从表7-8可以看到，土地股份所有制至清代已得到广泛推广。这点已不容置疑。但这仅是问题的一个方面，问题的另一个方面，也是更重要方面：土地股份所有制在民田中占有多大比重，如果这个问题能得到解决，土地股份所有制对地权的分割情况，也就迎刃而解了！但研究这个问题有许多难处，第一，各省、府、州县的各阶层占有土地情况，难以掌握；第二，地主阶级占有的土地中，有多少是属于股份合作制的？第三，不同历史时期，地权占有量不同，以上种种困难，给我们研究增加了难度。

从全国范围看，由于前人留下的资料，尤其是统计资料十分缺乏，所以研究起来难度很大，但从个别地区而言，我们通过努力，取得一些相关资料。如《明清福建经济契约文书选辑》中，收集到一百六十五件租佃契约，其中田根、田面分离者占一百五十一件，占总数的 95.52%，一般普通租佃契约十四件，仅占总数的 8.48% 而已。安徽徽州地区，从《明清徽州社会经济资料丛编》一书考察，该书收集到租佃契约文书七十六件，其中田皮、田骨分离者为二十二件，占总数的 28.95%，从《乾隆汪氏膳契簿》记载看，该户从康熙四十九年（公元 1701 年）购买了第一款田产，而后经雍正、乾隆、嘉定、道光续置，总共买田产三十九款，其中购买田皮或田骨文约共计二十款，占总数的 51.28%。台湾情况是，根据《清代台湾大租调查书》资料看，凡是新开垦的田地，几乎都是属于"一田二主"或"一田三主"。热河地区情况是，据刘克祥研究，垦荒时农民缴有契价或押荒耕者占 96.9%。江苏地区情况是："吴农佃人之田者，十八九皆所谓租田，俗有田底田面之称。"据 20 世纪 30 年代地政学院学员调查，田面、田底分离者，苏州占了 90%，常熟占了 80%，无锡占了 50%。据华东军政委员会土地改革委员会编《苏南土地改革文献》资料称：在中华人民共和国建立前夕，以"田底"与"田面"分裂为特征的县份有：松江、金山、川沙、青浦、江宁、溧水、句容、高淳、扬中、丹徒等十九县。其中以中部地区为最多，吴县、吴江、常熟和无锡东北区，均

中国地主制经济论——封建土地关系发展与变化

占租佃总数的 80% 左右，太仓较少，亦占 50%。东北新垦区
"凡有地权者，半多无力开垦，遂招集佃户，许以成熟后永久耕
种"。❷ 也就是说东北新垦区的土地，至少有 50% 是通过股份合
作方式得到开垦的。

　　田面占有者和田底占有者，他们之间土地所有权如何分割
呢？江苏地区说得最清楚：《崇明县志》称："阜安原田八十八
亩……照民间例，将承价一半与民管业"；平洋沙田荡涂十四万
步，"民有承价一半"。❸ 所谓半承价，即"主佃各得者曰半承
价。如承价五两，佃人约费二两五钱，则半偿价适足以相偿，主
家即给以半承价，批书一卷为凭，而存半承价归主家管业"。❹
根据民间俗例看，阜安沙八十八亩原田，有四十四亩是民业，平
洋沙田荡涂七万步是民业，一般情况下是以对半占有。其他也有
三七、四六，甚至一九、二八颠倒诸例，甘肃地区"一田二主"
分割办法是：户部则例规定："业主或欲自耕，应合原地肥瘠，
业佃均分，报官执业。"❺

　　从以上情况看，我们可以说，在田骨、田皮分离情况下，以
前以田根（田骨）作为地主所有者的认识是有片面性的，无论从
土地价格构成看，或是从土地收益分配看，或是从政府法令看，
这种类型的土地其所有权至少在二人或二人以上。以前都把这类
土地地权计算到地主户头上，而形成的地权集中，从理论上和实
践上都是说不过去的。在这种情况下，地权的集中或分散，与田
骨、田皮分离状况有密切关系。如苏州地区，历来号称地权高度

_____

　❶ 华东军政委员会土地改革委员会编：《苏南土地改革文献》，
1952年，第514页。

　❷ 国民党司法行政部编：《民商事习惯调查报告录》，民国十九
年，第710页。

　❸ 万历《崇明县志》。

　❹ 乾隆《崇明县志》。

　❺ 同治《钦定户部则例》卷七，《田赋》，《开垦事宜》。

集中，然而地主占有土地中，却90%是属于田骨、田皮分离者，即90%的土地所有权中，有一半为农民所占有。从而，地权高度集中说法引起人们思考、探讨和再认识。

广东的沙田，主要散布在三个地区，一是珠江三角洲九个县，约有田四百三十万亩；二是潮汕地区七个县，亦有五十八万亩；三是钦廉地区四个县，亦约有二十五万亩，三区共约沙田五百一十万亩。这些沙田80%以上，是经过包佃人的手，"用批耕或分耕制大块分给农民，或用围馆制由包佃投资经营。而筑围为最大量之投资。其投资办法，大多为定期批给包佃人兴修。……包佃人中有百分之三十至四十为个人包佃，称为大耕家，大都系公田租尝之旺族，强房价理或恶霸，另百分之六十到七十为合股公司经营。一般的公司，为三种人组成：即是沙棍（又称沙虫，系熟悉农民业主者）、资本家（大都住省［会］、港、澳）、军阀官僚或当地有势力者"。根据上述情况看，广东沙田五百多万亩中，有四百多万亩是属于大耕家或股份公司的，这些沙田所有权不为哪一家所独有，或是公田、租尝田，或是股份所有制，地权是分割的。把这些土地统统说成是地主土地，就显得有些牵强附会。

由于"一田二主"或"一田三主"股份所有制的发展，原为地主所垄断的土地所有制，通过这种新的组合形式，农民又从地主手中夺回部分所有权，从而使地主土地所有权一分为二，或一分为三，或分割得更细，这对当时的地权分配起了重要影响，尤其是地权集中的江苏、安徽、浙江、福建、广东更是如此。以前学者，在讨论清代土权分配时完全抛开了这种因素，现在看来是一种失误，但我们不能让这样的失误再延续下去了，大家协同起来，认真进行研究。地权分配研究取得进展，对社会经济的发展或停滞将产生深远的影响，绝对不要等闲视之。

中国地主制经济论——封建土地关系发展与变化

四、民田中地主阶级和农民阶级占地消长

（一）官民田比例

明代及清代官田与民田所占的比例比较清楚。如明代弘治《大明会典》记载：官田为五千零八十四万五千六百九十二亩，民田为三万六千二百九十六万零一百九十七亩，官民田共计二百八十万五千八百八十九亩，官田占全国耕地面积的14.15%，民田占全国耕地面积的85.85%[1]。明代官田占全国耕地面积14%这点，学术界大都认可，没有什么争议。清代官田占全国耕地面积之比虽然有变化，如史志宏认为：雍正年间（公元1723—1735年）官田约为五十四万顷，民田约为六百九十六万顷，全国耕地面积约七百五十万顷，官田占全国耕地面积的6.95%，民田占全国耕地面积为93.05%[2]；孙毓棠、张寄谦统计结果是：嘉庆十七年（公元1812年），全国民田总额为七百零五万六千九百八十四顷，官庄旗地二十万五千四百十九顷，屯田三十七万九千四百五十四顷，其他官公田二十四万七千三百九十九顷，全国耕地面积为七百八十八万九千二百五十八顷。[3]据此，官田占全国耕地面积为10.55%，民田占全国耕地面积为89.45%；曹贯一称：清前期"官田约占耕地面积十分之一以上"。[4]按梁方仲统计，光绪十三年（公元1887年）时，全国耕地面积达八亿四千九百九十四万六千二百四十四亩，民田总数为七亿四千零

---

❶ 弘治《大明会典》卷一七，户部，田土。

❷ 史志宏：《清代前期的小农经济》，中国社会科学出版社1994年，第25页。

❸ 孙毓棠、张寄谦：《清代的垦田与丁口的记录》，《清史论丛》1979年第一辑。

❹ 曹贯一：《中国农业经济史》，中国社会科学出版社1998年，第78页。

七万零八百九十六亩，屯田为五千零九十二万九千零四十一亩，学田三十三万六千零九十九亩，其他官田为五千八百五十九万零二百零八亩。民田占全国耕地面积为87.07%；官田占全国耕地面积的百分之十二点九三。❶光绪十三年（公元1887年）官田数额比雍正二年（公元1724年）官田数额要高出5.98个百分点，其原因主要在两个方面。其一，雍正二年（公元1724年）后，官田所占耕地面积在增加。比如雍正二年（公元1724年）时，学田耕地面积为三十八万六千三百六十七亩，至乾隆十八年（公元1753年）时增至一百十五万八千六百零三亩，是雍正二年（公元1724年）时学田的三倍，至光绪十三年（公元1887年）时，官田面积增加到二千一百九十九万七千六百八十一亩，是雍正二年（公元1724年）时官田的三十七点九倍，官田数额增加，其所占的比例自然在上升。其二，出于统计角度的不同。雍正二年（公元1724年）时，官田数额只包括屯田和学田两项，而光绪十三年（公元1887年）时，官田数额却把屯田、学田、赡军地、芦田、退滩地、沙涂地、旗地、旗余地、民典旗余地、官庄地、马厂地、牧厂地、开垦、报垦地，及"先圣贤庙墓祭田，并一切祠墓厉坛、寺观等地不科赋者"等项官田都包括在内，所包含的范围极大地扩展了。官田比例扩大了，民田比例自然要减少。全国土地就这么多，彼大则此小，此小则彼大，这是情理中之事。清代各年号官民田比例虽有高低、大小变化，但目前学术界较普遍意见是：清代官田占全国耕地总数为10%左右，民田占全国耕地面积总数为90%左右。

明清两代官田占全国耕地总数的比例比较清楚，学术界没有对此展开较多讨论。地权分配中，问题比较多、比较大，各家意见较对立的是清代民田中农村两大阶级占有土地的情况。

---

❶ 梁方仲：《中国历代户口、田地、田赋统计》，第384页，表64，上海人民出版社1980年。

（二）明代农村两大阶级占地发展与变化

明太祖朱元璋建立政权以后，积极推行垦荒政策，明成祖朱棣继续执行垦荒政策，使绝大多数农民获得土地，成为自耕农。明中期以前，民田中的绝大部分土地为农民所有。明后期，由于贵族、官僚、地主肆无忌惮兼并土地，在他们侵夺下，农民大量失去土地并沦为流民。弘治二年（公元 1489 年），户部尚书李敏称：皇庄之设，"在祖宗时未有"，而今"畿内之地，皇庄有五，共地一万二千八百余顷，勋戚，太监官庄田三百三十有二，共地三万三千百余顷"，"比来管庄官校人等……占民地土，敛民财物。"❶ 弘治十五年（公元 1504 年），南京监察御史余敬等言："皇亲之家，占小民之田，罔天下之利，狼贪虎唑，漫无纪极。"南京工科给事中徐沂等称："各皇亲于顺天，保定，河间等处皆有庄田。凡民间田与之邻近或有沃饶者，辄百计圈之，以为己业"。❷ 弘治十七年（公元 1506 年），礼科给事中葛嵩奏称："边方军民田土，凡邻近牧马草场及皇亲庄田者，辄为侵夺，致使流移困苦，上干和气。"❸ 正德十六年（公元 1521 年），《世宗实录》称："正德以来，畿内逋逃民田，多为奸利之徒投献近幸，征租掊克，民甚苦之。"❹ 嘉靖十七年（公元 1538 年）查革张鹤龄、张廷龄时，查出"原系节年钦赏者二十四处，共三千八百八十余顷"，"原系奏请者九处，计一千四百余顷"。张氏两人就侵地五千二百八十顷。❺ 仅从弘治元年（公元 1488 年）算起，至天启七年（公元 1627 年）止，据《明实录》所载资料统计，赏赐各诸王、勋戚、太监田地多达

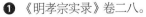

❶ 《明孝宗实录》卷二八。

❷ 《明孝宗实录》卷一九〇。

❸ 《明孝宗实录》卷二一七。

❹ 《明世宗实录》卷二一。

❺ 《明世宗实录》卷二一一。

一百三十九万一千三百一十九点四四顷，❶ 这其中还不包括牧场和山场。详见表 7-9。

表 7-9　洪武至天启年间勋戚占田及赐田统计表　　单位：顷

年号	赐田人次	赐田数量	占%	说明
洪武	13	1562.5	0.82	
洪熙	2	154.1	0.08	
宣德	4	216	0.11	
正统	10	3617.5	1.91	
景泰	4	2090	1.10	仅指名而没有田数者未计
天顺	12	982	0.52	赐田数目不详者，未计
成化	24	11488.94	6.07	
弘治	40	33598.55	17.74	
正德	20	19348.71	10.37	赐田数目不详者未计
嘉靖	17	10943.47	5.78	赐田数目不详者未计
隆庆	4	2293.87	1.21	
万历	12	33644.02	17.78	
天启	8	69190.82	36.58	
合计	170	189130.48		

资料来源：《明实录》各卷，转见郭厚安编《明实录经济资料选编》，第 145—207 页，《田制》三，庄田及土地兼并。

明朝中叶，弘治、正德两朝，即在勋贵庄田扩大的同时，一般的官绅地主也疯狂兼并土地。江苏江阴县，就有官绅强买民田两万多亩之记载。吴县豪右则强买僧田，逼写文契，该僧不从，

❶ 见正德、嘉靖、隆庆、万历、天启各朝实录有关卷。

令家僮捶之立毙。^❶ 常州监司某，"每置产另［吝］不与值"。^❷隆庆年间（公元 1567—1572 年），华亭县大学士徐阶，天启年间（公元 1621—1627 年）大学士董其昌，他们的广大田产也多依势强买。董其昌家并因此惹起当地农民愤慨。^❸ 浙江乌程董尚书（份），嘉靖二十年（公元 1541 年）进士，万历二十三年（公元 1595 年）卒，他家"富冠三吴，田连苏湖诸邑，殆千百顷"。^❹

官绅地主兼并土地的另一种方式就是接受"投献"。万历年间（公元 1573—1619 年）御史陆师贽说："今世最害人之事，无如投献田地人口者。有田于此，与彼何干；有人于此，与我何与；一般棍徒欲行害人者，此人田投卖于势豪，藉作难端，打听谁家兴旺，官居显要，道府相善，朝夕淤于其门，或相交公子，或相交管家，交相熟识，将田或人写一手本，托人递进，主者不查，即行接受"，一经投献，农民"哭天无路，入地无门"。陆氏接着说："余自癸酉行取，投献者纷然而至，日日戒儿孩，警僮仆，决不许接受投献手本。"^❺ 这时肖良干也曾经指出，地方奸猾之徒，辄将农民垦熟田亩"献纳于势家"。^❻ 关于官绅地主接受投献，在绅权嚣张的江苏尤为突出，据万历《常熟文献志》载《恶俗八条》，其中一、二两条即专记投献田宅事，谓"民间或兄弟叔侄相争，即将祖宗分授已定者，尽献于豪有力之家，豪家遂遣狼仆数人下乡封门召佃。其田主屋主执券而争，则老拳毒手交下如雨。而其主涕泣退矣，退犹沽酒市铺鸡豚款待，濒徐

❶ 徐复祚：《花当阁丛谈》卷一，借月山房汇抄本。

❷ 朱之栋：《所见偶存》。

❸ 李乐：《见闻杂记》卷五。

❹ 范守已，《曲洧新闻》卷二。

❺ 陆师贽：《过庭随笔》卷二《亟却投献人田》癸酉，万历元年。

❻ 梁云龙：《海忠介公行状》，见《海瑞集·附录》。

犹索舟金谢礼"。●又据崇祯《太仓州志》载，谓往者"乡会榜发"，对考中举人进士的人，群不逞者或以同族的田屋投献，或奴仆以主人的田屋投献，然后骑马下乡收田封屋，"平民洗荡同兵燹"。❷四川投献田产之风亦盛，崇祯年间，马如蛟出按四川，谓"蜀中民悉以他人田产投势家"。❸《崇祯长编》亦指出：四川各州奸民投献田产"下至生监吏丞无不受之者"。❹其他如湖广，据崇祯二年（公元1629年）巡抚洪如钟奏："且此报欺隐，彼报投献，纷争变乱，徒滋扰害。"❺又如河南，据崇祯三年（公元1630年）巡抚毛九华奏称："势豪之家，仆隶多至数百，奸民乘势投献。"❻

官绅地主接受投靠又是兼并土地的另一种方式。投靠有两种不同情形，一是流氓无赖投靠新贵，从中渔利，据崇祯《太仓州志》谓："往者乡会榜发，群不逞各书呈身牒，候捷骑所向，进多金求为奴，名为投靠。"这类投靠奴仆，"多以其族无干田屋赘"，或某姓奴仆"挟旧主田屋赘"。把别人田产房屋作赘见礼，作为晋升之阶。❼而投靠者是庶民者，则降为某一官绅户的奴仆。另一种是农民为逃避赋役，投靠官绅地主作为靠山。"明之季造，政繁赋重，民不聊生"，"投身著姓，甘为奴仆，以避徭役"。❽河南光山县投靠之风甚炽，或谓一俟有人考中进士，"则奴仆十百辈，皆带田而来"。❾这类投靠户自己原有土地，

---

❶ 万历三十三年《皇明常熟文献志》第六册《风俗》。

❷ 崇祯《太仓州志》卷五，第8—9页。

❸ 赵翼：《廿二史剳记》卷三四。

❹ 《崇祯长编》卷三七，崇祯三年八月壬申。

❺ 《崇祯长编》卷二五，崇祯二年八月。

❻ 《崇祯长编》卷三六，崇祯三年七月。

❼ 崇祯《太仓州志》卷五，第8—9页。

❽ 民国《文登县志》卷一（下），第13页。

❾ 王士性：《广志绎》卷一三。

只同地主发生主仆关系，向地主提供部分劳役。投靠户的众多，据明清之际顾炎武称：一个缙绅接受的投靠农户有的多至千多人。❶或谓在一县一乡之中，"挂名僮仆者什有二三"。❷

官绅地主凭借暴力，直接强占民田者也多有之。如永乐年间（公元 1403—1424 年），都指挥金事临邑人纪纲，"夺吏民田宅"。❸都金事临淮人张信，强占丹阳练湖八十余里，江阴官田七十余顷。❹景泰年间（公元 1450—1456 年），总兵官太子太师渭南人石亨，"纵家人占民产"。❺中官单增都京营，"家奴白昼杀人，夺民产"。❻成化年间（公元 1465—1487 年），大同、宣府腴田数十万，"悉由豪右所占"；畿内八府，"良田半属势要家"，昌国卫指挥蒋贵上疏，请"严戢豪右勿得侵夺"。❼提督西厂谷大用，于安州占民田万余顷。❽嘉靖年间（公元 1522—1566 年），乡官霍韬，方献夫诸家占寺观田数千亩。❾都督金事平湖陆炳，籍没其产，"营别宅十余所，庄园遍四方"。❿江苏如皋县，"有都宪子，怙势占夺人田宅妇女，告牒盈几"。⓫福建南靖县官僚地主倚势侵夺民田。⓬万历年间，云南黔国公沐昌

---

❶ 顾炎武：《日知录》卷一三《奴仆》。

❷ 顾公燮：《消夏闲记摘抄》卷上《明季绅衿之横》。

❸ 《明史》卷三〇七《纪纲传》。

❹ 《明史》卷一四六《张信传》。

❺ 《明史》卷一七三《石亨传》。

❻ 《明史》卷一七七《林聪传》。

❼ 《明史》卷一五五《蒋贵传》。

❽ 《明史》卷一九四《林俊传》。

❾ 《明史》卷二〇〇《姚镆传》。

❿ 《明史》卷三〇七《陆炳传》。

⓫ 乾隆《潮州府志》卷二八。

⓬ 乾隆《漳州府志》卷二八。

祚侵夺民田八千余顷。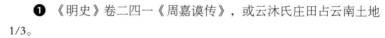浙江庆元县诚意伯刘世延侵占民田四万余亩。❷天启、崇祯年间（公元 1621—1643 年），大学士乌程县温体仁家侵夺农民田产。❸如王邦直所指：官豪势要之家"其田连阡陌，地尽膏腴，多夺民之田以为己田也"。❹

明代商人兼并土地情况也很突出。如陕西泾阳县王舆"居准扬十余年，已富有资"，回家后置田数百亩；❺刘乃明商人，致富后"罢贾治田"。❻广东南海县人聂烟波，于正统七年（公元 1442 年）经商获利后，购买土地，"于是田园倍增，手扩租无算"。❼正统年间（公元 1436—1449 年），中山县小榄镇大商人何图源，经商致富后，在小榄周转买地三万余亩。❽番禺沙湾商人何叔运捐买族田五十余顷。❾嘉靖年间（公元 1522—1566 年），顺德商人龙翠云，乘明中期土地兼并之机，把所开的商店歇业，将资金转投于土地，自置田产达"八十余顷"。❿商人加入土地兼并队伍在当时十分普遍，这里不再赘述。

---

❶《明史》卷二四一《周嘉谟传》，或云沐氏庄田占云南土地 1/3。

❷乾隆《潮州府志》卷二八。

❸《明史》卷三〇八《温体仁传》。

❹《皇明经世文编》卷二五一，王邦直：《陈愚哀以恤民穷以隆圣治事》。

❺《溪波集》卷一四《明故秦府良医王君墓志铭》。

❻李维桢：《大泌山房集》卷一〇七《赠户部主事刘公强安人墓表》。

❼《聂氏家谱》。转见张海鹏、张海瀛主编《中国十六商帮》，黄山书社1993年版，第246页，注127。

❽《小榄何族发家史》，转见《中国十大商帮》，黄山书社1993年。

❾《番禺沙湾农业历史调查报告》，原件藏广东佛山档案馆，见《中国十大商帮》，黄山书社1993年。

❿顺德《龙氏族谱》卷七《华山堂祠堂记》，1922年刻本。

中国地主制经济论——封建土地关系发展与变化

由于勋戚权贵、缙绅、商人大肆兼并土地，到明中后期，地权集中情况十分严重，正德年间（公元 1506—1521 年），福州"郡多士大夫，其士大夫又多田产，民有产者无几耳"。❶万历年间（公元 1573—1619 年），福建永安县某些地方，多系富人之产，"田家所有二三而已"。❷江南地区，据嘉靖年间（公元 1522—1566 年）记载，各郡县土地肥美者系"富家豪民兼百室之产"。❸明后期，苏松一带"有田者什一，为人佃作者什九"。❹江苏北部兴化县，在嘉靖年间（公元 1522—1566 年）"多有田盈万亩者"，❺淮安府，天启年间（公元 1621—1627 年），膏腴之产多系富豪之业。❻浙江绍兴府属，"一邑之田仅四十万亩，富人往往累千至白十，等其类而分之，止须数千家而尽有四丨余万之田矣"。至于广大农民，"则不占寸土者，尚有十余万人也"。❼安徽怀宁县，农民之"绝无一亩者十之七八"。❽徽州休宁县二十七都五图三甲，万历年间（公元 1573—1619 年），该甲的土地 90% 以上为里长户和甲首户所有。❾

余如湖南湘潭县，万历年间（公元 1573—1619 年），"今之有田者皆巨室富人"。❿崇祯年间（公元 1627—1643 年），

---

❶ 《明史》卷二〇三《欧阳铎传》。

❷ 万历《永安县志》卷二〇。

❸ 归有光：《归震川先生全集》卷一一。

❹ 顾炎武：《日知录》卷一〇《苏松二府田赋之重》。

❺ 万历《兴化县志》卷三。

❻ 天启《淮安府志》，《四民》。

❼ 徐渭：《青藤书房文集》卷一八。

❽ 方都韩：《枞川榷稻议》，见《古今图书集成》，《草木典》。

❾ 参见栾成显《明代黄册研究》，中国社会科学出版社1998年，第288页。

❿ 乾隆《湘潭县志》卷一〇。

山东历城县有恒产之家"百无一二"。**❶** 河南地方情况，据弘治时，巡抚徐恪奏称："照得河南地方，虽系平原沃野，亦多冈阜沙瘠，不堪耕种，所以民多告瘁，业无常主，或因水旱饥荒，及粮差繁并，或被势要相侵，及钱债驱迫，不得已将起科腴田，减其价值，典卖与王府人员，并所在有力之家"，"故富者田连阡陌"。**❷**

我们并不否认，仍有些地区地权比较分散，据嘉靖八年（公元 1529 年）罗钦顺记述，"今两淮南北，西极汉沔，大率土旷人稀，地有遗利"。**❸** 另据明末谢肇淛论述，江右荆楚五岭之间，"米贱田多，无人可耕，人也不以为贵，故其人虽无甚贫，亦无甚富"。**❹** 这种情况对农民获得土地产权是比较有利的，也是比较容易的，像这种类型地区，自耕农民小土地所有制可能占据统治地位，但这种类型地区有的是属于新的开发地区，与老开发区相比，情况会特殊些。

就地权分配的总趋势而言，我们认为：明中叶以后，地权向高度集中方向发展。土地的主要兼并者为勋贵特权地主和缙绅地主。推行"一条鞭法"后，由于赋役负担有所减轻，有的地区出现一些商人地主及劳动致富的庶民地主，但他们是次要的，还构不成土地兼并的主要角色。

（三）清代地权占有的分散化

对清代农村中两大阶级占有土地情况，迄今为止，大多数学者都认为：清代地权高度集中，民田中部分土地为地主阶级所占有，属于农民占有的土地很少。情况是否如此，因事关清代社会

中国地主制经济论——封建土地关系发展与变化

---

❶ 崇祯《历乘》卷一四。

❷ 《皇明经世文编》卷八一《徐司空奏议》。

❸ 罗钦顺：《整庵存稿》。

❹ 谢肇淛：《五杂俎》卷四。

经济发展方方面面，所以我们想就这方面问题多说几句。

从我们已经掌握的资料来看，有清一代的地权分配一直处于分散中，大部分的土地为农民阶级所占有，地主所占的土地不过十之三四而已，下面请看一些统计资料。

首先，看看直隶获鹿县自耕农与地主占地情况。清代，获鹿县属直隶正定府，地处太行山区。该县有一百九十七个自然村，设十八社一百八十甲。❷该县从康熙四十五年（公元 1706 年）起至乾隆三十六年（公元 1771 年）止，进行过十四次地丁编审工作，编审工作一般以甲为单位进行。编审后装订成册向县呈报。这些档案虽然很不完整，但它毕竟还保存了一批珍贵的历史资料，使我们能透过典型窥见当时社会经济政治的一斑。

为了弄清楚清代前期获鹿县地权分配状况，我们做了大量分类和统计工作，考虑到地权分配变化情况在十年八年内难以看出发展趋势，我们以二十年为一阶段，将康熙四十五年（公元 1706 年），雍正四年（公元 1726 年），乾隆十一年（公元 1746 年），乾隆三十六年（公元 1771 年）各类农户占地情况列表，

---

❶ 参见：曹贯一著《中国农业经济史》："全国普遍的情况是占田者十之二三，佃田者十之四五，而无田可耕者十之三四。这种情况，到了鸦片战争以至清朝末年，也没甚变化。"郑庆平，岳琛编著《中国近代农业经济概论》称："到乾隆年间，土地兼并已发展到极端严重的地步。"郭文韬等编《中国农业科技发展史略》称："民田这是属于民间私有的田，其中多数为官僚地主和高利贷者所有，属于农民的很少。"

❷ 光绪《获鹿县志》卷一《地理》下，第1页。十八社是：在城社，毕村社，郑家庄社，留营社，镇头社，任村社，甘子社，永璧社，龙贵社，塔塚社，德政坊社，方台社，同冶社，名邱社，太平社，新安社，安宁社，永清社。

见表7-10，表7-11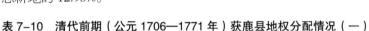。

　　据表7-10，7-11，按占地状况分为无地户、少地户、中等户、富裕户、地主户五大类。一类户占人口18.2%，是无寸地民户；二类户为占地十亩以下户，他们占总农户的37.9%，占有总耕地12%；三类户为占地十至四十亩中等户，这类农户不但数量最大，而且占地比例亦最多，分别为38.2%及50%；至于第四类和第五类有一个如何划分的问题，一种办法是把占地一百亩以上绅衿仍然划为地主，占地一百至一百五十亩庶民户划为富裕户，一百五十亩以上庶民户划为地主户。这是两种不同划分标准。根据这两种划分标准去衡量，那么富裕户与地主户比例就有些变化。以康熙四十五年（公元1706年）为例，若以一百亩为划分标准，富裕户占总农户数为4.56%，占有耕地为总耕地的17.06%；地主户占总农户数为1.19%，占有耕地为总耕地的16.65%。若以第二个划分标准去考察，那么，富裕户占总农户数就上升到4.85%，净增0.29%，占有耕地为总耕地的20.78%，净增3.72%；地主户占总农户数下降到0.9%，占有耕地数下降到占总耕地的12.93%。

表7-10　清代前期（公元1706—1771年）获鹿县地权分配情况（一）

类别	康熙四十五年				雍正四年			
	户数	%	耕地	%	户数	%	耕地	%
无地户	1324	17.61			1234	22.07		
不足1亩户	257	3.42	128.5	0.11	251	4.49	130.5	0.16
1—5亩户	1180	15.69	3616.7	3.15	1089	19.47	3152.6	3.95

类别	康熙四十五年				雍正四年			
	户数	%	耕地	%	户数	%	耕地	%
5—10 亩户	1340	17.82	9847.0	8.57	1006	17.99	7216.4	9.04
10—15 亩户	1038	13.80	12758.9	11.11	626	11.19	7231.0	9.05
15—20 亩户	729	9.69	12669.6	11.03	379	6.78	6516.4	8.16
20—25 亩户	521	6.93	11525.6	10.03	223	3.99	4952.1	6.20
25—30 亩户	336	4.47	9165.3	7.98	168	3.00	4581.9	5.74
30—35 亩户	226	3.00	7228.2	6.29	143	2.56	4644.3	5.81
35—40 亩户	137	1.82	5213.2	4.54	84	1.50	3124.8	3.91
40—45 亩户	82	1.09	3494.4	3.04	79	1.41	3353.5	4.20
45—50 亩户	58	0.77	2717.4	2.37	37	0.66	1758.4	2.20
50—60 亩户	90	1.20	4899.8	4.26	73	1.31	3958.0	4.96
60—70 亩户	48	0.64	3105.0	2.70	47	0.84	3035.6	3.80
70—80 亩户	31	0.41	2309.6	2.02	31	0.55	2307.3	2.89
80—90 亩户	15	0.20	1254.4	1.09	21	0.38	1727.0	2.16
90—100 亩户	19	0.25	1817.3	1.58	15	0.27	1426.7	1.79

第七章 土地关系的松解及资本主义萌生、地主制经济高度发展（明清时期）

类别		康熙四十五年				雍正四年			
		户数	%	耕地	%	户数	%	耕地	%
100亩以上	庶民	35	0.47	5293.9	4.61	38	0.68	5848.4	7.32
	绅衿	54	0.72	17837.2	15.53	48	0.86	14901.8	18.66
合计		7520	100.00	114882	100.00	5592	100.00	79866.7	100.00

表 7-11 清代前期（公元 1706—1771 年）获鹿县地权分配情况（二）

类别	乾隆十一				乾隆三十六年			
	户数	%	耕地	%	户数	%	耕地	%
无地户	3009	25.69			244	16.45		
不足1亩户	574	4.90	290.9	0.16	91	6.14	43	0.19[1]
1—5亩户	2132	18.20	6201.8	3.49	326	21.98	924.3	4.12
5—10亩户	1738	14.84	13016.6	7.32	252	16.99	1830.1	8.16
10—15亩户	1071	9.14	13269.5	7.46	144	9.71	1788.5	7.98
15—20亩户	791	6.75	13585.5	7.46	105	7.09	1839.4	8.20
20—25亩户	559	4.77	12454.7	7.00	73	4.92	1692.0	7.55
25—30亩户	373	3.18	10201.8	5.73	46	3.10	1243.7	5.55
30—35亩户	302	2.58	9881.6	5.56	40	2.70	1307.9	5.83

类别		乾隆十一				乾隆三十六年			
		户数	%	耕地	%	户数	%	耕地	%
35—40亩户		207	1.77	7704.6	4.33	25	1.69	942.8	4.21
40—45亩户		133	1.14	5650.8	3.18	23	1.55	985.6	4.40
45—50亩户		125	1.07	5857.1	3.29	16	1.08	752.9	3.36
50—60亩户		170	1.45	9298.6	5.23	30	2.02	1659.0	7.40
60—70亩户		130	1.11	8324.7	4.68	15	1.01	887.1	3.69
70—80亩户		81	0.69	6094.4	3.43	14	0.94	1043.7	4.66
80—90亩户		67	0.57	5658.3	3.18	8	0.54	674.4	3.01
90—100亩户		36	0.31	3428.1	1.93	4	0.27	381.7	1.70
100亩以上	庶民	137	1.17	22635.8	12.73	22	1.48	3196.2	14.26
	绅衿	78	0.67	24292.5	13.66	5	0.34	1224.4	5.46
合计		11713	100.00	177847.3	100.00	1483	100.00	22416.7	100.00

资料来源：清代《获鹿县档案·编审册》，藏河北省博物馆。

这两种划分标准，哪种更接近历史实际？我们倾向于把占有耕地一百五十亩以上庶民户及占地一百亩以上绅衿户作为地主，采取这种划分方法，理由有三。

第七章 土地关系的松解及资本主义萌生，地主制经济高度发展（明清时期）

其一，清朝前期，经过战争的地区，普遍存在地多人少现象，在这种情况下，出现一些富裕农民，即丁多占地也多的农户，是可能的。明朝末年，获鹿县先后打过三次仗：崇祯六年（公元1633年）一次，十一年（公元1638年）一次，十七年（公元1644年）又一次。仅崇祯十一年战役中，死者"动以千计"。死者中多有绅衿之流。崇祯十七年（公元1644年），李自成部攻陷正定，获鹿再次受到严重打击，因此又有"获鹿肆扰"之说。❶ 不难设想，遭受打击的主要是豪绅地主。明季赋税负担的繁重，使人民无法生存下去，《获鹿县志》指出：崇祯年间（公元1628—1644年）"履亩并征，继以助饷，兼行均输法，又计亩加练饷银，日朘月削，民不聊生，逃亡者众"。❷ 再加上天灾，瘟疫接连不断发生。在灾疫、重赋、战乱重重袭击下，获鹿在清初时呈现出人亡地荒的凄凉景象。在这些情况下，有些丁多、财力比较充实之家，多占些土地是可能的。顺治年间（公元1644—1661年），该县有折征粮地九万六千二百五十一亩，有丁三万八千三百零一口，❸ 平均每丁折征粮地二点五一三亩。该县地贫瘠，有的地七点五亩余折成粮地一亩，有的要九点一亩余才能折成粮地一亩。❹ 若以中等地八点五亩折成征粮地一亩计，当时一丁可得耕地二十亩左右。在当时情况下，数丁之家占地一百亩以上是可能的。

其二，从占有耕地较多之户所纳丁银数考察，一般是丁多口众。据《获鹿县编审册》材料，在雍正二年（公元1724年）以前，即该县未实行"摊丁入地"时，丁银尚属另行征收，因此康熙年间（公元1662—1722年）编审册都记录了各户应交纳多少

❶ 光绪《获鹿县志》卷五《世纪》。

❷ 光绪《获鹿县志》卷四《籍赋》。

❸ 同上。

❹ 《获鹿县档案》，《编审册》。

丁银数目。一户所纳丁银少的二分、四分，多的高达九钱至一点二两。按全县丁银数额看，平均每丁需纳丁银零点零一五两。**❶** 而占地一百亩以上的庶民户，一般交纳丁银较多，如康熙四十五年（公元 1706 年）二十七甲占地一百至一百五十亩庶民户负担丁银情况就是一例。

表 7-12　获鹿县二十七甲二十二户占地一百至一百五十亩庶民户丁银负担情况（康熙四十五年）

户主	丁银（两）	耕地（亩）	户主	丁银（两）	耕地（亩）	户主	丁银（两）	耕地（亩）
赵从会	0.6	106.4	聂兴忠	0.6	104.8	聂进成	0.4	101.3
刘焕	0.9	130.1	程邦现	0.1	101.1	聂希极	0.4	121.2
林文学	0.3	106.5	林标	0.36	112.2	唐七完	0.6	105.5
李义	0.8	126	张明贵	0.57	101.3	魏有的	0.4	102.5
魏建献	0.5	109.8	魏建烈	0.08	100.0	魏志玉	0.5	100.5
于成	0.35	104.7	魏其	0.5	139.7	段春	0.6	111.4
史上才	0.8	108.4	石应存	0.8	132.2	赵联捷	0.73	106.2
姬彪	0.6	124.1						

资料来源：《获鹿县档案》，康熙四十五年《编审册》。

表 7-12 中占地一百至一百五十亩的二十二个农户，共纳丁银十一点四九两，平均每户负担丁银零点五贰两。根据上述每丁平均负担丁银，及参照获鹿县临近县份如灵寿县、新乐县每丁所收丁银一钱**❷** 衡量，这些农户应该是丁口多、劳动力充足之家，

---

❶ 光绪《获鹿县志》卷四《籍赋》，第18页，"原额三等九则人丁通折下下丁五十万一千二百七十五丁，每丁征银不等，共征银五千二百九十一点八五两"。乾隆元年，《获鹿县志》卷五《户口》，"每丁征银一钱"。

❷ 同治《灵寿县旧续志》卷四《田赋》。光绪《重修新乐县志》卷二《赋役》。

他们需要有比较多的土地来维持生活。

其三，从当时生产力发展水平看，一家有三至四个劳动力，就可以耕种一百几十亩土地。雍正、乾隆年间（公元1723—1795年）直隶博野人尹会一说："北方地土辽阔，农民惟图广种，一夫所耕，自七八十亩以至百亩不等。"[1] 朱云锦亦说："一夫之力耕旱田可三十亩。"[2] 山东巡抚阿里衮奏称："此地多旱田，易种，一夫亦不过二十余亩。"[3] 根据当时人记载来看，一个男劳动力一年耕种旱地三十多亩是可能的。一家有三四个劳动力的话，这一百多亩地应该能自耕自种。即使有些农户在农忙季节需要雇工，但田间作业主要还是靠家庭成员来完成。所以这类农户耕地虽多，实行出租的可能性较少。此类农户基本是农民的一部分。

是不是占地一百亩以内的庶民户没有地主户或富裕户呢？实际情况并不完全如此。其中定会有交叉。因为资料本身不能清楚反映出这些农户经营土地的情况，所以，才用较多笔墨来议论这个问题。根据当时当地情况，在分析对比中，我们觉得把占地一百五十亩以内庶民户划在富裕农民行列中比较符合历史实际。

至于把一百亩以上绅衿户划为地主，这点比较容易理解。中国封建社会的士大夫之家不事稼穑，土地以出租为主。如新安齐康曰："近世士大夫家，不能身亲稼穑，类皆分给佃户耕作。"山阳县知县祝豫亦云："士大夫之家有恒产者，未能春而耕，秋而敛也。于是，佃其邑之农民，俾之耕作，岁取其租，输正供，以赡衣食"。[4]《获鹿县志》也指出："贫者为人佣佃，奔走衣

中国地主制经济论——封建土地关系发展与变化

---

[1] 尹会一《敬陈农田四务疏》见《清朝经世文编》卷三六。

[2] 朱云锦《豫乘识小录》，《户口说》《清朝经世文编》卷三〇。

[3] 《山东巡抚阿里衮复奏》，乾隆十三年八月辛亥。

[4] 李程儒：《江苏山阳收租全案》，见《清史资料》第二辑，第5—6页。

食。"[1] 据此获鹿的绅衿之家也不会例外，他们的田产也主要是分给佃户耕作，过着衣租食税的剥削生活。因此，这类绅衿户绝大部分属于地主阶级成员。

依照以上划分标准，[2] 或按照一百亩以上皆划为地主标准，虽然地主阶级在雍正、乾隆年间（公元 1723—1795 年）占有耕地比康熙年间（公元 1622—1722 年）占有耕地更多，但他们所占耕地仍然没有超过总耕地的 30%。个别村庄地主虽然占有高达 50% 左右的土地，[3] 但不普遍，不反映地权主流。获鹿县地权分配状况总括起来说：乾隆中期以前，耕地的 70% 左右掌握在农民手中，地主阶级占的耕地只有 20% ～ 30%。这是小土地所有制占统治地位的事例。

陕西情况与获鹿情况大致相同。秦晖、苏文根据近年来在关中东部的朝邑（今大荔属地）、韩城、潼关等地发现的一批清前期至民国年间的地档册，如鱼鳞册、清丈册、地粮册等材料，对部分册籍作了不平均度分析，计算出各该册籍中反映的土地分配中的吉尼系数。见下表 7–13。

秦晖、苏文认为，经过换算之后这三十一组分配的吉尼（Gini）系数两项修正值中有近半数在 0.2 以下，另有七分之一强的数据超过 0.3，其余近 2/5 在 0.2 ～ 0.3，三十一组分配的总平均吉尼（Gini）系数修正值为 0.2064 ～ 0.2284，与土地改革前关中土地分配状况（吉尼系数，在渭南一期土改区为 0.2218，二期、三期土改区为 0.1973，宝鸡专区为 0.2284）几乎相同！就其中同一地区具有几个时间断面数据的加里庄、步昌庄、南乌牛、

---

[1] 乾隆《获鹿县志》卷二《地理风俗》。

[2] 戴逸主编人民出版社1980年版《简明清史》把获鹿县占有耕地六十亩以上农户划为地主户。

[3] 这些村庄是：有康熙四十五年龙贵社五甲，康熙五十年在城社四甲，康熙五十五年在城社二甲，雍正四年龙贵社五甲，乾隆十一年方台社四甲。

表 7-13　清代陕西关中地籍中的土地分配不均度

地名	年份	Gini 系数			
		a. 原值	b. 修正值（一）a × 65%	c. 修正值（二）a−0.1450	
朝邑县加里庄	康熙三十年	0.2988	0.1942	0.1538	《誊录旧簿加里庄地册》
	乾隆十六年	0.3405	0.2213	0.1955	《誊录旧簿加里庄地册》
	嘉庆十四年	0.2892	0.1880	0.1442	《加里庄畛丈册》
	民国三十一年	0.2618	0.1702	0.1168	《平民县地籍原图》
朝邑县步昌里下鲁坡	光绪十六年	0.4809	0.3125	0.3359	《步昌里八甲下鲁坡村鱼鳞正册》
	不早于民国二十一年	0.4607	0.2994	0.3157	《步昌里八甲下鲁坡村鱼鳞正册》
朝邑县步昌村	民国三十一年	0.4172	0.2712	0.2722	《平民县地籍原图》
朝邑县南乌牛村	雍正七年	0.3638	0.2365	0.2188	《南北乌牛等九村地亩阔尺册》
	道光十九年	0.2737	0.1779	0.1287	《南乌牛村河东口岸花名册》
朝邑县雷村	雍正七年	0.3503	0.2277	0.2053	《河西河东六转减明清册》
	乾隆五十三年	0.3006	0.1954	0.1556	《雷村等处地籍名册》
	道光二十四年	0.2662	0.1730	0.1212	《雷村河西、东鱼鳞减明册》
	光绪二年	0.3858	0.2508	0.2408	《雷村清豁地粮花名册》

中国地主制经济论——封建土地关系发展与变化

地名	年份	Gini 系数			
		a. 原值	b. 修正值（一）a × 65%	c. 修正值（二）a−0.1450	
朝邑县广济村	道光五年	0.4029	0.2619	0.2579	《广济村分户地籍文簿》
	民国三十一年	0.4618	0.3002	0.3168	《平民县地籍原图》
朝邑县存北社	同治五年	0.2838	0.1845	0.1388	《存北社垦地册》

资料来源：转引秦晖、苏文《田园诗与狂想曲》，第77页，中央编译出版社1996年。

雷村、广济村、北韩家、东林村、营田庄等处而言，它们在数十年乃至两个半世纪间，土地分配状况不断有所变化，但并无越来越趋于集中的长期趋势。其中加里庄、步昌庄、东林村、营田庄等地最晚的数据与最早的相比，不均度有所下降，雷村、广济村则有上升，但无论升降都并非连续不断，而是呈波动状，并且除个别情况外都在较平均的或低分化的范围内。总而言之，在这些册籍所涉及的地区，自康熙迄民国的二三百年间，土地分配状况虽然是因时因地而各异，但地权分散这个特点是较明显的。❶

其次，再看看江南地区情况。安徽休宁县三都十二图六甲保留下来的康熙五十五年（公元1716年）编审红册看，六甲共计二百三十三户，共有耕地一千一百三十四点贰亩。各类农户占地情况如下表7-14。

❶ 秦晖、苏文：《田园诗与狂想曲——关中模式与前近代社会的再认识》，中央编译出版社，1996年，第74—78页。

表 7-14　休宁县三都十二图六甲各类农户占地
情况统计表（康熙五十五年）

类别	户数	%	耕地面积（亩）	%
无地户	11	4.7		
不足 1 亩户	58	24.9	27.4	2.4
1—5 亩户	83	35.6	221.5	19.5
5—10 亩户	39	16.7	273.1	24.1
10—15 亩户	29	12.4	351.8	31.0
15—20 亩户	7	3.0	117.6	10.4
20—25 亩户	4	1.7	85.3	7.5
25—30 亩户	2	0.9	57.5	5.1
合计	233	100.0	1134.2	100.0

资料来源：中国社会科学院经济研究所藏《休宁县三都十二图（上）编审册》，税 A147。

说明：其中第六甲，康熙五十五年编审红册脱落，今采用康熙五十年地亩册计数。

从编审红册看，该六甲中占地二十亩以上农户，多为劳动力较多家庭，如三甲姚春阳占地二十点六亩，他家有三个劳动力；四甲复延占地二十九点九亩，家有四个劳动力；❶ 汪宗占地二十七点七亩，家有四个劳动力。此处是山区，山多田少，农户占地面积相对少些，但一家有三丁、四丁情况下，占地二十几亩，似乎还够不上地主。章有义亦认为：占地二十亩左右者可算殷实之户，有地三十亩以上者，才是依靠地租收入为主的地主。❷ 由此看来，清初垦荒所造就的自耕农，在当地还较好地

---

❶ 这里所指的劳动力是指成年男子，妇女不计在内，即所谓编审红册中的丁。

❷ 章有义：《明清徽州土地关系研究》，中国社会科学出版社1984年，第2页，第4页。

中国地主制经济论——封建土地关系发展与变化

410

保存下来。安徽霍山县情况也大致如此。方志记载："中人以下，咸自食其力，薄田数十亩，往往子孙世守之，佃而耕者十仅二三。"❶

关于徽州地区地权分配状况，章有义撰有专论。下面就其研究成果，简述如下。

从现有史料看，由明至清大约到清代中叶为止，徽州地区的土地分配愈来愈明显地趋向集中，也同其他各地集中总趋势大致相仿，尽管进程也许比较缓慢一些。

因同一地区前后可比的记录比较少见。姑且就万历九年（公元 1581 年）休宁十五都五图的一册鱼鳞簿和康熙初年同县十四都的一册鱼鳞簿作一比较统计。虽非同一个地区，但彼此邻近，也许有一定的可比性，明代为前册，清代为后册。后册原题《休宁县丈量鱼鳞经册》，首尾残缺，仅存龙字第 17—1248 号，其中又有二十五号残，实存一千二百零七号。这些田地大都在十四都九图或七图。各号田地下所注产权转移或金税事项大都是康雍乾时代的，最早的是康熙四年（公元 1665 年）纪事。约有八、九十号注明康熙四年（公元 1665 年），"清过""签入""挂乞"或入另户。可以推定这册建立于康熙初年，康熙四年（公元 1665 年）进行过清查，或一部分进行过核查。

这两册所反映的情况大体相同。有地户中，90% 以上是不足五亩的小户，地主很少，占地二十五亩以上，算得上富裕户或小地主的只有一两户。详见表 7-15。

从横断面看，这两例未必具有普遍性，但或多或少亦可从中发现一些变化趋势。试将两例对比一下，就不难看出趋向两极化的迹象。由万历九年（公元 1581 年）到康熙初年，五亩以下的小户所占田地由 57.57% 降至 47.65%。二十五亩以上的富户或地

---

❶ 光绪《霍山县志》卷二。

表 7-15　万历、康熙年间休宁县个别都图部分田地分配统计

户别 （有地户）	万历九年十五都五图				康熙初年十四都九图 （或七图）			
	户数	%	田地 亩数	%	户数	%	田地 亩数	%
不足 1 亩	322	61.69	104.87	12.41	237	52.43	104.76	11.25
1—5 亩	162	31.04	381.48	45.16	170	37.61	338.82	36.40
5—10 亩	27	5.17	197.21	23.35	27	5.97	174.40	18.74
10—15 亩	8	1.53	97.34	11.52	9	1.99	101.09	10.86
15—20 亩	2	0.38	33.23	3.93	3	0.67	52.00	5.59
20—25 亩	0	0	0	0	4	0.89	92.03	9.89
25—30 亩	0	0	0	0	1	0.22	29.68	3.19
30 亩以上	1	0.19	30.66	3.63	1	0.22	37.95	4.08
合计	522	100	844.79	100	452	100	930.73	100

资料来源：中国社会科学院经济研究所藏《屯溪档票》。

主所占田地由 3.63% 增至 7.27%。离中系数，即标准差❶对平均亩数的比率由 163.6% 上升至 183%。也就是说：由万历到康熙年间（公元 1573—1722 年），休宁一带地权不均的现象有所发展。

　　至于清代前期的情况还可以进一步从一些编审册中得到较为确切的印证。税亩系"折实田税"，即山、地、塘一律折成田税。康熙、乾隆年间（公元 1662—1795 年）每五年编审一次。❷各户税亩分"旧管""新收""开除""实在"四栏。旧管指五年前上次编审的税亩；"新收""开除"指上次编审以后增减的

---

❶ 设 Q 为标准差，N 为总户数，F 为各组户数，M 为各组平均亩数，则有 $Q\sqrt{\dfrac{NEfm^2-(\sum fm)^2}{N^2}}$。

❷ 乾隆三十七年六月，清廷明令，"嗣后编审之例，永行停止"（道光《安徽通志》卷首四之二）。

税亩;"实在"等于"旧管"加"新收"减"开除",即现在净存的税亩。亦即本年编审的税亩,虽然编审册也同鱼鳞册一样,往往残缺不全,所包括的范围不足一图,同时也不免有因隐瞒、飞洒、"诡寄"等弊端而造成的田亩数字的不确实。但毕竟是按户审计其全部地产,不像后者那样没有包括占地跨图跨都的大户的全部田地。因此,作为各户地权分配统计的依据,编审册比鱼鳞册较为可靠一些。

康熙年间休宁县编审簿现存两册。一是康熙五十年(公元1711年)的三都十二图《编审红册(上)》,包括二至六甲,二甲部分残缺,六甲略有残缺,实存一百八十四户。二是康熙五十五年(公元1716年)同都图《编审红册(上)》,包括一至六甲,一甲部分残缺,六甲大部分残缺,实存一百九十七户。现就这两册各户税亩,分别统计见表7-16。

表7-16　休宁县三都十二图地权分配统计

户别	康熙五十年				康熙五十五年			
	户数	%	田地亩数	%	户数	%	田地亩数	%
0—1亩	55*	29.89	21.18	2.14	55	27.92	21.81	2.37
1—5亩	56	30.44	150.75	15.20	76	38.58	201.64	21.97
5—10亩	35	19.02	253.40	25.54	33	16.75	222.78	24.27
10—15亩	24	13.04	290.67	29.30	23	11.67	272.32	29.67
15—20亩	9	4.89	153.94	15.52	5	2.54	80.75	8.80
20—25亩	3	1.63	65.09	6.56	3	1.52	61.15	6.66
25—30亩	2	1.09	56.97	5.74	2	1.02	57.51	6.26
合计	184	100	992.00	100	197	100	917.97	100

注:各组上限数字,实际不足此数,如0—1,实际是0—0.99。

*内有无地户10户。

资料来源:中国社会科学院经济研究所藏《屯溪档案》。

表 7-16 是不足五个甲或六个甲的统计。综合康熙五十年（公元 1711 年）和康熙五十五年（公元 1716 年）的数字来看，平均每户有地约五亩，不到五亩的小户约占户数的百分之六十多，占地 20% 左右，二十五亩以上可以算得上小地主的只有二户，占地仅 6% 左右。再一次证明这一带地主少，地权比较分散。

这两册编审簿虽是同一都的，但各有不同程度的残缺，有记录可考的户头前后不完全一致，因而不是完全可比的。如将先后残缺的户头和新立户头除外，则剩下前后可比的二至六甲一百四十六户的占地情况。见表 7-18［因为在康熙五十年（公元 1711 年）册中记录了上一次编审的数字，故可列出康熙四十五（公元 1706 年）、康熙五十（公元 1711 年）和康熙五十五年（公元 1716 年）三次的可比数字。］康熙四十五年（公元 1706 年）至康熙五十五年（公元 1716 年）间，平均每户占地由五点四亩降至五点零一亩。其中不足五亩的少地和无地户与二十亩以上的富裕户数和田亩数的百分比如表 7-18。

在这十年间，不足五亩的少地和无地户，约由户数的 58% 增至 63%；二十亩以上的富户，约由户数的 2% 增至 3.4%，所占田亩由 10% 上升至 16% 多。其中二户二十五亩以上可以算作小地主的所占田地由五十六点二七亩增至五十七点五一亩（约由 7% 上升至接近 8%）。如果用离中系数来表示，则康熙四十五年（公元 1706 年）为 101.1%，康熙五十年（公元 1711 年）为 107.1%，康熙五十五年（公元 1716 年）为 110.4%。由此可以一见小土地所有者不断分化和地主田产递增的趋势。大体言之，到了康熙后期，这一带地权不均的现象仍在继续发展。

另有一册乾隆年间（公元 1736—1795 年）的编审簿，原题《乾隆廿六年休宁县编审红册》，包括十三都三图五至十甲，首尾有缺页，仅存一百一十六户。这一百多户的地权分配情况见表 7-19：

表 7-17 安徽休宁县三都十二图地权分配变动情况

户别	康熙四十五年				康熙五十年				康熙五十五年			
	户数	%	田地亩数	%	户数	%	田地亩数	%	户数	%	田地亩数	%
0—1亩	35*	23.97	13.03	1.66	40*	27.4	15.28	2.01	40*	27.40	14.33	1.96
1—5亩	50	34.25	129.72	16.46	50	34.25	134.07	17.59	52	35.62	138.82	18.97
5—10亩	32	21.92	223.04	28.30	28	19.18	197.74	25.95	27	18.49	178.69	24.41
10—15亩	19	13.01	224.22	28.45	17	11.64	199.99	25.24	17	11.64	200.67	27.42
15—20亩	7	4.79	119.16	15.12	7	4.79	117.08	15.36	5	3.42	80.75	11.03
20—25亩	1	0.69	22.61	2.87	2	1.37	40.91	5.37	3	2.06	61.15	8.35
25—30亩	2	1.37	56.27	7.14	2	1.37	56.97	7.48	2	1.37	57.51	7.86
合计	146	100	788.05	100	146	100	762.04	100	146	100	731.92	100

注：参看前表附注。

★内有无地户9户。

表 7-18 休宁三都十二图部分占地情况统计

	不足 5 亩者		20 亩以上者	
	占户数%	占田亩%	占户数%	占田亩%
康熙四十五年	58.22	18.12	2.06	10.01
康熙五十年	61.65	19.60	2.74	12.85
康熙五十五年	63.02	20.93	3.43	16.21

资料来源：中国社会科学院经济研究所所藏《屯溪档案》。

表 7-19　休宇十三都三图五至十甲百余户地权分配情况统计

户别	户数	%	田地亩数	%
0—1 亩	25*	21.55	14.10	17
1—5 亩	47	40.52	124.82	15.08
5—10 亩	21	18.10	157.90	19.08
10—15 亩	8	6.90	90.59	10.95
15—20 亩	4	3.45	74.98	9.06
20—25 亩	6	5.17	134.39	16.24
25—30 亩	1	0.86	25.52	3.08
30—35 亩	2	1.73	63.42	7.66
35—40 亩	1	0.86	39.06	4.72
40 亩以上	1	0.86	102.90	12.43
总计	116	100	827.68	100

★ 内有无地户 1 户。

资料来源：中国社会科学院经济研究所藏《屯溪档案》。

从表 7-19 可见，这里平均每户占田七点一四亩，其中无地户仅一户。在我们所见到的实例中，无地户这样少的，仅此一例。可以说，这是一个特殊的例子。但从地主占地情况看，又似乎具有较高的代表性。其中占地二十五亩以上的富户，占户数的4.31%，占地达 27.89%；占地三十亩以上（含三十亩）可以划作地主户的，占户数的 3.45%，占地达 24.81%。无论如何，70% 以上的土地还在农民手中掌握着。❶

随着土地兼并的发展，清初垦荒所造就的自耕农也有所分

---

❶ 以上引文参见章有义《明清徽州土地关系研究》，中国社会科学出版社1984年。

化，地主户的田产在膨胀，无地户、少地户在增加，以获鹿县郑家庄社二、四甲，甘子社九甲，同治社五甲为例，将康熙四十五年（公元 1706 年）与乾隆元年（公元 1736 年）作个比较，情况就一目了然了。见表 7-20：

表 7-20　直隶获鹿县康熙四十五年与乾隆元年社四各类农户占地比较表

类别	户数				耕地面积			
	康熙四十五年	%	乾隆元年	%	康熙四十五年	%	康熙元年	%
无地户	209	19.5	279	25.5				
不足 1 亩户	40	3.7	55	5.0	21.7	0.1	35.4	0.2
1—10 亩	348	32.5	332	30.3	1859.1	12.3	1742.0	11.1
10—20 亩	247	23.1	201	18.4	3441.9	22.9	2877.4	18.4
20—30 亩	106	9.9	91	8.3	2512.6	16.7	2246.8	14.3
30—40 亩	48	4.5	48	4.4	1667.6	11.1	1610.6	10.3
40—50 亩	22	2.1	24	2.2	975.2	6.5	1064.5	6.8
50—60 亩	19	1.8	22	2.0	1049.4	7.0	1180.1	7.5
60—70 亩	14	1.3	13	1.2	897.8	6.0	835.1	5.3
70—80 亩	3	0.3	7	0.6	227.6	1.5	525.2	3.4
80—90 亩	2	0.2	1	0.1	165.9	1.1	87.0	0.6
90—100 亩	1	0.1	2	0.2	98.3	0.7	189.2	1.2
100—150 亩	5	0.5	6	0.5	598.2	4.0	828.6	5.3
150—200 亩	4	0.4	8	0.7	731.2	4.9	1190.8	7.6
200 亩以上	3	0.3	5	0.5	807.2	5.4	1244.9	8.0
合计	1071		1094		15053.7		15657.9	

资料来源：《获鹿县档案·编审册》。

浙江遂安县也有类似情况。沈炳尧根据雍正六年（公元 1728 年）遂安县三都二图实征额册中四百五十七户土地分配情况，乾隆遂安县二都二图实征米册中七百八十九户土地分配情况，作了一个比较，虽然这一比较不是在同都同图进行，但毕竟地邻相近。在同一标准下，探讨地权分配发展趋势还是有意义的。如雍正朝时，不足五亩业户占 45.08%，占地 8.62%，每户平均占地二点三七亩；至乾隆时期，不足五亩业户增至 58.05%，占有耕地却下降到 4.81%，减少了 3.81% 个百分点，平均耕地减少到二点一二亩，而占地三十亩以上业户却有增加，雍正时，三十亩以上业户占 9.63%，户均耕地六十一点一七亩，乾隆时，三十亩以上业户占 17.24%，占有耕地 82.91%，增加了 35.31 个百分点，户均耕地增加到一百二十二点八五亩。相比之下，乾隆年间（公元 1736—1795 年）土地集中趋势明显，见表 7-21。

表 7-21　遂安县部分户业雍正乾隆年间土地分配情况

户别	雍正朝					乾隆朝				
	户数	%	土地亩数	%	户均土地亩数	户数	%	土地亩数	%	户均土地亩数
不足 5 亩业户	206	45.08	487.41	8.62	2.37	458	58.05	969.86	4.81	2.12
5—20 亩业户	175	38.29	1688.50	29.86	9.65	158	20.02	1534.53	7.62	9.17
20—30 亩业户	32	7.00	787.52	13.92	24.61	37	4.69	939.48	4.66	25.39
30 亩以上业户	44	9.63	2691.57	47.60	61.17	136	17.24	16707.12	82.91	122.85
合计	457	100	5655.00	100	12.37	789	100	20150.99	100	25.54

资料来源：转见沈炳尧《明清遂安县房地产买卖》，《中国社会经济史研究》1995 年第 4 期。

据《康熙四十年分本色统征仓米比簿》记载：江苏玉区第十七图十甲的全部粮户情况见表 7–22 所示。

表 7–22　江苏玉区 * 第十七图十甲粮户康熙四十年占地情况

占田	户数	耕地面积（亩）	各类农户占耕地面积%
0.5 亩户	1	0.5	
2.0—5.5 亩户	9	35.1	1.1
13.7—18.0 亩户	2	31.7	1.0
43.0 亩户	1	43.0	1.3
251.0—334.7 亩户	10	3120.3	96.6
合计	23	3230.6	100.0

说明：此表系根据《历史教学月刊》第二卷第一期（1951 年 7 月）孙毓棠《清初土地分配不均的一个实例》一文的资料加工而成。

★玉区，具体地点不详——引者。

按清朝里甲编制，每十户为甲，设一甲长，故每甲实为十一户。玉区十七图十甲农户应为一百一十户（实际可能有些出入）。如按一百一十户估计，其中无地户八十八户，占地二百五十一亩以上者十户，由于周瑞跨两甲，实际上应有九户。这九户占全图耕地面积 96.7%。这是一个地权高度集中的事例。

前述安徽休宁县也有类似情况。该县康熙初年鱼鳞簿所载田地坐落在十四都九图或七图，十三都与十四都邻近，试将该鱼鳞簿与乾隆二十六年（公元 1761 年）编审簿所记十三都情况加以比较，见表 7–23 所示。

表 7-23　休宁县个别都图康熙乾隆年间地权分配比较

户别 （有地户）	康熙初年休宁县十四都 九图（或七图）		乾隆二十六年休宁县 十三都三图	
	户数%	田地%	户数%	田地%
不足 1 亩	52.43	11.25	20.87	1.70
1—5 亩	37.61	36.40	40.87	15.08
5—10 亩	5.97	18.74	18.26	19.08
10—15 亩	1.99	10.86	6.95	10.95
15—20 亩	0.67	5.59	3.48	9.06
20—25 亩	0.89	9.89	5.22	16.24
25—30 亩	0.22	3.19	0.87	3.08
30 亩以上	0.22	4.08	3.48	24.81
合计	100	100	100	100

注：乾隆二十六年（公元 1761 年）的编审册中可以看到乾隆二十一年（公元 1756 年）的数字，但间隔时间太短，看不出多少变化来。

康熙初年，十四都不足五亩的少地户占有 47.65% 的土地，而乾隆二十六年（公元 1761 年），十三都这类少地户仅占地16.78%。而二十五亩以上或三十亩以上的富裕户和地主则相反，在康熙初年的十四都他们占有 7.27% 或 4.08% 的土地，而到乾隆二十六年（公元 1761 年）的十三都，他们却占地达 27.08% 或 24.81%，可见发生了明显的地权集中趋势。

其他历史文献中，也有反映某些地方地权较集中的情况。如湖南：清初，桂阳县邓仁心、邓仁恩兄弟有田数百顷。❶乾隆十三年（公元 1748 年），湖南巡抚杨锡绂奏称："近日田之归

❶ 王凯运：同治《桂阳直隶州志》卷二〇。

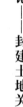

富户者，大抵十之五六，旧时有田之人，今俱为佃耕之户。"❶
嘉庆年间（公元 1796—1820 年），衡阳县木商刘重伟子孙"田
至万亩"。❷江苏海州，乾隆时孟鉴有地五千顷。❸嘉庆十二年
（公元 1807 年），李法泳等买程继祖遗海州五庄田二百余顷。❹
江北、淮南一带，康熙年间（公元 1662—1722 年），盛枫指出：
区方百里，户不下万余，丁不下三万，"其间农夫十五，庶人在
官与士大夫之无田及遂末者十之四，其十之一则坐拥一县之田，
役农夫，尽地利，而安然食租衣税者也"。❺

　　从上述不同地区地权分配状况看，各地情况很不相同，获鹿
县事例表明，从顺治元年至乾隆三十六年（公元 1644—1771 年）
止，即清王朝建国一百二十多年后，农民所有制占统治地位的情
况没有改变。陕西在整个清代，甚至到民国时期，农民所有制占
据统治地位情况从来没有动摇过，有一部分地区还得到加强。安
徽休宁县事例表明，大部分土地还是掌握在农民手里，浙江遂安
县则出现了由农民所有制占据主导地位，向地主所有制占主导地
位转化，土地由比较分散向土地集中转化的过程。江苏玉区事例
表明，九户地主几乎囊括了全图的耕地，就全国大多数地区而
言，尽管土地兼并在不断进行，但在清代垦荒政策鼓励下造就的
自耕农，不论是在清前期，或是清后期，仍然占据重要地位，据
瓦格勒估计："小地产的成分约占所有种植的农业地面积百分之

第七章　土地关系的松解及资本主义萌生，地主制经济高度发展（明清时期）

----

❶ 杨锡绂：《陈明米贵之由疏》，见《清朝经世文编》卷三九。

❷ 彭玉麟：《衡阳县志》卷一一。

❸ 王先谦：《东华录》卷四四。

❹ 中国社会科学院经济研究所藏《刑部抄档》抄件。

❺ 盛枫：《江北均丁说》，见《清朝经世文编》卷三〇《户
政》五。

六十，大地产的成分占百分之四十。"❶ 又据杰密逊 1905 年（光绪三十一年）估计，农民所有地占当时耕地面积的 1/2。❷ 就 20世纪中叶土地改革前中国十二个省区部分情况而言，地主占地最多的为四川八个县十二个保，地主户占 7.1%，占有耕地 60%；地主占地较少的为云南砚山县六诏村，地主户占 4%，占有土地（水田，旱地平均数）26.8%。其他十个省区地主占地量或高或低，但都不超过这个上限或下限。十二个省区地主平均占有耕地为 40.8%。具体情况见表 7-24。

一般被认为土地高度集中的湖南，除滨湖区地主占地达 60% 外，丘陵区地主占地只有 33%，山区地主占地只有 27%，全省各地平均，地主占地为 40%。见表 7-25。

长期以来，学术界认为江南地区土地高度集中，据华东军政委员会调查的结果却出乎人们预料。土地改革前占农村总户数 3.07% 的地主户，占有的耕地数仅占总土地数 26.17% 而已，加上半地主或富农占地数，合起来才达到 27.54%，尚不超过 30%。大量土地还在中农、贫农手中。详见表 7-26。

透过光绪末年及民国时期各阶级（层）地权分配情况的考察，虽然有局部地区地权很集中，但从各省或全国角度来考察，农民占有耕地的总量达到或超过 6/10。这个数据虽然不能完全反映清代前期地权分配全貌，但在地权发展趋向集中的清代后期所得的统计资料，无疑具有重要参考价值。

清代，地主与农民占地情况，受诸多因素的影响，造成清代地权分散原因多种多样，现择几个主要因素做些分析。

❶ 瓦格勒著，王建新译《中国农书》上册，第152页。

❷ 《中华年书》（Chian Year Book）1912年，第314页。

中国地主制经济论——封建土地关系发展与变化

表7-24 土地改革前中国各地农村土地占有情况

地区	资料年份	地主			富农			中农			贫雇农			其他		
		户数	人数	土地	户数	人数	土地	户数	人数	土地	户数	人数	土地	户数	人数	土地
松江通河县三个屯	1946	2.7		51.8	21.4		16.8			15.7			15.8	0.8		
新疆五个专区	1951		6.7	39.7	4.9	5.8	12.5	70.2	29.7	29.1		55.4	18.5		2.4	0.3
甘肃徽县四宁行政村六个村	1950	0.9	2.2	37.6	0.6	1.6	8.2	25.5	25.3	40.3	72.9	70.9	13.9			
陕西武功城关区一行政村	1951		20.3	31.3		5.0	5.4		54.0	52.0		20.6	10.7			
河南五个村	1951		5.8	43.0		5.2	17.0		28.5	29.9		60.0	11.0			
苏南二十五县九百七十三个村	1950	3.6	3.1	36.2	2.1	2.9	6.5	30.6	34.9	31.6	54.5	50.6	19.4	9.2	8.5	6.2
江西二十八个村	1950	3.9	3.9	30.6		5.2	12.6		28.8	32.2		56.5	21.4		5.4	1.8

地区	资料年份	地主			富农			中农			贫雇农			其他		
		户数	人数	土地	户数	人数	土地	户数	人数	土地	户数	人数	土地	户数	人数	土地
湖南十三保	1950		3.0	55.0		5.0	13.0		30.0	26.0		49.0	7.0		13.0	
湖北黄陂方梅区十四个行政村	1950	3.6	3.9	31.9	2.7	3.1	7.7	21.8	24.1	26.6	62.7	61.5	28.3	9.2	7.5	2.1
四川八个县十二个保	1950	7.1	6.5	60.0	3.3	4.3	14.1	9.3	10.9	17.5	78.6	77.1	8.4	1.3	1.0	
贵州贵筑孟关乡	1951	3.2	4.6	45.2	5.2	7.3	16.4	24.6	26.9	28.3	60.6	56.9	9.0	6.4	4.3	1.1
云南砚山六诏村	1950	4.0	7.0	水田 32.4 旱地 21.2	4.0	4.0	水田 11.5 旱地 13.9	28.0	30.0	水田 39.9 旱地 49.5	64.0	59.0	水田 16.2 旱地 15.4			

资料来源：严中平等编：《中国近代经济史资料选编》，1955年版。

注：各阶级户数总和、人数总和、土地总和均等于100。

中国地主制经济论——封建土地关系发展与变化

表7-25 土地改革前湖南省滨湖区、丘陵区、山区农村各阶级层占有土地情况统计（%）

类别	滨湖区		丘陵区		山区	
	人口	土地	人口	土地	人口	土地
地主	3	60	4	33	3	27
富农	4	8	7	20	5	14
中农	34	26	28	26	23	26
贫农	42	4	36	8	44	18
雇农	9		5		16	
其他	8	（公田）1	20	（公田）12	9	1 （公田）14

资料来源：李锐：《湖南农村的状况和特点》，1950年7月2日。转见中国社会科学院、中央档案馆编《1949—1952年中华人民共和国经济档案资料选编·农村经济体制卷》，社会科学文献出版社1992年，第8页。

说明：①原表没有表头，名称系引者所加。

②表中人口、土地皆以100为计所得的%。

中国地主制经济论——封建土地关系发展与变化

表7-26 土地改革前华东农村各阶级（层）土地占有情况统计

阶层	户数	占总户数%	人口数	占总户数%	土地（市亩）		每人平均占有亩数
					亩数	占总土地数%	
地主	485428	3.07	2612643	4.00	37265955.29	27.62	14.26
半地主式富农	50924	0.32	271102	0.41	1952643.21	1.45	7.20
富农	306061	1.94	1794629	2.75	8321251.86	6.17	4.64
工商业者	59326	0.38	314397	0.48	443405.93	0.33	1.41
小土地出租者	375009	2.37	1110337	1.70	3639183.90	2.7	3.28
中农	5173128	32.72	23783996	36.40	47918593.66	35.51	2.01
贫农	7612914	48.15	29863778	45.71	25644368.04	19	0.86
雇农	784635	4.96	2087140	3.19	700931.31	0.52	0.34
手工业工人	69464	0.44	258104	0.40	50081.14	0.04	0.19
其他阶层	893999	5.65	3243537	4.96	1786887.31	1.32	0.55
公田					14696521.86	10.9	
合计	15810888	100.00	65339663	100.00	134930723.51	100.00	2.18

资料来源：华东军政委员会土地改革委员会《华东区土地改革成果统计》1952年12月。

说明：其他阶层包括：自由职业者、宗教职业者、贫民、游民、小商贩、债利生活者等。

426

第一，继承祖产，地主和农民占有的田地，都可以来自继承祖产。这里着重从地主的情况加以考察。

地主继承祖产，可以通过土地买卖契约得知，如顺治五年（公元1648年），休宁县陈应文卖田赤契记载："九都三图七甲立卖契人陈应文，今因缺少钱，自情愿凭中将承祖芥字一百六十三号……凭中尽行立契出卖与伯××名下为业。"❶像这样的卖地契，仅是徽州地区，顺治年间（公元1644—1661年）就有5款。❷福建闽北地区，顺治十四年（公元1657年）的一张卖田契称："立卖契人黄景钰，承父置有早田一段，坐落周屯，计苗白米一箩单五管，佃人黄梅耕作，又二段坐落塘源等处，计苗糙米七箩一斗五管，系佃宫姝荣等耕作；又一段坐落将口，计苗糙米二箩七斗五管，系佃人胡张奴耕作，四至俱载在册，××其田共载该民产七亩二分六厘，今因缺少银两使用，情愿托中将前田出卖与江郭秋名下边为业……"❸在闽北地区，顺治年间（公元1644—1661年）卖田契有十一款。❹江苏苏州府沈氏家族置产文契中，也有顺治年间卖地契一款。❺

清初，地主能直接继承祖产的，大部分是属于明末清初农民起义军势力未扫荡到的地方，或是未受农民起义军严厉打击的地方。如安徽省徽州地区就是其中一例，因此我们可以从保存下来的档案中看到这一情况。祁门县归化乡西都一里，顺治四年（公元1647年）《新丈亲供首状》记载，谢正茂户有田、

第七章　土地关系的松解及资本主义萌生，地主制经济高度发展（明清时期）

---

❶ 安徽省博物馆《明清徽州社会经济资料丛编》，第一辑，中国社会科学出版社1988年，第82—83页。

❷ 同上书，第82—84页，第263页。

❸ 《中国社会经济史研究》1982年第1期，第113页。

❹ 《明清福建经济契约文书选辑》，第4—5页内有4款；《中国社会经济史研究》1982年第1期。第111—113页内有7款。

❺ 洪焕椿：《明清苏州农村经济资料》，江苏古籍出版社1988年，第90页。

地、山、塘折实税亩二百八十一点九四亩。❶其中有一款的丈积为五万七千八百六十七点三五步，参照其余各款二百四十五步折一税亩计，仅这一款就有田地二百三十六点一九亩。另一事例是某县七都一图三甲《胡向义归税册底》所载。本册是顺治十六年（公元1677年）照己丑年（即顺治六年，公元1649年）清丈归户分庄本户各家现业底册，该册记载：本户实在成丁七丁，田二百二十三点一四亩，地三十六点四一亩，山一百一十六点零九亩，塘十点七二亩。❷该户继承明代祖产田、地、山、塘共计三百八十六点三六亩。浙江省遂安县十三都二图第二甲民户徐鼎祥，在崇祯十五年（公元1642年）至顺治十一年（公元1654年）间，其家有牛一头，田六十八点一四亩，地五十四点三四亩，山七十点六亩，塘一点一四亩，共计田、地、山塘一百九十四点二二亩。此外有瓦房二十八间，草房三间。❸这里更明白反映了，尽管朱明王朝没落了，作为地主个人来说，他的土地有的还是沿袭下来了。以上仅仅是一些事例而已，并不是全部。诸如湖南省，在明末农民大起义中，是一个受冲击不十分严重的地区，这里显然有更多地主继承了祖产，这是可以想象得到的。

在清朝政府保护"原主产权"政策下，有些地主重新获得了原有地产。

我们都知道，明代中叶以后，土地兼并很激烈，至明后期，土地占有已高度集中，《明史》称"缙绅豪右之家，大者千百万，中者百十万，以万计者不能枚举"。❹江苏储方庆还

❶ 中国社会科学院经济研究所藏《屯溪档案》，〇二九号。

❷ 中国社会科学院经济研究所藏《屯溪档案》，一九一号。

❸ 参见沈炳尧：《明清遂安县房地产买卖》，《中国社会经济史研究》1995年第4期，第55—56页。

❹ 《明史》卷二五一《钱锡龙传附钱士升传》。

说："明季兼并之势极矣，贫民不得寸土，缙绅之家连田以数万计。"❶ 这些地主有的在明末清初战争中被铲除了，有的则在逃亡中保存了性命。由于清政府所代表的是地主阶级利益，所维护的是个人私有财产，因此，清政府建立以后，就颁布保护"原主产权"政策。顺治元年（公元 1644 年）八月山东巡抚方大献《条请开荒劝耕兵民两便事》题本内称："不论卫所州县，凡有抛荒地土，除无主者径给闲民及官兵外，其余先出牌召本人，婉诘其故，若实系无力，给之牛种。"❷ 这一条议得到了清世祖的批准，顺治十四年（公元 1657 年），户部议准："有主荒地仍听本主开垦。"❸ 这一政策，在执行过程中，也有些官员提出异议，希望做些调整，如四川巡抚高民瞻根据蜀省凋残、垦政难于展开的情况，提出"凡抛荒田地，无论有主无主，任人尽力开垦，永给为业"。❹ 但清世祖仅仅批复："户部议"而已。康熙二十二年（公元 1683 年），这种情况才有所改变。户部议定："凡地土有数年无人耕种，完粮者，即系抛荒，以后如已垦熟，不许原主复问。"❺ 在这期间，一些逃亡地主在政府政策保护下，又重新获得旧日占有的大量土地。

综上所述，说明清代初期民田有相当部分是来自继承祖宗的遗产。但继承祖产田业占清初耕地面积有多少呢？据《清朝文献通考》称："顺治八年全国田地山荡二百九十万八千五百八十四顷六十一亩。"❻ 从顺治十八年（公元 1661 年）有民田五百四十九万多顷，需纳田赋银二千一百五十八万两，每亩平均纳银零点零三九两情况看，顺

❶ 《清朝经世文编》卷三四，储方庆《荒田议》。

❷ 《历史档案》，1981年第2期。

❸ 《清世祖实录》卷一〇九。

❹ 顺治十三年六月七日巡抚四川兼管盐法屯田监察御史高民瞻题。

❺ 《清圣祖实录》卷一六八。

❻ 《清朝文献通考》卷一三。

治八年（公元 1651 年）的约二百九十一万顷耕地中，应该是或大部分是继承下来的民田。❶另据《明史·食货志》称："官田视民田七分之一"。❷若以明天启六年（公元 1626 年）官民田土共七百四十三万九千三百一十九顷❸计算，当时民田应在六百三十七万六千五百五十九顷左右。除因明末清初战乱荒芜外，顺治八年（公元 1651 年）存留下来的田亩，扣除圈占的旗地外，也应以民田为主。地主应占有相当大的比重。

第二，更名田（更明田）。

明代"藩封之产"遍布于直隶（河北）、山东、山西、河南、陕西、甘肃、江西、湖北、湖南等省，据《光绪会典》记载：仅陕西、山西、河南、湖北、湖南五省，就有更名田一千六百九十万余亩。❹如果加上未计入的河北、甘肃、山东、江西数省废藩地亩，那么这部分耕地当在二千万亩左右。顺治元年（公元 1644 年）起，清政府曾几次颁发命令，将故明勋戚田产分给贫民耕种。如顺治三年（公元 1646 年），兵科给事中李运长疏称："补给民人地亩，宜从户贫地少者始。……请先将故明勋戚内监皇庄军屯补与贫民。"❺至康熙七年（公元 1668 年），清廷下令变卖废藩地亩，"查故明废藩田房悉行变价，照民地征粮，其废藩各色，永行革除。"❻康熙八年（公元 1669 年），清廷考虑到"以地易价，复征额赋，重为民累"，于是"将见在未变价田地，交与该督抚给与原种之人，令其耕种，照

中国地主制经济论——封建土地关系发展与变化

---

❶ 顺治初年，每年征收田赋银一千四百八十六万两左右，若按每亩纳田银零点零三九两计，这时应有民田三百八十一万顷。

❷《明史》卷七七《食货志》（一）。

❸ 熹宗《天启实录》卷七四。

❹《光绪会典》卷一七。

❺ 同上。

❻《清世祖实录》卷二四。

常征粮"。❶康熙九年（公元 1670 年），又称："直隶各省废
藩田产，奉旨免其易价，改之民户，名为更名地……著与民田一
例输粮，免其纳租。至易价银两，有征收在库者，许抵次年正
赋。"❷清政府通过分给与变价方式把废藩田产转变为农民的土
地，这些耕地称为"更名田"。虽然这部分土地也有被地主豪强
侵占，但在朝廷"不许官胥侵渔，土豪占种"❸限制下，应该说，
这二千万亩的土地大部分为农民所有。

　　第三，官田向民田转化过程中，另有相当一部分耕地为农
民所占有，如河淤沙地升科，圈地还民，屯田归州县起科，马
厂放垦等。如康熙三十一年（公元 1692 年）十一月，河道总督
靳辅疏称："两河归故，中河告成之后，其黄水涸出及河湖低
洼之处淤成膏腴熟地，豪强占种不纳粮者，亦复不少，应查出
升科。"❹这些土地除了给豪强占种外，应该还有相当部分为农
民所占有。山东巡抚周有德奏请：德州驻兵依陕、浙驻防例给
粮之例后，"将所圈地土五百余顷归还百姓"。❺康熙三十四年
（公元 1695 年）九月，应云南巡抚石文晟之请，康熙帝下旨：
"云南屯田钱粮，较民田额重数倍，民人苦累，嗣后屯田额赋，
著照河阳县民田上则征收。"❻康熙四十年（公元 1701 年）八
月，直隶巡抚李光地疏称："青县等处西翼四旗马厂余地，原
十八万八千四百六十二晌有零，今民认垦三万二千十六晌有零，
其外有民偷垦邻亩暂充为己业者。其偷垦田亩中，有见为水淹
不可耕者，会勘之时，民人惧罪，莫敢出名承认。乞免其已往
之罪，招民承种。于康熙四十年（公元 1701 年）为始，照则起

❶《清圣祖实录》卷二八。
❷《清圣祖实录》卷三二。
❸《清世祖实录》卷六。
❹《清圣祖实录》卷一五七。
❺《清圣祖实录》卷一五。
❻《清圣祖实录》卷一六八。

科。"**❶** 官田转为农民所有者事例很多，这里也不再评述。

至于旗地的民田化，已于前述，这里不再重复。

第四，清初影响土地分配最重要的因素是垦荒，清政府的垦荒政策及执行情况，笔者已在《清代经济史（1644—1840）上册第一篇》中做了详尽讨论，清初垦荒最重要的成果是使广大农民获得土地，造就了数量众多的自耕农。

浙江处州府，顺治年间（公元1644—1661年），户少地多，周茂源任知府后，"招流亡，给牛垦种，得熟田一千八百顷有奇"。**❷** 温州东南海中有个玉环岛，旧为舟船停泊之地，康熙时（公元1662—1722年），敛福出任温处道金事，在玉环岛设同知，"招贫民给牛种开垦，遂为重镇。"**❸**

江西广信府属，原封禁之处达三百里，经清初上饶、广丰及福建崇安、浦城各县居民"陆续报开升科"，至乾隆五十一年（公元1786年）时，"其实在禁山不过一百数十里"。**❹** "可开山地"已为农民开垦耕种，成为永业。

安徽巢县原"地瘠民顽"，顺治年间（公元1644—1661年），聂芳出任巢县知县，"招抚湖南流民复业"。**❺**

湖南，清初土地荒芜甚多，湘潭尤甚，至康熙初年，开垦者仍"折竹木枝标识其处，认纳粮，遂为永业"。**❻** 永州府属州县，顺治初年时，"其民皆由乱定招徕而至，垦辟荒土，久而富饶，人皆世农，不言他事。"**❼**

直隶昌平州，据直隶巡抚于成龙康熙二十八年（公元1689

中国地主制经济论——封建土地关系发展与变化

---

❶ 《清圣祖实录》卷二〇五。

❷ 光绪《重修华亭县志》卷一六《人物》。

❸ 《诸城县乡土志》卷上《耆旧录》，第33页。

❹ 《皇朝续文献通考》卷一。

❺ 《福建通志》卷八《福建循吏传》（清一）。

❻ 光绪《湘潭县志》卷一一。

❼ 道光《永州府志》卷五《风俗志》。

年）疏报称："昌平州民冯三等，自首出开垦地共一百二十一顷。"❶当地政府承认垦地为他们的永业，康熙四十三年（公元1704年）复准，"天津附近荒地开垦万亩，以为水田，将闽粤等处水耕之人，出示招徕安插，计口授田，给予牛种，限年起科。"❷乾隆九年（公元1744年）直隶总督高斌奏称："详查喀喇河屯厅所辖之白马关，潮河川，热河厅所辖之张三营、白马川，四旗所辖之波罗河屯各汛内，凡有平坦可耕之区，悉系旗地，间有民人新垦者，俱系旗圈余地。自雍正十年（公元1732年）奉旨听民认垦输，从此民人安立家室，悉成土著，垦地二千九百余顷"。❸

山东，据山东副都御史法敏题称："今该督土士俊将东省查出贫民二万九千九百四十户……其实在垦地一十九万八百三十七亩八分零，应照见今议定条款分别题明升科。"❹平均每户垦地六点四亩左右，乾隆二年（公元1737年），据商河县知县范从律详称：商河县民祖籍原顺天人氏，明末遭兵失业，星散山左，至康熙元年（公元1662年），始奉旨敕发商邑开垦荒地，陆续升科，各立庄村四十处，一庄有三、二百家。❺经过垦户努力，素为沙碱之地而复为膏腴之产，由是岁获丰登，约有三十余年银米毫无拖欠。

山西。据顺治十七年（公元1660年）监察御史白南登称：大同盖缘姜叛人屠，死亡殆尽，"以致地多荒芜"，顺治七年（公元1650年）招民开垦，然节年开耕有数，册报起科，迨至十二、十三年乃招来流寓土著，渐渐垦种，"及至沈推官查

第七章 土地关系的松解及资本主义萌生，地主制经济高度发展（明清时期）

---

❶ 《清圣祖实录》卷一四〇。

❷ 《光绪会典事例》卷一六六，第1页。

❸ 《清高宗实录》卷二一〇，第5—6页。

❹ 中国社会科学院经济研究所藏《地丁题本》山东（四），雍正十三年山东副都御史法敏题。

❺ 乾隆二年八月十八日，经筵讲官总理事务少保张廷玉等题。

出隐漏地一千零五顷三十七亩，续奉驳踏，又查出雪占未竟地一百四十二顷六十五亩四分。"❶ 这些开垦地亩皆成垦种者的永业。

河南，据顺治十六年（公元 1659 年）河南巡抚贾汉俊称："开封等八府并汝州，招直隶失业贫民来认垦，所垦土地永为己业。"❷ 康熙六十一年（公元 1722 年），河南巡抚杨宗义疏报："邓州，新野等七州县，开垦康熙六十年分田地五百六十三顷有奇。"❸ 乾隆二年（公元 1737 年），河南巡抚尹会一疏称："乾隆元年，各属劝垦地一顷二十九亩二分零。"❹

陕西，据陕西巡抚毕沅称：汉中、兴安、商州各府州属，延亘南山，水土饶益，迩年楚蜀豫陇无籍穷黎，扶老携幼，"前来开垦者甚众"，仅乾隆四十等年，两湖偶被灾侵，小民流徙，络绎前来，督率有司，妥为安插，"分令就地开荒，男妇不下十余万人，俱得安然乐业，遂成土著。"他还称，西安、同州、凤翔三府，邠、乾二州，"民间耕读相半，素鲜盖藏，殷实之家十不得一，缘其平日所恃，不过农田"。❺ 泾阳县志也说，"昔之产在富，今之产在贫"。❻ 这都说明了自耕农的发展。

甘肃，据乾隆十一年甘肃巡抚黄廷桂疏称，查乾隆七年（公元 1742 年），原报受田民人其一百七十一户，认垦田九十三顷，内除马尚考等十三户盐碱不能耕种地七顷外，"该实在人户

中国地主制经济论——封建土地关系发展与变化

---

❶ 中国社会科学院经济研究所藏《地丁题本》，山西（四），顺治十七年三月监察御史白尚登揭。

❷ 顺治十六年十二月十日，河南巡抚贾汉俊揭。

❸ 《清圣祖实录》卷一。

❹ 中国社会科学院经济研究所藏《地丁题本》，河南（四），乾隆二年九月十四日，户部尚书张廷玉等题。

❺ 《清朝经世文编》卷三六《户政》陕西巡抚毕沅，《陕省农田水利牧畜疏》，乾隆四十七年（公元1782年）。

❻ 康熙《泾阳县前志》卷三《贡赋志》。

一百五十九户，田八十六顷内减四百一十五亩。"❶ 每户平均垦田五十一点五亩。

新疆，据杨应琚奏，乾隆二十六年（公元1761年）巴里坤招民人王玉美等六十七名，认垦地三千七百余亩；二十七年（公元1762年）续招民人三十九户，认垦地一千四百五十余亩；二十八年（公元1763年）招吴臣等三十名，认垦地三千四百四十余亩，共地八千二百余亩，"皆系近水易于引灌之地，俱照水田六年升科；二十九年（公元1764年）续报商民三十名，认垦地三千六百九十亩，又续报敦煌等三县招有情愿赴巴里坤种地民人。❷ 这四批垦民每户平均占地为五十五点二亩、三十七点二亩、一百一十三点三亩、一白二十二亩。嘉庆五年（公元1800年），恩长等奏称："续经查出和阗所属各城，有粮无地之回民七百五十二户，并丈出官荒地二万零六百四十余亩……即照前次分拨官地章程，按数拨给有粮无地之回户均匀开垦。"❸ 每户平均二十七点四亩左右。

东北三省逐步放垦，蒙地开放，以及沿海新生沙滩开垦等，都为清代前期造就了大批自耕农。

清朝初期，四川累遭兵革，地荒人亡情况尤为严重，各省流民进川后，通过垦荒获得土地产权，从而成为自耕农者极为普遍。据四川总督文绶称："并查川省昔年地广人稀，均系插占开垦。"❹ 因此流民入川后，极容易获得土地。大邑县，清朝初期，土著少，客民多，"率多秦楚豫章之人，或以屯耕而卜居"。❺

第七章　土地关系的松解及资本主义萌生，地主制经济高度发展（明清时期）

---

❶ 中国社会科学院经济研究所藏《地丁题本》，甘肃（四），乾隆十一年（公元1746年）五月初四日甘肃巡抚黄廷桂题。

❷ 《清朝文献通考》卷一一。

❸ 《清仁亲实录》卷七一。

❹ 乾隆《刑科题本》乾隆三十八年八月十六日，署四川总督印务臣文绶谨题。

❺ 同治《大邑县志》卷七《风土》。

这里的"屯耕"并非指租佃私人土地，而是指占地开垦。铜梁县清初来这里垦荒的有贵州、湖广人，也有江苏、福建、广东人，这些垦民"各据壤土"，❶取得土地产权。郫县，清初户口锐减，来这里垦荒的广东人较多，其次是山东、陕西、福建、江西等省人户，农民垦荒谓之"插占"❷即不受顷亩所限，能开多少可占多少。荣昌县，雍正七年（公元 1729 年）时，程世瑛家，因劳动力少，"无力开垦，丈地之日，不敢多认荒土，故粮地止二百四十八亩。"❸定远县，清初来这里开垦的主要是湖南人，"垦荒占田，遂为永业"。❹新繁县，清初先有湖广人移入，继有江西、福建、广东三省农民移入，也有少量陕西人，"始至之日，田业无主，听民自占垦荒，或一族为一村……有一族占田至数千亩者。"❺苍溪县，清初外省农民纷纷移入，康熙初年，全县丁粮户六百余户，本省农户占十分之四五，此外湖南省籍占十之三四，广东、贵州、福建等省籍占十之一二，这些客民皆"插土为业"，❻即取得土地户籍。万源县，清初客民入山，"荒山无主，由人手指由某处至某处，即自行管业。"❼乐至县，康熙前，外省来乐寄籍，地旷人稀，多属插占，"认垦给照"。❽云阳县，清初客民移入，"占田宅，长子孙"，先开水田，继开山

❶ 光绪《铜梁县志》（抄本）第一册《人类》。

❷ 光绪《郫县乡土志》《人类》。

❸ 乾隆《刑科题本》，乾隆三十八年八月十六日，署四川总督印务臣文绶谨题。

❹ 光绪《定远县志》卷一。

❺ 光绪《新繁县乡土志》卷五。

❻ 民国《苍溪县志》卷一〇。

❼ 民国《万源县志》卷五。

❽ 民国《乐至县志又续》卷二《契税》。

中国地主制经济论——封建土地关系发展与变化

地。^❶彭县，清初居民稀少，土地荒芜，乾隆初年，发生巨大变化，民力"岌岌吴楚"，"山坡水涯，耕垦无余"。^❷新都县，康熙六年（公元 1667 年）前，"有可耕之田，无可耕之民"，乾嘉之后，"则无荒可垦"。^❸经过土客民数十年辛勤劳动，四川广大地区逐渐得以开垦，康熙年间全省熟田一万四千八百一十顷，雍正二年（公元 1724 年）增至二十一万四千四百五十顷，乾嘉之际熟田剧增至四十六万三千四百八十六顷。^❹

当然，在清初垦荒中，地主、官僚、商人在垦荒政策鼓励下，以自己所具有的经济实力，或通过权势也占有大量土地。如顺治十四年（公元 1657 年），直隶开平卫生员陈翼泰开垦过无土荒地二千一百零五亩。^❺同年，直隶丰润县金吾左卫武生卓企茂开垦过无主荒地二千零十九亩。^❻顺治十三、十四两年（公元 1656—1657 年），直隶大名府开州生员邢贞开垦过无主荒地三千四百三十九点一亩。^❼顺治十三、十四年（公元 1656—1657 年），山东曲阜县生员唐佑臣所居与汶上县接壤，汶上荒地甚多，唐遂购置牛只，广雇贫人，于十三年开垦汶上无主荒地二千二百四十五亩二分，十四年四月至十二月续垦无主荒地二千零二亩八分，前后合计开地四千二百四十八亩^❽。乾隆三十二年（公元 1767 年），寄居台湾的商民芮友等三十名，呈请开垦甘

---

❶ 民国《云阳县志》卷一三谓："田人不足以给，则锄荒蕨，辟林麓以继之，先垦高原，继剧峻岭。"

❷ 光绪《彭县志》卷一〇。

❸ 民国《新都县志》。

❹ 雍正《四川通志》卷五，《田赋》；又见民国《新都县志》第二编。

❺ 顺治十四年十一月初九日，直隶巡抚董天机揭。

❻ 同上。

❼ 顺治十五年十一月十一日，太子少保尚书王弘祚题。

❽ 顺治十五年二月，山东巡抚耿燉揭。

肃穆垦荒地，陕甘总督吴达善批准其申请。据批文称：查该商民等携资贸易，系有工本之人，请驻巴里坤镇臣给予执照，令其认垦耕种。❶这样的事例毕竟数量有限。

第二节　土地买卖向自由化趋势发展

一、土地买卖限制放宽，以及"先尽亲邻"，习俗松解

中国土地买卖，从唐至明清有个发展变化过程。唐元和六年（公元 811 年）前，朝廷对民间典卖物业就有这样的条文规定："应典卖倚当物业，先问房亲，房亲不要，次问四邻，四邻不要，他人并得交易。"❷到宋时，关于"先尽亲邻"这一买卖土地的原则得到进一步发展，具体表现在更加详尽、更加规范上。在唐代时，"次问四邻"条文显得很空泛，亲邻从哪问起，尚未有详文规定。到宋代时，为了减少因条文不清而引起讼案，在这点上作了非常明确的界定。太祖开宝二年（公元 969 年）九月，开封府规定："凡典卖业物，先问房亲，不买，次问四邻，四邻俱不售，乃外召钱主。或一邻至著两家以上，东西二邻则以南为上，南北二邻则以东为上。"❸这种周密规定对土地买卖来说，意味着限制加严。但对典当则放宽限制，太宗雍熙四年（公元 987 年），对开宝二年（公元 969 年）的规定作了补充："今后应有已经正典物业，其业主欲卖者，先须问见佃之人承当，即据余上所值钱数，别写绝户卖断文契一道，连粘元典并业主分文契批即收税，付见典人充为永业，更不须向亲邻，如见典人不要，

---

❶ 《清高宗实录》卷八〇一，乾隆三十二年十二月己丑。

❷ 《宋刑统》卷一三。

❸ 《宋会要辑稿》《食货》三五之一。

或虽欲买，着价未至者，即须画时批退。"否则都不能享有优先权。❶

到元代时，官府除规定："诸典卖田宅，及已典就卖，先须立限取问有服房亲（先亲后疏），次及邻人（亲从等及诸邻处分典卖者听），次见典主"外，还规定："须典卖者，经所属陈告，给据交易。"❷此条文基本沿袭宋哲宗时规定，但增加了陈告、给据手续、官牙参与买卖过程的环节，增强朝廷对土地买卖的控制，与宋代比，似乎后退一点。但在问取时间上加以限制，不允许亲邻无限拖延，从这点上来说，又有所前进。

到了明清时期，朝廷关于土地买卖条文中，已见不到亲邻优先权规定，也见不到需要陈告、给据规定，土地买卖过程也不见有官牙插手，朝廷所关心的只是土权转移过程中的税契。以清代为例：

在土地买卖规定方面，清代沿袭明法典。本书着重以清代加以论述。

关于典卖田宅过税问题，《大清律例》作如下规定："凡典、买田宅不税契者，笞五十，仍追契内田宅价钱一半入官：不过割者，一亩至五亩笞四十，每五亩加一等，罪止杖一百，其（不过割之）田入官。""凡州县官征收田房税契，照征收钱粮例，别设一柜，令业户亲自赍契投税，该州县即粘司印契尾，给发收执。若业户混交匪人代投，致被假印诓骗者，照不应重律杖八十，责令换契重税。倘州县官不粘司印契尾，侵税入己，照例参追；该管之道府，直隶州知州，分别失察徇隐；照例议处。"又规定："凡民间活契典当田、房，一概免其纳税；其一切卖契，无论是否杜绝，俱令纳税。其有先典后卖者，典契既不纳

---

❶ 本书采用郦家驹《两宋时期土地所有权的转移》文中观点，见《中国史研究》1988年第4期。

❷ 《元典章》卷一九，《户部五·典卖·典卖田地给据税契》。

税，按照卖契银两实数纳税，如有隐漏者，照律治罪。"❶

　　土地买卖税如何交纳？根据现在所掌握的资料看有两种，一种是按买价征收，另一种是按出卖土地数量多少征收。按买价收者按："查照契内每价银一两征税三分，着令业户照数填写内，一面将原契连本司编号契尾，填明钤印，发给执据。"❷乾隆五年（公元1740年），山阳县发给陈元章买田收户执照载："其收田需费，遵照宪颁定价，每田一亩，给钱十文，山、地、池塘每亩给钱五文。"❸这比《英国皇家亚洲学会中国分会会报》调查要全面得多。❹

　　当土地所有权转移时，新业主要依例报税，随时推收，把田赋数额由原业主名下开除出户，过割到新业主户下，这就是推收，或谓之过割，是朝廷防止土地买卖时丢失赋税的一种措施。元代时，按典章规定"随时推收"，明代时，"且十年造册始稽推收，乃可税契"。❺明代留下的地契也有这样的记载："其税粮至造册之年过割。"❻清乾隆三十六年（公元1771年）前实行五年一编政策。编审做法是：按旧管，查新收，清开除，核实在。在编审之年办理推收过割手续。未遇编审之年，田赋由旧业主交纳，新业主予以贴补。但各地做法不完全相同，如直隶定县的粮户过割，在清初由"社书"经办，于每年开征田赋的时候，"社书"必须把他所经征范围内的粮额调查清楚，由他亲往各村去寻找新买土地的业户，按着亩数多少，从原业户的粮名内将新

❶ 乾隆六十年《大清律例》卷九。

❷ 转见张传玺《中国契约会编考释（下）》，北京大学出版社1995年版，第1178页。

❸ 同上书。第1236页。

❹ 《英国皇家亚洲学会中国分会会报》卷二十三，转见李文治《中国近代农业史资料》第1辑，三联书店1958年。

❺ 顾炎武：《天下郡国利病书》卷二三《江南》。

❻ 万历三十年《徐光卖地与徐四契约》，现藏北京大学图书馆。

中国地主制经济论——封建土地关系发展与变化

业户应负担的赋额分割在新业户粮名上。嘉庆年间（公元 1796—1820 年），粮户过割由州内另设办公室，专为过割事宜。❶新、旧业户办完过割手续后，地权转移才算结束，才受法律保护。如新业主不把所买田地产业推收过户，经出卖的田地可能变成一种"活业"，卖主可以在推收前，借口"卖价不敷"要求加找田价，或借口"无从办纳钱"要求加贴，或者由于经济状况好转，而要求回赎；而买主在推收之前，又可以把田地转卖给第三者，等等。这样，实际发生过的买卖行为变为一种典当、抵押的关系。❷所以推收是土地买卖中至关重要的环节。

明清时期，土地买卖中优先权规定已退出政府法律条文，仅以民间习俗方式流传，有的仅仅流于形式而已，这种情况的出现，是当时社会经济发展的必然结果。

二、土地买卖中宗法宗族关系松弛

明清时期，土地买卖中宗法宗族关系的松弛主要表现在四个方面，一是农民起义严重打击了缙绅势力，使缙绅依势掠夺或强买行为得到抑制；二是宗法宗族制松解，宗族势力削弱；三是商品经济发展与人们思想意识的变化；四是政府对"优先购买权"的禁止，以及对市场价格的扶持。下面，我们将分别对以上四个方面问题加以讨论。

（一）农民起义对缙绅势力的打击

元末农民大起义，对元代的权贵缙绅势力以巨大打击。从至正八年（公元 1348 年）方国珍海上起兵算起，至朱元璋灭"大汉"取"大周"称帝止，元末战乱历时二十年之久，在农民军打击与战争侵扰下，元代所培植起来的权贵、地主、官僚受到巨大

❶ 冯德华、李陵：《河北省定县之田赋》，见《政治经济学报》四卷三期，1936年4月。

❷ 杨国桢：《明清土地契约文书研究》，人民出版社1988年。

打击，农民势力在增长，农村中两大阶级力量对比发生了变化。明末清初农民大起义，再一次震撼了地主阶级。李自成进京后，仅三月二十四日，杀戮勋卫武臣五百多人。❶受拷掠勋戚臣僚多达一百二十七人，这其中有公、侯、伯、都督、大学士、尚书、侍郎、御史、千户、大将、太监、府尹等职官。❷由李自成的将军们收拷的则更多。如刘宗敏收拷的大僚二百，杂流武弁及各衙门办事员役多达一二千人。他们不仅拷掠朱明朝中官吏，对于地方官吏士绅亦然，如郭之纬至山东济宁后，把当地的文武官僚乡绅举监生员以及富豪拘捕起来，强迫他们助饷。贾士美等十人到河南归德府上任后便向当地追索饷银，凡是官绅之家或是家道富裕的，没有不破产的。❸安徽徽州府经商的人很多，被拷掠者据说有千人左右。富商汪箕被索至十万两。❹

在明末农民起义大军带动下，各地农民抗租斗争也在蔓延，如《福建通志》称：佃农"有豫相约言，不许输租巨室者"。❺江苏吴县佃农"相约不还田租"。❻湖北应城县发生了佃农与田主抗衡事件，如"未耕先索牛种，稍有旱潦，颗粒不偿"。❼在农民战争巨大威慑下，致使失败后，佃农抗租斗争仍在继续，"然闭谷不输犹故也，竟无人敢入山收租者"。❽

明后期，社会经济一度逆转，土地为缙绅富豪之家兼并，广大农民纷纷沦为奴仆，到明末清初时，奴仆成为当时农民大起义

中国地主制经济论——封建土地关系发展与变化

---

❶ 李文治：《晚明民变》。中华书局1947年，第141页。

❷ 李文治：《晚明民变》，表九，中华书局1947年，第216—220页。

❸ 《豫变纪略》卷三。

❹ 转见李文治《晚明民变》，中华书局1947年，第142页。

❺ 《福建通志》卷五六。

❻ 顾炎武：《肇域志》，第五册，《苏州府部》。

❼ 光绪《应城县志》卷一一《风俗》。

❽ 《泉州府志》卷二〇《风俗》，《引温陵旧事》。

的一个重要来源。他们在农民起义发生后，"则相与揭竿起，困辱主人"。❶这种情况在安徽、江苏、福建、四川等地尤烈。顺治二年（公元1645年），徽州有宋乞领导的奴仆起义，纠诸大族奴产子及不逞之徒数千人，"发难于奇墅屏山"。❷江苏"其祸起于吴松富室瞿氏，有奴名宰者瞽一目，揭竿为乱，聚众千人，手刃其主。一时各富家奴响应之，如大场支氏、戴氏，南翔李氏，昆山顾氏，均惧其祸"。❸

明末的农民大起义，给社会带来深刻影响。当时文人称："自明季闯贼煽乱，衣冠之祸深，而豪民之气横。乡保揖让于绅衿，伍佰侵凌于阀阅，奴隶玩弄于主翁，纲常法纪，扫地无余。贫儿陡成富室，贱隶远冒华宗。"❹宗法宗族关系的松解，以及农民地位的提高，对土地买卖中"优先权"的否定起到十分重要的作用。

（二）宗法宗族制松解

明清时代宗法宗族制的松解，除上述农民起义和农民战争，对贵族官绅的封建势力进行反复打击外，广大农民的离乡迁徙，对封建宗法宗族关系松解也有相当影响。

宗法宗族制的松解，明万历年间（公元1573—1620年），管志道有议论："开国以来之纪纲，唯有日摇一日而已。纪纲摇于上，风俗安得不摇于下！于是民间之卑胁尊，后生侮前辈，奴婢叛家长之变态百出，盖其所由来渐矣。"❺他指出，这种变化在万历以前就已发生了。万历年间（公元1573—1619年），福建福宁州就有"尊卑无别，良贱不分"的记载。❻清代前期这

---

❶ 道光《徽州府志》卷六之二，《武备志·武功》，第8页。

❷ 《思豫述略》。

❸ 皇甫氏：《胜国纪闻》。

❹ 乾隆《长治县志》卷九《风土记》。

❺ 管志道：《从先维俗议》卷二，见《太昆先哲遗书》。

❻ 万历《福宁州志》卷二《风俗》。

种变化在继续扩大。康熙、雍正、乾隆年间（公元 1662—1795
年），湖北武昌，"贵贱无分，长幼无序"。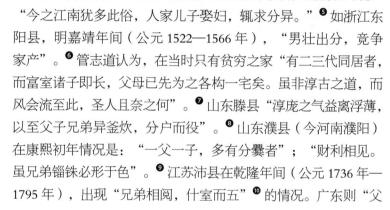陆陇其亦说：
"子弟凌兄长，悍仆侵家长，而有司不问。"❷或谓"自宗法不
行……昭穆既远，视为路人，角弓之反频闻"。❸甚至出现："奸
民里猾动相挟持，使绅士侧足禁声，畏罪不暇，反致贱凌贵，小
加大"。❹宗法关系的松解除表现在"尊插无别，良贱不分"方
面外，还表现在兄弟乃至父子分财析产异居上。到明清时代，各
地虽然仍有数代同居的大家族存在，但兄弟乃至父子分家析居已
成为社会普遍现象。顾炎武论及父子兄弟分家析产而别居时说：
"今之江南犹多此俗，人家儿子娶妇，辄求分异。"❺如浙江东
阳县，明嘉靖年间（公元 1522—1566 年），"男壮出分，竞争
家产"。❻管志道认为，在当时只有贫穷之家"有二三代同居者，
而富室诸子即长，父母已先为之各构一宅矣。虽非淳古之道，而
风会流至此，圣人且奈之何"。❼山东滕县"淳庞之气益离浮薄，
以至父子兄弟异釜炊，分户而役"。❽山东濮县（今河南濮阳）
在康熙初年情况是："一父一子，多有分爨者"；"财利相见。
虽兄弟锱铢必形于色"。❾江苏沛县在乾隆年间（公元 1736 年—
1795 年），出现"兄弟相阋，什室而五"❿的情况。广东则"父

---

❶ 《古今图书集成》，《职方典》卷一一二〇，武昌，第32页。

❷ 陆陇其：《风俗策》，见《清朝经世文编》卷六八。

❸ 钱大昕：《陆氏义庄记》，见《清朝经世文编》卷五八。

❹ 《古今图书集成》，《职方典》卷九四六，《浙江总部》第
一三五册，第3页。

❺ 顾炎武：《日知录》卷一三《分居》。

❻ 嘉靖《浙江通志》卷六五，第3—4页。

❼ 管志道：《从先维俗议》卷五，第17页，见《太昆先哲遗书》。

❽ 顾炎武：《天下郡国利书》卷一五，山东上，引滕县风俗志。

❾ 康熙《濮县志》卷二，第49—51页。

❿ 乾隆《沛县志》卷一。

子各爨，兄弟异籍"。❶ 四川情况更甚，兄弟之间为争夺遗产，每"争讼不已"。❷ 安徽徽州府保留下来分家书中，大量地记录了兄弟分家析产情况。❸ 宗族关系松解趋势，在父子兄弟之间争夺财产而发生的纠纷方面，表现尤为突出，在清代并发展成为普遍现象。江西魏禧在论述人伦之薄，为争夺财货而发生的纠纷"十人而九"。❹ 汪琬更直言指出："今之父兄子弟，往往争铢金尺帛，而至于怨愤诟斗，相戕相杀者，殆不知其几也。"❺ 宗法宗族关系的松弛化直接削弱了绅衿或族长的权力，淡化了他们的作用，宗族之间血缘关系的纽带也因分家析产所引起的纠纷，兴讼而松弛，祖上传下来的陈规旧俗，人们也逐渐将它束之高阁，或干脆不加理睬，我行我素。于是乎，土地买卖中不通过亲房而直接交易的就多了起来。

（三）在商品货币经济发展的刺激下，追求在土地买卖中获得好价钱行为普遍化

明清时代商品货币经济是发展的，这是人们所公认的，这里不再赘述。商品货币经济的发展，商品的自由买卖观念深入人心。原来在买卖过程中受到较多限制的土地买卖，在商品经济冲击下，卖主们猛烈地向束缚土地自由买卖的宗法宗族关系冲刺。

具体表现在：（1）卖主对货币的趋求。在土地买卖中谁出大价钱，就将土地出卖与谁。乾隆三十八年（公元1773年）前，江苏邳州农民杜义有地三亩，原先以四千文当与张瑚。三十八年十二月，杜义把地以七千文价格卖与魏黑文。❻ 这里，杜义并没有按"先尽"习俗去做，而是以谁出的价钱高，就把地卖给谁。

---

❶ 嘉庆《广东通志》卷九三，第12页。
❷ 张澍：《蜀典》，转见光绪《新繁县乡土志》卷五。
❸ 中国社会科学院经济研究所藏有徽州府清代分家文书上百部。
❹ 魏禧：《肖小融五十序》，见《清朝经世文编》卷六〇。
❺ 汪琬：《汪氏族谱序》，见《清朝经世文编》卷五八。
❻ 乾隆三十九年十二月二十日，巡抚江宁等地方萨载题。

嘉庆二十一年（公元 1816 年），李大老有田三亩要卖，朱观满先曾承买，但只肯出价四十千文，而许加贤愿出价钱四十五千文，于是李大老将田立契卖与许加贤。❶ 这里，显然是高出朱观满的五千文钱打动了李大老的心。嘉庆十二年（公元 1807 年），海州程钟英等将祖遗庄田二百余顷，以每顷六十九千文卖给李法泳，立有草议。嗣后，程盛氏嫌价钱贱，将地另卖与黄洄为业，卖价为每顷一百千文，❷ 比每顷六十九千文多出三十一千文。浙江诸暨县周梦（？）誉，于嘉庆六年（公元 1801 年）将山一片出卖，有人许钱八千文，梦誉嫌价少未允。后章世胜愿出价十千文，于是将山买去。❸ 江西会昌县，乾隆四十五年（公元 1780 年），李作伦有基地一块出卖，李树堂出价三百千文，作伦嫌价少，不肯卖给。❹ 湖广谢国栋，乾隆二十七年（公元 1762 年）前，将花去三十八两银子买来的田，以五十八两价格出卖与汪国佐。❺ 湖南安化县，夏名汉有地一块，嘉庆四年（公元 1799 年）前卖一半与夏经添，剩下一半后来亦想卖给经添，经添仅出二千四百文，名汉嫌少索增，因价钱不合，这一半地没卖成。❻ 福建省台湾府淡水厅刘子见有豆园一片，刘潭出价十四元，后李出价十七元，刘子见择出价高者卖之。❼ 广东龙川县，乾隆十三年（公元 1748 年）正月间，曾玉登因要迁往阳春居住，将原价三十千文买来的三点零二亩田，以五十二千文卖给他的弟弟玉堂。这里，并没有因买主是亲弟弟而低价卖给，而是按照时价出

---

❶ 嘉庆十二年十一月十六日，管理刑部事务董诰等题。

❷ 嘉庆二十一年八月×日，管理刑部事务章煦等题。

❸ 嘉庆八年二月十六日，管理刑部事务董诰等题。

❹ 乾隆四十五年秋审，佚名。

❺ 乾隆二十七年秋审，湖广巡抚宋邦绥题。

❻ 嘉庆四年十月十四日，刑部尚书成德等题。

❼ 乾隆三十五年七月十二日，兼福建巡抚印务崔应阶题。

售，"因田价渐贵，故议增价钱二十二千"。^❶河南安阳县马袁氏有麦地八亩要卖，马添禄出价一百五十四千文，袁氏嫌价少，后马有德愿出价钱一百六十千文，于是十九日把地卖给有德为业。^❷陕西米脂县，马而元于嘉庆十四年（公元 1809 年）前将山地一百零三坰卖与高理祥，得价钱一百三十四点五千文，嗣后，而元将地赎回，并以高出原地价三万文价格卖给吴步云为业。^❸这是一种典型的追求货币的倾向。

（2）在回赎时，买主要求卖主按时价赎回。非绝卖土地，卖主有权回赎，这是乡间的习俗，或说是惯例。朝廷虽有明文禁止，但禁而不绝，回赎之事还是所在有之。回赎的价格，在清代以前，卖主以原价回赎，并不受物价或田价上涨因素所影响，也不受银钱比价变动影响，所以未曾有因回赎价格问题发生的纠纷。到有清一代，这种情况发生了变化，卖主想要回赎卖出的土地，买主提出要按时价而论，不得按原价回赎。这一原则并开始为民间所接受。如江苏砀山县（今属安徽省）庞勇立堂叔庞菊于乾隆三十五年（公元 1770 年）间，将坐落黄河北岸地十亩，以四十二两价银卖给冯五为业。嘉庆四年（公元 1799 年）秋间，冯五欲将此地转卖，庞勇立闻知，至冯五家议照原价赎回，冯五以地已淤好，欲卖银五十两。^❹贵州仁怀县，袁世敏于乾隆三十二年（公元 1767 年）二月间，听得原买主罗夏氏要把从他祖父手上买去的土地转卖，他向罗氏表示："情愿照依时价赎回耕种。"^❺甚至有的回赎时还需加纳利息银。江苏荆溪，嘉庆十三年（公元 1808 年）前，余文大将田三亩卖给任济洺，得

❶ 乾隆十四年二月初一日，巡抚广东地方岳濬题。
❷ 嘉庆十一年二月初四日，管理刑部事务董诰题。
❸ 嘉庆十七年一月二十一日，巡抚陕西等地方董敦增题。
❹ 嘉庆六年秋审，江苏巡抚题。
❺ 乾隆三十二年十一月十八日，管理刑部事务臣刘统勋等题。

价一百二十千文，至嘉庆十三年（公元 1808 年）时，任文楷向佘文大提出，赎田除交原价外尚需加交利钱三千文。❶ 随着商品经济发展，农民的价值观念也发生变化，并体现于日常经济生活中。

（3）由于商品经济发展影响，亲房要购买土地，想依靠"先尽亲房伯叔弟侄"这一传统的习俗受到挑战。在变化了的社会情况下，一些家族为了使本族田产不外流，还制定了家规，以高于市场价格办法，购买本族弟子出卖的田产。如安徽桐城赵氏宗谱规定："族人互相典买（田宅），其价比外姓稍厚，不得用强轻夺。违者具告宗子，合众处分"。❷ 这项规定使土地买卖中，"先尽亲房"的习俗，注入新的法则，以经济法则取代了"优先权"。这种土地买卖关系已不是原来意义上的"优先权"的体现，而是市场法则的体现，是卖者追求好价钱的做法，是土地买卖向自由化方向转化的一个重要标志。这种规定徽州地区也存在。据《雍正三年分家书》载："予所得产业，皆拮据重价，周庇手足。"❸ 也就是说，这位业主购买亲房田业时，是以高于市场价格买下的，"皆拮据重价"是最好的注脚。同族中以高于市场价购买族人田产，这已不存在"优先权"问题了，也不存在着宗法宗族关系束缚的问题了，而是卖者追求好价钱的行为。民国初年，法政学社组织一批人，对中国土地买卖习惯进行调查，他们指出：江西"赣南各县，凡出卖不动产者，其卖契内载有先尽亲房人等俱各不受等语，是从表面上观之，凡是亲房人等有优先承买权，然实际则皆以出价之高低而定，且亦不先尽亲房人

---

❶ 嘉庆十五年十二月十一日，巡抚江宁等处章煦题。

❷ 赵立方等：《桐城赵氏宗谱》，光绪九年四修本，卷首，《家约》第6页。

❸ 《雍正三年分家书》，见中国社会科学院经济研究所藏《屯溪资料》〇一七号。

等也。盖在昔有此'优先权'，现仅成为契约上之一种具文而已"。❶这个调查虽然是民国初年之事，但一种习俗惯例的改变并不是一朝一夕之事，而是长期变化的积累，所以，这个调查对清代而言也是有意义的。同时，调查者把"其乡聚族而居，六乡一姓，有众至数千户"❷这样的地区作为调查的重点，是很有说服力的。在土地买卖关系中宗法宗族制如此浓厚的地方，"优先权"都成了"契约上之一种具文"的话，那么，宗法宗族关系松弛的地方，"优先权"的束缚作用究竟有多大，就比较容易看清楚了。

（四）政府提倡土地自由买卖

先尽亲房伯叔、业主、亲邻购买土地之说，往往成为亲属或同宗富有者兼并土地的一种手段。一些因天灾、人祸不得不出卖土地的穷人，尽遭那些富有者勒掯。这种不合理的土地买卖习俗，当然受到卖地者强烈反对。当然，朝廷对这种陈规陋习也表现出极端不满，并针对这种落后的、不近情理的惯行进行鞭挞，并宣布废除这种不合理的乡规陋俗。

土地买卖的价格问题，历代各朝态度都非常明确。土地出卖时，宋元两代虽承认亲邻"优先权"，但在价格上不允许亲邻勒掯。《宋刑统》指出："亲房著价不尽，并任就得价高处交易。"❸《元典章》规定："若酬价不平，并违限者，任便交易。"❹清代沿袭宋元两代保护卖地者权益，同时宣布废除"优先权"。清康熙三十至四十年间（公元 1691—1701 年），山东济宁知州吴柽就已指出：典卖田宅，必先让原业、本家，次则地邻之俗例，是很可笑的。他认为："夫弃产者，必有不能待之

---

❶ 法政学社：《中国民事习惯大全》第一编，第三类，1924年。

❷ 《宋刑统》卷一三。

❸ 同上。

❹ 《元典章》卷一九《户部五·典卖·典卖田宅须问亲邻》。

势，必要到处让过，已属难堪。"他还认为这种陋俗侵犯了卖地者的利益，有的人本想要买的，而故称不要，"或抑勒贱价，不照时值"，及到卖主不能久待，另售他人，这些人"即挺身告理"，❶致使卖产者陷入困境。至雍正三年（公元 1725 年）时，河南巡抚率先在豫省宣告废除先尽业主亲邻之说。在"禁先尽业主"条款中指出："田园房产，为小民性命之依，苟非万不得已，岂肯轻弃。即有急需，应听其觅主典卖，以济燃眉，乃豫省有先尽业主邻亲之说，他姓概不敢买，任其乘机勒掯，以致穷民不得不减价相就。嗣后，不论何人许买，有出价者即系售主。如业主之邻亲告争，按律治罪。"❷雍正八年（公元 1730 年），清廷以法律形式把"禁先尽业主"条款写入《会典事例》中。条文规定："及执产动归原先尽亲邻之说，借端希图短价者，俱照不应重律治罪。"❸乾隆九年（公元 1744 年），政府重申："各省业主之田，出资财而认买。"❹从刑部档案案例看，清廷对先尽亲邻之说也持否定态度。乾隆二十八年（公元 1763 年），贵州普安州因土地买卖发生了一起命案。案情是：李廷槐有田一分，乾隆四年（公元 1739 年）间出当与李廷科，价银五点五两。乾隆二十七年（公元 1762 年）间，李廷槐将地赎回，尔后以二十一两价要转卖与郎抢宾，李廷槐堂兄李廷贤知道后，以"这田是祖遗，不许卖与外姓"为由，想购买此地。廷槐同意取消与郎抢宾所订原约，将地卖与廷贤，但坚持田价要二十一两银。廷贤坚持只能照过去当与李廷科五点五两银价承买。当然，李廷槐不能接受。官府对此案判决是：李廷贤依仗"先尽亲房"的俗规，仅以五两五钱银子就要买取，"这分明藉端抑勒"，"李廷槐当

中国地主制经济论——封建土地关系发展与变化

---

❶ 乾隆《济宁州志》卷三一。

❷ 田文镜：《抚豫宣化录》卷四，第51—52页。

❸ 光绪《会典事例》卷七五五，第3页。

❹ 《清高宗实录》卷一七五。

然不愿依从"。李廷贤"强逼成文",因之发生命案。李廷贤"短价强逼买田酿衅,杖八十,折责三十板。……所争之田,应仍听李廷槐另行售卖"❶。湖南湘阴县也有这样案例。曹少甫名下有田产一分,欲将卖给佃户廖文翰,其兄曹毓嵩指责廖不应承买田东之田,而县府认为:"田为少甫名下私产,少甫主之,纵卖与廖文翰,亦例所不尽。……但少甫果须卖田,毓嵩果虑为廖得,何不备价购存此田?如不能购,亦不能禁少甫售与他人,方为情理之至"❷。历代朝廷从开始保护卖地农民经济利益到废除"优先权",虽然经历几个王朝,但这正是农民不断进行斗争所取得的成果。同时,这一成果的取得又反过来促进农民反对"优先权"斗争的深入,在朝廷法律条文保护下,土地自由买卖将如洪水一样冲击着束缚它的桎梏,这对宗法宗族关系的松解起到推动作用。

三、土地商品化加深

随着社会经济发展,明清时代土地买卖自由化趋势已成主流,土地商品化已成为不可抗拒的潮流。

据我们所掌握的资料看,安徽徽州府、福建都保存了明代期间大量土地买卖的契约,现在根据这些契约对当时土地买卖情况作分析。

明代徽州地区保留下来的土地买卖文约很多,现将中国社会科学院历史研究所徽州文契整理组编《明清徽州社会经济资料丛编》第二编,《明代土地买卖文契·卖田文契·卖地文契》资料加以整理,该书提供卖田地文契共计三百四十件,其中在亲房中进行买卖的文有七十九件,约占总数的23.24%;在同姓民人中进行买卖的文有九十五件,约占总数的27.94%;在异姓中进行买卖的文有一百六十六件,约占总数的48.82%。请看表7-27。

❶ 乾隆二十八年三月十三日,贵州巡抚乔光烈题。
❷ 李佳:《柏垣琐志》,第17页。

表 7-27　明代徽州地区田地买卖关系

年号	亲属		同姓民人		异姓		说明
	件数	%	件数	%	件数	%	
洪武	2	25	2	25	4	50	
建文					6	100	
永乐	4	19.05	6	28.57	11	52.38	
洪熙			1	50	1	50	
宣德	1	8.33	7	58.33	4	33.33	
正统	1	6.67	6	40	8	53.33	
景泰			3	37.5	5	62.5	
天顺					6	100	
成化	2	9.52	4	19.05	15	71.43	
弘治	7	24.14	8	27.59	14	48.28	其中 1 件买主姓氏不详，未计
正德	5	23.81	6	28.57	10	47.62	
嘉靖	15	27.27	25	45.45	15	27.27	其中 1 件买主姓氏不详未计
隆庆	3	30	1	10	6	60	
万历	21	25	23	27.38	40	47.62	其中 4 件买主姓氏不详，未计
天启	7	70	1	10	2	20	
崇祯	11	34.38	2	6.25	19	59.38	其中 4 件买主姓氏不详，未计
合计	79	23.24	95	27.94	166	48.82	

　　资料来源：中国社会科学院历史研究所徽州文契整理组：《明清徽州社会经济资料丛编》第二编，《明代土地买卖文契·卖田文契·卖地文契》，中国社会科学出版社 1990 年。

中国地主制经济论——封建土地关系发展与变化

从明永乐至崇祯二百多年间，福建晋江、南安、德化、安溪、同安、厦门、云霄七县留下的卖田契、卖园契、卖山契共计二十三件，其中在亲属中进行的卖契一件，占总数的 4.35%；在同姓民人中进行的卖契一件，占总数的 4.35%；在异姓中进行的卖契二十一件，占总数的 91.30%。详见表 7-28。

表 7-28　福建晋江、南安、德化、安溪、同安、
厦门、云霄诸县土地买卖关系情况表

年号	亲属		同姓		异姓		说明
	件	%	件	%	件	%	
永乐					1	100	
天顺					1	100	保此山地系尚祖应分物业，不是盗卖房亲兄弟之者……如有不明，卖主抵出
弘治					2	100	
正德	1	50			1	50	
嘉靖					5	100	
万历					4	100	
天启					5	100	保此山系是已置物业，与房亲叔兄弟侄无干
崇祯			1	33.3	2	66.7	此因的系已分物业，并无叔兄弟侄争执
合计	1	4.35	1	4.35	21	91.30	

资料来源：《闽南契约文书综录》，见《中国社会经济史研究》1990 年增刊。

说明：1. 本表所列数计仅包括卖田契，卖园契，卖山契。典当、抵押文契不计；

2. 买主姓氏不明者，不计；

3. 找契、贴契、尽契、添契等不计。

以上卖契中，给我们留下深刻印象的就是：土地都是按时值价出卖，如"三面评议价钱""面议时值""面议时价""三面议定时价""当日三面议定时值价"。❶"三面议定，卖出丝银十两正""三面言定，本日卖讫价银七十九两纹广正"。就是卖给亲侄，也得照时价买卖，如"今因乏用，送卖房侄月台边为业，三面言议，得讫时价纹广银四十二两正"，"当日同中见三面言议，定时值土风契价花银一十四两正"，❷按照时价出卖自己的土地，这一点对我们今天研究来说十分重要，但过去往往被忽视。也正因为此缘故，在学术界引出众多分歧。

我们所搜集到的清代地契资料要比明代多得多，范围也广泛得多，除安徽、福建两地外，还有山西、四川、苏州等地，至于刑档资料则遍布全国十九个省地。在占有大量资料的基础上进行研究，对国内外研究者来说都还是首次，不管其结论如何，这个探索是有意义的。

清代前期，闽北地区七十七件土地买卖文书中，注明"先问亲房伯叔弟侄人等俱无力承卖"的契约仅十四件而已。❸占总数的 18.18%；从福建闽中、闽东、闽南和闽北地区辑录的四百零二件契约看，土地买卖文契中注有"先问房门人等俱各不受"的

中国地主制经济论——封建土地关系发展与变化

---

❶ 中国社会科学院历史研究所徽州整理组：《明清徽州社会经济资料丛编》第二辑，中国社会科学出版社1990年。

❷ 《中国社会经济史研究·闽南契约文书综录》，1990年增刊；福建师范大学历史系：《明清福建经济契约文书选辑》，人民出版社1997年。

❸ 杨国桢：《闽北土地文书选编》，（一）（二）见《中国社会经济史研究》，1982年第1期，第2期。

卖契有四十四件，^❶仅占全部契约的 10.95% 而已。其余文书皆声明："其田系自置物业，与亲房伯叔人等各无相干"，或谓"其田系承父遗授物业，与亲房伯叔人等各无干涉"，或称"其田系分定之业，与亲房伯叔人等各无相干"。^❷卖主强烈地意识到这是"自置物业"，或"分定之业"或"遗授物业"，是我自己的田产，要卖给谁，或不卖给谁，如何处置这些田产是卖者之事，与亲房人等"各无相干"，"如有来历不明，且必升自行出头抵当，不涉银主之事"。

徽州府土地买卖情况也同样反映了这一发展趋势。《明清徽州社会经济资料丛编》中《卖田契》一栏中辑录有关清代土地买卖契约一百五十七件，其中在亲族之间进行交易的有三十件，仅占 19.11% 而已，而其余的一百二十七件卖契中所强调的却是："倘有亲房内外人等异说，俱系卖人承当"，或说"如有争论，俱身理直"，或称"倘有亲房内外等异说，俱系出卖人一力承肩理直"，或谓"倘有来历不明及内外人声说等情，尽氏支当"，或云"倘有异说，俱系卖人一并承当"。^❸这里所反映的无疑是自我意识的增强，在土地买卖中，他们所处的地位是独立的，有权自由地处理自己的产业。

福建和今安徽徽州地区本都是聚族而居之地，然土地买卖在亲族之间进行的比例尚且不大，各姓杂居的地方，土地买卖在亲族间进行的情况就更要受到客观环境的限制，这也是可想而知的。下面，就一些具体案例进行考察。嘉庆三年（公元 1798年），江西东乡，陈文海堂嫂艾氏将田卖给陈宗俚时，就未曾事

---

❶ 福建师范大学历史系：《明清福建经济契约文书选辑》，《田地典卖文书》，人民出版社1997年。

❷ 见《明清福建经济契约文书选辑》；《闽南契约文书综录》。

❸ 安徽省博物馆《明清徽州社会经济资料丛编》第一集，中国社会科学出版社1988年，第82—191页。

先问过亲房伯叔人等，而直接将地卖出。❶乾隆四十七年间（公元 1782 年），湖南湘乡彭已重将地十七点八亩典与吴若锦，这年四月，彭又将田卖与贺蒂典，贺蒂典因手头钱不够，又将田先典与陈万年。❷在这几经转手的买卖中，他们并没有按"先尽亲邻"习俗办理。乾隆十四年（公元 1749 年）二月河南息县傅良卜将地卖与谭德盛，事先也没有先尽过亲房和原业主。❸这些情况的发生，与宗法关系衰落、个人的地位和作用的提高是密切相关的。

在商品货币经济发展刺激下，追求在土地买卖中获得好价钱的行为极为普遍。这也对土地买卖中的宗法束缚以有力的冲击。这具体表现在，卖主对货币的追求。在土地买卖中谁出好价钱、大价钱，就将土地出卖与谁。这类事例前面已罗列过，这里不再赘述。

清廷否定"先尽亲房"习俗，实行保护和鼓励土地自由买卖的政策，就十分有利于削弱宗法关系在土地买卖中的束缚作用，乃至最后消除其影响。清代前期土地自由买卖已占主导地位，表 7–29、表 7–30、表 7–31、表 7–32、表 7–33、表 7–34、表 7–35、表 7–36、表 7–37、表 7–38、表 7–39 所列土地买卖在同、异姓间进行的资料充分地说明了这一点：

中国地主制经济论——封建土地关系发展与变化

---

❶ 嘉庆四年十二月十四日，巡抚江西等地方张诚基题。
❷ 乾隆四十八年十月十二日，巡抚湖南等地方伊星阿题。
❸ 乾隆十五年七月九日，巡抚河南等地方鄂容安题。

表 7-29 清代前期直隶等十九省土地在同姓或异姓间进行买卖情况

省别	康熙				雍正				乾隆				嘉庆				小计				
	同姓	%	异姓	%	同姓	%	异姓	%	同姓	%	异姓	%	同姓	%	异姓	%	件数	同姓	%	异姓	%
合计	10	38.5	16	61.5	7	21.2	26	78.8	118	33.9	230	66.1	101	31.5	220	68.5	728	237	32.6	491	67.4
直隶									4		17		2		15		38	6	15.8	32	84.2
山东			1				1		9		8		3		11		33	13	39.4	20	60.6
山西	3		1						8		9		8		11		40	19	47.5	21	52.5
河南	1		1		3		2		9		12		8		12		48	21	43.8	27	56.2
陕西			1				3		2		8		6		11		31	8	25.8	23	74.2
甘肃									3		4		1		4		12	4	33.3	8	66.7
江苏					1				5		25		5		17		53	11	20.8	42	79.2
浙江					1				7		14		7		10		39	15	38.5	24	61.5
安徽			1				1		10		16		3		18		49	13	26.5	36	73.5
江西									8		16		9		13		46	17	37.0	29	63.0

省别	康熙				雍正				乾隆				嘉庆				小计				
	同姓	%	异姓	%	同姓	%	异姓	%	同姓	%	异姓	%	同姓	%	异姓	%	件数	同姓	%	异姓	%
湖南							5		12		12		6		15		50	18	36.0	32	64.0
湖北	1		4		1		6		3		20		3		12		50	8	16.0	42	84.0
四川	1		2				5		9		26		11		23		77	21	27.3	56	72.7
福建			2				1		11		15		6		5		40	18	45.0	22	55.0
广东	3		2						9		15		17		17		63	29	46.0	34	54.0
广西			2						2		4						8	2	25.0	6	75.0
云南									2		3		2		4		11	4	36.4	7	63.6
贵州					1		2		4		5		4		19		35	9	25.7	26	74.3
奉天									1		1				3		5	1	20.0	4	80.0

资料来源：根据中国社会科学院经济研究所所藏《刑档抄件》整理。

说明：本统计资料在整理过程中删去了买主、卖主不详案件，以及宅地与兑换地案件。

中国地主制经济论——封建土地关系发展与变化

表 7-30　乾隆年间直隶等十八省土地买卖情况

省别	小计	亲族		同姓民人		异姓		备注
		件	%	件	%	件	%	
直隶	5					5	100.0	
山东	3	1	33.4	1	33.3	1	33.3	5 年土地买卖案中因卖主不详，未计
山西	3	1	33.4	1	33.3	1	33.3	
河南	5					5	100.0	
陕西	1					1	100.0	
甘肃	1					1	100.0	
江苏	9	1	11.1	3	33.3	5	55.6	36 年因他案发生，土地买卖未成
浙江	6			3	50.0	3	50.0	
安徽	16			4	25.0	12	75.0	
江西	10			3	30.0	7	70.0	39 年因卖房产事，未计
湖南	18	2	11.1	4	22.2	12	66.7	
湖北	12			3	25.0	9	75.0	
四川	6			1	16.7	5	83.3	
福建	4			1	25.0	3	75.0	
广东	5			2	40.0	3	60.0	
广西	2					2	100.0	
云南	1					1	100.0	18 年土地买卖案中因卖主不详，未计
贵州	6			1	16.7	5	83.3	
合计	113	5	4.4	27	23.9	81	71.7	

资料来源：中国第一历史档案馆、中国社会科学院历史研究所《清代土地占有关系与佃农抗租斗争》《土地买卖》第 104—220 条，中华书局 1988 年。

说明：1. 凡买主或卖主不详者、房产买卖未成交者在本统计表中舍去不计。

2. 高利贷兼并土地，土地典当部分未统计在内。

3. 提出"优先购买权"要求案件情况是：河南 1，湖南 2，四川 1，直隶 1，陕西 1，山西 1。贵州 1，江西 1。

表 7-31　徽州府部分土地买卖情况（一）

年号	合计	亲族		同姓民人		异姓	
		件	%	件	%	件	%
顺治	5	2	40.0	2	40.0	1	20.0
康熙	40	11	27.5	9	22.5	20	50.0
雍正	12			1	8.33	11	91.67
乾隆	37	6	16.22	9	24.32	22	59.46
嘉庆	16	2	12.5	1	6.25	13	81.25
道光	13	1	7.69	3	23.08	9	69.23
咸丰	18	4	22.22	1	5.56	13	72.22
同治	9			2	22.22	7	77.78
光绪	5	2	40.0	1	20.0	2	40.0
宣统	2	2	100.0				
合计	157	30	19.11	29	18.47	98	62.42

资料来源：安徽省博物馆编：《明清徽州社会经济资料丛编》，第1集，附表《卖田契》，中国社会科学出版社1988年。

表 7-32　徽州府部分土地买卖情况（二）

年号	合计	亲族		同姓民人		异姓		备注
		件	%	件	%	件	%	
康熙	62	3	4.84	30	48.39	29	46.77	3 年间有 1 款买主姓氏不详
雍正	38	9	23.68	3	7.9	26	68.42	
乾隆	73	15	20.83	22	30.14	36	49.31	44、45、49 年间各有 1 款买主姓氏不详
嘉庆	14	5	35.71	2	14.29	7	50.00	
道光	21	7	33.33	4	19.05	10	47.80	
咸丰	14			1	7.14	13	92.86	
同治	6					6	100.0	6 年间有 1 款买主姓氏不详
光绪	10			1	10.0	9	90.0	
合计	237	39	16.45	63	26.47	136	57.14	

资料来源：安徽省博物馆编：《明清徽州社会经济资料丛编》，第1集，附表《卖田契》，中国社会科学出版社1988年。

说明：各年间因买主或卖主姓氏不详者，舍弃不计。

表 7-33　休宁朱氏置产情况

年号	总计	同姓买卖				异姓买卖	
		亲房	%	不同宗	%	件	%
崇祯至顺治	2	2	100.0				
康熙	12	6	50.0	2	16.7	4	33.3
雍正	10	4	40.0	1	10.0	5	50.0
乾隆	26	12	46.2	5	19.2	9	34.6
嘉庆	61	11	18.0	13	21.3	37	60.7
道光	3					3	100.0
合计	114	35	30.7	21	18.4	58	50.9

资料来源：中国社会科学院经济研究所藏《屯溪资料》。

说明：本表只录田产购买部分，房产部分舍弃不计。

表 7-34　苏州府沈氏家族置产情况

年号	合计	同姓		异姓	
		件	%	件	%
顺治	1			1	100.00
康熙	41	10	24.4	31	75.6
雍正	28	4	14.3	24	85.7
乾隆	254	35	13.8	219	86.2
嘉庆	243	31	12.8	212	87.2
道光	28	7	25.0	21	75.0
合计	595	87	14.6	508	85.4

资料来源：根据洪焕椿《明清苏州农村经济资料》中第91—145页地契文书整理。

说明：嘉庆二十一（公元1816年）至二十五年（公元1820年）间有三款未计。

表7-35　四川新都县土地买卖情况

年号	合计	同姓				异姓	
		亲房（件）	%	本乡民人（件）	%	件	%
嘉庆	5					5	100.0
道光	20	1	5.0	2	10.0	17	85.0
咸丰	6					6	100.0
同治	19			3	15.8	16	84.2*
合计	50	1	2.0	5	10.0	44	88.0

资料来源：据四川新都县档案馆史料组编《清代地契史料》加工整理而成。

说明：★有两件买主姓氏不详，不计。

表7-36　福建闽北地区土地买卖情况

年号	小计	同姓				异姓		备注
		亲房（件）	%	本乡民人（件）	%	件	%	
顺治	7					7	100.0	1. 乾隆年间有土地文书38件，其中5件系找价文书，1件系兑换文书，故略去不计 2. 嘉庆朝有土地16件，其中2件系找契，故略去不计 3. 年号不详为建瓯县吴必明买地情况
康熙	5	1	20.0			4	80.0	
雍正	4			2	50.0	2	50.0	
乾隆	32	3	9.4	1	3.1	28	87.5	
嘉庆	14	3	21.4	2	14.3	9	64.3	
道光	6	1	16.7	1	16.7	4	66.6	
咸丰	2					2	100.0	
同治	1					1	100.0	
光绪	2	1	50.0			1	50.0	
年号不详	4			1	25.0	3	75.0	
合计	77	9	11.7	7	9.1	61	79.2	

资料来源：根据杨国桢《闽北土地文书选编》（一）（二）部分整理加工而成。该资料登载《中国社会经济史研究》1982年1-2期。

中
国
地
主
制
经
济
论
——
封
建
土
地
关
系
发
展
与
变
化

表 7-37 福建闽中、闽东、闽南和闽北地区土地典卖关系

年号	亲族		同姓民人		异姓民人		说明
	件	%	件	%	件	%	
明万历	1	50			1	50	1. 乾隆年间有 8 件买主姓氏不明未计在内
崇祯					3	100	2. 嘉庆年间有 5 件买主姓氏不明未计在内
清顺治	1	25			3	75	3. 光绪年间有 3 件买主姓氏不明未计在内
康熙	5	15.15			28	84.85	
雍正	8	24.24	1	3.03	24	72.73	
乾隆	64	47.41	1	0.74	74	53.24	
嘉庆	25	52.08			23	47.92	
道光	32	53.33			28	46.67	
咸丰	22	62.86	1	2.86	12	34.28	
同治	5	29.14			12	70.59	
光绪	8	27.59			21	72.41	
合计	171	42.43	3	0.74	229	56.82	

资料来源：福建师范大学历史系《明清福建经济契约选辑》，《田地典卖文书》，人民出版社 1997 年。

说明：1.“先问房门人等，俱各不受”卖契，崇祯瓯宁一件；清代时南平有二十一件，龙溪有十七件，光泽有四件，同安有一件，共计四十四件。

2.《田地典卖文书》共计四百一十八件，包括县份有：瓯宁、闽清、侯官、宁德、南平、福州、闽县、龙溪、仙游、崇安、莆田、光泽、南安、永春、同安、漳州、晋江等十七个。其中买主姓氏不明的有十六件未计在内，最终有土地典卖关系的文书的统计数仅为四百零二件。

表 7-38　福建晋江、南安、德化、安溪、同安、
厦门、云霄诸县土地买卖关系情况

年号	亲族		同姓民人		异姓民人		说明
	件	%	件	%	件	%	
顺治					3	100	1. 同安、厦门卖契中，有18 件文契称："先尽问房亲人等不愿承受"字样2. 云霄卖契中，有十二件文契称："先尽至亲人等不欲承买外"字样。或"先尽房亲叔侄人，不愿承交外"字样
康熙	1	6.25			15	93.75	
雍正	1	14.29			6	85.71	
乾隆	14	50	1	3.57	13	46.43	
嘉庆	9	50	2	11.11	7	38.89	
道光	10	45.45	3	13.64	9	40.91	
咸丰	10	50	4	20	6	30	
同治	7	63.64			4	36.36	
光绪	10	34.48	4	13.79	15	51.72	
宣统	4	100					
合计	66	41.77	14	8.86	78	49.37	

资料来源：《闽南契约文书综录》，见《中国社会经济史研究》1990 年增刊。

说明：1. 本表所列数计仅包括卖田契、卖园契、卖山契，典当、抵押文契不计；

2. 买主姓氏不明者，不计；

3. 找契、贴契、尽契、添契、推关等文契不计。

表 7-39　四川巴县土地买卖关系

年号	亲族		同姓民人		异姓民人	
	件数	%	件数	%	件数	%
雍正					1	100
乾隆	5	26.32			14	73.68
嘉庆	3	15.79	1	5.26	15	78.94

年号	亲族		同姓民人		异姓民人	
	件数	%	件数	%	件数	%
道光	3	17.65			14	82.35
合计	11	19.64	1	1.79	44	78.57

资料来源：四川大学历史系，四川省档案馆主编：《清代乾嘉道巴县档案选编》，四川大学出版社 1989 年。

说明：1. 取材于该书第三部分《各类土地房产契约·买卖约》；

2. 卖阴地文契、卖房文契不计在内；

3. 合约，杜后患合约，领约等文契不计在内；

4. 文契中有"先询胞兄弟无力承接"或"先尽亲邻，无人承买"或"先尽本族，后尽田邻，俱无承买者"字样者共计七件。

表 7-40　山西襄汾县丁村的土地买卖情况

年号	小计	亲属		同姓		异姓	
		件	%	件	%	件	%
乾隆	2			1	50.0	1	50.0
嘉庆	8	1	12.5	5	62.5	2	25.0*
道光	6			5	80.0	1	16.7
咸丰	1			1	100.0		
同治	4	1	25.0	3	75.0		
光绪	8	1	12.5	6	75.0	1	12.5
合计	29	3	10.34	21	72.4	5	17.2

资料来源：张正明、陶富海：《清代丁村土地文书选编》，见《中国社会经济史研究》1989 年第 4 期，第 84—89 页。

说明：★嘉庆二十三年一件买主不明，略。

从上述材料看，不论是从全国十九个省区大范围考察，还是从一个地区一个县、一个村落范围考察，或是从一个家族范围考察，我们以为有清一代，在土地买卖中宗法关系虽然仍有一定约束力，甚至在某些地区有较强的约束力，但这个约束力毕竟受到时代发展的冲击而削弱，土地买卖越来越多地突破宗法关系的桎梏，而趋向于自由买卖。这样一来，土地购买者的范围就大大地扩展了，使有清一代始终能保持较多的自耕农，从而有利于社会经济的发展，也使那些手中有货币的外乡外姓从事商品经济活动的经营者，有更多机会购买到土地。如清代棚民中有些是腰缠万贯的商人，他们或到江苏，或到浙江，或到福建，或到江西，或到湖南，或到四川、湖北、陕西三省交会之处，或到云南租山或买山垦殖，或种菁制蓝，或植麻织布，或种苞谷（玉米），或开山植树，促进了商品经济的发展。

　　清代前期，土地买卖向自由买卖转化过程中，江苏、安徽、江西、湖南、湖北、四川、河南等地区，原业主还保留有索取补偿银两的习俗。由于地方不同，其称谓也各异。如湖北称为脱业钱，湖南称挂红银，也有称脱业钱，河南则称赏贺银，江苏、四川、江西称为画字银钱，安徽称谓较杂，有赏贺银，喜资银，倒根银等。湖北襄阳县康熙五十六年（公元 1717 年），朱桂将荒屯田三十亩出卖与刘现章之父刘仁美，得银五十三两。雍正十三年（公元 1735 年），刘现章由于"贫不能守，凭朱梅等说合，得价银一百七十八两，转售与赵祥为业，当给朱桂脱业钱二十千文，朱梅亦得钱五千文"。**❶** 湖南武陵县郭维藩，于雍正十三年（公元 1735 年），将田八斗卖与陈添位为业，至乾隆四年（公元 1739 年），郭维藩复向陈添位索取"挂红银二两四钱"，郭友文闻知，亦赴彼索取，添位"当给友文银六钱"。**❷** 安徽寿州，乾隆七年（公元 1742 年），方子玉把五斗种的一块田，换张世明家一块基地，但这田上手业主是方冠，据寿州俗例，"产动，

　　❶ 中国第一历史档案馆、中国社会科学院历史研究所《清代土地占有关系与佃农抗租斗争》上册，中华书局1988年。（以下只列书名。）

　　❷ 同上书，第111页。

原业主有分喜礼。"方冠的母亲托方连向方子玉要"喜礼",子
玉"许给二两银"。❶河南固始县,乾隆八年(公元1743年),
张鸣九买了许廷彩一分田地,依据该县乡俗:凡买田产,有给原
业主赏贺银两之说,所以按乡俗张鸣九"该给业主许长太十五两
贺银"。❷江苏泰州,乾隆四十七年(公元1782年)间,柏鸣山
有祖遗公共田十五亩,卖与汤万锦,得价与族侄均分。五十八年
(公元1793年),汤万锦将此田转卖与汤广有管业,"原业主
应分画押钱三千文"。❸

　　原业主的补偿银两向谁索取,依情况而异,画字银(画押
银)一般向买主索要,如四川涪州,乾隆十四年(公元1749年)
时,杨榜将己田卖与杨仕荣,杨仕荣各付给杨显与兄杨春画字银
九两。❹安徽合肥喜资银及画字银亦由买主付给。❺湖北江陵县
脱业钱,系原业主向新买主索取。❻湖南安化习俗与湖北江陵相
同。❼安徽寿州情况与上述有别,给原业主的喜礼银是由卖主出
的。据陈见美称:"小的这乡里,向来有个俗例:凡转卖田产,
原业主要向转卖的讨些喜礼银子的。"❽霍邱情况与寿州相同,
原业主的赏贺银由转卖的人付给。❾

　　给原业主的赏贺银、挂红银等银两按什么标准给呢?其他地

　　❶ 中国第一历史档案馆、中国社会科学院历史研究所《清代土地
占有关系与佃农抗租斗争》上册,中华书局1988年,第117页。
　　❷ 同上书,第123页。
　　❸ 同上书,第216页。
　　❹ 同上书,第140页。
　　❺ 同上书,第147页。
　　❻ 同上书,第130页。
　　❼ 同上书,第203页。
　　❽ 同上书,第158页。
　　❾ 同上书,第161页。

方情况不详，湖北江陵俗例是："从乡例每两给银三分。"也就是按买价的 3% 抽取。

　　这些名目不同的补偿银两，由买主付给的，实际上是买价的一个组成部分。如安徽合肥县，乾隆二十三年（公元 1758 年），雷相明将八斗六升半秧田，外有基地并浮房三间，卖给许赓，"言明正价四十两，外胞兄弟并亲族喜资银十四两，又过割交庄画字银十两，共银五十四两"。❷ 在这里喜资银和画字银占了正价银 60%，如果买主要在买价之外另付出高于买价一半以上银两，买主是不愿意的，因此，这些喜资银、画字银实际上是价格的一个组成部分。仅仅是为了避免亲属之间因分割钱财引起不必要纠纷，按照乡例对总价进行分割而已。并不是买主对卖主亲属的一种恩赐。至于转卖土地者付给原业主一定补偿银两，是对地价增值的一种分割。如湖北襄阳县，卫军朱桂于康熙五十六年（公元 1717 年）将荒屯田三十亩，卖与宣城刘仁美，得价银五十三两。雍正十三年（公元 1735 年），刘仁美之子刘现章因贫不能守，将垦熟田转卖与赵祥，得价银一百七十八两，"当给朱桂脱业钱二十千（文），朱梅亦得钱五千文"。❸ 在这里，实际上是由于地价上涨，原业主与转卖主之间，对地价增值部分的分割，原业主所得大约为总价格的 14%。

　　脱业钱、喜礼银、赏贺银等乡例习俗之所以能长期得到延续，其原因是多方面的。其一，这俗例得到朝廷的默认，甚至支持，使之合法化。如湖南武陵县郭维藩卖田五年后向买主索要挂红银一案判决称："郭维藩将久经绝卖之田辄行索找。虽有不合，但系原主，应请免议"。❹ 安徽审理此案时，并没有否定这

---

❶ 中国第一历史档案馆、中国社会科学院历史研究所《清代土地占有关系与佃农抗租斗争》上册，中华书局1988年，第161页。

❷ 同上书，第147页。

❸ 同上书，第106页。

❹ 同上书，第111页。

一俗例，而仅是将乡俗重述一遍："因霍邑乡间俗例，凡田地转售，原业主有应得喜礼钱文。"❶江西铅山县葛发崱转卖田地，原业主按俗例索要画字钱一案判决称："詹椿茂分得钱三千文，系循原业画字俗例，今已病故，免其着追。"❷湖北随州李月桂殴伤向奉早并私分向正明田价钱文一案判决称："聂开周、向正元、向正富、向奉起、向奉早等分受钱文，讯系脱业遗念，俗例相沿，免其追缴。"❸由于索取这类补偿纠纷越来越多，政府办案人员多次提出废除这一习俗。其二，原卖主贫困化，是这种习俗延伸的另一原因。如湖南湘乡彭验外索画字钱致死人命一案：乾隆十九年（公元 1754 年），彭验外父亲彭宗位将地名"紫木衡"出亩卖与彭行健。乾隆二十一年（公元 1756 年），彭行健又转卖彭邑陵管业。彭验外系属原业。湘乡俗例，田产出卖，彭邑陵应给彭验外画字钱文。维时，彭验外因已外出，未经得受。五十一年（公元 1786 年）内，彭邑陵又将此田转售彭体谦管业。"彭验外因贫，向彭邑陵索补不允。"❹安徽六安徐彬文殴杀杨晨熙之父一案称：六安州俗例转卖田产原业主可讨要贺银。杨晨熙父亲害病"家里没有银子，去向徐家要这银子"。❺其三，最主要原因可能是与地价不断提高有关，土地走向市场以后，摆脱了宗法宗族制束缚，人为压低地价情况在减少，而人口不断增加，对土地需求越来越强烈，在土地增长落后于人口增长情况下，供求矛盾突出，地价在不断提高，这就容易产生原业主不平衡，从而引出争斗，影响地方治安。名目各样补偿银（钱）俗例，可能是为了因地价上涨给原业主一种补偿而形成的，如浙江

❶ 中国第一历史档案馆、中国社会科学院历史研究所《清代土地占有关系与佃农抗租斗争》上册，中华书局1988年，第150页。

❷ 同上书，第181页。

❸ 同上书，第186页。

❹ 同上书，第207页。

❺ 同上书，第149页。

义乌县陈尚彩的四斗田卖给陈承洪时是二两五钱银子，陈承洪转卖与陈乾志得的价银是九两六钱。增加五两一钱，是原卖价的三倍多。湖南平江县，李二蓁将田三十五亩卖与朱谦益，得价银三十五两，平均一亩一两银子。后朱谦益将此地转卖与高荣籥，得银五百四十两，"这李齐贤见田价多了几倍，需索酒礼银不遂。打毁高家田禾，又强牵他家牛只"。❷广东龙川县，邹癸生祖邹立坤将田三亩零二厘卖与曾玉登，得价三十千，后曾玉登将此田转卖与曾玉堂，得价五十二千，比原价增加二十二千，"癸生闻知转卖多钱，复要找价"。❸这类习俗在一定程度上会制约土地自由买卖发展，但随着社会的进步，这些陋习也将被历史所抛弃。

　　明清时代，土地买卖是自由买卖呢，还是在宗法宗族关系制约下的封建性买卖呢？学者之间多有分歧。产生分歧原因在于缺乏一个衡量的标准。在商品经济下，最能反映商品买卖性质的是价格。如果商品的价格是按照当时市场时价或高于当时时价出卖，不论买者是亲房，或是本姓民人，或是外姓民人，都应该说是属于自由买卖；如果商品价格在宗族势力勒逼下偏离了时价并以"先尽亲房"习俗以低价强买强卖，这种买卖应该是封建性买卖。如果这种认识能为学者们接受的话，笔者以为在政府废除对民田买卖约束后，凡是按时价或高于时价的土地买卖都应视为土地自由买卖，明清时期土地买卖应属于此。但明清土地买卖中仍受"优先权"习俗影响，但这是次要的，而是属于发展中遗留问题，随着社会经济发展，这一社会残余将被历史洪流所冲刷。❹

　　❶ 中国第一历史档案馆、中国社会科学院历史研究所《清代土地占有关系与佃农抗租斗争》上册，中华书局1988年，第114页。

　　❷ 同上书，第128页。

　　❸ 同上书，第132页。

　　❹ 关于土地买卖周期问题，请参阅《清代经济史1644—1840》下册，这里不再赘述。

第三节 赋役制度改革与封建关系削弱

明清时代，赋役制度经历了两次重大改革，一是明万历年间（公元 1573—1619 年）张居正推行的"一条鞭法"，二是康雍乾年间（公元 1662—1795 年）推行的"摊丁入地"。封建社会后期的这两次赋役制度的改革，对明清社会经济的发展具有重要意义。

一、"一条鞭法"与"摊丁入地"出台

由于元末长期战乱，到朱明王朝建立时，社会经济遭到很大破坏，人死地荒情况随处可见，更加上簿籍散失，稽查失实，使赋役征派遇到严重困难，明太祖朱元璋为了改善这种局面，组织人力对人口、土地进行登记造册。建立户籍制度，与此同时，对农村基础组织进行整顿，加强对赋役制度的管理。

明田赋制度重建，率先从绘制鱼鳞图册着手。洪武元年（公元 1368 年），明太祖派周铸等一百六十四人往浙西核实田，❶ 洪武十九年（公元 1387 年）又派国子监学生参与第二次大规模绘制鱼鳞图册。❷ 为田赋征收，奠定基础。

洪武三年（公元 1370 年），在全国范围内推行户贴制，"籍藏于部，贴给于民"。❸ 洪武十四年（公元 1382 年），在户贴基础上建立了黄册制度。同时实行里甲制度"以一百一十户为里，推丁粮多者十户为长，余百户为十甲。……城中曰坊，近城曰厢，乡者曰里"。❹

第七章 土地关系的松解及资本主义萌生，地主制经济高度发展（明清时期）

---

❶ 《明洪武实录》卷二五。

❷ 方孝孺：《逊志斋集》卷二《贞义处士郑君墓志》。

❸ 《续文献考》卷一三《户口考二》。

❹ 《明史》卷六八《赋役制》。

黄册以户为主，开列旧尽、新收、开除、实在之数四项，鱼鳞图册以土田为主，全国官民田土以及各种田质之差别毕具其中。明政府通过黄册和鱼鳞图册编制，把全国人口和土地都掌握起来，为赋役制度重建打下牢固基础。

据《明史·食货志》记载，赋役征派为"赋税十取一，役法计田出夫"。"租曰夏，税曰秋粮。夏税无过八月，秋粮无过明年二月"。徭役的规定是："曰成丁，丁而役，六十而免，又有职役优免者。役曰里甲，曰均徭，曰杂泛，凡三等。以户计曰甲役，以丁计曰徭役，上命非时曰杂役，皆有力役，有雇役。府州县验册，丁口多寡，事产厚薄，以均适其力。"

为了田赋顺利征收，以及避免官吏征收田粮过程中中饱私囊和揽户侵吞税粮，明廷建立了粮长制。粮长以田土多者为之。设粮长、大户地方，大多都是产粮地区，且田赋较多省份。

黄册和鱼鳞图册的制定，在当时来说，至少有两方面作用：第一，清查出一些漏、脱、欺隐的户口和土地，打击了豪强大户对赋役的欺隐、转嫁行为，增加了国家所控制的人口和土地，同时增加国家赋税收入和徭役数量。就赋税而言，洪武十四年（公元 1382 年）全国（直隶及十二布政司）计二千六百一十五万五千二百五十一石，❶ 至洪武二十三年（公元 1391 年）为三千一百六十万七千六百余石，❷ 为洪武十四年（公元 1382 年）的 120.8%。第二，由于在一定程度上阻止了豪右飞洒、"诡寄"等不法行为，农民赋役负担有所减轻，对调动农民的生产积极性发挥了很好的作用。

但由于官僚地主反对、阻挠，以及一些地方官对黄册制度推行不力，赋役不均现象又有所发生，宣德六年（公元 1431 年）浙江右参议彭璟指出："豪富人民，每遇编充里役，多隐匿丁

---

❶ 《明洪武实录》卷一四〇。

❷ 《明洪武实录》卷二〇六。

中国地主制经济论——封建土地关系发展与变化

粮，规避徭役，质朴之民皆首实，有司贪贿，更不穷究。由是徭役不均，细民失业。"❶宣德末年，江西等处编造均徭册，行均徭，但实行时间不长。

明中叶，赋税的改革主要集中在整顿田赋科则上。明朝各地田赋税率差别甚大，当时一般田赋科则是："凡官田亩税五升三合五勺，民田减二升，重租田八升五合五勺，没官田一斗二升。"❷但实际上许多地方官田科则都超过这个标准，尤以江南苏州、松江、嘉兴、湖州、常州五府最为严重。《明史》称："浙西官、民田视他方倍蓰，亩税有二三石者。大抵苏最重，松、嘉、湖次之，常、杭又次之。"❸由于税粮苛重，逋赋情况特别突出，如苏州府从永乐至洪熙元年（公元 1403—1425 年）欠粮三百九十二万石，❹松江府从永乐十三年至十九年（公元 1415—1421 年），仅仅八年间就免征税粮达数百万石，❺宣德五年（公元 1430 年），松江府额定起运米四十三万九千石，实征只有六万六千石，❻仅占额定起运米 15% 而已。在这种情况下，宣宗不得不下决心解决江南重赋问题。从宣德四年至七年（公元 1429—1432 年），再三下诏减免官田税则。❼据《正统实录》称："行在户部奏，浙江等处布政司并直隶苏松等府州县，自永乐十九年（公元 1421 年）至宣德八年（公元 1433 年），有全家充军并绝户抛荒官民田地，俱准民田起科，及古额官田例减除，共减税粮二百七十七万七千三百余石。"❽这是一个很大的数目，

❶《明宣德实录》卷七六。

❷《明史》卷七八《食货志》。

❸《明史》卷七八《食货志》。

❹《明宣德实录》卷七四。

❺ 顾炎武：《日知录》卷一〇《苏松二府田赋之重》。

❻ 颐炎武：《天下郡国利病书》，原编第六册，《苏松》。

❼《明正德实录》卷七七、八八；《明会典》卷一七。

❽《明正统实录》卷五。

对减轻农民负担，促进当地经济发展都有积极作用。

明廷在整顿田赋科则同时，也进行田赋折色改革，将部分实物税折成银两征收，但折银部分很少。到正统年间（公元1436—1449年），将"浙江、江西、湖广、南直隶不通航楫之处，各随土产，折收布绢白金、赴京充俸"。[1]定"粮四石，收银一两解京"。[2]南畿、浙江、江西、湖广、福建、广东、广西米麦共四百余万石，折银一百余万两，解入内承运库，称为"金花银"。"金花银"出现，使货币税在田赋征收中比重大大增加。

明中叶以后，由于吏治的腐败，缙绅、豪强地主利用权势，勾结官府，用"飞洒""诡寄"等手段逃避赋役。如正德年间（公元1506—1521年），江西"以至一省之中，图之虚以数十计，都之虚以数百计，县之虚以数千、万计。递年派粮编差，无所归者，但命小户赔偿"。[3]福建情况是："郡多士大夫，其士大夫又多田产，民有产者无几耳，而徭役尽责之民"。[4]将赋役负担转嫁农民身上。赋役不均情况成了明中叶普遍现象。农民不堪重负，反抗者有之，弃地而逃者也有之。加上皇室贵族、官吏侵地，土地失额情况十分严重，弘治十五年（公元1502年），全国田土总额仅四百二十二万八千余顷，比洪武二十六年（公元1393元）八百五十万七千余顷少了一半还多。以上情况，严重影响了明廷财政收入。为了稳定社会秩序，万历年间（公元1573—1619年），张居正推行了"一条鞭法"。

张居正推行"一条鞭法"是从清丈田地开始，清丈田地在嘉靖、隆庆年间（公元1522—1572年），有些地方官吏已在局部进行这项工作，但全国性土地清丈是在万历八年（公元1580

❶ 《明正统实录》卷二一。

❷ 《明史》卷七八《食货》。

❸ 陈子壮编：《昭代经济言》卷三，唐龙：《均田役疏》。

❹ 《明史》卷二〇三《欧阳铎传》。

年）九月开始，通过三年努力，全国清丈土地工作基本完成，政府控制的税田有明显的增加。山东丈出民地三十六万三千四百八十七顷，屯地丈出二千二百六十八顷。江西六十六州县额外丈出地六万一千四百五十九顷五十四亩。山西省丈出民地、屯田、欺隐地五千一百余顷。应天巡抚奏报丈过江南十一府州县田地、山塘，"补足失额者一万二千零一十余顷，多余均摊者九千五百四十余顷"，"各卫田地补足失额三百二十余顷，多余均摊者一千八百六十余顷"。其他如宣府、贵州、广西等地，也都清丈出不少隐匿田地。❶万历清丈田亩的效果是显著的。据樊树志统计，清丈后中央政府控制的税田比清丈前增加 25% 以上。❷

万历九年（公元 1581 年），张居正在清丈田地基础上，在全国推广"一条鞭法"。"一条鞭法"内容是：总括一州县之赋役，量地计丁，丁粮毕输于官。一岁之役，官为佥募，力差则计其工食之费，量为增减；银差则计其交纳之费加以增耗。凡额办、派办、京库岁需，与存留供亿诸费，以及土贡方物，悉并为一条，比计亩征银，折办于官，故谓之"一条鞭法"。❸

"一条鞭法"推行，减轻了农民赋役负担，如北直隶沧州农民："有粮无地者得以脱虎口矣。"❹就国家而言，增加了财政收入，《明史纪事本末》称：万历十年（公元 1582 年）"大仓粟可支十年，囧寺积金至四百余万"，一改正德、嘉靖虚耗。

"一条鞭法"实施，受到称道。如郑文郁在《赋役考》中称："条鞭之善者以为均丁粮，消冒滥，息赔累，简明目，寝觊

---

❶ 郑学檬主编：《中国赋役制度史》，厦门大学出版社1994年，第557—558页。

❷ 樊树志：《万历清丈述论》，《中国社会经济史研究》1984年第2期。

❸ 《明史》卷七八《食货》。

❹ 万历《沧州志》卷三《田赋》。

觎，屈市猾，平贫富，清册籍，一举而官民积重之弊皆反。"❶
白寿彝总主编《中国历史明时期》（上）也称："一条鞭法"的
实施，具有积极的社会意义：（1）合并赋役项目，简化征收手
续，赋役除繁趋简，皆有定额，在一定程度上抑制了贪官污吏上
下其手，中饱私囊。（2）将户丁负担的部分徭役摊入田亩，按
亩而征，"称最便矣，第丁多苦贪，田易取办"，既保证了国家
收入，又减轻了贫下户的赋役负担。（3）废止里甲排年轮役制，
改为每年编审，"合一邑丁粮充一年之役，所以少易办"，"为
民利甚"。（4）赋役折银征收，"凡百用费，皆取于官银，民间
有本户粮差之外，别无差使，吏胥无所用其苛求，而民相安于无
忧矣。"❷

　　"一条鞭法"上承唐朝"两税法"，下启清朝"摊丁入
地"，是中国赋役史上一次重大改革。

　　张居正去世后，"一条鞭法"虽然仍在实行，但随着吏治日
益败坏，"一条鞭法行十余年，规制顿紊，不能尽遵也"。❸更
加上日后"三饷"并征及私征，赋税负担大大超出一般农民所能
承受的能力，他们在忍无可忍的情况下，揭竿而起，把横征暴敛
的明王朝摧毁。

　　清王朝建立在长期战争之后，赋役等册籍或废于战火，或丢
失，赋役征解失去依据，顺治三年（公元 1646 年）朝廷修《赋
役全书》，顺治十四年（公元 1657 年）编成。赋役征收有了依
据。随后又另立鱼鳞图册和黄册，使鱼鳞图册和黄册"与赋役
全书相表里"。为防止各级政府的私征暗派，清廷又实行"易
知由单"制度。丁银的征收，各省情况不一，轻重悬殊，出现

中国地主制经济论——封建土地关系发展与变化

---

　　❶ 郑文郁：《经国雄略》卷一《赋役考》。
　　❷ 以上转见白寿彝总主编《中国历史·明时期》(上)，上海人民出
版社1996年，第752页。
　　❸ 顾炎武：《天下郡国利病书》卷四三《山东下》。

"有地之家，田连陌，所输丁银无已；贫民粮仅升合，所输丁银独多"。❶除田赋、丁徭之外，又有名目繁多的附加税，如火耗，是一种沉重负担。以致有些地方出现"税轻耗重，数倍于正额"❷。

大批贫苦农民无法忍受赋役不均的负担，纷纷逃亡，如康熙末年估计，仅"山东民人往来口外垦地者，多至十余万"。❸人口流移不定，各级省府难以掌握民间人口增减，康熙五十一年（公元 1712 年），宣布"盛世滋丁，永不加赋"。❹只以康熙五十年（公元 1711 年）全国人丁数二千四百六十二万余丁、丁银二百三十五万余两为定额，以后新增加人丁不再负担丁银。这就为"摊丁入地"提供了必备的条件。《海宁州志》称："今滋生人丁概不加赋，则丁口亦有一定，可以派归田粮，永为成例。"❺

"摊丁入地"开始于康熙五十五年（公元 1716 年），广东将丁银"就各县地亩摊征，每地银一亩，摊丁银一钱六厘四毫不等"。❻此后，各省纷纷效法。或将丁银摊入地亩，或将丁银摊入地粮，除了盛京因"户籍无定"没有实行外，其余省份都在乾隆四十二年（公元 1777 年）前推行，同时，清廷又着手解决"火耗"充公问题，并对"火耗"数额重新做了规定，一般一两银子收一二钱，比以前有所减轻。

"摊丁入地"制度推行，把丁银摊入地亩中征收，民户按照地亩多少交纳丁银，田多者多交，田少者少交，无田者不交，这就解决了少地和无地者繁重的丁银负担，同时也解决了长期以

第七章 土地关系的松解及资本主义萌生，地主制经济高度发展（明清时期）

---

❶ 嘉庆《湖北通志》卷一八《户口》。

❷ 《皇朝经世文编》卷二七，钱陈群《条陈耗羡疏》。

❸ 《清圣祖实录》卷二四九。

❹ 《清圣祖实录》卷二五〇。

❺ 乾隆《海宁州志》卷三《田赋》。

❻ 王庆云：《石渠余记》卷三《纪丁随地起》。

来丁银负担不均问题，对调动农民生产积极性有利。同时，由于丁银摊入地亩，农民与封建国家长期以来的人身依附关系得到解脱，人身获得更多自由，迁徙更自由。此外，也促使货币地租有更大发展。这一改革对清代经济的繁荣、社会发展有重大意义。

二、赋役改革促进市场经济发展

　　明清时期对赋役制度进行一系列的改革，除了减轻农民赋役负担及抑制兼并之外，对促进市场经济的发展还起到积极作用。

　　明以前，赋税征收以实物为主，货币税占的比重很微小，金花银出现后，货币税大大增加了。据王鏊称，正统一时，震泽镇岁征"金花银"八十一万四千余两。[1]据梁方仲统计，苏州府正德、嘉靖年间（公元1506—1566年），"正粮一百九十九万有奇，耗粮一百万有奇，通正耗三百万有奇……旧有金花银二十五万有奇，折民粮六十万有奇"。"金花银"占正粮总数30%。但就全国而言，正统年间（公元1436—1450年）"金花银"占全年税粮总额仅12.7%而已。[2]可见各地征收货币税情况很不平衡。但比明初或明以前已极大增加了。到清代，货币税征收数额已远远超过征粮数额。如顺治十八年（公元1661年）的田赋中征银数达二千一百五十七万六千零六两，征粮数六百四十七万九千四百六十五石而已[3]。此后，田赋中征银比重还在增加。增加货币税的征收数量，对市场经济发展起到很好的拉动作用。

　　随着赋役折银普遍推行，农民不一定必须生产粮食作物了，

────────────

❶ 王鏊：《震泽长语》卷上《食货》。

❷ 王毓铨主编：《中国经济通史·明代经济卷》上，经济日报出版社2000年，第268页。

❸ 梁方仲：《中国历代户口、田地、田赋统计》，上海人民出版社1980年，第191页。

而可以根据自己经营的土地情况，以及市场需求情况，种植产量高、价钱好的农作物。在明清时代，棉、桑、蔗、烟、果树园艺等经济作物，得到很大发展。

中国植棉是从宋元之际开始的，到明代，朝廷更是大力推广。弘治年间（公元1488—1505年），丘浚说：棉花"遍布天下，地无南北皆宜之，人无贫富皆赖之，其利视丝枲盖百倍焉"。❶至迟到万历六年（公元1578年），明廷已在山东、山西、河南、陕西、湖广、四川、江西及南北直隶征收棉布，说明中国各地皆已植棉。❷值得注意的是植棉区的发展，棉花生产商品化。嘉靖年间（公元1522—1566年），昆山、嘉定等县，棉花逐渐成了当地的主要作物。❸天启年间（公元1621—1627年），松江府属两百万亩耕地，"大半植棉，当不止百万亩"❹。太仓州属，"郊原四望，遍地皆棉"❺。清朝初年，上海县棉田与稻田平分秋色。❻这时上海所生产的棉花远销福建、广东两省，"楼船千百，皆装布囊累累"❼。乾隆中期，松江、太仓、通州和海门厅所属各州县，棉田几占全部耕地十之七八。❽江苏省东

第七章 土地关系的松解及资本主义萌生，地主制经济高度发展（明清时期）

---

❶ 丘浚：《大学衍补》卷二二。见《中国资本主义萌芽问题讨论集》，上册，三联书店1957年，第11页。

❷ 王国先等编：《万历会计录》各卷。参见严中平主编《中国棉纺织史稿》，科学出版社1963年。

❸ 归有光：《震川先生全集》卷八《论三区赋役水利书》。

❹ 徐光启：《农政全书》卷三五《木棉》。

❺ 崇祯《太仓州志》卷一四，王在晋：《水利论》。

❻ 《木棉谱》，《上海掌故丛书》。见中国人民大学中国史教研室编《中国资本主义萌芽问题讨论集》，上册，三联书店1957年，第18页。

❼ 叶得珠：《阅世编》卷七《种植》。

❽ 高晋：《奏请海疆禾棉兼种疏》，乾隆十年。见《皇清奏议》卷六一。

南地区已发展成为当时产棉的中心。黄河流域的植棉也有发展。明万历年间（公元1573—1691年），山东已有植棉的记载。据万历《临邑县志》，"木棉之产独甲他所"。[1] 至天启年间（公元1621—1627年），棉花产量激增，"贩者四方至"。[2] 北方由于棉田扩大，产量激增，"吉贝则泛舟而鬻诸南"。[3] 清雍正年间（公元1723—1735年），山东六府已皆种棉，而东昌一府最多，"商人贸于四方"。[4] 乾隆后期，山东清平县棉田至"连顷遍塍"，所占耕地面积超过豆田和麦田的总和。[5] 河南植棉是在明清之际发展起来的。据吴伟业所作《木棉吟》："今也栽花遍齐豫"。[6] 这时河南出产的棉花已远销江南。[7] 直隶植棉，比河南稍晚，但到乾隆年间也已相当普遍。保定以南各县州，凡好地多种棉花。[8] 乾隆前期，棉花种植已发展到纬度较高的东北地区，尤其是奉天地区，种棉日多，"率皆售于商贾转贩他省"。[9]

　　桑树的种植有些地区仍然很盛。明清之际，浙江湖州府，史称"桑麻万顷"。[10] 嘉兴植桑之多，至"不可以株数计"。[11] 乾

中国地主制经济论——封建土地关系发展与变化

---

❶ 同治《临邑县志》卷二《风俗》，引万历二十九年旧志。

❷ 邢侗《来禽馆集》卷一八《先侍御府君行状》，转见中国人民大学中国史教研室编《中国资本主义萌芽问题讨论集》，三联书店1957年，第897页。

❸ 徐光启：《农政全书》卷一五《木棉》。

❹ 《古今图书集成·职方典》卷二五五《东昌府物产》。

❺ 嘉庆《清平县志》《户书》，第15—16页。

❻ 吴梅村《木棉吟》，见叶调生：《鸥陂渔话》卷四。

❼ 光绪《畿辅通志》卷二一一，《河南巡抚尹会一奏疏》。

❽ 黄可润《畿辅见闻录》，见中国人民大学中国史教研室编《中国资本主义萌芽问题讨论集》上册，三联书店1957年，第151页。

❾ 和其衷：《陈盛京边防民食疏》，见《皇清奏议》卷一四二。

❿ 谢肇淛：《西吴枚乘》，见《湖州府志》卷二九。

⓫ 光绪《嘉兴府志》卷一二，引《石门邝志》。

隆年间（公元 1736—1795 年），由江苏之震泽至浙江之秀水，六七十里间"阡陌间强半植桑"。**❶** 在江、浙交界地区，并且有专事出售桑叶的桑园。如湖州府属，所产桑叶不足供应当地需要，而"贩于桐乡、洞庭"。伴随着养蚕的发展，还有的"预租别姓之桑，俗曰秒桑"。**❷** 可以想见桑叶商品化的程度。在太湖流域，有不少农民靠蚕桑维持生活。如环绕太湖的各村镇，"乡人比户蚕桑为务"。**❸** 吴兴县，每到蚕桑季节，"家家闭户，官府勿摄征收、及里间往来庆吊俱罢不行"。**❹** 西南的贵州则有柞蚕的发展，乾隆年间（公元 1736—1795 年）首先兴起于遵义，产量相当大。**❺** 由于经营柞蚕省工而利厚，很快传播到正安州和安顺府。**❻** 广东南海、顺德两县出现了桑树专业种植区。据嘉庆年间（公元 1796—1850 年）记载："周回百余里，居民数十万户，田地一千数百余顷，种植桑树以饲春蚕。"**❼** 所说虽不免夸张，但反映了蚕桑的发展。

种蔗发展，在中国已有长久的历史，到明清时代，福建、台湾、广东、江西和四川则出现了专业种植区。明万历十五年（公元 1587 年），福建漳南一带，甘蔗的种植满山遍野。**❽** 明清之际，广东番禺、东莞、增城、阳春等县，蔗田几乎占耕地的一

❶ 张仁美：《西湖纪游》，第1页。

❷ 朱国桢：《涌幢小品》卷二。

❸ 顾禄：《清嘉录》卷四，第4—5页。

❹ 乾隆《湖州府志》卷一九，第14—15页。

❺ 道光《遵义府志》卷一六，第17—18页。

❻ 光绪《湄潭县志》卷四，第21页；咸丰《安顺府志》卷四九，第9—11页。

❼ 张鉴等：《雷塘庵主弟子记》卷五，第16页。

❽ 万历《闽大记》卷一一，见中国人民大学中国史教研室编《中国资本主义萌芽问题讨论集》下册，三联书店1957年，第1002页。

半，其东莞之篁村、河田等村，到处种蔗，号称"千顷"。[●]乾隆初年，江西大庾县双坑隘一带，遍地种蔗，"绵延数十里"。^❷乾隆年间（公元 1736—1795 年），四川简州，沿江之民种蔗作糖，州人"多以此致富"。^❸嘉庆、道光年间（公元 1796—1850年），内江沿江左右，居民"尤以艺蔗为务"。^❹台湾水土气候尤宜种蔗，"竟十倍于旧年"。^❺寥寥数语，生动地反映了台湾蔗田的迅猛发展。

烟草是在明代中叶后发展起来的。大约在万历年间（公元1573—1619 年）先传播于福建漳、泉二州。^❻明朝晚年传播于广东之恩平，浙江之嘉兴，江苏之苏州。^❼清雍正、乾隆之际（公元 1723—1795 年），福建烟田继续扩大，有的地区烟田竟占耕地十之六七。^❽或谓汀属八邑，过去山区农民皆种食粮，自康熙三十四、三十五年间（公元 1695—1696 年），流寓这里的漳州农民"以种烟为业"；以后烟田继续发展，占耕地十之三四。^❾浙江嘉兴府属，植烟之风日胜一日。^❿广西农家，半数兼种烟

中国地主制经济论——封建土地关系发展与变化

---

❶ 屈大均：《广东新语》卷二七《草语》。

❷ 民国《大庾县志》卷一一，第59页，余光璧：《勘灾道中诗》，乾隆初。

❸ 咸丰《简州志》卷一二，第1页。按四川遂宁，早在宋代已到处有蔗田。

❹ 道光《内江县志要》卷一，第29页。

❺ 重修《台湾府志》卷一〇，第16—17页。

❻ 方以智：《物理小识》卷九《草木》。

❼ 崇祯《恩平府志》卷七《物产》；王逋：《蚓庵琐语》，《种植》；康熙《苏州府志》卷二一《物产》。

❽ 郭起元：《论闽省务本节用书》，见《皇朝经世文编》卷一六。

❾ 王简庵：《临汀考言》卷六《访利弊八条议》。

❿ 光绪《海盐县志》第17—18页。

草。❶河南之卢氏，湖北之均州，湖南之衡州，山东之济宁，山西之保德，都有种烟的记载。❷尤其是山东济宁州，清顺治年间（公元1644—1661年）开始种植，至雍正年间（公元1723—1735年）已"遍地种烟"。北京烟商"来贩收买者不绝"。❸嘉庆、道光之际（公元1796—1850年）烟田继续扩大。如江苏省，"各处膏腴皆种烟叶"；❹江西新城县，家家种烟，禁不能止；❺四川合江县，河坝山谷，种植殆遍；❻四川新津县，良田熟地，随处种烟。❼陕西城固县胥水以北，"沃土腴田，尽植烟苗"。❽嘉庆年间（公元1796—1820年），包世臣论述吸烟人数增加及烟田扩大情况很可供我们参考。他说几十年前吃烟的人不过十之二三，现在则"男女大小莫不吃烟"，"以致各处膏腴皆种烟叶"。❾

植茶在中国有悠久的历史，❿在明清数百年间又有所发展。江苏、浙江、湖南、湖北、四川、广东、云南、福建、安徽等省

❶《清代文字狱档》第5辑，《吴英拦舆献策案》，转见中国人民大学中国史教研室编《中国资本主义萌芽问题讨论集》，上册，三联书店1957年，第152页。

❷吴熊光：《伊江笔录》卷二，转见中国人民大学中国史教研室编《中国资本主义萌芽问题讨论集》，上册，三联书店1957年，第152页；又陆耀：《烟谱》，见《昭代丛书》卷四六。

❸《古今图书集成》卷二一〇，《职方典·兖州府部》。

❹包世臣：《安吴四种》卷二六《农二》。

❺同治《新城县志》卷一。

❻嘉庆《四川通志》卷七五，第17—18页。

❼道光《新津县志》卷二九，第18页。

❽丘震川：《府志食货论》见《皇朝经世文编》卷三六。

❾包世臣：《安吴四种》卷二六《农二》。

❿据唐人张途：《祁门县新修阊门溪记》，"千里之内，业于茶者七八"，当地之人依赖种茶"给衣食，供赋役"《全唐文》卷八〇二。这时长江流域很多地区出产茶叶，到宋代，茶产区继续扩大。

发展起来不少专业种植区。今安徽霍山县，清顺治年间（公元1644—1661年），每到采茶季节，"男女错杂，歌声满谷，日夜力作不休"。^❶雍正、乾隆之际，云南普洱六茶山周围八百里，"入山作茶者数十万人"。^❷嘉庆年间（公元1796—1820年），福建崇安县武夷山居民数百家，"皆以种茶为业，岁所产数十斤"。^❸道光年间（公元1821—1850年），福建建瓯县，"茶山蔓延愈广"，该县所辖四乡十二里种植几遍。^❹

明清之际，广东、福建果树园艺的发展也很迅速。顺德县之陈村，龙眼树凡数十万株，周围四十余里。南海之龙眼，番禺之荔枝，绵延百里。^❺番禺之小坑、火村、罗岗等村三四十里中间，民多以茶果为业，黄村和朱村多种梅、梨、橄榄、香蕉，"连冈接阜，弥望不穷"。^❻福建福州、兴化、泉州盛产龙眼、荔枝。福州南门外，"数十里间荔枝、龙眼夹道交荫"。兴化县之枫亭驿，"荔枝甲天下，弥山遍野"。^❼

随着经济作物的发展，有些地区出现经济作物排挤粮食作物的现象，明清之际尤其是清代前期比较显著。广东番禺县有将稻

---

❶ 顺治《霍山县志》卷二《茶考》。

❷ 檀萃：《滇海虞衡志》卷一一，第3页，见彭泽益编《中国近代手工业史资料》，第一卷，三联书店1957年，第305页。

❸ 章朝栻等：嘉庆《崇安县志》抄本卷二，第15页，见彭泽益编《中国近代手工业史资料》，第一卷，三联书店1957年。

❹ 蒋蘅：《武夷偶述》，见《云寮山人文钞》卷四，第27页。

❺ 屈大均：《广东新语》卷二《地语》，卷二五《木语》。

❻ 范端昂：《粤中见闻》卷二九《物部》，第86页。

❼ 王士懋：《闽部疏》；何乔远：《闽书》卷三八《风俗志》；陈懋仁：《泉南杂志》卷上。均转见韩大成：《明代商品经济的发展与资本主义萌芽》。

田改种龙眼、荔枝的；❶福建泉州有将稻田改为蔗田的；❷江苏南部，❸江西大庾，新城等县，❹四川合江县，❺有将稻田改为烟田的。福建由于种烟日多，而种稻菽麦之地日少。❻山西保德州，河边淤土，舍禾黍而种烟草。❼山东济宁州，"膏腴尽为烟所占，而五谷反皆瘠土。"❽或谓西北五省制酒每岁耗米凡数千万石，而种烟所减之粟米约占制酒所用粟米十分之六七。❾可见烟田占地，在严重地排挤粮食作物。又山东宁阳县和胶州，花生的种植发展较快，农民"以落花生代稼"。❿江苏的松江府和太仓州，⓫中部各州县，⓬有将粮田改为棉田的。粮食作物耕地面积的减缩，曾经一度引起封建文人和统治者的忧虑，有的面对经济作物的传播，说什么"深怪习俗惟利是趋，而不以五谷为本计"；⓭有的

❶ 屈大均：《广东新语》卷二五《木语》。

❷ 陈懋仁：《泉南杂志》卷上。

❸ 包世臣：《安吴四种》卷二六《农二》。

❹ 民国《大庾县志》卷二；同治《新城县志》卷一。

❺ 嘉庆《四川通志》卷七五。

❻ 郭起元：《论闽省务本节用书》，见《皇朝经世文编》卷三六。

❼ 陆耀：《烟谱》，《昭代丛书》卷四六。

❽ 乾隆《济宁直隶州志》卷三，臧咸：《种蜀黍记》。臧咸，康熙十一年举人。

❾ 方苞：《方望溪全集》，《集外文》卷十一，《请定经制札子》。

❿ 咸丰《宁阳县志》卷六；道光《胶州志》卷一四。

⓫ 高晋：《奏请海疆禾棉兼种疏》，乾隆四十年，谓"知务本种稻者不过十分之二三，图利种花者则有十分之八"，见《皇清奏议》卷六一。

⓬ 黄可润：《畿辅见闻录》："直隶保定以南，从前凡有好地者，多种麦，今则种棉花。"

⓭ 陆耀：《烟谱》，《生产第一》，《昭代丛书》卷四六。

议论农民种植经济作物是"唯利是图，积染成习"。**❶** 清政府一度下令禁种烟草，但没收到效果，经济作物发展的猛烈就不难想见了。

随着经济作物的发展，出现了不少专事买卖农产品的商贩和巨额交易。云南普洱产茶区，每到产茶季节，"茶客收买，运于各处每盈路"。**❷** 福建崇安县，每到采茶之时，"商贾云集，穷崖僻径，人迹络绎，哄然成市"。**❸** 安徽霍山县，每届收茶之时，"富商大贾、骑纵布野，倾囊以值，百货骈集，开市列肆"。**❹** 山东济宁州，业烟者六家，"每年买卖至白金二百万两"。**❺** 陕西城固、南郑等县产烟区，烟商将烟叶运往湖北，烟值"岁糜数千万两"。**❻** 山东东昌府产棉最多，"商人贸于四方"。**❼** 贵州遵义柞蚕区，每到成茧季节，秦、晋、闽、粤商人来此收购，"捆载以去"。**❽**

与经济作物的增长和城市的发展相联系的，是粮食生产商品化。这种变化从粮食流转状况和城市消费粮食数量反映得十分清楚。明代后期，江西赣州所产之米运销于豫章、吴会，运粮船只

---

❶ 高晋：《奏请海疆禾棉兼种疏》，乾隆四十年，见《皇清奏议》卷六一。

❷ 檀萃：《滇海虞衡志》卷一一，见彭泽益《中国近代手工业史资料》第一卷，三联书店1957年，第305页。

❸ 蒋蘅：《武夷偶述》，见《云寥山人文钞》卷四，第27页。

❹ 顺治《霍山县志》卷二《茶考》。

❺ 包世臣：《安吴四种》卷二六《农二》。

❻ 丘震川：《府志食货论》，见《皇朝经世文编》卷三六。

❼ 《古今图书集成·职方典》，卷二五五《东昌府部》。

❽ 道光《遵义府志》卷一六，第17—18页。

络绎不绝。❶ 安徽江北沿岸所产之米，运销长江下游各省。❷ 江、浙两省苏州、杭州、嘉兴、湖州等府经济作物比较发达的地区，"半仰给于江、楚、庐、安之粟"。❸ 皖南经济作物发展的徽州府属，居民食用"大半取于江西、湖广之稻"。❹ 盛产烟、蔗的福建泉州府属，粮食仰给于江、浙。❺ 明清之际，由福建向广东运输粮食的船只每年有一千多艘。❻ 这时新发展起来的东北垦殖区，所产粮食则向经济作物比较发达的东南沿海地区运销。尤其是康熙二十四年（公元 1685 年）开放海禁以后，每年由东北运往上海的豆麦迅速增加。乾隆年间（公元 1736—1795 年），由东北开往天津的粮船，由过去的十多艘逐增至数百艘。❼ 清代前朝，台湾所产之米大量运销入陆，据雍正七年（公元 1729 年）记载，每年所运之米不下四五十万石。❽ 乾隆初期，浙江安吉县所产米谷运销境外者"每去其半"。❾ 江苏棉产区崇明县，经常由安徽和县、含山等县运米供应，乾隆中期每年运米二十多万石，乾隆后期复增为三十多万石。❿ 仍在乾隆年间（公元 1736—

---

❶ 天启《赣州府志》卷三《舆地》。

❷ 《古今图书集成·草木典》，卷二八，《稻部》。所记系明末情形。

❸ 吴应箕：《楼山堂集》卷一〇，转见中国人民大学中国史教研室编《中国资本主义萌芽问题讨论集》下册，三联书店，1957年，第793页。

❹ 吴应箕：《楼山堂集》卷一〇。

❺ 何乔远：《闽书》卷三八《风俗志》。何系明万历至崇祯年间人。

❻ 屈大均：《广东新语》卷一四。

❼ 同治《天津县志》卷六，第10页。

❽ 雍正七年诏书，见连横：《台湾通史》上册，第44页。

❾ 光绪《安吉县志》卷八，第3—4页。

❿ 高晋：《奏请海疆禾棉兼种疏》，乾隆四十年，见《皇清奏议》卷六一。

1795 年），湖北省河、湖相交之处，运米船只昼夜不绝。汉口一次大火，被烧粮船达一百多艘。❷山东临清州所需粮食，麦、谷由河南贩运，秫、粱由天津贩运。❸嘉庆年间（公元 1796—1820 年），苏州府属无论丰歉，都须江西、湖广、安徽等省贩运米谷，每年消耗商品粮凡数百万石。❹这时一些较大城市所消费的粮食大为增加，苏州、杭州等府城的粮栈，"常积谷至数十万石"。❺杭州一城每年就需要商品粮食三四百万石。❻湖北汉口，嘉庆年间（公元 1796—1820 年）贮存商品粮食多至二十万石。❼

　　随着赋役折色数量不断扩大，极大地拉动了商业性农业的发展。商业性农业的发展，丰富了市场商品的数量和品种花色，对市场经济的发展起到很好的推动作用。

三、赋役改革促进人身依附关系的松解

　　在中国封建社会里，丁役制度一直是封建国家束缚人民、强化其人身依附关系的一种手段。这种手段随着历代徭役制度的改革，在逐渐松解。

　　明清两代，在丁役制度上进行一系列改革，如明宣德年间（公元 1426—1435 年），江南巡抚周忱曾在应天府实行论粮加

---

　　❶ 晏斯盛：《请设商社疏》，乾隆七年，见《皇朝经世文编》卷四〇。

　　❷ 钱泳：《履园丛话》卷一四。

　　❸ 方观承：《方恪敏公奏议》卷二。

　　❹ 包世臣：《安吴四种》卷二六，第3页，"农二"。

　　❺ 方观承：《方恪敏公奏议》卷二。

　　❻ 李鼎：《李长卿集》卷一九，"借箸编"。转见南京大学历史系中国古代史教研室编，《中国资本主义萌芽问题讨论集》续编，三联书店1960年，第89页。

　　❼ 包世臣：《安吴四种》卷三四，第10页，"筹楚边对"。

中国地主制经济论——封建土地关系发展与变化

征"里甲银"。●他将原来按户征收的里甲费用，摊入田粮，折银征收。继周忱之后，东南各省对里甲正役纷纷进行改革。浙江推行"均平银"，❷福建实行"纲银"，❸这些做法与周忱大体相同。至嘉靖十六年（公元 1537 年），应天巡抚欧阳铎又推出"征一法"，把里甲、均徭合拼一起，力役折银归入田亩征收。到万历年间（公元 1573—1619 年），实行了"一条鞭法"。到清代康熙、雍正、乾隆年间（公元 1662—1795 年），丁银摊入地亩或税粮征收。至此，封建国家强化人身依附关系的丁银和徭役制度衰落下去，人民与政府之间的依附关系得到松解，人民获得了更多迁徙的自由及择业的自由。

与此同时，工匠制度也在改革，改革从两方面着手： 是逐步减轻工匠服役时间，轮班匠一年服役十天，不服役之时，可以"自由趁作"。这就意味着工匠人身依附关系得到松解。比元代"役皆永充"的工匠制度有很大进步。二是纳银代役。成化二十一年（公元 1485 年），经工部奏准，开了轮班匠纳银代役之头，❹至嘉靖四十一年（公元 1562 年），工部题准，所有轮班工匠，一律纳银代役。❺清沿明制，轮班工匠以银代役。至顺治年间（公元 1644—1661 年），住坐工匠每月十天执役制度，亦随着匠籍制度废除而终止。匠籍制度废除后，工匠与国家之间的依附关系被割断，人身获得更多自由，他们可以自主地安排自己的时间，自主地安排自己所熟悉的工作，生产更多商品供应社会，为市场繁荣作出更多贡献。

第七章　土地关系的松解及资本主义萌生，地主制经济高度发展（明清时期）

● 顾起元：《客座赘语》卷二《条鞭始末》。
❷ 万历《会稽县志》卷七《均差均平考》。
❸ 《古今图书集成》，《食货典》卷一四五《赋役部》，《古今治平略·明朝田赋》。
❹ 万历《大明会典》卷一八九《工匠》。
❺ 同上。

第四节　庶民地主的发展

在中国土地上，庶民地主出现很早，但由于种种社会经济原因，在清代以前一直没能得到顺利发展。到清代以后，由于阻碍庶民地主发展的各种社会经济因素发生变化，于是乎，有清一代庶民地主得到顺利发展，并在地主阶级中形成一个独立的阶层，并对清代社会发展作出自己贡献。庶民地主由于地位与贵族地主、缙绅地主不同，因此，他们历史上的作用也就不一样，看不到这一点差别，就会妨碍我们对清代社会经济发展变化的全面认识。下面我们将从三个方面进行讨论：（一）缙绅地主的衰落；（二）庶民地主的发展；（三）庶民地主发展对社会经济发展的作用。

一、缙绅地主的衰落

在元末明初农民战争中，贵族地主和缙绅地主受到巨大打击。地主势力在衰落，明初出现了大量荒地。在明初垦荒政策鼓舞下，荒芜的土地很快得到垦复，这期间涌现了一批力农起家的庶民地主，随着商品经济的发展和土地自由买卖的进行，一些工商业者把部分资金投向地产，促使了庶民地主的壮大。但明中后期，由于庄田贵族地主和新兴缙绅地主发展，地主制经济发展偏离了正常的轨道，向贵族、缙绅地主逆转。庶民地主的发展受到了抑制，并走向衰落。到了清代，权贵地主从明中后期发展中走向自身发展的终点，从而衰落下去。地主制经济又走向正常发展的轨道，给庶民地主的发展带来蓬勃的生机。这种变化在于：

权贵地主赋役免权的丧失，在明代，特权地主享有赋役优免权。各王、公贵族占有的庄田，被免除了赋税；他们的家族成员和部分佃户，同样被免除了对国家的徭役负担。缙绅地主则按品级优免。嘉靖二十四年（公元1545年）制定：京官一品免粮三十石，人丁三十丁；二品免粮二十四石，人丁二十四丁；依次递减，至九品免粮六石，人丁六丁。地方官则按品级各减京官之半，其不入流的教官、举人、监生、生员等，各免粮二石，人丁二丁。**❶** 而各州县所规定的优免额，实际远比国家定制为高，如江苏常熟县京官，由科甲出身的，照会典所定加免十倍（如一品官，会典免一千亩，实免一万亩）；由乡科及贡生出身的，加免六倍（二品官，会典免八百亩，实免四千八百亩）。外官减京官一半。其有功名未作官的，进士免田二千七百亩至三千三百五十亩，举人及恩贡免田一千二百亩，贡生免田四百亩，秀才、监生免田八十亩，更为严重的是，缙绅地主每恃特权和封建势力，扩大优免范围，逃避国家田赋和徭役。崇祯年间（公元 1628—1643 年），陈启新指出：人们一考中进士，便可"产无赋，身无徭，田无粮，廛无税"。**❷** 如顾炎武说："如一县之地有十万顷，而生员之地五万，则民以五万而当十万之差矣……而生员之地九万，则民一万而当十万之差矣"，于是"杂泛之差乃尽归于小民"。**❸**

官绅地主的优免，是特别值得注意的现象，因为官绅地主是一个较之勋戚贵族更为庞大的阶层，仅生员一项，据顾炎武估计："县以三百计，不下五十万人"。**❹**

特权地主优免侵蚀的部分，最后当然转嫁到农民身上，因而在一州县之中，缙绅地主越多，农民负担越重。如江西福安县，因绅户众多，而"田赋不均"。**❺** 江苏常州府，因"科第显官天下，而赋役繁重"。**❻**

---

❶《万历会典》卷二〇《赋役》。

❷ 眉史氏：《复社纪略》卷二。

❸ 顾炎武：《顾亭林诗文集》卷一，《生员论中》。

❹ 顾炎武：《顾亭林诗文集》卷一，《生员论上》。

❺ 计六奇：《明季南略》卷一一。

❻《南海通志》卷三八《潘清传》。

在地主绅权猖狂滋长及特权地主赋役无限制优免侵蚀的情况下，自耕农及庶民地主在繁重的赋役双重压迫下，纷纷破产，而沦落为佃户。

至清代，政府对缙绅优免权进行改革，顺治初虽然一度沿袭明代官绅优免制度，但到顺治十四年（公元 1657 年）时，制定"自一品官至生员史丞，止免本身丁徭，其余丁银仍征充饷"。❶限制了缙绅地主优免差徭的范围。康熙初期，在个别地区行"均田""均役"法，把徭役均摊入地亩征收。不论缙绅地主、庶民地主和自耕农民，有多少地亩出多少亩地差银。到雍正、乾隆年间（公元 1723—1795 年），清廷的"摊丁入地"❷政策在全国范围推广。这种改革措施，基本上取消了缙绅地主优免丁银的特权。❸经过这一改革，减轻了农民的差银负担，❹对庶民地主的发展起到推动作用，而对缙绅地主的发展却起到抑制作用。与此同时，由于国家放松了对户口的控制，人们从封建统治下获得更多的人身自由。

与此同时，清政府还采取了禁止绅衿"诡寄"地亩及包揽拖欠钱粮的措施，顺治十五年（公元 1658 年）定："文武乡绅，进士，举人，贡、监、生员及衙役，有拖欠钱粮者，各按分数多寡，分别治罪。"❺顺治十八年（公元 1661 年），清廷利用"辛丑奏销案"对八省拖欠钱粮缙绅进行严厉打

---

❶《清朝文献通考》卷二五《职役考》。

❷ 参见江太新《清代前期直隶获鹿县土地关系的变化及其对社会经济发展的影响》，见《平准学刊》第1辑，中国商业出版社1985年。

❸ 各地对优免规定有些差别，如四川定"绅衿贡监等尽皆优免差徭"，国家规定"绅衿许优免本身一丁"。河南则"无论绅衿富户，不分等则，一律输将"。

❹ 参见《昭常合志稿》卷七。实行增丁永不加赋后"遂使田夫贩竖，咸得优游康衢而毕生无追呼之累"。

❺ 光绪《大清会典事例》卷一七二，第4页。

击，尤其是苏、松、常、镇四府和溧阳一县，缙绅张至治等二千一百七十一名，生员史顺哲等一万一千三百四十六名，俱在降革之列。其中太常张认庵、编修叶芳蔼，以拖欠赋银一厘降调；郡庠生程玠，以拖欠赋银七系黜革。^❶这场奏销案，给缙绅地主以严重打击。

清朝统治者的这些政策措施，对缙绅地主兼并土地行为起了一定的抑制作用，如武进邵长蘅名列奏销案，革邑弟子员籍，他原有田八百亩，一月间"弃卖过半"，"然不名一钱，只白送人耳"。^❷嘉定县，经过奏销案后，地价暴跌，"竟有不取值而售人者"。^❸

清代前期，缙绅地主的衰落，也可以从直隶获鹿县《编审红册》看到，从康熙四十五年（公元 1706 年）至乾隆三十六年（公元 1771 年），在城社、郑家庄社、任村社有二十二甲保存了比较完整的材料，可比性较强。我们根据这材料，作一分析。康熙四十五年（公元 1706 年），保存下来的《编审册》共二十七甲。地主户八十九户。^❹绅衿地主户五十四户，占地主户 60.67%；康熙五十年（公元 1711 年），保留下来的《编审册》，共十三甲，地主户四十九户，绅衿地主户二十六户，占地主 53.06%；康熙五十五年（公元 1716 年），保留下来的《编审册》共十六甲，地主户五十七户，绅衿地主户四十一户，占地主户 71.93%；雍正四年（公元 1716 年），保留下来的《编审册》共十七甲，地主户八十六户，绅衿地主户四十八户，占地主户 55.81%；雍正九年（公元 1731 年），保留下来《编审

❶ 叶梦珠：《阅世编》卷六，第2—4页。

❷ 邵长衡：《青门簏稿》卷一一，第6页《与杨静山表兄第二书》。

❸ 《嘉定县志》卷二〇。

❹ 以占地一百亩以上（含一百）划为地主户。绅衿地主系指在职官员，生员、监生、贡生、举人等。

册》十八甲，地主户五十七户，绅衿地主户二十七户，占地主户 47.37%。此后，绅衿地主户占地主户的比例一直没有超过 47.5%，只是在 10.7% ～ 47.37% 之间徘徊，发展趋势，请见示意图。

获鹿县绅衿地主户占地主户比例的变化

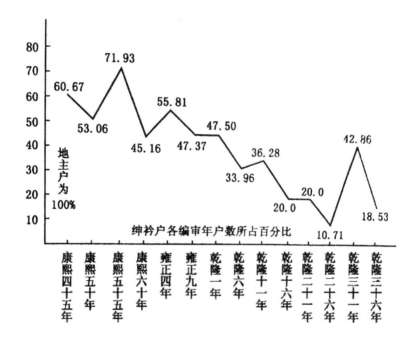

图例说明：1. 纵坐标为地主户；
　　　　　2. 横坐标为绅衿户。
资料来源：《获鹿县档案·编审册》。

　　从上图可以看到，在雍正四年（公元 1726 年）前四次的编审年里，除康熙六十年（公元 1721 年）绅衿地主占地主户 45.16% 外，其他四次编审年里，绅衿地主户占地主总户数比例都在 50% 以上，居于主要地位。而雍正九年（公元 1731 年），绅衿地主已走向下坡路，昔日风光已不再显，代之而起的是庶民地主走向历史舞台，成为地主的多数。

另从绅衿地主户在地主户中占有耕地面积缩减，也反映了绅衿地主户在逐渐走向衰落的过程。我们还是以直隶获鹿县在城社等《编审册》材料为依据，以坐标图来体现这一过程可能是最合适了。

为什么乾隆三十一年（公元 1766 年）时，绅衿地主户所占地主户比例及占地比例很大，其原因在于乾隆三十一年（公元 1766 年）间保留下来的《编审册》只有二个甲，因此不均衡的情况就突现出来了。

在"摊丁入地"政策推广前及推广后，湖南占地情况发生了巨大变化。未推广"摊丁入地"前，庶民地主和农民在缙绅地主对赋役侵蚀转嫁的影响下，为了摆脱"漕重役繁"的赋役压迫，"弱者以田契送豪家，犹惧其不纳"。❶ 王夫之说，在这种情况下，"则使夺豪右之田以畀贫懦，且宁死而不肯受"。❷ 实行"摊丁入地"及废除缙绅优免权后，上述情况发生逆转。由于缙绅地主不像从前那样可以任意规避转嫁赋役了，也就不再那么热心于兼并土地，甚至宁可抛弃已有土地。据龙升称："迩日世家大族，或百石或数十石，愿弃价割与（广东移民）安插矣。甚且不顾墓田，并不顾前人占立版籍为子孙长久之计，皆愿倒甲以授，更改姓氏（过割给广东移民）"，以"苟全身命避徭役"。❸ 这是一个很大的变化，它给庶民地主的发展提供了机会。

---

❶ 光绪《湘潭县志》卷一一，第1页。

❷ 王夫之《噩梦》。

❸ 同治《浏阳县志》卷六，第18—20页。

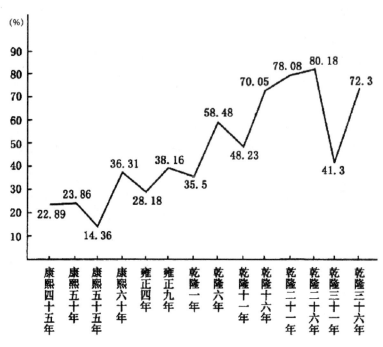

获鹿县绅衿地主户在各编审年度中占有地主户耕地面积变化图

图例说明: 1. 纵作标为百分数;
2. 横坐标为庶民地主户在每个编审年度占地百分比。
资料来源:《获鹿县档案·编审册》。

二、庶民地主的发展

明代前期,庶民地主有一定发展,至明中后期,由于贵族地主和缙绅地主对土地疯狂掠夺,且繁重赋役负担被转嫁到农民和庶民地主身上,农民与庶民地主纷纷破产,或沦为佃户,或沦为奴仆,使地主制经济一度向权贵地主逆转。明末清初长期战乱后,土地荒芜十分严重,清廷以垦荒政策鼓舞,使许多无地或少地农民重新获得土地,一些劳动力多且经济条件稍好的家庭,可以开垦更多土地,这些为清代庶民地主发展提供了条件。与此同时，清廷实施了优免权改革，废除清初沿袭的明代优免制度，规定只免缙绅一人之丁银，至"摊丁入地"时，又把丁银摊入地亩完纳，阻止了缙绅户赋役银的转嫁，这有利于减轻农民及庶民地主对赋役银的负担，有利于庶民地主的发展。清廷禁止绅衿"诡寄"地亩及包揽拖欠钱粮的同时，利用"辛丑奏销案"对拖欠钱粮的绅衿进行严厉打击，有效抑制了缙绅对土地的兼并，给庶民地主发展创造了一个较为宽松的环境，此外，由于商品经济的发展，一些农民转而从事经济作物种植，或者开展家庭手工业生产，或提高耕作技术，提高单位面积产量，从而通过力农致富，上升为庶民地主。有清一代，为庶民地主发展提供了更广阔的空间，而土地自由买卖发展，为庶民地主发展提供了可能性。

有清一代，庶民地主阶层主要由商人地主及力农起家者两个部分构成。

商业资本向土地转移，是中国封建社会古已有之现象，在明代文献资料里，我们也看到有关这方面记载，如徽商许英"广置田亩"，"为沙州富人"。❶ 王荫"置产构室，克光于前"。❷ 江德征"累巨二十余万金，田连阡陌"，❸ 等等。到了清代，随着农业生产发展，占有土地收益的增长和赋役转嫁现象的革除等，商人把资金转移到土地的现象更加多了起来。由康熙至乾隆年间（公元 1662—1795 年），歙县程永洪"贸易豫章数十年"将所获财富置田产于浙江兰溪。❹ 休宁巴尔常经商前只有地二十七亩，经商后，于乾隆十四年至乾隆四十六年间（公元 1749—1781年），前后共买土地一百七十一亩，❺ 徽州程某，"以贾起家，

---

❶ 歙县《许氏世谱·明故处士许公英行状》。

❷ 《泽富王氏宗谱》卷二。

❸ 《济阳江氏族谱·明处士祥公传》。

❹ 张海鹏、王廷元主编：《明清徽商资料选编》，歙县《程氏孟孙公支谱·永洪公传》，黄山书社1985年。

❺ 中国社会科学院经济研究所藏《休宁巴氏置产簿》誊抄本。

积财巨万"，至子辈"田宅益广"。❶ 歙县程廷柱，雍正年间（公元 1723—1735 年）前后，随父贸迁江广，积财"增置田产"。❷ 嘉庆年间，绩溪章江，自幼贸迁，"积蓄成家，广置田庐"；章升善于经商，"创置田宅，以起其家"。❸ 旌德汪承翰，分家之后，质田习贾，发家后把商业资本转移到地产上，至鸦片战争前，买田八百亩，连质当田在内共千亩。❹

江苏商人致富后，将资金投向地产者，如无锡王锡昌买田三千亩。❺ 无锡薛某先后买田四万亩。❻

山西晋商在乾隆年间（公元 1736—1795 年）开始投资地产，据山西巡抚罗巴延奏称："浑源，榆次二县，向系富商大贾，不事田产，是以丁粮分征。今户籍日稀，且多置田地，请将丁银摊入地粮征收，以归简便。"❼ 晋商还到外省购买土地，乾隆五十年间，河南连岁不登，"山西等处富户，闻风赴豫，举放利债，借此准折地亩"。❽

山东章丘强学堂孟家，祖祖辈辈经商，至咸丰四年（公元 1854 年），历年积累的土地至九百六十亩。❾ 文登县还出现专门以兼并土地为目的而发放贷款的典当商人。在商人盘剥下，农民

❶ 董含：《三冈识略》卷八《积财贻害》。

❷ 《程氏孟孙支谱·程廷柱传》。

❸ 张海鹏、王廷元主编：《明清徽商资料选编》，绩溪《西关章氏族谱》，卷二四《家传》，黄山书社，1985年。

❹ 汪声铃：《汪氏家乘》第二册《皇祖府君事略》。

❺ 齐学裘：《见闻随笔》卷一六《侠丐》。

❻ 余霖：《江南农村衰落的一个缩影》，新创造杂志，第二卷，十二期，1932年7月。

❼ 《清高宗实录》卷九四八，第12页。

❽ 《清高宗实录》卷一二五五，第23—25页。

❾ 景甦、罗仑：《清代山东经营地主底社会性质》，山东人民出版社1957年。

"田归富人，家徒四壁"。❶

广东商人发家后，也往往将资金投入土地。康熙年间（公元 1662—1722 年），中山小榄商人何世宁，赚钱购土地多达 17 顷，另有基塘几十亩。道光、咸丰年间（公元 1821—1861 年），商人何品益，经历年购地，到 64 岁时已有土地 60 余顷。❷道光年间（公元 1821—1850 年），南海商人潘宽怀"筑广厦，置田园"，❸咸丰年间（公元 1851—1861 年），顺德商人梁炜买田 320 亩。❹

从以上事例不难看出，在这一时期，商业资本转移于土地，乃至商业资本、高利贷和土地的结合，是相当普遍的现象。❺

这一时期值得注意的另一种情况是"寄庄制"的发展。雍正七年（公元 1729 年）的一道上谕称：在直隶省，"有人寄地皆在怀安而寄粮于万全、宣化者"；"有现在怀安纳粮，而寄地顺天府之宝坻"。其他如山东、山西、河南、江苏等十三省，都有这种情形。❻据雍正十二年（公元 1734 年）记载，在山东省内，"以彼邑民人，置买此邑地亩"者，有六十一县之多。❼寄庄制发展原因除官僚地主在所在任地购田设置寄庄外，与商人在

---

❶ 民国《文登县志》卷三，第17页。

❷ 何仰镐：《据我所知道中山小榄镇何族历代的发家史及其他有关资料》，原件存广东佛山市档案馆。

❸ 《潘氏典堂族谱》卷六。

❹ 《顺德县志》卷三〇，以上三条资料均见张海鹏、张海瀛主编《中国十大商帮》第247页。

❺ 据方志远研究，江右商帮也多置地产，见《中国十大商帮》；四川井研县王伟钦以卖盐起家，"族姓繁昌，占籍最广"，见光绪《井研县志》卷三六；四川云阳盐商"田庐卤井皆巨"见民国《云阳县志》卷二三。

❻ 《光绪会典事例》卷一七二，第1页。

❼ 《雍正东华录》卷一二，第17页。

外籍购置土地有重要关系。如苏商、徽商在苏北清河购置土地，"招贩鱼盐，获利甚厚，多置田宅，以长子孙"。**❶** 晋商在河南"准折地亩"。**❷** 嘉庆十九年（公元1814年）以前，直隶南部三十余州县连年灾荒，"本处富户及外来富人，多利其价贱，广为收买"。**❸** 乾、嘉年间（公元1736—1820年），广东商人林大茂寄居广西贵县，在这购买了九十万租的土地。可见数量之大。

值得注意的是，伴随着商人地主的发展，尤其是不在乡商人地主的发展，对租佃关系中超经济强制关系起到一定抑制作用，对主佃间的关系也起到松弛作用。

明清时期，庶民地主发展过程中，最值得我们去关注的是专业从事农业土地经营的庶民地主。这类庶民地主，其中有一大部分是由"力农致富"或"勤苦起家"的农民上升而来的。另外，也有一部分是从经营副业或放高利贷发展起来的，这类庶民地主，虽然早在明代以前就已出现了，但它进一步发展，并且在农村经济方面产生显著影响，则是在清朝前期开始的。

在明清两代，都曾经存在过相当大量的自耕农小土地所有者，同时也始终存在着农民的阶级分化。但在明代，在农民分化的过程中发展起来的，虽然也有少数富裕农民，而更大量的则是贵族官僚等特权地主。在清代前期，在农民分化过程中则出现了较多的富裕农民和庶民地主。这种不同的分化趋势，是由特定历史条件所规定着的。

在明代中后期，中小庶民地主和富裕农民，不仅是封建统治进行压榨掠夺的对象，而且也是特权地主转嫁赋役和豪绅恶霸进行侵夺的对象，这时所谓"赋役繁重"，以"有田为累"就是指

中国地主制经济论——封建土地关系发展与变化

---

❶ 中国社会科学院经济研究所藏：《清代户部档案抄件》。

❷ 《清高宗实录》卷一二五五。

❸ 《清仁宗实录》卷二九六。

这部分庶民地主和富裕农民。所谓豪右"横行乡里"，"鱼肉乡民"，被压迫掠夺的对象也是他们。在这种社会条件下，庶民地主的发展遭受到严重的限制。

到了清代前期，这一情况发生一些变化。如缙绅优免制度改革，辛丑奏销案对缙绅打击，"摊丁入地"实施，田粮蠲免等措施实行结果，虽然还没完全从特权地主的暴力掠夺和赋役转嫁的压迫下摆脱出来，但这种压迫的程度毕竟获得一定程度的减轻，有的则获得较多减轻。以直隶获鹿县为例，直隶系雍正二年（公元 1724 年）实行全省摊征。每两税银摊丁银零点二零七两，"摊丁入地"后，该县郑家庄社一、三、四、六、七甲摊入丁银总数为九十一点九八两，其中绅衿地主户摊入丁银十五点五二两。❶农民户和庶民地主户摊入丁银为七十六点四六两。而"摊丁入地"前，丁银按户按丁征收。以康熙四十五年（公元 1706 年）郑家庄社一、二、四、六、七甲为例，这时实收丁银为一百一十三点八四两。由于绅衿户有丁银优免，这二百一十三点八四两丁银全部由农民户和庶民地主户承担。通过这两组数字的比较，我们可以明显地看到："摊丁入地"后，获鹿农民户及庶民地主户赋役负担显著得到减轻。❷

江南苏州地区是赋役负担极为繁重之区，其耕地数仅占全国耕地面积 1% 左右，而每年却要负担税粮二百五十万石，占全国税粮总额的 10%。以至年年逋负，岁岁压欠，"民力难支已不可言"。经过雍正三年（公元 1725 年）和乾隆二年（公元 1737

---

❶ 赋银系采用康熙三十六年征收税银一万八千五百一十一点九两除以康熙三十六年税亩十三万八千三百八十九点二亩，所得商数为零点一三四两。乾隆一年，绅衿户有耕地五百五十九点五五税亩，纳赋银七十四点九八两，按直隶省每两税银摊入丁银零点二零七两计，绅衿地主户摊入丁银为十五点五二两。

❷ 参见江太新：《清代前期直隶获鹿县土地关系的变化及其对社会经济发展的影响》，见《平准学刊》第1辑，中国商业出版社1985年。

年）两次减免，去除浮银计五十万两。如长洲县，每征粮钱一两，就可减去一钱三分三厘六毫。❶农民负担比乾隆二年（公元1737年）前大为减轻。❷

清代前期农民和庶民地主赋役负担的减轻，使他们得到了较多发展的机会。而清初小土地所有者广泛存在，则是庶民地主发展的条件。

从经营土地发展起来的庶民地主也有两条途径，一是力农起家型的，一是经营经济作物型的。

在四川省，自耕农民和庶民地主的发展是比较显著的。明末农民大起义后，在缙绅地主急剧衰落的同时，出现了大片无主土地任人占耕。康熙年间（公元1662—1722年），乐至县"地旷人稀，多属插占，认垦给照"。❸又新繁县，湖广、江西、福建、广东等省之人相继来此，"始至之日，田无业主，听民自占垦荒……谓之插占"。同时地价较低。据康熙末年记载："先年人少田多，一亩之田，其值银不过数钱。今因人多价贵，一亩之值竟至数两不等。"❹又如万源县，乾隆年以前，"每田能产一石者，价值钱数钏而已"。至嘉道年间（公元1796—1850年），地价上涨，但"每石地亦仅值钱十余钏"。❺地价低廉及大量无主荒地存在，也给了农民获得土地以较多的机会。因此，在清代前期，各省农民为了取得土地，而纷纷入川。其中不少人变成小土地所有者，还有的发展成为地主，所谓"远人担簦入川，多致

❶ 道光《苏州府志》卷八《田赋》。

❷ 参见范金民、夏维中著《苏州地区社会经济史》，南京大学出版社1993年。

❸ 民国《乐至县志》卷三，第7页。

❹ 《清朝文献通考》卷二《田赋》。

❺ 民国《万源县志》卷五，第46—47页。

中国地主制经济论——封建土地关系发展与变化

殷阜"正是这种情况的反映。[1]苍溪县，在嘉庆以后，出现了杨、李、罗、赵等姓新地主，他们"或起自力田孝弟，或起自勤学科名"。[2]所谓"力田孝弟"，就是指这时发展起来的庶民地主。云阳县，乾隆年间（公元1736—1795年），谢大成"父子力农，勤苦成家"。置买田产积一千多亩。荣县，道光年间（公元1821—1850年），胡富恒少年无立锥，兄弟经营二十余年，增置田产近四百亩。[3]湖南浏阳，康熙中叶，广东客民在这里得到发展，他们"身秉耒以耕，力皆出诸己"，种田五十至七十亩，"丰欠皆属己有"。[4]江西，据魏礼称：清初闽佃到宁都租地耕种，经过几代人辛苦经营，"率皆致厚资，立田宅于其祖里，彼然后召顶种者，又获重价顶与之"。[5]这是由佃农上升为地主事例。福建莆田县地主方南川，占有田地数量非常之大，年租谷收入可达一万二千石，[6]但他是一个庶民地主。

北方地区也发展起一批力农致富的庶民地主。如河南光山县，熊惟一在乾隆初年，还是一个无立锥之地的贫寒之家，后来与邻人合资养牛，多达数百头，"岁赢巨利"，"晚年有田千余亩"。[7]直隶安肃县，康熙年间（公元1662—1722年），佃户郝某"以善治田发家"，积至土地达二百亩左右。[8]博野县，雍正年间（公元1723—1735年），蒋某"力耕致富，以身发财"，

---

[1] 民国《云阳县志》卷一三，第2页。

[2] 民国《苍溪县志》卷一〇，第2页。

[3] 民国《云阳县志》卷二七，第30页。

[4] 龙升：《对知县试策略》，见同治《浏阳县志》卷一八，第22页。

[5] 魏礼：《魏季子文集》卷八《与李邑侯书》。

[6] 《康熙朝莆靖小纪》甲戌6月《清史资料》第1辑，中华书局1980年。

[7] 熊绪瑞：《光山熊氏宗谱》卷一。

[8] 民国《徐水县新志》卷四。

后发展成"连田千亩"❶的出租地主。定兴县，乾隆初年，万某父亲"勤俭半世，置得薄产十余亩"，到他这一代"力农治家，田来日丰，渐置宅一所田三顷"。❷这样的事例在傅衣凌先生著作中多有论及。❸

还有一些农民通过经济作物种植发家致富，上升至地主。经济作物的效益往往高于粮食作物效益，有的要高过粮食作物的几倍，为农民致富提供了条件。如种棉花"五谷利，不及其半"。❹种蓝靛收入"取利甚倍"。❺或产值"数倍于谷麦"。❻种植烟草收益之厚"视蔬则倍之"。❼种蔬菜之利则"十倍于谷粟"。❽在这种情况下，一些小土地所有者，由于不受实物地租的制约，有可能首先改种经济作物，以扩大农业经营的经济收益，从一般农民中分化出来，发家致富，成为庶民地主，如嘉庆年间（公元1796—1820年），河南西华县赵氏，以种植果树、蓝靛致富，由占地数十亩累积至一千多亩。❾四川内江县有种植甘蔗的大经营者，据道光年间（公元1821—1850年）记载：经营者"平日聚

---

❶ 乾隆《博野县志》卷六。

❷ 光绪《定兴县志》卷一一，以上三例见韩小白《清代前期保定地区庶民中小地主的发展》，《河北学刊》1991年第3期。

❸ 傅衣凌：《明清社会经济变迁论》，人民出版社1989年。

❹ 高晋：《奏请海疆木棉兼种疏》，乾隆四十四年，见《皇清奏议》卷六一。

❺ 康熙《靖江县志》卷六。

❻ 光绪《海盐县志》卷八。第17—18页。

❼ 方苞：《方望溪全集》，《集外文》卷十一，《请定经制札子》。

❽ 陈芳生：《先忧集》，第一册，《田制》，第9页。

❾ 孙葆田：《校经室文集》卷五《赵吾墓表》。

夫力作，家辄数十百人"。❶由于缙绅地主很少直接从事农业生产，他们很可能是庶民地主的一种类型。

到了清代前期，庶民地主有很大发展，这是近年来历史学界和经济史学界比较共同的认识，但对庶民地主这一阶层在地主阶级中所占的比重却很少去研究。尤其是对庶民地主发展过程更是知之不多。景甦、罗仑对山东地区鸦片战争以前五家地主做了调查，发现这五家地主中只有一家是官僚地主，其余四家为庶民地主。❷这里，庶民地主占了80%，但这个调查面太小，很难有说服力。

1980年，我们对保留下来的清代获鹿档案进行全面清查，现根据当时保留下来的《编审册》资料进行整理，占地一百亩以上的都作为地主户处理。在处理这个资料时，我们把《编审册》中凡注明有生员、监生、贡生、举人、进士，或任职官员占地一百亩以上者列为绅衿地主户；凡力农起家，占地一百亩以上者列为庶民地主户。资料时间，上限为康熙四十五年（公元1706年），下限为乾隆三十六年（公元1771年）。为了清楚地看到庶民地主户发展过程，我们把每一个编审年的资料都列出，并分别以两个坐标图来反映两个情况。一是庶民地主户增长情况，二是庶民地主户占有耕地面积变化情况。详见以下两个坐标图：

---

❶ 道光《内江县志》卷一。

❷ 景甦、罗仑：《清代山东经营地主的社会性质》，人民出版社1989年。

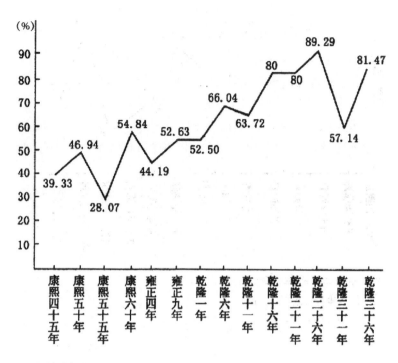

获鹿县庶民地主户与地主户消长变化情况

图例说明：1. 纵坐标为百分数；
          2. 横坐标表示庶民地主户在每个编审年占的百分比。
资料来源：《获鹿县档案·编审册》。

从上表可以看出：康熙四十五年至雍正四年（公元1706—1726年），该县绅衿地主户在地主阶级中占据主要地位。康熙六十年（公元1721年）时，庶民地主户一度上升到主要地位，但随后又跌落下来。至雍正九年（公元1731年）后，庶民地主户发展加快，并在地主阶级户数中稳稳地占据了主要地位。

下面，我们再来看看庶民地主户与地主户占有耕地面积情况的变化。

获鹿县庶民地主户与地主户占有耕地面积情况的变化

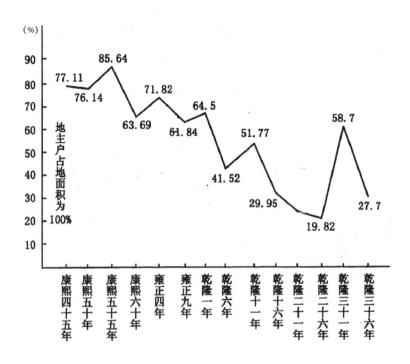

图例说明：1. 纵坐标为地主户占地；
           2. 横坐标为庶民地主户。
资料来源：《获鹿县档案·编审册》。

　　从这个图表看出，庶民地主户在整个地主阶级中，占有土地变化情况、前后户数的发展变化。在乾隆元年（公元 1736 年）以前，庶民地主户占地一直居于绅衿地主占地之后，居于次要地位。最高年份占地量也仅仅占到整个地主阶级占有土地量的 38.16% 而已，直到乾隆六年（公元 1741 年）后，庶民地主占有整个地主阶级土地数量才上升到 50% 以上，居于主导地位。虽然也有下降到 50% 以下年份，但总的趋势已不可逆转。

从康熙后期得到加快发展的庶民地主，其发展势头一直保持到清末，据罗仑、景甦两位调查：光绪年间（公元1875—1908年），山东省四十六县一百三十一家经营地主中有六十四家为商人地主，占调查总数的49%；以种地起家的有五十九家，占调查总数的45%；以做官起家的只有八家，仅占调查总数的6%而已。❶ 也就是说，直至清末，庶民地主在地主阶级中所占据的统治地位并没有发生过重大变化。

庶民地主在有清一代的迅速崛起，并在社会经济生活中扮演越来越重要的角色，这对清代社会经济发展是具有重要意义的。

三、庶民地主发展对社会经济变化的影响

特别值得我们重视的是，庶民地主的发展，促成了中国农村社会经济的某些变化，首先是促成农业经营形式的变化，这一方面，笔者之一李文治作过很好的研究。

明代中叶，有些地区，尤其是缙绅地主聚集的江南，曾经出现过大规模农业经营，同时还看到"奴仆千指""监督僮仆"之类记载。当然，这里所说"奴仆""僮仆"，可能包括部分雇工。但是这时的大经营，有的是使用奴仆强制生产的。经过明清之际的农民起义和阶级斗争，地主蓄奴之风大衰，奴仆的数目减少，除清室在直隶新建庄田旗地一度使用"壮丁"生产之外，在其他地区使用奴仆从事农业生产的经营形式已大为减少。就是过去奴仆制一度盛行的长江流域各省，地主也多采取土地出租的经营形式。不可否认，这种发展变化的产生，固然是广大奴仆进行人身解放斗争的结果，同时和庶民地主的发展也有一定的联系，因为这类地主的生产经营一般是不使用奴仆的。

在农业经营方面一个更为重要的变化，是租佃形式向直接经

中国地主制经济论——封建土地关系发展与变化

---

❶ 罗仑、景甦：《清代山东经营地主经济研究》，齐鲁书社1984年。

营形式发展。

　　清代前期经营地主的发展，当时人有过明确的记载，谓"国朝后风气渐异"，汉人"所用皆系雇工"。所说虽不免夸张，但指出了这一时期农业经营方面的变化。这种变化，可从某些地区农业雇佣劳动的发展得到说明。如湖北蕲水县，浙江乌程、平湖等县，江西东乡县，山东登州和高唐州，山西寿阳县，贵州遵义县都有有关农业雇佣劳动的记载，❷而且从以上记载可以看出，这些地区的雇工经营，已不是个别现象，而是在明代原有的基础上又进了一步。其次，这种变化还从我们在刑部档案中所收集到的农业雇工资料得到证明。在七百零八件雇工案件中，雍正十三年间（公元 1723—1735 年）有十二件，乾隆六十年间（公元1736—1795 年）有二百五十九件，嘉庆二十五年间（公元 1796—1820 年）有四百三十七件。❸雇工刑部案件数字的这种后来居上的扩大趋势，不是偶然的，表明了伴随经营地主发展（也包括雇工的富裕农民）而出现的农业雇佣劳动的发展。没经营地主（及富裕农民）的发展，农业雇佣劳动的发展是不可能的。这里的经营地主主要是庶民地主。因为贵族地主和缙绅地主所考虑的是如何扩大耕地面积，增加地租收入，一向不过问农业生产，所谓"知兼并而不知尽地之利"；"惟知租之入，而不知田之处"；所谓"深居不出，足不及田畴""坐资岁入，不知稼穑为何事"

---

　　❶《秋审条款附案》卷三，转据刘永成：《论清代雇佣劳动》，《历史研究》1962年第2期。

　　❷ 顺治《蕲水县志》卷十八；光绪《乌程县志》卷二九，第2页，光绪《平湖县志》卷二，第51页，同治《东乡县志》卷八，第3页，《古今图书集成·职方典》卷二七八，登州府，风俗考；徐宗千：《斯未信斋方编》卷一《劝捐义谷约》；祁寯藻：《马首农言》，第20页，《方言》；道光《遵义县志》卷一六，第3页。

　　❸ 李文治：《中国近代农业史资料》第1辑，三联书店1957年，第111页。

就是指这种类型的地主。他们是单纯的寄生性地主，是不从事雇工经营的。庶民地主尤其是新从富裕农民中上升起来的地主，与特权地主显然不同，在直接经营比出租更为有利的条件下，他们首先采取了这种经营形式，由传统的地租剥削进而直接榨取农业雇工的剩余劳动。

仍据景甦、罗仑等在山东调查的五家地主一家官僚地主和一家商人地主采取土地出租形式，其他三家庶民地主都采取直接经营形式。其中章丘县旧军镇孟家，从康熙年间起进行直接经营；淄川县栗家庄毕家，由雍正至道光，占田由数十亩扩张至百亩，章丘县东矾硫村李家，由乾隆至道光，占田由一百亩扩张至二百亩，这两家也都采行直接经营。这类型地主之所以更多地采取直接经营形式，除因直接经营更为有利之外，还由于他们基本是在乡地主，有接近农事的方便。如果是由富裕农民上升起来的地主，他们原来就从事农业生产，对农业生产驾轻就熟，这就为他们直接经营提供了更为便利的条件。在条件许可的情况下，由依靠家内劳动经营的农场，扩大为雇工经营的农场，是很自然的。

庶民地主的发展（还有富裕农民的发展）促成的雇工经营的发展，是具有特殊历史意义的。这种经营方式，由于经营者经济状况较好，有比较齐全的农具，有充足的肥料，有足够的人力，耕种又及时而不违农时，因而为农业生产水平的提高提供了可能。❶ 他们无论种植经济作物或粮食作物，其中的绝大部分是为了出售而进行的商品生产，这一点，和自给自足的小农经济不同。这时经营地主从农业雇工身上所榨取到的剩余劳动，较之土地出租而言，还可能有一个超过地租以上的余额，这和单纯地租收益也不完全相同。

---

❶ 据《清代山东经营地主底社会性质》，作者对清代后期所作的调查表明，经营地主农业生产的单位面积产量，较一般个体小生产者高出一倍左右。

中国地主制经济论——封建土地关系发展与变化

由于庶民地主的发展，还促成了农村阶级关系的某些变化。

在封建社会里，封建主占有土地，而并不完全占有生产劳动者，封建主通过经济外的强制手段，榨取生产劳动者的剩余劳动。这是封建土地所有制的基本内容。这就是说，任何类型地主对农民的关系，都是统治奴役关系，都实行经济外的强制。但是，明清两代逐渐发生变化，这时一般租佃农已经摆脱了人身依附关系。但地主对农民仍具有不同程度的超经济强制关系。这种程度上的不同，主要取决于地主的身份地位。因而，由"谁"占有土地，是一个极其重要的问题。如前所述"功名官爵"头衔，是等级特权和封建势力的标志，当土地财产和这类头衔相结合之时，则成为特权地主，他们对农民具有比较强烈的超经济强制权力。当土地财产和无功名官爵头衔的庶民相结合时，则形成庶民地主。他们虽然也是封建剥削阶级的成员，也依靠经济外的强制手段榨取地租，但其强烈程度和前者有所不同，超经济强制关系呈现一定的松解，从而在农民方面可以有较多的人身自由。❶

另外，清代前期，随着庶民地主的发展，有大量中小地主出现。或者说庶民地主主要是中小地主。我们所看到的皖南地区的大量分家书、鱼鳞册等文契资料，其中绝大部分地主每家所占有的土地都在百亩左右，但占有土地在几百亩以上的很少见。在其他文献资料中反映了相同的趋势。这类中小地主主要是庶民地主，因为这类型的地主购买土地的资金主要依靠田场收入，与官僚富商相比，土地累积速度比较缓慢，在遗产诸子均分制的制约下，难以发展为占田千亩万亩的大地主。因此，占地面积的大小，反映了庶民地主和特权地主的区别。只有商人类型庶民地主是例外。

中小庶民地主的发展，是值得我们注意的变化。在封建社会

---

❶　就是庶民地主对生产劳动者的超经济强制关系，也同样受到明清之际阶级斗争的影响而有所衰弱。这种关系此处略。

里，无论是租佃关系或雇佣关系，地主对生产劳动者直接的超经济强制程度的强弱，一方面由地主的身份地位所决定，同时还取决于地主占地规模的大小。从这个意义上说，地主占地规模的变化，就其和农民形成的社会关系而言，同样表明超经济强制关系松解。

还有，在这一时期所出现的缙绅地主的特权有一定程度的削弱，对阶级关系的变化也是有影响的，这在前面业已论及。

伴随着地主身份地位的变化和地主权势的削弱，地主对农民的直接的超经济强制关系的松解，使农民获得了较多的人身自由。清代前期，遍及全国的汹涌澎湃的农民抗租斗争，就是在这种情况下出现的。从而地租的实现愈有赖于国家法令的保证，地主对农民的直接的超经济强制关系进一步从地权中游离出来，而更集中地表现为国家职权关系❶，这就是说，地主阶级的强制关系进一步代替地主个人的强制关系。于是，封建统治者因慑于农民反抗斗争的威力而对地主虐佃行为采取某些限制约束的同时，又不能不采用保证地主阶级地租剥削的措施。在颁发禁止缙绅地主私刑拷打佃户的律例的同时，又制定了禁止农民"欺慢田主""抗欠租课"的新例。❷ 这类政令一方面是阶级矛盾激化的反映，同时也是阶级关系发生变化的反映，说明这时地主依靠个人的强制力量榨取地租，已经有极大困难。

地主身份地位的变化还影响于雇佣关系的变化，在明代中叶

----

❶ 胡如雷在《关于中国封建社会形态的一些特点》一文曾经指出："我国土地可以买卖转手，地主个人没有被置于固定的等级，这样，行政权、司法权、军事权就不以直接表现为土地所有权的属性。毋宁说，这些权力之从地权上游离出来"。见《历史研究》，1962年，第1期。

❷ 雍正五年制定："至有奸顽佃户，抗欠租课、欺慢田主者，杖八十；所欠之租，照数追给田主。"见道光五年《大清律例》卷二七，第26页。

农业资本主义萌芽有着进一步发展。

　　在明清两代的律例中，雇佣间的相互关系，地主对"雇工人"是以"家长"的身份出现的，"雇工人"是以介乎"奴仆"与"庶民"之间的身份出现的，"雇工人"对地主具有身份义务关系，地主对"雇工人"有任意打骂惩罚之权。这是一种具有"主仆名分"的雇佣关系。❶ 清代前期庶民地主的发展，以及因直接经营的发展而促成的雇工队伍的扩大，影响了雇佣关系性质的变化。庶民地主中的中小地主（尤其是富裕农民），有的和雇工一起工作一起饮食，在实际生活中形成比较自由的雇佣关系，突破了尊卑等级界限。这样，和原有的身份等级法律遂不相适应。到这个时候，统治者不能不考虑改变这部分农业雇工的法律地位了。据乾隆五十一年（公元 1786 年）上谕："若农民佃户，雇佣工作之人，并店铺小郎之类，平日共坐同食，彼此平等相称，不为使唤服役者，此等人并无主仆名分，亦无论其有无文契、年限，及是否亲族，俱依凡人科断。"❷ 这里雇佣农业雇工的雇主——"农民"，显然包括部分庶民地主。这个规定被作为律例列入封建法典之中。从此，继明万历十六年（公元 1588 年）明确短期雇佣者的人身自由，❸ 至此绝大部分长期农业雇佣者获得了法律上的平等。❹

---

　　❶ 参考经君健《明清两代雇工人的法律身份地位问题》，见《新建设》1961年第8期。

　　❷ 《清高宗实录》卷一二五三，第1—2页。

　　❸ 据明《万历实录》卷一九四，第11—12页；万历十六年正月庚戌，刑部尚书李世达等申明："官民之家，凡请工作之人，立有文券议有年限者，以雇工论；只有短雇受值不多者，以凡人论"，其未"立有文契"的长工的法律地位不明确。从乾隆五十一年新例可以看出明清两代长工法律地位的变化。

　　❹ 参考经君健《明清两代农业雇佣劳动者法律身份地位的解放》，见《经济研究》1961年第6期。

雇工律例的这一变革，一方面是雇佣关系实际生活发生变化的反映，同时又反过来对实际生活发生作用，促成"无主仆名分"的雇佣关系的进一步发展。据我们所看到的清代前期雇工刑事案件，在乾隆五十一年雇工律例未改变以前的六十件长期雇佣案件中，注明"无主仆名分"的有六件，占全部案件的10%。雇工律例改变以后，乾隆五十一年至嘉庆二十五年（公元 1820 年），无主仆名分的雇工案件和所占比重大为增加，从所见到的一百四十件长期雇佣案件，注明"无主仆名分"的六十八件，占全部案件的 48.6%。❶ 这种变化，表明由封建雇佣关系向自由雇佣关系的过渡。如果没有庶民地主以及富裕农民的发展，雇佣劳动者的法律身份地位能否发生这种变化，是值得怀疑的。就是在乾隆五十一年（公元 1786 年）改定雇工律例之后，长期农业雇工的法律身份义务是否解除，仍然要依雇主的政治经济地位为转移。如果雇主是缙绅地主，或者是"足不及田畴"的大地主，在他们奴役下的雇工既不能与其"平等相称"，也不能与其"共坐同食"，当然也就不能从法律上获得解放。❷ 律例本身就表明了由地主所处地位决定生产劳动者身份地位的原则。这种关系，正是当时农业雇佣实际生活的反映。

　　由此可见，庶民地主的发展，影响于地主对农民的直接的超经济强制关系的松解，乃至促成直接经营和农业生产的发展；不

　　❶ 这里仅据我们收集的资料所做出的统计。又这里的长期雇佣指年工。一百四十件长期农业雇工，计注明"平等相称""共坐同食"，"无主仆名分"者六十八件，注明"未立文约"者四件，注明"有主仆名分"者一件，未加注、情况不明者六十六件。又月工一百五十五件，其中无主仆名分者六十七件，注明未立文约者一件，未加注释、情况不明者八十七件。
　　❷ 参考经君健《明清两代农业雇佣劳动者法律身份地位的解放》。见《经济研究》1961 年第 6 期。

514

中国地主制经济论——封建土地关系发展与变化

可否认，这是一种进步的象征。但是，这种变化的产生和发展，归根结底，取决于劳动人民的阶级斗争和生产实践。没有农业生产及社会经济的发展，没有劳动人民对封建宗法关系的斗争和冲击，这种变化是不可能有的。

关于庶民地主的发展，再一个值得注意的问题是和手工业资本主义萌芽的关系。明清时代，中国封建行会虽不若中古欧洲行会那么严格，但它对资本主义萌芽的发生和发展毕竟起着一定的束缚作用。❶且中国工商行会主要通行于城市，广大农村很少受它的制约。而中国农产加工的手工作坊和手工工场，诸如榨油、酿酒、制糖、造纸等，主要在农村，而且很多是由地主和富裕农民兼营的。这类手工作坊和手工工场，主人事必躬亲，一般官僚地主是很少从事这类活动的，其中主要是庶民地主。因此农产加工的手工业资本主义萌芽的发生和发展，和庶民地主的发展有着一定的联系。总之，研究中国手工业资本主义问题，首先要考虑在广大农村普遍存在的农产加工手工业的发展。关于这个问题这里不拟讨论，只是把问题提出来供研究参考。

以上是清代前期地主身份地位变化和农村阶级关系变化的发展趋势，以及庶民地主发展的历史作用。我们一方面要看到庶民地主的发展在社会经济方面所产生的影响，同时也要看到庶民地主和特权地主之间的联系。如果采行土地出租，两者同属封建社会的封建地主，这一点是相同的。正因为如此，彼此之间就没有什么不可逾越的鸿沟，可以互相转化：庶民地主可以通过科考、捐纳变为官绅地主，官绅地主的子孙也可以由于没落而转化为庶民地主。

---

❶ 关于这个问题参考彭泽益《从明代官营织造的经营方式看江南丝织业生产的性质》，见《历史研究》1969年第2期；彭泽益《十九世纪后期中国城市手工业商业行会的重建和作用》，见《历史研究》1965年第1期。

第五节　民田地主与生产劳动者相互
关系及地租形态变化

明清时代，民田地主与生产劳动者之间的关系发生了许多变化，如佃仆制向一般租佃制过渡，一般租佃制中封建依附关系的松解；身份性雇佣向自由雇佣过渡，分成租向定额租过渡，押租制、预租制发生及发展等。这些变化归纳到一点，即人身依附关系在松解，超经济强制在削弱。

一、民田地主与生产劳动者相互关系的变化

在明清时代一个更值得注意的变化，是民田地主与生产劳动者相互关系的变化，因为它更能反映封建社会后期的时代特征，从而也更能反映封建土地关系松解的本质。这种变化主要表现在两个方面，一个是租佃关系，一个是雇佣关系。

（一）租佃关系变化

租佃关系变化拟着重谈以下两个问题：一是封建租佃关系的松解；二是具有人身依附关系的租佃制向一般租佃制过渡。

1. 封建租佃关系的松解

明清时代促使封建依附关系的松解有很多因素，如农业生产力及商品经济的发展，农民阶级的反抗斗争，以及封建统治的政策措施，等等。我们这里之所以着重于地租形态变化及永佃制发展的论述，不只由于两者是促成封建土地关系松解的更为直接的原因，同时它也更能突出时代的特征。

在以上诸种因素相互作用的影响下，从明清之际到清代前期百多年间，农民阶级的面貌发生了较大变化。就农民对地主的态度而言，他们蔑视地主权威，敢于斗争和勇于斗争了。即在明代中叶后绅权嚣张时期，地方政权一旦放松对封建剥削关系的保证，民气即行高涨，地主无如之何。如海瑞官应天巡抚时期，

对土地兼并及农村高利贷活动作了一些限制，当地农民马上起来
了。据当时华亭县乡官徐阶记述，从前佃农向地主借贷，不敢不
清还，原因是"惧莫为之贷也"。现在不同了，"迩年以来，有
司数下讨债之禁，又重之摊放之刑，于是佃户嚣然动其不义不信
之心"。❶ 就是说这时佃农对地主不像从前那么"驯服"了。明
代后期虽然普遍出现农民向官绅地主的投靠现象，主要是为了逃
避国家的繁重赋役；而明末农民大起义爆发之后，以至明清鼎革
之际，封建政权在农村的统治呈现削弱趋势，农民立即把摆脱对
地主身份义务关系的要求提到日程上来，乃至进行反抗斗争了。
由明末至清代前期百多年间，主佃关系的急剧变化，封建依附关
系的松解，正是在这种条件之下发生的。

　　租佃间封建依附关系的松弛化，主要表现为农民阶级传统
思想的解放及阶级力量相互关系的变化。明清之际江西宁都魏礼
论述租佃关系变化时说，"有明数百年来，主佃康乐，各享饶
给"，就是说从前佃农比较"驯服"，照额纳租；现在不同了，
"田贼创立名款，用诬田主，以耸上听"，就是说佃农的精神
面貌发生了变化，斗争性加强了。❷ 乾隆年间（公元 1736—1795
年）修编的浙江吴兴县《乌青镇志》也记载了这一时期佃农的变
化，"向时人尚谨愿"，就是说从前佃农比较"驯服"，忍受地
主的压迫剥削；现在不同了，"年来奸猾成风"，即佃农习于进
行反抗斗争而难以"驾驭"了。❸

　　这时有不少关于主弱佃强的记载。如湖南各州县，据乾隆、
嘉庆两朝（公元 1736—1820 年）记载，或谓"田主懦弱"，❹ 或

---

❶ 徐阶：《世经堂集》卷二二《复吕沃洲》。

❷ 魏礼：《魏季子文集》卷八《与李邑侯书》。

❸ 光绪《嘉兴府志》卷三二，引自乾隆《乌青镇志》。

❹ 同治《巴陵县志》卷一一《风土》。

谓农民"欺田主愚懦"。❶ 江西瑞金县也有把佃农势强和"懦弱儒生"互相对比之类记载。❷ 由这类论述反映出佃农对地主的蔑视和反抗。如湖南衡州府属,清朝初年,兵后地多荒芜,募佃以垦,"稍有水旱,佃辄藉口以逋其入;少加督课,遂以逝将去汝睢眦主人,主人惟恐田污,不得不听命于佃"。❸ 如江苏青浦县,据道光年间(公元1821—1850年)吴淮所做《一斗粟》诗,有"往日催租佃如狗,今朝田主难分剖"之句。❹ 尽管这是地主文人对佃农的肆意污蔑,但也可以从中看出农民精神面貌及阶级力量的变化。

佃农力量增强,还表现在他们勇于向地方政权控告地主。前引魏礼所说佃农"创立名款用诬田主",就是控告地主的种种罪行。这时湖南岳州府也有佃农"诬告田主"之类记载。❺ 据嘉庆《巴陵县志》,"佃户恃出重赀,遂多抗租踞庄,田主夺之,两相告讦"。❻ 如广东归善县,佃农"以革斗起讼煽乱",即到地方政府控告地主大斗收租的罪行。这时增城县佃农控告地主斗争尤风行一时,据乾隆《增城县志》,该县"客民最健讼,其颠倒甲乙,变乱黑白,几于不可究诘"。客民均系佃农。客佃和"土佃"不同,他们和地主的关系缺乏旧的传统势力的束缚,从"健讼"二字反映出他们勇于和地主进行面对面的斗争了。县志论者又谓佃农的势力"根深蒂固""强宾压主之势成",说明佃农不再听从地主任意摆布了。更值得注意的是,"其在于今,土人尤而效之,亦云众矣,习染之污莫此为甚"。❼ 当地佃农受客佃激

❶ 张治堂:《风行录》卷一《札饬各邑查办刁佃控案》。
❷ 乾隆《瑞金县志》卷一《兵寇》。
❸ 《古今图书集成·职方典》卷一二四九《衡州府风俗考》。
❹ 光绪《青浦县志》卷二八,第16页。
❺ 张治堂:《风行录》卷一《札饬各邑查办刁佃控案》。
❻ 嘉庆《巴陵县志》卷一四,第2页。
❼ 乾隆《增城县志》卷三,第11页。

发，精神面貌也发生了相应的变化。

此外，在清代前期大量租佃制刑档中，还保存下来不少关于佃农反对为地主服役的资料。乾隆年间（公元 1736—1795 年），山东高密县佃农对地主之"不服使令"，河南裕州佃农以"该处佃户向不听田主役使"而拒绝为地主背运粮食，湖南耒阳县佃农以地主收租"向系田主自行收取挑回"，而拒绝"送租上门致坏成规"等，❶ 都是主佃间封建关系松弛化的具体反映。

明清之际农民精神面貌及阶级力量的这种变化，虽然不能概括全国，但相当普遍。

以上是封建租佃关系松解在实际生活方面的反映。主佃间关系的变化还反映在封建法权的"对等关系"方面。《刑部汇览》中载有这样一个例子，广东某县地主以佃农欠租，强砍佃农树木以抵租。佃户控告地主违法强夺，最后上诉到省一级衙门。巡抚以此案如何处理律无明文，上报到刑部衙门，据刑部指令："因人欠租不交，强伐其树作抵，比照以私债强夺人畜律拟杖。"

在清代刑档中有不少关于租佃案件事例。有关刑事案件，佃农都是按"凡人"地位判处的。一种是和庶民地主发生的刑事案件，兹举一例：直隶保安州农民申玉拖欠了地主董珍的地租，经过调解"认粮"了事。后来董珍又牵申玉之驴只抵租至酿成人命，董珍虽未参与斗殴，仍比照抢人财物杖一百、徒三年。❷ 下面再列举一个和奴仆发生刑事案件的事例。贵州毕节县监生杨时亨以佃农林文彬拖欠租谷，于乾隆三十二年（公元 1767 年）遣奴仆倮戈把清理田土，和佃户发生纠纷，打死佃户高氏，据官府判决："今老高氏同子林文彬虽佃种杨时亨家田土，究属良人。倮戈把系杨时亨契买家奴，其殴伤老高氏并致其死亡，自应按律

---

❶ 参考刘永成：《清代前期佃农抗租斗争的新发展》，见《清史研究》第1辑。

❷ 直隶总督方观承题，乾隆十八年十月二十四日。

拟绞监候"。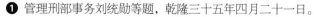

庶民地主和佃农在法律上的对等关系固不待言，具有封建功名的官绅地主和佃农间发生的刑事案件，在法权关系上也是对等的，在清代《刑科题本》中有过不少事例。（1）福建顺昌县武举萧廷超有田二段，由卢盛根佃种，乾隆五十八年（公元1793年），卢以萧廷超分谷不均，殴伤萧廷超并致其死亡，卢合依斗殴杀人者"拟绞监候"。❷（2）广东归善县生员钟华粤有田种二石，租与高方熹耕种，每年租谷十九点五石。乾隆三十三年（公元1768年），高方熹未交租谷，钟华粤催逼，发生斗殴，高方熹重伤身死。据广东巡抚判决：钟华粤合依斗殴杀人者"拟绞监候，秋后处决"。❸（3）江西乐安县周瑞生租佃贡生杨天爵租田二斗，每年租谷八石。乾隆十三年（公元1748年），周瑞生将一点二石田私顶与李传生，杨天爵遣雇工吴长仔找周瑞生分收割谷，打伤周瑞生致死。当时杨天爵并不在场，他以雇主关系"照不应重律""杖八十"；又以贡生关系"照律纳赎"。❹（4）湖北蕲水县监生孔广厚有田租三十四石，乾隆二十九年（公元1764年）批与周景占耕种，收周景占批银三十四两，议种十年。耕种四年，孔广厚将田卖与孔以占，周景占因争退底钱与孔广厚争执，被殴身死。据官府判决：孔广厚合依斗殴杀人"应拟绞监候"。❺（5）直隶文安县生员王卜年，于乾隆十年（公元1745年）将地二十亩租与李全耕种，以嫌隙争斗，王卜年咬李全手指致其死亡。判王卜年合依斗殴杀人"应拟绞"。❻（6）浙江仙居县举人彭炳龙，于乾隆三十六年（公元1771年）将已佃出

❶ 管理刑部事务刘统勋等题，乾隆三十五年四月二十一日。

❷ 管理兵刑部阿桂等题，乾隆五十九年十月十一日。

❸ 管理刑部事务刘统勋等题，乾隆三十四年十一月初三日。

❹ 刑部尚书李元亮等题，乾隆十八年十月初六日。

❺ 湖北巡抚揆义题，乾隆三十四年四月初七日。

❻ 刑部尚书阿克敦等题，乾隆十一年十月十九日。

中国地主制经济论——封建土地关系发展与变化

之田重复出佃，致酿成人命案件，照将已典卖与人田宅朦胧重复典卖者，以所收价钱计赃准窃盗论、窃盗赃一十两杖七十律，应杖七十。这时彭炳龙正赴京参加会试。**❶**（7）江西玉山县生员陈思裁，于乾隆四十六年（公元1781年）买陈九成田三点三亩，价银七十五两。该田向由陈光耕种，并出过顶耕钱文，因抢割禾稻致酿命案。经官裁决：陈思裁虽未在场，"但并不善为理论，辄令子侄前往阻割，兆衅酿命，亦难辞咎。陈思裁应照不应重律杖八十。系生员，已经斥革，不准开复"。**❷**（8）湖南兴宁县监生李元章有田十七石，租与唐汝山耕种，由其弟监生李素章代为经管。乾隆六、七两年欠租谷六石，李素章将佃约掣回，另招龙作舟承佃，唐汝山阻耕误伤龙作舟致死。经官府判决：李元章、李素章不与唐汝山退耕清楚，遽行另佃，致兆衅端，"照不应重律杖八十折责三十板……李元章年逾七十，李素章系监生，照律分别收赎、纳赎"。

　　由以上事例可以看出，有关主佃关系的人命刑事案件，其地主本人虽然没有参与斗殴而有牵连的，具有封建功名的地主和庶民地主一样"依不应重律杖八十"，所不同的是可以"照律收赎"。但"年逾七十"的庶民地主和妇女触犯这类刑律也可以"照律收赎"。其具有封建功名的地主，如果本人有人命案件，和庶民一样判处死刑"绞监候"。这时农民和地主的相互关系，在法权关系方面基本是对等的。

　　总之，这时的租佃关系，无论在实际生活方面还是在法权关系方面。都发生了不同程度的变化。

2.具有人身依附关系的租佃制向一般租佃制过渡

　　明清时代，一般租佃制已处主要地位，身份性租佃制和佃仆制只存在于某些地区。身份性租佃制和佃仆制的主要特征是，佃

---

❶ 浙江巡抚熊学鹏题，乾隆三十七年九月二十八日。

❷ 管理刑部阿桂等题，乾隆四十八年十一月初二日。

农在法权关系方面属于奴婢身份，同地主是贵贱等级关系；彼此之间有"主仆名分"，即严格的人身隶属关系。

为了论证身份性租佃制和佃仆制向一般租佃制过渡的历史意义，有必要先说明一下一般租佃制下佃农的法律地位及租佃关系的实际生活状况。一般租佃制，佃农在法权关系方面属于"凡人"地位，同地主是对等关系，而不是贵贱等级关系；彼此之间无主仆名分，即没有人身隶属关系。这并不是说佃农已经完全摆脱封建势力的压迫。明初定制，佃农对地主要行"以少事长"之礼。根据礼制，"少长"指兄弟关系。此外，在实际生活中，也还没有完全变成对等关系，有的佃农仍要为地主服役。总之，这时一般租佃制的主佃关系，即非贵贱等级关系，又和一般人与人之间的关系不完全相同。这种关系，有如乾隆年间（公元1736—1795年）刑部侍郎吴坛所说："佃户虽与奴仆不同，而既有主佃之分，亦与平人有间"。❶吴氏所说就是指明清时代一般租佃制。这个"有间"，吴氏所说就指明清时代一般租佃制已接近于单纯纳租义务关系，佃农还要交纳封建地租。我们可以从上述关系考察佃仆制向一般租佃制过渡的历史意义。

具有人身依附关系的租佃制——佃仆制向一般租佃制过渡，有两种不同情形，而且经历了漫长的历史过程。明初定制，承认佃农在法律上的"凡人"地位，❷这是一次比较巨大的变化，在中国封建社会后期，是具有划时代意义的变革，绝不容忽视。

这种过渡有一个发展过程。在唐代，佃农地位虽因地主身份地位不同而有所差别，但就法权关系而言，基本包括"部曲"

中国地主制经济论——封建土地关系发展与变化

---

❶ 吴坛：《大清律例通考》卷二七。

❷ 朱明立国后。关于地主和佃农的相互关系在法律上没有规定，说明佃农已处于"凡人"等级。据薛允升《唐明律合编》卷十《私役民夫抬轿》条规定：凡富豪之家役使佃客抬轿者杖六十，每日追给雇工钱六十文。以上都是一般佃农解除人身依附关系的具体反映。

等级之内。❶部曲的社会地位介于"奴婢"与"良人"之间，对地主具有比较严格的人身隶属关系，地主对佃农有"决罚权"，地主杀害佃农可以减轻刑罚。❷宋元时代，佃农一般称为佃客，社会地位稍有改善，佃农和地主在法权关系方面仍然不是对等关系，❸宋代佃农一度被剥夺了迁徙自由。在实际生活中，如苏洵所说，富民"招募佃客，分耕其中，鞭笞驱使，视以奴仆"。❹这种情形，元代改变不大，地主打死佃农只罚烧埋银若干两，而不偿命，这时佃农虽然并非佃仆，但其身份地位接近佃奴。朱明王朝立国后，在中国历史上第一次废除了压在佃农身上的封建法权。这时虽然仍在"乡饮酒礼"中写明佃农对地主行"以少事长"之礼，但礼节的约束毕竟不同于法律的硬性规定，"失礼"和"违法"两者的性质是不同的。

同时还要看到，明确佃农在法律上的"凡人"地位，使之摆脱人身依附关系，只是问题的一个方面。在实际生活中，主佃间仍保存着不同程度的超经济强制关系。这种超经济强制关系，随地主的身份地位高低、封建权势大小而有程度上的差别。明代中叶，伴随着贵族庄田扩大和缙绅权势嚣张，又有部分农民沦为类似于佣仆的身份性佃农。农民沦为佃仆，有的是为了逃避赋役负担。成化年间（公元 1465 — 1487 年），或谓"江西多豪右之家，藏匿流移之人，以充家奴佃仆"。❺这种现象，到明代后期

---

❶ 参考汤明檖：《中国古代社会经济史》。

❷ 据《唐律》卷二二："诸部曲奴婢过失杀主者绞，伤及詈者流；其主人殴部曲致死者徒一年，故杀者加一等，其有愆犯决罚致死及过失杀者，各勿论。"

❸ 宋元时代，佃客在国家法令中具有"良人"地位，同地主的相互关系则具有较严格的人身依附关系，这种人身依附关系并得到国家的维护。

❹ 苏洵：《嘉祐集》卷五《田制》。

❺ 《明宪宗实录》卷二八一，成化二十二年八月。

有所增长。万历年间（公元 1573—1619 年），王士性记述河南光山缙绅接受投靠情形说："光山一荐乡书，则奴仆十百辈，皆带田而来，止听差遣，不费衣食。"^❶山东文登县农民，为逃避赋役，"投身著姓，甘为奴仆"。^❷至于江南地区，投靠问题更为严重，这里有关奴仆的记载最多。^❸其带地投靠"止听差遣"的，大概只向主人服役，不交地租。其无地投靠户，佃种地主土地，既向地主服役，又须向地主交租。这类佃户和一般租佃制的区别，乃是逃避了对国家的赋役负担，改向私人地主服役，并对地主具有严格的人身隶属关系。

农村阶级关系的这种逆转趋势，有的地区经过农民大起义之后得到扭转。而未经过农民战争冲击的地区，这类身份性佃户一直到清朝初期仍在延续。如江南各地之"佃户例称佃仆"；^❹江南大户之"将佃户随田转卖，勒令服役"；凤阳大户之"将佃户称庄奴，不容他适"；^❺苏州府和太仓州等地佃户之"与仆无异"；^❻地主视佃户为"佃仆""贱人"，任意驱使；^❼新会县世仆的延续，^❽等等皆是。从清初对这类身份性佃户的语述语气，

❶ 王士性：《广志绎》卷一三。

❷ 民国《文登县志》卷一下，第13页。

❸ 不少文献记载，官绅富户奴仆、僮奴动辄千百。一户有千百个奴仆，这类奴仆很可能也是佃仆。在当时生产条件下，组织成千成百的劳动力在同一田场上进行生产劳动是相当困难的。

❹ 康熙《崇明县志》卷六《习俗》。

❺ 康熙《江南通志》卷六五，《艺文》，徐国相：《特参势豪勒诈疏》。

❻ 康熙《崇明县志》卷五八，《赋役》。

❼ 广东巡抚王暮题，乾隆三年一月二十九日。

❽ 刑部尚书来保等题，乾隆九年七月十四日。以上见刘永成：《清代前期的农业租佃关系》。

如江西吉安、赣州等府之"俗以佃为仆"，❶广东普宁县佃户称贱系"乡里风俗"，河南汝宁之"汝俗亦多称为佃仆"，等等。❷一直到康熙年间（公元1662—1722年），有的地区仍有豪绅地主"压佃为仆"之类记载。

上述记载有两种不同情形，一种属于佃仆制，佃农对地主有严格人身隶属关系；一种是从明代延续下来的习惯称呼，实际是一般租佃制，若"例称""习俗"之类属此。

关于佃仆制，若皖徽州、宁国、池州三府属比较典型。皖南佃仆制发生年代较早。这里的世家大族可以上溯至南朝的晋、宋，❸这里的佃仆制可以上溯至宋、元，或谓徽、宁、池三府，"自前宋、元、明以来，缙绅有力之家，招募贫民佃种田亩，给予工本，遇有婚丧等事，呼之应役……累世相承，称为佃仆，遂不得自齿于齐民"。❹比较确切的记载，如万历年间（公元1573—1619年）成书的休宁县《茗洲吴氏家记》，有"佃仆"之称（光绪十五年［公元1889年］吴姓所定《葆和堂需役给工食定例》，又改称"奴婢"）。以上是关于"佃主之田"的佃仆。从其他资料反映出来，"世仆"并非全出之佃主之田。据嘉靖

---

❶ 李桓辑：《国朝耆献类征初编》卷二〇八《监司》四，《贺延龄》。直到乾隆年间，吉安府之太和县（今泰和县）仍有关于世仆记载。

❷ 李渔辑，《资治新书初编》卷七，金长真：《请严主仆》。

❸ 或谓徽州祁门县程姓地主，远祖乃东晋时的新安太守，唐宋以后历代相承。北宋时著名理学家程颐、程颢是程氏三十二代孙。直到清代仍显赫一方。见中国社会科学院经济研究所藏：《乾隆程姓阖族条规》《族始源流略记》。或谓徽州歙县各大族"半皆由北南迁，略举其时，则晋宋两朝南渡及唐末避黄巢之乱"迁徙而来。见民国《歙县志》卷一《风俗》。

❹ 清档，军机处录副，乾隆三十四年六月二十六日璟善奏，北京故宫博物院档案馆，见韩恒煜：《略论清代前期的佃仆制》。

十四年（公元 1535 年）宁国某地主控告捐监柳某案，谓"葬主之山，佃主之田，住主之屋，皆为世仆"。❶ 此后《葆和堂需役给工食定例》，亦谓或种主田，或葬主山，或住主屋，"有一于此"皆为世仆。这种情形，正如章有义在《从吴葆和堂庄仆条规看清代徽州庄仆制度》一文所做分析。❷ 这就是说世仆的成因不一，葬主之山、住主之屋、入赘主人的婢女及佃主之田皆可成为世仆。农民和地主的身份义务是经过累世多年而逐渐凝固化的。这种关系既然凝固化，于是子孙世代相取，这一族姓为另一族姓的奴仆，乃至成为当地一种特殊的习俗。我们这里所要论述的，是葬主之山、住主之屋之外的佃仆，即由"佃主之田"所形成的佃仆。但这里并非所有佃户都是佃仆，如歙县胡姓怀忻公地主，在天启元年至崇祯十三年间（公元 1621—1638 年）出租三十三宗租田，先后租佃户凡四十三名，都不是永远服役的"世仆"，而是一般佃户。❸

皖南佃仆又叫地仆，这类佃仆制的特点，有如叶显恩所指出的，以实物地租为主，但占有一定分量的劳役地租，成为佃仆制的一个重要特点。❹ 佃仆的劳役有多种形式，诸如守卫、看坟、婚丧服役、抬轿、营造，等等。

这类佃仆和地主既是尊卑长幼关系，又是贵贱等级关系，在两者基础上形成严格的人身隶属关系。它的具体表现，诸如地主对佃仆有人身支配权，不准佃户私自外出佣工❺，当然更不准随

---

❶ 高廷瑶：《宦游纪略》卷上。

❷ 《文物》，1977年第1期。

❸ 章有义：《十七世纪前期徽州租佃关系的一个微观研究》，见《中国社会科学院经济研究所集刊》第5辑。

❹ 叶显恩：《关于徽州的佃仆制》。《中国社会科学》1981年第1期。

❺ 《乾隆程姓置产簿》，休宁《吴葆和堂需役给工食定例》，中国社会科学院经济研究所藏。

意迁徙，实际是把农民束缚在土地上，佃仆子女婚配受到一定程度的限制，而没有完全自由。❶有的地主对佃仆具有责扑权。❷有的佃仆可随田出卖，如康熙三十年（公元1691年）八月十八日祁门县郑双玉和程氏所订立的买卖契约，有将庄仆洪、王、程三姓连同屋地一同卖给程氏为业的记录。❸另有康熙三十年（公元1691年）九月十五日徽州李惟善等所立"卖契"，佃仆随田出卖之后，"即听买人呼唤应役"。❹还有的向地主交纳"柴薪银"，如祁门程氏的佃仆，规定自二十岁起，至六十岁止，每丁每年交银一钱。❺"柴薪银"系按丁交纳，而不是按土地交纳，说明乃是基于对佃仆的人身支配权。

以上各个地区存在的身份性佃户和佃仆制，由明至清前期数十年间都发生不同程度的变化，呈现衰落趋势。各地区的衰落过程不完全相同，黄淮流域及长江流域以北广大地区，系由于明末农民大起义的冲击，长江流域以南则由于清初奴仆的反抗斗争。在农民阶级反抗斗争而身份性佃户趋向衰落的条件下，清廷所采行的政策措施对身份性佃户向一般租佃制的过渡也起着一定的作用。

清代前期，除皖南徽州、宁国、池州三府某些州县之外，其他地区身份性佃户所占比重很小，并且是在一般租佃制包围之

---

❶《吴葆和堂需役给工食定例》，见祁门《程氏祠堂簿》，中国社会科学院经济研究所藏。

❷祁门《程氏祠堂簿》、黟县江氏《乾隆四十六年至五十四年状词和批示汇抄》。

❸乾隆祁门善和里《程氏置产簿》，中国社会科学院经济研究所藏。

❹中国社会科学院历史研究所藏，转见韩恒煜：《略论清代前期的佃仆制》。

❺《吴葆和堂需役给工食定例》，中国社会科学院经济研究所藏。

下而存在的。人身解放是当时农村社会经济发展的总趋势，落后的身份性租佃制实际上已不容易继续存在下去，这种关系一再反映于当时人的议论和建议。清代初期，浙江桐乡县张履祥说："今之小人，习悍成风"；"今日掉臂而来，异时不难洋洋而他适"。张氏所说"习悍成风""洋洋他适"，指当时包括身份性佃户和佃仆在内的农民反地主斗争。因此他主张对生产劳动者讲求"羁縻之道"。❶ 顺治十七年（公元1660年），江宁巡按卫贞元奏请"将佃户为奴请行禁止"。❷ 康熙初年，江西提调学政邵延龄对吉安、赣州两府绅衿大户不准佃仆子孙参加童子试的数百年陋习予以废除。❸

　　与此同时，清廷也一再发布解放奴仆包括身份性佃户在内的诏令。康熙二十年（公元1681年），下令禁止绅衿大户将佃户"欺压为奴"及"随田转卖"；有将佃户穷民欺压为奴的，令各督抚"即行参劾"。❹

　　总之，到清代前期，在明代中叶后发展起来的身份性租佃制已相继衰落下去。据我们所了解到的清代前期大量有关租佃的刑档资料，很少看到关于这类租佃的案件，这可能是身份性租佃制衰落的实际生活方面的具体反映。

　　皖南佃仆制衰落过程和前者不同，进展异常缓慢，这是由于当地特殊的历史条件所决定的。如皖南某些州县多世家巨室，而且历史长久，具有顽强的封建势力。据明代中叶人述，徽州"家多故旧，自唐宋来，数百年世系，比比皆是"。❺ 这里的巨室，如果从唐宋算起，有千年左右。因此这里豪族的封建宗法势力比

❶ 张履祥：《杨园先生全集》卷八《给徐敬可书》。
❷ 张光月：《例案全集》卷六《户役》。
❸ 《碑传集》卷八〇，邵长蘅：《提调江西学政按察使司佥事加一级邵公延龄墓碑》。
❹ 张光月：《例案全集》卷六《户役》。
❺ 道光《徽州府志》卷二之五《风俗》。引嘉靖《徽州府志》。

较牢固。又加上地理环境的限制，这里北有长江之隔，南有深山密谷，不易接受外界影响，除近代的太平天国活动影响之外，历次农民战争皆未波及。所谓"中原衣冠避地保于此"，"山谷民衣冠至百年不变"，所反映的就是这个地区的特点。❶ 而且佃仆制和世仆制两者紧密纠缠在一起，有的世仆可以脱离土地关系，成为单纯的人身依附关系，世代为一族姓服役，皖南的佃仆制就陷入这类世仆制的重围中，加固了它的顽固性。但是起决定作用的是土地关系与宗法关系的紧密结合。这里族田公产较多。如汪姓大族占据统治地位的祁门县查湾村，1950 年土改前，全村共有耕地二千三百四十四点三亩，其中公堂祠会地一千七百六十二点五亩，占全村土地 75.2%。其中的祠产主要是明中叶以后增置的。皖南佃仆主要是一族姓的佃仆，而非一家一户的佃仆。如吴姓大族占据统治地位的休宁县茗州村，吴氏总祠叫"葆和堂"，乃祭始祖的祠堂。中华人民共和国建立前吴氏佃仆共五十三户，其中只有一户归吴姓富商，其余五十二户分别属于吴氏族众和祠堂。❷ 就是说这里的佃仆基本是在整个家族的控制之下。即使有个别官绅户衰落了，祠堂田产犹然存在，从而在一族统治下的佃仆制也长期持续下来，形成所谓"千年之塚，不动一坏，千丁之族，未尝散处；千载谱系，丝毫不紊；主仆之严，数世不改"。❸ 一直到清代后期，世系数十代，尊卑秩然，主仆之分甚严。有的"世仆"已变殷富，"终不得列于大姓"。❹ 如有世仆"稍紊主仆之

---

❶ 参考同治《祁门县志》卷五《风俗》；光绪《新安志》卷一《风俗》。

❷ 参考叶显恩：《关于徽州的佃仆制》，《中国社会科学》1981 年第1期。另据光绪十五年吴葆根所记，《葆和堂需役给工食定例》，有"众、堂、私家仆婢"之类字句，可相印证。

❸ 赵吉士：《寄园寄所寄》卷一二。

❹ 光绪《婺源乡土志》《风俗》。

分"，则"一家争之，一族争之"。❶就这样，这里的佃仆制，一方面靠实际存在的封建土地关系的力量来维持，同时还辅以强大的封建宗法势力，宗法制度成为缠在佃仆身上的一条沉重的锁链，使他们的子孙永世不得摆脱。

皖南地区的佃仆制尽管是一种僵化的租佃制，具有一定顽固性，但在整个社会经济发展影响下还是发生了一些变化。这种变化反映于清帝的几次诏令。雍正五年（公元1727年）令："年代久远，文契无存，不受主家豢养者，概不得以世仆名之。"❷同年又令将徽州府"伴当"、宁国府"世仆"等"开豁为良"。❸乾隆年间（公元1736—1795年），安徽按察使璟善奏请将徽州、宁国、池州三府之由于豪强欺压而陷于佃仆身份之人"悉准其开豁为良"。❹嘉庆十四年（公元1809年），做了更为具体的规定："若年远文契无所考据，并非现在服役豢养者，虽曾葬田主之山，佃田主之田，著一体开豁为良。"❺这时农民虽住主之屋，葬主之山，佃主之田，而无文契，不为主人豢养并不为主人服役的，只是一般租佃关系，不能构成佃仆或世仆。清廷的历次诏令，使部分佃农摆脱人身隶属关系，取得"凡人"地位。这样，使世仆的范围逐渐缩小。这是佃仆制向一般租佃制过渡的一种形式。

关于徽州府佃仆制与一般租佃制所占比重如何，章有义根据

---

❶ 康熙《徽州府志》卷二。

❷ 《清世宗实录》卷五六，雍正五年宗四月癸丑。

❸ 光绪《大清会典事例》卷一五八《户部》《户口》。

❹ 安徽按察使璟善《案奏佃户分别种田确据以定主仆名分》，见刘永成：《清代前期的农业租佃关系》，《清史论丛》，第2辑。

❺ 嘉庆《会典事例》卷一五八《户部》《户口》，一直到道光五年，仍有类似诏令。据祝庆祺：《刑案汇览》，《良贱相殴》条："若无卖身文契，又非朝夕服役受人豢养，虽佃大户之田，葬大户之山，住大户之屋，非实有主仆名分者，不得压为世仆"。

《休宁朱氏置产簿》的分析反映得十分清楚，很可供研究参考。其中顺治十一年（公元1654年）的茶山"揽约"，除了规定"交纳银一两整不致少欠"外，未见其他服役条件。如不交租，也只是更换佃人，此外没有别的强制手段。还有四件乾隆十七年至嘉庆二十二年间（公元1752—1817年）的卖佃或卖租契约，记载着佃人对承佃所卖之田，向新买主交纳的谷租的数量，都没有附加任何别的条件。出卖者都是独立的小土地所有者。随着地权的转移而与买主结成新的租佃关系。其中保留了田皮的，也就是具有独立性的永佃权。有的丧失了田皮，但除纳租外，也没有承担其他奴役性义务。也就是说，徽州一带除了具有特殊性质的佃仆制外，一般租佃制是广泛存在的。这一点还可从其他大量地租簿得到佐证。❶

（二）雇佣关系的变化

关于雇佣关系的发展，着重考察如下两个方面问题：一是由使用奴婢到使用雇工；二是身份性"雇工人"向自由雇佣过渡。从以上这两个方面可看出雇佣关系的发展变化及主雇间封建依附关系松解的发展过程。

1. 明清时代奴婢的使用多种多样，本书所涉及的系指与封建土地关系相联系的生产奴婢

有明一代，奴仆制与雇佣制的发展变化经历了一个曲折而漫长的过程。明以前的元朝统治时期，曾一度把蒙古族的落后制度带进中原地区，在农业生产方面奴仆制一度盛行。朱明立国之初，对民间蓄奴之风一再下令禁革。先是洪武五年（公元1372年）诏：庶民因贫沦为奴者，"诏书到日即放为良"，"违者依律论罪"，❷洪武三十年（公元1397年），并把这条禁令写入律

---

❶ 参考章有义：《明清徽州土地关系研究》，中国社会科学出版社1984年。引者注：这里的"永佃制"系保留原著提法。

❷ 《明太祖实录》卷七三，洪武五年五月。

例。太祖掌政时期，在雷厉风行的政治形势下，各地方官对这类政令是认真贯彻执行的。同时在元末农民战争过程中，不少官绅地主衰落下去，明朝又采行了打击豪强、限制兼并、农民垦荒给为永业及验丁授田等政策措施，下令"若兼并之徒，多占田以为己业，而转令贫民佃种者，罪之"。❶ 以上这种种政策措施，对沦为奴仆的农民摆脱人身隶属关系、获得人身自由并取得土地，创造了有利条件。相对元代而言，奴仆制急剧没落，农民小土地所有制有较大发展。这种局面约持续了六七十年，到明代中叶又开始发生了变化，阶级分化加剧。丧失土地的农民，有的成为农业雇工，也有的沦为奴仆。

早在宣德年间（公元 1426—1435 年），苏松官绅地主"或以私债准折人丁男"。❷ 正统年间（公元 1436—1449 年），富家放债，对欠债农民，"至有奴其男女者"。❸ 成化年间（公元 1465—1487 年），江西豪右之家，"藏匿流移之人，以充家奴佃仆"。❹ 弘治年间（公元 1488—1505 年），官绅放债与农民，"辄强取其田宅子女"。❺ 正德年间（公元 1506—1521 年），南京、扬州、苏州、松江、常州、镇江等府属，由于水灾严重，"民间往往质鬻男女"。❻ 像这类记载几乎史不绝书。在地主制经济下，阶级分化是不可避免的，部分丧失土地的农民，卖身为奴维持肉体生存，乃是正常现象。

值得注意的变化是，明初的禁奴政策，在为农业雇工队伍的扩大开辟道路。明代中叶，伴随工农业及商品货币经济的发展，雇佣制也在继续发展，这种发展变化在各类记载中屡有反映。如

❶《明太祖实录》卷六二，洪武四年三月。
❷《皇昭文衡》卷二七，周忱：《与行在户部诸公书》。
❸《明英宗实录》卷一六九，正统十三年六月。
❹《明宪宗实录》卷二八一，成化二十二年八月。
❺《明孝宗实录》卷二一八，弘治十七年十一月。
❻《明武宗实录》卷一六六，正德十三年九月。

中国地主制经济论——封建土地关系发展与变化

正统年间（公元 1436—1449 年），山东、山西、河南、陕西、直隶各州县贫民"佣丐依食以度日"。❶ 嘉靖年间（公元 1522—1566 年），贵州铜仁、篁子坪二处逃民流散清浪、平溪、思州、马江、黄道、施溪等处，靠"佣赁"为生，"无虑数千"。❷ 万历年间（公元 1573—1620 年），吕坤官河南时说："梁宋间，百亩之田……必有佣佃"。❸ 这时在地主富户大田场上的生产劳动者，生产奴仆与农业雇工并行，但以雇工为主。这里试举一例，弘治年间（公元 1488—1505 年），处士陆俊，家道富裕，"有佣无奴"。❹ 这可从两方面解释，一是把不使用奴婢作为美德，同时也表明一般从事农业生产的富裕户使用雇工更为普遍。

以下试举数例，正德《松江府志》，"农无田为人佣耕曰长工，农月暂佣者曰忙工"。嘉靖《吴江县志》，"若无产者，赴逐雇倩，抑心殚力，计岁而受直者曰长工，计时而受直者曰短工，计日而受直曰忙工"。万历《秀水县志》，"四月望至七月望日，谓之忙月，富农倩佣耕，或长工，或短工"。

明代雇工人不仅写入地方志书，在当时的通俗日用百科全书，诸如《新刻徽郡补释士民便读通考》《鼎镌十二方家参订万事不求人博考全编》等一类书中，也载有雇工贴、雇工文书、雇长工契之类契约格式。乃至当时成书的几部小说，诸如《醒世恒言》《拍案惊奇》《石点头》等书，都有关于雇工的故事，说明明代各地农民佣工情形相当普遍。魏金玉的《明清时代农业雇佣

---

❶ 《明英宗实录》卷三四，正统二年九月癸巳。

❷ 顾炎武：《天下郡国利病书》卷一一四，贵州，《少卿周宏祖议铜苗疏略》。

❸ 吕坤：《实政录》卷二。

❹ 王鏊：《震泽先生集》卷七《陆处士墓志铭》。

劳动的数量估计》一文论之甚详， 可参见，此处从略。

明代后期，相对雇佣制而言，奴仆制的发展较为迅速，沦为奴仆的人数急剧增加。农民沦为奴仆的过程，有的通过卖身，如湖北麻城县，"耕种鲜佃民，大户多用价买仆，从事耕种"。❷有的系被逼迫强制，如河南汝宁府属，"土豪蠹恶"，武断乡曲，"收纳衣食无依之辈，诱致逃亡失业之人，一入其家，如投陷阱"，这些人"终无脱身之日"。❸这里所说"土豪蠹恶"主要指官绅地主。但更多的是通过投靠，乃是当时农民沦为奴仆的主流。其中又有两种不同情形，一种是农民带地投靠，如河南光山县，据王士性记述，地主子弟"一荐乡书，则奴仆十百辈皆带田而来，止听差遣，不费衣食，可怪也"。江苏，"吴州数郡，编属豪民，负田宅女子，投充贵势，鱼肉乡里，曲避征徭"。❹这段文字记述得不够确切，带地投靠的，有的是"鱼肉乡里"的豪奴，但更多的是为逃避赋役而投靠的自耕农。另一种是单纯的人身投靠。顾炎武说：江南读书人士"一登仕籍，此辈来门下，谓之投靠"。❺吴骞泛论晚明官绅户接受投靠情形说："明末乡官僮奴至以千计，谓之靠势。"❻这类投靠户不一定皆带着土地。其单身投靠的，可以逃避徭役负担；其带地投靠的，既可逃避徭役，又可以减轻田赋。明代后期，奴仆队伍就是这样扩大起来的。

陷身奴仆的农民，以官绅地主集中的江浙地区最为突出，

❶ 魏金玉：《明清时代农业中等级性雇佣劳动向非等级性雇佣的过渡》，见李文治等《明清时代的农业资本主义萌芽问题》，中国社会科学出版社1983年。

❷ 康熙《麻城县志》卷三《风俗》。

❸ 康熙《汝宁府志》卷四，金镇：《条议汝南利弊十事》。

❹ 孙之骐：《二申野录》卷七。

❺ 顾炎武：《日知录》卷一三《奴仆》。

❻ 吴骞：《愚谷文存》卷一三。

而且发生较早。早在嘉靖年间（公元 1522—1566 年），浙江湖州府大官董份，"家蓄奴不下千人"，❶隆庆（公元 1567—1572年）万历（公元 1573—1620 年）之际，江苏华亭县巨官徐阶，"家人多至数千"。❷万历年间（公元 1573—1619 年）礼部尚书于慎行说：江南地区，"至今佃户苍头有千百者"。❸奴仆队伍的膨胀，主要是从万历后期开始的。如苏州府属，宦室大姓，奴仆有至一两千人的。❹苏州府嘉定县，"大家僮仆，多至万指"。❺"万指"指千人。常熟县豪绅钱海山家，"僮仆数千指"。太仓州大学士王锡爵家，蓄奴一千多人。❻前面论述农民阶级反抗人身压迫斗争一节曾经谈到。太湖沿岸地区，"滨湖之人（奴仆），千百为群"；吴淞地区，奴仆"聚党数千人"。江浙一带农民沦为奴仆人数之众多，相当惊人。

余如湖北麻城县，"强宗右姓，家僮不下三四千人"。❼湖北钟祥县李钦家，有家僮数千。❽皖南宋乞领导的奴仆暴动，"列营数十处"。❾人数之多可以想象。黄河流域以河南为最，或谓该者"仕官之家，僮仆成林"。❿南阳曹家，睢州褚家，宁陵苗家，虞城范家，田之多者千余顷，少亦五七百顷，数家有仆从数千人。⓫

---

❶ 范守已：《御龙子集·曲洧新闻》。

❷ 于慎行：《谷山笔麈》卷五。

❸ 于慎行：《谷山笔麈》卷一二。

❹ 顾炎武：《日知录》卷一三《奴仆》。

❺ 顾炎武：《天下郡国利病书》卷一六《嘉定县·风俗》。

❻ 徐复祚：《花当图丛谈》卷三。

❼ 王葆心：《蕲黄四十八砦纪事》。

❽ 王鏊：《震泽先生别集》，附《郥变纪略》。

❾ 嘉庆《黟县志》卷一六，艺文。

❿ 康熙《汝宁府志》卷四，金镇：《条议汝南利弊十事》。

⓫ 郑廉：《豫变纪略》卷二。

由于沦为奴仆身份的农民日多，不能不引起一些地方官吏和封建文人的重视。早在宣德年间（公元 1426—1435 年），周忱陈述江南情形时即已指出："由是豪富之役属日增，而南亩之农夫以日减矣。"❶关于明代后期情形，据孙之𫘦论述："明季缙绅，多收投靠，而世禄之邑，几无王民矣。"❷孙氏所说未免过于夸张，但仍不失为投靠户众多的反映。广大自由民沦为身份性奴仆，这是明代后期阶级关系的一个巨大变化，这个变化和晚明土地关系的逆转紧密联系在一起。

下面试就明代奴仆内容和奴仆生产事宜加以分析。

向官绅巨室投靠的，有少数是充当官绅地主打手，企图依恃宦室权势，为非作恶，鱼肉乡里。这种投靠者谓之"豪奴"，非在本书论述之内。下面所要论述的是农民生产劳动者投靠户。如前所述，有带地投靠的，投靠者是自耕农，他们投靠官绅以后，"止听差遣"，即向主人提供服役；主人则"不费衣食"，即不负责他们的经济生活。这类投靠户照旧进行个体生产，因为他们带有土地，大概不再向主人交纳地租。但更多的投靠户是没有土地的，只是携带家室进行人身投靠，这类投靠户又有两类，一类由地主提供土地，令进行个体生产，投靠者向地主交租服役，实际变成地主的佃仆；一类是进行大生产，数十人百人在一个田场上共同生产劳动。但从当时生产条件和生产状况考察，这类大生产不会很多。

地主直接进行经营的，我们也见到几个事例。嘉靖年间（公元 1522—1566 年），华亭县何良俊家富有田宅，役使奴仆，"岁时课督耕种"。在生产过程中，其父讷轩，"恒身自临视之，未尝一日怠废"。❸庄元臣在所定《治家条约》中说："凡奴仆在

中国地主制经济论——封建土地关系发展与变化

---

❶ 《明文衡》卷七，周忱：《与行在户部诸公书》。

❷ 孙之𫘦：《二申野录》卷三。

❸ 何良俊：《何翰林集》卷二四《先府君讷轩先生行状》。

家，务使各勤其事，男使之耕，女使之织。"**❶** 又前述湖北麻城县大户的买仆耕种；浙江江山县的"居守看庄"农户，**❷** 都是使用奴仆进行生产。常熟县钱敬虞，"与佣奴杂作，胼手汗邪不惜也"。常熟县徐讷，"率其僮奴服劳农事"。苏州陈舆，"课僮仆力耕稼"。江苏丁至恭，有田在吴淞之滨，"日课僮仆以耕"。浙江淳安邵宗义，"躬率僮仆，力田治生"。仁和县徐凤，治田力农，"御佣仆则时其饩食"。安徽桐城县赵锡蕃，从事耕稼，"即与僮仆问节候，量晴雨"。**❸**

　　以上几个经营事例，使用的生产劳动者主要是奴仆，但有的是佃仆，也有的是雇工，因为这时的佃仆、雇工每同奴仆混称。若常熟县的"佣奴"显然是"雇工人"。

　　这时奴仆属于社会上最低下的等级，是被压在社会下层的生产劳动者。在法权关系方面，据《大明律例》："仆之于主，其身贱也，贱固不可以犯上；主之于仆，其身尊也，尊则不可以取辱。"主奴之间具有严格的人身隶属关系。《大明律》明确规定，奴犯主加等治罪，"凡奴婢殴家长皆斩，杀者凌迟处死，过失杀者绞，伤者杖一百流三千里"。主犯奴减轻刑罚。在实际生活方面，子孙世代为奴而不得脱籍。如皖南徽州府，"主仆之严，数十世不改"。**❹** 如江西吉安府，陷为奴仆的农户，"长子孙数十世名义相续属不绝"。**❺** 如江苏靖江县，地主户的奴仆，"世世为之厮养"。**❻** 如湖北麻城县，地主户的奴仆，"长子孙曰世仆"。**❼** 浙江江山县的"居守看庄"的农户，地主为之配偶，

---

❶ 庄元臣：《庄氏甫杂著》第八册，《曼衍斋草·治家条约》。

❷ 同治《江山县志》卷一《风俗》，引康熙《江山县志》。

❸ 以上数例，资料来源遗失——笔者自注。

❹ 赵吉士：《寄园寄所寄》卷一一。

❺ 万历《吉安府志》卷一一《风俗志》。

❻ 崇祯《靖江县志》卷一〇《风俗》。

❼ 康熙《麻城县志》卷三《风俗》。

生育子孙叫"伙余"，也就是世代奴仆。^❶主人有权对奴仆施行卖罚。如庄元臣所定《治家条约》对奴仆"时时综核，有惰不事事者，轻则除其劳酒，重由责扑之，或除其衣银"。^❷如松江府世绅董家，"待家奴过峻，有犯必杖"。^❸由于他们的人身属于主人，主人对他们有完全支配权，如不准其子女任意出雇，甚至出雇的佣值要交给主人。浙江湖州府属一个叫陈龙的，"沈氏仆也，夫妇俱忠谨，善为治，终身佣直悉以归其主，不为私计"。^❹这是一个很突出的事例。

明代后期发展起来的奴仆制，经过明末农民大起义及清初激烈的奴变的冲击才没落下去。这时或成百成千的投奔农民军，河南、湖广、四川等省就有不少这类事例；或乘主人势衰纷纷逃散，如山东诸城县丁耀亢家，"奴仆死散殆尽"。^❺如江西瑞昌县文姓地主，"家僮不下千指，皆鸟兽散"，^❻如湖广杜濬家，"僮仆十余辈，各挈妻子叛去"。^❼

清代前期，在奴仆制没落的基础上发展起来雇佣制。这时在地主田场上从事生产劳动的虽仍有不少奴仆，但持续的时间不久，有关雇工的记载越来越多，屡出现于地方志书中，如浙江平湖县，"田多募佣，有长工短工"。^❽金山县，"农无田者，为人佣耕，曰长工；农月暂忙者曰忙工；田多人少，请人助已而还

---

❶ 同治《江山县志》卷一《风俗》，引康熙《江山县志》。

❷ 庄元臣：《庄氏甫杂著》，第八册，《曼衍斋草·治家条约》。

❸ 《云间杂识》卷一。

❹ 《杨园先生集》卷三二《见闻录二》。

❺ 丁耀亢：《出劫纪略》，《乱后忍侮叹》。

❻ 康熙《瑞昌县志》卷八《吉仆传》。

❼ 《变雅堂文集》卷五《瘗志仆墓志铭》。

❽ 乾隆《平湖县志》。

538

之者，曰伴工"。❶ 湖北蕲水县，"最贫者为人佣工"。❷ 湖南衡
州府，农民"轻去其乡，为贾为佣"。❸ 江西东乡县，地主雇工
"必先夕面约"，"未佣先以值给"❹ 浙江宁海州，"农无田者
为人佣作"。❺ "十分其力，而佣居其五"。❻ 山东登州府，"农
无田者为人佣作，曰长工；农忙暂佣者曰忙工"。"田多人少请
人助已曰伴工"。山东滋阳县，十月朔，"农家皆设酒肴，燕佣
人"。宁阳县，十月一日，田主"辞场圃，犒农工"。沂州，
十月朔，"农家皆设酒肴，燕佣人，名曰散场"。❼ 在其他各类
文献记载中也屡见不鲜。如山西寿阳县，农民"受雇耕田者谓
之长工，计日佣者谓之短工"。❽ 如徐宗幹所说，农民"专恃佣
趁"。❾ 乾隆年间（公元 1736—1795 年），河南巡抚的奏报，也
一再谈到佣工问题。如尹会一所说：豫省向有无业穷民"佣工觅
食"，❿ 雅尔图说：流民之年力强壮者，"以佣工度日"。⓫ 以上
所说主要指充当农工。

　　清代前期，再一个值得注意的现象是，在文献资料中每把雇
工与佃农并提。如江苏通州，"无田之农受田于人名为佃户，无

---

❶ 乾隆《金山县志》卷一七。

❷ 顺治《蕲水县志》卷一八《风俗》。

❸ 康熙《衡州府志》卷八，第6页。

❹ 同治《东乡县志》卷八，系转述康熙年间情形。

❺ 同治《宁海州志》卷五，引自康熙十年《宁海州志》。

❻ 《巴陵县志·田赋论》，见《皇朝经世文编》卷三九，清前期。

❼ 《古今图书集成·职方典》卷二七八，登州府；卷二三〇，兖
州府。

❽ 祁寯藻：《马首农言》第20页，《方言》。

❾ 徐宗幹：《斯来信斋文稿》卷一《劝谕义谷约》。

❿ 尹会一：《抚豫条教》卷四，第7页。

⓫ 雅尔图：《心政录》卷一，第2页。

力受田者名为佣工"。❶邳州农业，"佃作皆非土著"，"驽钝者名为佣工"。❷湖北应城县，有田之家鲜能自耕，或募佣工，或招租佃。❸雍正四年（公元1726年），河南巡抚田文镜关于安插流民的措施，"或令人募佃，或雇与佣工"。❹乾隆四年（公元1739年）朝廷规定，"贫民入川垦地者，听其他散居各州县，佃种佣耕，为糊口之计"。❺乾隆十三年（公元1748年），清帝谕令各地流徙灾民，"或佣工佃种以食其力"。❻乾隆十四年（公元1749年），刘方霭奏请令"农民无资充佃，则力佣以自活"。❼嘉庆年间（公元1796—1820年），河南正阳县农民，"若无田者，赴逐雇请，计岁受值，曰长工"；"有种他人之田而计亩均分者，曰佃户"。❽以上各类记载佣佃并提，也是各地农业雇工日益普遍的反映。

明清时代，雇佣制的发展有过几次反复，但最后毕竟代替了奴仆制。佣工的社会地位和奴仆不同，据天顺年间（公元1457—1465年）张式之的《律便疏议》："雇工人者，雇请役使之人，非奴婢之终身从役者"。❾在社会上和法权关系方面，奴仆属于贱民等级，"雇工人"和雇主具有"主仆名分"，就这一点而言，"雇工人"和奴仆有其共同之处。但雇约解除以后，"主仆

---

❶ 康熙《通州志》卷七，第3—4页。

❷ 康熙《邳州志》《风俗》。

❸ 光绪《应城县志》《风俗》，引康熙《应城县志》。

❹ 田文镜：《抚豫宣化录》卷三下，《饬查逃荒男妇以安流民事》。

❺ 光绪《大清会典事例》卷一五八。

❻ 《清高宗实录》卷三一一，乾隆十三年三月内午谕。

❼ 刘方霭：《请修补城垣勿用民力疏》，《清朝名臣奏议》卷四五。

❽ 嘉庆《正阳县志》卷九，第1—2页。

❾ 李式之：《律例疏义·良贱相殴》。

名分"即得消失。如李天麟所说："家长但得用雇工人之力而不得有雇工人之身，佣直未满，分相系属；一满，即同凡人矣。"^❶这和奴仆终身乃至世代依附于主人者又不相同。雇佣制与奴仆制的兴替，不只是等级关系的变化，也表现社会经济的发展。

在中国地主制经济下，农业雇工情形极其复杂，如有类似奴婢身份的典当雇工等，魏金玉在《明清时代农业等级雇佣劳动向非等级雇佣劳动的过渡》一文中论之甚详，此处从略。

2. 身份性"雇工人"向自由雇佣的过渡^❷

明清时代，伴随富裕农民和庶民地主雇工经营的发展以及雇工队伍的扩大，主雇间封建依附关系趋向松解。雇佣实际生活的变化则为封建雇佣向自由雇佣过渡创造了条件，部分农业雇工逐渐以自由的身份出现于历史舞台。这是封建社会后期农村的一个巨大变化。正是在这种条件下，促成明清两代雇工律例的一再修订。

雇工分长工和短工，明初制律例，长工是以"雇工人"的身份出现的，对雇主具有身份隶属关系。关于短工的身份地位如何，则有待进一步研究。明洪武三十年（公元1387年）制定的《大明律》（《明律集解附例》），对短工的法权关系未加明确说明。据万历十五年（公元1587年）左都御史吴时来给皇帝所上奏摺，谓"有受值微少，工作止计月者，仍以凡论"。^❸从"仍以"二字说明短工很早就已以"凡人"的身份出现了。此前正德十三年（公元1518年）发生的计月工资雇工胡雄刀伤雇主刘珍

---

❶ 李天麟：《淑问汇编》卷三，第35页。

❷ 此节参考魏金玉：《明清时代农业中等级性雇佣劳动向非等级性雇佣劳动的过渡》及经君健：《明清两代农业雇工法律上人身隶属关系的解放》一文，见李文治等：《明清时代农业资本主义萌芽问题》，中国社会科学出版社，1983年。

❸ 《明神宗实录》卷一九一，万历十五年十月丁卯。

案件，则是按"雇工人"侵犯家长律判处的。❶ 胡雄是短工，之所以改按"雇工人"判处，可能是由于所谓"重情"案件而加重判处的，因此难以为据。

伴随着雇佣实际生活的发展变化，明万历初期人所写《大明刑律金鉴》，对各类雇工的雇佣性质的问题开始加以明确。"雇工人者，乃受雇长工之人，若计日取钱，如今日之裁缝、木匠、泥水匠之类皆不得为雇工人。若前雇工人年限已满出外，有犯者亦不得为雇工人"。❷ 据此，短工明确排除在"雇工人"行列之外，这可能是承袭过去惯例。万历十六年（公元 1588 年）制定的"新题例"，主要谈"雇工人"问题，规定"今后官民之家，凡倩工作之人，立有文券、议有年限者。以雇工人论；止是短雇月日、受值不多者其财买义男，如恩养年久，配有家室者，照例同子孙论；如恩养未久，不曾配合者，士庶之家依雇工人论，缙绅之家比照奴婢律论"。❸

这个"新题例"，在封建法典上第一次对"雇工人"这个术语下了定义。即雇主不管是官是民，雇工只要"立有文券、议有年限"，即属于"雇工人"范畴。

这个"新题例"还规定，官民之家所蓄养的奴婢，其"恩养未久、不曾配合"者，如发生刑事案件，在缙绅之家"比照奴婢律论"，在士庶之家"依雇工人论"。"士"指读书并具有初级封建功名的人，"庶"指一般凡人老百姓。其实这种关系早在万历五年（公元 1577 年）龚大器所编写的《招拟指南》卷首已经指明："律中诸条称奴婢，指功臣之家给赐者言；若庶民之家，止称义男，凡有所犯，比雇工人论。"这种以主人的身份地位决

---

❶ 龚大器：《招拟指南》卷首。

❷ 《大明刑律金鉴·刑律·奴婢殴家长》，上海图书馆藏抄本，转见经君健《明清两代农业雇工法上人身隶属关系的解放》。

❸ 《明清集解附例》卷二十《斗殴》。

中国地主制经济论——封建土地关系发展与变化

定奴婢和雇工法律地位的原则，说明中国地主制经济封建依附关系的等级性特点；就把"雇工人"和奴婢互相比附而言，乃是"雇工人"社会地位低下的具体反映。

　　"雇工人"在法权关系方面的地位，明廷将其定在雇主的宗法家长体系之内，雇主对"雇工人"有一定处罚权。明律明确规定："雇工人""若违反教令"，主人得"依法决罚"；若"雇工人""邂逅致死，各勿论"。这就是说："雇工人"受雇于雇主，必须无条件地服从雇主的役使和命令，从而"雇工人"的劳动就成为一种强制的人身奴役性质的劳动。雇主对"雇工人"的种种权利，不只限于雇主个人，还包括雇主的亲属。据明律，"雇工人"对雇主及雇主期亲有犯，即发生刑事案件，比照子孙或卑幼侵犯其父母尊长的罪行判处，加等治罪。若雇主及其期亲对"雇工人"有犯，得减轻刑罚。明律还专设《干犯名义》条款，如主人虐待"雇工人"，不准他控告，"雇工人"如向官府告发，不论所告是否属实，原告都要坐"干犯"之罪，而且处罚极重。如所告属实，首告人也要按卑幼告家长律治罪，杖九十徒二年半。被告雇主同自首论免罪。总之，"雇工人"和雇主虽非血缘亲族关系，却被编制在宗法家长制体系之内，在法律方面加上一重伦理宗法关系的外衣（判刑时比照血缘关系，有的稍有区别）。

　　雇工社会地位之低下，在当时文献中屡有反映。每每被称为"贱人""佣奴"。如明人李日宣说："庄佃与佣犹难同语，盖佃假地于主，而身其自有者也；佣食力于人而身则为人有矣"。❶又如张楷在《律条疏议》中说：雇工"盖亦贱隶之徒耳"。❷

　　农业雇工尽管仍被视为"贱隶""佣奴"，但明代中叶后雇佣关系毕竟发生了一些变化，不只明确了短工的"凡人"身份地

---

❶ 李日宣：《谳豫勿喜录》卷一二，第19—20页。
❷ 张楷：《律条疏义》卷二〇《良贱相殴》律后。

位，也有部分长工被排除在"雇工人"范围之外，属于自由雇佣的雇工逐渐扩大了，这是一个发展。

农业雇佣关系的变化，在崇祯年间（公元 1628—1644 年）即已有人论及，如湖州府沈某所著《农书》记述雇佣变化时说：百年以前即嘉靖（公元 1522—1566 年）以前，"当时人［雇工］司攻苦，戴星出入，俗［雇工］柔顺而主［雇主］尊；今人［崇祯时雇工］骄惰成风，非酒食不能劝，比百年前大不同矣"。❶ 意思是说，嘉靖以前地主对雇工可任意役使，现在雇工不那么听从地主任意摆布了。他们再不像过去那样逆来顺受，而要进行各种形式的反抗。

到清朝前期，这种变化更加突出。雇工为了和地主对抗，有的地区更进行有组织的斗争，如江西宁都州的雇工，把地主的横暴罪行"讦告官府"，他们开始突破封建宗法制的束缚、面向压迫奴役他们的"干犯名义"的条例宣战了。

人们对雇工的态度也逐渐发生变化，如明清之际浙江桐乡县张履祥主张"做工之人要三：银色好，吃口好，相与好"。所谓"相与好"就是改变对待雇工的态度，把关系处好。张氏的目的是用"三好以结其心"。❷ 说明这时雇主单纯靠超经济强制手段进行剥削已经行不通了。顺治、康熙（公元 1644—1722 年），也有的人从所谓人道主义出发进行论述，如金镇所说："若雇工佃户，原为力役之人，岂同臧获之辈，概行凌虐，大非人情。"❸ 这类议论虽然是地主虐使雇工的反映，但凌虐行为已被认为是不合理的。❹

中国地主制经济论——封建土地关系发展与变化

---

❶ 沈氏《农书·运田地法》。

❷ 张履祥：《补农书》下。

❸ 李渔：《资治新书初编》卷七，金长真：《请严主仆》。

❹ 但这时人们对"雇工人"还是贱视的，如乾隆年间孙嘉淦谓"雇工人"是"下属人奴"。见孙嘉淦：《孙文定公奏疏》卷二。

雇佣关系的变化，与客籍雇工的发展也有一定的联系。伴随着赋役制度的改革，由推行"一条鞭法"到实行"摊丁入地"，人们有了更多的迁徙自由，为客籍雇工的发展创造了有利的条件。如推行"一条鞭法"较早的福建省，早在万历年间（公元1573—1619年），古田县即"壮者多佣之四方"。**❶** 明代后期有不少关于农民流徙他乡的记述。清代前期，农民流徙现象更加频繁，如山西省辽州农民，"多佣力他乡"；**❷** 沁州农民，"强半糊口于外"。**❸** 如江西省南丰县农民到宁都州佣工，每年不下数百人；**❹** 东乡县农民到雇值较高的府县出雇；**❺** 新城县农民到种植烟草的地区出雇。**❻** 如湖南巴陵县农民，到四川、陕西等省当佣工。**❼** 如南直隶农民，到山东范县出雇等。**❽** 客籍佣工纷见于地方志书及当时人的论述，可见人数之众多。道光初年，河南密县，"阖邑雇工四千二百五十九人，其中半系外来民人前来寻工，这类人"既无亲族可查，又无中保可询"。**❾**

　　客籍雇工和雇主之间缺乏因地区而形成的封建纽带关系的传统。这类雇佣，从雇工方面说，他们对雇主更勇于进行反抗斗争，致使"佣工之家人人自危"。从雇主方面说，他们对雇工难于施展其旧有的封建习惯势力的强制，乃至发出如下惊叹：有田之家，"将来畏祸，不敢更佣地工，田必荒矣"。**❿**

---

❶ 万历《福州府志》卷七《舆地》。

❷ 《古今图书集成·职方典》卷三六七，辽州。

❸ 《古今图书集成·职方典》卷六六一，沁州。

❹ 魏禧：《魏叔子文集》卷七《与曾闻庭》。

❺ 同治《东乡县志》卷八。

❻ 同治《新城县志》卷一。

❼ 嘉庆《巴陵县志》卷一四。

❽ 民国《范县志》卷三。

❾ 杨炳堃：《杨中仪公自订年谱》卷二，第67页。

❿ 魏禧：《魏叔子文集》卷七《与曾闻庭》。

雇佣关系的变化，和伴随农业生产发展出现的庶民地主及富户大经营发展也有一定联系。清代前期，地主大经营有雇佣数十人乃至百人以上的，在清代刑档中也有不少关于大经营的记载，这是促成封建雇佣向自由雇佣过渡的又一个条件。

雇佣队伍的扩大，雇佣实际生活的变化，主雇间刑事案件层出不穷，迫使封建统治者不能不考虑修订有关雇工律例了。

清代前期雇工律例的修订并不那么顺利，经过了一个曲折而漫长的过程。先是乾隆二十四年（公元 1759 年），永泰建议："凡工作之人，如受雇在五年以上者，并非短雇可比，虽未立有文券，亦应照雇工人论。"这个建议经刑部同意，形成了乾隆二十四年（公元 1759 年）的条例。按照这个条例，解放了未立文契、年限而连续受雇不足五年的雇工，给予"凡人"身份地位。

乾隆三十二年（公元 1767 年），对旧有条例做了如下改动，规定："官民之家，除典当家人、肃身长随及立有文契、年限之雇工仍照定例拟外，其余雇工，虽无文契而议有年限，或不立年限而有主仆名分者，如受雇一年以内，有犯寻常干犯，照良贱加等律再加一等治罪；若受雇一年以上者，即依雇工人定拟；其犯奸、杀、诬告等项重情，即一年以内，亦照雇工人治罪。若只是农民雇请亲族耕作，店铺小郎，以及随时短雇，并非服役之人，应同凡论。"❶ 按照这个条例，关于"雇工人"的条件，由过去受雇"五年以上"缩短为"一年以上"，这显然是一次倒退。但从另一方面说，这个条例仍然有所发展，即提出根据劳动的性质确定雇佣关系性质的原则，即区别从事生产劳动和家庭服役的问题，把它作为判断系"雇工人"与否的标志。与此相联系，在这个条例上明确提出"主仆名分"问题。从前，把"主仆名分"作为"雇工人"的固有属性；现在把有"主仆名分"的局限于家庭

中国地主制经济论——封建土地关系发展与变化

---

❶ 《大清律例集解》卷二二，"奴婢殴家长"律后。

服役的雇工。在雇工的人身隶属关系解除过程中，按着劳动的性质决定雇佣关系的性质，这是一个发展。乾隆三十二年（公元1767年）增订的条例为此后乾隆五十三年（公元1788年）"新题例"的制定打下了基础。

不但雇工律的修订不那么顺利，在执行过程中尤多曲折。判案执行者，在思想深处旧框框阴魂不散，老一套习惯传统不那么容易抛弃，对有关主雇案件的裁决常不严格遵照既定律例，每把不属"雇工人"等级的雇工按"雇工人"判处。但另一方面，伴随雇佣实际生活的变化，刑部对某些雇佣案件，也每每采行变通措施。如乾隆四十八年（公元1783年），直隶宁津县陈夫亮雇高喜文佣工，没写文契，只议定年工资一千五百文。高喜文殴雇主陈夫亮致死，直隶按"雇工人"身份判处。又如乾隆五十年（公元1785年），山东王克仁雇王成子佣工，未立文契，只议定十个月的工钱七千文。王成子刀伤雇主王克仁之妻致死，山东巡抚按"雇工人"判处。又如乾隆五十年（公元1785年），吕季常雇齐刚佣工，未立文契，也只议定工价六千五百文。齐刚刀伤雇主吕妻胡氏致死，山东巡抚按"雇工人"判处。对以上三案，刑部认为雇主陈夫亮"不过寻常庶民之家"，高喜夫是"农民雇请耕作之人"。王克仁、吕季常两家皆与雇工"一同力作，无分良贱，即属农民雇请耕作之人"，以上各案主雇之间均"无主仆名分"。刑部据此论断高喜文、王成子、齐刚都非"雇工人"，宜改按"凡人"判处案。乾隆三十二年（公元1767年）制定条例，官民之家，雇佣工作之人，只要在一年以上，有关刑事案件即按"雇工人"身份论处。各地方政权即据此进行判处。刑部主张改按"凡人"身份判处，唯一理由是雇主乃"庶民之家"，看来雇主身份起着决定性作用。按着这一原则，在这一时期，庶民雇主所雇佣之人，除少数服役者外，基本解除了"雇工人"身份义务关系。

伴随雇佣关系实际生活的变化，各级政权对主雇间刑事案件的判处每每出现分歧。关于判断"雇工人"身份，有的提出以是否写立雇约文契作为准则，如乾隆二年河南巡抚尹会一题本，关于"止议年限、未立文券"的雇工案件，主张"应同凡论"。❶乾隆五年（公元 1740 年）江宁巡抚张渠题本，关于"受值无多、未立文券"的雇工案件，主张"应从凡论"。❷有的提出，只要是长工即按"雇工人"论断，如乾隆二十一年刑部尚书鄂弥达等题本谓："虽未立有文券，但经议有年限"的雇工案件，"应以雇工人论"。下面试列举一个中央和地方对同一案件的两种不同看法：乾隆二十七年（公元 1762 年），四川彭县刘守定雇周应隆佣工，周谋强奸并用刀砍主妇倒地，主雇间未立雇约文契，系年工而按月支取工资，四川总督以未立文契又按月付工资，而按"凡人"关系判处。刑部则以周应隆实际年工资银四点五两，提出按"雇工人"判处。刑部的改判，实际是按前述所谓"其犯奸、杀、诬告等项重情，即一年以内，亦照雇工人治罪"条例判处的，遂与前三案不同。

前三案判处的基本原则是：未立文契而从事生产的长工，只要雇主是庶民之家，都按"凡人"判处。乾隆五十二年至五十三年（公元 1787—1788 年）雇工律例的修订，基本贯彻这一原则。而乾隆五十年（公元 1785 年）刑部尚书喀宁阿的奏摺则是这一转折的关键。

喀宁阿奏摺特别强调服役问题，把是否服役作为鉴别"雇工人"的标志。他说，如果凡农民雇佣长工，"但有言明一二年为满者，皆得同于服役之人，设被雇主殴杀，即依殴杀雇工［人］律止拟徒杖，不同凡人问拟绞抵"，则其结果所致，"不惟幸宽雇主之罪，且长凌虐工人之风，更恐食力良民不甘为服役之人［这里指从事生产劳动者——引者］，致绝其谋生之路。揆之情

---

❶ 河南巡抚尹会一题本，乾隆二年四月二十九日。
❷ 江宁巡抚张渠题本，乾隆五年六月十日。

理，均未允协"。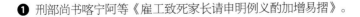喀宁阿在这个奏摺中针对把庶民之家所雇佣的长工作为"雇工人"判处一事提出异议，所持理由，一是防止雇主凌虐雇工，二是便于食力穷民出雇（其实这两个理由都是借口，关键是由于雇主乃是农民庶民之家）。乾隆五十三年（公元1788年）所颁行的"新题例"，就是以喀宁阿奏摺为依据的。乾隆"新题例"的主要内容是："若农民佃户雇请耕作之人，并店铺小郎之类，平日共坐共食，彼此平等相称，不为使唤服役，素无主仆名分者，亦无论其不无文契年限，俱依凡人科断"。

这个"新题例"，一是明确提出服役雇工才具有主仆名分，才属于"雇工人"等级，如律例中所列举的"车夫、厨役、水火夫、轿夫及一切打杂受雇服役人等"，这些人与雇主"平口起居不敢与共，饮食不敢与同，并不敢尔我相称"，以上就是主仆名分的具体内容。二是明确农民佃户即庶民所雇佣的长工属于"凡人"等级。把按劳动的性质确定雇佣关系的性质问题进一步具体化。"新题例"的历史意义，正如经君健指出，这是一个重要发展。雇工律例经过这次修订，绝大部分农业雇工获得法律上的平等地位，摆脱对雇主的人身依附关系。但这时获得凡人地位的长工，雇主只限于庶民之家，雇主如果是贵族官绅户，他们所雇佣的长工仍然被划在"雇工人"等级范围之内，由这次立法更突出了封建等级关系的特点。

研究乾隆年间（公元1736—1795年）雇工律例修订问题，必须注意到，早在律例还没有修订以前，雇佣实际生活已经发生变化，这种关系从前面列举的几个判例已有所反映。总之，先有雇佣实际生活的变化，然后才有雇工律例的修订。不仅乾隆五十二年至五十三年间（公元1787—1788年）雇工律例修订过程如此，此前的乾隆三十二年（公元1767年）以及明万历十六年（公元1588年）雇工律例的修订概莫能外。

---

❶ 刑部尚书喀宁阿等《雇工致死家长请申明例义酌加增易摺》。

关于雇佣关系的变化，从长工中"雇工人"与"凡人"数量对比反映得更加清楚。明代雇佣关系变化具体情况如何，受资料的限制，无法进行定量分析，清代刑档中却保存下来大量有关农业雇工资料（刑档中有关农业雇工资料庞大，我们所接触到的也只是其中的一小部分），在乾隆五十一年（1786年）以前即"新题例"未公布以前，已出现大量不书写雇约文契的长工雇佣。就所辑录的雍正元年至乾隆五十一年间（公元1723—1786年）共六十三年的九十一件长工案件，除情况不明者三十五件不计外，明确注明写立雇约文契的即按"雇工人"判处的只有七件，占12.5%；其中注明未写雇约文契的达四十九件，占87.5%。当时雇工经营的主要是农民富户和庶民地主，服役雇工一般都注明"主仆名分"，据此判断，这87.5%很可能主要是解除身份义务的自由雇佣。

更值得注意的是律例修订所促成的雇佣关系的进一步发展。从修订律例的乾隆五十二年（公元1787年）起至嘉庆朝（公元1796—1820年）三十三年间，共辑录有关长工案件一百零七件，除情况不明者四十四件不计外，注明有"主仆名分"的只有两件，占3.2%；注明"无主仆名分"的自由雇佣达六十一件，高达96.8%。

下面列举几个具体事例：嘉庆二年（公元1797年），广东始兴县，伍三满雇胡老八在家帮同种地，言定周年工钱八千文，"并未有文契，亦无主仆名分"。嘉庆三年（公元1798年），贵州桐梓县罗昌仲雇杨仁达帮种田地，每年给工价银二点六两，"并无文契，亦无主仆名分"。嘉庆六年（公元1801年），四川西昌县罗贵等二人帮刘杨氏家种地，每年每人工钱四千文，"并无主仆名分"。河南息县李望山雇杨允帮种田地，言明庄稼收竣歇工，价钱三千三百文，"彼此平等相称"。陕西户县冯远雇杨守德帮做庄稼，说定每年工钱五千文，"并无主仆名分"。嘉庆七年（公元1802年），甘肃古浪县杜良才雇张海帮做庄稼，每年工钱三千文，"没有主仆名分"。像这类事例，举不胜举。

关于明清时代农业雇佣的实际生活状况的变化，以及雇工律例的修订，魏金玉、经君健两位作过专题研究，进行了详尽论述。本书只从封建土地关系松解的角度进行简略介绍。

从以上论述可以看出，关于雇佣关系变化的研究，要把实际生活和法权关系联系起来考察，既要看到两者的一致性，又要看到两者的差异性；既要承认法律形式是实际生活上层建筑的反映，先有实际生活的变化，然后才有法律的修订；又要看到法权关系的局限性，律例改变了，实际生活并没有发生彻底变革，因此研究封建雇佣向自由雇佣过渡问题，不能把"自由"这一术语凝固化。过渡性的自由雇佣是它的萌芽状态，不可能像资本主义时代的自由雇佣那样，总带有一定封建性，在地主经济制的制约下，封建残余会长期延续，一直到清代后期，仍有不少关于地主压迫雇农的事例。清代刑档中有大量关于地主虐待雇工的案件，有的雇工被迫害致死，有的由于雇工不堪地主迫害进行反抗，说明地主并没有完全放弃对雇工的超经济强制。但不能因此而否认封建雇佣关系日益趋向松解的发展趋势。

这里对明清时代的奴仆制和雇佣制的发展变化作一简短概括：明代前期，明太祖朱元璋在元末农民大起义对官绅地主进行严厉打击的基础上，采行严厉的禁奴措施，奴仆制一度衰落，这是第一个变化。明代中叶，奴仆制重又出现，但雇佣制也同时发展，从这时开始，出现了封建雇佣制向自由雇佣制的过渡，这是第二个变化。明代后期，伴随地主绅权嚣张，法纪废弛，奴仆队伍扩大，雇佣制的发展受到阻碍，阶级关系呈现倒退趋势，这是第三个变化。经过明末清初剧烈的阶级斗争，奴仆制趋向没落，雇佣制获得发展，到乾隆年间，绝大部分农业雇工取得"凡人"身份地位，这是第四个变化。正是上述变化，在孕育着中国资本主义萌芽。

二、租佃制度的变化

明清时代，租佃制度与前代相比，发生了很大变化，如押租制、预租制有了很大发展，租佃制度的发展，是租佃关系松解的必然结果，超经济强制削弱后，经济强制加强是历史发展的必然。

（一）押租制和预租制发生发展的前提

实物定额租发生很早，但实物分成租向实物定额租过渡，主要发生于明清两代。

明清时期，随着社会生产力的发展，佃农经济力量也有所增强，更多的佃农拥有了牛、犁、耙、锄等生产工具，种籽、肥料等生产资料，住房等生活资料，能够支付全部经营成本。这时，地主不再提供生产资料，不再负担农田经营成本，他们的收入与他们付不付出生产资料和经营成本没有直接联系，他们也宁愿把地租数量固定下来，保证有一个稳定收入。而这时的佃农，承担着全部经营成本，独立经营的资力增强，有能力事先承诺交纳一定的地租数量。此外，他们讨价还价的能力也增强了。由于他们承担了全部经营成本，他们力求把地租压到原来分成租的数量以下。地主要求增租，佃户要求减租，就是在这两种力量的作用之下，分成租转变成了定额租。❶

定额租早在宋元时期就已经得到初步发展，如建安书堂新刊《佃田文字式》就是一件很有说服力的材料。契式称："某里某都住人姓某，今托得某人作保，就某里某人宅，承佃得晚田若干段，坐落名某处，计几亩，前去耕作管得不致抛荒，遂年到冬，

中国地主制经济论——封建土地关系发展与变化

---

❶《中国经济通史·清代经济史》（下），第1749页。

实供白米若干，挑赶某处仓所交纳，不敢少欠……"❶ 到明代，定额租较宋元时又前进一步。福建、安徽等地的《佃田文约》都有"每遇秋成收割，备办一色好谷若干，挑至本主仓前交纳，不得少欠升合"，或言明"议定每年租谷若干"，或写明"临田均分"字样。❷ 在这种租佃契式中，虽然把"议定每年租谷若干"与"临田均分"保存于同一张契式中，但从行文先后看，这时，定额租已更为人们所重视。明代，定额租在各种地租形态中所占的比重有多大呢？从全国范围来说，这个比例尚难计算，但个别地区情况还是可以得知的。安徽徽州地区，弘治至崇祯（公元1488—1643 年）一百几十年间的四十八件租约，其中实物定额租占 37.5%。❸ 虽然，这个数据并不足以反映全国各地租佃关系的发展和变化，但它还是不失为研究明代中后期租佃关系变化的一份难得的典型资料，透过这份资料，我们可以看出当时定额租发展的趋势。

到清代乾嘉年间（公元 1736—1820 年），定额租已在全国大多数省份推行，并在各种地租中居主要地位。根据中国社会科学院经济研究所辑录的二百二十六件清代刑部档案资料有关地区的统计，定额租占 79.2%，分成租只占 20.8%。❹

下面，再从各个地区进行考察：

据《明清福建经济契约文书选辑》中《租佃文书》统计，该书辑有租佃文书共二百零四件，其中租山文契四十七件，种果木文契一件，既没有记载分成租或定额租文契八件，其余

---

❶ 《事文类启劄青钱》，元刊。建安书堂新刊，又正统元年务本书堂新刊。见仁井田陞：《中国法制史研究》，《奴隶农奴法·宗族宗落法》，第754页。

❷ 万历刊本《词林武库》卷四《佃田文约》，见仁井田陞：《中国法制史研究》，第四章《元明时代的村规约和租佃契约》补缺文。

❸ 《屯溪档案》，佃约。

❹ 中国社会科学院经济研究所藏《刑档抄件》。

一百五十八件为租田地文书，最早租佃文契见于康熙四十六年（公元 1707 年），最后一张文契见于光绪三十三年（公元 1907 年），这二百年间，侯官、闽清、光泽、福州、仙游、南平、宁德、南安、永福九个县都有租佃关系发生。从一百五十件租佃地文书看，其中分成租文契有二十八件，占 18.37%，定额租文契有一百二十二件，占 81.33%。在有清一代，定额租在福建已很盛行。❶

根据《清代台湾大租调查书》所载资料统计，这个开发较晚的地区，从雍正到道光年间（公元 1723—1850 年）的情况是：实物定额租占 83.1%，分成租仅占 16.9% 而已。❷

东北地区，是中国封建化比较迟的地区，但就其地租形态变化而言，与全国步调是相一致的。乾隆至道光年间（公元 1736—1850 年），锦、热七县蒙地情况是，分成租已不见记载，实物定额租得到充分发展，嘉庆、道光年间，货币地租迅速发展，并超过实物定额租比重而跃居首位。❸

从上述材料可以看到，无论从全国范围看，还是从个别地区看，到清代前期，定额租已成为实物地租的主要组成部分。每块耕地租额固定化，对预租制的发生发展具有重要的意义，因为地主收取押租和预收地租时有了数量的依据，从而押租制和预租制的发生发展才有可能。

分租制向额租制转化过程中，主佃之间的关系也发生变化。湖南省《祁阳县志》作者，对这一变化作了这样的评论："祁之农务，全在稻田，有恒产者自食其力，俯仰固属充裕；贫乏者佃种富室之田，偿租而外，与己业无异，凡山头地角稍有可垦

❶ 福建师范大学历史系编：《明清福建经济契约文书选辑》（五），租佃文书，人民出版社1997年，第455—529页。

❷ 《台湾文献丛刊》第152种，《清代台湾大租调查书》。

❸ 伪满康德四年地籍整理局《锦热蒙地调查报告》。

者，无不开辟。"❶ 广东总督鄂尔泰也说："粤东之顽佃……把持耕种，租谷终年不清。"❷ 江西佃农从顺治至道光年间（公元1644—1850年），抗租斗争连绵不断，并且规模盛大，乾隆年间（公元1736—1795年），陈道在《江西新城田租说》一文称：佃农"仇视其主"，"争讼盈庭"。❸ 江苏陈大受给乾隆皇帝奏章亦称："吴中佃户抗租，久成锢习。"❹ 浙江崇德地区地主甚至哀叹"田主以收租为畏途，以有产为累事"。❺ 乾隆三年（公元1738年），岳州府同知陈九昌说，楚西地区佃农那种激烈抗租斗争的场面，使他感到"不胜骇异"，还指出："卑职前任澧州，调任宝庆，今任岳州，此风此俗，如出一辙，则湖南各处勿问也。"❻ 乾隆年间（公元1736—1795年），直隶怀柔《赵氏宗祠经费章程》亦言："租钱迟滞，皆由刁佃疲户掯勒租钱"。❼ 乾隆十四年（公元1749年），山东学政奏报：佃农"丰收之年，尚不免凌其主，抗负租息"，若是现在明降谕旨，在蠲免田主赋税之时，酌情减收佃农租谷的话，"在田主，既不能强以必从，而顽佃更得借端抗欠"。❽ 河南安阳县杨氏族谱亦称："乃有族人借佃种为名，拖欠不完，积算盈石"，并叫喊对佃种不完租者要"告官究追"，❾ 等等。主佃关系的松解，地主要实现地租收

❶ 嘉庆《祁阳县志》卷一三，第5页。

❷ 乾隆《潮州府志》卷三三，宦绩。

❸ 《皇朝经世文编》卷三一，陈道《江西新城田租说》。

❹ 《清高宗实录》卷二四五，第23页。

❺ 光绪《石门县志》卷一一，风俗。

❻ 《湖南省例成案》，《河津河防》卷一。

❼ 仁井田陞：《中国法制史研究·奴隶农奴法·家族村落法》，第525页。

❽ 光绪《山东通志》卷首，训典二，第64页。

❾ 仁井田陞：《中国法制史研究·奴隶农奴法·家族村落法》，第524页。

入，则需要更多依赖于经济的强制。

（二）押租制和预租制的发展 ❶

1. 押租制的发展

押租制在我国发生较早，嘉靖年间（公元 1522—1566 年），福建龙岩县已有押租记载，"佃丁出银币于田主，质其田以耕。田有高下，则质有厚薄，负租则没其质"。并说这种做法"沿习既久"。❷ 通过这一记载，可以得知：福建龙岩县在嘉靖以前已流行押租制；押租金额多少，视田肥瘠高下而定；佃丁欠租，田主以其质银相抵。明后期，福建漳州府属也有出资佃田记载："佃户出力耕田，如佣雇取值，岂得称其主，缘得田之家，见目前小利，得受粪土银若干，名曰佃头银"。❸《云霄厅志》称：佃头银乃"保佃之银，佃户无欠税，业主欲召佃，宜清还之"。❹ 但作为一种制度来说，它还不那么完备。从实行的地区来看，还仅局限于福建省某些地区，它还是属于个别的、零星的例子。大概这时的押租制处于萌芽时期。❺ 此后几十年，到清代的康熙、雍正年间（公元 1662—1735 年），押租制已在比较大的范围内推行了，如江苏、浙江、湖南、广东诸省都相继出现押租的记录。同时，内容也较明代福建云霄厅更为完备。这时，地主已经明确提出要佃户租地时交纳押租，这种押租是一种抵押作质的货币。雍正年间（公元 1723—1735 年），湖南浏阳县对押租已作

中国地主制经济论——封建土地关系发展与变化

---

❶ 明清时期：押租制和预租制的发展原因，江太新在《清代前期押租制的发展》和《论预租制的发生和发展》两文中，已作了较详细的论述，这里不再重复。

❷ 嘉靖《龙岩县志》卷上第二《民物志·土田》。

❸ 顾炎武：《天下郡国利病书》第一六册《福建》第85—86页。

❹ 光绪《云霄厅志》卷四《土田》。

❺ 吴晗在《朱元璋传》一书中说，元代末年押租制已成租佃关系中的普遍现象。我们迄今未发现有关元代乃至明代中叶以前押租记载，吴晗也未引证资料来源，暂存疑。

出规定，佃户在租种地主土地之初，要"书卷纳锱为质"。❶这就是说，佃户在租种地主土地时，必须订立契约，并交纳一定数量金钱，作为地租的保证。广东省揭阳县农民朱文京，于雍正元年（公元 1723 年）租种地主土地十九亩一分七厘，交顶首银六两八钱，后因家贫欠租，地主将顶首银两抵偿租项。❷又如潮阳县，雍正十年（公元 1732 年），佃户郭钦相租种地主田五亩，交顶首银十七两，每年还要纳租谷十二石四斗二升。❸到这时候，佃户向地主租种土地时，地主根据当时、当地情况，以及土地肥瘠，对每块地提出了要收取多少押金的要求，每年要纳多少租谷的要求，并把这些要求以文约的形式明确规定下来，比明代福建地区实行的"保佃"已有很大的发展。从地区上看，实行押租制的省份已扩展到数省，范围大大地扩大了。押租制发展到具备雏形的阶段了。到乾隆、嘉庆年间（公元 1736—1820 年），全国二十六个省中就有十八个省区有押租记载，地主向佃户收取押金已成为普遍现象。许多方志都把这一制度作为一种通行的习俗记载，说明押租制在这一时期的迅速发展，已侵入到社会经济生活，并发生巨大的影响。乾隆三十四年（公元 1769 年），福建道监察御史刘天成《请除佃耕押租之积习以便无业贫民事》奏摺中写道："臣闻川省近年以来，凡以田出佃，必先取银两，名曰押租。"又说："今川省固已如此，又闻他省似此者亦复不少。"❹乾隆三十五年（公元 1770 年），江西省宁都县仁义乡横塘塍茶亭内立了一碑，碑中有一段记载："一，田山批赁，田主按赁收租，佃户照批掌耕，彼此借以为凭，原不可废。但批赁时，田主必索佃户批礼银，并创十年一批之说，殊属额外

---

❶ 《浏阳县志》卷一《风俗》。

❷ 中国社会科学院经济研究所藏《刑档抄件》T一九二四。

❸ 中国社会科学院经济研究所藏《刑档抄件》T二四八六。

❹ 故宫博物院明清档案馆《军机处录副》。

多取。嗣后凡遇易主换佃，方许立批赁。如主佃仍旧，则将初立批赁，永远为照，不许十年一换，其批礼银，无论初批，换批及苛索入学贺礼，帮纳差漕，一概禁革"。这两件文献资料反映了同一个事实，即押租制发展到乾隆年间（公元1736—1795年），已成为社会上一个突出的问题，所以刘天成写了专门的奏摺向清廷反映，乾隆皇帝对这份奏折很重视，要"九卿议奏"。❷江西省宁都县由于地主利用押租鱼肉人民，加重了对农民的剥削，从而引起了农民的强烈反抗，地方政府在农民斗争的压力下，不得不向农民作了让步，勒石立碑，禁止地主出租土地时向佃户收取批礼银，不许地主搞十年换一次批赁的花招。在湖南省，押租制更加普遍，乾隆年间（公元1736—1795年）编修的《湘潭县志》卷十三中记载了押租事例："贫民以佃为产，议佃之初有庄礼。"河南省汝宁府罗山县，嘉庆六年（公元1741年）发生的一起租佃案中记载："该处俗例，佃户应出押佃钱文。"❸广东省镇平县在鸦片战争以前，押租制也已经成一种习俗，"佃户赁耕立承耕字，以银为质，如有欠租，即另招别佃，将此银抵扣所欠之租，名曰粪质银，亦曰粪尾银"。❹道光五年（公元1825年），陈盛韶到福建建阳县任职时，他见到的情况是："佃户除纳租外，当即出银数两与田主书立起埂字据，拨与栽种，日后起佃，仍将佃户银两退还。"从上述文献资料可以看出，这时是押租制迅速发展阶段。它已经作为租佃关系中的一种制度，在全国大多数省份普遍推行。见表7–41。

---

❶ 故宫博物院明清档案馆《军机处录副》。

❷ 国民党司法行政部编：《民商事习惯调查录》，民国十九年，第424页。

❸ 中国社会科学院经济研究所藏《刑档抄件》U六一二九。

❹ 黄钊：《石窟一征》卷五《日用》。

中国地主制经济论——封建土地关系发展与变化

表 7-41　清代前期各省有押租州县统计

省别	朝代						备注
	明季	康熙	雍正	乾隆	嘉庆	道光	
直隶				1	3		
盛京					1		
山西				2			
内蒙古					1		
河南					3		
陕西					3		
江苏		1		1	2		乾隆年间尚有一例。州县不详，未计入
浙江					7		
江西				3	3		
安徽				1	3		
湖北				3	2		
*湖南			1	9	5		
四川				3	22		乾隆年间有二例，嘉庆年间有二例，州县不详，未计入
福建	1	1		2	2	2	嘉庆年间有一例，州县不详，未计入
*广东			2	3		1	乾隆年间有一例，州县不详，未计入
*广西					2	1	

第七章　土地关系的松解及资本主义萌生，地主制经济高度发展（明清时期）

559

省别	朝代						备注
	明季	康熙	雍正	乾隆	嘉庆	道光	
*云南				2	2		嘉庆年间有一例，州县不详，未计入
*贵州					1		
合计	1	2	3	30	62	4	

资料来源：中国社会科学院经济研究所藏《刑档抄件》；故宫博物院明清档案馆《刑档》；各省地方志书；北京师范大学清史研究组《红楼梦》历史背景资料（之二）。见《北京师范大学学报》1978年第1期；全士潮《驳案新编》；《巴县档案》；《皇朝续文献通考》。凡有 * 者，在同一朝代，同一州县里发生几起案件，或地方志书中也有同一州县记载，本表中按州县计一数；凡同一州县，在前一朝代已出现的，记在最早出现朝代内。以后各朝不重复计数。

由于押租制发生时间、地点、条件不同，使用的货币又有钱、银之别，押租的称谓遂也不同。见表7-42。

表7-42　清代前期各省押租名称

省名	押租名称	省名	押租名称
直隶	押租银、押租钱、佃礼钱	湖北	佃礼钱、上庄银、价银、顶种钱、顶种银
盛京	押租钱		
内蒙古	押租钱	湖南	押租钱、押佃银、佃规银、佃规钱规银、进庄钱、进庄银、进庄礼银典佃银
山西	佃礼钱		
陕西	押租钱、进庄钱、顶手钱	四川	押租钱、押租银、押佃钱、押佃银佃价钱、佃价

中国地主制经济论——封建土地关系发展与变化

省名	押租名称	省名	押租名称
河南	押租钱、押佃钱、佃礼钱	福建	押租银、保佃银、田根银、佃头银、起埂银、赎银、保租银、顶耕钱
江苏	押租钱、佃礼银、顶耕银、顶首银业租钱		
浙江	押租钱、押佃钱、揽佃银、佃规银价银、顶耕钱	广东	顶批银、顶耕银、顶手银、顶首银批头银、批头钱、粪质银（粪尾银）
		广西	押租钱、顶批钱、批头钱
江西	押租钱、佃礼银、批礼银、顶耕钱顶租钱、堕脚银、脱肩银	云南	押租银、押佃银、压佃银、顶耕钱
安徽	进庄银、寄庄钱、寄庄银、揽种钱顶价、顶种钱	贵州	押租钱、顶佃钱、顶佃银

资料来源：中国社会科学院经济研究所藏《刑档抄件》；各省地方志；全士潮《驳案新编》；刘锦藻《皇朝续文献通考》卷二十一；刘永成《清代前期佃农抗租斗争的新发展》，见《清史论丛》1979 年第 1 辑。

说明：文中所列举的有关押租制称呼，并不完全是押租制的典型称谓。有些名称与永佃制的某些称呼完全相同，如顶耕银、顶首钱是也。由于这种情况存在，所以，在鉴别一条材料是否属于押租制的材料时，务必仔细分析材料，不能仅凭其名称确定它的属性。

从我们接触到的资料来看，鸦片战争以前，实行押租制更为普遍的省份应首推湖南、四川两省。

湖南省有押租记载的州县，据目前已经见到的资料，从雍正至嘉庆（公元 1723—1820 年）这段时间里，至少有十五个州县。

根据《湖南省例成案》所辑录乾隆二年（公元 1737 年）案件，"有田之家，凡遇穷民佃耕其田，必先索取进庄礼银"。❶

---

❶ 《湖南省例成案》，《户律·田宅》卷七。

第七章 土地关系的松解及资本主义萌生，地主制经济高度发展（明清时期）

乾隆十一年（公元 1746 年），按察使周人骥引用道州知州段汝霖的话说："楚南习俗，凡小民佃田，俱有进庄礼银，又名写田钱。"[1] 另据乾隆《湘潭县志》卷十三："贫民以佃为产，议佃之初有庄礼。"从以上记述语气看，在乾隆年间（公元 1736—1795 年），湖南省可能有更多的州县出现了这种制度。

表 7–43　湖南有押租制州县的不完全记录

州县	押租名称	资料时期	资料出处	备注
浏阳县		雍正	雍正《浏阳县志》	佃户要"书卷纳镪为质"
茶陵县	进庄礼	乾隆七年	中国社会科学院经济研究所《刑档抄件》	
湘潭县	进庄礼	乾隆	乾隆《湘潭县志》	
岳州		乾隆十一年前	转见同治《巴陵县志》引郡志。按《岳州府志》最迟为乾隆十一年修	
宁乡县	进庄银佃规	乾隆二十五年	嘉庆《宁乡县志》又同治《宁乡县志》	
善化县	押规银	乾隆十二年	光绪《善化县志》引乾隆十二年魏志	
耒阳县	典佃银	乾隆二十四年	《刑档抄件》	两年后，还银退佃
湘阴县	进庄钱	乾隆四十年	《刑档抄件》	乾隆四十年写契
桃源县	进庄钱	乾隆五十六年	《刑档抄件》	

[1]　《湖南省例成案》，《户律·田宅》卷五。

中国地主制经济论——封建土地关系发展与变化

州县	押租名称	资料时期	资料出处	备注
鄞县	佃规钱	乾隆五十八年	《刑档抄件》	
平江县	佃规银	嘉庆二十年	《刑档抄件》	
邵阳县	进庄礼	嘉庆	嘉庆《邵阳县志》	
巴陵县	进庄礼	嘉庆	嘉庆《巴陵县志》	
衡阳县	佃规押租钱	嘉庆	嘉庆《衡阳县志》	
郴县	批钱	嘉庆	嘉庆《郴县志》	

　　据表7-43，湖南地区押租制出现的记载年代：浏阳县始于雍正年间（公元1723—1735年）；茶陵、湘潭等九州县开始于乾隆年间（公元1736—1795年）；平江、邵阳等五县开始于嘉庆年间（公元1796—1820年）。押租制实际发生的年代比开始有记载的年代可能还要早一些。有不少州县的押租制起初是以"进庄礼"的名义出现的。关于"进庄礼"的内容及流行情况，《湖南通志》的作者做过这样的概括：

　　一，俗谓佃田为写田，每田十亩有纳进庄银至二三十两者，谓之大写；有纳进庄银二三两者，谓之小写；有不纳银而多纳租者，谓之加租。一，大写则退庄之日，田东仍还原银，抑或有议定年份扣除银两者。一，小写退庄之日，原银不复取也。其中有议定年份者，亦有约载永远耕种者。然近则十余年，远则二三十年，仍出银再佃，谓之转耕。一，加租则既无久暂之成约，惟视东佃之合否为进退焉。一，然贫民佃种大写者少，其小写及加租者，往往拖欠租谷，积岁未清，又穷无所之，因而"霸种"不退，以致构结讼端。❶

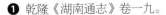

❶ 乾隆《湖南通志》卷一九。

将地方志书和刑部档案所提供的资料结合起来考察，在押租尚未作为一种成熟的制度出现之前，它所具有的特征是：各个地区不仅称呼不一，内容则有"大写""小写"之区别，进庄礼银有退还和计年扣除的差异；有的还保留着押租与加租混同在一起的情况。在雍正年间（公元1723—1735年），还有这种情形，一般穷佃交不起"大写"进庄礼，只交"小写"进庄礼。这种"小写"，议定租佃年限，到期还佃，而礼银不退。如继续租佃，须另交礼银。"进庄礼"这个称谓，顾名思义，是指佃农进地主之庄，住地主之屋，和地主建立租佃关系之始，先交纳一笔费用，故为之名"礼银"。在这里，押租表现为农民对地主的一种封建贡献是十分清楚的。因此，它的早期形态虽具有押租的性质，但不可忽视它所显示的封建依附关系的内容。

这种制度接着在四川省蔓延开来。据光绪《奉节县志》卷二八称，"李上品，北乡芝麻田里民，于乾隆三十二年（公元1767年）捐田地一分，价值三百余金，每岁收租谷十三石，佃钱十六千，施作两河口义渡之费，立有碑"。这里所指的佃钱就是押租。乾隆三十四年（公元1769年），御史刘天成把四川省实行押租的情况做了详尽的记述："臣闻川省近年以来，凡以田出佃，必先取银两，名曰押租，其租照常，其银无利，直俟退佃还银。甚有租仅二三十石，而押租之银竟有倍至四五十两，更有加银夺佃，以致酿成争端者。"❶乾隆四十年（公元1775年），巴县朱廷选向虎头寺僧佃田一段，每年租谷三十石，交押租三十一千文。同年，该县农民吴国雄也向虎头寺佃田一段，每年租谷十八石，交押租十千文。❷从这些材料可以看到，在乾隆中期，押租制已在四川发展起来，到嘉庆年间（公元1796—1820年）进一步普遍化。据嘉庆年间的刑事案件材料考察，有关押租

中国地主制经济论——封建土地关系发展与变化

---

❶ 故宫博物院明清档案馆《军机处录副》。

❷ 《巴陵档案》乾隆《民刑》《田产》。

的案件在租佃案件中，已占着极大的比重。该省当时发生租佃案总数为六十一件，涉及的州县三十七个，在这些案件中，有押租的案件二十八起，占总案件的百分之四十六弱，一般租佃案件三十三起，占总案件的百分之五十四强。发生租佃纠纷的三十七个州县，有押租记载的有二十二个，占总州县数的59.5%。剩下的十五个州县虽然没有押租记载，但不能据此断定这些地方不存在押租制。

又据《忠州直隶州志》，该州共有书院田二十七处，其中记明有押佃钱的占十四处，计乾隆朝二处，嘉庆朝五处，道光朝三处，年代不明者四处。无押租记载的十三处。其征收押佃钱的十四处，田场面积比较大，每处所征租额平均在二十三石以上。其未收押佃钱的十三处，只有五处面积较大，其余八处每处只能出产稻子或杂粮数石，有四处甚至少到一至二石，征收的地租就更少了。

由以上记载可以看出，四川押租制度的发展时间，大体是在乾隆中期以后，略晚于湖南省。但值得注意的是，四川省押租制一开始就脱弃了"礼银""佃规"的外壳，直接以押租的形态出现，或称"押租钱""押佃钱"，或称为"佃价"。这一点和湖南以封建贡献形式出现的"进庄礼"有所不同。这一不同，大概与四川的佃户绝大多数由来自外省的客佃构成有关。

综上所述，押租制发生发展的过程就很清楚了。明代后期，首先在福建出现；到清代康熙、雍正两朝，继续在江苏、湖南、广东、浙江诸省发展起来；到乾隆、嘉庆两朝，这种制度在全国大多数省区出现，尤其是在湖南、四川两省更为普遍。

2. 预租制的发展

预租制发生于何时，因受资料限制，目前尚无法确定。但明万历年间（公元1573—1619年）已有预租制记载却是千真万确的。安徽省徽州府留下的一件租约是这样记载的：

十一都汪奉孙自情愿租到同都胡广、朱洪等名下坟前地壹块，又坟左庇外地壹块，内柿木大小四根，凭本管二家每年面议地木租银壹钱正，其银约至清明日交纳，不致短少。自佃之后，日后子孙毋许砍斫、变卖；如违听自胡、朱二家理治。恐后无凭，立此租约为照。

万历十四年三月初十日

立租约人汪奉孙

本管里长吴　贤　吴俊德

代笔见人吴　圣

同业人胡广、胡保、朱洪、朱四十租银照粮均分。再批。❶

当时，预租可能还是个别地区的个别事例，处于萌发时期。

进入清代以后，预租制有了发展。不但实行预租制的地区不断扩大；而且越来越多的地主或田主出租土地时放弃了原来秋成收租老办法，采取了预收地租的新办法。

康熙前期，江西宁都所属的三个乡地主向福建汀州、上杭、连城三地到此佃耕农民收取"批田银"，如"不能即办批田银，田主许之宽假，计银若干，岁入息三分，统俟冬收交纳"。❷雍正十三年（公元 1735 年）以前，山西沁源县农民常进财租李相山地一分，每年出租一十七石。雍正十三年（公元 1735 年），李相山向常进财预收粟谷三十四石，议定作为两年租课。❸雍正十三年（公元 1735 年）正月间，广东平远县农民颜惟全向邻村林若恭租种田五斗五升，议定每年租谷五石五斗，"要早熟清交"。❹到乾隆年间（公元 1736—1795 年），江苏、浙江、江西、安徽、湖南、湖北、四川、直隶、山西、河南、陕西、甘

---

❶ 《屯溪档案》《租约》。

❷ 《魏季子文集》卷八《与李邑侯书》。见《宁都三魏全集》。

❸ 《刑科题本》，乾隆六年三月十一日，刑部尚书来保等题。

❹ 《刑科题本》，乾隆二年四月七日，经筵讲官徐等题。

中国地主制经济论——封建土地关系发展与变化

肃、福建、广东、盛京等十五个省区四十三个州县都有实行预租的记录。嘉庆年间（公元 1796—1820 年），全国各地又有十九个州县实行预租。到了清代前期，预租制已在全国范围内推广开来，见表 7-44。

表 7-44　各省预租件数及实行预租制州县统计（明万历至清嘉庆）

省别	朝代									
	万历		康熙		雍正		乾隆		嘉庆	
	件数	州县数	件数	州县数	件数	州县数	件数	州县数	件数	州县数
江苏*							1	1	2	2
浙江							1	1	4	4
江西			1	1			1	1		
安徽*	1	1							2	2
湖南							1	1	1	1
湖北							3	3		
四川							4	4	2	1
直隶							15	15	5	3
山西					1	1	2	2	1	1
河南							1	1		
陕西							2	2		
甘肃							1	1		
福建							2	2	2	2
广东					1	1	5	5	1	1
盛京							1	1	3	2
合计	1	1	1	1	2	2	40	40	23	19

　　资料来源：中国社会科学院经济研究所藏《刑档抄件》；《屯溪档案》；《民商事习惯调查报告录》。民国十九年；《淡水厅志》，《清代台湾大租调查书》第 3 册；乾隆《顺德县志》；《清代档案史料丛编》第 5 辑；《满洲旧惯调查报告》，皇产。

　　说明：1.《皇朝文献通考》卷一〇，乾隆五年《禁屯田不得立卷预支》条及嘉庆《大清会典事例》卷一三六，乾隆五十六年议准"庄头等册得预年支取"规定，由于省别不清未计表内。

　　2. 四川省射洪县，直隶永清县、定兴县，盛京省广宁县由于乾隆年间已有预租记录，所以嘉庆年间州县数一栏总数少了四个。

　　★江苏、安徽明代属南直隶。

清代前期，预租制的发展不仅表现在地区范围的扩大，而且还体现在更多地主或田主采用这种先收租后耕地的出租办法。万历年间（公元 1573—1619 年），安徽省徽州府田主收取预租的还是少数，我们所见十九件租约中，分成租占七件，定额租占七件，货币租四件，预租只有一件。**❶** 到清代前期就不同了，许多地方形成了习惯。如，乾隆十五年（公元 1750 年）出版的《顺德县志》指出："有田者多不自耕……耕者纳租，或在当年，或在上年。"**❷** 乾隆四十一年（公元 1776 年），广东南海县方氏家族议定：租地者"银租于投田日现银交租，乃得登簿"。他们认为这种办法"甚属妥当，永远遵行"。**❸** 湖南汉寿县民间习俗是："倒租者，佃户于未耕田之先，预将应纳之租谷送交田主……庄息者，佃户应于先一年冬季，按亩数缴纳田主庄钱若干，翌年方能耕种，年纳一次，退佃亦无返还。"**❹** 湖北南漳县亦有"先年交租，次年种地"**❺** 的风俗。此时，民间有关此类记载甚多，不一一枚举。由此，我们可以看到，预租制在民田租佃中已相当盛行。

这时，预租制在官田、旗地实行情况如何呢？乾隆五年（公元 1740 年），清政府制定的条文中有一条规定："运军额设屯田，止许得当年租银，不得加租及立卷预支。"**❻** 乾隆五十七年（公元 1792 年）规定，庄田、旗地"只准按年交租，该庄头等毋得预年支取，倘仍向预支，许佃户呈控"。**❼** 东北地区户部官

---

❶ 《屯溪档案》《租约》。

❷ 乾隆《顺德县志》卷四，第1页。

❸ 光绪广东南海《方氏族谱》，《祠规》。

❹ 国民党司法行政部编：《民商事习惯调查报告录》，民国十九年，第607页。

❺ 中国社会科学院经济研究所《刑档抄件》。

❻ 《清朝文献通考》卷一〇，第4944页。

❼ 嘉庆《大清会典事例》卷一三六，第15—16页。

庄的佃户分永佃户和现佃户，现佃户耕种权的取得，是以预交第二年地租为条件的。❶可见官庄、旗地租佃中收取预租的已相当普遍。

从预租制实施的范围及普遍性看，预租制经过万历至清前期发展，到乾隆年间（公元 1736—1795 年）已成为租佃关系中一种新型的租佃方式。预租成为租佃制度中的一种收租方式后，便在全国更大范围内得到推广，并一直延续到民国时期。1934 年，《中国经济年鉴》写道："预租不特发展于江、浙、闽、粤、冀、鲁等沿海各地，内地各省亦有之。"❷

从地租形态考察，预租制有实物租和货币租两种。

货币预租是预租制中最常见，最普遍形式。如江苏崇明县张三向施忠租赁东旺沙柴荡，议明租价二十两。❸浙江诸暨县楼玘美租种余思田族祀田三十亩，交租钱六十五千文。❹湖北宜城县张起洪佃种杨国点的田，预付课租四十三千文。❺四川射洪县范添顺兄弟佃吴耀地土耕种，"原议定预交一年租息银二十二两"。❻直隶永清县方瑞征租种贾杜地十亩，先给地租大钱十五千文。❼甘肃肃州卢廷吉有三石种籽的地，租与西安开功县人陈宏康耕种，讲过租种三年，每年租银十八两，陈宏康"现给

❶《满洲旧惯调查报告》内务府官庄，第189页。

❷《中国经济年鉴》，1931年，第7章。

❸《刑部档案》，乾隆四十二年三月十九日兵部侍郎方杨魁题。

❹《刑部档案》，嘉庆二十四年五月十四日巡抚浙江等地方陈若霖题。

❺《刑科题本》，乾隆三十年五月十一日兼管刑部臣刘统勋等题。

❻《刑科题本》乾隆二十八年五月二十九日议政大臣、尚书舒赫德等题。

❼《刑科题本》，嘉庆十二年六月二日署理直隶总督温承惠题。

他二年的银子三十六两"。❶广东潮阳县郑军踊向郑××租田二分，欲行播种早秧，"当给租钱四百文"❷等。

民田如此，官田、旗田如何呢？根据我们所接触到的材料看，旗地预租皆为货币预租。我们辑录到乾隆至嘉庆年间（公元1736—1820年）十二件旗地预租案。这十二件预租案记载的都是货币地租。如，乾隆七年（公元1742年）发生的一起案件中记载，正红旗宗室都隆额将投充人蓬自化的投充地四顷四十五亩，租与民人刘海祥等耕种，预收租银一千两。❸乾隆十五年（公元1750年），直隶满城人段五租种在京旗人鲁高旗地二亩，每年预交租钱九百文。❹嘉庆年间（公元1796—1820年），直隶完县人刘恒惠等人夥种得山旗地四亩，又刘恒宽承种十二亩，每亩租价大钱三百文，得山因乏用，每亩预收租银一千一百十五文，❺等等。直隶省各地内务府庄田，所收预租皆为货币租。如乾隆三十一年（公元1766年）的一件案卷中记载：直隶滦州民人王玉庆、王贯一等十四人佃种内务府庄田，所佃地一顷八十九亩一分，应租滦钱五百五十吊零四百文。王玉庆种地二十五亩，预交三十一年租钱七十五吊，王连芳种地十亩，预交三十一年租钱二十六吊……❻嘉庆年间（公元1796—1820年），张海佃种奉天炸子厂官差地八日半，言明每日纳租钱九吊整。"同众言明交现租九月十五日一半，过年二月十五日交结"，"其租价钱不到，地归本厂领催"。道光年间（公元1821—1850年），盛京礼部官庄的一部分土地由现佃户耕种，耕种这部分土地的佃户以年末

❶ 《刑科题本》，乾隆九年三月十日刑部尚书来保等题。
❷ 《刑科题本》，嘉庆十六年秋审，广东巡抚。
❸ 中国社会科学院经济研究所藏《刑档抄件》。
❹ 中国社会科学院经济研究所藏《刑档抄件》。
❺ 中国社会科学院经济研究所藏《刑档抄件》。
❻ 《内务府来文》二一二四包，乾隆三十一年六月×日。见《清代档案史料丛编》第5辑，第90页。

中国地主制经济论——封建土地关系发展与变化

预交第二年租为条件。**❶**

由此可见，不论是民田，或是旗地，或是官庄，货币预租都是预租制的重要地租形态。随着预租制的发展，货币预租也越来越发展，到民国时期，货币预租已居于主要地位。正是由于货币预租的普遍化，给后人造成一个错觉，似乎预租制地租形态只有货币租一种。其实不然，实物预租也是预租制的一种重要地租形态。从发展阶段看，它既存在于预租制发生早期，也存在于预租制发展成熟和鼎盛时期。从时间上考察，它既存在于清前期，也存在于清后期，并延续到民国时期。前面，我们已经列举了雍正十三年（公元 1735 年）间，山西沁源和广东平远两县地主向农民预收谷物事例。下面，我们再举些不同时期、不同地方事例。嘉庆七年（公元 1802 年），安徽省太湖县杨月盛顶种原宋周柱膳田一石七斗，每年额租十八石九斗，八年的租谷已如数交清。**❷**清末、民初的湖南汉寿县情况是：“倒租者，佃户于未耕之先，预将应纳之租谷送交田主，无论年岁丰歉，田主绝不过问。”**❸**

综上所述，可以认为：预租的地租形态并不是单一的，而是实物和货币兼而有之。不过，货币预租更为发展、更为普遍而已。见表 7-45。

至于实物预租和货币预租哪种形态发生在先呢？根据现有材料难下断语，有待继续研究。我们相信，这两种形态的预租的产生，大致不会相隔太遥远。

预租制最主要的特征是：佃农向地主或田主租种土地时，必

---

❶ 《满洲旧惯调查报告》，皇产，参照第62页，第96页；盛京礼部官庄，第122—123页。

❷ 《刑科题本》，嘉庆十一年秋审，安徽巡抚。

❸ 国民党司法行政部编：《民商事习惯调查报告录》，民国十九年，第607页。这是一份民国初年调查，根据“相沿为风，相染成俗”习惯，我们认为汉寿县地主预收谷租做法，最迟不晚于清末，似乎可以成立。

表 7-45　嘉庆以前实物预租和货币预租发展比较

省别	实物预租					货币预租				
	万历	康熙	雍正	乾隆	嘉庆	万历	康熙	雍正	乾隆	嘉庆
合计			2	1	1	1	1		40	18
江苏									1	2
浙江									2	3
江西							1			1
安徽				1		1				
湖南									1	
湖北									3	
四川									4	2
直隶									15	5
山西			1						2	1
河南									1	
陕西									2	
甘肃									1	
福建									3	1
广东			1						3	2
盛京									1	2

说明：资料来源同表 7-43。

须于订租约时交清当年全部租额，也有地主在订租约时，向农民预收两年或更多年头租额。农民耕种土地后，要于当年秋成后交清第二年租额，或于当年春耕前交清当年全部地租。否则，地主则换佃另租。1929 年 4 月 9 日《上海新闻报》指出"田主大都预征田租。不如所欲，即以另召佃户为要挟"。

地主向佃户预收地租，一般的情况是："或在当年，或在上

中国地主制经济论——封建土地关系发展与变化

年。"❶如江苏某县陈景和将田四亩，凭中租与程胜陇承种。其中有二亩系佃种，"每年预付佃价钱二千文"。❷浙江奉化县葛更有田十三亩，一向租与孙考琛耕种，每年"收割后先交次年租钱"。❸安徽徽州府王顺义租有耕地一分，"言定清明前三日交纳不误"。❹湖北省南漳县朱复舜租凌潮田一分，议定"先年交租，次年租地"。❺直隶定兴县张书坤等租种文兴地一顷三十三亩，屡年以来"俱系头年交租，次年种地"。❻山西阳曲县张天文租种张全二亩地，议定每年租钱"头一年先给的"。❼福建省台湾府淡水厅习惯是："先纳一年租后，乃受耕。"❽广东香山县风俗是："期价者，订租与期，先一年冬至输来岁银"。❾东北有以租种一年为期的佃户，"以年末预交第二年租钱或秋粮为条件"，❿承租庄头所管庄地或壮丁分种之庄地，等等。正如贺扬灵所说：上期制即"批田时先讲好每亩田每年纳租银若干，并将第一年的租银交清，以后都要年头交银"。⓫除了上年和春耕前作为佃户交纳来岁或当年地租时间外，也有个别地主同意佃户

---

❶ 乾隆《顺德县志》卷四，第1页。

❷ 《刑科题本》嘉庆十年八月二十三日，刑部尚书觉罗长麟等题。

❸ 《刑科题本》，嘉庆二十三年七月十一日，管理刑部事务章煦等题。

❹ 《屯溪档案》，《佃约》。

❺ 《刑科题本》，乾隆十七年十月二十六日，署刑部尚书阿克敦等题。

❻ 《内务府来文》，乾隆五十一年闰七月，原件藏中国第一历史档案馆。

❼ 《刑科题本》，乾隆三十六年五月二日，山西巡抚鄂宝题。

❽ 同治《淡水厅志》。

❾ 光绪《香山县志》卷五《舆地下·风俗》。

❿ 《满洲旧惯调查报告》，皇产，第43页。

⓫ 冯和法编《中国农村经济资料》，第913页。贺扬灵编《农民运动所引农民协会报告》，1927年。

在夏收时，将一年租谷付清。广东平远县地主若恭要求佃农颜惟全，将"租谷五石五斗。要早熟付清"。❶

预租制中，地主向佃农预收一年租额的为绝大多数，除上述文字记载外，我们还可以从嘉庆以前六十七件预租事例看到：预收一年地租的占四十八件，为预租事例的百分之七十一点六，预收二年地租的有四件，预收三年至二十五年地租的有十件。预收年限不明确者五件。

出租土地时，一次向佃户预收三几年、十几年，乃至二十几年地租者，一般出于三方面原因：其一，由于地主居住在城市，远离乡下，来往不便，加上各佃户租种土地不多，地主为了省事，希望下乡一次能把几年地租并为一次收取。这种情况，以旗地为多。乾隆十五年（公元 1750 年）的一起案件记载，在京旗人鲁高之地在满城，租息托张魁代收。张魁以"种地数亩之家租钱无多，按年逐户收讨费力"，要鲁高"俱起三年租息"，鲁高"任其做主"。张魁即约段五至家，以鲁高欲起二年租息相告，段五仅许二年，张魁不允而散。❷ 其二，多因地主急需用钱，并且所需款项数额较多，因而一次收取多年地租。乾隆七年（公元 1742 年），正红旗宗室都隆额"需银使用"，将田亩出租，预收十五年租银一千两。❸ 嘉庆八年（公元 1803 年），台湾府新社番卫里字乘有荒埔地一所，"今因乏银使用"，将地租给沈日富承垦，"价银二十大员［圆］正"，凭沈耕种二十五年。❹ 其实，这里所说的价银，不过是预租的另一种说法，因为土地的所有权还是里字乘的。嘉庆十年（公元 1805 年），奉天府广宁县高明，

中国地主制经济论——封建土地关系发展与变化

---

❶ 《刑科题本》，乾隆二年四月七日，兼管刑部尚书事务徐本等题。

❷ 中国社会科学院经济研究所藏《刑档抄件》。

❸ 《刑科题本》。乾隆年间，直隶总督那苏图题。

❹ 《清代台湾大租调查书》，第二册第476—477页。

"要借胡登高市钱一百千使用，把分给租种旗地三日，给胡登高耕种三年，抵欠"。无疑的，这是高明预取的三年租钱。其三，地主想侵吞外乡来的佃户钱财，也有预收多年地租的。如乾隆九年（公元 1744 年）一起刑事案件记载：甘肃肃州地主卢廷吉有三石种籽的地，租与西安乾州武功县人氏陈宏康耕种，每年租银十八两，讲过一租三年，陈宏康现给他二年租钱三十六两。才种一年，卢廷吉就把地收回，不让再种，"口说与小的退还一年的银子，屡讨不与"。❷

为什么预收多年地租做法，在预租制中不占重要地位呢? 朝廷不允许"立券"预支，是一个原因。乾隆五年（公元 1740年），朝廷颁布禁屯田私租与人者条义规定：运军额设屯田，止许得当年租银，"不得加租及立券预支"。❸ 乾隆五十七年（公元 1792 年）又议准：民人租种庄头园头地亩，只准按年交租，该庄头等毋得预年支取，倘仍向预支，许佃户呈控。❹ 政府既然不准预年收租，当然，更不会允许预取多年地租。在政府法令压力下。地主预收多年地租做法受到抑制。其二，是佃农交不起这么多的地租，如乾隆五十五年（公元 1790 年）二月间，江西安远县农民魏老八向魏定省租田一丘，议定租钱为七百文，当交三百文，尚有四百文无钱可交，只好约定十一月内交足。嗣后，魏老八因所收蓄薯价贱，不能获利，欠下四百文无力偿还，只好躲避在外。❺ 乾隆十五年（公元 1750 年），直隶满城佃户段五，对张魁要他预交三年租息时说："贫不能措。"❻ 乾隆五十二年

---

❶ 《刑科题本》，嘉庆十三年三月十八日，兼管奉天府尹事务荣麟等题。

❷ 中国社会科学院经济研究所藏《刑档抄件》。

❸ 《皇朝文献通考》卷一〇，第4944页。

❹ 嘉庆《大清会典事例》卷一三六，第15—16页。

❺ 中国社会科学院经济研究所藏《刑档抄件》。

❻ 中国社会科学院经济研究所藏《刑档抄件》。

（公元 1787 年），直隶通州庄头韩三元为抵补亏空，"遂向各地户声言，除交来岁一年现租之外，尚须再交二年押租，方准种地。""以至众户无力完交，畏匿躲避。"^❶贫苦农民一次支付不起多年地租，可能是限制地主想预收多年地租。而无法实现的更重要的经济因素。

预租称谓，各地有不同叫法。江苏、浙江、江西、安徽、湖北、四川、直隶、河南、陕西、福建等处称预租。湖南汉寿县称之为倒租，或庄息，河北霸县亦谓现租，河南城镇附近之园地所收预租，称为支租，广东香山县称之期价，而东江地区则称为上期制，奉天、绥中等处叫上期租，等等。

预租制是地主向佃户预收地租的一种租佃制度，与押租制度各不相同，不能把它们混淆在一起，尤其值得指出的是，预租不是典当，因为在预租制下不存在产权转移问题。

随着预租制的发展，先交租后种地这种做法，逐渐成为民间一种习惯。据《民商事习惯调查报告录》称："如皋县习惯，佃户承种业主之田，订约包租之始，须照约预完次年之租利，方得开始承种斯田。"^❷浙江永康县情况是：纳银租者"惟须于未播种前交纳"。^❸湖南汉寿县习俗是：不论倒租或庄息，佃户都得于未耕田之先，将租谷或租钱送交田主。^❹河北承德租种者有粮租、钱租之别，纳"钱租则春季付钱"。^❺台湾淡水厅"自堑而南，多纳早冬，其晚冬悉归佃户。亦有先纳一年租后，乃受

❶ 《内务府上传档》八十三号，乾隆五十二年九月十九日。转见《清代档案资料丛编》第5辑，第127页。

❷ 国民党司法行政部编：《民商事习惯调查报告录》，民国十九年，第348页。

❸ 魏颂唐：《浙江经济纪略》，永康县，第4页，1929年。

❹ 国民党司法行政部编：《民商事习惯调查报告录》，民国十九年，第607页。

❺ 《满洲旧惯调查报告》，租权，第46页。

耕"。由此可见，清末、民初时期，预租制已得到广泛发展。尽管有许多文字资料足以说明问题，但它总不能给人一个量的概念。为弥补这点不足，我们以几个典型地区为例。据《中国经济年鉴》1934 年统计，江苏宝山县 1923 年各地预租田百分率是：盛家角 5%，杨行 5%，狮吼乡 10% ～ 20%，刘行 20%，❷该县预租制应占各种租佃制的百分之十一点二五。据华东军政委员会土地改革时调查，江苏高淳县薛城乡有耕地八千六百三十二点七六亩，其中祠地为二千二百二十二点三八亩，根据当地习惯，凡祠地均系"超租"，即先交租后种田。按这种情况计算，那么预租应占该村总耕地面积的 25.74%。由于该村其他耕地并不都是地主所有，应该还有部分自耕农土地个出租，因此，该村预租制在各种租佃制中所占的比例还应当大些。河北霸县情况是："凡租地者，租价在年前旧历十月间预交。"❸据此而言，该县预租制获得了相当充分的发展，其他租佃制在这里似乎已无立足之地。广东东江地区还租方式有银纳制和谷纳制两种，银纳制"批田时先讲好每亩田每年纳租银若干，并将第一年的租银交清，以后都要年头交银"。❹原作者虽然没有给我们算好银纳制和谷纳制之间的比例，但预租制在东江地区已占重要地位，这点是无可置疑的。东北奉天地区，凡种民田者，"多为上期租"。上期租者"于本年旧历十月初一交纳租金，次年种地"。❺看来，奉天地区民田出租中，至少有百分之六十以上地主是收取预租的。上述事例告诉我们，各地实行预租制情况是不尽相同的，但可以看到：预租制不论是在鸦片战争前，或是在鸦片战争后，或是在民

---

❶ 同治《淡水厅志》。

❷《中国经济年鉴》，1934年，第7章。

❸ 民国《霸县志》卷二，第29页。

❹ 冯和法编：《中国农村经济资料》，第913页，贺扬灵编：《农民运动所引农民协会报告》1927年。

❺《中国民事习惯大全》第1编第1类，第24页，1924年。

国时期，都还处于上升阶段，它与押租制平衡发展，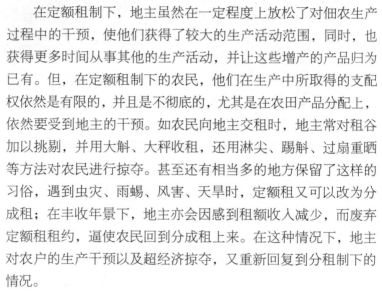❶构成有清一代及民国时期租佃制度的新特点。

3. 简短的总结

押租制和预租制的发生和发展，对当时社会经济带来什么影响呢，这是大家关心的问题。要衡量一种制度发生发展后对社会经济起什么作用，关键要看这种制度对社会生产力发展起到什么作用，是促进生产力发展呢？还是阻碍生产力发展呢？下面，以预租制为例加以扼要阐述。

在定额租制下，地主虽然在一定程度上放松了对佃农生产过程中的干预，使他们获得了较大的生产活动范围，同时，也获得更多时间从事其他的生产活动，并让这些增产的产品归为己有。但，在定额租制下的农民，他们在生产中所取得的支配权依然是有限的，并且是不彻底的，尤其是在农田产品分配上，依然要受到地主的干预。如农民向地主交租时，地主常对租谷加以挑剔，并用大斛、大秤收租，还用淋尖、踢斛、过扇重晒等方法对农民进行掠夺。甚至还有相当多的地方保留了这样的习俗，遇到虫灾、雨蝎、风害、天旱时，定额租又可以改为分成租；在丰收年景下，地主亦会因感到租额收入减少，而废弃定额租租约，逼使农民回到分成租上来。在这种情况下，地主对农户的生产干预以及超经济掠夺，又重新回复到分租制下的情况。

由定额租制向预租制转化后，由于地主收租方式的改变，地主地租的收入得到保证，主佃间的关系变得十分松弛。乾隆十一

---

❶ 据国民政府主计处1933年发表调查结果看，广东、贵州、四川、湖北、江苏、浙江等省，押租通行县数达60%以上，四川省则超过90%。又据金陵大学农业经济系的统计，江苏昆山县有押租的农田1905年占25.5%，1914年增加到40.9%，1924年则猛增到61.8%；江苏南通县押租的农田1905年占72.9%，1914年增至76.7%，1924年已增加到88.1%。

年（公元 1746 年），广东香山县的一起刑事案件记载："批内，书明不欠租谷，预给耕银，即任长耕。"❶台湾淡水一带甚至出现：先纳一年租后，乃受耕，不必写立租契，也不必交纳押租银。❷东北地区的现佃户，其耕种权的取得仅以预交第二年地租为条件，不必书立佃约，只要口头约定即成。❸在产品分配上，佃户有自主权，不再受地主干预。广东东江情况是：银纳制者。批田时先讲好每亩田年纳租银若干，并将第一年的租银交清，以后都要年头交银，地主在开耕之先，即把租银收去，"所以不管年成好坏，他都不过问的"。❹据调查者报告，湖南汉寿情况亦是：佃户于未耕田之先，预将应纳之租谷送交田主，"无论年岁丰歉，田主绝不过问"。❺从上述可以看到，在预租制下，地主已不必再过问佃户的生产过程，以及产品的分配，佃户除了纳租之外，不必再承担地主其他差役。在这种地租支付形式下，佃户取得了生产上的完全自主权，劳动时间和劳动力的支配权，以及产品所有权，至于地主或田主，仅仅保留了收取地租的权利而已。这些变化，显然与定额租制下的佃农仅获得有限度的自主权，有很大的不同。主佃关系的这种松弛的趋向，有助于佃农身份地位的提高，成为他们与地主斗争中的有利条件，使超经济强制在这种租佃制下变得行不通，于是，经济强制已成明清时期，乃至民国时期租佃关系中的新特点。

　　主佃间封建依附关系松解，有助于佃农生产积极性的发挥，有利于社会经济的恢复和发展。

　　根据我们所搜集到的资料看，在预租制下，农民为了争得

❶ 中国社会科学院经济研究所藏《刑档抄件》。

❷ 同治《淡水厅志》。

❸ 《满洲旧惯调查报告》，内务府官庄，第189页。

❹ 冯和法编：《中国农村经济资料》，第913页。

❺ 国民党司法行政部编：《民商事习惯调查报告录》，民国十九年，第607页。

一份土地耕种，要向地主预先交清一年租金或一年租谷，也有预纳二三年的，多者五六年的，最甚者要预纳十五年乃至二十五年的租钱。也有一些农户仅预交当年租钱的一部分，剩下部分秋成补齐。从已辑录到的预租资料看，农民所交的预租钱，少的几百文，多者一百几十千文，甚者租银千两，但大多数交纳的预租钱都在数千文至数十千文之间，如果交纳的货币是银的话，则在数两至数十两之间。这种情况的存在，与佃耕土地数量多少密切相关。

　　在我们搜集到的预租事例中，有五十六件预租事例有明确的预付款项记载。为了便于考察起见，我们将适当分成几类：千文以下有十件；千文至三十千文有二十九件；三十千文至五十千文有九件；五十千文至一百千文有四件；一百千文至二百千文有三件；一千千文有一件。❶他们当中大多数都能支付租种土地的租金。如浙江缙云县沈直富于乾隆某年三月间将租钱三十千文交田主杜明有。❷湖北南漳县朱复舜于乾隆十一年（公元 1746年）向凌潮租田一分，旱地连园子共十二亩，议定每年租钱四千二百文，先年交租，次年耕地，十五年份旱地租钱，已于十四年交清。❸四川省射洪县鲁维纲佃种刘体仁田地，当交押租钱一百千文，议定每年租钱二十千文，先交后耕。❹直隶刘海祥等，于乾隆七年（公元 1742 年）租地四顷四十五亩，议定租银一千两，定限十五年为满，"面同伊主（正红旗宗室都

中国地主制经济论——封建土地关系发展与变化

---

　　❶ 在这里，银都折成钱计算。按银一两折钱千文计，谷一石折钱千文。

　　❷《刑科题本》，嘉庆五年，浙江巡抚题。

　　❸ 中国社会科学院经济研究所藏《刑档抄件》。

　　❹《刑科题本》，嘉庆四年八月十八日，四川总督管抚巡事勒保题。

隆额）立契交银"。●直隶永清县朱雄虎用四十两银子租了兆第六十亩地，朱雄虎说"就是四十两我也要租"。他就把银子交给了主儿，"把地租去了"。❷直隶遵化州杨瑞租种曹九会名下当差地四十亩，议明每年租价京钱三十六千文，"每年租钱杨瑞原是预期交清的，并没拖欠"。❸直隶定兴县张书坤等承种文兴地三十七亩，每年共交租钱二十千六百二十文，"屡年以来，俱是头年交租，次年租地"。❹直隶永清县方瑞征认种贾杜地十亩，言明长租九年，"先给地租大钱十五千文"。❺等等。从上述情况看，当时，已有相当部分佃农具有一定支付能力。这种经济支付能力的提高，有助于提高或者说改善佃农自身的经济生活。

但是。在封建社会或半封建半殖民地社会里，因租佃制度变化而取得的经济成果，又往往会被地主采取增租夺佃等手段所掠取。同时，还有相当大部分的贫苦农民因交不起预租、押租而借贷，结果陷入高利贷泥潭，不能自拔；有的农户因无力偿还缓交部分租钱，被迫离乡背井；有的因无法预交下年租钱，不得不放弃租地，等等。这是预租制下不容忽视的另一方面。

三、一田多主制下经营者关系的变化

前人研究中，把明清时期发展起来的"一田二主"或"一田三主"的土地经营方式，称之为"永佃制"。这种称呼一直沿用至今，从现在来看，"一田二主"或"一田三主"之间的相互关

● 《刑科题本》，乾隆，总督直隶等处地方那苏图题。乾隆十年七月十九日，议政大臣、刑部尚书盛安等题。

❷ 《刑科题本》，乾隆十年七月十九日，议政大臣、刑部尚书盛安等题。

❸ 《刑科题本》，乾隆三十年一月二十八日，管兵部事务兼管刑部臣刘统勋题。

❹ 《内务府来文》，乾隆五十一年闰七月。

❺ 《刑科题本》，嘉庆十二年六月二日，署理直隶总督温承惠题。

系，并不属于佃户向地主租种土地的关系，而是双方或三方通过货币的投入，在同一块土地上，共同享有产品分配权的关系。在这里，他们之间并不存在主佃关系，而是各自以独立的"主人"面貌出现，各自占有的田皮（田面）或田根（田骨）可自由买卖，亦可继承，彼此之间平等，不存在谁依附谁的问题，他们之间的关系仅是经济关系而已。所以这种合伙（合股）关系，与主佃之间的关系是截然不同的。再把这种经营方式定格在租佃关系上可能不妥，应赋予新的内涵，使它更符合事物原来的面目。

一田二主制或一田三主制的形成，是由于农民以各种形式付出代价取得的。如弘治九年（公元 1496 年），安徽祁门农民吴逸将田面转让给休宁农民李度名下耕种时，收到银子二两二钱正。❶ 正德年间（公元 1506—1521 年），江苏江阴县农民，耕种业主土地时，必须出钱买耕。❷ 嘉靖年间（公元 1522—1566 年）福建龙溪县农民，耕种业主之田，需交纳"粪土"钱。❸ 江西赣南农民"出资垦荒"。❹ 四川云阳县农民，则通过交纳巨额"压稿之费"。❺ 江苏崇明农民通过付出"圩田工本"。❻ 湖北钟祥农民"贱卖图耕"。❼ 广东农民通过"顶耕银"获得"质业"。❽

❶ 《徽州千年契约文书》，《宋元明篇》卷一，花山文艺出版社1993年。

❷ 正德《江阴县志》卷七《风俗》。

❸ 嘉靖《龙溪县志》卷一《地理》。

❹ 国民党司法行政部编：《民商事习惯调查报告录》，民国十九年，第422页。

❺ 民国《云阳县志》《风俗》。

❻ 乾隆《崇明县志》卷四《赋役志》。

❼ 国民党司法行政部编：《民商事习惯调查报告录》，民国十九年，第562页。

❽ 中国第一历史档案馆、中国社会科学院历史研究所：《清代地租形态·永佃制》。

台湾农民通过"埔底银"获得耕种权。锦热地区农民通过"地价"❷获得耕种权。根据上述情况来看，农民获得土地耕种权的途径无非两条而已，一是为地主开垦土地时，农民通过垦荒拓土，花去了工本，从而获得耕种权。这是以工本为形式的投资，与原主结成合股经营形式；二是更大多数耕种者是通过买耕，与原主结成合股经营形式。详见本书第五章第一节第三个子目中的论述。

这种通过买耕或花费工本，与原土地所有者结成"一田二主制"的经营形式，在明清两代得到很大发展。从所有制角度来说，从私有土地到官田都有"一田二主制"经营情况；从地域角度来说，从南方至北方都存在"一田二主制"经营情况；从新垦区角度来考察，从台湾到锦热蒙地也都有"一田二主制"经营情况。其分布情况，本章第一节中已有述及，这里从略。

这种"一田二主制"经营的情况，一旦一方出现因负债把手中占有的田面或田骨转让给对方时，"一田二主制"的经营即告结束；如果买耕者将耕作权出卖以后，又租回这片土地耕种，那么这种关系又回到封建租佃关系上了。如："立佃约人汪元孙，今因土名方坑口田二丘，计客租十一石零五斤，向是身耕种，因田租连年拖欠未清，今凭中将本田皮出佃与田主汪名下管业，三面议作时值价文银四两正。其银抵还田主租谷清讫。其田听从田主自行招佃耕种，无得异说。"❸汪元孙与汪某原是一田二主制经营的伙伴，汪元孙把田面权卖给汪某后，汪元孙与汪某合伙经营已经完结。又如，"立卖契郑元亲，承祖置有民田根一号，坐落本县本都汤院地方，土名中段，丈计中则田乙亩五分零。年载

❶《清代台湾大租调查书》，第三册，第446—447页。

❷《锦热蒙地调查报告》上卷，伪满康德四年十二月，地籍整理局，第341—342页。

❸南京大学历史系藏契约原件。

面租谷一百六十斤，纳在常朗处，历耕无异。今因要钱应用，自情愿托中就在本厝侄常朗处，三面言议，卖出田根价银一十一两正，水九五色顶九五平。其银即日交讫，其田根听从侄起佃耕作纳租"。❶因负债或因钱急用，出卖田面或田根者随处可见。

在一田二主制经营中，既是田面持有者，又是土地直接经营者，在收益分配上会占有较大的份额。魏金玉先生列举了三个事例。如万历年间（公元 1573—1619 年）福建漳州府情况是："一田而有三主之名，一曰大租、一曰小租、一曰佃户。如每田十亩，带米九斗六升三合，值银八十两，年收租谷五十石。大租者只用银二十两买得年课租谷十石，虽出银少，而办纳银差皆其人也。小租者则用银五六十两，买得年租谷二十石，虽出银多而一应差粮不预焉。至于佃户则是代为出力耕收，年分稻谷二十石"。"岁纳折色机兵驿传米人丁银等项，统银一两二钱存零。若以十石租论之，约值银二两五钱"。❷道光年间（公元 1821—1850 年）江西宁都地区情况是："佃人承赁主田，不自耕种，借与他人耕种者，谓之借耕。借耕之人，既交田主骨租，又交佃人皮租。如五十亩之田，岁可获谷二百石，俗谓四勾之田，则以五十石为骨租，以七十石为皮租，借耕之人自得八十石，然多寡亦微有不同，大约以三分之二作皮骨租。"❸台湾"彰化淡水田皆通溪，一年两熟，约计每田一甲可产谷四五十石至七八十石不等，丰收之年上田有收至百余石者"。❹连横《台湾通史·农业志》上说："上田一甲收谷百石，中七十石，下四十石。"如以一甲收获七八十石计，年额大租八石。纳小租二三十石不等，直

---

❶ 福建师范大学历史系编：《明清福建经济契约文书选辑》，人民出版社1997年，第45页。可见。

❷ 万历《漳州府志》。

❸ 道光《宁都直隶州志》。

❹ 《明清史料·戊编》，第335—336页；《台湾汇录甲集》，第3册，第182—184页。

接生产者所得当在四十石上下。

魏先生认为，上述三地情况不同，产量各异，而且佃权所有者所得较多。据此估计，把交纳大、小租以后直接生产者的所得，加上大租或小租（在福建一些地方是大租，在宁都和台湾是小租），永佃农民的所得当为产量的 3/5、3/4 和 9/10 上下。这较之交纳大租、小租的佃户所得仅为 2/5、1/5 和 1/2 上下是多得多了。❶ 魏先生所指的永佃农民，是我们所指的持有田皮的直接生产者。在这里，土地收益的分配，实际上是按投入"买耕田"多少和所付的劳动多少进行的。

在土地一田二主制经营方式下，田皮持有者和田根持有者，有自由处置权，可以将自己持有的出皮或出根自由买卖或自由转让，亦可继承；田根主和田面主之间关系仅仅是经济关系而已，不存在人身依附问题。明正德年间（公元 1506—1521 年）江苏《江阴县志》对一田二主制中的田面主作了如下描述："其佃人之田，视同己业，或筑为场圃，或构以屋庐，或作之坟墓其上，皆自专之，业主不得问焉。老则以分子，贫则以卖于人。"❷ 类似情况，多有记载。如《江苏山阳收租全案》云："佃户揽种包租田地，向有取用顶首等名目钱文，名为田面。其有是田者，率多出资顶首，私相授受，由是佃户据为己有，业户不能自主。"光绪《周庄镇志》称："吴农佃人之田者，十之八九皆所谓租田，俗有田底田面之称。田面者佃农之所有，田主只田底而已。盖与佃农各有其半。故田主虽易而佃农不易，佃农或易而田主亦不易。"❸ 宁都仁义乡横塘塍茶亭碑文记载："查佃户之出银买耕，犹夫田主之出银买，上流下接，非自今始，不便禁革。但转

---

❶ 《中国经济通史·清代经济史》（下），经济日报出版社2000年，第1811—1812页。

❷ 正德《江阴县志》卷七，《风俗》。

❸ 光绪《周庄镇志》，《风俗》。

辗相承，将退脚银两渐次加增，以使退脚贵于田价。往往蔑视田主，抗租私退，讼端由此而起。"❶ 陈绍洙称：江西"建郡田皆主佃两业，佃人转买承种，田主无能过问"。❷ 光绪《雩都县志》曰："田有田骨田皮，田皮属佃人，价时或高于田骨，因藐视田主，揹租不还，还亦秕粟相半。少有水旱，即减分数。不知价之高者，因出息广，厚利皆归佃人，而田主仅得些须之租。"

　　明清时期，租佃经营方式向一田二主制经营方式发展，这正是封建土地关系松解的表现。一田二主制经营的发展，能将所生产的剩余产品或大或小地部分保留在持有田面权的直接生产者手里，这就有利于调动农民的生产积极性，也有利于扩大再生产，或者财富的积累。一田二主制经营方式的发展突破了封建土地所有制原有的格局，以一种全新的所有制形式出现于中国封建社会后期。

第六节　关于资本主义萌芽的发生

　　明清时期是中国封建社会后期，这点，学术界认识是一致的，但为什么称它为后期，说法是不一致的。我们认为，明清时期之所以称为中国封建社会后期，是中国封建社会自身发展的必然结果，是社会经济发展积累的产物，与前期相比，自身具有明显的社会经济特征。

　　比如从地主经济看，在封建社会前期身份性地主比重大。到明清时期，尤其是"摊丁入地"以后，则非身份性的庶民地主比重大，无论是从地主户所占的比例看，还是从地主户所占有的土地数量看，庶民地主都要超过身份性地主。从地主阶层结构看，

　　❶ 国民党司法行政部编：《民商事习惯调查报告录》，《宁都仁义乡横塘塍茶亭内碑记》，民国十九年。
　　❷ 《切问斋文钞》卷一五，陈绍洙：《江西新城田租说》。

中国地主制经济论——封建土地关系发展与变化

身份性地主是由发展走向衰落，而庶民地主却由弱小到壮大。**❶**
从地主对土地经营管理来看，身份性地主多采取出租经营，或使用僮仆经营，而庶民地主则多采用雇工经营，或出租与自营相结合。从土地买卖看，前期土地买卖需要通过政府核定，确认是卖者自有土地后，方可出售。宋元以后，政府干预土地买卖现象逐渐退出历史舞台，替之的都是民间的习俗，即土地出卖者得先让过"亲房"，到明清时期，土地买卖又被"有钱则买，无钱则卖"自由交易所代替，尽管"优先权"还在起作用，但土地自由买卖趋势是向前发展的。**❷**

　　从地租形态看，前期以实物分成租为主。宋代时，学田等公田出现了以实物定额租为主，到明清时期一般民田中也在推行实物定额租，至清代实物定额租超过分成租而跃居主要地位，而且，货币地租也在发展中。主佃间的超经济强制，逐渐被经济强制所代替。

　　另从土地所有制看，国有土地在封建社会前期所占比重大些，至明清时期所占比重在缩小，私有土地所占比重则由少到多。土地占有形式在变化。前期土地占有形式为国有制、地主所有制、小农所有制，到明清时期，除保留上述所有制之外，又新形成了土地合股所有制，突破了过去一块土地单一所有者形式，变成一块土地为多个股东所占有。即所谓"一田二主"或"一田三主"。从生产关系看，佃农经历了人身隶属关系向人身依附关系发展，而人身依附关系又在逐步松弛的发展过程中。到了清代，佃农的法律地位达到了中国封建社会所能达到的最高点。**❸**

---

　　❶ 江太新：《从清代获鹿县档案看庶民地主的发展》，《中国经济史研究》1990年第1期。

　　❷ 江太新：《清代前期土地买卖中宗法关系的松弛及其社会意义》，《中国经济史研究》1990年第3期；又见《论徽州地区土地买卖中宗法关系的松弛》，《徽州社会科学》1995年第1—2期。

　　❸ 经君健：《清代社会的贱民等级》，浙江人民出版社1993年。

短工、长工的法律地位也经历了由"雇工人"向"凡人"转化过程。农民起义也经历了由争取人身自由向争取土地所有权转化过程。

中国封建社会前后期经济关系变化，远非如此，上述仅是一些事例而已。其中最根本的变化：由于中国封建社会长期变化、发展的结果，到明清时期，封建社会的母体中已孕育着一种新的生产关系：即资本主义生产关系萌芽。

但中国封建社会到底存在或不存在资本主义萌芽，或什么时候才出现资本主义萌芽，学术界的看法都大相径庭。他们的观点集中反映在四部论文集中。1957 年三联书店出版的《中国资本主义萌芽问题讨论集》，该书收集了 1957 年以前发表的论文三十三篇；1960 年三联书店出版的《中国资本主义萌芽问题讨论集》（续编），该书收集了 1957 ～ 1959 年发表的论文二十篇；第三部是 1981 年上海人民出版社出版的《明清资本主义萌芽研究论文集》，收集了 1978 年以来发表的二十五篇论文；第四部是 1983 年由江苏人民出版社出版的《中国资本主义萌芽问题论文集》，收集 1980 ～ 1982 年 4 月发表的论文十八篇。20 世纪 50 年代以来对该问题讨论情况，我们已做了全面的评论，这里不再赘述。❶20 世纪 80 年代以后，关于资本主义萌芽的讨论已转入低潮，但有两篇文章还是值得注意的：一篇是刘重日《明代农业资本主义萌芽》❷一文。这是沉寂多年后，再次提出研究资本主义萌芽问题的文章。文章指出研究资本主义萌芽，要着重于探讨资本主义生产关系新因素，即不同于封建生产关系的部分。另一篇是吴承明《要重视商品流通在传统经济向市场转换中的作用》。文章提出："资本主义是可以逾越的，市场经济却不能逾越，越

---

❶ 江太新：《评介中国农业资本主义萌芽问题的研究》，《农史研究》第5辑。农业出版社，1985年。

❷ 载《求是学刊》1994年第3期。

过了，还得补课。马克思说过卡夫丁峡谷，中国实际上就没有资本主义时代，我们把它越过了。因此，我想提出，在历史研究上，不要提研究资本主义萌芽了，与其说资本主义萌芽，不如叫近代化萌芽，即市场经济的萌芽。"❶

中国封建社会后期是否孕育着新的生产关系萌芽，这是一个重大历史问题，对该问题进行深入讨论，有利于对中国社会经济发展规律的认识。从 20 世纪 50 年代开始，并一直延续下来的讨论，是十分有意义的，尽管迄今为止仍没有结论，但开拓了人们的视野。同时，这么重大的问题，也很难在短期里得到解决。不过有一点是清晰的，即问题越辩越明白。不管人们过去在对这个问题讨论中发表过什么观点，对该问题的深入讨论，都起过积极的推动作用。前人的讨论，功不可没，劳苦功高。❷

一、判断资本主义萌芽的标准是什么

封建主义与资本主义经济关系中，最本质、最核心的区别是什么？如果能把这最本质、最核心的内容概括出来，那么，中国封建社会里是否出现过资本主义萌芽、什么时候出现资本主义萌芽的问题就好解决了。经过长时间的考察，我们以为封建主义经济关系最本质、最核心的东西就是通过各式各样的依附关系，达到地主阶级对农民的役使和剥削；而资本主义经济关系中最本质、最核心的东西就是货币持有者在流通领域购买到自由劳动力，榨取他们的剩余劳动以实现价值的增值。即资本主义经济中的资本必须是用于剥削自由雇工而带来剩余价值的价值，它体现

---

❶ 吴承明：《要重视商品流通在传统经济向市场转换中的作用》，《中国经济史研究》1995年第2期。

❷ 李文治、魏金玉、经君健：《明清时代的农业资本主义萌芽问题》，中国社会科学出版社1989年；李文治：《明清时代封建土地关系的松解》，中国社会科学出版社1993年。

着资本家和自由雇工之间的剥削和被剥削的生产关系。关键问题是看货币是否转化为资本。是否出现这种转化，又决定于是否出现身份自由的雇工。因此关于这个问题的研究，首先要把着眼点放在自由雇工出现问题上。

在中国封建社会时期，雇工同地主制经济几乎是同时出现的。在西周时期，有用奴隶从事农业生产的；春秋战国时期改为使用雇工了，这时"庸夫"❶之类已见记载。使用农副业雇工的主要是新发展起来的富裕农民和庶民地主，因为他们多从事直接经营。这时主雇之间仍是等级关系，雇工的地位只是比奴隶上升了一步，有较多的人身自由。这种发展变化为当时地主制经济发展变化所制约，主要是雇主身份地位的变化，他们已脱离贵族地主等级身份。此后的隋唐，尤其是宋代，有关雇工记载更多。❷经过唐末五代长期战乱，宋代土地占有关系发生很大变化，大部分土地为自耕农所占有。这些自耕农中有些劳动力充足、经济条件较好的家庭，力农致富，上升为庶民地主。与此同时，一些地少、劳动力少、经济条件较差的农户，由于无力抵御天灾人祸，而出卖土地，沦为佃耕农或靠出卖劳动力为生的雇工。此时，雇工中还有大量无地的客户，这时使用雇工情况十分普遍，田家夏耕秋获劳动力不足者，则需雇工，由于雇工需要量大还出现供不应求情况。❸至于经济作物种植者，更是依赖雇工。如九陇县茶园，"每年春冬，雇召人工薅划，到立夏并小满时，又雇召人工赶时采造茶货"。❹这时使用雇工生产的主要是富裕农民和庶民地主。这时主雇之间关系虽然还是等级关系，但由于雇主本身是

中国地主制经济论——封建土地关系发展与变化

---

❶ 《韩非子·外储说左上》；《战国策·齐策六》。

❷ 傅筑夫：《中国封建社会经济史》第4册，人民出版社1986年，第120—127页；漆侠：《宋代经济史》上册，上海人民出版社1987年。

❸ 《宋会要辑稿·食货》六五之七七。

❹ 吕陶：《净德集》卷一《奏为官场买茶亏损园户致有词诉喧闹状》。

劳动者，没有特权，因此雇主与雇工之间等级关系相对削弱。雇工具有较多人身自由。由于地主制经济的优越性，宋元时代工农业生产已有较高发展，如英国人李约瑟博士在所著《中国科学技术史》一书中说：中世纪时期，中国科学技术比欧洲先进，这是由于中国封建制度比欧洲封建制度先进。李约瑟所说封建制度包括政治经济等，但核心是地主制经济体制。就宋元时期生产力发展状况而言，已为资本主义萌芽的产生创造了条件，只是雇工还无法摆脱封建依附关系的束缚变成自由劳动者，从而他们所创造的剩余劳动还不能构成雇主的资本，也从而影响了资本主义生产关系的萌生。

　　明清时代，工农业生产及商品经济进一步发展，雇工队伍进一步扩大，以农业雇工而言，从很多方面反映出来。其一，明代江南地方志书关于长工、短工记载大量出现。如弘治《吴江县志》，正德《松江府志》《华亭县志》，嘉靖《湖州府志》《江阴县志》以及嘉靖、万历之际的扬州、嘉兴等府州县志书，多有这类记载。到了清代前期，地方志书中有关长工、短工的记载就更多、更普遍了。其二，明代中叶开始，在封建文人的著述中多佣佃并提。如嘉靖《常熟县志》、嘉靖《吴江县志》和黄佐的《泰泉乡里》等书都有关于这方面的记载。说明出雇已成为当时无地少地农民仅次于租佃的一种重要谋生手段。其三，到明代中后期，有不少关于外地佣工记载。如福建古田县农民到外地佣工。❶ 江西南丰县农民到宁都州佣工。❷ 山西辽州农民"多佣力他乡"等。❸ 由于农业佣工成了普遍现象，而且很多客籍佣工，对这些人如何进行约束以维持地方治安，便成为地方官府十分注意的事项。嘉靖年间（公元1522—1566年），黄佐制定的

❶ 万历《福州府志》卷七。

❷ 魏禧：《魏叔子文集》卷七《与曾闻庭》。

❸ 《古今图书集成·职方典》卷三六一《辽州》。

《香山户口册》中特设"佣工"一栏，^❶ 万历年间（公元1573—1619年）山西巡抚吕坤令将雇工，佃户各由房主、地主"挨户管束"，^❷ 反映得就很清楚。

伴随着农业雇工队伍的扩大，在有些地区出现了进行劳动力买卖的雇工市场。从有关农业雇工记载考察，这类雇工市场可能在明代中叶以前已开始，清代前期又有进一步发展。广东钦州、新会等州县，河南林县、拓城等县，山西阳高县，奉天开原县，都有关于雇工市场的记载。^❸ 以上这种现象是唐宋时代所少见的。

这时，中国农业雇工队伍的扩大，是由于农业生产的发展导致农业经营形式的变化所产生的，这时有较多的富裕农民和地主从事雇工经营。雇工队伍的扩大和劳动社会形态变化又联系在一起，就在这时开始了封建雇佣向自由劳动的过渡。

封建雇佣向自由劳动的过渡，与雇工反抗斗争有关。雇佣案件日益增多，封建统治者开始考虑雇工身份地位问题。明万历十六年（公元1588年），先是解除了未"立有文券，议有年限"的雇工的封建身份义务，使其变成自由劳动者，其间包括广大的短期雇佣和部分未立文契的雇工。一般来说，法律变化很难跟得上现实生活中的变化，法律的制定，仅仅是把现实生活已发生的变化加以承认而已。实际上在法律条文成形之前的一段时间里，

❶ 黄佐：《泰州乡里》卷六《保甲》。

❷ 吕坤：《实政府》，《乡里约》。

❸ 乾隆四年四月四日广东巡抚王暮题本；雍正二年九月十七日广东巡抚阿尔松阿题本；乾隆《林县志》卷五，乾隆元年九月河南巡抚富顺题本，乾隆十六年十二月十日山西巡抚阿恩哈题本；乾隆三十八年八月二十五日管理刑部事务刘统勋题本。题本均见明清档案馆藏《刑科题本》。

已经有一批自由劳动者的出现，❶可以说，这时资本主义关系已开始萌生。

至于农业长工向自由雇佣过渡，却经历了一个漫长的历史过程。据万历十六年（公元 1588 年）新订律例，长工之"立有文券，议有年限者以雇工人论"。❷对这条规定的理解，应该是指具备"立有文券，议有年限"两个条件的长工才以"雇工人"论，不书立文券的长工不应按"雇工人"论。但是此后掌握判决权的各级官吏有不同的理解，这是由身份性雇佣向自由雇佣过渡时期难免的现象。天启朝（公元 1621—1627 年）冯梦龙关于卢柟打死钮成一案的构思，虽系小说家之言，但反映的应当是那时的社会现实。小说来源于生活，没有现实生活的原型，完全虚构是很难的。在小说中，初判时汪县官认为卢柟所使用的雇约文书是伪造的，将卢柟逮捕入狱。后来汪县官调离，继任县官重新审理，肯定了钮成的"雇工人"身份，将卢释放出狱。❸同一钮成，如无雇约文券，卢柟须按打死"平人"（凡人）判处；有雇约文券则按打死"雇工人"判处。这虽然是一个虚构的故事，仍不失为实际生活的反映。说明不书立雇约文券的长工有的可以解除法律上的身份义务关系。又乾隆年间（公元 1736—1795 年）记载："查雇工人例以文契为凭……乃有服役数年后，犯事到官，仍以未立契约论比平人者。"❹可与钮成一案判决互相印证。乾隆三十二年（公元 1767 年）修订律例，虽然出现把未立雇约文契长工按"雇工人"定拟的规定，似乎是倒退现象。但从明代后期到清代前期一个相当长的时期内，其不书立雇约文券的长工，作

---

❶ 《明神宗实录》卷一九一。据万历十五年都御史吴时来奏："有受值微少，工作止月日计者仍以凡人论。"从"仍以"二字考察，短工在此之前早已以自由的身份出现了。

❷ 《明神宗实录》卷一九四，万历十六年正月庚戌。

❸ 冯梦龙：《醒世恒言》第二十八回。

❹ 陆耀：《切问斋集》卷一三《条议》。

为"平人"判处已逐渐成为惯例，只是没有在法律上明确规定下来而已。由此可见，长工不书立雇约文券是一种过渡形式，是农业长工向自由过渡开始时期的象征。

　　农业长工身份地位的变化主要发生在清代前期，这种发展变化反映于雇工律例的几次修订和《刑科题本》中关于农业长工的判例。乾隆五十一年（公元1786年）把解除大部分长工法律上的身份义务关系决定下来，以后写进律例。据我们接触到的此前由雍正到乾隆五十年（公元1723—1785年）发生的九十四件有关长工刑事案件，写立雇约文契的七件，无主仆名分的六件，未写雇约文契的四十七件，情况不明者三十四件。❶按照当时惯例，写立雇约文契的当属于有主仆名分的封建雇佣，其未写立文契的可能已逐渐排除在封建等级关系之外。这就是说，在乾隆五十一年（公元1786年）以前，已有一部分农业长工以自由劳动者的身份出现了。由这类事例可以看出，首先是实际生活中的雇佣关系发生了变化，然后封建统治者修订雇工律例，以承认既成的事实。

　　乾隆五十一年（公元1786年）提出，五十三年（公元1788年）正式修订雇工律例，明确规定，其得以解除法律身份义务的长工必须具备两个条件：其一，在雇主方面必须是"农民、佃户"。这里的"农民"指没有特权身份的"庶民"，即包括自耕农和庶民地主。"缙绅"属于封建社会的特权等级，是不包括在庶民地主之内的。其二，在雇工方面必须是与雇主"共坐共食""平等相称"，并不为雇主"使唤服役"之人。这里显然也把缙绅地主奴役下长工排除在外，因为他们根本不能与雇工"平等相称"，更谈不上"共坐共食"，其有服役性雇工的雇主主要也是这类缙绅地主。这次修订雇工律例所贯彻的这种按照雇主身

中国地主制经济论——封建土地关系发展与变化

---

　　❶ 在清代刑档中，有关农业长工的案件很多，这里仅就我们所接触的部分题本进行分析。

份地位规定雇工身份地位的原则，出发点在于维护缙绅地主的特权地位是十分清楚的。这就是说，经过雇工律的修订，不是所有由地主所形成的雇佣关系都发生了变化，只有庶民地主和富裕农民剥削下的农业长工解除了法律上的身份义务关系。在缙绅地主奴役下的农业长工还没有摆脱法律上身份义务的束缚。值得注意的是，在这一时期发展起来的经营地主主要是庶民地主。从我们所接触到的大量刑档资料看，乾隆五十二年（公元 1787 年）以后，具有主仆名分的农业长工所占比重已经极小。

只有身份自由的雇工出现，货币才有可能转化为资本。所以，自由雇工的出现既是封建地主制经济中产生的新事物，又是产生资本主义经济最本质的事物。看一个国家是否有产生资本主义萌芽的可能性，首先要看这个国家是否有了自由雇工的存在。探讨一个国家资本主义萌芽发生在何时，首先要研究这个国家什么时候出现了自由雇工。如果把自由雇工出现作为衡量资本主义萌芽的标志，以上问题就可以迎刃而解。至于商品经济发展。农产品商品化只是资本主义萌芽的前提条件，因为它的发展只是数量上的增加而已，并不反映生产关系中有质的变化。

研究资本主义萌芽问题，可不可以用对比研究方法，我们认为是可以的，史无定法吗。但选择对比研究的坐标却大有讲究。判断一个国家已经产生资本主义生产关系，或者没有产生资本主义生产关系，应选择资本主义生产关系中最普遍、最本质的东西为坐标，即自由劳动的产生，并与货币相结合，使之变成资本。自由劳动的出现是资本主义生产关系的标志，中国与欧洲概莫能外。只有牵住这一"牛鼻子"，对比研究才会更有意义。诸如商品经济、货币流通、地理条件、对外贸易等当然也可以对比，但这是前资本主义社会早已存在的经济，其他无法作为判断社会性质的标尺。由于各国国情不同，如果仅以欧洲某一国家作为资本主义萌芽研究唯一模式进行对比，其结果势必使人得出这样的结论：凡是各方面条件对得上号的，那个国家就被认为产生了资本主义萌芽，凡是对不上号的，就被列为不具备产生资本主义萌芽行列。这种用秤称、用尺量的研究方法，完全忽视各国特殊性，势必带来很大片面性。所以，在采用对比研究方法时，切忌随意选择坐标点。这点，对我们研究工作来说，将是十分重要的。

我们以为，在今后历史研究中，既要花大力气研究市场经济，也要花大力气研究资本主义萌芽，两者都不要偏废。

所谓市场经济，是在商品生产和商品交换的基础上，依靠市场供求和价值规律来调节经济活动的运行，配置和利用资源的一种经济形式。市场经济萌芽于奴隶社会，形成于封建社会，在资本主义社会和社会主义社会得到广泛的发展。市场经济可以划分为不发达的市场经济和发达的市场经济两个阶段。❶也就是说，市场经济是一种调节经济活动和资源配置的经济形式，其本身不体现生产方式（或说生产关系）性质，可以为各个社会形态所运用。所以，市场经济不能用来判断一个社会性质是否在变化。同时判断不发达和发达的市场经济本身，也很难找出一个尺度，即缺乏标志。什么时段属于不发达市场经济，什么时段开始属于发达市场经济。很难加以划分。相对市场经济而言，资本主义萌芽却相对好把握些，在商品经济发展的前提下，自由雇工的出现，即标志封建社会母体里已萌生新的生产关系，封建经济已经进入发展的后期。如果在商品经济发展的前提下，自由雇工始终没有出现，也可以说明中国封建社会母体里流动着的还是封建经济的东西，还不具备进入封建社会发展的后期阶段，所以资本主义萌芽问题仍需继续讨论。

二、资本主义萌芽发生过程及发展道路

中国资本主义萌芽最先发生于手工业部门呢，还是发生于农

❶ 王公义主编：《现代市场经济学小辞典》，中国纺织出版社1998年。

业部门呢？在过去学术讨论中，莫衷一是。

中国资本主义萌芽首先产生于哪一个部门的提法，本身就是一个错误的命题。比如手工业有城市手工业，有乡村手工业，由于其所处环境不同，他们当中有的资本主义萌芽发生得较早，有的则发生比较晚。城市手工业由于受到行会制度的限制和束缚，资本主义萌芽发生就比较困难。鸦片战争发生三十年后的中国，已经进入近代社会，但在1872年12月14日 ❶ 却在苏州金箔业中发生了这样的一个事件：一个董司因多收了一个学徒，而被一百多人活活咬死。❷ 鸦片战争三十年后，手工业行会对一个仅多收一个学徒的董司尚且如此，鸦片战争以前，手工业行会对手工业发展限制之严，也就可想而知了。城市手工业在行会制度抑制下，其发展就显得艰难些，需要突破的障碍要更多些，资本主义萌芽在这里发生就困难些。从时间上来说，资本主义萌芽发生也就会往后些。至于在乡村中由地主和富裕农民兼营的农产品加工手工业，诸如酿酒、榨油、制糖之类，这类手工业遍布于广大农村，一开始就摆脱封建行会的束缚，获得自由发展的空间，而且这类手工业发生较早，经营者有就近收购原料的便利，在农村又有广阔的销售市场，在自由雇工才形成的时候，就有可能先于城市工商业者萌发资本主义萌芽，与农业资本主义萌芽同时发生。

农业部门发生资本主义萌芽时间亦有先后之别，并不整齐划一。比如就农业经营者身份地位而言，有各种不同类型，而各种不同类型雇主和雇工之间的关系，在不同历史时期可以形成不同性质的雇佣关系。因此，研究农业资本主义萌芽问题，就必须详审探索，在几种不同类型的农业经营中，由哪一类型雇主所构成

---

❶ 汪敬虞：《中国资本主义的发展和不发展》，中国财政经济出版社2002年，第3—16页。

❷ 黄钧宰：《金壶逸墨》卷二，第3页。载《金壶七墨全集》。1912年版。

的雇佣关系在经济关系方面首先突破传统的封建束缚，变成自由雇佣关系。又由哪一类雇主所形成的雇佣关系在经济关系方面不容易形成自由平等关系，并在解除法律身份义务方面会遇到严重阻碍。下面，我们对各种类型农业经营者身份进行分析。

　　缙绅地主是享受特权的阶层，在乾隆五十三年（公元1788年）修订的雇工律中规定，长工要解除法律上的身份义务，雇主必须是"农民、佃户"。这里指的农民是没有特权身份的庶民，即包括自耕农、佃户和庶民地主。缙绅是属于封建社会的特殊等级，是不包括在庶民地主行列的。这是其一。其二，在雇工方面必须与雇主"共坐共食""平等相称"，并不为雇主使役之人。这里也很明显把缙绅地主奴役下的长工排除在外，因为在缙绅地主奴役下的长工根本不能与雇主"平等相称"，更不可能与其"共坐共食"。有服役性雇工的雇主主要也是这类缙绅地主。这次按照雇主身份地位原则来划分雇工身份地位的做法，实际上是在维护缙绅地主的特权地位。这就是说，经过雇工律的修订，不是所有由地主形成的雇佣关系都发生了变化，只有庶民地主和富裕农民剥削下的农业长工解除了法律上身份义务的束缚。所以缙绅地主这时所雇佣的劳动者还不是自由劳动者，也就是说，缙绅地主受自身条件的限制，要向资本主义经营方式过渡，需要克服自身的以及社会的更多障碍，从而步履艰难。

　　关于农业雇佣关系的过程，自由劳动的形成，我们认为首先是在富裕农民的经营中发生。

　　经营者如果是富裕农民，他虽然占有土地，但这类小土地所有制和地主所有制不同，他虽然也要受封建所有制的制约，但毕竟不是封建所有制。经营者如果是富裕佃农，情形就更加不同。在封建社会里，无论是富裕自耕农或富裕佃农，他们虽有较多土地或较多资金，但他们是农民阶级的成员，处于被统治地位，没有政治特权，从而反对任何形式的特权压迫。还由于他们的阶级地位和政治地位，决定了他们在政治上的平等思想，不难设想，他们和农业长工所形成的雇佣关系，尽管在法权关系方面还没有摆脱封建等级关系束缚，而在实际生活中，经济关系则是比较平等、自由的，从这里打开了封建雇佣向自由雇佣过渡的缺口。这种雇佣关系已经撕毁了过去掩盖阶级关系的传统的等级外衣，资本主义阶级关系开始表现出来。这就是说，早在明代中叶，大约15世纪时期，为生产商品而剥削身份自由雇工的富裕农民出现于历史舞台时，就以萌芽状态的农业资本家的面貌出现了。

以后又经历了约两百年的漫长岁月，到清代前期，伴随着庶民地主的发展，又在经营地主中出现了农业资本主义萌芽。

这类地主，有许多是由富裕农民逐渐发展起来的，有的是工商业者把部分资金投向土地进行直接经营。还有，在地主经济制约下，由于缙绅地主和庶民地主可以互相转化和诸子田产家业均分制等，缙绅地主有的逐渐分化成众多的中小庶民地主。

清代前期的经营地主基本上是庶民地主，这种情形无论在地方志书还是清代刑档中都有所反映。景甦、罗仑两位所调查的清代前期山东五家地主也说明这种关系。如一家官僚地主和一家商人地主都采取土地出租的剥削方式，而"种地起家"的三家庶民地主都采取雇工经营方式。又据他们对清代后期山东地区一百三十一家经营地主所作的统计，做官起家的八家，种地及经商起家的达一百二十三家。❶后者主要是庶民地主。可见，庶民地主的发展进一步促进了经营形式的变化。

这类庶民地主，尤其是由富裕农民上升起来的庶民地主，就其在封建社会的身份地位而言比较接近于富裕农民，和雇工容易形成自由雇佣关系。庶民地主的发展在经营管理方面也引起一系列变化。在商品经济发展的环境下，他们的生产不单纯为了自给自足，还为了进行商品生产。他们为了增加生产，要求改善经营

---

❶ 参见罗仑、景甦：《清代山东经营地主经济研究》，齐鲁书社1985年。

管理，改进生产技术，以提高劳动生产率，就是说在不自觉地按照资本主义经济原则组织生产。从而他们对劳动生产者的榨取，不像出租地主那样，主要靠经济外的强制手段来实现。由这类经营所形成的雇佣关系逐渐向自由的雇佣关系过渡，这类经营的社会性质在发生质变。这类地主所占有的剩余劳动包含着一个利润量。

从明代中叶出现的具有资本主义性质的富裕农民到清代前期庶民类型经营地主的发展，所显示的农业经营中资本主义因素的增长，表明了中国农业资本主义萌芽发展过程的特点。对两类不同类型的雇工经营不加区别，则看不出中国农业资本主义萌芽发展的阶段性。

由此可见，在中国封建社会后期，标志着中国农业资本主义萌芽的两种不同类型的农业经营，在历史上出现的时间有早有晚，所具有的资本主义因素有多有少，带有的封建因素有强有弱。不仅富裕农民和经营地主不同，即富裕自耕农民和富裕佃农也不可能完全相同。同属庶民地主，也会因形成过程不同和占地多少差别，所具有的资本主义因素也会有程度上的差异。农业资本主义萌芽发生发展过程和发展道路所呈现的这类特点，是受中国地主制经济制约所规定的。

通过对中国农业资本主义萌芽发展过程的考察，我们认为有四个方面值得重视。

首先，农业资本主义萌芽先在商品经济发达地区最先出现。在江南某些商业繁荣的地区，早在明代中叶就已开始了。但这里又是官僚地主集中、封建宗法宗族势力强大的地区，在这种势力压迫下，地主所追求的是读书仕官，已出现的经营地主相继放弃经营，而采行土地出租的方式剥削农民。这里商品经济发展，人们所掌握的货币并没有同农业生产相结合。正如马克思所说，这种商业资本"与资本主义生产的发展成反比例"，已出现的农业资本主义萌芽，在封建宗法宗族势力的压迫下，相继夭折了。

中国地主制经济论——封建土地关系发展与变化

其次，在封建宗法宗族势力相对松解地区，商品经济虽然赶不上江南商业繁盛地区，但农业资本主义萌芽却得到发展。如浙江中部以南地区，还有福建、江西、广东、安徽诸省交界山丘地带，都出现过租佃大经营，出现过自由的雇佣关系。这类地区的农业雇工经营，基本上摆脱了封建宗法宗族势力的压迫。

再次，在地价低廉、自耕农广泛存在、封建地主阶级遭受沉重打击的地区，实际也是封建宗法宗族势力相对薄弱的地区，如四川省各州县，也曾出现富裕自耕农及富裕佃农的雇工经营。但一俟地权集中，封建宗法性地主一旦恢复，已经出现的农业资本主义萌芽又行没落。

最后，福建、广东则属于第四类地区。这里商品经济相对发展。在农业方面，有大面积的蔗田，有茶树、果树园艺，这类经济作物与市场有着密切联系，它与男耕女织相结合的棉桑作物区不同，容易发展成带有资本主义性质的经营，而且不易夭折。在这里，商品经济的发展，已突破封建宗法宗族势力的束缚，但也只是开始。

以上四类地区农业资本主义萌芽发生发展过程，证实了马克思这样的一个观点：商业和商业资本，"对旧生产方式究竟在多大程度上起着解体作用，首先要取决于这些生产方式的坚固性和内部结构。并且，这个解体过程会导向何处，换句话说，会用何种新的生产方式会代替旧的生产方式，并非取决于商业，而是取决于旧生产方式本身的性质。" ❶ 因此，我们在研究农业资本主义萌芽的时候，必须要把立论的出发点建立在所有制的基础上，要十分重视封建宗法势力的作用。当然，也要注意商品经济发展对封建经济关系的冲击作用。

20 世纪 30 年代，苏南地区农业资本主义之所以没有得到发

---

❶ 马克思：《资本论》第三卷，人民出版社1953年版，第371—372页。

展，原因很多。例如：苏南地区一田多主制很发达，原田根占有者失去土地处置权，他们想从事雇工经营已受到制约；从佃农角度看，一家一户所能佃到的耕地很有限。据 20 世纪 30 年代末调查，苏南四县十村土地租佃情况是：每户佃农平均租入耕地仅五点三六亩而已，租地面积达三四十亩者很少，而这些佃户一般人口众多，劳动力充裕，不必雇工经营，同时，他们交纳地租后，很难维持家庭生活，勉强能维持的话，也无积累，或积累很少，发展机会很小，很难发展成富佃，从而也不可能走向雇工经营道路；从自耕农看，所占土地少，人均耕地面积甚至比佃农还要少，根据当地、当时情况看，一个劳动力一年耕种八亩地是完全没有问题的，超过十亩则须雇工了。但当地自耕农家庭本来就耕地不多，所以也就无须雇工经营。另从劳动力流向看，由于到城市当工人或当店员，工资收入要比在当地当农业工人高得多，所以劳动力向城市流动，相对而言，在农业经营中要雇请工人则较为困难。尽管有这样或那样的原因，但主要的一条原因是：受经济利益的驱动是最根本的。在工商业还不甚发达时，把资本投向农业雇工经营，其经济利益显然比土地出租经营要高，所以经营地主相对要多些。但到 20 世纪 30 年代，苏南地区近代工业、商业已有很大发展，经营工商业的利润远比经营农业高，在这种经济利益驱动下，当地地主就会放弃农业经营，而把资金投向办工厂、开商店，原有从事农业经营的地主就会减少，农业资本主义萌芽就会萎缩。资本的本质就是追求最大利润。在新的历史条件下，经营地主放弃农业经营，是一种明智的选择。这种选择不过是一种择业的变化而已，并不影响当时资本主义因素的增长。当农业雇工经营一旦能获得资本平均利润时，资本主义的农业又会发展壮大，这也是社会经济发展的一条规律。从历史发展的长河来看，商品经济的发展与农业资本主义发展并不相悖。

中国地主制经济论——封建土地关系发展与变化

三、关于资本主义萌芽发展又不发展原因探讨

资本主义萌芽对封建生产方式而言，是一种新的事物。中国社会经济的发展已为它的发生、发展准备了一定的前提条件，中国资本主义萌芽应该说是具有一定生命力的。但它的发展却很缓慢，有时甚至呈现停滞状况。中国资本主义萌芽始于15世纪的嘉靖、万历年间（公元1522—1619年），中间几经挫折，一直到18世纪时期，上距萌芽开始发生经历了约三百年漫长岁月，才又进入一个新的发展阶段。就是在这个时期，资本主义萌芽也没有摆脱发展迟缓的特点。中国资本主义萌芽发展过程中所表现出来的迂回、缓慢乃至停滞状态的特点，其原因何在？这是十分值得探讨的问题。

前人在探讨中国资本主义萌芽发展缓慢，有时甚至停滞原因时，提出各种各样看法：有的认为是封建专制政权的束缚，有的认为是地租侵蚀了利润，有的认为是工农结合的小农经济体制的顽固性，有的认为是城市工商业不发达之故。这些原因都有道理，都是对的。但最本质的还是受地主制经济的制约。

明代前期及中期，清代鸦片战争以前，在这两段历史时期里，地主制经济体制基本上得到正常运行。农村经济开始从废墟中重建，并逐步取得发展，经过几十年努力，达到了繁荣时期。随着农村经济发展，农民经济生活也获得改善，农民购买力也由低到高，对市场需求也由少向多方向发展。在农民对市场需求日益旺盛情况的拉动下，手工业、商业、农业得到迅速发展。自由雇工出现后，一批具有资本主义性质的企业纷纷登上经济历史舞台，这时中国资本主义萌芽显现出勃勃生机。由于地主所有制经济发展，地主制经济体制运行逐渐偏离正常轨道，地主阶级大肆进行土地兼并，地主阶级权势嚣张，自耕农失去土地，大量向佃农转化，尤其是三饷并征之后，在严重赋役负担压榨下，农民经济条件恶化，农村经济走向萧条，更加上明末清初几十年战争，

农民苦于战火，求生乏术，农民对市场需求由盛而衰。市场经济紧缩，则使刚刚发展起来的资本主义工商业、农业受到严重打击，纷纷破产，农业资本家则改雇工经营为出租经营，向封建地主倒退。资本主义萌芽发展转入停滞，甚至是倒退时期。这是构成中国资本主义萌芽既发展又不发展的深层次原因。下面再从各阶层情况分析。

在地主制经济体制下，自耕农大量存在是封建地主制经济体制存在的基石，如果这个基石一旦动摇，这个政权就要陷入危机之中。我们都知道建立在地主制经济体制上的国家政权，它赖以生存的财政来源是农业税。而征收农业税的主要对象是自耕农。地主阶级尤其是缙绅地主，他们可以利用政治上的特权来为自己逃避赋税负担，或利用"飞洒""诡寄"等方式把赋税转移到自耕农身上。因此，保护自耕农的稳定是历朝历代考虑最多的问题。

历代王朝建立之初，总是千方百计地鼓励农民垦荒，使一些少地或无地的农民通过垦荒变成自耕农。但自耕农经济又是一种极其不稳定的经济，由于耕种面积有限，经济力量极其脆弱，当遇天灾人祸时，每每濒于破产边缘。政府为了保证其财政收入，往往采取一系列政策措施来维护自耕农延续。如减轻农民负担方面，政府通过赋税改革若明代"一条鞭法"，清代"摊丁入地"都曾发挥过一定作用。还有通过种种形式减免赋税，或蠲免农民负担。若赈济方面，国家设有平常仓、社仓、义仓，在灾荒年间，政府或用这些储藏进行平粜，或进行借贷，或赈济，使农民渡过难关。若抑制兼并方面，有抑制投献，商人、地主在灾年购买土地，允许农民以原价回赎，抑制绅权势力，削弱缙绅经济势力。在家庭财产分析上，以法律形式把诸子均分制规定下来，这样一方面使耕地细化，另一方面使大地产所有者化小，或者补充到自耕农行列。一般说来，自耕农或富佃要上升到地主行列，一般需要几十年时间，有的甚至需要上百年时间，而分家析产一

中国地主制经济论——封建土地关系发展与变化

604

般二十至三十年就面临一次。在这里，土地的分散远比积累来得快。当然官僚地主和商人地主除外。同时，明清时期商品经济发展，经济作物种植普遍，以及家庭副业发展，也使自耕农自身经济力量增强，提高了自身抵制兼并的能力。但在封建社会里，贫富兼并情况则更为严重。王朝控制不了土地兼并，但它可以延缓土地兼并的早日到来，为王朝长治久安而殚精竭虑。当王朝失去控制地主制经济平衡发展规律时，一场革命就会爆发，对地主制经济进行重新调整，以求新一轮的平衡发展。

　　自耕农广泛存在，保证了政府田赋收入，同时也保证了国家财政收支的稳定。其次也减少了因失去土地而流向社会的人口，使社会秩序得到相对安定。社会秩序安定，为社会经济发展提供了良好的环境，同时也为市场经济发展提供广泛的空间。

　　但自耕农广泛存在又是社会经济发展的阻碍者。自耕农经济是以一家户为主体，耕地面积不多，经济力量薄弱的经济单位。就南方而言，多者不超过三十亩，少者二三亩而已；就北方而言，多者不过几十亩，少者三五亩而已。他们除了负担国家赋税徭役外，还得承担地主转嫁给他们的赋役负担。尤其是王朝后期，苛重的赋役负担，一方面使得大多数自耕农走向濒于破产的十字路口，从而阻碍了富裕农民的发生和发展，同时也抑制了他们的消费需求，从而限制了市场的扩大，限制了商品生产的发展。

　　在地主制经济体制下，佃耕农大量存在，他们以一家一户为耕作单位，从地主那里租来了数量不多的耕地进行耕作。将土地上的收获物一半作为地租交纳地主，有的还要多，苛重的地租剥削不仅侵夺了佃农的剩余劳动，甚至侵蚀了佃农的一部分必要劳动，使大部分的佃农生活在贫困线上，苦苦挣扎着。这种状况的存在，一方面阻碍了佃农向富佃转化，同时也抑制了佃农的消费欲望，限制了消费扩大，使市场疲软，甚至萎缩，从而限制了商品生产的扩大。

不论是自耕农也好，佃农也好，为了弥补家庭经济收入不足，一般都要经营一些副业，或纺纱织布，或种桑养蚕，或从事一些手工编织，如竹编、柳条编等，同时也打打工。农家这种农副业相结合的生产方式，为市场提供一些商品，同时也使早在明中叶就已产生的自由劳动与土地紧密结合在一起，从而抑制了自由劳动向商品市场大量转化，影响了廉价劳动力的供给。

到了明清时期，大地主在没落，中小地主在发展。这种发展趋势为学术界所认同。根据目前我们所能完整地掌握的情况看，只有河北获鹿可作这样的统计：康熙四十五年至康熙六十年（公元1706—1721年），保存下来的编审册共七十五甲，共有地主二百五十七户，户均占有地二百五十二点九亩。雍正四年至雍正九年（公元1726—1731年），保存下来的编审册共三十五甲，共有地主一百四十三户，户均占有地二百二十七点六亩。乾隆元年至乾隆三十六年（公元1736—1771年），保存下来的编审册共一百一十八甲，共有地主四百七十五户，户均占有地二百零七亩。这里的地主占地多者数百亩，少者百十亩。康熙朝亦好，雍正朝亦好，乾隆朝亦好，资料所及之处，尚未见到千亩以上地主户。❶民国时期有些资料亦可作参考，1929年中央研究院社会科学研究所在陈翰笙等人领导下，对无锡农村作了一次调查，他们认为无锡县千亩以上地主占有总耕地的8.32%，中小地主占有总耕地的30.68%，而每户地主平均占有土地仅仅五十四点五亩而已。他们还认为：即使在地权比较集中、大地主较多的杭州、平湖地区，占地千亩以上的大地主也仅占当地地主户总户数的4%。❷中华人民共和国建立以前浙江北部某县四户地主占地

---

❶ 《获鹿县档案》，康熙四十五年至乾隆三十六年《编审册》。
❷ 陈翰笙：《现代中国的土地问题》，见冯和法《中国农村经济论》，上海黎明书局1934年。

中国地主制经济论——封建土地关系发展与变化

一百七十六点一四八亩，每户平均占地仅四十四点零四亩。^❶ 当然一些新垦区也有占地万亩以上地主，但从全国来说，大地主是处在衰落之中。

根据陈翰笙调查，南方稻作区每户平均至少有六至十亩才能维持生计。^❷ 也有人认为，要维持一个人起码的生活，至少需要四亩地。章有义和一些日本学者认为，南方地区占地三十亩以上才能够算得上地主。由于中小地主一般占地不多，从地租收入看，仅占耕地收入的一半，除了交纳赋税之外，所剩的要维持家人食穿、婚庆、丧葬、培养子弟、社交等。三除五扣，所能积累的资金有限。这点，从安徽徽州地区保留下来的置产簿可以看到，他们每次所购置的地产面积都很少，一般都在几分、几亩之间，所以很难有大笔资金投向工商业。有些经济实力较强的庶民地主，则向缙绅地主转化。

缙绅地主一般来说占有较多土地，大地主主要由这一阶层成员构成，一般来说，他们占有较多地产，也有条件积累较多资金，但由于当时工商业发展欠发达，投资工商业所得的回报还不如投资土地回报率高，同时变数较多，风险较大。因此，这些缙绅地主发家后，仍然把积累的资金投向土地。他们心目中，土地不怕水火，不怕盗贼，只是天灾，才会是一年无收，当风调雨顺时，地租照样收取。只是发生战乱，土地无法扛走，战乱平息，土地仍然归我。这是一种十分保险的投资，他们还把购置土地视为一种储蓄手段，有钱则买，无钱则卖，使子孙不至于遇到困难时一筹莫展。另从地租收入而言，也是比较丰厚的，一般是五五分成，有的高达三七分成，甚至是二八分成。十年的地

---

❶ 曹锦清等：《当代浙北乡村的社会文化变迁》，上海远东出版社1995年，第26页，图表4。

❷ 陈翰笙：《解放前的地主与农民》，中国社会科学出版社1984年，第10页。

租收入可以偿还购地的成本，^❶利润回报率可观。这样状况的存在，使工商业发展缺乏雄厚资金资助，当然，他们奢侈的生活，也给市场发展带来一些机会。但毕竟这部分人数量不多，市场有限。

商人发财后，一般情况而言，他们首先想到的是购买地产，在他们思想中根深蒂固的是：以商起家，以农为本。因此，他们发家致富以后，不是把盈利用来扩张工商业发展，而是把利润一部分投资于土地。另是买官，向官僚转化。有的则任意挥霍，把积累起来的资金用于消费了。工商业的发展受到资金的制约。

外贸受阻，来自两个方面，一是政府限制对外贸易，尤其是民间对外贸易，产品销路不畅，限制了企业的发展；二是鸦片战争后，外国商品大量入侵，白银大量外流，加上外国资本对农副产品的掠夺，给民族企业的生存及发展以极大压力，从而萌芽发展受阻。

在地主制经济体制下，为中国工商业发展提供了广阔天地，同时也给工商业发展以制约。

地主制经济与领主制经济相比较，领主制经济是以庄园为经济单位，在庄园内部实现产品自给，以达到庄园内部再生产进行。而在地主制经济下，情况则不同了。他们以一家一户为经济单位，生产的主要是粮食，其他产品获得都得依赖市场，这就决定了地主制经济必然与市场联系，离开市场就无法进行再生产。所以说，在地主制经济体制下，每个经济单位都无法实现产品自给自足。以前说中国封建社会是一个自给自足的自然经济社会，看来是一种误解。在地主制经济体制下，只能是商品经济与自给经济相结合的社会。这是中国封建社会商品经济发达的最根本

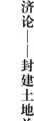

---

❶ 李文治：《论清代鸦片战争前地价和购买年》，见《中国社会经济史研究》1989年2期。

原因，然而农民经济的单薄、购买力的低下，又抑制了商品经济的发展，使新的生产关系萌芽产生后，发展乏力，因而出现了发展缓慢甚至有时停滞不前的现象。这就是中国商品经济发展又不发展的最深刻历史根源。如果离开地主制经济去考察，中国封建社会商品经济发展的原因就无从解释，市场经济也无从谈起。

后　记

　　本书从写作到付梓，期间长达七八年之久，得到了各级有关部门领导的关怀，同事的帮助，亲人的支持，值此书出版之际，谨致诚挚感谢和崇高敬意！特别要多说几句的是：李文治先生在耄耋之年，在患眼疾情况下，还奋力写作，令人十分感动和敬佩；在我写本书七八年中，我的老伴苏金玉为之付出甚多，她不仅仅帮我收集资料、统计资料，而且承担了大量家务劳动，使我能有充分时间来思考问题和伏案写作。在此，我要向她深深鞠上一躬，并道声辛苦了！中国社会科学院科研局李春林同志，当她得知本书因补贴不足，而不能顺利出版时，当即表示愿为此事操劳。为补足本书出版补贴，她来回奔波于国家社会科学基金委员会。本书能早日与读者见面，这里有李春林同志一份辛劳在其中。这种热心于支持科研事业的精神，令人十分敬佩。借此，再次向她表示衷心感谢！中国社会科学出版社李是同志负责本书编辑，他不仅对全书进行认真审阅，并且提出许多有益意见和建议，为本书出版添色增辉。在此，向他表示感谢。

江太新

2003.10 于北京

中国地主制经济论——封建土地关系发展与变化

610